大陸對兩岸關係發展之相關法學基礎

兩岸關係的法學思考

周葉中、祝捷◎著

崧燁文化

目　　錄

增訂版說明

專題一 臺灣問題的憲法學思考

論「一國兩制」理論的定位 / 001

十六大以來大陸對臺工作的理論創新：回顧、成就與展望 / 012

臺灣問題的憲法學思考 / 039

論憲法資源在兩岸政治關係定位中的運用 / 055

加強對臺特別立法勢在必行 / 075

論《反分裂國家法》的法理基礎 / 086

解讀《反分裂國家法》/ 093

「一中憲法」與「憲法一中」——兩岸根本法之「一中性」的比較 / 101

關於重視兩岸法律制度「一中性」的思考 / 119

二戰後對日媾和中的中國代表權問題研究 / 127

專題二 構建兩岸關係和平發展框架的法律機制

中國和平統一與法治發展 / 151

關於新時期海峽兩岸關係和平發展的思考 / 176

論兩岸關係和平發展框架的內涵——基於整合理論的思考 / 180

論構建兩岸關係和平發展框架的法律機制 / 206

論發展和平穩定的兩岸關係 / 227

兩岸治理：一個形成中的結構 / 239

論海峽兩岸大交往機制的構建 / 258

論兩岸法制的構建 / 273

論構建兩岸關係和平發展框架的行政機關合作機制 / 289

論兩岸海域執法合作模式的構建 / 300

構建兩岸共同維護中華民族海洋權益機制的建議 / 316

《海峽兩岸海洋事務合作框架協議》（建議稿）/ 320

兩岸經貿交往中投資權益制度的比較與評析 / 324

專題三 海峽兩岸和平協議研究

論海峽兩岸和平協議的內涵及其實現路徑 / 339

論海峽兩岸和平協議的性質——中華民族認同基礎上的法理共識 / 353

論海峽兩岸和平協議的基本原則 / 375

關於大陸和臺灣政治關係定位的思考 / 393

關於兩岸法理關係定位的思考 / 410

《海峽兩岸和平協議》（建議稿）/ 417

論兩會事務性協議的接受制度 / 434

論兩會協議的體系化 / 448

專題四 臺灣地區法律制度研究

臺灣「違憲審查制度」改革評析
　　　——以「憲法訴訟法草案」為對象 / 457

臺灣「司法院大法官」解釋兩岸關係的方法 / 494

論臺灣參加國際組織的策略
　　　——以臺灣申請參與WHO／WHA活動為例 / 523

論臺灣的「大部制」改革
　　　——以2008年版「行政院組織法修正草案」為對象 / 552

臺灣地區客家運動的法制敘述——以「客家基本法」為例／５６７

臺灣族群語言平等的法制敘述／５８０

臺灣「國族認同」剖析／５９３

論大陸人民在臺灣的法律地位——以「釋字第710號解釋」為中心／６０６

後記

增訂版說明

本書分為四個專題。

專題一：臺灣問題的憲法學思考。臺灣問題既是政治問題，也是法律問題，歸根到底是一個憲法問題。憲法規範和憲法學理論是認識臺灣問題本質的重要工具，而憲法和《反分裂國家法》為發展兩岸關係、解決臺灣問題提供了有效途徑。本專題從憲法學的角度思考臺灣問題的本質和解決途徑，對《反分裂國家法》的立法目的、特點、法理基礎進行分析，探討憲法資源在兩岸關係中的運用，並對中共十六大以來中央對臺工作的理論創新進行論述。

專題二：構建兩岸關係和平發展框架的法律機制。中共十七大提出了「構建兩岸關係和平發展框架」的戰略思考，為在新的歷史條件下發展兩岸關係提供了指引。儘管兩岸關係和平發展框架是一個包括多個框架在內的體系，但法律在其中起著樞紐性的作用。可以說，法律機制是兩岸關係和平發展框架的實現形式。本專題分析兩岸關係和平發展框架的提出背景、概念、內涵以及法律機制的構建方法和主要內容，提出並論證「兩岸法制」的概念，並就兩岸關係和平發展中的兩岸交往機制、行政機關合作機制、海洋權益保障、投資權益保障等具體問題進行研究，擬定《海峽兩岸海洋事務合作框架協議（建議稿）》。

專題三：海峽兩岸和平協議研究。海峽兩岸和平協議既是結束兩岸政治對立的政治文件，也是構建兩岸關係和平發展框架的基礎性規範，對於兩岸關係和平發展和實現國家完全統一有著重大意義。開展海峽兩岸和平協議的理論研究，對於兩岸商簽和平協議將造成重要的推動作用。本專題研究和平協議的性質、基本原則和主

體等關鍵問題，和平協議的內涵及其實現路徑，並提出《海峽兩岸和平協議（建議稿）》。

　　專題四：臺灣法律制度研究。研究臺灣的法律制度，是「遏制『臺灣法理獨立』」的必然要求，也是兩岸關係深入發展的需要，對於推動兩岸關係研究的規範化、精細化、實證化亦有著重要意義。本專題對臺灣的「違憲審查」、「憲法解釋」、「政府改造」、族群問題和「國族認同」等問題進行了探討。

專題一　臺灣問題的憲法學思考

論「一國兩制」理論的定位

　　根據中共十八大報告的論述,「一國兩制」實踐在實現香港、澳門順利回歸、保障香港、澳門兩個特別行政區政府依法施政以及促進內地與港澳地區更加緊密的經濟社會合作方面,取得了舉世公認的成功。探討「一國兩制」的理論定位,從根本上挖掘「一國兩制」更加深刻的理論內涵,釐清堅持「一國」與尊重「兩制」的辯證關係,澄清「一國兩制」與特別行政區制度之間的有機聯繫,對於在複雜多變的局勢下協調統一維護中央權力和保障特別行政區高度自治權具有重要意義。

　　眾所周知,「一國兩制」是中國老一輩領導人為解決臺灣問題而提出的戰略構想。由於歷史的機緣,「一國兩制」首先在香港問題和澳門問題上獲得了成功實踐。「一國兩制」戰略構想的提出,對於在凡事要問「姓資姓社」的年代,解放人們的思想、打破人們的思維禁錮具有重大的指導作用。但是,隨著港澳的回歸,「一國兩制」在港澳問題上是否還具有生命力?如何認識「一國兩制」在內地與港澳經濟社會合作方面的作用?如何透過「一國兩制」協調中央與特別行政區的關係,成為理論界和實務界所關注的問題。可以說,目前香港澳門在政治、經濟和社會發展上的一系列問題,都需要透過在理論上重新定位「一國兩制」、不斷深化對「一國兩制」的認識來應對和解決。

　　總體而言,「一國兩制」不僅是實踐中的戰略構想,而且已經成長成為豐富的理論體系,「一國兩制」理論是中國特色社會主義

理論體系的重要組成部分，是對中國特色國家治理結構的重大理論創新，是構建特別行政區憲制性制度和實現特別行政區長治久安的根本理論指南，也是中國共產黨和包括港澳同胞在內的中國人民對於人類政治文明發展的重大貢獻。

一、「一國兩制」是中國特色社會主義理論體系的重要組成部分

「一國兩制」理論是社會主義國家為解決歷史遺留問題而提出的一項特殊安排。這一理論的原初目的是為瞭解決因歷史遺留問題而產生的國家統一問題，即為順利解決臺灣、香港和澳門回歸於中國的問題，允許上述三個地區保留原有的資本主義社會制度和生活方式，而不實行社會主義制度。「一國兩制」理論因含有資本主義的表述和內容，常常在理論性質上被誤讀。但是，如果理解「一國兩制」理論形成的歷史過程，並瞭解「一國兩制」中「兩制」之間的辯證關係，就不難發現，「一國兩制」理論本身的屬性是社會主義性質的，已經成為中國特色社會主義理論體系的重要組成部分，「一國兩制」理論的存在因而不會改變中國是社會主義國家的性質。

總結中共中央對中國特色社會主義理論體系的概括，「一國兩制」的理論在不同的歷史階段，被分別納入鄧小平理論、「三個代表」重要思想和科學發展觀，因而成為中國特色社會主義理論體系的重要組成部分，是中國共產黨和中國政府處理港澳問題並最終解決臺灣問題所依循的指導性理論。從歷史源流而言，「一國兩制」是由毛澤東、周恩來所奠基，由葉劍英提出初步輪廓與構想，而由鄧小平最終定型和完成的理論。「一國兩制」理論最初是為解決臺灣問題而提出的理論構想，目的是使臺灣當局儘可能接受和認同大陸方面的統一主張，並向臺灣方面展現大陸謀求國家統一的最大誠

意。因此，「一國兩制」理論的前提是統一的「一國」，而「一國」的主體制度應當是社會主義制度，資本主義制度只能存在於臺灣、香港和澳門特殊地區。在這些因歷史遺留問題而具有特殊性的地區實行資本主義的社會制度，並不會改變國家主體的社會主義性質，「一國兩制」同時也不具有開放性和擴展效應，不表明國家其他地區也可以實行資本主義的社會制度和社會方式。因此，「一國兩制」理論是有關國家特殊地區制度安排的理論，並不會影響國家總體的社會制度。對此，鄧小平有著明確的論述：「『一國兩制』除了資本主義，還有社會主義，就是中國的主體、十億人口的地區堅定不移地實行社會主義。……主體是很大的主體，社會主義是在十億人口地區的社會主義，這是個前提，沒有這個前提不行。在這個前提下，可以容許在自己身邊，在小地區和小範圍內實行資本主義。我們相信，在小範圍內容許資本主義存在，更有利於發展社會主義。」

如果說鄧小平的上述論述主要是從「兩制」力量對比的角度，在量的方面對「兩制」關係進行了論述，揭示了「一國兩制」理論的社會主義屬性，那麼，在質的方面，「一國兩制」理論也構成了中國特色社會主義理論體系的重要組成部分。「一國兩制」理論是從實現國家統一、解決歷史遺留問題的大局出發，在全國人民利益和意志基礎上確立的理論，因此，「一國兩制」理論的核心並不是資本主義制度，而是為了實現國家統一和領土完整。在特別行政區所實行的資本主義制度，則是為了維護港澳地區繁榮穩定所採取的具體制度，與「一國兩制」理論的總體構架相比，構成了原則與具體、整體與部分的關係。隨著香港和澳門的順利回歸以及港澳問題的順利解決，「一國兩制」理論在實踐中的功能也發生了轉變：在改革初期，「一國兩制」的提出為解決國家統一中的「姓資姓社」問題提供瞭解放思想的理論依據，隨著港澳兩個特別行政區的建立以及內地與港澳更加緊密經貿關係安排的形成，「一國兩制」理論

在港澳問題的論域內已經從解決國家統一的理論，轉變為維護港澳地區社會穩定、推動內地與港澳地區和諧相處、共同發展的理論。隨著「一國兩制」理論在港澳地區的深入實施，以及內地與港澳經濟和社會服務一體化的程度不斷加深，「一國兩制」理論承載著更多的功能，是推動「兩制」和諧發展的制度保障，因而並非僅僅是「資本主義制度」可以概括其全貌。

二、「一國兩制」是實現國家主權統一、領土完整，構建中國特色大國治理結構的重大理論創新

中國有著「大一統」的歷史觀和國家觀，維護國家統一和領土完整是中國人民和中華民族的核心利益。近代以來，由於歷史原因，中國國家主權和領土完整遭到破壞，臺灣、香港和澳門等地因而未能與大陸（內地）形成政治統一體。但是，這並不意味著中國國家主權的分裂和領土的再造，而是在特殊歷史條件下的暫時現象，實現國家最終統一和領土復歸完整仍然是中國人民孜孜以求的目標。「一國兩制」理論是中國人民在追求國家統一過程中所形成的理論體系，其基本方法是透過主權與治權的相對分離，謀求國家主權統一與領土完整。

臺灣、香港和澳門在沒有回歸前的事實是：三個地區分別由不受中國中央政府管轄的公權力機關治理，香港和澳門還存在殖民者統治的問題。因此，在實現國家統一的過程中，如果既堅持國家主權統一和領土完整，又堅持中央對以上特殊地區充分行使管轄權，則會增加解決臺灣問題和港澳問題的難度，甚至導致問題根本無法獲得解決。「一國兩制」的重大貢獻在於：將主權統一而治權分離的政治原理運用於解決國家統一問題，創造性地提出了「主權統一而治權相對分離」的中央與地方關係構造模式，對於實現國家主權統一和領土完整，構建中國特色大國治理結構有著重大理論創新。

主權統一而治權分離是論證代議制度正當性的基本政治原理，其含義是主權屬於人民，而人民透過選舉等方式產生代議機關並將治權授予給代議機關。因此，主權統一而治權分離是國家橫向權力配置的一項基本原理，是共和制國家組織政權的基本理論依據。「一國兩制」理論為解決國家統一和領土完整的問題，將這一基本原理引入對於國家縱向權力的配置中，形成了「主權統一而治權相對分離」的治理結構。「主權統一」是指國家主權必須統一於中國，中國的主權和領土不因「一國兩制」而發生分裂。近代以來，主權成為國家最為顯著的內在屬性，是區分國家與其他政治實體最為重要的標誌。「主權統一」是國家統一和領土完整的具體表現，國家統一必然包含著「主權統一」的意涵。「一國兩制」理論將追求國家統一和領土完整的目標具體化為「主權統一」，「主權統一」因而成為「一國兩制」的政治底線，也是「一國兩制」得以實施的前提條件。在「主權統一」的前提下，治權的合理分離並不會影響主權統一。在傳統政治學和憲法學原理中，主權和治權的相對分離主要發生在人民和代議機關之間，但「一國兩制」理論將這種分離運用到了國家和國家的特殊部分之間，因而在理論上有著重大創新。根據「一國兩制」理論，儘管國家主權統一，但臺灣、香港和澳門地區因特殊的歷史原因，可以在保證國家統一的前提下，實行不同於國家主體部分的社會制度和法律制度，依照憲法和相關法律的規定實行高度自治、本地人治理，中央一般不干預這些特殊地區的內部事務，亦即臺灣、香港和澳門在維護國家主權統一的前提下，各自在憲法和法律規定的範圍內保留治權。根據中國現行憲法和法律的規定，香港和澳門所保留的治權即基本法所稱的「高度自治權」。當然，對於香港和澳門而言，中國國家主權和兩個特別行政區的治權只是「相對分離」，而不是「完全分離」。「治權相對分離」的含義包括三個方面：其一，中央基於「主權統一」的前提，對香港和澳門保留一部分主權性權力，如外交、國防方面的職

權，任免特別行政區主要官員，並可以將屬於主權事務的全國性法律適用於香港和澳門；其二，香港和澳門的政治前途（在現階段為政制改革方案和步驟）涉及國家主權統一的問題，因而必須由中央作出最終決定；其三，排除外國勢力對於香港和澳門事務的干涉。香港和澳門所享有的自治權只能是「高度自治權」而不是「完全自治權」。

同時，「一國兩制」理論在香港和澳門的成功實踐，對於完善中國內地治理也有著積極的推動作用。一些優良的政治制度和法律制度可以透過中央處理港澳問題的實踐獲得試驗的機會。如透過法制化的方法配置中央和地方的權力，依靠「協商」和「法治」調整中央和地方的關係，積極推進全國人大常委會解釋憲制性法律，簽署「一國內地區間協議」推動區域合作、管轄權地區間轉移與授予，等等。可以說，「一國兩制」理論是推動中國特色大國治理結構的重要途徑之一，也是推動中國從「大國治理」向「大國善治」的有機路徑，對於在新的歷史條件下創新和完善中國特色大國治理結構有著重大意義。

三、「一國兩制」是構建、運行特別行政區併合理定位特別行政區制度的根本理論指南

「一國兩制」理論在制度上體現為特別行政區制度，特別行政區制度將「一國兩制」理論從理論構想轉化為制度型態，而香港和澳門兩個特別行政區的成立及其有效運轉，又將「一國兩制」理論成功地推向實踐層面。目前，香港和澳門政治穩定、經濟繁榮、文化多元、社會和諧，儘管偶有波折，但總體來說能夠保持繁榮和穩定，特別行政區政府能夠依照基本法順利、有效施政，這些成就在理論上的根源可以追溯至「一國兩制」理論。可以說，「一國兩制」理論是香港和澳門兩個特別行政區得以構建、運轉，並實現長

期繁榮穩定和長治久安的根本理論指南。不僅過去和現在治理特別行政區要靠「一國兩制」，未來治理特別行政區也要靠「一國兩制」。

　　學術界有一種比較流行的觀點，認為「一國兩制」和特別行政區制度可以畫上等號，亦即前者是後者的理論型態，而後者是前者的具體制度表現。從兩者的目的、功能和相互關係來考察，上述理論無疑是正確的。但是，如果從特別行政區制度在國家管理體制中的地位與作用而言，尤其是從香港、澳門兩個特別行政區民眾的心理認同角度而言，將特別行政區制度與「一國兩制」理論完全等同的觀點，需要加以重新理解。這一重大問題既涉及特別行政區的制度定位問題，也是對「一國兩制」進行理論定位的關鍵問題。對於特別行政區的制度定位，可以在政治和法律兩個層面展開：在政治層面上，特別行政區制度已經成長為中國的一項基本政治制度；而在法律層面上，特別行政區制度是中國的一項憲制性制度。

　　首先，特別行政區制度作為「基本政治制度」的定位，是「一國兩制」理論在政治制度領域的集中體現。根本政治制度和基本政治制度的關係，一種可以從量上加以衡量，即根本政治制度是中國最具重要性的制度，專指人民代表大會制度，而基本政治制度是在中國政治生活方面具有基礎性的制度，如已經在政治層面被確定的民族區域自治制度、多黨合作的政治協商制度和基層群眾自治制度；另一種可以在本質上，從「主體—補充」的結構上加以衡判，亦即根本政治制度所決定的是國家主體的政治制度，是國家的根本和主幹，而基本政治制度則是依附於根本政治制度，為體現國家的民主性和多元性而對根本政治制度形成補充的政治制度。特別行政區制度是解決中國歷史遺留問題的政治制度，其與在中國主體部分所實行社會主義制度的省、自治區和直轄市等一般行政區域形成「主體—補充」的結構，因而構成了中國國家主體政治制度的一種有機補充。特別行政區制度這一「基本政治制度」的定位及其論

證，與「一國兩制」中「兩制」的辯證關係是相對應的。在「一國兩制」理論中，「兩制」並不是同等重要、具有相同地位的，社會主義制度無疑是主體，而資本主義制度則是在特殊地區所實行的制度，構成了對於社會主義制度的補充。由此可見，將特別行政區制度定性為中國的基本政治制度，是在「一國兩制」理論直接指導下所形成的。

其次，特別行政區制度是中國的一項憲制性制度，是由「一國兩制」理論在中國現行憲法和法律在規範上的表述所決定的。中國現行憲法第31條將「一國兩制」理論用特別行政區制度的方式予以表述，規定了在特別行政區可以按照具體情況，實行不同於國家主體部分的制度。兩個基本法以憲法第31條為立法依據，在首要位置確認了「一國兩制」的基本原則並規定在特別行政區實行與國家主體部分不同的資本主義制度。憲法是中國的根本大法，也是特別行政區制度的最高依據；基本法是香港和澳門兩個特別行政區的憲制性法律，是特別行政區制度的直接依據。兩個層次的三部憲制性法律在規範上確認了「一國兩制」的地位，並將之以特別行政區制度的方式予以表述，使得特別行政區制度在法律層面上，構成了中國的一項憲制性制度。將特別行政區制度在法律上定位為憲制性制度，有著三點意義：其一，憲制性制度既突出了特別行政區制度的規範性和確定性，而明晰了特別行政區制度在中國法律制度體系中的重要地位，更加全面地描述了特別行政區制度在中國國家管理體制中的地位與作用；其二，香港和澳門的法治傳統深厚，居民法治意識和法律素養較高，對於法律的認同度也較高，將特別行政區制度定位為憲制性制度，能夠更加突出地強調特別行政區制度的法律屬性，尤其是其憲法屬性，有利於培養和提高港澳社會和民眾對特別行政區制度的制度認同；其三，特別行政區制度既然為憲制性制度，其變遷也應當依循憲制性的方法和途徑，尤其是遵守基本法的相關規定和全國人大常委會釋法的結果，因而能夠保證香港和澳門

未來的政制變化永遠處於合乎中國現行憲法和基本法的軌道上。

　　總而言之，不論是從政治層面還是從法律層面定位特別行政區制度，都不能脫離「一國兩制」理論，「一國兩制」理論為以上兩個層次的定位提供了直接依據，因而是合理定位特別行政區制度的理論指南。

四、「一國兩制」是中國共產黨和中國人民對於人類政治文明發展的重大貢獻

　　由於歷史和民族原因而產生的分離主義，是世界性的難題。世界各國，尤其是一些大國，都或多或少地面臨著解決國內分離主義、維護國家統一的問題。為此，世界各國都採取了各式各樣的方法和策略，諸如給予主張分離地區較多的自治權、在憲法中規定主張分離地區特殊的政治地位和法律地位、規定分離地區行使自決權的方式等，都是各國處理類似問題的常見方式。但是，世界各國所採取的方法和策略所獲取的效果不同，有的國家最終不得不走向允許主張分離地區獨立或允許主張分離地區採取特定方式謀求獨立（主要是公民投票）的道路。分離主義運動在世界範圍內，已經成為危害國家統一和領域完整的嚴峻問題，如何解決這一問題也困擾著世界各國政府，同時對於政治學、法學等學科的理論創新提出了較高的要求。

　　「一國兩制」理論是為解決國家統一問題而提出的理論體系，不僅適應中國國情，而且是對於世界各國解決本國的分離主義和國家統一問題都有重要啟示作用。「一國兩制」理論在一定程度上改變了國家的樣貌和固有型態，具有歷史意義和國際意義，因而是中國共產黨和中國人民對於人類政治文明發展的重大貢獻。

　　第一，「一國兩制」理論打破意識型態的界限，將國家與意識

型態——對應的關係予以更改，極大豐富了馬克思主義的國家學說。國家採取一元的意識型態，並實行由該意識型態所決定的社會制度，是馬克思主義經典作家對於國家與意識型態關係的主要觀點。根據社會型態演進更替的相關理論，社會主義社會是比資本主義社會更加高級的社會型態，因而兩者並不能相容於一個國家內。「一國兩制」理論打破「姓資姓社」的意識型態界限，以國家統一為目的，提出「社會主義」和「資本主義」兩種看上去格格不入的社會型態可以並存於一個國家，而且兩者還具有相互促進的關係，對於馬克思主義的國家學說有著巨大的創新作用。香港和澳門兩個特別行政區對「一國兩制」理論的實踐表明，「一國兩制」理論符合馬克思主義的基本原理，極大豐富了馬克思主義的國家學說，是馬克思主義與中國具體國情相結合的產物之一。

第二，「一國兩制」理論所構造的「主權統一而治權相對分離」的國家縱向權力配置模式，對於世界各國解決分離主義問題提供了參考。中央與地方關係在世界範圍內均是困擾各國的棘手問題，尤其是存在分離主義的國家，處理中央與主張分離地區的關係，更是困擾各種中央政府的重大疑難問題。「一國兩制」理論在打破意識型態界限的同時，用治權相對分離、以高度自治權換取和保證主權統一的做法，無疑對於政治學和法學都有著重大的理論創新。儘管世界絕大多數存在分離主義的國家，在社會型態上都是資本主義的，但在擁有主權和政府行使治權方面具有相同的特徵。因此，「一國兩制」理論不僅可以適用於解決中國的歷史遺留問題，對於國際社會解決國家統一、應對分離主義的問題，都可以造成重要的參考作用。

第三，「一國兩制」理論指導建構的特別行政區制度，是單一制國家維護國家統一的有效辦法。「一國兩制」理論對於人類政治文明的貢獻不僅是理論層面的，更體現為對於人類政治制度的貢獻：特別行政區制度改變了單一制國家內中央和地方關係的一般模

式,也不同於聯邦制國家內聯邦與聯邦組成單位的關係模式,而是為解決歷史遺留問題而形成的特殊制度安排,對於單一制國家維護國家統一提供了有效的路徑。對於此,可以從三個方面加以理解:其一,根據特別行政區制度的產生特點,特別行政區一般設立在因歷史遺留問題而有別於國家主體部分的特殊地區,因而是為解決分離主義地區政治地位和法律地位而專設的行政區域,有別於普通行政單位,對於單一制國家合理安排主張分離地區地位有著參考意義;其二,特別行政區所享有的「高度自治權」在量上較單一制國家內普通行政單位享有的權限大,但在權力的性質上又不同於聯邦制國家內聯邦組成單位所具有的「固有權力」,而是體現出「授權」的關係,且受到主權的嚴格制約,因而為單一制國家權衡授權和統一的關係提供了足資參照的權力配置模式;其三,特別行政區制度突出法治手段和法律思維在處理中央與地方關係中的重要作用,中央與特別行政區的關係及其調整都處於憲法和基本法的框架內,體現了從人治到法治的人類政治文明一般發展規律,對於單一制國家透過法治手段維護國家統一,也有著積極的引導作用。

五、結語

「一國兩制」理論是包含著豐富問題意識的理論體系,在解決相應問題的過程中獲得了成功的實踐,並逐漸生長為具有嚴密邏輯體系並體現一般規律的重大創新理論,是中國特色社會主義理論體系的重要組成部分,也是人類政治文明在理論、制度和實踐上的創新性發展成果。對於「一國兩制」理論進行理論定位的目的,既在於從理論上澄清「一國兩制」的理論屬性,廓清「一國兩制」的理論面貌,明晰「一國兩制」的理論地位,但更為重要的,是在香港、澳門總體穩定和諧但仍面臨嚴峻挑戰的背景下,幫助人們更好地理解「一國兩制」的理論深意,更加充分地發揮「一國兩制」在

解決當前港澳問題難點、熱點問題，並保證港澳地區長治久安中的重要作用，使其能夠在新階段成為人們進一步解放思想的動力泉。從此意義而言，有必要在討論「一國兩制」理論定位的基礎上，進一步挖掘「一國兩制」理論的內涵，將之構建成為號召愛國愛港和愛國愛澳人士的理論旗幟，成為凝聚內地與港澳共識的理論平臺，使港澳民眾都能透過「一國兩制」理論的實踐，共享做中國人的尊嚴和榮耀。

十六大以來大陸對臺工作的理論創新：回顧、成就與展望

中共十六大以來，兩岸關係經歷了大波折、大變動和大發展的歷史時期。以胡錦濤同志為總書記的中共中央秉持求真務實的執政理念，因應臺海形勢發展需求，提出了一系列新主張、新政策和新論斷。實踐證明，十六大以來中共對臺工作的理論創新，為新時期遏制「臺灣法理獨立」、構建兩岸關係和平發展框架、推動祖國和平統一的歷史進程，造成了戰略指導作用。在新的歷史起點上，回顧十六大以來中共對臺工作的理論創新成果，並在此基礎上展望兩岸關係和平發展的前景，對於當前對臺工作具有重要的意義。

一、回顧：兩岸關係和平發展重要思想的主要內容

中共十八大報告將十六大以來形成的對臺戰略思想概括為「兩岸關係和平發展重要思想」。這一戰略思想涵蓋政治、經濟、文化、社會、外交和國防等諸多方面，是對臺工作新的綜合性戰略體系，也是十六大以來中共對臺工作理論創新的最大成果。這一理論

成果的主要內容可以分為六個部分，以下分述之。

（一）構建兩岸關係和平發展框架的戰略思考

大陸過去的兩岸政策主要關注兩個問題：其一是以兩岸完全統一為目標的各項政策與制度安排，如「一國兩制」的理論與特別行政區制度的設計與安排；其二是在兩岸尚未統一情況下的具體交流合作，如「三通四流」、擴大兩岸民間交往、鼓勵臺商投資等內容。就目前兩岸關係的現狀而言，實現完全統一還需要一個較長的歷史時期，因而如何從戰略上概括兩岸關係在這一階段的互動特徵，是一個重大戰略問題。2005年以來，中共逐漸形成了「構建兩岸關係和平發展框架」的思考，用「兩岸關係和平發展框架」來概括兩岸在完全統一前的互動關係。

2005年4月，胡錦濤在會見時任國民黨主席連戰時，首次提出「兩岸關係和平發展」一詞，並比較完整地論述了「構建兩岸關係和平發展框架」的內涵，闡明了構建兩岸關係和平發展框架的基礎、根本歸宿、有效途徑和方法，從而奠定構建兩岸關係和平發展框架的政策基礎。2006年4月，胡錦濤於再次會見連戰時對構建兩岸關係和平發展框架的重要意義進行了論述，突出強調「和平發展理應是兩岸關係發展的主題」，「兩岸同胞應當攜起手來，牢牢把握兩岸關係和平發展的主題，共同開創兩岸關係和平發展的新局面」。胡錦濤在2008年12月31日的講話中，對於「構建兩岸關係和平發展框架」的重要思想從六個方面進行了全面總結與概括。2007年11月，「構建兩岸關係和平發展框架」又被完整地寫進了中共十七大報告，成為統攝對臺政策的主導思想。2012年，中共十八大報告肯定了兩岸關係和平發展與實現和平統一的密切聯繫，從而深化並鞏固了對「構建兩岸關係和平發展框架」必要性的認識。

「構建兩岸關係和平發展框架」對於兩岸關係發展有著重要意義。第一，提出介於兩岸統一和兩岸具體交流之間的總括性概念，

為兩岸在尚未統一情況下的交往關係，從分散和孤立向著全面和系統轉變提供了理論依託，也澄清了人們對於兩岸關係現狀認識可能產生的某些誤區。第二，把握了兩岸關係現狀與完全統一之間的「度」，承認兩岸完全統一的歷史性和階段性，切合兩岸關係（尤其是臺灣內部局勢）的實際情況，有利於保持兩岸政策的連貫性和有效性。第三，兩岸關係和平發展框架是以兩岸關係和平發展為主軸，經過經濟、政治、文化、社會和外交等框架內、以保證兩岸關係和平發展為目的的框架體系，最終落實為兩岸為推動和平發展而制定的各項政策、法律和制度，因而「構建兩岸關係和平發展框架」的提法又為法治思維和法律方法在兩岸關係論域內的運用提供了契機，是推動兩岸關係法治化的重要理據。

（二）「九二共識」內涵的重述

1992年10月，兩岸民間團體為解決事務性商談中的「一個中國」問題，口頭達成如下共識：「在海峽兩岸共同努力謀求國家統一的過程中，雙方雖均堅持一個中國的原則，但對於一個中國的涵義，認知各有不同。」「九二共識」是兩岸在「一個中國」問題上能夠達成的最大共識。「九二共識」不僅緩解了兩岸事務性商談中的政治難題，而且成為兩岸開展正常交往的前提條件。在兩岸各層次和各類型的政策宣示中，「九二共識」無不構成兩岸交往的前提性條件之一，已經成為維繫兩岸政治平衡狀態的共同符號。兩岸都可以借助對於「九二共識」內容的闡述，汲取對己有利的成分，進而在「九二共識」所營造的框架和氛圍內，維繫基本政治平衡。

然而，臺灣的部分人群對於「九二共識」中所包含的「一個中國」存在異見，並不斷地質疑、反對「九二共識」，甚至否定「九二共識」的存在。陳水扁曾在2006年4月公然否定「九二共識」，並在2010年10月稱「一中各表的九二共識是史上最大騙局」。為抹殺「九二共識」的歷史地位，「臺獨」群體創造了「九二精神」、

「九六共識」、「臺灣共識」等概念，認為「九二共識」是「沒有共識的共識」，1992年只有「對話、交流、擱置爭議的九二精神」，云云。事實證明，「九二共識」已經經受了上述形形色色的「假概念」、「假共識」的衝擊，已經成為兩岸公權力機關和絕大多數人民的共識。但是，質疑和否定「九二共識」聲音的出現，除了「臺獨」意識型態的原因，「九二共識」自身內涵的模糊也是誘因之一。對「九二共識」具體內涵的重述，使之在一個中國原則基礎上獲得進一步發展，成為理論創新的重要工作。

　　胡錦濤在2011年11月提出：「『九二共識』的精髓是求同存異，這體現了對兩岸間政治問題的務實態度。」這一表述豐富了「九二共識」的內涵，為構建對「九二共識」內涵的重述提供了政策依據。據此，「九二共識」形成了由本體論的九二共識和方法論的九二共識建構的雙重結構：在本體論上，「九二共識」體現為對某種政治共識的認可，即一個中國原則；在方法論上，「九二共識」以其達成的過程，表明了兩岸在形成共識上的方法和步驟，即「求同存異」的協商精神。事實上，胡錦濤曾在2009年4月提出過「建立互信、擱置爭議、求同存異、共創雙贏」的「十六字方針」，表達了兩岸間「求同存異」和「務實」的思想。2011年11月的講話將這一思想填充進「九二共識」的內涵，既豐富了「九二共識」的內涵，使之更加符合兩岸關係的實際需要，又使得「求同存異」這一兩岸交往的基本方法論成為兩岸關係和平發展的原則之一。

　　涵義更加豐富的「九二共識」在本體論層次上是兩岸開展正常交往的政治前提，在方法論層次上則是兩岸開展交往和進行政治問題談判所秉持的具體方法。這種雙重結構的「九二共識」在對待「一個中國」的態度上堅守又不失靈活，在方法上求同而不避存異，使得兩岸關係不至於陷入抽象的、不必要的概念之爭，為兩岸關係和平發展奠定了政治基礎。

（三）「一個中國」框架的思考

「一個中國」具體涵義及其在兩岸關係互動中使用方式的爭議，是兩岸間的核心爭議之一。「九二共識」形成後，「一個中國」的具體涵義已經在求同存異的基礎上，經由「各自表述」的方式獲得瞭解決，但「一個中國」在兩岸關係互動中的使用方式則處於不斷發展和變化的狀態。1995年1月「江八點」發表之前，「一個中國」被視為兩岸關係的一項「前提」，是否承認一個中國原則構成了兩岸交往的前提性條件。「江八點」明確了一個中國原則的提法，直到在中共十六大報告，「原則」都與「前提」一道同時修飾「一個中國」。一般而言，「原則」與「發展兩岸關係」、「實現和平統一」等實體性內容相聯繫，而「前提」則多與兩岸協商等程序性內容相聯繫。中共十六大後，「原則」的提法幾乎全面取代「前提」，這一變化意味著一些與政治無關的經濟、社會和文化議題，可以不涉及「一個中國」的政治涵義。錢其琛在2003年紀念「江八點」八週年座談會的講話，也印證了上述觀點。

「一個中國」從「前提」到「原則」的蛻變，表明「一個中國」從兩岸關係的「準入」規則變為「排除」規則，即「一個中國」轉變為兩岸關係的底線性規則，只要不違反「一個中國」，即便不提「一個中國」，兩岸關係也可以照常發展，不受影響。2008年12月31日，胡錦濤提出「兩岸在事關維護一個中國框架這一原則問題上形成共同認知和一致立場」，首次用「框架」來修飾「一個中國」。隨後，「框架」同「原則」一道成為大陸經常使用的表述。2012年7月28日，賈慶林提出「一個中國框架的核心是大陸和臺灣同屬一個國家」，對於「一個中國框架」的內涵做出了明確的說明。中共十八大報告繼續肯定了「框架」與「一個中國」的聯繫，使用了「兩岸……增進維護一個中國框架的共同認知」的表述。從「原則」到「框架」的轉變，進一步擴大了「一個中國」的外延，使之從「排除」規則轉變為「背景」規則，亦即「一個中

國」構成了兩岸關係的一種背景，只要不突破「一個中國」的框架，兩岸可以依據具體情況開展務實合作和交往。

更為重要的是，賈慶林提出：「兩岸從各自現行規定出發，確認這一客觀事實，形成共同認識，就確立、維護和鞏固了一個中國框架」，從兩岸法律制度「一中性」的角度論述「一個中國框架」，並獲得連戰的回應，凸顯了「一個中國」框架所蘊含的法治思維。以「一個中國」框架為基礎，依法治臺和以法促統的統一臺灣新戰略有了足夠的話語資源和政策依託。

（四）兩岸政治關係定位的論述

「國家」和「主權」是兩岸關係的癥結所在，由此導致兩岸在政治關係定位問題上至今未達成共識。過去，兩岸雖在各自內部宣示對兩岸政治關係定位的觀點，但在兩岸交往中均採取了迴避策略，避免兩岸政治關係定位問題阻礙兩岸交往。然而，隨著兩岸關係和平發展的日益深入，兩岸公權力機關的接觸與合作困境、兩會協議的實施問題、兩岸合作領域和事務的深化問題等，都已經觸碰到政治關係定位的問題。單純地迴避策略已經無法因應兩岸交往的需要，也容易使得兩岸關係和平發展永遠停留在事務性合作的層面。可以說，兩岸政治關係定位問題已經成為影響兩岸事務性合作的阻滯性因素。十六大以來，大陸方面在兩岸政治關係定位上形成了比較完整的表述和解決思路，為兩岸解決政治關係定位問題創造了條件。

胡錦濤在2008年12月31日的講話中提出，「1949年以來，大陸和臺灣儘管尚未統一，但不是中國領土和主權的分裂，而是上個世紀40年代中後期中國內戰遺留並延續的政治對立，這沒有改變大陸和臺灣同屬一個中國的事實。兩岸復歸統一，不是主權和領土的再造，而是結束政治對立」，「為有利於兩岸協商談判、對彼此往來作出安排，兩岸可以就在國家尚未統一的特殊情況下的政治關係展

開務實探討」。這一論述用「政治對立」的關係描述了兩岸政治關係的實質，因而可以稱之為「政治對立論」。「政治對立論」表明，兩岸關係的本質與「領土」、「國家」和「主權」等因素沒有關係，而是因歷史原因而產生的一國內政治對立關係，兩岸政治關係定位的任務因而是結束此種政治對立關係。根據政治對立論，所有試圖從「國家」、「主權」角度定性兩岸關係的提法和理論都是不符合兩岸關係現狀和兩岸根本利益的，也無助於兩岸政治對立的結束。政治對立論同時也為結束兩岸的政治對立提供了思路。根據胡錦濤的論述，兩岸政治關係定位應當作為一項兩岸間政治協商的議題，由兩岸在平等基礎上，透過務實探討加以解決。這種議題化的解決思路體現了大陸的最大善意與誠意，也體現了對於臺灣方面的充分尊重。中共十八大報告繼續肯定了這一議題化的思路，提出兩岸可以就國家尚未統一情況下的政治關係，作出合情合理的安排。

政治對立論和議題化的政治關係定位解決思路，為在「一個中國」框架下解決兩岸政治關係定位的棘手問題，提供了可依循的路徑，為兩岸政治關係定位的解決開闢了可預期的前景。

（五）海峽兩岸和平協議的構想

透過達成和平協議結束政治對立，確認政治對立各方的權利義務關係，實現政治對立各方關係的正常化，是各國解決國家統一問題的通行做法。德國、韓朝和塞浦路斯等國家都曾運用處於政治對立的雙方簽署協議的方式，實現關係正常化或至少結束敵對狀態。中國在1950年代也曾透過中共與西藏地方政府簽署和平協議的做法，實現了西藏的和平解放。2007年10月，中共十七大報告鄭重呼籲兩岸「在一個中國原則的基礎上，協商正式結束兩岸敵對狀態，達成和平協議」，從而首次在大陸官方文件上提出了「和平協議」的主張。中共十八大報告提出「協商達成兩岸和平協議，開創兩岸

關係和平發展新前景」,既繼續肯定了十七大報告所提出的「和平協議」主張,又將和平協議作為「開創兩岸關係和平發展新前景」的必要條件,因而提升了和平協議的重要意義。

綜合中共十七大以來有關和平協議的論述,大陸方面所主張的和平協議主要有著以下三個方面的特點。第一,和平協議是結束兩岸敵對狀態的規範性文件,即和平協議應當有助於構建兩岸軍事互信機制。兩岸當前仍未正式結束敵對狀態,互相保持著一定數量的軍事存在,這種由內戰所延續的敵對狀態顯然不利於兩岸關係和平發展。中共十八大報告提出:「商談建立兩岸軍事安全互信機制,穩定臺海局勢;協商達成兩岸和平協議,開創兩岸關係和平發展的新前景。」建立兩岸軍事互信機制,消除兩岸戰爭威脅,維護臺海地區的和平穩定,是和平協議的直接目的,和平協議因而是兩岸和平的法理確認,也是兩岸共同維護中華民族共同安全利益的制度保障。

第二,和平協議的達成代表著兩岸內戰狀態的結束,簽署和平協議因而要求兩岸摒棄內戰思維,建立政治互信。儘管內戰已經結束60餘年,但內戰思維對於兩岸關係仍有著根深蒂固的影響,體現為兩岸政治互信的缺乏和兩岸因互不承認對方憲制性規定而產生的承認爭議。內戰思維導致兩岸交往仍存在政治芥蒂,因而限制了兩岸正常交流和合作。和平協議的簽署,必然是兩岸高度政治互信的產物,而這就要求兩岸摒棄陳舊的內戰思維,以互信互諒、相互尊重和求同存異的態度包容對方。因此,關於和平協議的思想與「十六字方針」中的「建立互信、擱置爭議」一道,共同體現了構建兩岸政治互信的主張。

第三,和平協議又構成兩岸關係和平發展框架的憲制性規範。兩岸關係和平發展框架是以制度和法律為主體的框架,構建兩岸關係和平發展框架因而需要具有憲制性特徵的規範加以統領,和平協

議無疑是兩岸的最佳選擇。因此，和平協議不僅是確認兩岸結束過去敵對歷史的協議，而且應承擔兩岸關係和平發展新前景的建構任務。這一點也為中共十八大報告所肯定。和平協議完全可以成為構建兩岸關係和平發展框架的憲制性規範，在構建兩岸法制和實現兩岸法治的歷史進程中，承擔起根本性協議的歷史責任。

（六）「寄希望於臺灣人民」的方針

臺灣人民在兩岸關係和平發展和最終實現祖國統一中的地位與作用一向為大陸所重視。早在1979年《告臺灣同胞書書》中，大陸方面就提出了「寄希望於臺灣人民」的重要方針。十六大以來，中共提出貫徹「寄希望於臺灣人民」決不改變的方針，形成了一系列創新性的論述。

2005年3月4日，胡錦濤提出，臺灣同胞是我們的骨肉兄弟，是發展兩岸關係的重要力量，也是遏制「臺獨」分裂活動的重要力量，並提出「貫徹寄希望於臺灣人民的方針決不改變」的主張。2007年中共十七大報告提出了「十三億大陸同胞和兩千三百萬臺灣同胞是血脈相連的命運共同體」的「命運共同體論」。2008年12月31日，胡錦濤提出：「實現中華民族偉大復興要靠兩岸同胞共同奮鬥，兩岸關係和平發展新局面要靠兩岸同胞共同開創，兩岸關係和平發展成果由兩岸同胞共同享有。」以上論述，都深刻地體現了臺灣同胞與大陸同胞密切、平等的關係，反映了臺灣同胞在兩岸關係和平發展中的主體性地位。中共十八大報告又在「命運共同體論」的基礎上，增加了「兩岸同胞同屬中華民族」的表述，在中華民族的層次上建構兩岸人民的認同，更加明確了臺灣人民在兩岸關係和平發展中的主體性地位。

結合十六大以來的重要論述，貫徹「寄希望於臺灣人民」的方針，具體體現在三個方面：第一，對於那些長期以來反對「臺獨」、贊同兩岸關係和平發展的人士要加強聯繫和團結，以鞏固兩

岸關係和平發展的社會基礎；第二，對於過去因各種原因對大陸缺乏瞭解甚至存在誤解、對兩岸關係持有疑慮的臺灣同胞要團結，以最大的包容和耐心加以化解和疏導，擴大兩岸關係和平發展的社會基礎；第三，對於那些曾經或正在持「臺獨」主張的政黨和人士，只要不主張「臺獨」、認同一個中國，都可以與之進行交往、對話和合作。以上三個方面可以說幾乎覆蓋到臺灣的所有群體，呼籲臺灣各屆，尤其是對兩岸關係和平發展和一個中國原則持不同意見的政黨與團體，共同致力於兩岸關係和平發展，體現了大陸貫徹「寄希望於臺灣人民」方針的極大誠意。

　　貫徹「寄希望於臺灣人民」的方針，需要理解和包容臺灣人民在長期歷史實踐中形成的「臺灣意識」。由於「臺灣意識」曾經被「臺獨」分裂勢力作為「中國意識」的對應表述，用於製造「文化臺獨」、「去中國化」等運動，並被一些「臺獨」學者用於論證所謂「臺灣主體性」，因而被一度認為是一種「臺獨」意識，受到大陸方面的批判。將「臺灣意識」等同於「臺獨意識」是不全面的，在一定程度上傷害了臺灣同胞的感情。理性看待「臺灣意識」，客觀、全面認識「臺灣意識」在臺灣社會的重要作用，是貫徹「寄希望於臺灣人民」方針的重要環節，也是構建兩岸關係和平發展框架的重要組成部分。2008年12月31日，胡錦濤明確提出，「臺灣同胞愛鄉愛土的臺灣意識不等於『臺獨』意識」，首次在大陸官方政策上為「臺灣意識」正名。2009年7月，賈慶林又提出，「臺灣同胞因近代以來特殊的歷史遭遇和形成的臺灣意識，反映的是愛鄉愛土的熾熱情懷和自己當家做主的樸素願望，這與圖謀分裂中華民族的所謂『臺獨』意識有著本質區別，不容歪曲和利用」，嚴格區分了「臺灣意識」和「臺獨」意識，並批判了「臺獨」分裂勢力歪曲「臺灣意識」的行為。重新詮釋「臺灣意識」，充分照顧到臺灣人民的感情，因而對於貫徹「寄希望於臺灣人民」方針有著特殊的重要意義。

以上六個方面從理論上概括了十六大以來中共對臺工作理論創新的主要成果，是中共立足於臺海局勢的實際情況所做出的務實決策，構成兩岸關係和平發展重要思想的主要內容，為推動兩岸關係和平發展奠定了理論基礎。

二、成就：兩岸關係和平發展新局面的開創與鞏固

十六大以來，以兩岸關係和平發展重要思想為主要內容的中共對臺工作理論創新成果，立足於兩岸關係的實際情況，採取了務實的措施，因而在推動構建兩岸關係和平發展框架、開創兩岸關係和平發展新局面方面，取得了實際的效果。總體而言，在中共對臺理論創新成果的指導下，兩岸關係和平發展取得了以下五個方面的成果。

（一）《反分裂國家法》與依法治臺框架的形成

十六大以來中共對臺理論創新的重要特色是突出憲法和法律在處理兩岸事務中的重要作用，法律規範、法學理論和法治思維在「遏制『臺灣法理獨立』」、構建兩岸關係和平發展框架方面起著重要的作用。在此方面，《反分裂國家法》以及由此所奠定的依法治臺框架，是中共依法處理兩岸關係和對臺事務思想的代表性成果。

臺灣問題和兩岸關係過去被認為主要是政治問題，因此，政治和軍事手段常常被用於處理兩岸關係，憲法和法律的作用並未獲得凸顯。但是，法律在臺灣問題和兩岸關係中起著重要的作用。這一方面體現為「法理臺獨」是「臺獨」的主要形式，又體現為法律可以為遏制「臺灣法理獨立」、推動兩岸關係和平發展提供規範上保障。隨著臺灣內部政治局勢的不斷分化組合，尤其是1990年後臺灣

當局以「憲政改革」作為推動臺灣「本土化」、「法理獨立」的主要工具，憲法和法律對於應對和處理臺灣問題的重要意義被逐漸發掘，因此，「以法促統、依法統一」的統一臺灣新戰略得以形成。在這一思維的指導下，制定涉臺基本法律、構建依法治臺的法律框架成為對臺工作的主要任務之一。

2005年3月14日，十屆全國人大三次會議透過《反分裂國家法》，用法律的形式肯定了一個中國原則，規定用「一國兩制」解決臺灣問題的方式，以規範形式列舉兩岸商談的主要議題以及以非和平方式解決臺灣問題的條件和程序。從內容來看，《反分裂國家法》的大部分內容都在政策層面上有所體現，一些規定曾經以領導人講話、政策文告的形式表現於外。從涉臺政策的角度而言，並未體現出多少新意。然而，《反分裂國家法》雖然在具體內容上以確認已有政策成果為主，並非著力於觀點、主張的創新，但其表徵著中共對臺思維的重大創新，即從以政策為核心的治臺思維轉向以法律為核心的治臺思維，代表著大陸方面依法治臺法律框架的形成。目前，《反分裂國家法》起著大陸方面涉臺立法體系中基本法律的角色，構成大陸依法治臺法律框架的核心。

《反分裂國家法》的制定，代表著大陸方面涉臺立法的起步。由於大陸方面涉臺法律的起步晚於臺灣涉大陸事務「立法」活動，因而較之臺灣以「兩岸人民關係條例」為核心的涉大陸事務有關規定，大陸方面涉臺立法的數量偏少。但是，隨著依法治臺思維的形成，大陸方面的涉臺立法已經逐漸展開。除《反分裂國家法》外，大陸方面在兩會協議實施、大陸居民赴臺旅遊、「陸資入島」、保障臺商和臺灣民眾正當權益以及臺商投資地區保障等方面加強立法工作，不僅在數量上有所增多，立法規格和立法技術也有所提高。可以說，大陸方面涉臺立法已經初具規模，豐富了依法治臺法律框架的內容，也構成了兩岸法制的重要組成部分。

（二）兩岸事務性商談的造法功能凸顯與兩會協議實施機制的形成

兩岸經由授權民間團體進行的事務性商談是兩岸在國家尚未統一前開展交往的制度安排。自1990年代初，兩岸分別授權民間團體海協會和海基會就兩岸交往中的事務性問題開展商談，兩會框架因而成為兩岸在公權力機關尚未建立聯繫管道之前開展交往的主渠道。2008年後，兩岸事務性商談實現常態化和制度化。兩岸事務性商談的成果，在規範層面上體現為兩會協議。兩會協議以規範形式確認了兩岸關係和平發展的成果，又透過以其規範性保障兩岸關係和平發展，因而已經成長為兩岸交往的主要規範淵源。截至2012年底，兩岸已經透過兩會框架簽署二十餘項協議，涉及兩岸民眾關心的「三通」、大陸居民赴臺旅遊、食品安全、金融監管、經貿合作、醫藥衛生合作以及部分行政性合作事務。兩會協議不僅已經在數量上獲得累積，而且已經在經貿合作領域形成了以《海峽兩岸經濟合作框架協議》（ECFA）為核心的協議體系，在實現兩會協議體系化上進行了初步嘗試。更為重要的是，兩岸在兩會協議制定和實施的實踐中，推動兩會框架成為兩會協議的主要造法機制，並對兩會協議的實施機制進行了探索。

兩岸關係和平發展的不斷深化，推動兩會框架從兩岸事務性商談機制向著兩岸間造法機制轉變。根據兩岸設立海協會和海基會的初衷，是為了「協助有關方面促進海峽兩岸各項交往和交流」（海協會章程第二條），「協調處理臺灣與大陸地區人民往來有關事務」（海基會章程第二條）。在實踐中，兩會構成了兩岸在公權力尚未建立直接聯繫情況下的兩岸交往主渠道，兩岸有關方面主要透過兩會框架開展對話與溝通。2005年以來，兩岸先後建立起「兩岸經貿論壇」為典型代表的多元交流平臺，兩岸主要政黨之間也建立起黨際交流平臺，因而兩會框架作為兩岸間對話與溝通平臺的功能不再具有不可替代性。2008年後，兩會協議又為實施兩會協議創設

了聯繫機制，進一步弱化了兩會框架在兩岸交往的具體事務中的作用。因此，兩會框架在構建兩岸關係和平發展框架中的功能，更加接近於兩岸兩會協議的造法機制，亦即透過兩會框架，將兩岸互信和共識予以規範化，透過兩會協議的規範性特徵，體現兩岸共識，表達合作意願，規定合作程序，對兩岸交往行為進行規範控制。

與兩會框架造法性功能凸顯相應的，是兩岸透過兩會協議所創設的聯繫機制，對構建兩會協議的實施機制進行了初步探索。根據兩會協議的文本，聯繫機制主要有三種方式。第一種方式是兩岸授權專門性民間團體，從事與協議有關的聯繫事務，如《海峽兩岸郵政協議》第十條規定，本協議議定事項，由海峽兩岸郵政交流協會與財團法人臺灣郵政協會相互聯繫，此兩協會並非是如海協會和海基會的綜合性民間團體，而是專為兩岸郵政事務合作設立的專門性民間團體。《海峽兩岸關於大陸居民赴臺灣旅遊協議》、《海峽兩岸空運協議》、《海峽兩岸海運協議》等均作出了類似安排。第二種方式是由兩岸業務主管部門指定的聯絡人進行聯繫，如《海峽兩岸漁船船員勞務合作協議》第九條規定，本協議議定事項，由雙方業務主管部門指定的聯絡人相互聯繫實施。此種聯繫機制拿掉了兩岸公權力機關的「民間白手套」，由公權力機關直接主導兩會協議的實施。第三種方式是由兩岸組成共同機構，由該共同機構負責實施兩會協議規定的有關事務。目前，只有ECFA設立的兩岸經濟合作委員會屬於第三種方式。由於兩岸並未形成「超兩岸」的共同管制機構，因而兩岸經濟合作委員會的實質是聯繫主體的建制化，亦即透過一個兩岸間共同機構來替代傳統的兩岸「點對點」聯繫機制。以上三種方式，與其說是對聯繫機制的類型化結果，不如說是對兩岸具體事務性合作機制不斷深化和發展的描述。三種方式的迭次累進，代表著兩岸在不同發展階段的交往深度，體現了兩岸間的事務性合作不斷深化、合作互信不斷累積的成果。

（三）兩岸雙向多元經濟合作格局的形成

擴大兩岸經貿交往，深化兩岸經濟合作，是構建兩岸關係和平發展框架的重要步驟。構建兩岸關係和平發展框架遵循「由經到政、由易到難」的發展軌跡，兩岸經濟領域的交往與合作，因而成為兩岸擴大交往、累積互信，進而透過經濟對於政治的影響作用推動兩岸政治性合作的關鍵步驟。同時，兩岸經濟合作為兩岸人民帶來切實利益，對於提振臺灣經濟、擴大臺灣就業有著重要作用，也成為「寄希望於臺灣人民」方針的具體體現形式。更進一步，兩岸經貿交往透過對臺灣人民福祉的關照，以滿足臺灣民眾現實利益的方式，增強臺灣民眾對兩岸關係和平發展的認同度，因而有利於在經濟層面構築兩岸關係和平發展的認同基礎。十六大以來，兩岸經貿交往從2008年前的以臺資向大陸流動、大陸向臺灣釋放惠臺措施為特徵的單向流動關係，逐漸向著雙向多元的格局發展。2008年以來，兩岸以「為兩岸人民謀福祉」為共同願景，推動兩岸雙向多元經濟合作格局的形成。

第一，重大惠臺措施頻繁公布，「寄希望於臺灣人民」的方針在經濟領域得以貫徹落實。2008年之前，大陸在兩岸關係大波折時期公布臺灣部分農產品免稅進入大陸市場、逐步放開大陸商業服務領域投資和金融市場等重大惠臺措施，不僅刺激了兩岸經貿往來，滿足臺灣民眾的經濟利益需求，而且在經濟層面有力地支撐了「反獨」鬥爭的開展。2008年後，兩岸經貿往來重新熱絡，大陸方面重大惠臺措施借助重大論壇性活動、領導人會見、兩會事務性商談等途徑常態化、規模化公布，為兩岸經濟合作提供了持續動力。重大惠臺措施的頻繁公布，推動「寄希望於臺灣人民」的方針從政策層面的宣示落實為具體的行動，也使得臺灣民眾在經濟層面上看到了大陸的誠意，對於強化兩岸經貿聯繫、增進兩岸互信和支持臺灣內部「反獨」力量都頗有裨益。

第二，ECFA獲得簽署和實施，兩岸在世界貿易組織（WTO）原則下的經濟合作進入新階段。兩岸在2001年先後以不同名義加入

WTO，成為WTO的正式成員。但在2008年前，兩岸正常經貿往來因政治原因未能開展。2008年後，隨著兩岸政治局勢好轉，建立制度化的兩岸經濟合作框架，推進兩岸經濟關係正常化，成為大陸的一項重要對臺決策。胡錦濤在2008年12月31日的講話中明確提出：「我們期待實現兩岸經濟關係正常化，推動經濟合作制度化……兩岸可以為此簽訂綜合性經濟合作協議，建立具有兩岸特色的經濟合作機制。」2010年6月29日，兩岸透過兩會框架簽署ECFA，本著WTO基本原則，建立兩岸經濟合作機制，以逐步減少或消除彼此間的貿易和投資障礙，創造公平的貿易與投資環境。ECFA以及以ECFA為核心的兩岸經貿協議體系為建立有利於兩岸經濟繁榮與發展的合作機制提供了規範依據。

第三，「陸資入臺」順利實現，兩岸經貿交往實現雙向互動。歡迎、鼓勵和保障臺商在大陸投資，是大陸自1981年「葉九條」以來的重要對臺經濟政策。1988年大陸方面透過《關於鼓勵臺灣同胞投資的規定》後，臺商赴大陸投資的規模持續擴張。與此同時，臺灣方面一再公布諸如「戒急用忍」、「南向」等限制臺商赴大陸投資的政策或政策傾向，未開放陸資赴臺投資的空間。因此，兩岸資本流動長期存在著從臺灣流向大陸的單向流動關係。2009年4月26日，兩岸透過兩會框架就陸資赴臺達成共識，提出雙方應秉持優勢互補、互利雙贏的原則，積極鼓勵並推動大陸企業赴臺考察、投資。「陸資入臺」的共識形成後，兩岸業務主管部門各自完成相關立法和修法的準備工作，推動「陸資入臺」共識的順利實施。儘管「陸資入臺」仍然受到一些限制，而且大陸企業赴臺灣投資的意願也並不強烈，投資規模因而有限，但「陸資入臺」畢竟改變了兩岸經濟合作中資本單向流動的狀況，實現了兩岸經貿交往的雙向互動。

第四，兩岸加強措施保障投資者權益，臺商在大陸投資在規模和層次上進一步提高，大陸大力開展臺商投資區建設。受兩岸關係

和平發展有利局勢的影響，臺商在大陸投資的獲批項目和大陸實際利用臺資金額都呈現出增長的態勢，大陸企業在臺亦開展投資經營活動。兩岸投資者權益保障問題成為兩岸關注的重點問題之一。2012年8月9日，兩岸透過兩會框架簽署《海峽兩岸投資保護和促進協議》，共同保護兩岸投資者權益，促進相互投資，創造公平投資環境。同日，兩會達成《海峽會與海基會有關〈海峽兩岸投資保護和促進協議〉人身自由與安全保護共識》，對保護兩岸投資者和相關人員的人身自由與安全保護作出了具體的制度安排。隨著兩岸經濟合作的持續熱絡，臺商在大陸投資的範圍，從過去以勞動力、原材料投入為主的產業，轉向高科技、高附加值的產業，且已經涉及農業、服務業、教育產業等原來臺資較少涉及的產業。與此同時，大陸方面公布了大量優惠措施，支持和鼓勵臺商投資，尤其是大力開展臺商投資區建設。中共十七大報告提出：「大陸方面支持海峽西岸和其他臺商投資相對集中地區經濟發展」，推動了臺商投資區建設的發展與繁榮。以福建平潭綜合實驗區為代表的部分臺商投資區除繼續以優惠政策和地域優勢吸引臺商投資外，還透過加強制度建設，創造良好的制度環境吸引臺商投資。除此以外，臺商投資區的種類從過去單純的工業投資區，向著農業、文化產業等多元格局轉變。

在構建兩岸關係和平發展框架與「寄希望於臺灣人民」方針的指導下，兩岸經貿往來和經濟合作呈現出多元化、雙向性、制度化的樣態。兩岸雙向多元經濟合作格局的形成，滿足兩岸民眾最根本的現實利益，也為兩岸關係和平發展奠定了經濟基礎。

（四）兩岸全方位交流的開展

十六大以來，在一系列務實對臺政策的基礎上，兩岸交往日益頻繁。兩岸交往在十六大以來主要呈現出三個方面的特徵：第一，臺灣內部政治力量出現分化，反對「臺獨」和支持兩岸關係和平發

展的政黨與中國共產黨開展常態化的黨際交流；第二，兩岸民間交往持續升溫，借助旅遊、就學、就業、商務活動等途徑，兩岸普通民眾獲得了空前的交往機會；第三，兩岸公權力機關開始借助各種方式進行嘗試性接觸，成為兩岸交往的新形式。總體來說，兩岸已經形成了從政黨到公權力機關，從精英人士到普通民眾的全方位交流格局。

第一，兩岸黨際交流常態化。由於歷史原因，兩岸關係一度被認為是兩黨關係的延伸，國共兩黨的交往因而是兩岸交往最為早期的型態。但因1990年代開始的「憲政改革」，臺灣當局曾在1990年代初期聲明不再與大陸方面開展「黨對黨談判」，兩岸公開的黨際交流因而中斷。2005年4月，時任中國國民黨主席的連戰訪問大陸，重新開啟兩岸黨際交流。目前，中國共產黨與臺灣主要的反「臺獨」政黨開展過黨際交流活動，民進黨透過高層級黨員以個人身分訪問大陸的方式，也曾與中國共產黨開展過黨際交流。兩岸經貿論壇、重要國際會議與論壇、重大民間活動等場合，已經成為兩岸黨際交流的重要渠道，兩岸黨際交流已經實現了常態化。兩岸黨際交流，尤其是國共兩黨領導人會見的場合，已經成為兩岸互相釋放重大訊息、宣布促進兩岸交往重大新政策的途徑。

第二，兩岸普通民眾的社會文化交流日常化。2008年以來，兩岸民眾受臺海局勢緩和與兩岸關係和平發展的影響，相互之間的社會文化交流日盛。2008年6月，海協會和海基會復談伊始，就簽署了《海峽兩岸關於大陸居民赴臺灣旅遊協議》，開啟大陸居民赴臺旅遊熱潮。隨後，臺灣方面又分期開放大陸主要城市居民個人赴臺旅遊，為大陸居民深度瞭解臺灣提供了契機。2008年12月以來，兩岸透過兩會框架簽署海運和空運協議，實現兩岸直航和兩岸「三通」，極大便利兩岸人民往來。2010年8月，臺灣當局開放大陸學生赴臺大專院校就學，有限度地承認臺生在大陸所獲得的學歷，為兩岸教育交流開闢了新的空間。除此以外，兩岸文化交流日益升

温。兩岸各自保存的中華優秀文化成果獲得交流機會，為兩岸人民所共同欣賞。原來被視為「禁區」的臺灣少數民族文化和臺灣鄉土文化，在重新詮釋的「臺灣意識」指導下，得以走進大陸，一些反映臺灣社情民意的優秀作品不僅風靡臺灣，也為大陸人民所歡迎。

第三，兩岸公權力機關開始嘗試性接觸。由於兩岸至少尚未公開承認對方制定的憲制性規定，因而也否定對方依據其憲制性規定建立的公權力機關。隨著兩岸交往的不斷深化，合作事務已經不可避免地涉及公權力的使用，因而兩岸公權力機關的接觸已經不是是否需要的問題，而是如何接觸以及在什麼條件下接觸的問題。2008年以來，一些兩會協議已經出現由兩岸業務主管部門指定聯絡人的聯繫機制，為兩岸公權力機關在協議框架內進行接觸提供了規範依據。在一些兩岸尚未達成共識的事務中，兩岸公權力機關在「一中框架」下，遵循「求同存異」的原則，開展了嘗試性接觸，其中尤以兩岸海域執法事務為多。這些接觸性地嘗試為兩岸探索公權力機關合作模式提供了可資借鑑的經驗。

兩岸全方位交流的開展，在為兩岸民眾創造更多福祉和便利的同時，也增進了兩岸各方面的瞭解與互信，為兩岸關係和平發展奠定了良好的社會基礎。

（五）兩岸「外交休兵」與臺灣有序參加國際活動的初步實踐

兩岸之間因「主權」和「國家」等產生的政治分歧，集中體現在臺灣參加國際活動的問題上。對於臺灣以特定名義和特定身分參加國際組織的活動，大陸方面認為屬於「特殊安排，並不構成其他政府間國際組織及國際活動仿效的模式」。2002年11月，十六大報告將「臺灣在國際上與其身分相適應的經濟文化社會活動空間問題」作為兩岸「可以談」的議題之一，從而提出以協商方式解決臺灣參加國際活動的思想。這一表述在2005年3月被擴充為可以談「臺灣在國際上與其身分相適應的活動空間」，因而不再限於「經

濟文化社會活動空間」，而是包括「政治空間」在內。

　　但是，由「臺獨」分裂勢力所操控的臺灣當局，並未積極回應大陸的主張，而是執意擴展臺灣的所謂「國際空間」。1997年至2008年間，臺灣當局十二次以各種名義申請加入世界衛生組織（WHO），在2007年策動「入聯公投」，意圖「以臺灣名義加入聯合國」。這些舉動雖未獲成功，但嚴重損害了兩岸關係。必須承認的是，臺灣民眾對於參加國際空間有著迫切的需求，希望透過參加國際社會彰顯其主體性地位，並從國際組織體系中獲得切實利益。這與「臺獨」分裂勢力所主張的「臺灣主體性」和「臺灣的國際存在」有著本質的區別，理應獲得尊重和承認。再者，兩岸人民同屬中華民族，有著共同的民族情感和利益，有義務共同維護中華民族整體利益。2008年5月，臺灣領導人馬英九提出兩岸「外交休兵」的主張，提出：「兩岸不論在臺灣海峽或國際社會，都應該和解休兵，並在國際組織及活動中相互協助、彼此尊重」，「共同貢獻國際社會，而非惡性競爭、虛耗資源」。2012年5月，馬英九又提出：「兩岸關係的發展與我們國際空間的擴大，不但不必相互衝突，甚至可以相輔相成」，「希望在國際非政府組織中，兩岸能彼此包容、相互協助，讓這個良性循環的模式發揮更大的正面效益」。

　　「外交休兵」的主張符合兩岸共同利益和中華民族整體利益。根據「九二共識」以及兩岸政治關係定位的論述，大陸方面發展了「臺灣可以參加與其身分相適應的國際空間」這一思想，積極回應「外交休兵」主張。2008年12月31日，胡錦濤提出：「我們瞭解臺灣同胞對參與國際活動問題的感受，重視解決與之相關的問題」，「兩岸在涉外事務中避免不必要的內耗，有利於增進中華民族整體利益」，「對於臺灣參加國際組織活動問題，在不造成『兩個中國』、『一中一臺』的前提下，可以透過兩岸務實協商作出合情合理的安排」。在這一思想的指導下，兩岸在國際社會的合作逐漸增

多，而不必要的衝突和摩擦漸次減少。2009年1月，臺灣衛生部門受邀以觀察員的身分參加世界衛生大會（WHA），實現了臺灣加入國際衛生合作體系的願望。這一安排既充分體現兩岸共識，是在「一中框架」下的務實安排，又體現了對臺灣同胞參加國際衛生合作體系，以維護健康權利願望的尊重。2010年8月，臺灣以「臺澎金馬單獨關稅區」名義與新加坡在WTO框架內商簽自由貿易協議（FTA），走出了與外國發展制度化經貿關係的關鍵一步。對此，大陸方面以務實態度加以應對，因而並未加以阻撓。

由於臺灣參加國際活動的問題，涉及兩岸的根本政治爭議，因而不可能在短時期內經由若干具體事件而獲得完全解決。即便在兩岸「外交休兵」後，兩岸在此方面的摩擦亦時有發生。但是，兩岸在2008年後「外交休兵」的實踐，至少已經降低了臺灣出現類似於2007年「入聯公投」的事件的風險，也促使兩岸能夠務實思考臺灣參加國際活動的問題。無論是臺灣參加WHO／WHA，還是與外國商簽FTA，都表明臺灣已經開始謀求一種有序參加國際活動的途徑。大陸的應對之策，也表明兩岸以一種微妙的默契共同推動臺灣有序參加國際活動機制的形成。兩岸對臺灣有序參加國際活動的初步實踐，為兩岸在國際社會共存共榮，以及兩岸共同維護中華民族整體利益，提供了可資參考的制度化路徑，因而是構建兩岸關係和平發展框架的重要組成部分和重大實踐成果。

上述成就是十六大以來中共對臺工作理論創新成果指導之下具有代表性的部分成就。這些成就充分地證明，中共對臺工作的理論創新成果符合兩岸關係的實際情況，順應兩岸人民求和平、求發展，尤其是臺灣民眾求安全、求穩定的心理需求，對於兩岸關係和平發展具有重大理論意義和實踐指導意義。

三、展望：兩岸關係和平發展制度框架的完善

在回顧與總結十六大以來中共對臺工作的理論創新成果及其所取得成就的同時，也必須認識到，「臺獨」分裂勢力在臺灣仍有相當市場，雖遭嚴重挫折但仍是臺灣一支重要的政治力量。由於臺灣政治體制的原因，政黨輪替將成為臺灣政治生活的常態，偏向「臺獨」和對兩岸關係和平發展持消極態度的政黨或政治人物在臺重新執政因而只是時間問題。對此，兩岸既要把握住當前的戰略機遇期，大力推動兩岸關係和平發展，又要加強制度建設，完善兩岸關係和平發展框架，將制度建設作為兩岸關係和平發展的重點和關鍵，透過制度規約兩岸交往行為、透過制度遏制「臺獨」分裂勢力破壞或消極應對兩岸關係和平發展的行徑，為兩岸關係和平發展提供制度動力，為兩岸關係奠定永久和平和可持續發展的制度基石。

（一）務實探討「一中框架」下兩岸關係的政治定位和法理定位

兩岸儘管在政治互諒的基礎上，暫時擱置了政治關係定位的問題，但此一問題並非可以永久性地擱置下去。隨著兩岸事務性合作地持續深化，兩岸模糊處理政治關係定位的做法，已經在一定程度上產生了消極作用：其一，兩岸事務性商談進入深水區，需要兩岸公權力機關合作的事務不斷增加，必然涉及兩岸公權力機關的互動，而兩岸政治關係定位不明，將影響兩岸公權力開展合作的方式和程度；其二，事務性合作的深入，將極大觸及兩岸現行法律制度，產生立法、修法的效應，尤其是兩會協議在臺灣的法律屬性與地位，已經引起了島內不同力量的爭論，可以預見，此種爭論還將繼續和深化；其三，事務性合作的正當性不僅應寄託於民族大義和社會經濟利益，還應關照到兩岸民意，增強兩會協議和兩岸交往的民主性，如何在兩岸尚存在「承認爭議」時，汲取此種民主正當性，存在困難。由此可見，兩岸過去使用模糊話語擱置公權力機關地位和法律制度地位的做法，在實踐中遇到越來越多的障礙。兩岸關係和平發展實踐的客觀需求，要求兩岸在法理上說清楚彼此之間

到底是什麼關係、兩岸公權力機關到底應當如何開展交往、到底應當如何看待臺灣的法律制度等重大問題。

由於政治關係定位涉及兩岸敏感的政治神經，且涉及如何看待1946年「憲法」（即臺灣現行「憲法」）以及中華人民共和國與「中華民國」的關係等複雜問題，其涉及範圍甚至超公布灣問題的論域，因而對於兩岸政治關係定位的問題，應當慎之又慎，不宜輕動。為解決兩岸關係和平發展實踐的需要，不妨先從法理關係定位入手，將兩岸法理關係定位作為解決兩岸政治關係定位的中間性步驟。如是，既能夠解決兩岸關係和平發展所需，又能夠為兩岸積累政治互信和為政治關係定位提供話語素材奠定基礎。

兩岸法理關係定位，可以從兩岸法律制度的「一中性」中獲取資源。兩岸在對「一個中國」的闡述中，都借助了兩岸法律制度所蘊含的「一中性」資源。這是兩岸法理關係定位乃至於未來政治關係定位最可靠和最需倚重的資源。兩岸法理關係定位的提法，抓住兩岸法理制度中「一中性」的特點，妥善運用法律資源，將法律制度的「一中性」上升為兩岸關係定位的理據，有利於有效應對臺灣政治人物依憑臺灣現行「憲法」提出的各類觀點，也使得兩岸關係定位不再是理論上的「隔空喊話」和「概念之爭」，而是具有了明確性和穩定性的規範依據。兩岸法理關係定位的提法，也符合兩岸所共同認同的法治原則，有利於將兩岸政治共識法理化、規範化。1982年憲法和臺灣現行「憲法」都肯定了「一中性」的原則，是「九二共識」在法律制度上的表現形式。借助兩岸所共同認同的法治原則，臺灣現行「憲法」所確認的「一中性」，在臺灣有著最高的法律效力。對「九二共識」的堅持和認同，很大程度上轉化為對臺灣現行「憲法」所具有的「一中性」規範的遵守與執行。只要臺灣現行「憲法」的「一中性」規範不改，則臺灣試圖改變現狀和「一中性」的行動在臺灣都無法律依據。兩岸法理關係定位正是借助了法律規範對「一中性」的肯定，將法律規範的「一中性」與法

律規範（尤其是根本法規範）的效力結合起來，將兩岸達成的政治共識，在法理關係定位的框架內予以法理化和規範化。

兩岸在彼此關係定位問題上，不妨從兩岸法理關係定位出發，運用法律語言和法治思維務實探討兩岸的法理關係，並將之與兩岸的法律制度相結合，以透過憲制性規定和法律的規範效力與權威，為兩岸關係和平發展奠定穩固的法制基礎。

（二）構建「法治型」兩岸關係和平發展新模式

正如本文所概括的，兩岸關係和平發展已經取得了豐碩的成就。但是，必須清醒地認識到，兩岸關係和平發展的這些成就，受益於兩岸在2008年後有利的政治局勢頗多，因而2008年後的兩岸關係和平發展有著較強的「人治」特點。1995年後，兩會框架因「臺獨」分裂勢力的影響而遭到嚴重挫折，1999年李登輝提出「兩國論」後甚至處於全面停滯狀態。2008年後兩會框架的重啟與臺灣內部政治局勢發生有利於兩岸關係和平發展的變化有著密切的關係，否則兩會框架的前景的確難以預料。可以說，兩岸政策，尤其是臺灣領導人和主要政黨政策和觀點，對於兩岸關係和平發展都有著巨大而明顯的影響，甚至可以透過一人之力、一黨之力在根本上改變兩岸關係的良好局面，導致了兩岸關係和平發展的不確定性。這一「人治型」的兩岸關係和平發展模式亟需改變，以適合構建兩岸關係和平發展框架的需要。

改變「人治型」兩岸關係和平發展模式的關鍵，在於建立「法治型」的兩岸關係和平發展新模式，借由制度的穩定性，來弱化、消除兩岸關係和平發展的不確定性。十六大以來，尤其是2008年之後，大陸方面著力於實現兩岸事務性商談的制度化，將透過制度化的兩岸事務性商談，作為構建兩岸關係和平發展框架的重要組成部分。中共十八大報告倡導兩岸「促進平等協商，加強制度建設」，首次在黨的政治報告中將「制度建設」的提法引入兩岸關係中，一

方面肯定了制度建設在兩岸關係和平發展中的必要性，另一方面也確定了構建兩岸關係和平發展未來的建設方向。法治型的兩岸關係和平發展新模式，確保兩岸關係不因政治人物和政黨的更替或觀點變化而變化，從而降低兩岸關係和平發展對特定政治局勢的依賴，提高其必然性和穩定性。

「法治型」的兩岸關係和平發展新模式，需要兩岸法制作為其制度工具。構建兩岸法制的過程同時亦是構建「法治型」兩岸關係和平發展新模式的過程。兩岸法制，是對規範兩岸交往行為的各類規範性文件的總稱，包括兩岸各自域內規定兩岸事務的法律和兩岸透過兩會框架和其他機制形成的協議。兩岸法制經由兩岸在各自域內的涉兩岸事務立法活動，以及兩會協議的制定與實施活動，已經初具雛形，對於構建「法治型」兩岸關係和平發展新模式，規範和調整兩岸交往行為造成了重要的作用。然而，當前的兩岸法制距離「法治型」的兩岸關係發展新模式對於制度的需求，還有著相當的差距。尤為重要的是，當前的兩岸法制，無論是兩岸各自域內的法律，還是兩會協議，更多的是在「兩岸法制」這一概念統攝下，對兩岸「自發」造法行為的學理描述。兩岸事實上缺乏「自覺」的造法行為，以滿足構建「法治型」兩岸關係和平發展新模式對法律的需求。構建「法治型」兩岸關係和平發展新模式，需要兩岸以更加開放和積極的心態，從「自發地形成」兩岸法制轉變為「自覺地構建」兩岸法制，用法律的語言規避政治的爭議，用法律的權威克服政治的盲動，推動構建「法治型」兩岸關係和平發展新模式。

（三）形成跨海峽公民參與的治理結構

兩岸關係和平發展的正當性基礎主要來自於兩個方面：一方面，中國傳統文化中的「大一統」觀念，以及自古以來臺灣是中國領土一部分的認知，是兩岸關係和平發展的歷史基礎，由於歷史基礎與中華傳統文化息息相關，因而又可稱之為「文化基礎」；另一

方面，維護臺海地區穩定和兩岸人民的福祉構成兩岸關係和平發展的現實基礎，此種基礎與現實利益有著密切的關聯，因而又可稱之為「利益基礎」。這兩種正當性基礎在當前的實現方式主要是：歷史基礎被解讀為兩岸對於統一的民族情感和對「中國」、「中華民族」等符號的認同，因此，歷史基礎的實踐方式主要集中於對中華傳統文化的灌輸、宣傳以及對「一個中國」的反覆宣告；現實基礎則被理解為對兩岸民眾經濟利益的滿足，尤其是在當下兩岸關係背景下，現實基礎被簡化為大陸透過優惠政策向臺灣單方面的利益輸送。

以上兩個正當性基礎及其實現方式，在效果上不可謂不明顯。至少自2008年後，對「中華民族」、「九二共識」、「一中框架」等理論創新成果的運用，以及大陸一系列惠臺政策的公布，對兩岸關係和平發展造成了至關重要的推動作用。然而，在臺灣充斥「族群」、「省籍」議題的非理性政治場域中，上述實現方式能否持續，則相當令人質疑。以2012年臺灣「立法機構」選舉為例，從大陸惠臺政策中直接受益的一些選區並未在選情上發生正面變化，相反，藍營在幾乎所有的「大陸採購區」都遭遇了選票下滑的現象。同樣的，國民黨對於「九二共識」的堅持，在相當程度上也被選民理解為兩岸關係和平穩定的必要途徑，而「九二共識」在本體論層次上所具有的「一中性」意涵，則並未獲得臺灣民眾足夠的認可。因此，歷史基礎和現實基礎——或曰文化基礎和利益基礎——兩大兩岸關係和平發展的正當性基礎，實際上是非常脆弱和具有工具特徵的。慮及兩岸關係和平發展的前景，必須在繼續鞏固此兩項正當性基礎的同時，尋找其他的正當性基礎。

在此考量基礎上，將公民參與引入構建兩岸關係和平發展框架，為兩岸關係和平發展提供民主正當性，在實踐中具有重要意義。不可否認，兩岸當前的事務性商談以及其他方面的合作，具有比較濃厚的祕密政治特徵。除了公開進行的會談和協議文本，普通

民眾基礎無法知曉兩岸商談的過程，更無從參與和表達意願。公民參與的欠缺，在臺灣的政治體制下，已經顯現出弊端：幾乎每一個兩會協議在臺灣進行內部批准程序時，都會遭到「民主正當性」的詰問，甚至有島內政治勢力提出以「公投」形式批准諸如ECFA的兩會重要協議。臺灣領導人馬英九也提出，兩岸若簽署和平協議，應以「（臺灣）人民同意」和臺灣立法機關的「監督」為前提條件。而更為嚴重的後果，可能會導致兩岸關係和平發展的「劇場化」，即兩岸民眾成為兩岸關係和平發展的旁觀者，從而降低民眾對兩岸關係和平發展的支持度和接受度，反而削弱傳統的歷史基礎和現實基礎。

從兩岸關係和平發展的長遠計，有必要構建跨海峽公民參與機制，構建公權力主導、多元參與的兩岸多主體治理結構，允許和鼓勵普通民眾參加到兩岸關係和平發展的事業中來，強化兩岸關係和平發展的民主基礎。

四、結語

十六大以來，中共對臺工作的理論創新成果，可以用「實」字來加以概括，即立足臺灣海峽兩岸的實際情況、採取了有利於構建兩岸關係和平發展框架的務實措施、取得了兩岸關係和平發展的實際效果。中共對臺工作的理論創新成果，與十六大以來以胡錦濤為總書記的中共中共治國理政的風格是一致的，構成中國特色社會主義理論體系的重要組成部分。在新的歷史節點上，繼續堅持務實的兩岸政策，不作抽象的「概念之爭」、不為無謂的「話語之爭」，根據實踐需要不斷在理論上發展創新性成果，對於兩岸關係和平發展和祖國完全統一，具有重大而深遠的意義。

臺灣問題的憲法學思考

　　長期以來，海峽兩岸在臺灣問題上一直存在兩種不同的態度：一方面，臺灣當局不斷鼓噪「憲改」、「公投」等活動，以期實現「臺灣法理獨立」，「憲法」和「法律」已成為「臺獨」分子謀求「臺獨」的重要手段；另一方面，大陸政界、學界和普通民眾對臺灣問題的認識仍主要停留在政治層面，較少、甚至沒有從憲法和法律角度來思考臺灣問題。有鑒於此，我們極有必要從憲法學角度重新思考臺灣問題的屬性，並研究如何運用憲法和法律手段解決臺灣問題等重大現實問題。

一、「憲改臺獨」是「臺灣法理獨立」的主要形式

　　所謂「憲改臺獨」，是指「臺獨」分子透過憲法變遷方式實現其「臺獨」目的的活動。從憲法學一般原理而言，憲法變遷主要有「制憲」、「修憲」和「釋憲」三種方式。從臺灣的政治實踐看，這三種方式都已經、正在或有可能被「臺獨」分子運用於「臺灣法理獨立」活動。可以說，「憲改臺獨」是「臺灣法理獨立」的主要方式。

　　（一）「制憲臺獨」

　　「臺獨」分子一直將「制憲」作為其實現「臺獨」的法寶。早在1990年7月，民進黨即成立了以黃信介為召集人的「制憲運動委員會」。1991年6月，民進黨成立所謂「人民製憲會議籌備委員會」，並於1991年8月底透過所謂「臺灣憲法草案」。1991年10月，民進黨透過的「臺獨」黨綱將「制憲」作為民進黨的三大奮鬥目標之一。1994年2月，民進黨召開「第二次臺灣人民製憲會

議」，透過「臺灣共和國憲法草案」。在「制憲臺獨」活動中最具影響的是陳水扁為籌備2000年「總統」選舉而拋出的「憲政政策白皮書」，該「白皮書」將「臺獨」分子「制憲臺獨」的野心暴露無遺。2000年政黨輪替後，民進黨獲取執政地位，「制憲臺獨」活動從民間走向官方。陳水扁一方面承諾不改變現行「憲法」，另一方面配合選舉戰略，提出所謂催生新「憲法」的主張，擬出以「公投」為主要方式的「制憲」時間表，即「2006年共同催生新憲法，2008年正式公布實施」。

　　「臺獨」分子的「制憲臺獨」主要表現在「臺灣憲法草案」、「臺灣共和國憲法草案」和「憲政政策白皮書」三份文件中。「臺灣憲法草案」由第一次「人民制憲會議」透過，民進黨以此為藍本形成第二次「憲改」的提案。該草案共分十一章一百零八條，第一條即明確宣布「臺灣為民有、民治、民享之民主共和國，國名為臺灣共和國」，第四條規定「臺灣之領土包括臺灣本島、澎湖群島、金門、馬祖、附屬島嶼及國家權力所及之其他地區」，草案還主張「總統」直選，建立以「總統」為核心的政治體制，設立單一「國會」，廢除「五權憲法」等。「臺灣共和國憲法草案」由所謂第二次「人民制憲會議」在前述「臺灣憲法草案」基礎上完成。該草案共十二章一百一十三條，較「臺灣憲法草案」增加了序言和第九章「族群」，並宣稱「制憲」的目的是「創建獨立自主的現代國家」。1999年透過的「憲政政策白皮書」集中體現了民進黨的「制憲臺獨」主張。該白皮書要求「確立臺灣的『國家』地位」，更加「明確化臺灣的主權獨立國家地位」，主張將「中華民國」區域限定在「臺、澎、金、馬」地區，「建立臺灣的主體性」，將制定於大陸、並適用於全中國的1946年「憲法」，徹底轉變為適用在「島國臺灣」的「新憲法」。

　　除民進黨極力主張「制憲臺獨」外，「臺聯黨」等「臺獨」組織也拋出各自的「制憲」方案。「臺聯黨」首腦人物黃昭堂多次召

集或出席「制憲」會議，並親自草擬一份所謂「臺灣共和國憲法草案」，包括序言和正文八章，共六十八條。在序言中，黃氏認為，臺灣一直處於「殖民地」的獨裁統治之下，因此要制定「憲法」，建立一個「臺灣共和國」。「草案總綱」第五條宣稱，「臺灣共和國的領土是臺灣本島與其附屬諸島及澎湖諸島……」黃氏的「草案」同民進黨版「草案」在本質是相同的，都意圖以「制憲」為手段實現其「臺獨」圖謀。

在積極推動「制憲臺獨」的同時，「臺獨」分子還一再試圖撇清「制憲」與「臺獨」之間的關係。如林濁水認為，「國號、制憲跟統獨基本上都是不同層次的問題，甚至是三個層次的問題」，並假意提出所謂「臺灣正名公投制憲是否等於臺獨建國」的問題。儘管「臺獨」分子作出種種辯解，但他們所謂「制憲」與「臺獨」之間的關聯已十分清晰。

（二）「修憲臺獨」

就憲法學的一般原理而言，修憲權並不是無限的，必須以制憲權為基礎，若將應稱為自身存立之基礎的制憲權加以變更，則屬於所謂的自殺行為。因此，修憲不應觸動憲法的基本價值和精神，否則便不是憲法修改，而是憲法破棄。「修憲有界限說」也為臺灣絕大多數學者和司法界認同。

臺灣的「憲法」實踐雖然接受「修憲」有界限說，但在「憲改」過程中卻採取極端的「修憲」無界限說，將「修憲」當做「制憲」，對1946年「憲法」進行隨意的拆解和廢除。截至2007年年初，臺灣當局已經連續發動七次「憲改」，以修改「中華民國憲法」為名，行制定「臺灣憲法」之實。

第一，大量凍結1946年「憲法」條文，使1946年「憲法」幾成具文。在憲法正文後增列增修條文（或稱修正案），是各國修改憲法時採用的通行做法，透過修正案廢止某些憲法條文的適用也並無

不可。但臺灣「憲法」增修條文對原「憲法」條文的凍結，已到無以復加的地步。因為每個「憲法」增修條文均會凍結十幾條，甚至幾十條原「憲法」條款。經過七次「憲改」，1946年「憲法」的大多數條文被凍結，因而僅存一個空殼，並淪為臺灣政治體制的次要法源。

第二，「五權憲法」被破棄。「五權憲法」思想是孫中山先生憲法思想的精髓，也是1946年「憲法」的制憲指導思想之一。然而，在「臺獨」分子眼中，「五權憲法」是「外來的政治制度」，要反抗「外來政權」，必須先推翻「外來的憲法制度」。經過多次「憲改」，臺灣已經形成「總統」、「立法院」和「司法院」三權分立的模式，「五權憲法」遭到破棄。

第三，「憲政改革」將「中華民國憲法」「臺灣化」。從第一次「憲改」開始，「憲法」增修條文的適用範圍就被限定在所謂「自由地區」，並將大陸人民和「自由地區」人民分開規定，這實際上是以法律形式肯定「中華民國」治權限縮、兩岸分離的狀態。1946年「憲法」規定的地方制度也多被修改，尤其是第四次「憲改」將臺灣省精簡，被「臺獨」分子當作臺灣「國際法人格主體」凸現的重要步驟。

目前，由於1946年「憲法」的多數條文已被「憲法增修條文」廢止或凍結，因而1946年「憲法」在臺灣實際上已經停止適用。「臺獨」分子正是利用「憲改」，將一部制定於中國大陸，擬適用於全中國的「憲法」「臺灣化」。揭開「憲政改革」的面紗，我們可以發現，一部借「中華民國憲法」之屍，顯「臺灣憲法」之魂的「新憲法」已經浮出水面。

（三）「釋憲臺獨」

客觀而言，「臺獨」分子透過「制憲」和「修憲」途徑實現「臺獨」存在諸多困難。首先，國際上大多數國家不支持「臺獨」

分子,「臺獨」活動沒有「國際空間」;其次,島內政局複雜,各政治力量相互交織,形成能付諸「公投」的「制憲」或「修憲」提案十分困難;最後,也是最重要的一點,臺灣主流民意不贊同「臺獨」,而是希望維持兩岸現狀,保持臺海局勢穩定。在這種情況下,「臺獨」分子可能透過第三種「憲改」方式,即「釋憲」來實現「臺獨」,學理上可稱為「釋憲臺獨」。「釋憲臺獨」具有高度的隱蔽性、危險性和可能性,是一種需要特別警惕的「臺獨」活動。考慮到臺灣的「釋憲」體制是司法機關「釋憲」體制,因此,「釋憲臺獨」是指具有「釋憲權」的司法機關透過極其隱諱的方式,在司法個案中對臺灣「憲法」進行解釋,透過大量法律辭藻的包裝,最終宣告「臺灣獨立」。

根據1946年「憲法」及其增修條文,臺灣「司法院」掌有「憲法解釋權」。而司法權的「貴族」特性可以使「臺獨」分子繞開主流民意。按照憲法學界的主流通說,司法權的中立性、消極性和對法官待遇的制度性保障,使法官蛻變為與民眾保持一定距離的「貴族化群體」。司法權的「貴族」特性給了「臺獨」分子可乘之機,使他們可以繞過「公投」、「制憲」、「修憲」等機制,透過「貴族化」的司法途徑實現「臺獨」野心。

臺灣法律對「公投」、「修憲」、「國土變更案」等可能產生「臺獨」效果的途徑,設置了較高門檻,「臺獨」分子必須先取得「立法院」的特定多數支持,並聚合多數民意,才能透過上述途徑實現「臺獨」。但反觀「司法院大法官」解釋機制,其程序則要簡單得多;更為重要的是,「司法院大法官」借司法權的「貴族」特性,已經嚴重脫離臺灣主流民意,「臺獨」分子完全有可能透過「大法官」,以「釋憲」這種相對簡單的方式背離主流民意,最終實現「臺獨」。

如果說「制憲臺獨」和「修憲臺獨」已經引起大陸足夠重視的

話，「釋憲臺獨」這一極端隱祕的「臺獨」形式尚未為人關注。但是，「釋憲臺獨」並不是我們的主觀臆斷，而是有著充分的理論依據和事實依據。其一，臺灣學者形成了較為完備的「憲法解釋」學理論體系，足以為「釋憲臺獨」提供理論基礎；其二，「釋憲臺獨」理論性強，憲法學素養不足的人難以察覺，尤其是大陸尚缺乏嚴格意義的憲法解釋，「釋憲臺獨」的適用空間更大；其三，「司法院」在臺灣政治生活中占據重要地位，並借司法的權威性建立起自身權威，「大法官」儼然以「憲法守護神」自居，也曾多次介入政治糾紛，充當政治爭議的仲裁人；其四，已有臺灣學者開始研究透過「司法院」對兩岸關係進行定位的可能性，還有學者曾研究過臺灣在國外司法案例中的「國家」地位問題；其五，國際上亦有透過司法途徑解決國家統「獨」問題的先例，如兩德統一中，德國聯邦憲法法院發揮了積極作用；其六，目前，「司法院」已作出關於兩岸關係的「解釋」數十例，涉及「領土爭議」、「九二共識」的性質、臺灣之地位、福建省之地位、大陸人民出入境限制、任職限制等敏感問題。在個別案件的觸發下，統「獨」態度曖昧的「司法院」「大法官」可能會冒天下之大不韙，做出「臺獨」分子想幹，但不敢幹、幹不了的事情。

臺灣當局已經透過「憲法」和「法律」進行了長時間的「臺獨」活動，「憲法」和「法律」已成為「臺獨」分子謀求「臺獨」的工具和幌子。在這種情況下，我們應充分認識到臺灣問題是一個憲法問題，並拿起憲法這個武器，運用憲法學理論，揭露「臺獨」分子所謂「憲改臺獨」的真相。

二、臺灣問題的憲法屬性

政治是上層建築中各種權力主體維護自身利益的特定行為以及由此結成的特定社會關係的總和，主要表現為圍繞國家政權所展開

的各種行為。政治活動的主體，包括國家、階級、政黨、利益集團和政治人物，往往採取各種手段為其特定目的服務。我們說臺灣問題是政治問題，也是從這個意義而言的。政治與法律的最大區別在於，政治的主要特徵是非程序性和非理性，而法律要求人們服從合乎正義和理性的規則。探尋人類政治文明的發展規律可知，政治問題法律化是人類社會發展的必然趨勢，也是人類政治文明成果的結晶。中國已將「依法治國、建設社會主義法治國家」寫入憲法，依法執政已成為我們黨治國理政的基本形式，因此，在強調臺灣問題的政治屬性的同時，還應充分認識到臺灣問題的法律屬性，特別是要認識到臺灣問題的憲法屬性。

　　第一，臺灣問題實際上是新中國制定的憲法有效適用於臺灣的問題。根據憲法學原理和中國立憲實踐，憲法是立國的基礎，也是新政府實施有效統治的根據。而要一部憲法有效適用於某一地區，需要滿足兩個必要條件：其一，基於該憲法建立的政府在這一地區建立起有效統治；其二，該地區的人民認同這部憲法的正當性和效力。依此理論對照臺灣的實踐，我們可見，現行的1982年憲法並未有效施行於臺灣，原因有二：其一，大陸政府尚未在臺灣建立起有效統治。眾所周知，臺灣問題是中國內戰遺留問題，相對於大陸而言，臺灣實際上是未解放地區，臺灣長期游離於大陸政府的有效統治之外，政治體制與政治運行狀況與大陸迥異。其二，臺灣的大多數人並未認同1982年憲法的正當性和效力。由於大陸民主法治建設起步晚、底子差，在特殊歷史階段又曾發生過一些踐踏民主法治的事情，加之兩岸長期隔離和臺灣當局及「臺獨」分子的肆意歪曲，使大陸地區一些違反民主和法治原則的事情，在傳入臺灣過程中被過度渲染，因此，臺灣部分人對大陸施行的社會主義憲法存在不同程度的誤解和偏見，臺灣學界視施行於大陸的社會主義憲法為「語義憲法」，甚至聲言不討論所謂「共產黨國家的憲法」。在這種情況下，就更談不上認同1982年憲法的正當性和效力了。不僅1982年

憲法如此，1954年憲法、1975年憲法和1978年憲法也是如此。可以說，新中國製定的憲法從未有效施行於臺灣，這是兩岸關係在憲法和法律上的真實寫照。因此，臺灣問題是否得以真正解決的代表是現行的1982年憲法是否有效適用於臺灣。

第二，臺灣問題是臺灣現行「憲法」和新中國憲法之間的關係問題。臺灣目前施行的「憲法」最初制定於1946年，其後經歷多次修改。這部「憲法」早已因國民黨敗逃臺灣而在大陸失效，然而，它在臺灣仍繼續施行，至少在形式上充當著所謂「根本大法」。經過十餘年的「憲政改革」，這部憲法的精髓、要旨和絕大多數條款均已被廢止，但它像徵的「中華民國法統」仍然在形式上得以延續，臺灣當局的有效統治正是建立於1946年「憲法」及其增修條文的基礎上，其政治制度和政治實踐也均遵循該「憲法」的規定，臺灣人民也大多認同該「憲法」的「正當性」。因此，1946年「憲法」及其增修條文是有效適用於臺灣的「憲法」，這部「憲法」在臺灣的實效是我們不得不重視的問題。要解決臺灣問題，使新中國憲法有效適用於臺灣，就必須正視臺灣現行「憲法」與新中國憲法之間的關係。當然，所謂「正視」決不意味著我們認同臺灣現行「憲法」的合法性，更不意味著新中國憲法與臺灣現行「憲法」處於同等地位，而是在客觀上重視1946年「憲法」及其增修條文在臺灣政治生活中的重要地位，並從憲法學角度細緻評估其對解決臺灣問題可能產生的影響。我們認為，中共中共關於廢除六法全書的決議和1949年《共同綱領》，象徵著1946年「憲法」的破產，國民黨政府制定的所有法律均已被人民所拋棄，成為歷史陳跡。雖然1946年「憲法」及其增修條文目前仍施行於臺灣，但這不過是歷史遺留問題，並不能說明其具有合法性。解決臺灣問題，使1982年憲法最終有效適用於臺灣，必須研究1982年憲法對臺灣現行「憲法」的替代方式，還要研究1982年憲法如何取代臺灣現行「憲法」並為臺灣人民所認同等重要問題。

第三，臺灣問題最終要透過合乎憲法的途徑解決。強調認識臺灣問題的憲法屬性，並不意味著抹煞臺灣問題的政治屬性。前文已述，透過法律途徑解決政治問題是一般文明社會的共同特徵，也是依法治國方略的必然要求，臺灣問題雖具有政治屬性，但仍需要透過合乎憲法的途徑加以解決。透過合乎憲法的途徑解決臺灣問題有著十分重要的意義。其一，透過憲法規定的方式解決臺灣問題，可以增強解決臺灣問題的正當性。1982年憲法為解決臺灣問題規定了兩種方式：一是透過特別行政區實現兩岸統一的和平統一方式；二是透過非和平方式統一。《反分裂國家法》則細化了憲法的內容，規定了兩種統一方式的原則、程序等問題，這些規定無疑是我們解決臺灣問題時必須遵守的法律規範。其二，透過憲法途徑解決臺灣問題是遏制臺灣當局「法理獨立」的有力手段。臺灣當局一再叫囂所謂「制憲」、「憲改」、「公投」，也有可能透過高度隱蔽的「釋憲」方式實現「臺獨」，這些「臺獨」活動都打著「憲法」的幌子，都以「憲法」為主要操作對象，因此，以合乎憲法的手段解決臺灣問題，與「臺獨」分子叫囂的「法理臺獨」針鋒相對，有利於打擊「臺獨」分子的囂張氣焰，有利於加強反「臺獨」活動的正當性和說服力。其三，透過合乎憲法的途徑解決臺灣問題，對宣傳新中國憲法和「一國兩制」方針有著重要意義。能使新中國憲法有效適用於臺灣，不僅需要中共政府在臺灣建立起有效統治，還需要臺灣人民認同新中國憲法。由於兩岸的長期隔絕和臺灣當局及「臺獨」分子的長期歪曲和誣衊，新中國憲法的真實面貌和「一國兩制」的真實含義長期不為臺灣人民所瞭解，因此，透過憲法途徑解決臺灣問題，使反「臺獨」鬥爭的陣地成為宣傳1982年憲法和「一國兩制」的陣地，從而增強臺灣人民對1982年憲法和「一國兩制」的認識，這對於最終使新中國憲法有效適用於臺灣具有積極作用。總之，在「臺獨」分子以「憲改」促「臺獨」，謀求所謂「臺灣法理獨立」的同時，我們可與之針鋒相對，以憲法促進統一。

長期起來，大陸對臺工作的主要方針可以概括為政治宣傳、文化感召、經濟協助，亦有學者提出「文化統一」、「經濟統一」等觀點。毋庸置疑，這些政策、方法和觀點都是正確的，都有助於臺灣問題的最終解決，但也存在片面性、階段性。如果我們能充分認識臺灣問題的憲法屬性，在對臺工作中樹立憲法思維，並從憲法學角度思考臺灣問題，從而充分運用合乎憲法的途徑來處理臺灣問題，對於最終實現祖國統一將具有重要的戰略意義。

三、憲法是解決臺灣問題的根本依據

毫無疑問，對臺灣問題憲法屬性的體認具有重要的戰略指導意義。不僅如此，憲法還是解決臺灣問題的根本依據，因為它規定了國家和公民統一臺灣的義務，體現了「和平統一、一國兩制」的方針，並為運用非和平方式統一臺灣提供了法律依據，而且還是對臺立法工作的基本依據。具體說來主要表現在：

第一，憲法規定了國家和公民統一臺灣的義務。中國1982年憲法關於統一臺灣義務的規定包括三個部分。其一，1982年憲法序言莊嚴宣布：臺灣是中華人民共和國的神聖領土的一部分，完成統一祖國的大業是包括臺灣同胞在內的全中國人民的神聖職責。憲法序言的這段話既有宣示意義，又有規範意義：它不僅宣示臺灣是中國的神聖領土，奠定了統一義務的歷史基礎、政治基礎和法理基礎，還為包括臺灣同胞在內的全國人民設定了憲法上的統一義務。序言的這段話可以作為統一臺灣義務的根本性法源。其二，1982年憲法規定了統一臺灣的國家義務。憲法不僅配置國家權力、保障公民權利，而且規定若干國家方針條款，透過對國家事務的安排和國家長期性或階段性政策的確認，形成國家的憲法性共識。國家方針條款對國家有拘束效力，屬於國家義務，而統一義務是最為重要的國家義務之一，國家統一臺灣的義務可從總綱中導出。總綱第二十八條

規定,「國家……鎮壓叛國……的犯罪行為」。「臺獨」活動是分裂祖國的犯罪行為,屬最嚴重的叛國活動,國家有義務施以鎮壓。其三,1982年憲法為公民設定了統一臺灣的基本義務。憲法第五十二條規定,中華人民共和國公民有維護國家統一和全國各民族團結的義務。該條表明,中國每個公民(包括每位臺灣同胞)都負有統一臺灣的基本義務。1982年憲法對國家和公民統一臺灣義務的規定,具有憲法位階的拘束力,中國每個政黨、國家機關、社會團體和個人都必須履行。

第二,憲法既體現了「和平統一,一國兩制」的方針,又為以非和平方式統一臺灣提供了法律依據。1982年憲法規定了特別行政區制度。這一制度是和平統一臺灣的主要機制,也是目前解決臺灣問題的最好方式。眾所周知,特別行政區制度的思想基礎是鄧小平「一國兩制」的偉大構想。鄧小平同志思考「一國兩制」的初衷就是為了和平解決臺灣問題,就是為了實現兩岸的和平統一。香港和澳門的順利回歸、兩個基本法的有效實施和特區政府的順利施政,充分證明了「一國兩制」構想的科學性和合理性,也增強了我們對「一國兩制」的信心。雖然特別行政區制度最先適用於香港和澳門,但它仍然是和平解決臺灣問題的最佳方式。特別行政區制度規定於1982年憲法的總綱和國家機構中。憲法第三十一條規定,國家在必要時得設立特別行政區。在特別行政區內實行的制度按照具體情況由全國人民代表大會以法律規定。該條規定是特別行政區制度的憲法基礎。香港基本法和澳門基本法即以1982年憲法第三十一條為直接依據。憲法第五十九條規定,特別行政區得選舉全國人民代表大會代表,參與組成最高國家權力機關。該條規定說明,從主權意義上而言,特別行政區並不是異於中國大陸的特別區域,而是屬於同一主權國家內的行政區域,僅因特殊原因實行不同於大陸的社會制度和政策,特別行政區人民仍須透過全國人民代表大會這個統一的人民代表機關參與行使主權。憲法第六十二條第十三項規定,

全國人民代表大會有權決定特別行政區的設立及其制度。該條既規定了有權建置特別行政區並制定特別行政區基本法的主體，也為全國人大制定特別行政區基本法提供了憲法依據。實踐中，港澳基本法也均係全國人民代表大會根據憲法規定製定。儘管我們力爭透過和平方式實現兩岸統一，但也決不承諾放棄使用武力。決不承諾放棄使用武力是中共對臺工作強有力的後盾，運用非和平方式實現兩岸統一是解決臺灣問題的最後選擇，亦為憲法所規定。根據1982年憲法第二十九條，「中華人民共和國的武裝力量……的任務是鞏固國防，抵抗侵略，保衛祖國，……」中華人民共和國的武裝力量是運用非和平方式統一臺灣的主要力量，在臺灣問題足以危及國家統一和安全時，中共政府有權指令中華人民共和國的武裝力量運用非和平方式解決臺灣問題。同時，憲法第六十二條、第六十七條和第八十九條規定，全國人大及其常委會、國務院有權依法決定國家某些地區進入緊急狀態；憲法第八十條規定，國家主席有權依全國人大及其常委會的決定宣布國家某些地區進入緊急狀態。因此，國家可依這些條款，規定臺灣進入緊急狀態。同時，憲法第九十三條還規定，「中共軍事委員會領導全國武裝力量」。綜合以上規定，全國人大及其常委會、國家主席、國務院和中共軍事委員會是運用非和平方式統一臺灣的執行機關。

第三，憲法是對臺立法工作的基本依據。憲法作為根本大法，僅僅規定瞭解決臺灣問題的基本原則和重大事項，其實施方法和其他具體事項則由部門法進行具體規定。目前，國家關於臺灣問題的專門法律是《反分裂國家法》，該法即以憲法為其立法依據。《反分裂國家法》開宗明義地宣布，該法的立法目的是「為了反對和遏制『臺獨』分裂勢力分裂國家，促進祖國和平統一，維護臺灣海峽地區和平穩定，維護國家主權和領土完整，維護中華民族的根本利益」。《反分裂國家法》亦具體規定了和平統一臺灣和運用非和平方式統一臺灣的事項。其一，《反分裂國家法》規定了和平統一的

基礎、國家義務和方式。根據第五條規定,「堅持一個中國原則,是實現祖國和平統一的基礎」。《反分裂國家法》體現憲法第三十一條的精神,規定「國家和平統一後,臺灣可以實行不同於大陸的制度,高度自治」,並在第六條和第七條具體規定了國家促進和平統一應採取的措施和方式。其中《反分裂國家法》第六條將中共對臺的諸項政策法制化,使執行中共的對臺政策有了法律依據。第七條規定,「國家主張透過臺灣海峽兩岸平等的協商和談判,實現和平統一;協商和談判可以有步驟、分階段進行,方式可以靈活多樣」。據此可見,「有步驟、分階段」的談判和協商是和平統一的具體實施方式。此外,第七條還詳細列舉了協商和談判的事項,將中共「在一個中國原則下,什麼問題都可以談」的方針法制化。其二,《反分裂國家法》規定了運用非和平方式統一的條件和機制。《反分裂國家法》第八條第一款,規定了「採取非和平方式及其他必要措施」的三個條件,即「『臺獨』分裂勢力以任何名義、任何方式造成臺灣從中國分裂出去的事實,或者發生將會導致臺灣從中國分裂出去的重大事變,或者和平統一的可能性完全喪失」。第八條第二款則規定了運用非和平方式統一臺灣的實施機關和程序。根據該款規定,「採取非和平方式及其他必要措施,由國務院、中共軍事委員會決定和組織實施,並及時向全國人民代表大會常務委員會報告」。《反分裂國家法》以憲法為依據,重申憲法所規定的基本原則和重要制度,並使之明確、具體。

四、解決臺灣問題應綜合運用憲法和法律手段

對臺灣問題憲法屬性的體認,不僅意味著在反「臺獨」鬥爭中必須以憲法為基本依據,而且還需在解決臺灣問題的過程中善於運用憲法和法律手段。

(一)透過釋憲途徑界定臺灣問題的性質

就目前形勢而言,在憲法層面界定臺灣問題的性質十分必要。臺灣問題是中國內戰遺留問題。由於種種特殊的歷史原因,新中國製定的憲法從未在臺灣有效實施,現行憲法在臺灣的效力和臺灣在現行憲法中的地位等問題,在憲法中也沒有說明。反觀臺灣的所謂「憲法增修條文」,在其前言部分,明確說明制定「增修條文」的目的是「因應國家統一前之需要」,在條文中將臺灣定位為「中華民國自由地區」,並專列一條授權臺灣「立法」機關就「自由地區與大陸地區間人民權利義務關係及其他事務之處理,得以法律為特別之規定」。1997年,臺灣進行第四次「憲改」,「精簡」臺灣省建置,並視「福建省」為「轄區不完整之省」。此前,陳水扁又在鼓噪所謂「國土變更案」,試圖在其憲法上將臺灣定位為異於大陸的所謂「國家」。自然,臺灣對臺灣的定位有其荒謬之處,但這種定位已經明確載入「憲法」,在以「憲改」為主要方式的「臺獨」活動中能占得先機。為應對這一狀況,我們也應在憲法層面明確臺灣問題的性質,目前應至少解決以下四個問題:其一,臺灣在1982年憲法中的地位如何;其二,1982年憲法在臺灣的效力如何;其三,臺灣人民在憲法中的地位如何;其四,如何看待臺灣現行「憲法」及「法律制度」。

上述問題都是對臺工作的核心問題,既要體現法律性,也要體現政策性;既要考慮到憲法和法律的權威,又要顧及中共對臺政策的延續性;既涉及對已有憲法規範的解釋,也涉及對憲法未明確規定事項的闡明。從憲法學角度而言,解決上述問題最適宜的方法莫過於憲法解釋。

在中國政治實踐中,透過憲法確認政策及其變化的主要方式是憲法修改。誠然,憲法修改具有直觀、明確等優點,但憲法修改一般針對特別重大的事項,憲法修改的結果也往往造成國家基本制度的重大變化,具有政治性的宣示意義。因此,在中共對臺方針未出現重大變化時,不宜採用修憲方式界定臺灣問題的性質。憲法解釋

作為法律解釋的一種，一般在兩種情況下適用：一是憲法的規定需要進一步明確具體含義；二是憲法制定後出現新的情況，需要明確適用憲法的依據。遺憾的是，在中國政治實踐中，憲法解釋尚不多見。我們認為，憲法作為國家的根本大法應具有相對穩定性，除特別重大的事項外，應積極採取釋憲方式實現憲法變遷。因此，若需要從憲法層面體現中共對臺工作的意圖時，不宜使用修憲方式，而宜採取釋憲方式。這樣既能保持憲法的穩定性，也能彰顯中共對臺政策的延續性，還能靈活應對中共對臺政策的調整。

透過釋憲釐清臺灣問題的性質，其另一作用是可將中共的對臺政策憲法化，使之成為具有憲法位階的法律規範。目前，中共對臺政策主要表現為中共領導人的講話和有關部門的重要文件，尚屬於政策性規範，多數未轉化為法律規範。儘管《反分裂國家法》體現了中共的對臺政策，但也僅僅是重申憲法規定，概括說明臺灣是中國的一部分，而並未對臺灣問題的性質作出明確界定。誠如上文所言，中國已進入「依法治國、建設社會主義法治國家」的新時期，因而在憲法層面界定臺灣問題的性質十分必要。此外，臺灣現行「憲法」和「法律」在臺灣具有特殊地位，加之臺灣同胞的法律素養和法律意識較高，因此若能從憲法高度對臺灣問題的性質作出界定，無疑會產生僅從政策層面定位難以達到的效果。

有鑒於此，我們建議，啟動憲法第六十七條規定的憲法解釋機制，由有關部門向全國人大常委會提出憲法解釋案，請求全國人大常委會行使釋憲權，對上述四個問題作出憲法解釋，從而廓清臺灣問題的性質，在憲法上為解決臺灣問題提供明確依據。

（二）建立以《反分裂國家法》為基本法的對臺工作法律體系

憲法是國家的根本法，具有高度的抽象性和原則性，因而它只規定解決臺灣問題的基本原則和重大事項，其他具體事項尚需全國人大及其常委會立法規定。正如前文所言，中國目前處理兩岸關係

的法律為《反分裂國家法》，該法系統地規定了國家對臺的基本方針、政策和統一臺灣的機制。除《反分裂國家法》外，《國防法》中亦有關於臺灣問題的規定；中國民事、刑事和行政法律中，也有諸多涉及兩岸人民權利義務關係的重要條款；最高人民法院曾為處理兩岸民事、刑事和行政法律事務發布過大量司法解釋；這些規範性文件共同構成國家對臺工作的法律體系。但這一法律體系還略顯單薄、粗糙：其一，《反分裂國家法》雖重申憲法關於臺灣問題的基本原則和立場，也將中共的對臺政策具體化，但仍顯抽象，並無具體的實施措施、實施步驟和實施機關，其可操作性存在不足；其二，除《反分裂國家法》外，其他處理兩岸關係的規定散見於多部法律規範中，不成體系。造成這一現象的原因很多，其中之一是上述法律都是在制定部門法時應對具體問題制定的，並非專為對臺工作制定，因此立法工作的系統性不足，針對性不強。

因此，我們建議，應該以憲法為依據，建立以《反分裂國家法》為基本法的對臺工作法律體系，根據國家對臺工作政策、目前對臺工作實際情況和臺灣的「法律」狀況，制定專門以處理兩岸關係為目的的法律，從而將國家的對臺政策法律化。在建立以《反分裂國家法》為基本法的對臺工作法律體系時，有必要考慮以下三點：其一，建立對臺工作法律體系應有助於兩岸和平統一，有助於兩岸人民的民生福祉，在不承諾放棄使用武力的前提下，以發展兩岸人民關係、保障兩岸人民利益為第一要務；其二，建立對臺工作法律體系應體現對臺工作的實踐性和靈活性，在堅持一個中國的原則不動搖、堅持寄希望於臺灣人民的方針不動搖的前提下，根據實際情況調整對臺工作的具體策略，採取一切切實可行的方法增進兩岸人民福祉，早日實現兩岸完全統一；其三，建立對臺工作法律體系應與時俱進，充分顧及日後兩岸關係走向，為未來處理兩岸關係預留制度空間。

總之，臺灣問題不僅是政治問題，也是法律問題，歸根到底是

憲法問題。中國1982年憲法為解決臺灣問題提供了憲法依據，亦成為對抗「臺灣法理獨立」的重要武器。《反分裂國家法》已經將大陸的對臺政策法制化，代表著兩岸關係進入法治階段，依法統一、以法促統是我們當前對臺工作的重要方針。現階段，在決不承諾放棄使用武力的前提下，我們有必要充分認識臺灣問題的憲法屬性，善於運用憲法和法律手段貫徹「和平統一、一國兩制」思想，透過憲法和法律的震攝、制約，打擊「臺獨」分子的「臺獨」行徑，在以「飛彈」震攝「臺獨」分子的同時，發揮「法彈」的巨大威力。而且我們相信，「法彈」的威力絕不亞於「飛彈」。

論憲法資源在兩岸政治關係定位中的運用

　　挖掘法律資源，在兩岸關係和臺灣問題研究中運用法學思維和法律方法，已經成為臺灣問題研究的一種主要方法論。作為一國法律體系中最根本最重要的憲法，當然不能也不應自外於對兩岸關係和臺灣問題的研究。過去，我們立基於憲法學的基本方法，曾經提出並論證過「臺灣問題是政治問題，也是法律問題，歸根到底是憲法問題」的觀點，對臺灣的「憲政改革」進行過系統的研究，也曾運用憲法解釋理論對兩岸關係中的具體問題進行過研究。這些研究的出發點都是：以遏制「臺灣法理獨立」為目的，透過憲法思維的運用，提出應對以「憲政改革」為主要方式的「臺灣法理獨立」的方法和策略。2008年後，兩岸關係和平發展進入新的歷史階段，憲法學在兩岸關係和臺灣問題研究中的運用，除了繼續堅持為「遏制『臺灣法理獨立』」提供理論支持，同時也應當為促進兩岸關係和平發展助力。中共十八大報告提出，兩岸可以探討國家尚未統一特殊情況下的兩岸政治關係，作出合情合理的安排。兩岸政治關係定

位不僅有歷史遺留的問題與情結，也有現實帶來的衝突與糾葛，理論的言說相對於現實而言，顯得有些蒼白無力。好在與兩岸政治關係定位有關的「主權」、「治權」、「公權力」等概念，都與憲法有關，因而在解決兩岸政治關係定位的問題時，可以積極地挖掘和運用憲法資源，使得兩岸政治關係定位得透過合乎憲法原理的方式獲致解決。本文嘗試對憲法資源在兩岸政治關係定位中的運用作一論述。

一、憲法規範：兩岸政治關係定位的法理依據

「九二共識」在求同存異的基礎上認同一個中國原則，是兩岸政治關係定位的前提和基礎，也是對兩岸現狀的客觀描述。「九二共識」所描述的客觀事實既體現在政策話語上，也為兩岸法律制度所肯定。2012年8月，賈慶林在兩岸經貿論壇上提出：「兩岸從各自現行規定出發，確認這一客觀事實，形成共同認識，就確立、維護和鞏固了一個中國框架。」2013年2月，連戰在與習近平會面時提出：「兩岸各自的法律、體制都實施一個中國原則，臺灣固然是中國的一部分，大陸也是中國的一部分，從而形成『一中架構』下的兩岸關係，而不是國與國的關係。」兩岸政治人物的觀點都借助了兩岸法律制度的「一中性」。兩岸法律制度的「一中性」，在法理上將「九二共識」所描述的客觀事實予以規範化和具體化。而在法律制度中，具有憲制性作用的規定居於根本地位，法律制度的「一中性」因而首要地體現為兩岸憲制性規定的「一中性」。兩岸憲制性規定所確認的「一中性」，是「九二共識」在法律規範上具有最高效力的表現形式，因而構成了兩岸政治關係定位最為重要的法理依據。

（一）大陸1982年憲法的「一中性」考察

法律雖是政策的規範表述，但法律相對於政策而言具有穩定性和滯後性，兩岸關係在法制麵上的規定因而通常落後於政策面的發展。然而，按照兩岸都認可的法治原則，只有為法律尤其是憲制性規定所確認的政治關係定位，才是兩岸公權力所正式認可的政治關係定位。考察兩岸憲制性規定的「一中性」，因而能夠直接地把握大陸和臺灣各自對政治關係定位的現實狀況。

1982年憲法對於兩岸關係的規定主要集中於序言第九自然段和第三十一條。對於1982年憲法的「一中性」，可以運用規範分析方法，從以下兩方面進行解讀：

第一，1982年憲法兼顧事實和法理，在國家尚未統一的情況下，從法理上維護了「一個中國」的完整性。大陸對「一中」的使用，一直是在「事實」和「規範」兩個層次展開的，即一方面肯定「一中」是事實，另一方面又透過「規範」形式肯定這一事實。1982年憲法序言第九自然段規定：「臺灣是中華人民共和國的神聖領土的一部分。完成統一祖國的大業是包括臺灣同胞在內的全中國人民的神聖職責」。第九自然段的前半句，透過宣示性語言，在事實上揭示了1982年憲法的「一中性」；後半句則為包括臺灣同胞在內的「全中國人民」創設了統一臺灣的義務。從規範角度而言，1982年憲法為臺灣人民創設了統一臺灣的義務，其規範效力得以穿越海峽，對臺灣產生法理上的拘束力。透過事實和法理上的雙重規定，1982年憲法序言第九自然段在國家尚未統一的情況下，表明了中國大陸對於「一中」的立場，並且使1982年憲法不僅是中國大陸的憲法，而且是效力及於臺灣的「全中國憲法」。

第二，1982年憲法以「一中性」為基礎，為大陸和臺灣的政治關係進行了定位。根據1982年憲法第三十一條，全國人大在必要時，可以設立特別行政區，特別行政區依法可以實行不同於大陸的政治制度。憲法第三十一條通常被解讀為「一國兩制」的憲法依

據。從「一中性」來理解憲法第三十一條，可以分析1982年憲法對大陸和臺灣的政治關係定位。憲法第三十一條規定了設立特別行政區、實施「一國兩制」的三項基本要件：其一，設立主體是全國人大；其二，設立條件是「必要時」，而何為「必要」的判斷權屬於全國人大；其三，設立特別行政區以及在特別行政區實施的制度，由全國人大以法律形式規定。由此可見，設在中國大陸的全國人大對於在臺灣設立特別行政區、實施「一國兩制」具有全權。另參考憲法第三十條，臺灣在沒有設立特別行政區時，是中華人民共和國的一個省。1982年憲法對大陸和臺灣政治關係的定位，因而是「中共對地方」的定位模式，即設在中國大陸的中華人民共和國政府是中共，臺灣是「地方政府」，兩者是中共與地方的關係。1982年憲法的這一定位，與當時大陸對兩岸政治關係的定位也是一致的。

雖然大陸兩岸政策發生了有別於1982年憲法文本的變化，但並不意味著大陸當前的兩岸政策是「違憲」的。因為大陸當前的兩岸政策在堅持「一中性」的根本原則和基本方向上，並沒有違反1982年憲法的規定，反而是在新的歷史條件上加強了「一中性」實現的可能性。而且，即便是在具體主張和制度設計上的變化，也都可以透過解釋憲法的方式予以說明，後文對此問題將加以詳述。

（二）臺灣現行「憲法」「一中性」考察

1990年代後，臺灣現行「憲法」經由「憲政改革」，在相當程度上已經頗具本土特色，但其在文本上仍堅持了「一中性」。大陸方面對於臺灣的憲制性規定一直以來未作出積極評價，對臺灣部分人士提出的「憲法一中」觀點也未作積極回應。然而，「憲法一中」並非全然沒有積極意義。

有一種被稱為「B型臺獨」的理論認為，「臺灣」是一個「國家」，依據「憲法」，它的名字是「中華民國」。此種觀點事實上將存在於臺灣現行「憲法」上的「中華民國」，透過「憲法」的建

構作用，成為「臺灣」作為「國家」的一種「存在方式」。有臺灣學者甚至認為：「中華民國」已死，只有「中華民國憲法」一息尚存。但是，仔細考察臺灣現行「憲法」的文本，所謂「B型臺獨」理論其實是曲解了臺灣現行「憲法」。臺灣現行「憲法」由兩部分構成，一部分是1946年「憲法」的文本，另一部分是1990年後「增修」的文本。1946年「憲法」制定於中國大陸，其「一中性」是比較純粹的、絕對的，無須多言，因而本文的重點是對「增修」文本的「一中性」進行分析。其一，「增修」文本序言聲明：「增修」目的是「為因應國家統一前之需要」，因而並未在憲制性規定的層面否定「一個中國」，也未否定「統一」，從法理角度而言，「增修」文本在「國家未統一」前具有臨時性；其二，「增修」文本雖然大量廢止1946年「憲法」的規定，但這種「廢止」大多以「不受限制」、「不適用」、「停止適用」等表述出現，並無一條被明令「廢止」，再結合整個「增修」的文本「臨時性」，1946年「憲法」被廢止的條文，在法理上只是在「國家未統一前」的「臨時廢止」。其三，「增修」文本本身亦體現了「一個全中國性」：首先，「增修」文本將「全中國」分為「自由地區」和「大陸地區」，對於選舉民意代表、直選領導人、「公民投票」等事項，都明確規定在「中華民國自由地區」進行，並沒有將「中華民國」和「自由地區」等同起來，至少能夠在「兩區」基礎上堅持「一國」；其次，「增修」文本在民意代表部分設有「全國不分區」代表，雖然明確規定了「全國不分區代表」在「自由地區」選舉產生，但代表的選舉產生方式和代表本身的「代表性」畢竟不同，臺灣亦是想透過「全國不分區代表」彌補「全中國」和「自由地區」之間的落差。綜上分析，臺灣憲制性規定並未如「B型臺獨」所言，將「中華民國」等同於「臺灣」，至少從文本上讀不出這層涵義，而其「一中性」在文本上卻是顯而易見的。

　　在臺灣的政治實踐中，分處統「獨」陣營的政治人物，都曾基

於臺灣的憲法制定規定，表達了對於「一中」的肯定態度。臺灣領導人馬英九曾提出：「國民黨……要捍衛現有的憲法不被更動，因為現在的憲法是以一個中國為基礎所建立的憲法。」民進黨人士謝長廷也曾提出，「目前憲法體制確有『一中』架構」，因而主張「憲法一中」，兩岸憲制性規定的「一中性」是「兩岸具有歷史連結和特殊關係」的表現，「憲法一中」是兩岸交往的紐帶。可以說，「憲法一中」已經成為臺灣持不同「統獨」觀點的群體在「國家認同」上的最大公約數。首先，「憲法一中」以憲制性規定作為支撐其存在的基礎，對於法治理念已經深入人心的臺灣社會，有著較強的說服力，容易使政治人物的觀點獲得選民認同，政治人物大多意圖透過對「憲法一中」表示尊重和支持來換取選票。其次，「憲法一中」可以借助憲制性規定中所體現的「一國兩區」思想，較大限度地包容不同的統「獨」觀點。對臺灣政治人物的「憲法一中」言論應作辯證思考，不能因其含有「一中」而放鬆對其的警惕，也不能因其突出「中華民國」而否定其積極意義。就目前情況而言，「憲法一中」至少在形式上保持了「一中」，對於兩岸關係和平發展的積極意義大於其消極意義。

兩岸憲制性規定在「國家認同」上都體現出較強的「一中性」，儘管對「一中性」的具體含有存在著不同的認知，但這種差別是「九二共識」所容許的差別，並不構成當前兩岸關係的主要矛盾。對兩岸憲制性規定中「一中性」的挖掘，有利於推動「九二共識」從一個政策共識，向著具有操作性和明確性的法理共識發展。透過法律的規範性和憲制性規定的最高法律效力，兩岸對「九二共識」的認同與承認，可以在規範層面上具體轉化為對各自憲制性規定的遵守，從而為兩岸政治關係定位劃定法理框架與法律底線。

二、憲法思維：兩岸政治關係定位的策略體系

兩岸依據各自憲制性規定，形成了「一中性」的共同認識。至於「一中」的具體含義、兩岸究竟處於何種政治關係定位等問題，兩岸憲制性規定在文本表述上並非一致，也無明確共識。由憲法規範揭示的「一中性」毋寧是兩岸政治關係定位的法理背景，而並不能為此提供現成的答案，原因在於：兩岸由於政治對立的原因，對於對方的憲制性規定，仍然採取互不承認的態度，更不可能接受由對方憲制性規定所設置的政治關係定位模式。因此，在兩岸政治關係定位中，要把握憲制性規定的「一中性」，卻不能僅僅依憑兩岸憲制性規定的「一中性」。對於憲法資源的借助，因而除了憲制性規定的規範資源外，還需借助思維層面的憲法資源，即憲法思維。

（一）憲法思維：一種兩岸政治關係定位的策略思維

立基於一個中國原則解決兩岸政治關係定位問題，在政策話語上是一項具有足夠剛性的原則。原則的剛性，更多的是確定兩岸政治關係定位的前提和界定兩岸政治關係的底線。此種剛性在憲法資源的作用下，借助憲制性規定的最高效力，在規範意義上也具有了剛性。堅持此種兼具政策和規範剛性的原則，事實上並未放棄策略在兩岸政治關係定位問題上的運用。如「九二共識」就是兩岸迴避「政權認同」的一項策略性共識，這一策略的運用為兩岸事務性商談奠定了政治前提，使得兩會框架的運作成為可能。由此可見，兩岸政治關係定位既需要堅持剛性的一個中國原則，又需要在具體的操作層面採取一定的策略，在不牴觸剛性原則的基礎性，儘量柔化兩岸的政治爭議。解決兩岸政治關係定位的問題，在根本上需要兩岸「多一點誠意與信任、少一點權謀策略」。但是，策略對於兩岸政治關係定位而言，毋寧是一種迂迴的技術手段。對策略合理運用，有助於兩岸在政治對立尚未完全消除的情況下，降低因立場衝突而深化兩岸政治對立的風險，提升兩岸就政治關係定位進行務實探討並取得共識的可能性。

兩岸「政治對立」的焦點問題，集中在「國家」和「主權」的問題上，亦即「國家」和「主權」問題是兩岸根本的結。兩岸都試圖形成有利於自己「國家認同」的概念與話語表達，並在此意識型態主導下建構「理想」的兩岸政治關係定位模式。而這些兩岸各自所形成概念與話語表達，又大多滲透著各自對於「國家」、「主權」等敏感概念的單方面理解。在絕大多數時候，兩岸在「主權」、「國家」上的爭議，存在著不可調和性。因此，兩岸圍繞「國家」、「主權」等敏感議題所展開的概念之爭，是兩岸政治關係定位進展緩慢的原因之一。憲法思維運用於兩岸政治關係定位的契機，是兩岸政治關係定位牽涉到兩岸諸多關於「國家」和「主權」的議題，而後者又恰是憲法最為擅長的領域。憲法思維的運用，在相當程度上是為瞭解決和克服兩岸因「國家」和「主權」所產生的「結」，以期策略性地推動兩岸政治關係定位的開展。

　　憲法思維，是指人們在社會活動中運用憲法及其基本理論思考問題、解決問題的思維方式。本文之所以認為憲法思維構成兩岸政治關係定位的一項策略，且對兩岸政治關係定位的推動作用主要體現在「策略性」上，主要原因是憲法思維的運用，並不適合觸碰憲法規範的剛性，因而在兩岸「政治對立」尚未消除的情況下，憲法思維更為重要的作用並非是提供一套適合於解決兩岸政治關係定位的成熟方案，而是為兩岸政治關係定位有效迴避政治敏感議題，避免兩岸政治關係定位流於抽象的概念之爭，透過制度、程序的作用，促進兩岸達成可以為雙方共同接受的共識。

　　在解決兩岸政治關係定位問題上提倡憲法思維，首先是借助憲法在整合社會多元認同和價值衝突中的基本機理。憲法思維以承認社會多元價值的存在為邏輯起點，期望透過提供制度渠道，允許和鼓勵多元價值的充分表達、商談與妥協，達致重疊共識的狀態。兩岸在「國家」和「主權」問題上存在的不同觀點，有些觀點有著高度的政治對立，兩岸因而較難在短時間之內接受對方的觀點。從策

略的角度出發，對於此類爭議，可以立基於憲法思維，在堅持兩岸憲制性規定「一中性」的基礎上，尊重差異，構建制度化的商談平臺，為多元對立觀點的爭辯與妥協提供機會。憲法思維策略性地運用，至少可以給兩岸「先談起來」的機遇，避免因原則剛性而兩岸產生「老死不相往來」和「漢賊不兩立」的後果。

憲法思維作為解決兩岸政治關係定位的一項策略，又借助了憲法有助於政治爭議文明解決的重要特點。綜觀憲法理論和立憲實踐，憲法具有高度的政治法背景，是政治法律化的基本形式。透過憲法解決政治爭議，是法治社會軟化政治爭議、文明解決政治問題的最佳方式。兩岸關係歷史上曾經因政治爭議而數次臨近完全破裂乃至於軍事鬥爭的邊緣，憲法思維在根本上是規範思維，亦即透過合乎規範的思維方式解決政治爭議，從而將高度對立的政治爭議轉化為法律問題。憲法文明解決政治爭議的特點，在一些國家完成國家統一的過程中，已經獲得了充分地挖掘與運用。在兩岸關係中運用憲法思維，可以有效地將兩岸政治對立關係，轉化為兩岸因憲制性規定對「國家」、「政權」、「主權」的相關規定差異而產生的規範衝突問題，進而運用法學理論中消除規範衝突的方式和原理來解決這一問題，從而可以有效地降低兩岸政治關係定位中可能發生的政治風險，至少使兩岸不至於因概念之爭而致矛盾重新激化。

（二）憲法思維在兩岸政治關係定位中的展開

憲法思維作為兩岸政治關係定位策略體系的考量，要求兩岸政治關係定位立基於憲法思維，形成一套兩岸政治關係定位的基本思路，影響兩岸政策話語，為改變當前兩岸自說自話的狀態提供參考。立基於憲法思維在整合社會多元價值和軟化政治爭議方面的功能，憲法思維所提供的兩岸政治關係定位思路，應當是一種具有「可接受性」的思路，亦即兩岸政治關係定位，應當顧及兩岸各自的利益選擇和價值判斷，所形成的思路與方案應當可以為兩岸所

「共同接受」，而不是一方基於政治立場的獨白。為此，結合憲法思維的特點，本文認為，憲法思維在兩岸政治關係定位上可以展開為具體的制度思維、程序思維和寬容思維，由此三種思維可以形成兩岸政治關係定位的一般思路。

第一，制度思維與議題化的思路。憲法思維是一種藉助制度解決問題的思維。對於兩岸政治關係定位而言，給出兩岸都能接受的備選方案，顯然是不現實的。由於兩岸存在的政治對立，以及在政治互信上的缺乏，因此，兩岸對於政治關係定位毋寧只能透過商談的方式加以解決。兩岸政治關係定位商談制度平臺的建立，對於引導兩岸就政治關係定位開展務實討論，並透過制度確認商談的結果，是一種立基於兩岸政治現實的務實選項。在構建相應制度的過程中，建立組織、形成機制等制度構建的外在因素固然重要，更為重要的可能是理解憲法思維推動制度建設的內在原因：亦即在不違背「一中性」前提下的相互尊重與包容妥協。後者構成制度得以存在和運行的基礎。因此，憲法思維在制度上的著力，除開外在制度平臺的塑造外，還在於引入議題化的定位思路。所謂議題化，是指兩岸將政治關係定位當做一項議題，而不是兩岸交往與商談的前提。議題化思路允許多元觀點在制度平臺上表達，並透過制度性商談的機制，透過兩岸之間的商談與妥協，尋找雙方都能接受的定位模式。

第二，程序思維與階段化的思路。憲法思維不僅突出實體的正當性，而且強調程序的正當性。程序除了表面上為達成目的提供所需經歷規程與步驟外，更加重視各階段程序之間的相互支撐性和關聯性。各個具有法意義的程序，規範主體行為在程序的自洽中獲得合法性證成與正當性支撐。經過議題化改造的兩岸政治關係定位，必然因議題的階段性而產生定位的階段化。這就產生了立基於憲法思維的兩岸政治關係定位階段化的思路。階段化的思路有著兩個特點：其一，兩岸在不同階段確定不同的政治關係定位，使政治關係

定位始終與兩岸關係發展狀況相適應；其二，各階段的政治關係定位應當如同憲法思維所要求的程序自洽性一樣，在體現不同階段兩岸能夠就政治關係定位所達成的共識外，亦應具有連貫性。階段化的思路，遵循由易到難、循序漸進的原則，在不同階段將兩岸政治關係定位的議題予以分解，降低其政治敏感性，再經由「階段化」共識的累積，融合為一個有意義的定位體系，為兩岸形成都能接受的政治關係定位提供素材。

　　第三，寬容思維與共識化的思路。憲法思維是容納多元價值、尋求多元共生並存的寬容思維。在憲法思維的指引下，兩岸政治關係定位「合情合理」的標準，可以具體化為是否可以為兩岸所共同接受，因此，也就產生了兩岸政治關係定位「共識化」的思路。共識化的思路，是指兩岸政治關係定位的模式選擇只能建立在兩岸共識的基礎上，任何一方基於自身立場的獨白，都不構成兩岸政治關係定位的模式。共識化的思路既是兩岸政治現實的產物，又是兩岸政治關係定位的一種策略選擇。對於前者，兩岸的政治對立客觀上使得兩岸基於各自立場的政策獨白，不可能為對方所接受，只能造成兩岸政治關係定位的無解困局，因而將兩岸政治關係定位建築在兩岸共識基礎上，是兩岸的必要選擇。對於後者，共識化的思路暗含有兩岸在有關政治關係定位的務實探討中地位平等的意涵，避免了「以大壓小、以強凌弱」、「不對稱博弈」等慣常思維的消極影響，從而展現大陸的極大誠意，消解臺灣方面對兩岸政治性商談的牴觸心理。

　　議題化、階段化和共識化的思路，都是策略性地思考兩岸政治關係定位的產物，構成憲法思維指導下兩岸政治關係定位的策略體系。當然，對議題化、階段化和共識化的理解，不應當理解為無原則的退讓與單純的策略運用。如同羅爾斯認為，憲法共識在達成重疊共識的過程中，奠定商談的優先性內容一樣，憲法思維在提供策略體系的智識資源時，也藉助憲制性規定的「一中性」，為上述策

略體系劃定了「一中」的框架，因而所謂策略體系的運用，實際上是在「一中框架」下兩岸就政治關係定位進行務實探討的具體方法，而不能與憲制性規定相違背，否則與憲法思維所強調的規範性也是相牴觸的。

三、憲法方式：兩岸政治關係定位的實踐機制

中共十八大報告提出的「合情合理的安排」是對兩岸政治關係定位結果的描述。前述憲法規範和憲法思維的運用，實際上都是集中於對「合情合理」的界定，一個值得探究的問題是：此處的「安排」當作何解？從政治的角度理解，「安排」可以理解為兩岸透過政治互諒所達成的共識，而從規範的角度思考，政治上達成的「安排」必然體現為規範文本，以滿足兩岸透過規範文本表達「意願」的需要。在兩會協議實施的過程中，臺灣將協議理解為表達兩岸合作意願的案例，也從側面證明了政治安排轉化為規範文本的必要性。立基於憲法資源考量，「安排」不妨可以理解為兩岸政治共識在規範文本上的一種確認，而這種確認主要透過體現憲法思維和合乎憲制性規定的方式來完成。綜上所述，憲法方式是推動兩岸政治關係定位從政治共識型態到實踐型態的橋樑，因而是兩岸政治關係定位的實踐機制。憲法方式在兩岸政治關係定位上的運用，主要體現在合乎憲制性規定變遷原理的方式，即對憲制性規定修改方式和解釋方式的運用。當然，不同的憲法方式在兩岸政治關係定位實踐中的作用有所不同。

（一）憲制性規定修改方式的維護作用

大陸學界過去有一種比較流行的觀點，認為臺灣憲制性規定的修改，即「憲政改革」，是「臺獨」分裂勢力推動「臺灣法理獨立」的形式。我們的一些成果對此觀點也持肯定態度。從基本面上

而言，臺灣自1990年代以來的「憲政改革」的確產生了推動制定於大陸的1946年「憲法」的蛻變，使之成為一部「借中華民國憲法的軀殼，顯臺灣憲法之魂魄」的臺灣現行「憲法」。從消極的角度解讀臺灣憲制性規定的修改，對於防範危險仍存的「臺灣法理獨立」具有重要意義，今天我們仍然要堅持這一判斷。但是，從憲制性規定修改的基本原理出發，辯證地看待臺灣憲制性規定的修改，其對於兩岸關係和平發展也並非全是負面效應。

憲制性規定在法律體系中規定最重要、最根本的內容，在效力上也具有最高性。為了維護憲制性規定的權威，設置嚴格的修改方式是經常被使用的方式。在世界範圍內，絕大多數國家和地區的憲制性規定，都設置了比普通法律更加嚴格的修改方式，目的就是為了防止對憲制性規定的恣意修改，以維護憲制性規定的權威。嚴格的修改方式主要體現在兩個方面：其一，設置限制修改之內容，以維護憲制性規定的根本價值取向，被限制修改的內容一般是國家根本制度和原則、領土範圍和共和政體等；其二，設置較普通法律更加嚴格的修改程序，如更嚴格的提案主體要求、更複雜的審議程序、更加高的透過門檻等。由於修改方式的嚴格性，憲制性規定的修改常常比較困難，也需付出更大的政治成本和社會成本，是維護憲制性規定及其所塑造的價值認同、政治體制和法秩序的重要機制。因此，對於臺灣憲制性規定修改的認識，除了看到它變更1946年「憲法」的動態面向，還應當看到它維護「一中性」方面的靜態面向。這種靜態面向，除了本文在第一部分所闡述的規範文本的「一中性」外，還在於臺灣憲制性規定所設置的嚴格修改方式，後者構成維護臺灣憲制性規定「一中性」的安全機制。

2005年第七次「憲政改革」後，對於可能危及「一中性」的「國土變更案」和憲制性規定修改案（以下簡稱「兩案」），臺灣的憲制性規定設置了難度極大的程序。根據「增修」文本，透過以上兩案須經四個步驟：其一，提案：以上兩案須由臺灣立法機關四

分之一以上多數的代表提出；其二，議決，提案提出後，臺灣立法機關須由四分之三以上多數代表出席會議且獲出席會議的四分之三以上多數代表同意，方才形成決議；其三，公告，經臺灣立法機關形成的決議並非立即生效，而是須經為期半年的公告；其四，復決，公告結束後，兩案的決議也不是自動生效，而是還須臺灣民眾投票復決，只有獲得過半數有效票的同意方為正式透過。以上步驟堪稱世界範圍內難度最大的憲制性規定修改程序。考察臺灣政黨政治狀況和民眾的一般心理，上述憲制性規定的修改程序使得兩案的透過幾乎是一件不可能完成的任務。

臺灣憲制性規定近乎於嚴苛的修改方式，對於兩岸政治關係定位有著重要的積極意義。藉助憲制性規定的規範效力，只要規範文本保持「一中性」，臺灣領導和臺灣各政黨至少都可以在「各自表述」的空間內，形成對「一中性」的認同和尊重。可以說，臺灣憲制性規定的「一中性」對於推動「九二共識」的規範化，從法理上排斥了形形色色與「一中性」相牴觸的兩岸政治關係定位模式，使得兩岸政治關係定位處於「一中性」的框架內，起著不可替代的作用。臺灣憲制性規定的嚴格修改方式，就是臺灣保證其「一中性」的自我維護機制，是臺灣憲制性規定堅持「一中性」的具體體現，因而構成維護兩岸關係和平發展的重要機制。對於憲制性規定修改方式的上述積極意義，大陸學界有必要加以充分的重視。

（二）憲制性規定解釋方式的引導作用

相對於憲制性規定修改方式主要是從靜態面向維護兩岸政治關係定位的前提性條件不同，對憲制性規定的解釋，則是以更加積極的姿態，在動態面向助力兩岸政治關係定位。透過對憲制性規定的解釋，兩岸可以將兩岸政治關係定位中政治難題，透過法律方式加以解決，克服兩岸政治關係定位上的政治障礙和法律障礙。

透過對憲制性規定的解釋處置國家統一和定位問題，不論在國

際社會，還是兩岸之間都不乏其例，這些範例對於兩岸政治關係定位都有著重要的啟示和借鑑意義。兩德在復歸統一的過程中，聯邦德國憲法法院造成了不可替代的作用。1972年，兩德簽署《兩德基礎關係條約》，實現關係正常化。由於聯邦德國基本法在序言中規定了聯邦德國的「國家統一」義務，因而產生聯邦德國簽署《兩德基礎關係條約》行為的合憲性問題。聯邦德國憲法法院作成了歷史性的判決，將聯邦德國基本法序言所規定的「國家統一」義務，解釋為對聯邦德國政府和人民形成了具有法律拘束力的憲法委託，這種委託要求聯邦德國政府和人民致力於實現德國統一，為了實現這一義務，聯邦德國可以在基本法的基礎上採取一切必要的措施，以促進德國的統一。透過解釋基本法的方式，憲法法院在堅持統一立場的前提下，為適應新東方政策下兩德關係的發展，進行了政策性的微調：憲法法院並沒有僵化地看待「統一」問題，而是將「統一目的」與「統一方式」相分離，肯定《兩德基礎關係條約》作為「統一方式」的合憲性。聯邦德國憲法法院對於基本法的靈活解釋，為兩德關係發展掃清了法律障礙。1990年，聯邦德國憲法法院再次運用上述解釋的原理，對《統一條約》作成合憲性解釋，為兩德最終統一提供了憲法支撐。

「統一目的」和「統一方式」相分離的解釋模式，可以為解釋1982年憲法第九自然段和第三十一條所參考。前文已述，1982年憲法所體現的是當時大陸的兩岸政策，而經過三十餘年的變遷，大陸的兩岸政策較之1982年修憲時已經有了重大發展，在對「一中性」內涵的認識、「一國兩制」的實現方式、「中共對地方」的定位模式等問題上都有了新的變化。釐清大陸當前兩岸政策的合憲性，是堅持以憲制性規定之「一中性」為基礎定位兩岸政治關係所需。對此，不妨將1982年憲法序言第九自然段和第三十一條理解為「統一目的」，而將大陸的兩岸政策理解為實現「統一目的」的「統一方式」，後者在堅持「一中性」和「一國兩制」上並未違反1982年憲

法的規定，反而是在新的歷史條件下加強了「一中性」和「一國兩制」實現的可能性，是為實現「統一目的」的具體主張和制度安排。如此，可以為大陸當前的兩岸政策以及未來在兩岸政治關係定位中所可能採取的策略性措施提供合憲性的支撐，不至於因觸碰諸如「國號」、「政權」、「法統」等問題承受過重的政治壓力和負擔。

　　同樣有著地方分離主義問題的加拿大也充分運用對憲制性規定的解釋，維護國家統一。1996年，面對魁北克透過公投謀求獨立的做法，加拿大政府請求加拿大最高法院就魁北克政府是否有權單方面宣布脫離加拿大和魁北克是否具有自決權的相關憲法問題進行解釋。加拿大最高法院作成具有歷史意義的解釋，認定無論是加拿大憲法還是國籍法中所說的人民自決權，都不允許一個省單方面決定獨立。據此，加拿大政府確認魁北克政府在1980年和1995年兩次單方面舉行的獨立公投均屬無效。加拿大對於憲法的解釋，對於落實憲法思維所引導形成的兩岸政治關係定位思路頗有助益。「獨立公投」或以「改變現狀公投」面貌出現的「獨立公投」是「臺獨」分裂勢力推動「臺灣法理獨立」的重要方式，諸如黑山獨立公投等國際上著名的「獨立公投」都被引據作為支持臺灣「獨立公投」的參照。加拿大最高法院對於魁北克問題的憲法解釋清晰地說明：主張分離的團體無權運用所謂「人民自決權」，以「公投」的形式單方面「獨立」，從而可以為在兩岸政治關係定位中，限制臺灣方面單方面作成不利於「一中性」的定位模式提供憲制性的依據，也間接地促使兩岸必須透過議題化、階段化和共識化的思路雙方面共同達成兩岸政治關係定位的共識。

　　不獨國外如此，臺灣透過比較成熟的「大法官解釋」制度，對兩岸關係也作成了諸多解釋。在這些解釋中，「釋字第329號解釋」對於兩岸政治關係定位有著重要啟示意義。1993年，臺灣立法機關陳建平等八十四人就兩岸海協會和海基會達成的《汪辜會談共

同協議》等四項協議是否應視同為「條約」的問題聲請「大法官」解釋。「大法官」在「釋字第329號解釋」之解釋理由書中提出：「臺灣與大陸地區間訂定之協議，因非本解釋所稱國際書面協定……」這一表述實際上肯定了兩會協議的事務性協議性質，但否定了兩會協議的「條約」屬性。從法理上而言，「大法官」針對兩會協議建立了「事務性」和「政治性」兩個定位層面，在「事務性」層面上積極說明「兩會協議是什麼」，而在「政治性」層面上消極地提出「兩會協議不是什麼」。此種「事務性積極+政治性消極」解釋架構，即便從今天的視角來看，對於兩岸政治關係定位仍有重要價值。兩岸在政治關係定位時，不妨先從事務性層面確定「是什麼」、政治性層面釐清「不是什麼」作為切入點，奠定兩岸務實探討政治關係定位的基石和框架，給兩岸人民一個基本的保證，再透過議題化、階段化和共識化的定位思路，形成兩岸政治關係定位的合情合理安排。

合乎憲制性規定變遷原理的方式，是兩岸政治關係定位在微觀操作層面的一種可用工具，也是兩岸政治關係定位從政治共識向規範文本轉變的實踐機制。透過合乎憲制性規定變遷原理的方式的運用，兩岸政治關係定位也可以從政治性極強的問題，降格為法律技術問題，從而有助於降低兩岸就政治關係定位進行探討的政治風險，透過憲制性規定的文本或以其他合乎憲制性規定變遷原理的方式，達成對兩岸政治關係定位的「安排」。

四、憲法理論：兩岸政治關係定位的理論支撐

兩岸政治關係定位問題，就是一個複雜的政治實踐問題，也是一個理論問題，牽涉到政治學、國際關係、法學等諸多學科門類。解決此一問題，必然需要多學科理論的綜合運用，而各學科理論也需在明確問題指向的同時，運用本學科理論開展研究，提出理論對

策。憲法資源既包括以規範、思維和方式所體現的制度資源，也包括憲法理論資源。由於兩岸政治關係定位所涉及的「國家」、「主權」、「政權」、「公權力」以至於在政策話語上出現的「一國兩制」、「憲法一中」等，都與憲法理論有著莫大的淵源，因而在兩岸政治關係定位中運用憲法理論，乃是憲法資源運用於兩岸政治關係定位的題中應有之義。憲法理論運用於解決兩岸政治關係定位的問題，除對涉及憲法理論的概念、理論作出澄清和解讀外，還需憲法理論所提供的智識資源和話語資源，為克服兩岸政治關係定位中的疑難問題提供理論上的方案。

（一）對部門法理論廣泛運用於兩岸政治關係定位研究的檢視

儘管兩岸政治關係定位問題長期以來被置於政治學、國際關係的論域內討論，但學界並不乏運用法學理論思考兩岸政治關係定位的範例。總體來說，民法學是較多被用於分析兩岸關係的部門法理論。

民法是調整平等主體之間關係的法律，民法上的理論與制度也以「平等」為立基點。用立基於「平等」的民法理論來分析大陸和臺灣的政治關係定位，不僅在實踐面上符合兩岸關係和平發展的需求，而且在政策面上也與「大陸和臺灣同屬一個中國」中「同屬」的表述暗合，同時可以消解臺灣有關「對等」的要求。因此，運用民法理論研究兩岸政治關係定位有一定可行性。然而，民法理論的「平等性」固然可以有助於兩岸政治關係的研究，但也需注意到，民法理論的此種「平等性」正是基於主體意思自治的產物，「意思自治」的觀點是否與兩岸政治關係定位中的政治底線相容，存在疑問。再者，兩岸政治關係定位在本質上是處理兩岸公權力機關關係的問題，因而具有非常明顯的「公」屬性，公私法上對於平等性的論述並非相同，兩者也因而不能隨意借用。除此以外，民法理論的某些話語雖然可以被藉助用於研究兩岸政治關係定位的問題，但這

些話語的運用未見得與民法上創設相關理論的本意相符。總而言之，將私屬性明顯的民法理論運用於公屬性同樣明顯的兩岸政治關係定位在理論上是無法自洽的。

（二）憲法理論在兩岸政治關係定位中的運用

憲法理論運用於兩岸政治關係定位的契機，是兩岸政治關係定位中所牽涉的主要概念，恰屬憲法學研究的範圍。深究憲法理論的特點，憲法理論運用於兩岸政治關係定位有其必要性和可行性：首先，憲法理論可以從理論源頭上把握與兩岸政治關係定位相關的概念，使之不至於在兩岸政治關係定位中被誤用或濫用；其次，憲法規範、憲法思維和憲法方式的運用，需要憲法理論的支撐，缺乏憲法理論的支撐，上述三種重要的憲法資源則無本所依；再次，憲法理論與民法理論一樣，也強調主體的平等性，且此種平等性是公法意義上的平等，與兩岸政治關係定位所處的問題論域相符，理論運用的目標指向更加明確；最後，兩岸政治關係定位歸根到底是一個國內法的問題，憲法理論較之國際法理論在學科屬性上更加合適。綜上所述，儘管本文承認其他部門法理論運用於解決兩岸政治關係定位的合理性和必要性，但認為憲法理論對於兩岸政治關係定位研究可能是最合適的法學理論資源。

遺憾的是，當前一些憲法理論在兩岸政治關係定位中的運用含有太多的學者想像成分。一些臺灣學者提出了諸多藉助憲法學概念術語和相關理論所建構的理論體系，這些理論體系大致可以分為兩股：其一是主張「臺獨」的學者運用憲法理論論證「臺獨」的「正當性」；其二是某些並非屬於「臺獨」陣營的學者，對憲法在兩岸政治關係定位中的作用以及憲法對兩岸關係的塑造作用所作的闡釋。前者當然在「一中性」的衡判下，與兩岸政治關係定位的根本方向相違背，不屬於本文討論之對象，亦構成堅持「一中性」的憲法理論所批判之對象。後者則雖在政治上符合兩岸政治關係定位的

目的，但具體的方式仍值得疑問。一些太過抽象或太具想像力的理論，不僅在實踐面因無法獲致實現而毫無意義，而且會使得兩岸政治關係定位從一項政策性極強的嚴肅活動，蒙上文字遊戲的外觀，有損兩岸民眾對兩岸政治關係定位的觀感和認同。因此，對於憲法理論如何運用於兩岸政治關係定位的問題，本文認為，應當堅持運用通俗、常見、主流、務實的憲法理論，縷清與兩岸政治關係定位相關理論的源流和真義，在此基礎上，以嚴肅、客觀、理性的立場，運用憲法理論研究兩岸政治關係定位問題。對於外國在解決國家統一中行之有效的憲法理論，應當立基於兩岸政治關係定位的實際需要，堅守政治底線，顧及兩岸對於該理論的可接受程度，在務實基礎上予以運用，而不是予以照搬或貼上「兩岸標籤」後即加以運用。兩岸領導人都在不同場合表示解決兩岸政治關係定位問題，要運用中華民族的智慧。中華民族的智慧是中庸、和諧、寬容、內斂的智慧，而不是「故作驚人之語」的「理論創新」和恣意從西方話語中移植的「理論舶來品」。運用憲法理論探討兩岸政治關係定位，構成中華民族智慧運用的具體方式之一，也應當符合中華民族智慧的基本特徵。

　　至於哪些憲法理論可以運用於兩岸政治關係定位的問題，本文認為，從理論上而言，幾乎所有的憲法理論都可以運用於兩岸政治關係定位。以憲法理論體系的幾個構成部分為例：其一，憲法基礎理論部分的主權理論、治權理論、憲制性規定的變遷原理、規範分析方法等，對於兩岸政治關係定位有著直接的指導作用；其二，人民基本權利理論雖與兩岸政治關係定位沒有直接聯繫，但兩岸政治關係定位合情合理的安排，歸根到底是為了兩岸民眾福祉，且兩岸民眾對於兩岸政治關係定位安排的認同，也構成判斷「合情合理」的依據之一，因而人民基本權利理論對於兩岸政治關係定位也有著重要參考價值；其三，公權力機關構成的有關理論涉及公權力機關的正當性來源、公權力機關的彼此關係、公權力機關的運作程序和

方式等理論，對於兩岸政治關係定位的具體安排有著直接指導作用。當然，憲法理論的運用也存在著階段化的特點，總體來說可能會呈現出從抽象到具體、從宏觀到微觀的過程。亦即在兩岸探討政治關係定位問題的初期，諸如主權、治權、正當性、憲制性規定製定權等相對抽象的理論和概念較多運用於兩岸政治關係定位，以解決兩岸政治關係定位的基本面問題，搭建兩岸政治關係定位的理論框架；隨著兩岸政治關係定位的持續深入，憲制性規定的規範表述技術、公權力機關運作程序與方式等相對具體和更具操作性的理論將較多運用於解決兩岸政治關係定位的一些制度安排問題。

總之，憲法理論作為重要的憲法資源，豐富了兩岸政治關係定位的理論話語，使得兩岸政治關係定位從政治活動轉變為兼具政治性和理論性的過程，有利於強化兩岸政治關係定位的正當性和可接受性。從此意義而言，憲法理論構成了兩岸政治關係定位的理論支撐。

五、結語

憲法資源對於兩岸政治關係定位的支撐性作用是全面而務實的，賦予了兩岸政治關係定位以法理氣質。在兩岸政治關係定位中，把握臺灣問題和兩岸關係的憲法屬性，積極依據憲法規範對抗政治話語，以憲法思維應對政治決斷，憑藉憲法方式因應政治操弄，用憲法理論解決政治問題，透過憲法資源的運用掌握兩岸政治關係定位的主動權，發揮憲制性規定在解決祖國完全統一和兩岸關係和平發展中的最大價值。這既是政策層面和實踐層面的實際需要，也是憲法學人對於國家和民族的貢獻和責任。

加強對臺特別立法勢在必行

臺灣是中華人民共和國的神聖領土的一部分。這既是中國憲法的明確規定，也是國際社會絕大多數國家廣泛認同的法律事實。然而，「臺獨」分裂勢力公然蔑視這一事實，置國家主權和領土完整的民族大義於不顧，不僅在「漸進式臺獨」道路上越走越遠，而且屢屢企圖在「法理臺獨」方面尋求突破，為「臺獨」分裂活動謀求法理空間，嚴重威脅著中國的國家主權和領土完整，因此，極有必要採取各種有力措施反對和制止「臺獨」分裂勢力的活動，維護國家主權和領土完整。基於臺灣問題的性質和長期以來中共政府對臺鬥爭的經驗教訓，以及現實政治發展的需要，我認為，加強對臺特別立法是極為必要和緊迫的重大戰略舉措。

一、臺灣問題既是政治問題更是法律問題

　　所謂臺灣問題，概而論之即國家主權統一和臺灣的政治地位問題。在不少人看來，臺灣問題只是一個政治問題。然而這僅僅只是看到了問題的一個方面。從現代政治運行的基本規律來看，政治問題往往需要藉助法律手段來解決，從這個意義上來說，臺灣問題歸根結底是一個法律問題。

　　（一）臺灣問題是政治問題

　　政治是指上層建築領域中各種權力主體維護自身利益的特定行為以及由此結成的特定關係。作為各種權力主體維護自身利益的特定方式，政治主要表現為以國家權力為依託的各種支配行為和以對國家的制約性權力為依託的各種反支配行為，如統治行為、管理行為、參與行為、鬥爭行為、領導行為、反政府行為、權威性影響、權力競爭等。所謂政治問題則是在這種支配與反支配過程中出現的政治現象。它往往表現為階級、政黨和利益集團圍繞國家政權所進行的對抗和爭奪，其極端方式則表現為透過武裝鬥爭、軍事政變等

非程序性途徑，實現國家政權的更替。我們說臺灣問題是政治問題，主要是因為臺灣問題形成的原因、過程、特點等與通常意義上的政治問題基本一致。

臺灣問題是中國革命的歷史遺留問題，是國共兩黨政治鬥爭的結果。儘管國共兩黨曾進行過合作，但基於各自政治信仰、政治立場以及賴以依靠的階級基礎和追求的目標存在著根本對立，因而在事關中華民族命運的重大問題上，代表最廣大人民群眾根本利益的中國共產黨必將與代表極少數剝削階級利益的國民黨反動派進行堅決鬥爭。而鬥爭的結果則是中國共產黨解放了整個中國大陸，建立了中華人民共和國，國民黨殘餘部隊則盤踞孤島臺灣。

同時，臺灣問題的形成也受到其他政治因素的影響。這裡的其他政治因素既包括國內也包括國外。從國內政治因素來說，新生的人民政權必須以加緊進行經濟建設為自己的鞏固和發展打下基礎為首要任務，加之基於國際國內形勢分析形成的國家宏觀發展戰略，使中國政府一直沒有將臺灣問題的解決放在較為緊迫的位置；從國際政治因素來說，以美國為首的少數國家一直在臺灣問題上給我們設置重重障礙。正是這些內外政治因素使臺灣問題成為中國的重大政治問題之一。

（二）臺灣問題更是法律問題

如果說對臺灣問題是政治問題的認識，將促使我們在解決臺灣問題過程中，必須充分考慮臺灣問題作為政治問題的特點、各種政治形勢和政治因素，從而切實瞭解臺灣問題的複雜性，那麼明確臺灣問題更是法律問題，將促使我們更加準確地抓住臺灣問題的實質，從而更加全面而有效地提出並落實解決臺灣問題的措施和途徑。

第一，將臺灣問題視為法律問題是「與時俱進」的必然要求。當今世界和我們所處的時代，同過去相比發生了很多深刻的變化，

無論從國際還是從國內看，我們都面臨著許多新情況新問題。臺灣問題也是如此。如果說新中國成立初期，臺灣問題主要是單純的政治問題，新中國的對臺政策應是「宜將剩勇追窮寇」的革命戰爭（政治鬥爭的最高表現形式），那麼經過五十多年的發展，特別是以下三方面則決定了我們必須將臺灣問題視為法律問題：一是現代社會是法治社會，不同政治實體、區域之間的關係，主要體現為一種法律關係，因此兩岸統一問題，說到底即是兩岸的法律地位和法律關係問題；二是臺灣已形成較為完備的政治體制和法律體系，現在又實行所謂政黨輪替的民主政治，加之臺灣民眾又大多希望維持現狀，因而在此情況下的兩岸統一問題，實際上是臺灣對中華人民共和國合法地位和唯一代表中國主權地位的承認問題。要達此目的，僅僅運用政治鬥爭和武力威懾手段遠遠不夠，還必須充分運用法律手段；三是「臺獨」分裂勢力每走一步都立足於尋找法理依據的事實從反面說明我們必須將臺灣問題視為法律問題，以增強鬥爭的針對性和有效性。

　　第二，將臺灣問題視為法律問題體現了政治問題與法律問題的有機聯繫。政治問題與法律問題相輔相成。政治的核心問題是政權問題，或者說政權活動是政治的根本內容，因而政治和法律的關係主要透過國家權力與法的關係表現出來。法律作為上升為國家意志的一定階級意志的體現，一方面直接受政治因素的制約，另一方面它又確認和調整政治關係，直接影響政治並促進政治的發展。換言之，一方面法律總是由國家制定和認可，法律的效力和權威總是以國家權力為後盾；另一方面法律又體現國家意志，透過法的準則來鞏固國家權力並維持國家權力的正常運行。由此可見，政治和法律緊密相連，政治問題與法律問題絕不可能截然分開。具體對臺灣問題來說，其法律屬性在於它攸關國家主權的統一和中共政府的權威，其政治屬性在於它關涉臺灣的政治地位，二者各有側重。在法律層面上，即在攸關國家主權和中共政府權威問題上沒有討價還價

的餘地，這集中表現為「一個中國」的法律原則。但就臺灣的政治地位而言，完全可以透過政治談判和民主協商的方式來解決，並透過法律的形式確認政治談判的成果。因此，單純強調臺灣問題的政治屬性而忽略它的法律屬性無疑是片面的。

　　第二，臺灣問題的本質是國家主權統一的問題。在地域意義上，或者說在國家整體與局部的關係意義上，臺灣無疑只是中國的一部分，但從現實政權架構，特別是中共政權與地方政權的關係來說，目前的臺灣仍然是因為歷史原因而存在的特殊政權。這就是說，雖然臺灣的主權是中華人民共和國的，但主權與治權卻一直相互分離，或者說法律意義上的主權與事實上的治權尚處於割裂狀態。「臺獨」分裂勢力的本質就在於企圖將這種事實上的治權分割狀態演變為法律主權的分裂狀態。我們的立場則在於不僅堅決維護國家主權在法律上的統一，而且力求實現國家主權在事實上的統一。正是在這個意義上說，臺灣問題在本質上即是國家主權的統一問題，其內涵包括：擁有臺灣主權的中華人民共和國如何處理臺灣的治權問題；在「一個中國」的原則下，大陸政府與臺灣應採取何種政權架構模式來實現統一；臺灣的政治地位如何在中華人民共和國憲法體系中予以確定等等。

　　第四，充分運用法律手段是中外政治實踐的成功經驗。就外國來說，自中美建交以來，美國最重要的對臺策略即在於透過《臺灣關係法》等國內法律形式來控制臺灣，抵消中美三個聯合公報，並因而透過「以臺制華」戰略，遏制中國的發展，保證美國的國家利益；英國在推行殖民統治過程中，也是透過運用國內法律形式達到長期有效管治殖民地的目的；在兩德統一過程中，《德意志聯邦共和國基本法》發揮了關鍵作用等。就國內來說，香港、澳門的順利回歸，以及回歸後的有效運轉，「基本法」同樣起著極為關鍵的作用。而中國五十多年來在臺灣問題上則只有一些過於原則的政策或者領導人的講話、聲明等，在憲法和法律層面迄今尚無有效的作

為。這種運用政治手段處理臺灣問題的方式儘管有其靈活性等方面的優勢，但卻存在不確定性、不穩定性以及容易使人產生不信任心理等弊端。現今部分臺灣民眾對中共有關對臺政策之所以心存疑慮，與我們未能使其法律化、制度化存在很大關係。

由上述分析可見，臺灣問題既是政治問題，更是法律問題。因此我們在探索解決臺灣問題的途徑過程中，必須立足法律角度予以思考，並充分運用法律武器，加緊開展對臺特別立法的研究和實施工作。

二、加強對臺特別立法是實施依法治國方略的必然要求

共產黨十五大明確提出，依法治國是黨領導人民治理國家的基本方略；九屆全國人大二次會議透過的憲法修正案明確規定，「中華人民共和國實行依法治國，建設社會主義法治國家」，從而使依法治國的基本方略得到國家根本大法的保障。加強對臺特別立法就是全面落實依法治國基本方略的必然要求。

第一，實行依法治國是人類國家管理和發展的基本規律，法治國家是人類政治文明發展的高級型態。儘管新中國的社會主義民主和法制建設曾經走過曲折的發展歷程，但中國共產黨和中國各族人民在總結經驗教訓的基礎上，痛定思痛，終於將依法治國確立為治理國家的基本方略。這就不僅意味著廣大人民群眾管理國家和社會事務，管理經濟和文化事業必須依法進行，而且正如黨的十六大指出的那樣，作為執政黨的中國共產黨也必須「堅持依法執政」。新中國成立以來，黨和國家在臺灣問題上提出了一系列的指導方針和具體政策，諸如「一定要解放臺灣」，以及「只要承認一個中國的原則，什麼問題都可以談」、「一國兩制，和平統一」、「絕不承

諾放棄使用武力」、「願以最大的誠意、盡最大的努力爭取和平統一」等。加強對臺特別立法，不僅有利於將黨和國家對臺問題的政策、原則納入法治軌道，而且為解決臺灣問題提供了明確的法律依據，並透過融入具體的政治架構、經濟交往、軍事活動、文化交流和宗教往來等方面，為國家機關、社會團體、經濟組織和廣大公民提供基本的行為準則。

第二，國家的主權獨立與領土完整是國家得以存在和發展的根本前提，是國家最核心的根本利益。因此，維護國家主權與領土完整是任何國家及其公民的一項基本職責。中華民族有著優良的愛國主義傳統，維護國家主權和領土完整是包括香港、澳門和臺灣人民在內的全體中國人民的共同美德，正是這種美德使中華民族在屢遭外國列強的侵凌之時，能夠團結一致、並肩戰鬥，並最終在中國共產黨領導下實現了國家主權的獨立和統一，建立起人民當家做主的新中國，並在上世紀末恢復行使對香港和澳門的主權。

眾所周知，現代社會解決國家主權問題的方式多樣，但不論透過何種方式解決主權問題，其成果都必須透過法律予以確認，因此法律手段始終是維護國家主權和領土完整的基本方式。雖然中國憲法和法律在維護國家主權和領土完整方面既有原則規定，又有具體內容，但在臺灣問題上的規定卻過於簡略，只在憲法序言中規定，「臺灣是中華人民共和國的神聖領土的一部分。完成統一祖國的大業是包括臺灣同胞在內的全中國人民的神聖職責」。嚴格說來，這只是從國家領土完整的角度，對臺灣進行的原則定位，但僅有這一條是遠遠不夠的。因此，加強對臺特別立法，彌補現有憲法和法律的不足，是維護國家主權和領土完整的必然要求。

第三，實施依法治國方略，內在地要求發展社會主義民主政治。為此就必須擴大公民有序的政治參與，保證人民依法實行民主選舉、民主決策、民主管理和民主監督。由於中國憲法和法律是廣

大人民群眾意志和利益的集中體現，立法的過程就是瞭解和彙集民意、反映和發揮民智的過程，而臺灣問題不僅事關兩千三百多萬臺灣同胞，而且事關十三億大陸人民，因此集中廣大人民群眾在解決臺灣問題上的意願和智慧，制定對臺特別立法，將中國各族人民在臺灣問題上的意願和利益上升為國家意志，就不僅推進了社會主義民主政治建設，而且也落實了依法治國方略的要求。

三、加強對臺特別立法是反對和制止「臺獨」分裂勢力分裂活動的客觀需要

陳水扁上臺以來，不僅以露骨的「臺獨」言行全面違反了自己作出的「四不一沒有」承諾，而且充分利用其執政地位和資源，全面推行「漸進式臺獨」，特別是在其實現連任後，落實「臺獨時間表」的步伐開始加快。主要表現在以下幾個方面：

一是加緊部署「臺獨制憲」。在「520」就職、「雙十節」以及講話中，藉助「憲改」煽動「臺獨制憲」，公然提出今後三四年內將終結「中國憲法」，在2006年推動「公投」複決「新憲法」草案，「催生一部合時、合身、合用的臺灣新憲法」，並且在2008年實施；強調有關「憲政改造」的爭議，不應把重點放在「修憲」與「制憲」的文字之爭，而要專注於「憲政」改造所帶來的實質改變。

二是加快落實「臺灣正名」，尋找「臺獨」的捷徑。在民進黨當局要員進行「務實外交」活動的同時，集中圍繞「國號」做文章。一會兒說「臺灣，ROC（即中華民國）」，「臺灣就是ROC，ROC就是臺灣」；一會兒稱「臺灣等於中華民國，不是中華民國的一部分」；說什麼「中國是外國，是敵國」；表示要在兩年內爭取將所有所謂「駐外機構」改名為「臺灣代表處」，「相關單位名稱

容易在國際上與中國造成混淆者將逐一正名」，聲稱先由所謂「國公營事業著手，以兩年的時間來完成」；並繼續揚言要以「臺灣名義爭取加入聯合國」。

三是加速推行「文化臺獨」。在對文化教育、思想意識、倫理道德、禮節習俗進行「去中國化」的同時，陳水扁當局重用「臺獨」分子掌管教育部門，落實2004學年開始的「九年一貫課程」和大中小學「一條鞭式臺獨教育」保駕護航。規定在《認識臺灣》等教科書的基礎上，從2006年開始，把臺灣史和中國史的比例由3：7調整為5：5，在全面壓縮中國史內容的前提下，別有用心地把中國史作為「外國史」來學習。

此外，為給「臺獨」壯膽，增加「以武拒統」的實力，陳水扁當局在完成「二代建軍」基礎上，又提出了高達6108億元臺幣的軍購案等等。

由此可見，反對和制止「臺獨」分裂勢力的分裂活動，已成為當前處理臺灣問題最為緊迫的內容，而加強對臺特別立法則是其中的重大舉措。

第一，反對和制止「臺獨」分裂勢力的分裂活動必須採取多種方式，並且必須積極主動。然而如前所述，過去我們在處理臺灣問題過程中方式較為單一，加強對臺特別立法則不僅在經濟鬥爭、軍事鬥爭、外交鬥爭等的基礎上，增加了法律鬥爭，從而使鬥爭方式更加多元化，而且由於立法是基於國家主權而採取的積極主動行為，而我們現階段最為緊迫且真正能夠有所作為的方面又在於維護國家主權和領土完整，因此加強對臺特別立法將使大陸政府在處理臺灣問題過程中更加主動。

第二，反對和制止「臺獨」分裂勢力的分裂活動應具備必要的威懾力和剛性，儘管50多年來，我們透過政策處理對臺事務，維持了兩岸現狀，從而使臺灣沒有從祖國分離出去，但由於政策在民意

基礎和法理基礎等方面存在不明確性，因而缺乏必要的剛性和足夠的威懾力，在面對新時期「臺獨」分裂勢力日益猖獗的分裂活動時常有力不從心之感。因此，在不承諾放棄使用武力的同時，強化法律手段則不失為一種最佳選擇。因為法律作為廣大人民群眾意志和利益的表現，立法的過程就是充分反映和匯聚民意的過程，因而加強對臺特別立法不僅能夠集中全國人民的意志，從而保證其民意基礎，而且能夠基於立法程序等環節，保證其法理基礎。同時，由於政策不以國家強制力作保障，因而其貫徹實施效果難免大打折扣，然而法律作為國家意志的表現，則能充分運用國家強制力確保其貫徹落實。因此，加強對臺特別立法，不僅拓展了我們在臺灣問題上的法治宏觀控制策略，而且也提升了我們反對和制止「臺獨」分裂勢力的策略水平，因而是對臺戰略調整和思維方式轉變的必然要求。

第三，反對和制止「臺獨」分裂勢力的分裂活動應力爭取得臺灣民眾的支持和國際社會的理解，法律手段則是實現這一目的的最佳方式。「臺獨」分裂勢力的慣用伎倆是歪曲我對臺政策，誤導臺灣民眾，故意製造恐慌，將「臺獨」活動與臺灣民眾捆綁在一起。一旦我們將對臺方針法律化，從而戳穿「臺獨」分裂勢力的圖謀，並基於法律的明確、規範和權威，讓臺灣民眾切實感受到大陸政府維護兩岸人民根本利益的誠心和決心，那麼臺灣民眾就決不會輕易支持「臺獨」分裂活動，而且會反過來成為維護國家主權統一和反對「臺獨」分裂勢力的重要力量。從國際層面來說，「臺獨」分裂勢力之所以日益猖獗，與以美國為代表的外部勢力的介入息息相關。既然分裂活動在世界上都被視為國家和民族利益最大的敵人，因而任何一個國家的政府和人民都不會對本國的分裂活動坐視不理，那麼中國政府基於保護國家主權和領土完整開展對臺特別立法，不僅符合通行的國際法準則，而且透過「以法抗法」的方式將最大限度地壓縮「臺獨」分裂勢力開展國際活動的法理空間，有力地阻止外部勢力對中國內政的干涉。

四、對臺特別立法必須注意的幾個問題

運用法律手段推進臺灣問題的解決是一個複雜的系統工程，因而無論在立法的指導思想、立法的宗旨、立法的規劃和工作步驟等方面都必須予以高度重視。

第一，關於立法的指導思想和宗旨。對臺特別立法必須以鄧小平理論和「三個代表」重要思想為指導。就鄧小平理論而言，不僅應該貫徹和體現鄧小平同志「一國兩制，和平統一」等有關對臺問題的重要思想，而且尤為關鍵的是必須立足現實、實事求是，只有這樣，才能使立法工作既立足於未來兩岸統一的戰略高度，又立足於當前實際，從而具有足夠的針對性；就「三個代表」重要思想來說，主要是必須立足於兩岸人民的根本利益，爭取海峽兩岸廣大人民群眾的支持。因此，在立法宗旨方面，必須始終以維護中華民族的核心利益和兩岸人民的根本利益為依歸，以用最大的誠意、盡最大的努力爭取和平統一為追求。

第二，開展對臺特別立法既然是戰略調整、是思維方式的轉變，那麼就必須基於整體角度開展立法工作。臺灣問題的極其複雜性，決定了並不是制定一兩部法律就可萬事大吉的，而必須基於系統的角度通盤考慮，只有理清環節，加強協調，才能既堅持大局又不忽略細節。

第三，涉臺事務本身既是分層次的，也是有輕重緩急的，既有原則性的「一個中國」問題，又有大量繁雜的具體事務，因此對臺特別立法必須區分不同層次。一方面應該在憲法或憲法性法律層面，就臺灣的政治法律地位、維護國家主權和領土完整等問題予以界定，以對抗「臺獨」分裂勢力透過「憲改立國」分裂國家的圖謀；另一方面根據涉臺事務的不同情況制定相應的普通法律。這也

就是說，我們既應透過憲法性法律堅持原則性的「一個中國」，又應透過各種普通法律，保障兩岸人民的政治、經濟和文化交往，切實維護兩岸人民的切身利益，從而在現實政治、經濟和文化生活中建設實實在在的「一個中國」。

第四，不同的形勢、任務決定了不同時期應有不同的立法重點，因而開展對臺特別立法必須有步驟、有計劃地推進。近期對臺立法的重點或核心應該是反「臺獨」、反分裂，特別是反對和制止「臺獨」分裂勢力試圖透過「憲改」實現「法理臺獨」的圖謀，因而這一時期我們需要制定的法律，是宣示和維護主權的法律而不是行使治權的法律，是反對和制止「臺獨」的法律而不是完全解決臺灣問題的法律。

論《反分裂國家法》的法理基礎

2005年3月14日，十屆全國人大三次會議高票透過了《反分裂國家法》。這是作為最高國家權力機關的全國人民代表大會透過特別立法的形式，把中共對臺工作的大政方針和全中國人民維護國家主權與領土完整的一致意願上升為國家意志的重大舉措。《反分裂國家法》的頒布，不僅充分表明了中國政府和人民反對和遏制「臺獨」分裂勢力分裂國家活動的堅定決心，而且也充分表明了國家以最大的誠意、盡最大的努力，爭取實現和平統一的一貫立場，因而這部憲法關聯法不僅是中華民族以「法理反獨」反制「法理臺獨」的重要法律武器，而且體現了中華民族的最高利益，符合兩岸人民以及國際社會維護和平穩定，促進共同發展、共同繁榮的共同願望，將為維護臺海和平，並最終解決臺灣這一歷史遺留問題提供堅強有力的法理支持與明確可行的法律框架。

一、主權國家從維護國家主權完整角度制定旨在反對分裂國家的法律，是所有主權國家的一項基本權利

自近代主權概念產生以來，主權的完整與統一就被認為是國家完整與統一的象徵，因而維護主權的統一與完整是任何國家的基本權利。因此，迄今為止的大多數國家都透過立憲或立法方式，對主權的歸屬和維護國家主權的統一和完整作出明確規定。中國自1912年的《中華民國臨時約法》之後的歷部成文憲法，包括中國的現行憲法以及臺灣的所謂「憲法」，都明確規定了主權在民的原則。這就充分表明中國的國家主權屬於包括臺灣人民在內的中華民族的全體成員。

同時，任何主權國家都只有一個合法政府，而這一合法政府則是這個國家主權的唯一代表。一個代表國家主權的政府，無疑擁有不受任何外國勢力幹涉地決定和處理其主權所及範圍內一切事務的權利。這是國家主權原則的核心內容之一，因而受到國際社會的普遍尊重和國際法的一貫保護。

在歷史上，中華民國政府曾經是中國主權的合法代表。但從1949年10月1日開始，中華人民共和國政府取代了中華民國政府，成為全中國的唯一合法政府和國際法上的唯一合法代表。儘管如此，但中國的主權和固有的領土疆域並未因此而改變。這種在同一國際法主體沒有發生變化，由新政權取代舊政權的事實，在國際法上被稱為政府繼承。因此，中華人民共和國政府理所當然地成為享有和行使中國全部主權的唯一代表，其中包括對臺灣的主權。

雖然中華人民共和國成立後，臺灣繼續使用「中華民國」和「中華民國政府」的名稱，但它早已喪失代表中國行使國家主權的合法性基礎，即便是它至今仍然分享著的大陸政府在臺灣的部分

「治權」，也只是中國主權管轄範圍內的有限「治權」，它並不具有對抗國家主權的合法性。因此，作為中國領土不可分割的一部分，臺灣的主權始終與整個中國的主權合為一體，不可分割，並由中華人民共和國大陸政府統一行使。臺灣的存在，既不能更改臺灣屬於中國的歷史，更不能改變中國主權統一的事實。

而且，中華人民共和國作為中國主權的唯一合法代表這一事實，已得到國際社會的普遍承認。1971年10月，第26屆聯合國大會透過2758號決議，驅逐了臺灣的代表，恢復了中華人民共和國政府在聯合國的席位和一切合法權利。1972年9月，中日兩國簽署聯合聲明，宣布建立外交關係，日本承認中華人民共和國政府是中國的唯一合法政府，充分理解和尊重中國政府關於臺灣是中華人民共和國領土不可分割的一部分的立場，並且堅持遵循《波茨坦公告》第八條規定的立場。1978年12月，中美發表建交公報，美國「承認中華人民共和國政府是中國的唯一合法政府」；「承認中國的立場，即只有一個中國，臺灣是中國的一部分」。至今，已有160多個國家與中華人民共和國政府建立外交關係，它們都承認中華人民共和國政府是中國的唯一合法政府，並且承諾在一個中國的框架內處理與臺灣的關係。

因此，全國人民代表大會作為中華人民共和國的最高立法機關，針對「臺獨」分裂勢力，制定《反分裂國家法》，以維護國家主權和領土完整，促進國家的和平統一，完全屬於中國主權範圍內的事務，是中國的國內立法與主權行為，它既符合國家主權原則，也具備道義上的正當性。

二、領土完整是國家主權完整的基本代表，維護領土完整是主權國家的核心利益，也是反分裂國家行為的正當性基礎

領土是國家的第一要素。在公法意義上，領土完整是國家主權完整的基本代表，主權國家對其所屬的領土理當具備完全獨立的支配權。比如為確保其領土安全，它可以在其所屬的任何一個地方派駐軍隊，也可以針對其所屬的任何一個區域制定特定的防衛性法律。當今世界，幾乎所有國家都將「領土主權和領土完整不受侵犯」作為其反分裂國家行為的正當性基礎。

　　尊重歷史，是國際社會確認領土主權之歸屬的慣常方法。從歷史上看，臺灣自古就是中國的領土。中國人最早開發臺灣島，中國政府對臺灣實行有效管制的文字記錄，至少可以追溯到1700多年前。元朝時中國政府正式在臺灣設置行政機構，清朝時正式在臺灣建省。從元朝到清朝，中國政府一直統治並保衛著臺灣。但1895年4月，日本透過侵華戰爭，強迫清朝政府簽訂不平等的《馬關條約》，霸占了臺灣。1937年7月，日本發動全面侵華戰爭。1941年12月，中國政府在《中國對日宣戰布告》中昭告各國，中國廢止包括《馬關條約》在內的一切涉及中日關係的條約、協定、合約，並將收復臺灣。1943年12月，中美英三國政府發表的《開羅宣言》規定，日本應將其竊取的包括東北、臺灣、澎湖列島等在內的中國領土，歸還中國。1945年，中美英三國共同簽署、後來又有蘇聯參加的《波茨坦公告》規定：「開羅宣言之條件必將實施。」同年8月，日本宣布投降，並在《日本投降條款》中承諾，「忠誠履行波茨坦公告各項規定之義務」。同年10月25日，中國政府收復臺灣、澎湖列島，重新恢復對臺灣行使主權。此後迄今，臺灣作為中國領土一部分的法律地位從未改變。

　　在國民政府時期，歷部憲法都將臺灣視為中國領土不可分割的一部分。中國現行《憲法》規定：「臺灣是中華人民共和國的神聖領土的一部分，完成統一祖國的大業是包括臺灣同胞在內的全中國人民的神聖職責。」《反分裂國家法》的根本宗旨，與中國憲法以及《開羅宣言》和《波茨坦公告》的基本精神完全一致，這就是維

護臺灣作為中國一部分的法律地位。因此，它既具備合憲性，也符合國際法精神。

三、國家安全是人民的最高福祉，領土安全是國家安全的首要前提，因此維護領土安全就是維護人民的最高福祉

美國早期政治家杰伊曾經指出：「在一個明智而自由的人民認為必須注意的許多事務中，為自己提供安全看來是首要的事情。」而人民個人的安全，歷來以國家安全為必要條件，國家安全則以領土安全為前提。一旦國家疆域受到威脅，則意味著國家安全受到威脅。一旦疆土分裂，則國將不國。而國之不存，民何以安？所以，領土安全乃人民的最高福祉；維護國家領土的安全，是一國政府的首要職責，也是一國公民的當然義務。因此，為使國家免遭不必要的威脅，或者為了防止某種具有高度蓋然性威脅的挑釁，一個合法政府就應當被賦予備戰自衛和反抗威脅的權利。在歷史上，戰爭被認為是維護領土安全的主要方式，因此現代社會，人們運用法律手段維護領土安全無疑是歷史的進步。

眾所周知，從1990年代以來，以李登輝為代表的「臺獨」分裂勢力以所謂「民意」為幌子，開始大肆鼓吹分裂國家的活動。民進黨主導臺灣政府後，「臺獨」活動日益猖獗。「臺獨」分子極力推動「公投制憲」，企圖以「憲改」之名行「制憲」之實，謀求「法理臺獨」；在所謂「中華民國」的簡稱問題上大做文章，將「臺灣正名」活動推向逐步變更「國名」的新階段；以組織機構調整為名，圖謀改變臺灣現行行政架構中帶有中國內涵的部門；在教育與歷史文化領域進一步推動「去中國化」運動，以凸顯所謂的「臺灣主體性」等等。這些事實表明，中國的領土安全正在遭遇「臺獨」勢力即刻而現實的威脅和挑釁。

毋庸置疑，面對這種國土安全遭受威脅和挑釁的事實，任何主權國家都不會無動於衷。在歷史上，美國為打擊分裂勢力企圖將南方從統一的美利堅合眾國分裂出去的活動與挑釁，曾發動過著名的「南北戰爭」。由於這場戰爭維護了國家領土的完整，因而被歷代美國人評價為正義之戰，而領導這場戰爭的亞伯拉罕·林肯則被稱頌為英雄。因此，當我們面臨國家的固有領土遭遇「臺獨」分裂勢力即刻而現實的分裂威脅時，由透過民主選舉產生的，包括臺灣人士在內的最高國家立法機關以立法的方式，反對和遏制「臺獨」分裂勢力的分裂活動，從而捍衛中國人民的最高福祉，無疑是正義之舉，因而理當受到包括臺灣人民在內的全體中國人民的一致擁護和國際社會的普遍理解。

四、分裂國家的行為是一切主權國家的共同敵人，透過立法反制分裂是世界各國通行的正義舉措

　　不同的國家有其不同的歷史、不同的文化和不同的價值哲學。但具有不同歷史、文化和價值哲學的國家，卻有一個共同的敵人，那就是「分裂國家」的勢力。在一切時代，在所有地方，任何形式的「分裂國家」的個人、組織或者集團，都被所有主權國家視為頭號敵人。所以，迄今為止，幾乎所有的國家都將分裂國家等危害國家安全的行為列為非法，並給予嚴懲。中國也不例外。中國現行憲法將維護國家的統一規定為公民的一項基本義務；中國《國防法》和《刑法》等法律中，設有專門的「反分裂國家」條款。如《刑法》第一百零二條和一百零三條就將危害國家主權、領土完整和安全，組織、策劃、實施分裂國家，以及煽動分裂國家、破壞國家統一的行為規定為分裂國家罪或煽動分裂國家罪，並規定對其中的首要分子或者罪行嚴重者，處以無期徒刑或者五年以上的有期徒刑。

從國際法的角度而言，國際社會和國際法對任何形式的分裂國家行為，都持否定態度。1948年的《聯合國憲章》以及隨後頒布的相關國際關係宣言，將這種分裂國家的否定態度上升為國際法原則，並確認主權國家有不受他國干涉的、以和平方式或者非和平方式維護其主權和領土安全的權利。聯合國憲章規定：「聯合國和它的成員國不得侵害任何會員國或國家領土完整或政治獨立，不得干涉在本質上屬於任何國家內管轄的事件。」聯合國《關於各國依聯合國憲章建立友好關係及合作之國際法原則之宣言》指出：「凡以局部或全部破壞國家統一及領土完整或政治獨立為目的之企圖，都是不符合聯合國憲章精神的。」

歷史表明，分裂國家的行為是威脅國家穩定與和平的主要因素。自有國家以來，引爆國內戰爭的根本原因，大多與分裂國家的活動有關。當今時代，分裂國家的行為仍然是危害地區穩定與世界和平的重大隱患。如果放縱分裂勢力，必將導致越來越多的動盪、戰爭和災難，國家和地區安全將無以保障，國際社會將永無寧日！

一小撮「臺獨」分裂勢力的言行舉止，不僅挑釁著中國的穩定與和平，而且也勢必禍及亞太地區乃至整個世界的和平與穩定。因此，中國政府適時公布《反分裂國家法》，力圖透過法治的途徑，反對和遏制「臺獨」分裂勢力的分裂活動，不僅符合包括臺灣人民在內的整個中華民族的根本利益，而且符合世界上一切愛好和平的國家和人民的共同利益，特別是符合亞太地區國家和人民對於安全與和平的需要。

綜上所述，維護主權統一、捍衛領土完整、保障領土安全，是一切主權國家都擁有的神聖不可侵犯的權利。透過立憲和立法方式，反對和制止分裂國家的行為，是世界各國的通行做法，也是被世界各國人民廣泛認可的正義行動。當今世界，各國憲法中都設有維護國家統一的專門條款，而且幾乎所有國家都有反分裂、反叛國

方面的針對性立法。在歷史上，諸如美國、加拿大、法國、俄羅斯等許多國家都曾有運用法律手段制裁分裂勢力及其活動的先例，並得到國際社會的普遍理解與支持。因此，中國十屆全國人大三次會議審議並透過的《反分裂國家法》，不僅具有充分的倫理和民意基礎，而且可以從眾多國際先例中獲得有力的法理支持，因而無論其正當性、合理性，還是其合法性都不容置疑。

解讀《反分裂國家法》

2005年3月14日，十屆全國人大三次會議以零反對票表決透過了《反分裂國家法》。這部法律充分體現了我們以最大的誠意、盡最大的努力爭取國家和平統一的一貫立場，充分表明了全中國人民維護國家主權和領土完整，絕不允許「臺獨」分裂勢力以任何名義、任何方式把臺灣從中國分裂出去的共同意志和堅定決心。因此，這部法律不僅是中華民族遏制「法理臺獨」的重要法律武器，而且將為推動兩岸關係發展，促進祖國和平統一，維護國家主權和領土完整，維護臺海和平，提供堅強有力的法理支持與明確可行的法律依據。

一、《反分裂國家法》的法理依據

從國內法角度來看，透過立憲和立法方式，反對和制止分裂國家的行為，是世界各國的通行做法，也是被世界各國人民廣泛認可的正義行動。當今世界，各國憲法都設有維護國家統一的專門條款，而且幾乎所有國家都有反分裂、反叛國方面的針對性立法。在歷史上，諸如美國、加拿大、法國和俄羅斯等許多國家都曾有運用法律手段制裁分裂勢力及其活動的先例，並得到國內廣大人民和國

際社會的普遍理解和支持。中國現行《憲法》更是明確規定：「臺灣是中華人民共和國的神聖領土的一部分，完成統一祖國的大業是包括臺灣同胞在內的全中國人民的神聖職責。」

從國際法角度來看，臺灣是中國領土的一部分，這一歷史事實得到了一系列國際宣言與條約的承認，臺灣屬於中國領土一部分的法律地位從來就沒有發生過改變，因此制定針對「臺獨」分裂勢力的《反分裂國家法》完全屬於中國主權範圍內的事情。

1945年的《聯合國憲章》，以及隨後頒布的多項國際關係宣言都明確規定，反對分裂國家是一項國際法原則，並確認主權國家有不受干涉的、以和平方式或者非和平方式維護其主權和領土安全的權利。如《聯合國憲章》規定：聯合國和它的成員國不得侵害任何會員國或國家領土完整或政治獨立，不得干涉在本質上屬於任何國家內管轄的事件。聯合國《關於各國依聯合國憲章建立友好關係及合作之國際法原則之宣言》指出：凡以局部或全部破壞國家統一及領土完整或政治獨立為目的之企圖，都是不符合聯合國憲章精神的。因此，《反國家分裂法》不僅有深厚的民意基礎，而且也有充分的法理依據。

二、《反分裂國家法》的立法宗旨

《反分裂國家法》第一條就開宗明義地規定了其宗旨在於，「為了反對和遏制『臺獨』分裂勢力分裂國家，促進祖國和平統一，維護臺灣海峽地區和平穩定，維護國家主權和領土完整，維護中華民族的根本利益」。對此，可以從以下幾方面來理解：

《反分裂國家法》的宗旨之一在於維護中華民族的根本利益。國家主權和領土安全是人民的核心利益之所在，維護中國的國家主權和領土安全，就是維護中華民族的根本利益，這既是我們作為一

個主權國家的首要職責，也是中國公民的當然義務。

《反分裂國家法》的宗旨之二在於反對和遏制「臺獨」分裂勢力分裂國家。歷史表明，分裂國家的行為是威脅國家和平穩定的主要因素。自有國家以來，引爆國內戰爭的根本原因，大多與分裂國家的活動有關。美國歷史上著名的「南北戰爭」，就是由南方分裂勢力分裂國家的行為引起的。當今時代，分裂國家的活動仍然是危害地區穩定與世界和平的重大隱患。如果放縱分裂勢力，必將導致越來越多的動盪、戰爭和災難，國家和地區安全將無以保障，國際社會將永無寧日。

近年來，「臺獨」分裂勢力及其分裂活動，不僅挑釁著中國的和平穩定，而且也勢必禍及亞太地區乃至整個世界的和平穩定。因此，《反分裂國家法》反對和遏制「臺獨」分裂勢力分裂國家的宗旨，不僅符合包括臺灣同胞在內的整個中華民族的根本利益，而且也符合世界上一切愛好和平的國家和人民的共同利益，特別是符合亞太地區國家和人民對於安全與和平的需要。

「臺獨」的本質就是分裂國家。不反對和遏制「臺獨」分裂勢力，就無法維護中國的主權與領土安全。反對和遏制「臺獨」分裂勢力的立法宗旨充分表明，《反分裂國家法》不是針對臺灣人民的法律，而是反對和遏制「臺獨」分裂勢力的法律。因此，這部法律不僅著力於發展兩岸關係，爭取和平統一，而且明確宣布，對廣大臺灣民眾將盡妥善保護之責。如第六條規定，「國家依法保護臺灣同胞的權利和利益」；第九條規定，「依照本法規定採取非和平方式及其他必要措施並組織實施時，國家盡最大可能保護臺灣平民和在臺灣的外國人的生命財產安全和其他正當權益，減少損失；同時，國家依法保護臺灣同胞在中國其他地區的權利和利益」。因此，它也是一部保護臺灣同胞利益的法律。

《反分裂國家法》的宗旨之三在於「維護國家主權和領土完

整」。從主權概念產生以來，主權就與領土一同被認為是構成國家的基本要素，主權與領土的完整被認為是國家完整與統一的基本代表。其中主權的完整以領土的完整為條件，一旦國家疆土分裂，主權的完整性亦必然會因此而喪失，一旦如此，則國將不國。國之不存，民何以安？

《反分裂國家法》的宗旨之四在於「維護臺灣海峽地區和平穩定」。臺灣海峽兩岸的和平穩定，關涉兩岸共同繁榮和發展的美好前景，因此，維護臺海的和平穩定，發展兩岸關係，完全符合全體中國人的根本利益，是中華民族的共同心聲和真摯願望。就其現實性而言，維護臺海和平，就是維護臺灣作為中國一部分的法律地位，就是完整定位兩岸「同屬一個中國」的基本事實，客觀定位兩岸關係的當前狀況，歸根結底就是維護一個中國的根本原則。

《反分裂國家法》的宗旨之五在於「促進國家和平統一」。兩岸人民同為炎黃子孫，但內戰的遺留問題卻導致骨肉分離已五十多年。結束這種骨肉分離的歷史，是每一個炎黃子孫的共同願望，也是所有中國人的應盡義務。但由於「臺獨」分裂勢力分裂國家的活動已經嚴重威脅到國家和平統一的前景，因此《反分裂國家法》的主要任務就是遏制「臺獨」，從而為最終實現和平統一奠定基礎，而不是立即實現統一，也正因為如此，所以它是一部「和平法」，是以和平統一為最高宗旨、以最大誠意爭取和平統一前景的法律，而不是「戰爭法」。

從《反分裂國家法》一個「反制」，一個「促進」和三個「維護」這五個宗旨中，我們可以看到，它們實際上是互為條件的。其中維護國家主權和領土完整，是維護中華民族根本利益的條件；維護臺灣海峽地區的和平穩定，是維護國家主權和領土完整的條件；促進祖國和平統一，是維護臺灣海峽地區和平穩定的條件。而這三個「維護」和一個「促進」，則以反對和遏制「臺獨」分裂勢力分

裂國家的活動為前提。如果沒有反對和遏制「臺獨」分裂勢力這一前提條件，三個「維護」和一個「促進」終將成為泡影。

三、《反分裂國家法》的立法原則

王兆國副委員長在《關於〈反分裂國家法（草案）〉的說明》中指出：「制定本法總的原則是以鄧小平理論和『三個代表』重要思想為指導，以憲法為依據，貫徹中共對臺工作的大政方針，緊緊圍繞反對和遏制『臺獨』分裂勢力分裂國家的活動，促進祖國和平統一這個主題，充分體現我以最大的誠意，盡最大的努力爭取和平統一的一貫主張，同時表明全中國人民維護國家主權和領土完整，絕不允許『臺獨』分裂勢力以任何名義、任何方式把臺灣從中國分裂出去的共同意志和堅定決心。」具體而言，這一總的原則又可以分為如下四個基本原則。

其一是一個中國原則。胡錦濤同志指出，「堅持一個中國原則，是發展兩岸關係和實現祖國和平統一的基石」，因而也是《反分裂國家法》的首要立法原則。這一原則貫穿整個法律的始終。

其二是和平統一原則。包括臺灣同胞在內的十三億中國人民都熱愛和平，都真誠地希望維護和享受和平，更希望自家的骨肉兄弟能夠和平解決自己的問題。和平解決臺灣問題，實現祖國和平統一，符合兩岸同胞的根本利益，符合中華民族的根本利益。為此，和平統一原則也貫穿了整個法律的始終。在僅有的十條規定中，「和平統一」一詞反覆出現了六次之多。

其三是寄希望於臺灣人民的原則。臺灣同胞是我們的骨肉兄弟，是發展兩岸關係的重要力量，也是遏制「臺獨」分裂勢力分裂活動的重要力量。「臺獨」分裂勢力越是想把臺灣同胞跟我們分隔開來，我們就越是要更加緊密地團結臺灣同胞。

其四是反「臺獨」、反分裂原則。胡錦濤同志指出：「維護國家主權和領土完整，是國家的核心利益。任何人要危害中國的主權和領土完整，13億中國人民堅決不答應。在反對分裂國家這個重大原則問題上，我們決不會有絲毫猶豫、含糊和退讓。」

《反分裂國家法》的四個基本原則，充分體現了胡錦濤同志關於新形勢下發展兩岸關係的四點意見。

四、《反分裂國家法》的法律地位

從《反分裂國家法》的適用範圍來看，它具有國內法的地位。國內法是相對於國際法而言的。它主要是指調整國家內部關係的法律，是在主權國家內，由特定的國家法律創製機關創製並在本國主權所及範圍內適用的法律。任何主權國家制定的旨在處理其內部事務的法律，既不涉及其主權以外的事務，無疑也不受他國於涉。臺灣問題是中國內戰的遺留問題，解決臺灣問題，是中國的內部事務。因此，全國人大制定旨在維護國家和民族核心利益、反對和遏制「臺獨」分裂勢力分裂國家活動的《反分裂國家法》，是中國作為一個獨立主權國家範圍內的事務，它既不針對任何其他國家，也不受任何外國勢力的干涉。

從《反分裂國家法》的法律效力來看，它具有憲法相關法的地位，其效力僅次於憲法。所謂憲法相關法，就是為實施憲法所規定的內容而由最高國家立法機關依正當立法程序制定的憲法性法律。《反分裂國家法》以維護國家主權和領土完整為根本宗旨，以一個中國與和平統一等為基本原則。它直接關涉國家的核心利益以及臺灣的法律地位等國家重大問題，因此，具有憲法性法律的效力。

從《反分裂國家法》的立法宗旨和原則來看，它具有對臺特別法的地位。《反分裂國家法》是在「臺獨」分裂勢力及其分裂活動

日益猖獗的歷史背景下公布的，其根本宗旨在於維護國家主權和領土完整，反對和遏制「臺獨」分裂勢力的分裂活動，爭取和平統一的前景，並就解決臺灣問題的基本原則、基本立場以及基本方式進行原則規定，並不涉及解決臺灣問題的全部內容。因此，《反分裂國家法》是一部僅僅涉及反對和遏制「臺獨」分裂活動、爭取和平統一前景的特別立法。

從《反分裂國家法》的內容來看，它具有緊急授權法的地位。所謂緊急授權法，是指最高國家立法機關依正當的立法程序制定專門法律，授予國家元首或者最高國家行政機關和最高國家軍事機關以緊急事態的處置權，從而確保國家在遭遇諸如叛亂等緊急事件時，居於主動地位，使國家免遭不必要的危險和損失。因此，《反分裂國家法》在將「一個中國」與和平統一的原則貫穿始終的同時，也規定了在萬不得已的情況下必須採取的措施，即在出現「臺獨」分裂勢力以任何名義、任何方式造成臺灣從中國分裂出去的事實，或者發生將會導致臺灣從中國分裂出去的重大事變，或者和平統一的可能性完全喪失的時候，授權國務院和中共軍委「得採取非和平方式及其他必要措施，捍衛國家主權和領土完整」。必須明確的是，《反分裂國家法》有關非和平方式的規定，完全是針對「臺獨」分裂勢力的，絕不是針對臺灣同胞的；並且是在和平統一的努力完全無效的情況下，不得已作出的最後選擇。

五、《反分裂國家法》的重大意義

《反分裂國家法》是由全國人大制定的關涉國家主權和領土完整的法律。這部法律對於反對和遏制「臺獨」分裂勢力分裂國家的活動，促進兩岸關係發展，爭取祖國和平統一，維護臺海地區乃至亞太地區的和平穩定具有重大的現實意義和深遠的歷史意義。

首先，《反分裂國家法》將國家有關對臺工作的大政方針上升為法律，既是實施依法治國方略的必然要求，也有利於國家對臺工作的規範化和法治化，使國家在與「臺獨」分裂勢力的鬥爭中掌握主動權和制高點，為反對和遏制「臺獨」分裂勢力提供強有力的法律武器，因而將對「臺獨」分裂勢力，尤其是對目前最具威脅性的、有可能導致兩岸立即攤牌的所謂「法理臺獨」，產生強有力的威懾作用，並將促使中國臺灣各政黨、各民間團體和廣大臺灣同胞，更加清醒地認識到兩岸關係的本質，以及大陸政府和平統一的立場、決心和誠意，並促使他們與「臺獨」分子劃清界線，從而最大限度地孤立「臺獨」分裂勢力。

其次，《反分裂國家法》將國家發展兩岸關係、實現和平統一的基本措施進行明確規定，為兩岸良性互動、平等協商和談判提供了廣闊的空間和切實可行的法律保障。這將有助於持續有效地推動兩岸的各項交流，密切兩岸經濟關係，增進兩岸民眾的瞭解，增強兩岸互信，增強臺灣民眾對大陸的認同，從而最大限度地爭取和平統一的前景。

再次，《反分裂國家法》以維護國家主權和領土完整為最高宗旨，以和平統一和寄希望於臺灣人民為基本原則，這就能夠最大限度地將臺灣人民團結到一個中國的旗幟之下。因為和平統一符合臺灣人民的根本利益，寄希望於臺灣人民體現了大陸政府對臺灣人民的最大信任和尊重，並賦予臺灣人民在祖國統一這種大是大非的問題上，以應有的歷史使命感和神聖責任感。同時這也將有利於團結一切愛國人士和支持祖國和平統一的一切力量，從而有效地凝聚民意、統一思想。

最後，《反分裂國家法》明確規定了「臺灣問題」屬於中國內部事務的法律屬性，從而向國際社會表明了中國政府在對臺問題上的基本立場和基本原則，這將有利於遏制一些人將「臺灣問題國際

化」的企圖，並可最大限度地取得國際社會的理解和支持。

「一中憲法」與「憲法一中」——兩岸根本法之「一中性」的比較研究

2008年3月以來，臺灣領導人馬英九多次依據臺灣現行「憲法」，闡述對於「一中原則」的認識。由於馬英九的闡述包含兩岸間的敏感詞彙「一中」，因而馬英九對臺灣現行「憲法」中「一中性」的強調，引發了臺灣外各界的猜想和討論。從源流上而言，根據臺灣現行「憲法」強調「一中」，並非馬英九的創造，而是臺灣部分政治人物長期主張的一項「理念」，而且透過根本法體現「一中性」，也並非為臺灣所獨有。因為實施於中國大陸的1982年憲法，亦透過序言和有關條款體現了「一中性」。因此，基於1982年憲法和臺灣現行「憲法」在大陸和臺灣的實際地位，對兩岸根本法之「一中性」進行比較研究，將有利於分析兩岸關係和平發展的法理基礎，並進而探討「一個中國」在政治層面和法律層面的涵義。

一、「一中憲法」

整理1982年憲法「一中性」的形成邏輯，可以發現，1982年憲法的「一中性」是大陸兩岸政策對法律作用的結果。但由於大陸兩岸政策的靈活性，遠遠大於1982年憲法的靈活性，因而如果運用當前大陸的兩岸政策去考量1982年憲法的「一中性」，則可以發現，兩者之間在表述上又有所區別。

（一）「一中憲法」概念的提出

1982年憲法的「一中性」延續了自1949年《中國人民政治協商

會議共同綱領》（簡稱《共同綱領》）以來的「一中性」。根據《共同綱領》第二條，中共人民政府必須負責將人民解放戰爭進行到底，解放中國全部領土，完成統一中國的事業。從當時的歷史背景而言，雖然該條在表述中沒有出現「臺灣」一詞，但臺灣顯然被包括在「中國全部領土」之內，因而實現大陸與臺灣的統一，無疑是「統一中國的事業」的一部分。值得注意的是，《共同綱領》第二條使用了「解放」一詞，這與當時以「解放臺灣」為主要內容的大陸兩岸政策是相適應的。與《共同綱領》一樣，1954年憲法和1975年憲法，都沒有關於「臺灣」的規定，但從憲法規定的「維護國家統一」條款中，無疑可以推知1954年憲法和1975年憲法的「一中性」。新中國憲法中首次直接對臺灣問題進行規定的是1978年憲法。1978年憲法序言第七自然段規定：「臺灣是中國的神聖領土。我們一定要解放臺灣，完成統一祖國的大業。」根據該自然段的表述，1978年憲法有關臺灣問題的規定，一方面延續了前述三部憲法性文件的「一中性」，另一方面仍然是以「解放臺灣」為主要內容的大陸兩岸政策的產物。1979年後，大陸改變以「解放臺灣」為主要內容的兩岸政策，而改行以「一國兩制」為主要內容的兩岸政策。1982年，大陸在修改憲法時，根據「一國兩制」的構想，對1978年憲法中有關臺灣問題的規定進行了修改和補充。

　　1982年憲法有關臺灣問題的規定主要集中在序言第九自然段和第三十一條。1982年憲法第九自然段規定：「臺灣是中華人民共和國的神聖領土的一部分。完成統一祖國的大業是包括臺灣同胞在內的全中國人民的神聖職責」。比較1982年憲法與1978年憲法的同一規定可見，「我們一定要解放臺灣」一句被刪除，同時增補了關於國家和公民統一臺灣的義務的規定。憲法第三十一條規定：「國家在必要時得設立特別行政區」，「在特別行政區內實行的制度按照具體情況由全國人民代表大會以法律規定」，從而為在臺灣設置特別行政區提供了憲法依據。由此可見，1982年憲法繼承了前四部憲

法性文件的「一中性」，但在具體規定以及表述上，根據中國大陸新的兩岸政策進行了調整。

由此可以得出一個基本結論：實施於中國大陸的憲法，其「一中性」是由同時期的大陸兩岸政策決定的，憲法文本實質上是兩岸政策的規範載體。可以說，對實施於中國大陸的憲法而言，其「一中性」的形成邏輯是「從政治到憲法」，即先有政治上的「一中」結論，後有憲法的「一中性」，政治上的「一中」導致憲法的「一中性」，憲法的「一中性」又在規範上體現政治的「一中」。由此可見，1982年憲法的「一中性」，本質上是由制憲權（修憲權）決定的，因而是一個「立憲問題」。在此意義上，1982年憲法的「一中性」，可以被概括為「一中憲法」。

（二）「一中憲法」的涵義

1982年憲法以根本法的規範形式體現了以「一國兩制」為主要內容的大陸兩岸政策。對於1982年憲法的「一中性」，可以運用規範分析方法，從以下兩方面進行解讀：

第一，1982年憲法的「一中性」兼顧事實和法理，在國家尚未統一的情況下，從法理上維護了「一個中國」的完整性。大陸對「一中」的使用，一直是在「事實」和「規範」兩個層次展開的，即一方面肯定「一中」是事實，另一方面又透過「規範」形式肯定這一事實，而並非只將「一中」視為「規範」上的存在。1982年憲法透過序言第九自然段，將「事實」與「規範」緊密結合起來。第九自然段的前半句，透過宣示性語言，表明「臺灣是中華人民共和國的神聖領土的一部分」，從而在事實上揭示了1982年憲法的「一中性」；後半句則為包括臺灣同胞在內的「全中國人民」創設了統一臺灣的義務。由此可見，1982年憲法不僅為其在事實上可以產生法律效力的中國大陸人民創設了統一臺灣的義務，而且也為其在事實上還無法產生法律效力的臺灣人民創設了統一臺灣的義務。儘管

這一規定的原初目的是為了體現中國大陸當時的兩岸政策，但從規範角度而言，則使1982年憲法穿越海峽，對臺灣的人民產生了法理上的拘束力，儘管這一拘束力在當時的歷史條件下無法得以真正落實。透過事實和法理上的雙重規定，1982年憲法序言第九自然段在國家尚未統一的情況下，表明了中國大陸對於「一中」的立場，並且使1982年憲法不僅是中國大陸的憲法，而且是效力及於臺灣的「全中國憲法」。

第二，1982年憲法的「一中性」為大陸和臺灣的政治關係進行了定位。根據1982年憲法第三十一條，全國人大在必要時，可以設立特別行政區，特別行政區依法可以實行不同於大陸的政治制度。憲法第三十一條通常被解讀為「一國兩制」的憲法依據。但是，從「一中性」來理解憲法第三十一條，還可以據此分析1982年憲法對大陸和臺灣的政治關係定位。憲法第三十一條規定了設立特別行政區、實施「一國兩制」的三項基本要件：其一，設立主體是全國人大；其二，設立條件是「必要時」，而這個「必要時」的判斷權也屬於全國人大；其三，設立特別行政區以及在特別行政區實施的制度，由全國人大以法律形式規定。由此可見，設在中國大陸的全國人大對於在臺灣設立特別行政區、實施「一國兩制」具有全權。另參考憲法第三十條，臺灣在沒有設立特別行政區時，是中華人民共和國的一個省。由此可見，1982年憲法對大陸和臺灣政治關係的定位，是「中共對地方」的定位模式，即設在中國大陸的中華人民共和國政府是中共，臺灣是「地方政府」，兩者是中共與地方的關係。1982年憲法的這一定位，與當時大陸對兩岸政治關係的定位也是一致的。

綜上所述，「一中憲法」的涵義是臺灣是中華人民共和國的一部分，1982年憲法的效力不僅在事實上及於中國大陸，而且在法理上及於包括臺灣在內的全中國，中華人民共和國和臺灣之間的關係是中共與地方之間的關係。

（三）「一中憲法」與大陸兩岸政策的關係

從總體而言，大陸兩岸政策基本上是在1982年憲法的框架內制定，體現了「一中憲法」的精髓，但在具體主張和制度設計上，又與1982年憲法文本體現出來的「一中性」有所區別。

第一，「一國兩制」中的「一國」涵義已經發生變化。1992年，大陸和臺灣透過海協會和海基會形成歷史性的「九二共識」。在堅持「一個中國」原則的基礎上，在事務性談判中不涉及「一個中國」的政治涵義。在「九二共識」的主導下，「一個中國」的政治涵義讓位於對「一個中國」原則的堅持，兩岸亦因而進入對「一個中國」涵義「不爭論」的階段。1995年1月，江澤民同志在「江八點」中提出「臺灣是中國的一部分」，而沒有具體說明「臺灣是中華人民共和國」的一部分，從而弱化了「中國」的政權符號性，而突出了「中國」的國家符號性。2002年的中共十六大報告又提出「大陸和臺灣同屬一個中國」，並為2005年的《反分裂國家法》、2007年的中共十七大和2008年的「胡六點」所肯定。目前，大陸在對臺工作部分，已經不提「中華人民共和國」，而僅提「中國」。與此對照，1982年憲法中「臺灣是中華人民共和國的神聖領土的一部分」，在外延上顯然要小於「大陸和臺灣同屬一個中國」。

第二，「一國兩制」的具體實現形式，從特別行政區制度向著議題化的方向發展。按照1982年憲法制定者的設想，特別行政區制度是實現「一國兩制」構想的具體形式。香港、澳門的實踐證明，特別行政區制度在實現「一國兩制」構想方面，確有其制度優勢。但是，臺灣問題不同於香港、澳門問題，而更加具有複雜性，「一國兩制」構想在臺灣的具體實現形式因而也更加複雜。1995年「江八點」提出後，大陸對於以何種方式在臺灣實施「一國兩制」構想，採取了「議題化」的策略。「議題化」是指將在臺灣實施「一國兩制」的具體形式作為一項議題，由兩岸透過談判協商解決。透

過「議題化」的方法，可以避免預設前提，使大陸和臺灣就「一國兩制」在臺灣的具體實現方式及其相關問題「先談起來」。經由「議題化」的處理方式，「一國兩制」在臺灣的具體實現形式，可能是兩岸已經提出的模式，也可能是兩岸在談判中創造的新模式。總而言之，特別行政區制度已經不再是在臺灣實現「一國兩制」構想的唯一形式。

第三，用「中共對地方」定位大陸和臺灣的政治關係模式被逐漸弱化，直至不再提及。1982年憲法制定一年後，鄧小平同志考慮到臺灣對「中共對地方」模式的可接受度，曾經提出以「國共兩黨談判」代替「中共對地方」模式。1993年，臺灣明確表示，不再接受大陸方面有關兩黨談判的建議後，兩岸之間的交流主要透過海協會和海基會構成的「兩會框架」開展。此後，大陸不再用「中共對地方」定位兩岸政治關係。2002年11月，中共十六大報告提出「大陸和臺灣同屬一個中國」的主張，從而緩解了臺灣對於大陸的從屬性。2008年12月，胡錦濤同志在「胡六點」中，用「政治對立」描述大陸和臺灣當前政治關係的實質。根據「胡六點」的精神，大陸和臺灣之間當前的政治關係實質是一國內部的政治對立關係，至於這種政治對立關係運用何種模式進行描述，則屬於兩岸談判所要討論的內容。

雖然大陸兩岸政策發生了有別於1982年憲法文本的變化，但並不意味著大陸當前的兩岸政策是「違憲」的。因為大陸當前的兩岸政策在堅持「一中性」、堅持「一國兩制」等根本原則和基本方向上，並沒有違反1982年憲法的規定，反而是在新的歷史條件上加強了「一中性」，強化了「一國兩制」實現的可能性。而且，即便是在具體主張和制度設計上的變化，也都可以透過憲法解釋方式予以說明。當然，為了使1982年憲法的規定與大陸當前的兩岸政策更具一致性，依據「從政治到憲法」這一「一中憲法」的形成邏輯，可以考慮透過修憲或者全國人大常委會釋憲的形式加以解決。

二、臺灣的「憲法一中」

臺灣現行「憲法」的「一中性」是透過「憲法」文本的表象，為「中華民國」或者「臺灣」的「主權性」背書。當然，對臺灣現行「憲法」的「一中性」應作辯證思考，而不應一概以「臺獨」斥之。

（一）「憲法一中」的形成

臺灣現行「憲法」的「一中性」與「中華民國」在臺灣的政治涵義及其演變有著密切關係。可以說，不理解「中華民國」在臺灣的政治涵義及其演變，就無法真正理解臺灣現行「憲法」的「一中性」。陳水扁曾用「中華民國到臺灣」、「中華民國在臺灣」和「中華民國就是臺灣」，描述了「中華民國」的政治涵義在臺灣的演變過程。本文也擬按這一脈絡，對「中華民國」的政治涵義在臺灣的演變作一簡要梳理。

所謂「中華民國到臺灣」，是指「中華民國」雖然在大陸喪失了「合法性」，但「中華民國」的「憲法制度」仍然在臺灣繼續實施，因而「中華民國」到臺灣後繼續「存續」。按照「中華民國到臺灣」理論，「中華民國」退居臺灣只是暫時的，因而當時的臺灣將「反攻大陸」、「反共復國」作為其兩岸政策的主要內容，或者至少在表面上維持追求國家統一的努力。「中華民國到臺灣」主導下的「中華民國」的政治涵義，集中體現在臺灣「國統會」於1992年透過的「『一個中國』意涵定位結論」一文。根據該文的解釋，「中華民國」是指1912年成立的一個「國家」，這個「國家」自1949年後喪失了在大陸的「治權」，並退居臺灣，目前其「主權」範圍包括中國大陸、臺灣，甚至還包括早已獨立的外蒙古，但「治權」僅及於臺、澎、金、馬，該觀點目前仍是臺灣的官方正式觀點。

所謂「中華民國在臺灣」，是指「中華民國」雖然成立於中國大陸，而且一度是全中國的「合法政府」，但經由1990年開始的「憲政改革」，已經「臺灣化」，因而「中華民國」已經是一個新的、臺灣人的「國家」。1990年後，臺灣開始所謂「憲政改革」，在臺灣實現了「中共」民意代表、領導人（「總統」）在臺灣的直選，並建立「公民投票」制度、「精簡」臺灣省級建制，以及承認臺灣少數民族的「憲法」地位，從而逐漸將「中華民國臺灣化」。「中華民國在臺灣」的觀點，主導了臺灣90年代後的兩岸政策，其頂峰是李登輝的「兩國論」。根據李氏對「兩國論」的說辭，「兩國論」正是1990年後臺灣「憲政改革」的結果，而這裡的「兩國」是指「在大陸的中華人民共和國」和「在臺灣的中華民國」。

所謂「中華民國就是臺灣」的提法，始於民進黨於1999年透過的「臺灣前途決議文」。該「決議文」認為，「臺灣是一個國家」，依據「憲法」，它的名字是「中華民國」，從而將「中華民國」作為「臺灣國」在「憲法」上的「國號」。「中華民國就是臺灣」的觀點，在臺灣又被稱為「B型臺獨」，以便與直接建立國號為「臺灣國」或者「臺灣共和國」的「A型臺獨」相區別。2007年9月，臺灣一部分持「臺獨」觀點的學者，擬定所謂「中華民國第二共和憲法草案」，以透過「第二共和」，將「中華民國」和「臺灣」進行連接，實現「中華民國就是臺灣」的主張。

隨著「中華民國」政治涵義的演變，臺灣現行「憲法」的「一中性」亦在發生變化。在「中華民國到臺灣」主導下，1946年「憲法」的「一中性」體現為絕對的、排他性的「一中性」。依據1946年「憲法」，不僅「中華民國」仍然維持對包括大陸在內的「全中國」的虛幻「法統」，而且中華人民共和國也是「不存在」的。「中華民國在臺灣」的觀點，則改變了1946年「憲法」中具有絕對性的「一中性」，而是按照「一國兩區」的思維，區分為「自由地區」和「大陸地區」，承認中華人民共和國在「大陸地區」的有效

統治。然而,「中華民國在臺灣」也沒有從質的方面改變「中華民國」和「憲法」的連接,「中華民國」仍是中國在「憲法」上的一個「國號」,「中華民國」因而也可以簡稱為「中國」。

「中華民國就是臺灣」的觀點,使「中華民國」與「憲法」產生了質的連結:「中華民國」不再是「中國」的一個政權符號,而是「臺灣」在憲法上的符號,因而淪為「臺灣」的一種生存策略。存在於臺灣現行「憲法」上的「中華民國」,透過「憲法」的建構作用,成為「臺灣」作為「國家」的一種「存在方式」。臺灣學者顏厥安更為透徹地指出:「中華民國」已死,只有「中華民國憲法」一息尚存。從「中華民國就是臺灣」開始,臺灣現行「憲法」的「一中性」開始被強調:依照臺灣現行「憲法」,只有一個「中華民國」,也就是「臺灣」,「臺灣」是一個「國號」名為「中華民國」的「國家」。透過引據「憲法」的規定,主張「臺獨」的群體可以堂而皇之地主張「臺灣」已經是一個「獨立」的「國家」。如民進黨所謂「臺獨」轉型的核心要義,就是「臺灣」(「中華民國」)已經是一個「獨立」的「國家」,不必也不需要再宣告「獨立」,任何改變「獨立」現狀的決定,都必須由全體臺灣「住民」作出。按照此邏輯,「中華民國」不再是中國在「憲法」上的一個「國號」,而是「臺灣」在「憲法」上的「國號」,「中華民國」因而不能簡稱為「中國」。這一結論並不僅僅是理論上的推演,在臺灣實際上已經有了相應的立法實踐。臺灣在2000年2月前,一直沿用制定於1929年的「國籍法」。根據1929年「國籍法」的規定,取得「中華民國國籍」者,必須與「中國」產生連結,要麼是直系近親屬或妻為「中國」人,要麼是在「中國」有住所。但2000年2月,臺灣全面修改「國籍法」,將「中國」的表述全部替換為「中華民國」,使「中華民國」至少在「國籍法」上與「中國」脫鉤。

其實,「臺獨」分子的上述推演,並不符合臺灣現行「憲法」的規定。根據臺灣現行「憲法」的規定,其「一中性」並非是「一

個中華民國性」,而仍然是「一個全中國性」。「臺獨」分子多以「憲政改革」為託詞,說明「中華民國」已經「臺灣化」。但若僅從文本上來考量,「中華民國臺灣化」的說辭,其實是曲解了臺灣現行「憲法」。臺灣現行「憲法」由兩部分構成,一部分是1946年「憲法」的文本,另一部分是1990年後「憲法增修條文」的文本。1946年「憲法」制訂於中國大陸,其「一中性」是比較純粹的、絕對的,無須多言,因而本文的重點是對「憲法增修條文」的「一中性」進行分析。其一,「憲法增修條文」序言聲明:「增修」「憲法」的目的是「為因應國家統一前之需要」,因而並未在根本法層面否定「一個中國」,也未否定「統一」,因此,從法理角度而言,「憲法增修條文」應是臺灣在「國家未統一」前的「臨時憲法」。其二,「憲法增修條文」雖然大量廢止1946年「憲法」的規定,但這種「廢止」並不是永久廢止,而大多以「不受限制」、「不適用」、「停止適用」等名義出現,並無一條被明令「廢止」,再結合整個「憲法增修條文」的「臨時性」,1946年「憲法」被廢止的條文,應只是在「國家未統一前」的「臨時廢止」。其三,「憲法增修條文」本身亦體現了「一個全中國性」:首先,「憲法增修條文」將「全中國」分為「自由地區」和「大陸地區」,對於選舉「中共」民意代表、直選「總統」、「公民投票」等事項,都明確規定在「中華民國自由地區」進行,並沒有將「中華民國」和「自由地區」等同起來,體現了「一國兩區」的思想;其次,「憲法增修條文」在「中共」民意代表部分設有「全國不分區」代表,雖然亦明確規定「全國不分區代表」也在「自由地區」選舉產生,但代表的選舉產生方式和代表本身的「代表性」畢竟不同,臺灣亦是想透過「全國不分區代表」彌補「全中國」和「自由地區」之間的落差。綜上分析,可以得出的一個結論是:臺灣現行「憲法」並非是在「制憲」或「修憲」時,就將「中華民國」等同於「臺灣」,至少從「憲法」文本上讀不出這層涵義。另外值得注

意的是,「中華民國就是臺灣」所依據的「憲法」文本和「中華民國在臺灣」的「憲法」文本並沒有發生變化。因此,兩者之間其實是對「一個憲法」的「各自表述」。

至此,對臺灣「現行」憲法的「一中性」,也可以得出一個基本結論:臺灣現行「憲法」的「一中性」,是推定臺灣各政黨兩岸政策的基本依據,持不同統「獨」觀點的人,都可以從「憲法」上的「一中性」獲取政治資源,「憲法」上的「一中性」可以用於掩蓋其政治上的「非一中性」,「憲法」上的「一中性」僅僅是規範意義上的,並不必然導致「事實」上的「一中」。由此可見,臺灣現行「憲法」的「一中性」,基本上是透過持不同統「獨」觀點的人,透過對「憲法」的解釋實現的,因而是一個「釋憲問題」。在此意義上,臺灣現行「憲法」的「一中性」,可以被概括為「憲法一中」。

(二)作為「最大公約數」的「憲法一中」

「憲法一中」並非全然沒有積極意義。2005年2月,陳水扁和宋楚瑜達成「扁宋十項共識」,其中有一項是「依中華民國憲法所揭示的國家定位,即為兩岸目前在事實與法理上的現狀,此一中華民國主權現狀必須受到兩岸與國際社會的承認與尊重」。陳水扁、宋楚瑜在事後的記者招待會上,將「中華民國」作為「我們在國家定位的『最大公約數』」,陳水扁還聲言:「既然我們的國號叫做中華民國,中華民國的根本大法——『中華民國憲法』及『增修條文』,在沒有改變之前都是我們要遵守的。」宋楚瑜在2005年5月訪問大陸回臺後,也曾說「兩岸一中」是「兩岸各表一中、憲法一中」。謝長廷在2005年2月聲言,「在憲法未改之前,行政院必須要遵守憲法」,「目前憲法體制確有『一中』架構」,因而他也主張「憲法一中」,但「這個憲法一中與中華人民共和國提出片面一中理論、主張『一國兩制』截然不同,臺灣無須自我閹割為中華人

民共和國的一中」。馬英九在任國民黨黨主席期間，也從遵守「憲法」的角度，強調對「一中」的堅持。馬英九認為：「國民黨是臺灣目前最大的反對黨，要悍衛現有的憲法不被更動，因為現在的憲法是以一個中國為基礎所建立的憲法」。馬英九當選為臺灣領導人後，又多次依據「憲法」，表明了他對於「一中」的肯定態度。馬英九甚至認為，依照臺灣現行「憲法」，大陸也是「中華民國」的領土。這個說法已經遠遠超過了「中華民國在臺灣」的層次，而「彷彿」回到了按照「中華民國到臺灣」詮釋「中華民國」政治涵義的年代。

　　從以上臺灣部分政治人物的言論可見，遵守「憲法」，按照「憲法」理解和表述「中華民國」與「臺灣」的關係，已成為臺灣政治人物界定臺灣「國家定位」的「最大公約數」。可以說，「憲法一中」已成為一個政治口號，是臺灣持統「獨」觀點的人士對「國家」定位的最大公約數，持不同統「獨」觀點的人，都可以在「憲法一中」的符號下，進行「各自表述」。「憲法一中」之所以可以成為「最大公約數」，主要基於「憲法一中」有以下三方面的特徵：

　　第一，「憲法一中」以「憲法」作為支撐其存在的基礎，對於法治、憲政等理念已經深入人心的臺灣社會，具有較強的說服力，容易使政治人物的觀點獲得選民認同。「憲法一中」的最大特色是各種對臺灣現行「憲法」「一中性」的理解，都可以從「憲法」中找到直接或者間接的依據。臺灣政治人物一般從「遵守憲法」的角度出發，將「憲法一中」作為自己統「獨」觀的根據，並聲言自己的統「獨」觀點，並不是意識型態作用的結果，而是源於對「憲法」的遵守和信服。這一「從憲法到政治」的思維路徑，與臺灣民眾長期形成的法治、憲政等理念相契合。因此，政治人物透過「憲法」解釋其兩岸政策，也容易獲得選民認同。基於上述原因，以及臺灣選舉政治的特點，多數政治人物都意圖透過對「憲法一中」表

示尊重和支持,來換取選民的支持。

　　第二,「憲法一中」可以藉助「憲法」中所體現的「一國兩區」思想,較大限度地包容不同的統「獨」觀點。從臺灣現行「憲法」的文本來看,「憲法增修條文」以「一國兩區」思想為確定大陸和臺灣政治關係定位的主要指導思想,將「中華民國」分為「自由地區」和「大陸地區」,並於第十一條(原為第十條)授權「立法院」另行規定「自由地區」人民和「大陸地區」人民的關係及其他有關事務。「一國兩區」是「臺獨」理論從「一國」向「兩國論」的重要節點,用「一國兩區」思想來指導「憲法增修條文」的制定,本身就可以理解為是一種「臺灣法理獨立」的行為。但是,「一國兩區」畢竟在形式上保留了「一國」,因此,持「統一」觀點的臺灣政治人物,也可以從中得到「憲法」依據。於是,「憲法一中」借由「一國兩區」思想,既包容了強調「兩區」的「獨」派群體,也包容了強調「一國」的「統」派群體,因而成為雙方競相攫取的「憲法」資源。

　　第三,「憲法一中」區分了法理和事實,「一中」也隨之分裂為「法理一中」和「事實一中」,這就給了持不同統「獨」觀點的人以選擇空間。臺灣1992年發表「『一個中國』意涵定位結論」說詞,借用孫中山「權能分治」中的「主權」和「治權」概念,將「中華民國」對「全中國」的權力分為兩個層次:在「主權」層次,該說詞認為「中華民國」的「主權」及於「整個中國」;在「治權」層次,該說詞認為「中華民國」的「治權」僅及於「臺澎金馬」。然而從孫中山對於主權和治權的描述可見,臺灣在這份說辭中實際上誤用了「主權」和「治權」的概念。臺灣學者曾建元認為,「治權」表達的只是一種統治權或管轄權的概念及事實,應該用「事實主權」代替「治權」,將「中華民國」的「主權」區分為「法理主權」和「事實主權」。根據曾建元的論述,所謂「法理主權」大致相當於「『一個中國』意涵定位結論」中的「主權」,而

「事實主權」大致相當於「『一個中國』意涵定位結論」中的「治權」。但曾建元又認為，「事實主權」所表達的是比「治權」更為上位的概念，指的是「整個憲法秩序建立的國民主權基礎」。隨著「中華民國」「主權」的裂解，承載「主權」的「憲法」亦隨之發生裂解，「憲法一中」也被區分為「法理一中」和「事實一中」。前者是指僅僅存在於「憲法」規範上的「一中」，這個「一中」可以是指「一個中華民國」，也可以是「一個全中國」；後者則是存在於現實生活中的「一中」，多數臺灣政治人物並不認為，這種「存在於現實生活中的一中」是「現狀」，至多將其理解為「目標」。由此可見，「事實一中」中的「事實」只能從「全中國」來觀察，這就與「事實主權」的觀察點正好相反，因而「事實一中」只能理解為「事實上的一個全中國」。於是，「憲法一中」的涵義包括「法理上的一個中華民國」、「法理上的一個全中國」和「事實上的一個全中國」三種選擇，這樣，任何一種統「獨」觀點，都可以從中獲得需要的選項。

正是由於「憲法一中」的開放性，所以我們對臺灣政治人物的「憲法一中」言論應作辯證思考，不能因其含有「一中」而放鬆對其的警惕，也不能因其突出「中華民國」而否定其積極意義。就目前情況而言，「憲法一中」至少在形式上保持了「一中」，對於兩岸關係和平發展的積極意義顯然大於其消極意義。

三、「一中憲法」和「憲法一中」的比較

對兩岸根本法之「一中性」的比較，可以歸結為對「一中憲法」和「憲法一中」的比較。作為兩種在兩岸間具有代表性的「一中」觀點，「一中憲法」和「憲法一中」的「同」與「不同」，都在根本法層面體現了兩岸關係的特徵。

（一）「一中憲法」和「憲法一中」的「同」

「一中憲法」和「憲法一中」最大的「同」，就是都至少在形式上透過根本法維持了「一中」，都沒有違反一個中國原則，雖然兩岸所指「一中」存在區別，但在總體上符合「九二共識」。這也是為何「一中憲法」和「憲法一中」不至於招致兩岸過多反對聲音的根本原因。當然，這個「同」是顯而易見的，不必本文再過多闡述。

如果從根本法的表述聯繫兩岸關係現狀，可以發現，「一中憲法」和「憲法一中」實際上表明兩岸對「一中」的理解，都出現了政治理解和法律表述相互脫節的現象。而這一現象，也是大陸和臺灣兩岸政策與法律文本相互脫節的反映。不可否認，在兩岸，政策的作用遠遠大於法律，法律（包括根本法在內）都是在政策指導下制定，目的是為了體現政策，以加強政策的規範性。但是，政策的靈活性又遠強於法律文本的靈活性，尤其對根本法而言，不僅嚴格的修改程序制約了其修改，而且兩岸關係方面內容的敏感性，也使大陸和臺灣對各自根本法中有關兩岸關係的內容不敢修改、不能修改。

中國大陸雖然已經對1982年憲法進行了四次修改，但都沒有觸動序言第九自然段和第三十一條。這顯然已經不是「嚴格的修改程序」所能解釋的，而只能從內容角度進行思考。1979年後，大陸的兩岸政策越來越務實，越來越靈活，「一中」的涵義也逐漸從「中華人民共和國」演進為不具有政權意義的「中國」；大陸和臺灣的政治關係定位，也從「中共對地方」向具有「平等」意味的「政治對立」發展，就連特別行政區制度也不必然是「一國兩制」構想的唯一實現方式。這些變化，不僅體現在領導人的講話中，而且也為《反分裂國家法》所肯定。那麼，為什麼中國大陸並不將1982年憲法中有關臺灣問題的表述，按照當前大陸兩岸政策進行修改，而是

另外製定《反分裂國家法》，並且寧願使《反分裂國家法》在具體表述上與1982年憲法有所不同呢？這其中關鍵的一點還在於1982年憲法的敏感性。考察1982年憲法序言的其他段落可以發現，1982年憲法其實對「中華民國」和中華人民共和國的關係有著清楚的論述。1982年憲法序言第四自然段指出：「一九一一年孫中山先生領導的辛亥革命，廢除了封建帝制，創立了中華民國」；而緊接著的第五自然段就說：「一九四九年，以毛澤東主席為領袖的中國共產黨領導中國各族人民……，取得了新民主主義革命的偉大勝利，建立了中華人民共和國。」在1982年憲法的制定者看來，「中華民國」雖然曾經存在，但是已經被中華人民共和國所取代，已經成為歷史陳跡。這一觀點不僅為1982年憲法所肯定，也為絕大多數中國人民（主要是大陸人民）和國際社會所普遍肯定。「中華人民共和國」是「中國」這個國家的政權符號，如果在根本法層面拋棄這個政權符號，將造成1982年憲法前後之間的矛盾，也會給外界以不必要的猜測空間，其影響範圍甚至不止於臺灣問題的論域。

由此考察臺灣的情況可以發現，雖然臺灣也進行了七次「憲政改革」，但都未從實質上對第一個「憲法增修條文」的「一國兩區」進行修改。這也顯然不能僅用「修改程序的嚴格性」來解釋。從臺灣領導人的表態來看，不修改「憲法一中」顯然有著更多的考量。陳水扁在第一個任期的「就職演說」中，也聲言「不將兩國論入憲」、「不改國號」等，至於他後來的「修憲」、「制憲」言行，也主要是一種政治操作，難以真正落實。馬英九非常重視「憲法」的作用，認為「行憲」優先於「修憲」和「制憲」，並且表示基於「憲法」的「一中性」，要捍衛這部「憲法」。「九二共識」後，尤其是「臺灣法理獨立」概念提出後，中國大陸對臺政策的底線轉變為臺灣不透過法律方式謀求「法理臺獨」，而事實上承認臺灣在臺灣的有效管轄。因此，是否在根本法層面變動兩岸關係方面的內容，也成為臺灣兩岸政策的底線。儘管「臺獨」分子主導時的

臺灣，利用種種方式將「中華民國臺灣化」，但畢竟不敢直接對「憲法」的相關部分進行修改，以防止因觸碰底線而導致兩岸關係的徹底破裂。臺灣第七個「憲法增修條文」，規定了比前六個「憲法增修條文」更為嚴苛的修改程序，可以預見，以後臺灣要變更「憲法一中」的難度將更大。

總而言之，由於上述種種原因，雖然兩岸在政策層面都已走到根本法的前面，但都不能或者不敢對根本法進行相應的修改。正是這種微妙的、形式上的平衡，維護了臺海兩岸的穩定，也給兩岸以和平發展的機會。

（二）「一中憲法」和「憲法一中」的「不同」

毫無疑問，「一中憲法」和「憲法一中」又有著明顯的不同。這些不同之處將有助於我們認清「憲法一中」的實質。綜合上述有關兩岸根本法「一中性」的論述可見，「一中憲法」和「憲法一中」的不同之處主要有以下幾點：

第一，大陸的「一中憲法」遵循「從政治到憲法」的形成邏輯，涵義明確固定，而臺灣的「憲法一中」是「從憲法到政治」，涵義模糊，解釋空間大。這種形成邏輯的區別，決定了「一中憲法」和「憲法一中」在涵義上的不同。作為一個「立憲問題」的產物，「一中憲法」集中體現了1982年憲法制定時的大陸兩岸政策，涵義明確、固定，可供解釋的空間小。但是，作為一個「釋憲問題」的產物，「憲法一中」則遵循了「從憲法到政治」的形成邏輯，「憲法」上的表述不過是政治人物用以闡述觀點和主張的依據，政治人物也多用政治觀點來解讀「憲法」上的規定，從而形成「一個憲法，各自表述」的現象。在此情況下，由於「憲法一中」的涵義模糊，使臺灣持不同統「獨」觀點的人群都能從中獲取「憲法」資源，「憲法一中」也在「各自表述」的過程中淪為政治人物的語言遊戲。

第二，大陸的「一中憲法」在事實和法理上具有同一性，而臺灣的「憲法一中」則切斷了這種同一性。事實和法理的二元化是分析「一中憲法」和「憲法一中」之區別的重要工具之一。大陸1982年憲法有關兩岸關係的部分兼顧事實和法理，既在根本法層面肯定了大陸和臺灣同屬一個中國的事實，並將事實上升為規範，又意識到兩岸尚未統一的現狀，設計了特別行政區制度，以作為兩岸透過「一國兩制」構想實現統一的法理基礎。「一中憲法」在臺灣的歸屬以及解決臺灣問題的方式上，都達到了事實和法理的同一。反觀臺灣現行「憲法」，雖然其在法理上肯定了「一中性」，但這個「一中性」可以做數種涵義截然不同的理解。尤其是「臺獨」學者對於「事實主權」和「法理主權」的分類，將本來就涵義模糊的「憲法一中」，又拆分成「事實一中」和「法理一中」，從而切斷了事實和法理上的同一性，使「憲法一中」的「一中」在更多情況下，只是法理上的一個符號，從而給「臺獨」分子掩蓋其事實上的「臺獨」提供了遮羞布。

第三，大陸「一中憲法」的主要作用是為了表明大陸當時的兩岸政策，從而將兩岸政策法制化、憲法化，而臺灣「憲法一中」的主要作用是為了透過「憲法」的特徵，彌合臺灣不同群體間的政治爭議。如果從「一中憲法」的形成邏輯來考慮可見，大陸的「一中憲法」體現了大陸當時的兩岸政策，是將政策法制化、憲法化的產物，其目的在於從根本法層面宣示大陸的兩岸政策，提高大陸兩岸政策的效力位階和權威。而臺灣的「憲法一中」則產生於政治人物的政爭中，其主要作用是借用「憲法」的權威性，以及政治人物表面上遵守「憲法」的態度，從而透過「憲法」彌合持統「獨」不同主張人群之間的爭議。所謂「憲法一中」是「最大公約數」等言論，其實都是在這個背景下公布的。謝長廷更是直截了當地聲言，「朝野和解共生，必須有信賴的基礎，而且中華民國事實上已經臺灣化，與大陸和解共生，其實和維護臺灣主權並不矛盾」。正是

「憲法一中」，為「各自表述」的人群提供了「信賴的基礎」，對於緩解臺灣的內部政爭具有一定的積極性。但在「憲法一中」中，「一中性」實際上依附於「憲法」的權威。尤其在前述政爭情況下，「一中性」更加退居「憲法」幕後，成為各方各派肆意「表述」的對象。

最後必須說明的是，對兩岸根本法之「一中性」進行比較研究，實際上是透過這種對比，切實弄清大陸和臺灣的兩岸政策。雖然大陸和臺灣根本法有關兩岸關係方面的規定，與其現實政策相比，都存在滯後性，但基於兩岸都遵行法治原則，而根本法在各自法律體系中居於最高法律地位，因而仍是具有正式法律效力的兩岸政策。因此，對這一規範意義上兩岸政策的研究，無疑比單純政治意義上的兩岸政策研究，更加具有直接性和現實性。

關於重視兩岸法律制度「一中性」的思考

兩岸事務性合作在已經取得豐碩成就的同時，也進入深水區，兩岸在「國家認同」、內部治理等方面的分歧，已經開始對事務性合作產生影響。推動兩岸邁過兩岸交往的深水區，必然要求兩岸開展政治商談，至少形成「一中」的政治默契。但是，臺灣部分群體對於「中國」、「中華人民共和國」、「中國人」、「中共」、「大陸」等概念還存在偏見，不理解甚至誤讀、歪曲大陸的對臺政策。大陸當前單方面的政策表述因而已經不能滿足兩岸關係深入發展的需要。大陸方面當然已經意識到此問題，在現階段採取了促進人員、文化交流來促進兩岸的融合。但是，人員和文化的交流固然重要，卻並不必然轉化為政治上的認同。因此，有必要挖掘臺灣法律制度的「一中性」資源，並將之與大陸法律制度的「一中性」進

行比較和對照，在兩者相契合之處構建認同。本報告討論兩岸法律制度「一中性」的重要意義並提出相應的對策建議，希望中共及有關部門在對臺決策時重視兩岸法律制度的「一中性」。

一、「一個中國框架」與兩岸法律制度的「一中性」

兩岸有識之士分別提出「一個中國框架」和「一個中國架構」，成為兩岸在兩岸關係和平發展持續深化時期的新共識。兩者雖因兩岸習慣用語的表述而有所不同，但在堅持「一中性」的重大問題上是完全相同的。「一中性」已經構成兩岸增進互信的政治基礎。

「一中性」有著廣泛的來源，文化、政治和法律都為「一中性」提供了依據。而在這些來源中，兩岸法律制度的「一中性」，是最具權威性的來源，也容易獲得兩岸持不同「統獨」觀點人士的認同。

文化的「一中性」，是指兩岸在血緣和文化上系屬同源，同屬中華民族，共享中華文化，因而是「文化共同體」。文化的「一中性」有利於兩岸在政治互信尚未鞏固的歷史時期，利用兩岸文化的同源性和感召力，藉助兩岸共同的文化認知和民族認同，構建「一中性」的文化基礎。但是，文化的「一中性」並不能必然導致政治的「一中性」。在世界範圍內，共享同一文化、同屬一個民族的群體，建立或分屬兩個甚至多個國家的例子並不鮮見。因此，文化的「一中性」並不足以作為「一個中國」框架中「一中性」的來源。

政治的「一中性」，是「一個中國」框架中「一中性」的內核。政治的「一中性」依賴兩岸的政治互信和政治人物的政治承諾。但是，在臺灣「統獨」觀點分殊的情況下，臺灣政治人物的主

張經常受到非理性因素的干擾，也容易被選舉活動所幹擾，因而其政治承諾的可信度、權威性並不充分。因此，儘管我們認為政治的「一中性」構成「一個中國」框架的核心環節，但需要其他更具權威性的形式來支撐。

　　透過挖掘兩岸法律制度中的「一中性」資源，將其作為「一個中國」框架的法理基礎，是法律「一中性」的形成機制。就兩岸法律規定的現狀來看，不僅大陸方面的法律制度堅持一個中國原則，臺灣的法律制度也體現了「一中性」。臺灣現行「憲法」和「兩岸人民關係條例」是表明臺灣法律制度「一中性」的典型例證。臺灣現行「憲法」在「增修條文」的序言中表明，該「增修條文」是為「因應國家統一前之需要」，因而表明了「國家統一」的終極目標。臺灣現行「憲法」的「增修條文」第十一條按照「一國兩區」的思想，將「全中國」分為「自由地區」和「大陸地區」，至少沒有將「中華民國」等同於「自由地區」，因而也肯定了兩岸的「一國性」。臺灣專門調整兩岸人民交往的「兩岸人民關係條例」也堅持了「一中性」。其一，「兩岸人民關係條例」第一條法律的時間效力範圍是「國家統一前」，肯定了兩岸的「一中性」。其二，「兩岸人民關係條例」第二條對於「大陸地區」的定義是「臺灣以外的中華民國領土」，在「九二共識」允許的範圍內肯定了「大陸地區」與「臺灣」同屬「一個中國」。其三，「兩岸人民關係條例」第四十一條承認大陸民事法律的效力，從而有限度地肯定了我方法律體系地效力。儘管臺灣有關制度所表明的「一個中國」是指所謂「中華民國」，但這是為「九二共識」所容許的。

　　兩岸法律制度的「一中性」，將政治的「一中性」具體體現為法律的「一中性」，藉助法律的權威性、規範性和可操作性，豐富了政治的「一中性」的內涵，因而也推動「一個中國」框架表現形式和內涵的具體化。

二、臺灣政治人物和媒體有關「一中性」的言論

　　由於臺灣現行「憲法」和絕大多數法律至今仍保持著「一中性」的特點，不論是藍營，還是綠營的臺灣政治人物，都從各自的立場和需要出發，藉助兩岸法律制度的「一中性」來表達政治觀點。這些政治人物的觀點能夠在形式上堅持「一中」的表述，都可以在「反獨」時為我所用。由此可見，臺灣法律制度的「一中性」有著重要價值。

　　臺灣領導人馬英九多次用臺灣現行「憲法」的規定來說明「一中性」。早在競選臺灣領導人時，馬英九就提出：「國民黨……要捍衛現有的憲法不被更動，因為現在的憲法是以一個中國為基礎所建立的憲法。」2008年8月26日，馬英九在接受《墨西哥太陽報》專訪時提出：「因為我們的憲法無法容許在我們的領土上還有另外一個國家；同樣地，他們的憲法也不允許在他們憲法所定的領土上還有另外一個國家，所以我們雙方是一種特別的關係，但不是國與國的關係。」2008年年底，馬英九在參加臺灣「憲法學會」年會的講話上，提出「臺灣現在所採取的方式及定位，……迄今十七年，其中經歷了三位總統、二次政黨輪替都沒有任何改變，『兩岸人民關係條例』修正了十次也都沒有改變，所以實際上是我們在法律上的基本定位」。2011年6月16日，馬英九在一個公開場合提出：「這部憲法（『中華民國憲法』）是一部涵蓋全中國人的憲法，當時臺灣也有選派18位代表參與制定，更是現在處理兩岸關係的重要依據。……每當提到處理兩岸關係的原則，必定會強調在中華民國憲法的架構下，不統不獨不武，九二共識、一中各表，沒有這部憲法，真的很難推動兩岸關係，因為兩岸與兩德、兩韓情況完全不一樣。」2012年5月，馬英九在其第二個任期的就職典禮上，明確提出：「兩岸政策必須在中華民國憲法架構下，維持臺海『不統、不獨、不武』的現狀，在『九二共識、一中各表』的基礎上，推動兩

岸和平發展；而我們所說的『一中』，當然就是中華民國。依據憲法，中華民國領土主權涵蓋臺灣與大陸，目前政府的統治權僅及於臺、澎、金、馬。換言之，二十年來兩岸憲法定位就是『一個中華民國，兩個地區』，歷經三位總統，從未改變。這是最理性務實的定位，也是中華民國長遠發展、保障臺灣安全的憑藉。」2013年6月11日，馬英九在接受媒體採訪時再次提出：「中國大陸還是我們憲法上的國土，所以我們不可能承認在中國土上還有另一個國家。」

國民黨榮譽主席連戰在2013年2月28日與習近平同志會談時，提出：「兩岸各自的法律、體制都實施一個中國原則，臺灣固然是中國的一部分，大陸也是中國的一部分，從而形成『一中架構』下的兩岸關係，而不是國與國的關係。」

國民黨榮譽主席吳伯雄在2013年6月13日與習近平同志會談時，提出：「兩岸各自的法律、體制都實行一個中國原則，都用一個中國框架定位兩岸關係，而不是『國與國』的關係。」對於吳伯雄首度提出「一個中國架構」引發的討論，國民黨文傳會副主委殷瑋表示，「一中就是中華民國」，「中華民國憲法」及「兩岸人民關係條例」對兩岸關係定位有清楚的規定。殷瑋說，不管是一個中國原則、架構還是概念，都是回歸「憲法」，「國民黨與馬英九對兩岸的定位從未改變」。

民進黨前主席、臺灣前行政部門負責人謝長廷早在2005年提出過「憲法一中」的觀點，認為臺灣「目前憲法體制確有『一中』架構」。2013年3月，謝長廷在出席淡江大學中國大陸研究所主辦的「兩岸青年領袖研習營」時，又提出：「要面對歷史事實，兩岸問題才能找到答案；兩岸憲法其實都是一個中華，有歷史的連結、歷史的特殊關係，這必須要承認；兩岸應回歸憲法秩序，兩部憲法對話，是未來應該要走的一條路。」

不僅是政治人物，臺灣媒體也十分重視臺灣法律制度的「一中性」。2013年6月16日和18日，臺灣《中共日報》連續發表兩篇社論，認為：「臺灣方面，無論中華民國憲法或是憲法增修條文，都是『一個中國架構』。……從憲法到法律層面上，我們都一直是依據『一個中國架構』」；「『一個中國涵義』是基於中華民國憲法關於兩岸關係的定位而來，除非修憲，否則將兩岸定位為非國與國關係，其理甚明。」6月19日，臺灣《新生報》發表社論《依憲法發展兩岸關係》，認為「九二共識的內涵『一個中國，各自表述』基本上與憲法『一國兩區』架構相符合，具有合憲性；因此，臺灣才敢強調以九二共識作為兩岸關係發展的基礎。吳伯雄所提的『一中架構』，不只是以『一國兩區』憲法架構為基礎，而且是以具合憲性的九二共識為內核」。

由此可見，臺灣的政治人物和媒體已經非常重視從臺灣現行「憲法」和其他法律制度中挖掘「一中性」資源，為自己的主張尋找法理依據。對於此，我方應當加以充分重視，採取必要的應對之策，既在這場圍繞法律制度開展的「一中性」論辯中居於主動地位，又能夠藉助兩岸法律制度的「一中性」，為我所用。

三、重視兩岸法律制度「一中性」的重要意義

兩岸法律制度「一中性」資源有助於推動「一個中國框架」和「九二共識」從政治共識向法理共識轉變，增強「一個中國框架」和「九二共識」的規範性、權威性和可操作性。同時，兩岸法律制度的「一中性」對於解決構建兩岸關係和平發展法律框架、重新定位臺灣法律制度、爭取臺灣民眾對「一中」的認同等兩岸交往中的重大疑難問題都有著重大意義。

第一，有助於推動「九二共識」的法制化，充實「一個中國框

架」的內涵。國共兩黨領導人都提出「一個中國」框架或架構的思想（以下簡稱「一個中國」框架）。「一個中國」框架是兩岸以「九二共識」為基礎形成的新政治共識。目前，「一個中國」框架和「九二共識」停留在政治共識的層面，其有效性有賴於臺灣、主要政黨和領導人的政治操守和政治態度，因而並無規範意義的約束力。重視臺灣法律制度的「一中性」，將臺灣現行「憲法」和法律制度中的「一中」規範，與「一個中國」框架和「九二共識」結合起來，尊重臺灣方面按照其法律制度解釋「一個中國」框架和「九二共識」，用法律制度的規範性強化「一個中國」框架和「九二共識」的效力，從而推動「九二共識」從兩岸政治共識向法理共識轉變，將對「九二共識」的認同，轉化為對法律的遵守，從而為兩岸關係和平發展劃定法理框架和法律底線。

第二，為構建兩岸關係和平發展的法律框架提供規範基礎。兩岸關係和平發展法律框架，是調整、規範兩岸交往法律制度的總和。由於兩岸尚未形成獨立於兩岸的造法機制，因而構建兩岸關係和平發展的法律框架，必須與兩岸各自的法律制度進行銜接，方可發生規範效力。從此意義而言，兩岸法律制度的「一中性」保證了兩岸協議在大陸和臺灣各自實際管轄範圍內的實施，為構建兩岸關係和平發展的法律框架提供規範基礎。

第三，有助於重新定位臺灣法律制度，尤其是臺灣現行「憲法」。臺灣法律制度因歷史原因尚未為我方所承認。但是，必須客觀地認識到臺灣法律制度在臺灣實際發生著效力，而且為臺灣民眾所認同。完全否定臺灣法律制度，有可能傷害臺灣民眾的感情，反而有助於「臺獨」分裂勢力否定臺灣法律制度的「一中性」，因而不利於兩岸互信的積累。重視臺灣法律制度的「一中性」，並將之與大陸法律制度的「一中性」相聯結，更多地從其在臺灣的實際地位和作用來加以定位。重新定位臺灣法律制度，核心是重新看待臺灣的現行「憲法」。以「一中性」為基礎，從法律功能的技術性客

觀看待臺灣現行「憲法」在臺灣的實際作用，不妨用「憲制性規定」描述臺灣現行「憲法」。

第四，有助於提高臺灣民眾對於「一個中國」的認同，制約政治人物的「統獨」觀點。法律制度有別於政治觀點和政策主張，以法律規範為其前提和基礎，法律制度的修改也需經過比較複雜和嚴格的程序，法律制度因而具有相對的穩定性。臺灣社會法治水平較高，民眾的法治意識較強，無論政治人物的觀點發生何種變化，只要臺灣法律制度（尤其是臺灣現行「憲法」）的「一中性」不發生變化，則法律制度所承認的「一中性」是臺灣具有最高權威地位的「國家認同」表述，容易獲得臺灣民眾在規範基礎上的認同，構成臺灣的正式觀點和處理兩岸事務的根本依據。藉助法律的權威性，對「一中性」的認同與遵守，被轉化為體現「一中性」的法律制度的認同與遵守，有利於制約政治人物的「統獨」觀點，更有利於構建臺灣主要政黨和民眾對於「一中性」的認同。

四、相關對策與建議

基於兩岸法律制度「一中性」的重要意義，本報告提出如下對策和建議，供中共領導和相關部門決策時參考。

第一，透過學術團體的交往機制，允許學者在學術會議上表達「兩岸法律制度『一中性』」、「憲制性規定」等觀點，透過與臺灣方面學術團體的討論，對如何深化認識兩岸法律制度「一中性」的問題進行務實探討。

第二，形成我方對於兩岸法律制度「一中性」的完整表述，並在涉臺重大場合由中共主要負責同志公開提出。建議的表述為：「兩岸法律制度都認同『一個中國』框架，這就為兩岸提供了共同認知的法理基礎，在此基礎上，兩岸可以進一步擴大交往、增加彼

此互信。」

第三，在中共主要領導同志發表新形勢下對臺工作指導性政策時，列入「重新看待臺灣法律制度」的內容。在中共已經明確「重新看待臺灣意識」的基礎上，可以更加進一步地明確「重新看待臺灣法律制度」，對臺灣現行「憲法」和其他「法律」作合理、客觀的定位。建議的表述為：「將體現『一個中國』框架的臺灣法律制度與『臺獨』主張分離開來，理性、客觀地看待臺灣『法律』的地位與作用，理解並尊重臺灣人民遵守、認同臺灣法律制度的行為和情感，督促和引導赴臺的大陸民眾遵守、尊重臺灣的法律制度。」

第四，對於臺灣現行「憲法」，在政策文件中允許使用「臺灣憲制性規定」的提法。在法律體系方面，做總體概括時，仍使用「臺灣有關規定」的表述，但對具體的「法律」，可使用「臺灣某法」或「臺灣某條例」的稱謂，如「臺灣民法典」、「臺灣刑法典」等，不必在技術上做加引號的處理。

第五，重視兩岸法律制度「一中性」的研究工作，將兩岸法律制度「一中性」研究列入有關部門的重大研究專項項目，組織專家學者對兩岸法律制度「一中性」的內涵與外延開展研究，為充分利用兩岸法律制度「一中性」的資源進行理論準備。

二戰後對日媾和中的中國代表權問題研究

一、引言

二戰結束後，諸盟國對日媾和既是落實戰時歷次對日宣告的主旨、釐清日本國家地位所需，也構成奠定戰後遠東格局的重要活

動。1949年中華人民共和國成立後，國際社會在誰有權代表中國參加對日媾和的問題上產生不同看法，即對日媾和中的「中國代表權」爭議。在戰後遠東格局尚未形成的背景下，中國代表權問題連同臺灣地位問題成為美國形塑戰後遠東格局的支點。中國代表權問題也是大陸和臺灣（以下簡稱「兩岸」）在1992年前政治上的主要爭議之一，對日媾和是兩岸首次在國際舞臺上展現各自對於中國代表權問題的觀點、主張和策略的歷史事件，也是觀察各主要國家在冷戰初期處理中國代表權問題態度的重要機會。在各主要當事國解密檔案的幫助下，學界在論述對日媾和中的中國代表權問題時，已經不再囿於由意識型態所編織的話語，而是能夠較為客觀、完整地揭示歷史的原貌。由於關於此段歷史事實的論著已經頗多，本文不再作詳細地考究，而是利用現有文獻，對中國代表權問題在對日媾和中的產生、演變以及被擱置的過程簡要敘述如下：

儘管二戰甫結束，盟國就開始研究對日媾和，但中國代表權問題是在1948年中國內戰局勢明朗直至1949年10月1日中華人民共和國成立後，才逐漸出現的。美國基於遠東利益考慮，阻止中華人民共和國參加對日媾和，蘇聯、英國都主張中華人民共和國作為中國唯一合法政府參加對日媾和。朝鮮戰爭爆發後，美國重新介入兩岸事務，並在1950年9月11日提出「對日媾和七原則」，其中確定了「臺灣地位未定」的原則。1951年4月17日至23日，美日達成共識，日本首相吉田茂口頭保證不與中華人民共和國簽訂和約。6月4日至14日，英美代表在倫敦達成「莫里森——杜勒斯協定」，英國向美國妥協，同意中國不參加對日媾和，而由日本在和約簽訂後自行決定對華態度。8月13日，在「莫里森——杜勒斯協定」基礎上，美英完成對日和約草案。這一排斥中國參加對日媾和的草案，同時遭到兩岸中國人的反對，也遭到蘇聯等國的反對。1951年9月4日至8日，舊金山和會召開，和會在沒有中國代表參加的情況下簽訂「舊金山和約」，明確了「臺灣地位未定」的原則。9月18日，

周恩來代表中國政府發表有關「舊金山和約」的聲明，表明中國政府拒絕接受「舊金山和約」的態度。「舊金山和約」簽訂後，日本根據美國的意見，選擇與臺灣作為媾和對象。1952年1月16日，美日兩國公布「吉田書簡」，確立了「日臺和約」的原則，既未承認中華人民共和國的合法權益，又將「日臺和約」的適用範圍限定在國民黨當局實際控制的臺灣，留下了分裂中國的伏筆。同年4月28日，日本和國民黨當局簽訂了「日臺條約」。

美、蘇、英等大國圍繞戰後遠東格局的博弈以及日本對恢復國際地位的需求，是中國代表權最終在對日媾和中被擱置的主要原因。但在這一段已經被揭示得比較清晰的歷史中，仍有一些尚未獲得較好解釋的問題：1）美國因意識型態的差異、在遠東對抗社會主義陣營的需要以及朝鮮戰爭爆發等原因，否定中華人民共和國對中國的代表權尚可理解，為何也要排斥國民黨當局對中國的「代表權」，且最後又安排日本與國民黨當局簽訂「日臺條約」？這些看似矛盾的舉動背後，有著怎樣的用意？2）作為美國的主要盟友，英國為何在中國代表權問題上的觀點與美國存在較大不同，美英爭議及解決甚至在一定程度上成為擱置中國代表權問題的近因，英國力挺中華人民共和國代表中國的原因是什麼？最後又為何放棄了這一主張？3）在臺灣的國民黨當局其時一向主張對中國的「正統」和「代表性」，為何又最終接受美國的方案，放棄參加舊金山和會？而在單獨對日媾和時，又是如何處理其「中國代表權」問題的？4）應當如何從「中國代表性」的角度觀察「舊金山和約」和「日臺條約」對臺灣地位的安排，日本在此問題上究竟有多大發言權，等等。對上述問題的合理解釋，對於理解兩岸圍繞中國代表權的爭議，以及觀察各大國的態度具有重要理論價值。及至2012年，兩岸與日本在東海發生海權糾紛，日本所持的國際法依據主要是「舊金山和約」和1952年「中日和平條約」（以下簡稱「日臺條約」），而這兩份文件的效力和適用範圍問題又與當時的中國代表

權問題相聯繫。因此，研究二戰後對日媾和中的中國代表權問題，不僅有著歷史意義，而且有著極為重要的現實意義。

二、中國代表權問題的解釋框架

在現有文獻中，多數學者基於建構主義的方法，建立對日媾和中臺灣問題的解釋框架，亦即：將對日媾和中臺灣問題的起源與演化歸因於美國基於其遠東利益的建構行為。這一解釋框架能夠較好地解釋對日媾和中臺灣問題起源與演化的動力源，因而不失為一種有意義的解釋框架。然而，具體到中國代表權問題，建構主義所主張的美國主導地位雖然依然有效，但兩岸及英國、日本等圍繞中國代表權問題與美國的博弈——儘管此種博弈更多是不對稱博弈——對於中國代表權問題最後的結局亦有影響。而建構主義的解釋框架事實上並不能為兩岸及英國、日本等相關主體的觀點和行為提供合理的解釋。因此，本文嘗試以臺灣學者張啟雄提出的名分秩序論為基礎，構建中國代表權問題的解釋框架。

（一）名分秩序論：「中華世界秩序原理」中的「中國名分」

名分秩序論，是臺灣學者張啟雄在東方政治文化背景下提出的理論，主要用於解釋兩岸參加國際活動的行為。根據名分秩序論的觀點，兩岸參加國際活動的目的是爭奪「中國正統」的「身分」。

名分秩序論認為，「中華帝國」之國際秩序原理是以禮治主義為主的歷史文化價值。與西方法治主義「法者禁於已然以後」不同，禮治主義強調「禮者禁於將然之前」，因此，兩岸參加國際活動應先定名分，再「求隨名而來之『倫理分際』與『名實關係』」。按照名分秩序論的觀點，在「中華世界秩序原理」下，各個不同且彼此交往的主體必須先對各自究竟享有何種「名分」，作一清楚的界定，然後再依次「名分」逐一建立秩序。這種秩序一旦

建立,則各個主體就須按照所定「名分」,從事符合「中華世界帝國」倫常規範的交往行為。因此,兩岸參加國際活動的首要任務,是確定參加國際活動的「名分」,以完成「正名」工作。此種「因名定分」、「依分求序」、「循序運作」的行為模式,在操作程式上就體現為「定名分,首在正名;名正之後,始得以依名定分;分定,然後得以依分求序;序生,則國治;國治,則天下平」。

名分秩序論揭示了兩岸「中國代表權」爭議的實質是爭奪「中國正統」這一「身分」(即「名分」中的「分」)。按照名分秩序論的設想,「正名」是東方社會參加國際活動的第一步,構成「定分」和「求序」的依據。在中國代表權問題上,兩岸各自堅持中華人民共和國和「中華民國」的「名號」,因而使得「正名」問題實際上處於無法解決的境地。按名分秩序論,「名正之後,使得以依名定分」。但是,由於無法解決「正名」問題,「定分」就顯得尤為重要了。首先,「定分」在由「正統-宗藩」所構成的「中華世界帝國」中,起著「定正明閏」的作用。這裡的「正」是指被奉為「正統」的中共政權(宗主、中共、「正朔」),而「閏」是指與中共政權並立的另一政權(藩屬、地方、「偽朝」)。1949年10月1日後,兩岸處於政治對立的狀態,何者在國際社會上代表中國,是兩岸共同面對的問題。兩岸在對日媾和中都主張「代表中國」,事實上是兩岸在國際社會「爭正統」的表現。其次,「分定」之後,「名」可由所定之「分」反推獲得。由於當時兩岸都堅持一個中國原則,因而一旦「正統」確定,另一方必然不再代表中國,中國的國家名號也可以由此確定。

由於世界上主要大國都參加對日媾和,對日媾和因而是1949年後兩岸爭取「中國正統」的一次絕佳機會。兩岸在中國代表權問題上的主張和態度,都可以在這一框架內獲得解釋。

(二)名分秩序論與現代國際法話語的對照與統一

名分秩序論可以解釋兩岸對於中國代表權的主張和態度，但是難以解釋美國、英國、日本和蘇聯等主要國家的主張和行為。原因在於：參加對日媾和的各大國事實上並不受「中華世界秩序」的約束，而是遵守以現代國際法話語為基礎的國際秩序。因此，構建兩岸與各主要國家之間互動關係的解釋框架，還需要將名分秩序論與現代國際法話語進行對照，並形成能夠作為解釋中國代表權問題的統一模式。

　　名分秩序論的邏輯起點是：「不同的國際體系，各有不同的國際秩序原理以規範其國際秩序，解釋其國際行為。」名分秩序論試圖創造與西方國際法話語不同的理論體系，「讓東方之事，回歸東方之理，用以詮釋東方之國際秩序，避免西洋價值中心主義」。但是，1840年以來，「中華帝國」已經解體，「中華世界秩序原理」因而並不能獨立於世界秩序的基本原則。況且，名分秩序論中的若干名詞，並非並能透過現代國際法話語進行界定。以名分秩序論中最為核心的三個概念「名」、「分」、「序」為例：「名」是指參加國際活動的「名號」，如臺灣目前參加國際組織時所使用的「中華臺北」、「臺澎金馬」等「名號」；「分」，是指在特定名號下的「身分」，如「正式成員」、「觀察員」、「地方政府」、「捕魚實體」等；「序」，則是依據「身分」而產生的權利和義務。由此可見，名分秩序論與現代國際法話語有著很強的聯繫。

　　兩岸希望透過中國代表權獲取國際承認的意圖，在現代國際法上也有相應的理論支撐。史汀希克柏（Athure Stinchcombe）將政權的正當性視為「有權者」之間的相互認可。這裡的「有權者」既包括內部的有權者，也包括外部的有權者。前者在民主社會體現為主權的所有者人民，而後者則更多是指重要國際組織和主要大國。因此，參加國際活動，包括加入聯合國等主要國際組織和被美國、英國等主要大國承認，成為一個政權取得國際承認的重要表現形式。奈伊（Joseph　S.Nye）曾提出：現代國家之所以積極加入國際社

會，並參與國際組織，除了為爭取國家利益外，也在借此確定其主權的完整性。這些觀點描述了參加國際活動功能的擴展，亦即：國際活動已經成為新國家或政權爭取國際承認的重要途徑和場所。

當然，參加國際活動功能的擴展，毋寧更多地發生在發展中國家和新興獨立國家中。主要原因是由大國所構建的國際秩序已經穩定，發展中國家和新興獨立國家只能透過參與由大國所構建的國際秩序，方能在國際社會彰顯其獨立地位，而大國是這一國際秩序的締造者，無須透過參加國際活動證明其存在。西方主權國家之所以參加國際活動，主要是為主權國家之間特定需求而設立一些功能性協調機制，各國積極參加國際活動的目的，也是為了參與國際規則的制定和透過國際交往獲得利益，因此，國際承認並不是西方主權國家參加國際活動的目的。

基於以上認識，參加國際活動的功能，從傳統觀點之參與國際規則制定、維護自身利益，向著新觀點之作為爭取國際承認途徑擴展。如果說建構主義主要從上述傳統觀點為出發點，重在說明對日媾和中美國為實現自身利益而建構遠東冷戰後新格局的過程，那麼，本文則嘗試以上述新觀點為依據，以各主要當事方與美國博弈為中心，構建中國代表權問題的解釋框架，藉助已經解密的檔案材料和現有文獻對史實的論述，對各方主體的決策和選擇過程進行研究。

三、「臺灣地位未定論」和中國代表權問題的因果關係：臺灣與美國的博弈

臺灣的地位問題是對日媾和最為重要的議題之一。在美國的主導下，「舊金山和約」明確了「臺灣地位未定」，此為直至今日仍未完全澄清之「臺灣地位未定論」在國際法層面的濫觴。以往大陸

和臺灣的文獻關於對日媾和中臺灣地位問題的研究，大多數是圍繞「臺灣地位未定論」展開。在這些研究中，對日媾和中的中國代表權問題雖常被涉及，但多數是作為臺灣地位問題的次級問題提出，並不符合中國代表權問題在對日媾和中的實際地位。中國代表權問題在對日媾和中，是與臺灣地位問題同等重要的問題，兩者構成了對日媾和中中國問題的兩大議題，因而並無何者為主、何者居次的問題。由於美國和臺灣對於對日媾和存在不同的意圖，因而在「臺灣地位未定論」和中國代表權的因果關係上，也有著不同的認識。而兩者之間不同的認識，展現了東西方對於參加國際活動功能認識的差異。

（一）美國：因「臺灣地位未定論」主張擱置「中國代表權」問題

二戰後初期美國對遠東格局的最初設想是，透過扶持服從美國領導的中國來牽制其他大國，同時消除日本作為可能的戰爭策源地，以此安排來維持亞洲的穩定。在這種設想的支配下，中國將在戰後成為美國在東亞的一個支柱性盟國，臺灣將掌握在親西方的中國政府手中。但是，1948年中國內戰形勢的明朗化，導致美國不得不重新考慮對遠東格局的安排，其中包括對美國安全具有重大意義的臺灣問題。王建朗研究員曾提出美英在中華人民共和國成立後處理臺灣地位的四種選擇：1）支持國民黨在臺灣抵抗中共的進攻；2）將臺灣置於遠東盟軍最高統帥部的控制之下；3）將臺灣交由「聯合國託管」；4）臺灣「獨立」。事實上，美國當時還有一種選擇，就是承認中華人民共和國，並承認臺灣是中華人民共和國的一部分。這並不是一種純理論的設想，而是美國的戰略選擇之一。1949年3月3日，杜魯門批准由美國國務院提交的NSC34/2號文件和NSC41號文件，確定了避免干涉中國內政、挑撥中國共產黨與蘇聯關係的對華方針。1950年1月5日，杜魯門發表聲明，稱「美國傳統的對華政策呼籲國際社會尊重中國的領土完整，……美國目前無意

在福摩薩獲取特別權利和特權,或建立軍事基地。美國亦無意使用武力幹預現在的局勢。美國政府將不遵循足以使之捲入中國內爭的方針」。此時,臺灣被排除在美國承擔的軍事義務之外。張曙光教授提出,美國政府在1949年的大部分時間裡,自信能夠阻止中國倒向蘇聯。張曙光教授的理由有二：1）美國政府認為中國領導人強烈的民族主義情緒會阻礙中國與在歷史上曾經嚴重侵害中國利益的蘇聯（俄國）建立緊密關係；2）中國與美國存在著密切的經濟聯繫,而中國在經濟上依附美國,中國共產黨會因為國內經濟壓力而屈服於美國。

但是,中華人民共和國在對外政策上很快選擇了「一邊倒」的方針。美國過去所想像的「民族主義中國」和「遠東的南斯拉夫」並未出現,反而是一個與蘇聯結成同盟並出兵與美國在朝鮮直接對抗的「社會主義中國」出現在遠東。因此,美國在遠東格局的安排上出現了重大轉折,臺灣地位的重要性由此浮現。1950年6月25日爆發的朝鮮戰爭推動了美國對臺政策的重大轉變。6月27日,杜魯門發表聲明：「共產黨軍隊戰略福摩薩,將直接威脅太平洋地區的安全以及在該地區執行合法和必要職責的美國軍隊,因此,我已下令第七艦隊阻止對福摩薩的任何進攻。作為這一行動的應有結果,我已要求在福摩薩的中國政府停止對大陸的一切空中和海上作戰行動。……福摩薩未來地位的確定,必須等待太平洋安全的恢復、對日和約的簽訂或經由聯合國的考慮。」更早之前的6月25日,艾奇遜曾建議第七艦隊開進臺灣海峽「一方面阻止中共進攻臺灣,另一方面防止臺灣進攻大陸」。由此可見,美國在朝鮮戰爭爆發時的臺灣政策,已經轉變為將臺灣從中國分離出來,為美國對臺灣的軍事介入提供合法性依據。為此目的,美國在1950年9月11日製定的「對日媾和七原則」,正式拋出了「臺灣地位未定論」。杜勒斯在向國民黨當局代表顧維鈞解釋「對日媾和七原則」時,明確提出：「美之用意,欲將臺灣地位暫付凍結。……蓋如美亦認臺灣純為中

國領土，不特貴國政府代表權問題即須解決，而美之派遣第七艦隊保臺，及自取領導地位，為主持此案，亦將失卻根據。」杜勒斯的講話，「臺灣地位未定論」成為「派艦保臺」的依據，而「派艦保臺」的目的當然是為了美國在遠東的戰略利益。

「臺灣地位未定論」與在臺灣的國民黨當局對「全中國」「法統」的主張產生了矛盾。國民黨退居臺灣後，並未放棄其對「全中國」的「法統」，因而不僅在歷史情感上，而且在現時的政治需要上，都主張臺灣是中國領土的一部分。國民黨當局的這一主張，顯然與「臺灣地位未定論」是相衝突的。因此，美國必須否定國民黨當局對「全中國」的「代表性」，以保證「臺灣地位未定論」的落實。1951年4月24日，杜勒斯在與顧維鈞會談時：「由於國民政府堅持臺灣為中國領土之一部分，與中共主張相同，均已認為中國內部問題，今若明文發還，則美派第七艦隊保障臺灣，將失卻根據，而徒使中共與蘇聯對美更加干涉之譴責，故在此階段，美不得不將臺灣問題留為懸案，俾易應付。」由於國民黨當局一再持「臺灣是中國領土一部分」的主張，並將之比附庫頁島南部和千島群島與蘇聯的關係，同時考慮到英國、加拿大、澳大利亞等國對國民黨當局的態度，美國為在對日媾和中明確「臺灣地位未定論」的法理地位，只有排斥國民黨當局代表中國參加對日媾和。

「臺灣地位未定論」對於美國而言，是構造符合其自身利益的遠東格局的重要一環，由此必須否定臺灣對中國的從屬性，而兩岸當時都未放棄「臺灣是中國領土一部分」的主張，因而美國必須將兩岸都排除出對日媾和之外。對於美國來說，「臺灣地位未定論」是造成其力主擱置「中國代表權問題」的原因，而擱置「中國代表權問題」並排斥兩岸參加對日媾和，是「臺灣地位未定論」所導致的必然結果。

（二）臺灣：因「中國代表權」的需求被迫接受「臺灣地位未

定論」

　　國民黨退居臺灣後已經十分疲敝，美國是國民黨踞島自守和「反攻大陸」的最大依靠。為了換取美國的支持，國民黨當局只能接受美國對臺灣地位和對日媾和問題的安排。與美國因「臺灣地位未定論」選擇擱置「中國代表權」問題不同，國民黨當局被迫接受不參加對日媾和、「臺灣地位未定論」以及單獨對日和約等安排，都是為了維護國民黨當局（以「國民政府」的名義）對中國的「代表權」的無奈選擇。

　　在退據臺灣前，國民黨當局曾積極參加對日媾和，一度形成對日和約的草案。但是，在國內軍事鬥爭失利後，國民黨當局顯然無心也無力關心對日媾和問題。退居臺灣後，在事實上已經不再對中國施行有效統治的國民黨當局，迫切地希望能夠透過參加對日媾和來表現其「中國代表權」。但是，美國基於自身的戰略利益，否定「臺灣是中國領土的一部分」，因而也自然否定占據臺灣的國民黨當局是「全中國」的「合法政府」。美國對於國民黨當局的否定，儘管並不意味著對中華人民共和國「中國代表權」的承認，但對於國民黨當局也是沉重的打擊。

　　美國在迫使國民黨當局接受「臺灣地位未定論」時，臺灣的安全和國民黨當局的「國際地位」是重要的籌碼。1950年10月20日，顧維鈞對「臺灣地位未定論」提出疑問：「所謂臺灣問題，美已提交聯合國大會討論，究竟美方用意及希望如何？」杜勒斯的回答除重申「臺灣地位未定論」對美國戰略利益的重要性之外，還兼以安慰與威脅的方式回應顧維鈞：「凍結臺灣地位，即是維持中國國民政府地位。……如貴國在會議席上堅決反對美國對臺立場，力與爭辯，未免增加美國困難，使美不能貫徹保持臺灣，維持貴國政府國際地位之宗旨。」如前所述，這一番講話幾乎成為杜勒斯回應國民黨當局疑問的基本模式（即「派艦保臺」模式）。及至1951年5月

29日，當顧維鈞試圖最後努力爭取明確臺灣歸屬時，杜勒斯以極具威脅性的語言回答：「假使臺澎一律規定如是，則萬一貴國不能參加簽字，該兩島主權，亦即歸還日本，此決非貴國所願。」

　　杜勒斯的安慰與威脅都產生了效果。基於安全的考慮，國民黨當局被迫接受了「臺灣地位未定論」。就在杜勒斯向顧維鈞遞交「對日媾和七原則」草案的當天，顧維鈞在與國民黨當局駐聯合國代表蔣廷黻時，明確地提出：「如果我們堅持臺灣毫無疑義是中國領土的說法，美國力圖阻止臺灣落入敵人之手的主張就會站不住腳」；「鑒於目前我們在聯合國的代表權危如累卵，最好還是現實一些，把我們的精力集中於維護中國（指國民黨當局——引注）的國際地位」；「如果我們一口咬定臺灣是中國的領土，……這和中共和莫斯科的立場毫無二致，這樣我們就只能造成破壞美國主張的作用。而且這將立時引起一個問題，那就是到底哪一邊代表中國，是北平還是臺北。這正好墜入了印度、英國等已經承認中共政權各國的殼中」1950年10月27日，顧維鈞在致國民黨當局「總統府祕書長」王世杰的信中，比較直白地提出：「我政府（指國民黨當局——引注）國際地位動搖，處境艱危，目前第一要著為：（一）保持我政府代表權，及（二）保障我臺島安全，……其他一切法律理論，實際與我有損無益，似可不太重視。」基於上述立場，顧維鈞在這封信中建議國民黨當局接受「臺灣地位未定論」：「美惟採此立場，方能貫徹保臺宗旨，而維持我政府（指國民黨當局——引注）地位。否則中共所堅持臺灣惟中國領土，而視美對臺措施為干預內政，按之聯合國憲章第二款規定，美亦將難辯護。職此之故，杜顧問（指杜勒斯——引注）深望我不堅持反對美之立場，以致損害美我兩方共同利益。」出於對美國的倚重，國民黨對於美國的立場和顧維鈞的建議不得不加以重視。起初，國民黨當局試圖採取拖延的策略，但在杜勒斯正式遞交「對日媾和七原則」後，迫於臺灣安全的考慮，不得不作出以「主權」換「安全」和「代表權」的抉

擇。1950年12月19日，顧維鈞向杜勒斯提出：「只須日本依照波茨坦宣言投降條件，聲明放棄對該項領土等一切主權，由協約國自行處理，毋須日本各別追認撥歸各國」，實際上已經默認了美國的立場。到1951年上半年，國民黨當局「外交部長」葉公超密告顧維鈞：「委員長（蔣介石——引注）本人儘管極不情願，但已同意在多邊條約後與日本簽署雙邊條約為最後一著。」此時，國民黨當局對於美國的立場已經無可奈何地全盤接受了。儘管美英在「中國代表權」問題上達成一致後，國民黨當局曾提出抗議，但此種行為更多地是為了表明堅持「中國代表權」的姿態而已了。

但是，國民黨當局透過賦予「臺灣地位未定論」有別於美國立場的解釋，以表現其對中國的「代表權」。比較具有代表性的是顧維鈞的觀點。此公的解釋可以分為三類：（1）認為美國並未根本否定國民黨當局的「中國代表權」，「臺灣地位未定論」是其為保障臺灣安全的權宜之計，前述顧維鈞致王世杰的信中即持此論；（2）認為臺灣地位在事實上已定，只是欠缺法理上的手續，如在1951年1月22日遞交給美國的備忘錄上，顧維鈞即提出：「（臺灣）在歷史上、種族上、法律上及事實上，均屬中國領土之一部分，僅最後形式上之手續，尚待辦理」；（3）又認為臺灣屬於中國不需要任何手續加以確認，而是歷史事實，1951年4月24日與杜勒斯的會談提到了這一觀點，可能是國民黨當局在明知無法參加和約的情況下，為表明臺灣的歸屬而選擇的策略性語言。

當然，美國對於國民黨當局也並非沒有任何回報。事實上，為了安慰它的臺灣「盟友」，美國的外交官們也適時肯定國民黨當局的「中國代表權」。美國遠東事務助理國務卿臘斯克在1951年5月18日，也就是英美達成莫里森-杜勒斯協定前，提出：「北平政權可能是一個俄國的殖民地政府，……它不是中國的政府。它不夠有一個獨立政府的起碼條件。它不是中國人的。它沒有資格代表中國說話。——中華民國的國民政府……更真實地代表大部分中國人民

的意見。」美國對於國民黨當局最大的幫助，是推動日本選擇將國民黨當局作為「中國代表」簽訂「雙邊和約」。根據美英莫里森——杜勒斯協定，多邊的對日和約達成後，日本可以自主決定對華態度。但在此前杜勒斯在訪問日本時，已經獲得了日本首相吉田茂的口頭承諾，後者保證不與中華人民共和國簽訂和約。在美國的主導下，日本在多邊和約尚未達成時，就只能選擇國民黨當局簽訂「雙邊和約」。國民黨當局非常重視與日本的「雙邊和約」，視之為在對日媾和中表現「中國代表權」的重要機會，因而在「名稱」和「實施範圍」的問題上，幾乎寸步不讓，堅持以「日臺和約」的「和平條約」性質。這一點獲得了美國的部分支持。比如：當日本表達與中華人民共和國接觸的意願時，美國幫助國民黨當局阻止日本與中華人民共和國靠近。但是，美國的支持又是相當有限的。為了保證「臺灣地位未定論」的落實，在國民黨當局與日本進行「談判」期間，美國力主將「日臺和約」的適用範圍限定在國民黨當局「現在或將來有其實際控制的區域」。可以說，美國給予國民黨當局的回報，只是承認其作為臺灣管制機構，而並不是承認其「中國代表權」。國民黨當局為了自我安慰式的「中國代表權」，付出了過大的代價。

四、不對稱的利益與不對稱的博弈：英國、日本與美國的博弈

如果說兩岸與美國之間的博弈，尚有兩岸各自爭取「國際承認」的意涵，英國與美國、日本與美國之間在中國代表權問題上的博弈，則純然是為實現各自利益的博弈。按照名分秩序論的觀點，如果說兩岸的主要意圖是「正名」與「定分」，則英國和日本的主要意圖就是透過「求序」，以維護自身在遠東的利益。然而，一方面英國和日本在中國代表權上的利益訴求，遠小於其對美國的利益

訴求，另一方面也因為英國、日本在戰後初期與美國較大的實力差距，因而英美、日美之間的博弈是不對稱利益背景下的不對稱的博弈，只能屈服於美國的利益。

（一）美英的不對稱博弈：英國角色的再認識

對日媾和的「中國代表權」問題中，英國的作用是學界研究的熱點問題。對於英國的作用，有著兩種截然不同的觀點：（1）認為英國與美國在中國代表權問題上亦步亦趨，是美國的「幫兇」，這種觀點被中華人民共和國政府和中國大陸絕大多數普及性歷史讀物所主張，尤其是一些較早的文獻；（2）認為正是英國對中華人民共和國代表權的堅持，導致美國不得不放棄由國民黨當局代表中國的主張，最終導致兩岸均無法參加舊金山和會。這兩種觀點對於英國作用的認識顯然是偏頗的。本文認為，美英博弈是導致兩岸都被排斥於舊金山和約的直接原因之一，但由於英國與美國在實力和遠東利益上的不對稱性，兩者的博弈因而也有著不對稱性，既不能認為英國純為美國之「幫兇」，也不能因此誇大英國的作用。

英國在中華人民共和國成立前，就開始關注中國代表權問題。英國外交部助理次長德寧在1949年8月的一份備忘錄中提出：「接納中國共產黨人以取代國民黨代表是否能提供某種形式的施加影響的手段，從而使新的共產黨政權對我們的在華利益予以一定程度的考慮。」這個備忘錄反映了英國外交部的主流思想，即透過接納中華人民共和國換取它在其他方面的報答。與美國國防部和國務院的「部院之爭」不同，英國外交部和軍方對中國代表權問題的觀點基本相同。英軍參謀長會議認為：「臺灣丟給中國並不會給美國或英國在遠東的戰略地位產生實質性影響。然而，如果美國繼續向臺灣的國民黨人提供援助，這無疑會把香港置於一個將遭到更大規模的攻擊地位，如果共產黨人最終決定對殖民地展開進攻的話。」由此可見，英國承認並支持中華人民共和國的中國代表權的直接目的，

是為了維護其在華利益，尤其是殖民地香港的安全。1950年1月6日，英國承認中華人民共和國，斷絕了與國民黨當局的「外交關係」，僅在臺灣淡水保留了「領事館」，且這個「領事館」只與臺灣省政府發生聯繫，而不與國民黨當局的「中共機關」接觸，以顯示英國視國民黨當局為「中國之一地方政府」的態度。1950年5月，在倫敦召開的英聯邦國家對日和約起草委員會會議上，英國為保住其在香港的地位，維護英國在華貿易利益，主張「北京政府擁有參加對日媾和會議的代表權」。1951年3月22日，英國內閣透過決議，邀請中華人民共和國政府參加對日媾和的任何談判，並指示外交部不要與美國商談任何不能邀請中華人民共和國參加對日媾和的方案。4月1日，英國駐美大使向美國方面轉達了英國內閣的決定。顧維鈞透過美國也獲知了上述訊息。直到此時，英國對於中華人民共和國代表中國參加對日媾和的態度，還是十分明確和堅定的。

美英在中國代表權問題上的區別在於：美國主張透過孤立中華人民共和國，以落實「臺灣地位未定論」，構建符合美國利益的遠東格局；英國則是希望透過與中華人民共和國建立起友好（至少不敵對）的關係，保證英國在遠東的利益。英國在對日媾和中的地位，是美國無法忽視的：1）英國是美國最為堅定的盟友，尋求英國的支持，是美國在冷戰時期國際戰略的重要組成部分；2）當時英國在亞洲還擁有馬來亞、香港等殖民地，美國構建符合其利益的遠東格局，不可能繞開英國；3）英國對於世界其他主要國家，尤其是英聯邦國家有著較大的影響力，而英聯邦成員在遠東委員會中占據一半席位，根據遠東委員會的規則，對日和約必須獲得遠東委員會2/3多數的贊成票，美國如沒有英國的支持，可能因程序問題而導致對日媾和的失敗。為了獲得英國的支持，美國採取了一系列軟硬兼施的措施。1951年6月4日，杜勒斯親赴英國遊說。英國外交大臣楊格建議中國在和會開始時不參加，由十四個與和約有著主要

關係的國家以2/3多數透過誰代表中國,然後由該方代表中國參加和會。由於當時多數國家都要求中華人民共和國參加對日媾和,所以此方案的意圖實際上是邀請中華人民共和國參加和會。杜勒斯反對此方案,提出可以邀請兩岸都參加對日和約,楊格則認為英國已經承認中華人民共和國,因而也提出反對。美國為了爭取英國的支持,在日本賠償、伊朗收回英國石油權益等問題上作出讓步。更為重要的是,美國用印度支那問題爭取了法國的支持,英國面臨著巨大的壓力。為了防止英國被排除出遠東利益格局之外,英國與美國達成妥協,雙方達成了「莫里森——杜勒斯協定」。在這份名為「中國代表權與臺灣」(Chinese Participation and Formosa)的文件中,美英雙方決定:1)由於英美政府並未對何者是中國正式和實際的權威(lawful and practical authority)達成共識,但不能因此事拖延對日和約的簽署,因而決定中國不作為對日多邊和約的共同簽字國(co-signature)之一;2)中國人民的利益包含在多邊條約中,日本自動的放棄在中國的利益,中國有權處置其境內的日本財產;3)日本對於中國的態度,由恢復主權和獨立地位的日本自行決定;4)多邊條約規定日本放棄臺灣等島嶼,但條約本身並不決定這些島嶼的未來(The treaty itself would not determine the future of these islands.)。至此,英國放棄了由中華人民共和國代表中國參加對日媾和的主張,美國的意志幾乎全部得到了體現。

　　英國態度的轉變,是其遠東利益和實力均與美國處於不對稱狀態的體現。第一,在遠東利益格局上,英國儘管有著香港、馬來亞等殖民地利益和在華貿易利益,但與美國所主張的安全利益相比,居於次要位置。況且英國對於所謂共產主義在遠東的威脅也十分忌憚。英國的部分官員在1949年中國內戰正酣時,也曾提出過「託管臺灣」的設想,目的就是防止中共獲得臺灣。由此可見,雖然英國在遠東有著特殊的利益,但從更為宏觀的角度觀察,英美的利益具有一致性,而且這種一致性在朝鮮戰爭後更加強化了。英國為了更

為重要的利益，只能放棄在中國代表權上的既定立場，而與美國合作。第二，英國在二戰期間遭受嚴重損失，實力已經遠遜於美國。美國是遠東委員會四大國中唯一軍事占領日本的國家，對於日本事務本來就處於主導地位。英國不僅在對日媾和問題上處於弱勢地位，而且對於國際政治格局的控制力遠弱於美國。一些重大涉及英國重要利益的國際問題上，英國甚至還需要美國的支持。美國也運用其在二戰後強大的國際政治支配能力，在日本賠償與戰後地位、伊朗油權等問題上，支持英國的主張，而且能夠藉助其強大的實力拉攏法國、澳大利亞、菲律賓等國家，對英國形成了較大的壓力。在「實力至上」的國際政治格局中，英國只能屈從於美國。總而言之，英美在中國代表權問題上的博弈是不對稱的博弈，英國在不對稱博弈中只能放棄其原有的主張。

（二）美國主導下的「日臺和約」：作為中介者的日本

與美國透過遊說、利益交換等方式換取英國的支持不同，美國在中國代表權問題上對日本的壓力，則體現了美國二戰後對於日本的全面控制。日本雖然根據「舊金山和約」重新獲得主權，但在中國代表權問題上仍然受制於美國。因此，日本與國民黨當局簽訂的「日臺和約」，是美國主導的產物，日本只是起著中介者的作用。「日臺和約」中有關中國代表權的問題主要有兩個：（1）日本為何選擇國民黨當局作為中國的「代表」；（2）「日臺和約」的效力範圍問題。這兩個問題既與中國代表權息息相關，也是美日、日本與國民黨當局博弈的焦點問題。

對於第一個問題，以往的觀點認為：日本緊緊跟隨美國，在「日臺和約」的問題上是美國的附從。這一觀點對於日本「附從」地位的認識是正確的，然而，這一地位並不是日本的主動選擇，日本本意是在兩岸之間採取觀望、拖延的策略，但在美國的壓力下，最終選擇國民黨當局作為中國的「代表」。起初，日本認為中共的

民族性較強，因而對中華人民共和國並無太大的敵意，也不希望與中華人民共和國的關係惡化。如1950年4月8日，吉田茂表示：「中國的共產主義是中國為先，共產主義為次」，「中國永遠不會成為蘇聯的奴隸」。基於這種認識，吉田茂實際上是想為日本與中華人民共和國建立聯繫保留可能性。因此，「舊金山和約」簽訂前，在杜勒斯希望美日在中國代表權問題保持一致的壓力下，吉田茂僅願意口頭保證不與中華人民共和國簽訂和約。但是，美國畢竟是唯一軍事占領日本的盟國，而且吉田茂在戰後主動選擇了在政治、軍事上依賴美國的道路，造就了「戰後日本對美關係的基本型態」。日本面對美國的壓力，也只能順從美國的意志。吉田茂在杜勒斯的一再追問下，只能以書信形式向杜勒斯明確保證「日本政府沒有意圖同共產黨政權（the Communist re-gime）簽訂雙邊條約」，並計劃向臺灣派遣經濟顧問（economic advis-er）、設立政府海外辦事處（oversea government agency）。

然而，「舊金山和約」簽訂後，吉田茂一改在「舊金山和約」簽訂前的保證，在中國代表權問題上採取「拖延策略」，遲遲不與國民黨當局開展「和約」談判。1951年10月25日，日本官房長官岡崎勝男在與國民黨當局「駐日代表」董顯光的會談中，表明了日本的態度。與一些學者認為日本顧及在華貿易利益而拖延與國民黨當局談判不同，岡崎明確提出：「余揣閣下之意，殆似云中國因有所畏於中共，遂未能與貴國在最近期間簽訂雙邊和約。如此言無誤，則余敢明告閣下，中國與中共之貿易，實屬不甚重要，故與貴我兩國是否可簽署雙邊和約問題並不相涉。」岡崎認為：「中國所顧慮者，深恐與貴國訂立和約後，勢將造成大陸中國國民對我之仇視，故不得不設法避免此種情形。」由此可見，在「舊金山和約」簽署後，顧及中華人民共和國的情緒，依然是日本的主要關切。1951年10月30日，吉田茂在接受日本國會議員的質詢時，提出：「日本現被定為有選擇媾和對手之權，但即時有此權限，關於如何行使此

權，亦應考慮客觀環境，考慮中國情形，及其與日本將來之關係，不擬輕予決定，固然毫無干涉中國內政之意也。」吉田茂的這番講話，集中體現日本政府的「拖延策略」。但是，這些觀點並不為美國所喜。1951年10月31日，美國駐臺代表藍欽向國民黨當局轉達了美國國務院對吉田茂講話的態度：（1）美國政府反對日本政府與中共拉攏關係之任何企圖；（2）美國政府將繼續努力，促成國民黨當局與日本間早日談判，以便締結和約，「此乃美國政府一向之意願」。1951年12月，杜勒斯再訪東京，當面向吉田茂施壓。杜勒斯對日本的允諾是：日本與國民黨當局簽訂「和約」，並非承認國民黨當局為中國唯一的「合法政府」，而是承認它為支配臺灣、澎湖的一個「政府」的現實。迫於美國壓力，吉田茂只有放棄「拖延策略」，選擇國民黨當局作為簽訂「和約」的對象。

這個結果也達到了美國的預期目的：在「舊金山和約」簽訂後，繼續推進「臺灣地位未定論」的落實。1952年，美國中情局一份情報提出，儘管「日臺條約」沒有滿足國民黨當局所有的願望，但至少承認其為日本與之發展「合法關係的中國政府」。事實上，美國並不關心「誰代表中國」，而是關心實際管制臺灣的國民黨當局能否安分地聽從美國的安排。日本最終選擇國民黨當局作為「和談」對象，也構成了美國安撫國民黨當局、鞏固「臺灣地位未定論」的重要措施。

對於第二個問題，「日臺和約」的適用範圍實際上是國民黨當局爭奪「中國正統」地位的體現。美國基於「臺灣地為未定論」，認為國民黨當局既然只能有效管制臺灣，「日臺和約」因而只能適用於臺灣。國民黨當局認為，如此一來，則不能體現國民黨當局對「全中國」的「代表性」。1951年9月22日，國民黨當局召開會議，提出「日臺和約」適用範圍的兩個方案：「甲、本約旨在適用於中華民國之全部領土。對於該領土中因國際共產主義之侵略，而暫被共產黨軍事占領之區域，中華民國政府茲願承擔：一俟該區域

歸其有效控制之後,當即將本約對之實施;乙、關於中華民國之一方,本約應適用於現在在中華民國政府控制下及將來在其控制下之全部領土。」乙案與美國的主張已經相當接近,但在表述上使用了「及」字,即如若國民黨當局「反攻大陸」成功,則「日臺和約」也適用於被「光復」的大陸地區。對此,美國方面在當時並不能接受,原因是美國並不願意國民黨當局「反攻大陸」,引發遠東局勢的不穩。按美國的設想,「日臺和約」僅適用於國民黨當局實際控制的臺灣,最符合美國利益。因此,杜勒斯在所擬定的「吉田書簡」草案(draft letter)中,將「日臺條約」的適用範圍限定為「適用於現在或將來(now or hereafter)在日本和中國國民政府(Chinese National Government)實際控制的區域。」「吉田書簡」草案與國民黨當局的乙案相比,「及」被改為了「或」,即國民黨當局對「全中國」的「正統地位」從「必然性」,變為「或然性」。吉田茂對此這個冠以「吉田」名義的草案十分不滿,認為即便是「或」字也阻撓了日本與中華人民共和國發展關係的可能性。根據吉田茂的建議,「吉田書簡」正式文本有關「日臺和約」適用範圍的表述被修改為:「對於中國國民政府(so far as it concerns the Chinese National Government),雙邊條約的適用範圍是現在或將來有其實際控制的區域。」由此,日本可以從「及」與「或」的爭議中擺脫出來,保留了與中華人民共和國發展關係的可能性。

　　「日臺和約」的適用範圍,亦即在適用範圍上採「及」字或「或」字的問題,在日本與國民黨當局的和談中成為焦點議題。日本的總體態度是堅持「吉田書簡」所主張的「或」字,國民黨當局則主張使用「及」字。雙方為此開展了反覆商談,並數次在達成共識後因一方反悔而告失敗。美國對於日本兩次推翻協議的做法極為不滿,再次對日本政府施加壓力。國務卿艾奇遜指示美駐日大使西博爾德詢問日本能否在「舊金山和約」生效前(即1952年4月28日)與國民黨當局簽訂「日臺和約」。西博爾德受命向日本政府施

壓，日本政府最終只能與國民黨當局在適用範圍上達成妥協：
（1）「日臺和約」的正文本不寫明適用範圍；（2）雙方使用「照會」形式，在第一號「照會」中載明：「日臺和約」的適用範圍對於國民黨當局而言，是「現在中華民國政府控制下或將來在其控制下之全部領土」；但是，（3）雙方在「同意記錄」中，將「或」解釋為「及」。此一妥協的弔詭之處在於：在「日臺和約」的適用問題上，以「或」字代替「及」字原是美國所為，起初亦不為日本方面所接受，但當日本方面堅持「吉田書簡」的「或」字時，為盡速簽訂「日臺條約」，美國又迫使日本接受以「及」字解釋「或」字。美國翻雲覆雨的手腕、日本對美國亦步亦趨的態度和國民黨當局無可奈何的境遇，由此體現得淋漓盡致。

五、不和諧的餘音：「舊金山和約」、「日臺條約」、《中日和平友好條約》及其他

「舊金山和約」和「日臺和約」以犧牲中國利益為代價，成就了符合美國利益的「臺灣地位未定論」。作為重要當事方的中華人民共和國和蘇聯在事實上未能參與其中，無奈地成為整個事件的旁觀者，特別是由於中華人民共和國的缺席，導致由「舊金山和約」形成的「臺灣地位未定論」至今仍對中日關係和兩岸關係造成負面影響。

中華人民共和國因「一邊倒」的外交戰略，選擇了與蘇聯結盟，並為社會主義陣營的遠東利益和國家安全，出兵朝鮮，不僅付出了巨大的民族犧牲，而且損失了參加對日媾和、參與遠東利益格局構建的機會。在整個對日媾和的過程中，中華人民共和國除了在幾個關鍵時刻（Key moments）透過外交聲明提出反對意見、重申中華人民共和國是代表中國的唯一合法政府外，對於對日媾和中的「中國代表權」問題幾乎沒有實質性的影響。蘇聯在對日媾和中因

南庫頁島、千島群島歸屬問題而有著切身利益，但蘇聯當時的戰略重心不再遠東而在歐洲，加之實力不濟，對於美國重新武裝日本、推出「臺灣地位未定論」，只能透過發表聲明表示反對，而無力實施實質性干預。但是，蘇聯出於維護戰後秩序和履行中蘇結盟義務的必要，無論在美蘇有關對日媾和的磋商中，還是在舊金山和會的會場上，對於臺灣問題和中國代表權問題，都採取了支持中華人民共和國的立場。然而，蘇聯有關中國代表權問題的意見都沒有被接受，蘇聯最終拒絕在「舊金山和約」上簽字。中華人民共和國和蘇聯兩個重要當事國沒有在「舊金山和約」上簽字，使得「舊金山和約」的合法性受到極大影響。中華人民共和國政府一向拒絕承認該和約的合法性，更加否定「日臺條約」的「合法性」。由此兩和約所形成的「臺灣地位未定論」和國民黨當局的「中國代表權」因而也不為中華人民共和國所承認。

1972年9月29日，日本首相田中角榮應周恩來的邀請訪問中華人民共和國，兩國簽署《中日聯合聲明》並建立外交關係，實現了中日關係正常化。在《中日聯合聲明》第二條和第三條，日本國政府承認中華人民共和國政府是代表中國的唯一合法政府，日本國政府充分理解和尊重中國政府有關臺灣是中華人民共和國領土不可分割一部分的立場，並堅持遵循《波茨坦公告》第八條的立場。可以說，直至此時，對日媾和中的中國代表權問題才告完全、公正的解決。1978年8月12日，中華人民共和國政府和日本國政府在北京簽署《中日和平友好條約》，完成了真正意義的中日和約，為中日乃至遠東的和平譜寫了新樂章。

然而，「舊金山和約」與「日臺和約」的餘音並未就此完全消除。暫且不論「臺灣地位未定論」成為「臺獨」分裂勢力主張「臺獨」的理由之一，僅就2012年發生的中日釣魚島爭議，沒有解決中國代表權問題的、片面性的「舊金山和約」和「日臺和約」再次被日本某些人士祭出，成為主張釣魚島「國有化」和離間兩岸關係的

工具。此種「舊金山和約」和「日臺和約」遺留的不和諧餘音尚纏繞著遠東格局。究其根源，都是對日媾和這場足以奠定遠東格局的重要活動，遠東最大國家中國竟然無法參加。儘管我們可以立基於特定的政治立場，從合法性上否定上述兩「和約」的效力，但由此造成的缺憾已經無法彌補。對此，始作俑者和最大的受益者美國應當承擔歷史和現實的雙重責任。

專題二　構建兩岸關係和平發展框架的法律機制

中國和平統一與法治發展

　　中國自古以來就是一個統一的多民族國家。歷史證明，國家統一是中華民族屹立不倒並得以繁榮昌盛的前提與保證，也是中華民族的根本利益所在。回顧改革開放三十年的偉大成就，實現香港、澳門的順利回歸以及有效開展對臺工作、遏制各種形式的「臺灣獨立」是其中不可忽略的一部分。可以說，改革開放三十年是中國走向完全統一的重要歷史階段，將在中華民族統一史上寫下濃墨重彩的一筆。總結改革開放三十年間在國家統一問題上的經驗與教訓，我們可以發現，法律及法治發展在中國和平統一的歷史進程中造成了不可替代的重要作用，法律業已成為促進中國和平統一的重要方式和手段。在新的歷史時期，如何進一步發揮法律在促進中國和平統一中的作用，以法治發展促進祖國完全統一，是一項值得認真對待和思考的課題。

一、實踐

　　由於眾所周知的原因，中華人民共和國成立後相當長的一段歷史時期內，臺灣、香港和澳門處於大陸政府管轄範圍之外，中國未能實現完全統一。然而，中國共產黨和中國人民在追求國家統一的道路上從未停止。經過數十年的不懈努力，尤其是在「一國兩制」的偉大構想提出後，香港、澳門實現了順利回歸，對臺工作取得了

突破性進展。《香港特別行政區基本法》、《澳門特別行政區基本法》以及《反分裂國家法》等重要法律的制定與實施成為這些歷史性事件的代表性成果，為我們透過法治發展實現中國和平統一提供了實踐經驗。

（一）「一國兩制」偉大構想的提出及其法制化

建國後，以毛澤東同志為核心的第一代中共領導集體和以鄧小平同志為核心的第二代中共領導集體從實際情況出發，先後採取一系列行之有效的策略和措施有效地處理了臺灣、香港和澳門問題，而且在國家統一思維上實現了「兩個轉變」，即從戰爭思維向和平思維的轉變以及從政治思維向法律思維的轉變。

早在1949年3月，毛澤東同志發表題為《中國人民一定要解放臺灣》的時評，指出「中國人民解放戰爭就是要解放全中國，直到解放臺灣、海南島和屬於中國的最後一寸土地」。當時，對臺政策的核心是「武力解放」。圍繞這一核心，中國人民解放軍進行了長時間的軍事準備，陸續解放福建、浙江沿海的外圍島嶼，並採取了炮擊金門等軍事手段。隨著國際國內形勢的深刻變化，大陸對臺政策發生了重大調整。1955年，周恩來提出，「中國人民解放臺灣有兩種可能的方式，即戰爭的方式和和平的方式。中國人民願意在可能的條件下，爭取用和平的方式解放臺灣。」同時，中共積極透過各種渠道向臺灣方面表達了希望透過「第三次國共合作」、「和平談判」等方式實現兩岸統一的意願。1963年，周恩來將中共中央有關和平統一臺灣的政策方針概括為「一綱四目」：「一綱」即「臺灣必須統一於中國」；「四目」指「（1）臺灣統一祖國後，除外交上必須統一於中共外，臺灣之軍政大權、人事安排等悉委於蔣介石；（2）臺灣所有軍政及經濟建設一切費用不足之數，悉由大陸政府撥付；（3）臺灣的社會改革可以從緩，必俟條件成熟，並尊重蔣之意見，同臺灣人民協商後進行；（4）雙方互不派特務，不

做破壞對方團結之舉。」周恩來還指出，「中國整個是社會主義，有那麼一塊地方處於民主革命階段未嘗不可」。可見，當時毛澤東、周恩來等人雖沒有明確提出「一國兩制」的概念，但其思想已經和「一國兩制」偉大構想有諸多共同之處。

　　總體而言，1977年前，中國共產黨的國家統一思維主要是戰爭思維，核心是「武力解放臺灣」。儘管毛澤東、周恩來等領導人表現出了和平解放的意願與誠意，也採取了相應的措施，但是，並沒有形成完整的關於「和平解放」的理論體系，有些提法和觀點還僅僅停留在領導人個人意見的階段。改革開放後，以鄧小平同志為核心的第二代中共領導集體站在歷史和時代的高度，提出了「一國兩制」的偉大構想，在國家統一思維上實現了從戰爭思維向和平思維的轉變。早在1978年，鄧小平同志與日本首相福田赳夫會談時表示，「我們將在充分尊重臺灣的現實的基礎上，來解決臺灣問題」。1979年1月1日，全國人大常委會在《告臺灣同胞書》中，以「和平統一」取代了「解放臺灣」的提法，並且停止了炮擊金門。此後，鄧小平同志在多個場合闡述了對臺工作的新構想，他指出：「臺灣的社會制度跟我們現在的社會制度當然不同，在解決臺灣問題時，會照顧到這個特殊問題」；「我們是社會主義國家，臺灣可以存在不同的社會制度，還可以保留原來的社會制度、經濟制度。這是在國家統一的情況下允許保留的」等等。1981年9月，葉劍英同志提出了九項關於臺灣回歸祖國、實現和平統一的方針政策，即「葉九條」。「葉九條」雖然還沒有提出「一國兩制」這個概念，但是已經大體上勾勒出了「一國兩制」的主要內容。1982年1月，鄧小平同志在會見海外友人時，明確提出了「一國兩制」的概念，並指出「一國兩制」不僅適用於臺灣，也適用於香港。1982年9月，鄧小平同志在會見英國首相撒切爾夫人時，明確提出將採用「一國兩制」的辦法解決香港問題，從而使「一國兩制」偉大構想從設想階段進入到實踐階段。

與「一綱四目」僅僅停留於領導人講話階段不同,「一國兩制」偉大構想的基本精神體現在82憲法中,從政策和領導人的講話上升為具有憲法地位的基本國策,國家統一思維也逐漸開始從政治思維向法律思維轉變。82憲法第三十一條規定,「國家在必要時得設立特別行政區。在特別行政區內實行的制度按照具體情況由全國人民代表大會以法律規定」。82憲法第三十一條的主要內容是特別行政區制度,核心是「一國兩制」精神,因而是透過「一國兩制」實現國家統一的憲法依據。1982年憲法第三十一條的制定和透過,代表著中國和平統一的基本依據從政策轉向了法律,中國和平統一事業從此進入法治化階段。

　　(二)《香港特別行政區基本法》和《澳門特別行政區基本法》的制定與實施

　　儘管「一國兩制」偉大構想的初衷是為瞭解決臺灣問題,但是它首先被用於解決香港問題和澳門問題上,並得以成功實現。香港和澳門的順利回歸,以及兩個基本法在特別行政區的順利實施,不僅代表著一國兩制偉大構想的成果,也充分證明了法律在中國和平統一進程中起著重要作用。

　　1984年12月,中英雙方正式簽署《中英聯合聲明》,香港進入回歸前的過渡期。1985年4月,香港特別行政區基本法起草委員會成立,包括五十九名內地和香港各界人士,具有廣泛的代表性。香港特別行政區基本法的起草過程,也成為在香港宣傳「一國兩制」的社會動員過程。經過近五年的起草工作,《香港特別行政區基本法》於1990年4月4日由七屆全國人大三次會議透過。《香港特別行政區基本法》體現了「一國兩制」、「港人治港」、「高度自治」的基本精神,是香港特別行政區政治、社會、經濟、文化等各項制度的基礎,在香港特別行政區起著「小憲法」的作用。《香港特別行政區基本法》除序言和附件外共八章一百六十條,其主要內容

為：（1）確認「一國兩制」，規定香港特別行政區是中國不可分離的一部分，不實行社會主義制度和政策，保持原有的資本主義制度和生活方式，五十年不變；（2）香港特別行政區享有高度自治權，包括行政管理權、立法權、獨立的司法權和終審權；（3）除外交和防務外，中共不干預香港特別行政區的內部事務；（4）香港特別行政區居民享有廣泛的政治權利和社會經濟文化權利；（5）香港特別行政區的政府體制以行政為主導，行政長官在香港當地透過選舉或協商產生，由中共人民政府任命；（6）香港特別行政區立法機關為立法會，由選舉產生，香港特別行政區的法律體系包括基本法、予以保留的原有法律、特別行政區立法會制定的法律和適用於特別行政區的全國性法律等；（7）香港特別行政區享有獨立的司法權和終審權，原在香港實行的司法體制，除因設立香港特別行政區終審法院而產生變化外，予以保留；（8）香港特別行政區可以以「中國香港」的名義參與部分國際活動等。

　　1987年3月26日，中葡簽訂關於澳門問題的《中葡聯合聲明》，1988年9月5日，澳門特別行政區基本法起草委員會成立，包括內地及澳門各界知名人士共四十八人，具有廣泛的代表性。經過近五年的起草，《澳門特別行政區基本法》於1993年由八屆全國人大一次會議透過。《澳門特別行政區基本法》體現了「一國兩制」、「澳人治澳」、「高度自治」的基本精神，是澳門特別行政區政治、社會、經濟、文化等各項制度的基礎。除序言和附件外，《澳門特別行政區基本法》共九章一百四十五條，主要內容與《香港特別行政區基本法》基本一致，同時根據澳門特別行政區的實際情況，體現出自身特色，主要有：（1）沒有對澳門特別行政區主要官員的任職資格作出「無外國居留權」的限制；（2）立法會議員部分由直接選舉和間接選舉產生，部分由行政長官委任，且沒有對外籍議員所占比例進行限制，並根據澳門的實際情況，規定葡澳當局最後一屆立法會議員可以直接過渡為澳門特別行政區第一屆立

法會議員;(3)按照大陸法系傳統,設立專門的檢察院體系,設檢察長,由行政長官提名,報中共人民政府任命;(4)特別行政區法律體系上,不同於香港以普通法和衡平法為主,而是以成文法為主等等。

　　《香港特別行政區基本法》和《澳門特別行政區基本法》制定頒布後,成為在香港、澳門實踐「一國兩制」和宣傳「一國兩制」的素材和依據,是香港和澳門順利回歸的根本法律保障。根據《中英聯合聲明》和《香港特別行政區基本法》的有關規定,全國人大常委會於1996年1月成立了香港特別行政區籌備委員會。1996年12月11日,香港特別行政區第一屆政府推選委員會第三次會議選舉董建華為香港特別行政區首任行政長官,同年12月,又選舉產生了具有廣泛代表性的香港特別行政區臨時立法。1997年7月1日,中英雙方在香港成功舉行香港政權交接儀式,中國政府恢復對香港行使主權,香港特別行政區宣告成立,《香港特別行政區基本法》正式在香港實施。香港特別行政區成立後,澳門回歸的準備工作也緊鑼密鼓地展開。1998年4月,全國人大常委會成立澳門特別行政區籌備委員會。1999年5月15日,澳門特別行政區第一屆政府推選委員會第三次會議選舉何厚鏵為澳門特別行政區首任行政長官。1999年8月20日,澳門特別行政區籌備委員會確認十五名葡澳當局最後一屆立法會議員為澳門特別行政區立法會議員,9月20日,補選一名立法會議員,9月24日,由澳門特別行政區首任行政長官何厚鏵委任七名立法會議員,從而產生了第一屆澳門特別行政區立法會。1999年12月20日,中葡雙方在澳門成功舉行澳門政權交接儀式,中國政府恢復對澳門行使主權,澳門特別行政區宣告成立,《澳門特別行政區基本法》正式在澳門實施。

　　香港和澳門回歸後,基本法為香港回歸後,全國人大常委會依據《香港特別行政區基本法》的規定,分別於1999年6月、2004年4月和2005年4月三次對「居港權」問題、「香港政治改革」問題和

「行政長官任期」問題進行解釋，有效地處理了困擾香港的幾個重大問題。全國人大常委會三次「釋法」活動完全符合基本法的有關規定，體現了大陸政府對實行「一國兩制」的決心、不干預香港特區事務的誠心和「港人治港」的信心。儘管在釋法過程中遭遇了一些風波，但總體而言，全國人大常委會在「釋法」過程中表現出了較高的釋法技術，「釋法」也產生了良好的效果，為多數香港市民接受。這些事實雄辯地證明了中國不僅有必要運用法律手段解決國家統一問題，而且完全有能力運用法律手段解決國家統一問題。

（三）對臺工作的立法實踐

香港特別行政區基本法公布後，一些專家學者建議開展對臺立法工作，但是由於臺灣問題的起因、歷史和現狀都與香港、澳門問題有著較大不同，尤其是人們對臺灣問題的法律屬性普遍認識不足，導致對臺立法工作一直未能正式啟動。在全國範圍內而言，僅在福建省以及福州、廈門等涉臺事務較多的地方有一些地方性的對臺立法實踐，同時，紅十字會和海協會等一些非官方組織與臺灣方面相應機構也簽訂了少量可以作為規範依據的書面文件。總體而言，與對臺立法工作處於相當低水平的摸索階段。

1990年代後，臺灣推行所謂「憲政改革」，企圖透過「制憲」、「公投」、「修法」等活動實現所謂「法理臺獨」，法律手段成為「臺獨」分子推進「臺獨」的重要工具，臺灣問題的法律屬性也逐漸清晰。面對這一情況，一些專家學者和有識之士開始呼籲開展對臺立法工作。1999年起，筆者開始圍繞「統一臺灣新戰略」課題，對制定對臺特別立法進行了系統研究，提出制定憲法特別法解決臺灣問題的設想。2000年2月，民革中共向全國政協提交《關於盡快制定「反分裂國家行為法」的建議》，得到全國政協的高度重視。2004年3月，全國人大代表周宏宇提出制定「統一法」的議案。2004年5月，溫家寶總理在英國訪問時，表示將認真考慮部分

華人華僑提出的制定「統一法」的建議。2004年12月，十屆全國人大常委會開始討論審議《反分裂國家法》（草案）。2005年3月，胡錦濤同志發表關於臺灣問題的講話，提出了「四個決不」，引起海峽兩岸的高度關注，也為《反分裂國家法》的透過創造了良好的輿論氛圍。2005年3月14日，十屆全國人大三次會議高票透過《反分裂國家法》，代表著對臺立法工作和國家統一法制建設取得了重大突破。

　　《反分裂國家法》共十條，主要內容包括：（1）重申世界上只有一個中國，大陸和臺灣同屬一個中國，中國的主權和領土完整不容分割；（2）重申解決臺灣問題，實現祖國統一，是中國的內部事務，不受任何外國勢力的干涉；（3）體現一國兩制偉大構想，以堅持一個中國原則為實現祖國統一的基礎，同時規定國家和平統一後，臺灣可以實行不同於大陸的社會制度，高度自治；（4）規定包括「三通」在內的五項措施，以維護臺灣海峽地區和平穩定，發展兩岸關係；（5）規定統一臺灣的和平方式與非和平方式，包括透過和平方式實現統一的方式與步驟以及運用非和平方式實現統一的條件和程序等等。可以說，《反分裂國家法》的立足點在於為臺海地區謀和平、為兩岸人民謀福祉，是一部以促進兩岸關係和平發展、維護兩岸同胞根本利益為目標的和平法，其中雖然包括以非和平方式統一臺灣的內容，但這決不是針對臺灣人民的，而是針對一小部分「臺獨」分裂分子的。《反分裂國家法》的制定，使我們對臺工作有了可以依靠的法律武器，從而在根本上改變了對臺工作的基本態勢。《反分裂國家法》透過後，臺灣主要政黨國民黨、親民黨和新黨的領導人紛紛訪問大陸，與大陸達成多項共識，從而開啟了兩岸交流的新局面。《反分裂國家法》動搖了陳水扁當局「法理臺獨」的根基，使臺灣政治格局發生逆轉，對促成臺灣第二次政黨輪替造成了重要作用。

　　2007年3月，溫家寶總理在《政府工作報告》中首次使用了

「臺灣法理獨立」這一提法，代表著中國共產黨對法律在國家統一進程中作用的認識又躍升到了一個新臺階。2007年10月，胡錦濤同志在黨的十七大報告中，針對臺灣問題作出了一系列新方針、新政策和新論斷，其中包括「達成和平協議，構建兩岸關係和平發展框架」的戰略思想，為我們以法促統、依法統一再次指明了方向。目前，我們正以《反分裂國家法》為法律依據，積極開展對臺工作，力爭為兩岸關係和平發展創造條件，最終實現祖國完全統一。

二、啟示

中國和平統一的法治實踐給了我們諸多啟示，對於我們日後進一步貫徹落實「一國兩制」偉大構想，實現祖國的完全統一具有重要的意義。總體而言，中國和平統一的法治實踐給我們的啟示有三：

（一）中國和平統一是政治問題，也是法律問題

長期以來，人們將中國和平統一視為一個政治問題，重視政治因素在中國和平統一中的作用。如果我們看到《香港特別行政區基本法》和《澳門特別行政區基本法》在香港、澳門回歸以及保持長期繁榮穩定中的重要作用，看到《反分裂國家法》在對臺工作中的獨特作用，就可以深刻認識到中國和平統一不僅是一個政治問題，而且是一個法律問題。

第一，中國和平統一的實質是中國憲法和法律有效適用於臺灣、香港和澳門地區的問題。從法學角度而言，所謂國家統一，就是使憲法和法律有效適用於全國各個行政區域。這裡的「有效適用」不等於「全部適用」，也不意味著以大陸實行的社會主義法律制度取代臺港澳地區已有的法律制度，而是指臺灣、香港和澳門的政治制度和法律體系的正當性來源於中國現行憲法和法律。以香港

和澳門為例，從表面上來看，憲法絕大多數條文和大陸制定的絕大多數法律都不適用於兩地，但作為兩個特別行政區政治基礎和法律基礎的基本法是由全國人大制定，且其直接依據是82憲法第三十一條，香港和澳門其他法律的正當性及效力都來源於憲法第三十一條和基本法的承認與授權。可以說，中國現行憲法和法律在香港和澳門的「有效適用」是具有根本性和價值性的適用：它一方面強調中國憲法和法律對特別行政區政治制度和法律制度的根本性地位，突出國家法制的統一性，另一方面只提供特別行政區存在的價值基礎和法律依據，而在具體制度上尊重兩個特別行政區的「高度自治」，突出特別行政區法律體系的特殊性。將中國和平統一的實質理解為中國憲法和法律有效適用於臺灣、香港和澳門地區的問題，符合「一國兩制」的精神。觀察臺灣以及回歸前的香港、澳門的實際情況可以發現，在臺灣以及回歸前的香港和澳門，中國憲法和法律並未有效適用於上述地區，即臺灣以及回歸前的香港和澳門政治制度和法律制度的正當性並非來源於中國憲法和法律，雖然我們將其正當性來源要麼斥之為「偽法統」（臺灣），要麼貶責為「殖民統治」（香港、澳門），但是從客觀角度而言，上述情況是1997年前兩岸及香港澳門關係在憲法和法律上的真實寫照。中國和平統一能否實現，就取決於中國現行憲法和法律能否有效適用於臺灣、香港和澳門。目前，中國已經恢復對香港和澳門行使主權，其首要代表就是依據憲法第三十一條和基本法建立起了香港特別行政區和澳門特別行政區。儘管香港和澳門在殖民時代的一些法律仍然適用，但其正當性來源已經轉化為基本法的授權，從而轉變為特別行政區法律體系的一部分。當然，針對臺灣的特殊情況，中國憲法和法律有效適用的方式可能會更加特殊。

　　第二，實現國家統一是中國憲法和法律賦予國家和公民的義務。中國憲法和法律規定了國家和公民的國家統一義務，意味著實現國家統一不僅僅是基於民族情感和政治責任的結果，而且是國家

和公民必須履行的基本義務。國家和公民的國家統一義務可以從憲法和法律兩個層次來闡明。在憲法層次上，82憲法關於國家統一義務的規定包括兩個部分。其一，82憲法序言規定：臺灣是中華人民共和國的神聖領土的一部分，完成統一祖國的大業是包括臺灣同胞在內的全中國人民的神聖職責。憲法序言的這段話既有宣示意義，又有規範意義：它不僅宣示臺灣是中國的神聖領土，奠定了統一義務的歷史基礎、政治基礎和法理基礎，還為包括臺灣同胞在內的全國人民設定了憲法上的國家統一義務。其二，82憲法為公民設定了實現國家統一的基本義務。憲法第五十二條規定，中華人民共和國公民有維護國家統一和全國各民族團結的義務。該條表明，中國公民（包括臺灣同胞）都負有實現國家統一的基本義務。在法律層次上，實現國家統一義務主要體現在兩個特別行政區的基本法和《反分裂國家法》上。其一，《香港特別行政區基本法》和《澳門特別行政區基本法》規定了國家、特別行政區和公民（包括香港居民和澳門居民）維護特別行政區與祖國統一的基本義務。兩個基本法都在第一條規定香港（澳門）是中華人民共和國不可分離的部分，從而將維護香港和澳門與祖國的統一性上升為國家、特別行政區和公民（包括香港居民和澳門居民）都必須履行的基本義務。同時，兩個基本法還於第二十三條規定，特別行政區應自行立法禁止包括分裂國家在內的行為，為特別行政區設定了維護國家統一的基本義務。其二，《反分裂國家法》第二條明確規定，「維護國家主權和領土完整是包括臺灣同胞在內的全中國人民的共同義務」。第四條規定，「完成統一祖國的大業是包括臺灣同胞在內的全中國人民的神聖職責」。上述兩條為包括臺灣同胞在內的全中國人民設定了統一臺灣的基本義務。此外，《反分裂國家法》還於第六條和第八條規定了國家應採取各種措施實現並維護國家統一的基本義務，其中第六條規定了和平條件下國家發展兩岸關係所必須採取的措施，而第八條則規定了在發生可能使臺灣從中國分裂出去的事實後，國家

應採取非和平手段維護國家統一的職責等。

　　第三，實現中國和平統一，必須透過憲法和法律規定的方式和程序。中國業已確立依法治國基本方略，並將「依法治國，建設社會主義法治國家」寫入憲法，憲法和法律是管理國家各項事務的基本依據。作為中國一項根本性的重大任務，實現國家統一也必須符合憲法和法律的規定。中國現行憲法和法律既體現「一國兩制」偉大構想的精神，規定了實現中國和平統一的方式，又從國家根本利益出發，為以非和平方式實現國家統一提供了法律依據。其一，82憲法所規定的和平統一機制是特別行政區制度，憲法第三十一條、第五十九條和第六十二條第十三項是特別行政區制度的憲法基礎。《香港特別行政區基本法》和《澳門特別行政區基本法》都是以1982年憲法第三十一條為直接依據制定。香港和澳門的順利回歸、兩個基本法的有效實施和兩個特別行政區回歸後所呈現出的良好發展態勢，充分證明了「一國兩制」構想以及特別行政區制度的科學性和合理性，也增強了我們對「一國兩制」和特別行政區制度的信心。「一國兩制」以及特別行政區制度在香港和澳門的實踐表明，「一國兩制」以及特別行政區制度是目前解決臺灣問題的最佳方式。其二，憲法和法律規定了以非和平手段維護國家統一的方式，為維護國家根本利益、實現中國和平統一提供了有力的保障。決不承諾放棄使用武力是中共對臺工作最強有力的後盾，《反分裂國家法》規定了以非和平方式維護國家統一的條件和方式。在憲法有關條文的基礎上，《反分裂國家法》對以非和平方式維護國家統一的條件、程序和其他事項作出了具體規定。根據《反分裂國家法》第八條第一款，採用非和平方式維護國家統一的條件是「臺獨」分裂勢力以任何名義、任何方式造成臺灣從中國分裂出去的事實，或者發生將會導致臺灣從中國分裂出去的重大事變，或者和平統一的可能性完全喪失；而根據該條第二款，採用非和平方式維護國家統一，「必須由國務院、中共軍事委員會決定和組織實施，並及時向

全國人民代表大會常務委員會報告」；同時根據該法第九條規定，「採取非和平方式及其他必要措施並組織實施時，國家盡最大可能保護臺灣平民和在臺灣的外國人的生命財產安全和其他正當權益，減少損失；同時，國家依法保護臺灣同胞在中國其他地區的權利和利益」。《反分裂國家法》對以非和平方式實現國家統一作出了種種限制，表現出了國家透過和平方式實現國家統一的最大誠意，從而有利於以和平方式實現祖國的完全統一。

（二）實現中國和平統一，需要全面樹立法律思維

憲法第三十一條、兩個特別行政區基本法和《反分裂國家法》的制定與順利實施表明中國共產黨在實現國家統一的思維上逐漸從政治思維轉向法律思維。然而，必須指出的是，在以往的中國和平統一法治實踐中，憲法和法律起著政策載體的作用，法律思維雖然已經形成，但沒有得到充分地運用。總結中國和平統一法治實踐正反兩方面的經驗教訓，尤其是認識到中國和平統一問題是一個法律問題後，我們有必要全面樹立起法律思維。法律思維，是指人們在社會活動中運用法律及其法學理論思考問題、解決問題的思維方式。在中國和平統一進程中全面樹立法律思維，主要是基於以下三點理由。

第一，運用法律思維、實現中國和平統一，是香港、澳門順利回歸併保持繁榮穩定所得出的重要啟示。香港和澳門的順利回歸併在回歸後得以保持繁榮穩定，是「一國兩制」偉大構想的成功。作為成功代表之一的基本法亦在其中造成了不可替代的作用，從而成為保障香港澳門順利回歸併保持繁榮穩定的法律基礎。其一，基本法以「一國兩制」偉大構想為指導，體現了中共對香港和澳門的各項基本政策，對於強化港人和澳人對香港、澳門回歸的信心有著重要影響。由於種種原因，香港、澳門一部分民眾對回歸後香港和澳門的前途信心不足，對香港和澳門能否繼續保持繁榮穩定和一國兩

制能否落到實處等問題產生懷疑。兩個基本法以法律形式將一國兩制的精神、中英、中葡雙方關於香港、澳門問題的共識和大陸政府為實現兩地平穩過渡並保持長期繁榮穩定所採取的政策安排固定下來，勾畫了特別行政區的發展藍圖，打消了一部分人的顧慮，從而增強了港人和澳人對香港和澳門回歸後的信心。其二，基本法為香港、澳門回歸後保持繁榮穩定提供了最佳的法律保障。香港、澳門回歸以來的實踐證明，兩個特別行政區基本法確立了符合兩地實際情況的政治體制，解決了困擾兩地的若干重大問題，保留兩地長期實行的資本主義制度和絕大多數法律制度，維持兩地自由港地位不變，保障兩地居民的基本權利和自由，保障兩在地社會、文化等方面的基本制度，擴大兩地對外交往的空間。在基本法的保障下，香港、澳門經濟長期保持繁榮穩定，人民民主權利和生活狀況得到進一步改善，各項社會文化事業蓬勃開展，國際地位得到進一步穩固和提升。可以說，基本法已經成為保持香港、澳門繁榮穩定的根本保障。其三，基本法是協調中共與特別行政區關係的基本法律依據，有效地保證了特別行政區「高度自治」。香港、澳門回歸的實踐表明，大陸政府一直嚴格按照基本法的有關規定，尊重特別行政區政府，保障「港人治港」、「澳人治澳」和「高度自治」的實施；按照基本法的規定，支持特別行政區施政，妥善處理中共與特別行政區的關係，並根據《香港特別行政區基本法》規定的程序對「居港權」、「香港政治改革」和「行政長官」任期等重大問題進行「釋法」活動，對直選香港特別行政區行政長官和立法會議員等問題作出積極應對，有效地解決了困擾香港發展的重大問題。基本法在香港、澳門的成功實踐昭示著我們，法律在中國和平統一的進程中發揮著獨特的作用，我們有必要充分運用法律思維，推動法治發展，使法律在中國和平統一進程中發揮更大作用。

　　第二，運用法律思維、實現中國和平統一，是對臺工作實踐得出的基本經驗。1990年後，臺灣開始所謂「憲政改革」，「憲政改

革」是臺灣「民主化」與「本土化」的主要載體,「臺獨」分子透過「修憲」、鼓噪「制憲」、「釋憲」和「公投」等多個途徑推進「臺獨」。至2005年,臺灣共進行了七次「憲政改革」,透過了多個包含「臺獨」內容、暗示「臺獨」方向、企圖永久性「維持兩岸現狀」的「憲法」增修條文。與此同時,「臺獨」分子積極推動「制憲」,草擬出所謂「臺灣共和國憲法」、「中華民國第二共和憲法」等「臺獨憲草」,陳水扁等臺灣前領導人也多次聲稱要「制憲正名」,不斷挑戰兩岸關係底線。除顯性的「制憲」、「修憲」途徑外,「臺獨」分子還透過隱性的「釋憲」途徑推進所謂「釋憲臺獨」。截至2007年年底,臺灣「司法院大法官」共作成十六個與兩岸關係有關的「憲法解釋」,這些解釋對於兩岸關係的走向產生了重要影響,一些解釋成為臺灣「維持兩岸現狀」、進行「漸進式臺獨」活動的「法源」。除積極推動「憲政改革」外,臺灣還企圖透過所謂「公投」,以挾「民意」促「臺獨」。2003年12月,臺灣透過所謂「公民投票法」,為以「公投」方式實現「臺獨」提供了「法律」依據;2004年3月,陳水扁當局舉辦所謂「防禦性公投」,企圖為其「大選」背書;2007年起,陳水扁當局又策動所謂「入聯公投」,企圖以「臺灣」名義加入只有主權國家參能加入的聯合國,並以此作為謀求「臺灣獨立」的「民意基礎」。雖然陳水扁當局推動「公投」的倒行逆施遭到包括臺灣人民在內的全體中國人民以及國際社會的普遍反對,但使兩岸關係發生了嚴重倒退。面對「臺獨」分子企圖實現「臺灣法理獨立」的囂張氣焰,我們也採取了針鋒相對的措施,透過制定《反分裂國家法》來遏制「臺灣法理獨立」,並取得了明顯的效果。對臺工作的實踐表明,當「臺獨」分子將「憲法」和「法律」作為「臺獨」的主要工具時,我們在對臺工作中樹立起法律思維,以法促統,依法統一,有利於震攝、打擊「臺獨」分子,爭取臺灣各政治力量和臺灣人民的認同與合作,從而維護臺海地區穩定,促進兩岸關係的和平發展。

第三，運用法律思維、實現中國和平統一，是對臺港澳政治環境和法治氛圍深刻認識的必然結論。其一，臺灣法治實踐的現實要求我們必須運用法律思維，正視臺灣「憲法」和「法律」在臺灣的實效。臺灣現行「憲法」和「法律」在臺灣實施多年，已經獲得臺灣人民的普遍認同。在這種情況下，我們應正視臺灣「憲法」和「法律」的實際作用，不因其正當性存在缺陷而否定其存在，更不能一相情願地忽視其所起的實際作用。其二，香港、澳門經過長時間的發展，政治制度和法律制度已經比較成熟，並形成了悠久的法治傳統，回歸後，兩地原有政治制度和絕大多數法律制度以及法治傳統沒有發生變化，因此，我們必須針對香港和澳門特殊的法治環境，運用法律思維，採取法律手段妥善處理中共與特別行政區之間的關係，支持特別行政區政府施政，妥善應對特別行政區居民爭取更大民主權利的訴求。其三，臺灣、香港和澳門人民具有較高的法律素質，民主、法治和人權已經內化為其基本修養，同時，三地人民均享有廣泛的民主權利，尤其是臺灣人民，經過十餘年的「憲政改革」，已經取得了直接選舉民意代表、領導人的權利，而且可以透過公民投票決定臺灣重大事務，這要求我們必須運用法律思維，透過合乎法律的方式推進中國和平統一，以法律為媒介獲得臺灣、香港和澳門人民的認同，從而團結一切可以團結的力量支持祖國統一，支持「一國兩制」。其四，由於大陸與臺港澳三地的長期隔絕以及境外反華勢力的長期歪曲和誣衊，部分臺灣、香港和澳門民眾對大陸的民主法治狀況存在偏見，甚至產生對國家統一和「一國兩制」的恐懼心理，易為「臺獨」分子和香港、澳門一些反華勢力利用。針對這一現實，我們有必要運用法律思維，將一國兩制偉大構想和中共對臺港澳地區的基本政策以法律形式確定下來，以增強其穩定性和可信度。同時，將中國和平統一的法治實踐變為宣傳大陸民主法治建設成就和「一國兩制」偉大構想的陣地，加深臺灣、香港和澳門人民對大陸民主法治真實狀況的瞭解以及對「一國兩制」

的認同。

（三）加快中國和平統一的法治發展是中國和平統一的必由之路

考察中國和平統一的法治實踐可以發現，中國和平統一的歷史進程與中國特色社會主義民主法治建設具有同步性，兩者在實現國家統一的實踐中相互促進、相得益彰。隨著香港、澳門的順利回歸和臺海局勢發生重大變化，實現中國和平統一將越來越依賴法治發展。因此，在現階段有必要加快中國和平統一的法治發展，完善有關立法，確立法律促進在國家統一事業中的基礎性地位，從而更加有力地推動中國和平統一。

第一，憲法和法律是中國和平統一的基礎，完善統一法律體系建設是實現中國和平統一的必要環節。中國共產黨領導人民實現國家統一經歷了從政治思維向法律思維的轉變，反映在制度建設上，就是建立了一整套符合中國國情、體現「一國兩制」偉大構想的統一法律體系。目前，中國已經形成了以憲法第31條為核心，以《香港特別行政區基本法》、《澳門特別行政區基本法》和《反分裂國家法》為主幹的統一法律體系。統一法律體系的形成，尤其是《香港特別行政區基本法》、《澳門特別行政區基本法》和《反分裂國家法》三部主幹法律的實施，為中國和平統一事業的最終完成奠定了良好的法律基礎並提供了強而有力的法律保障，也是中國和平統一發展到一定階段的代表性成果。統一法律體系是中國特色社會主義法律體系的特色之一，體現了國家在統一問題上的各項方針政策，反映了中國人民實現國家統一的信心與決心，也有利於向臺灣人民表明我們透過「一國兩制」實現國家統一的誠意，向香港和澳門人民表明我們支持「高度自治」。目前，應在現有的統一法律體系基礎上，進一步完善統一法律體系建設，為大陸與臺灣、香港、澳門之間更緊密的交流以及最終實現中國和平統一營造良好的法律

環境。具體而言，應著力完善統一法律體系建設，尤其是制定《反分裂國家法》的相關配套法律規範，使《反分裂國家法》的各項主張能落到實處，發揮實效；著力完善全國人大常委會釋法制度，進一步提高透過法律解釋協調中共與特別行政區關係的能力；著力推動內地與港澳建立更緊密經貿往來安排的法制化，為內地與港澳更加深層次的經貿往來、人員交流和社會協作提供法律依據。

第二，將「法律促進」提升到中國和平統一總指導方針的地位，是中國和平統一的戰略選擇。長期以來，我們希望透過政治宣傳、經濟合作和文化感召來爭取臺灣人民，一些政治家和學者也提出了「經濟統一」、「文化統一」的主張。毋庸置疑，這些政策、方法和觀點都是正確的，都有助於臺灣問題的最終解決，但也存在片面性、階段性。考察中國和平統一的法治實踐，我們發現，法律促進也應在中國和平統一的總指導方針中占有一席之地，而且應發揮統攝作用。其一，法律促進比政治宣傳更符合人類政治文明發展的一般規律。政治的特徵是非理性與非程序，而法律要求人們服從合乎正義和理性的規則。探尋人類政治文明的發展規律可知，政治問題法律化是人類社會發展的必然趨勢，也是人類政治文明成果的結晶。法律促進使中國和平統一沿著具有一般性和普遍性的規則軌道運行，比易於變動、規範性不強的政治宣傳更具說服力。其二，法律促進比經濟合作更具有實質意義。經濟合作的目的是透過大陸與臺灣、香港和澳門之間的經濟往來，推動兩岸四地經濟一體化，進而透過「經濟帶動政治」的形式推動中國和平統一。然而，經濟合作必須依賴於法律制度，沒有法律的促進作用，沒有法律所營造的良好制度環境，經濟合作只能是低水平的商貿往來，且經常處於不確定狀態。大陸與臺灣2000年後「政冷經熱」、「政亂經慌」的局面已經充分說明了這一點。因此，法律促進是經濟合作的基礎條件之一，經濟合作必須借由法律促進才能真正發揮效果。其三，法律促進比文化感召的效果更加明顯。文化感召的基礎是兩岸四地對

「中華民族」和「中華民族」所形成的共識。然而，香港、澳門回歸後，臺灣的「臺獨」意識型態塵囂直上，「中國意識」、「中華文化」逐漸從臺灣民眾心中褪色，「中國」在相當程度上已經變成了一個不具政治含義的「文化符號」，文化感召的實際效果在臺灣也大為削弱。法律促進以憲法與法律為基礎，將「一國兩制」以法律形式固定下來，有利於臺灣人民形成對中國和平統一和未來臺灣前景的直觀感受，從而重塑臺灣人民對「中國」的政治認同。將法律促進提升到中國和平統一總指導方針的地位，實現國家統一思維從政治思維到法律思維的徹底轉變，是基於實踐所形成的戰略選擇，將對中國和平統一產生巨大的推動作用。

第三，加快法治發展，體現社會主義民主政治的優越性，是中國和平統一的重要步驟。由於大陸民主法治建設起步晚、底子差，在特殊歷史階段又曾發生過一些踐踏民主法治的事情，加之大陸與臺灣、香港和澳門長期處於隔離狀態，海外反華勢力對大陸民主法治狀況進行肆意歪曲，使大陸地區一些違反民主和法治原則的事情，在傳入臺灣、香港和澳門地區的過程中被過度渲染。因此，臺灣、香港和澳門的部分民眾對大陸所施行的社會主義政治制度和法律制度存在不同程度的誤解和偏見，視大陸為「沒有民主」、「不講法治」、「漠視人權」的地方，一些學者甚至視施行於大陸的社會主義憲法為「語義憲法」，聲言不討論所謂「共產黨國家的憲法」。改革開放三十年的實踐充分證明，中國實現的社會主義民主政治制度是符合中國國情的政治制度，體現了黨的領導、人民當家做主和依法治國的有機統一，是黨領導人民進行現代化建設的根本制度保障，也是實現中華民族偉大復興的根本制度保障。中國大陸經濟的持續高速發展、人民生活水平的飛速提高都充分證明了現行政治制度的優越性。民主、法治和人權都是中國憲法所明確規定的基本價值，國家也採取諸多措施保障人民的民主權利，依法治國方略的貫徹落實，以及人權的實現與發展。事實證明，民主、法治、

人權等人類政治文明的共同成果已經在大陸得到了較好地實現。透過民主法治建設，進一步提高人民參與國家政治生活的範圍、提高國家與社會的法治程度，促進人權的進一步發展，向臺灣、香港和澳門人民展示大陸社會主義民主政治制度的優越性，有助於消除對大陸民主法治狀況不必要的恐懼，使法治和人權成為兩岸四地人民形成的基本共識之一，從而以法治和人權為紐帶，團結臺灣、香港和澳門人民，共同致力於中國和平統一。

三、展望

中國和平統一的法治實踐表明，法律已經在中國和平統一進程中造成了重要作用。在認識到中國和平統一的法律屬性，在中國和平統一進程中全面樹立法律思維並加快中國和平統一的法治發展後，中國和平統一將呈現出更加豐富多彩的面貌，中國和平統一事業也將繼續穩步前進。

（一）建立內地及港澳更緊密全面關係的安排（CCPA）

香港、澳門回歸後的首要問題是保持兩地的長期繁榮穩定，而香港、澳門的繁榮穩定離不開內地的支持。為支持香港、澳門兩個特別行政區持續穩定的發展，尤其是為了應對中國大陸加入WTO後三地間經濟、社會協同發展的新局面，2001年底開始，內地、香港和澳門開始就建立類似於自由貿易區的合作模式進行溝通。2003年6月30日，大陸政府與香港特別行政區政府簽訂《內地與香港關於建立更緊密經貿關係的安排》（Main-land and Hong Kong Closer Economic Partnership Arrangement），簡稱CEPA。2003年9月29日，大陸政府又與香港特別行政區政府簽訂CEPA的六個附件。2003年10月17日，大陸政府與澳門特別行政區政府簽訂《內地與澳門關於建立更緊密經貿關係的安排》（Mainland and Macao Closer Economic

Partnership Arrangement）。除CEPA外，香港、澳門和內地還展開了多種形式的經濟合作。以泛珠三角區域合作框架為其典型代表。2004年6月3日，內地福建、江西、湖南、廣東、廣西、海南、四川、貴州、雲南等九個省、自治區與香港、澳門簽訂《泛珠三角區域框架協議》，在CEPA框架內形成了內地各省份與香港、澳門進行經濟合作的機制。至此，內地與香港、澳門之間的經濟交流、人員往來和社會交往日益活絡，內地與香港、澳門間和諧互動的良好局面得以深入發展。

然而，無論是CEPA還是「泛珠三角區域框架」，著眼點都在經濟合作，對於內地與香港、澳門之間漸趨緊密的政治、文化和社會關係基本沒有涉及。在內地與香港、澳門關係飛速發展的背景下，僅僅依靠CEPA等經濟合作體制，已經不能適應發展內地與香港、澳門關係、促進香港、澳門長期繁榮穩定以及發揮香港、澳門「一國兩制」示範作用的需要。在可預期的未來，需要建立起一種旨在發展內地與港澳更緊密全面關係的安排（Mainland and Hong Kong/Macao Closer Comprehensive Partnership Arrange-ment，簡稱CCPA）。具體而言，在CEPA的基礎上，內地與港澳更緊密全面關係的安排包括政治安排、經濟安排、文化安排和社會安排四個部分，涉及內地與香港、澳門關係的各個方面。在政治安排部分，核心是加強內地與香港、澳門之間的政治互信，在政治制度建設和法治發展方面相互合作，提高三地公權力機關交流合作的深度與廣度，提高為對方提供公共服務的能力與效率，開展全方位的行政合作、司法合作等；在經濟安排部分，主要應加強對CEPA各項措施的落實，逐步減少或取消內地與香港、澳門之間實質上所有貨物貿易的關稅和非關稅壁壘。逐步實現服務貿易的自由化，減少或取消雙方之間實質上所有歧視性措施，促進貿易投資便利化等；在文化安排部分，著力點在於加強內地與香港、澳門之間的文化交流，暢通官方和民間文化往來的渠道，加強三地青少年之間的文化往來，

加強三地在中華民族傳統文化保護方面的合作；在社會安排部分，重點是加強內地與香港、澳門之間社會各界的交流，加強三地在社會福利、醫療教育、科學研究、殘障人士和特殊人群權益保障方面的合作，促進三地民間社團的友好往來。

建立內地及港澳更緊密全面關係的安排，是透過法律途徑實現中國和平統一的重要環節。內地及港澳更緊密全面關係的安排，必須以法律的形式，將其中其所涉及的各項制度和措施確定下來，從而增強其規範性和權威性。

（二）構建兩岸關係和平發展框架的法律機制

臺灣問題是中國和平統一的關鍵。胡錦濤同志在十七大報告中鄭重呼籲，「在一個中國原則的基礎上，協商正式結束兩岸敵對狀態，達成和平協議，構建兩岸關係和平發展框架，開創兩岸關係和平發展新局面」。「構建兩岸關係和平發展框架」是十七大報告針對臺灣問題所進行的重大理論創新，是落實中共對臺工作一系列方針政策的新舉措，為我們在相當長的一段時期內正確處理臺灣問題提供了明確而系統的指引。

兩岸關係和平發展框架是一個包括經濟框架、政治框架、文化框架、社會框架和外交框架等在內的宏觀框架體系，儘管其各自有著不同的特點，發揮著不同的作用，但都必須以法律機製表現出來。在法律機制的作用下，兩岸關係和平發展框架的主體、客體、內容、程序等諸要素，透過吸收現有工作方式和制度創新的途徑，透過法律形式得以明確，從而具有了一致性、明確性、穩定性和規範性的特點。構建兩岸關係和平發展框架的法律機制，為兩岸關係和平發展提供了必不可少的法律依據，也將構建兩岸關係和平發展框架轉化成為法律制定、法律修改和法律適用的過程。在法律機制的作用下，兩岸關係和平發展轉化為立法、執法、司法和守法的過程，透過對有關法律制度的貫徹落實，形成有利於兩岸關係和平發

展的法律秩序，從而有效地促進兩岸關係和平發展。

兩岸關係和平發展框架的法律機制包括三個層次。其一，兩岸關係和平發展的憲法機制在兩岸關係和平發展框架的法律機制中基於核心地位。憲法在構建兩岸關係和平發展框架的法律機制中居於核心地位，是我們開展對臺工作、遏制「臺灣法理獨立」、促進兩岸關係和平發展的根本大法。構建兩岸關係和平發展的憲法機制，將一個中國原則從政治原則上升為法律原則，規定兩岸關係和平發展的一般原則，並對一些重大敏感的問題進行安排，從而為兩岸關係和平發展提供政治保障和原則指引。在構建兩岸關係和平發展的憲法機制的實踐中，我們首先要繼續發揮憲法的基礎性作用，其次要善於運用憲法解釋等憲法變遷方式對臺灣問題的性質等重大問題進行界定，明確兩岸關係和平發展的憲法依據，同時還要積極落實《反分裂國家法》、推動簽訂《和平協議》，使《反分裂國家法》和《和平協議》等憲法性法律成為兩岸關係和平發展的基礎性法律規範。其二，兩岸關係和平發展的部門法機制是兩岸關係和平發展框架的法律機制的主幹。自1987年臺灣開放赴大陸探親以來，兩岸在投資、金融、教育、旅遊、體育、藝術、醫療等領域的交流漸趨頻繁，民間交往已經成為兩岸關係的特徵之一。在兩岸官方往來基本凍結的情況下，民間交往發揮著特殊的作用。目前，大陸方面調整兩岸民間交往的法律比較零散，效力層級不高，已經不能適應日益增長的兩岸民間往來的需要。而憲法、《反分裂國家法》上的一個中國原則又過於抽象，操作性不足，不能滿足兩岸關係和平發展對於法律機制的要求。因此，有必要將憲法、《反分裂國家法》以及未來可能簽訂的《和平協議》加以細化，充分發揚求真務實的精神，採取有針對性的策略，構建起兩岸關係和平發展的部門法機制。兩岸關係和平發展的部門法機制主要包括兩岸關係和平發展的民事立法、商事立法和行政立法等。其三，兩岸關係和平發展的法律障礙解決機制是兩岸關係和平發展框架的法律機制的重要組成部

分。兩岸關係和平發展已經、正在、即將遭遇到諸多法律障礙，「臺獨」分子的分裂活動是導致這些法律障礙的總根源。因此，應充分發揮法律的作用，構建兩岸關係和平發展的法律障礙解決機制，從而實現以法制「獨」，運用法律手段消除、遏制兩岸關係和平發展上的法律障礙。在構建兩岸關係和平發展的法律障礙解決機制應堅持一個中國原則，堅持反「臺獨」立場，同時，本著求真務實的精神，採取相應措施，靈活應對各種局面。

構建兩岸關係和平發展框架的法律機制對於兩岸關係和平發展具有重大現實意義，我們應充分認識法律機制在構建兩岸關係和平發展框架中的核心地位，並以實現祖國早日統一為根本目的，為臺海地區謀和平、為兩岸人民謀福祉，促進兩岸關係和平發展制度化、規範化、程序化。

（三）加快兩岸四地法律協作機制建設

法律協作是兩岸四地加強交流合作的重要方式。目前，應加強兩岸四地，尤其是大陸與臺灣、臺灣與港澳地區的法律協作機制建設，使法律協作成為促進兩岸四地關係和平發展的紐帶。目前，兩岸四地之間存在一定程度的法律協作，包括透過有關機構交換刑事犯罪嫌疑人、互相承認司法裁判、互相提供司法文書服務等。但是，已經開展的法律協作大多停留在司法領域，遠遠不能滿足兩岸四地關係發展的要求。現階段，透過構建起兩岸四地間全面的法律交流協作平臺，有利於四個法域間的法律溝通，從而有助於兩岸四地之間各項事業的發展。兩岸四地法律協作機制建設主要包括兩個方面。

第一，透過建立內地及港澳更緊密全面關係的安排和構建兩岸關係和平發展框架的法律機制，形成兩岸四地法律共同體，使之成為中國和平統一進程中的階段性成果。兩岸四地當前的法律狀況可以描述為「一國、兩制、三法系、四法域」，大陸、臺灣、香港和

澳門在各自法域內均擁有相對獨立的法律體系和司法系統。本文已經論述，中國和平統一的實質是中國製定的憲法和法律在臺灣、香港和澳門有效適用的問題。目前，82憲法已經以「一國兩制」的形式在香港、澳門兩個特別行政區得到了有效適用，實現在臺灣的有效適用還需要相當長的一段時間。在此情況下，首先透過制定區際私法、加強兩岸四地立法、行政、司法以及民間組織合作的形式，打通兩岸四地之間的法律聯繫，形成兩岸四地法律共同體，是最終實現中國和平統一的重要步驟，也是中國和平統一進程中的階段性成果。兩岸四地法律共同體的形成，有賴於建立內地及港澳更緊密全面關係的安排以及構建兩岸關係和平發展框架的法律機制。在形成比較成熟的兩岸四地法律共同體前，也可以透過加強兩岸四地在司法領域的協作，使兩岸四地間的法律協作事務逐漸活絡起來，從而為形成兩岸四地法律共同體奠定實踐基礎。

第二，形成兩岸四地在國際層面的協作機制，使之成為中國和平統一進程中兩岸四地維護中華民族共同利益的溝通平臺。目前，臺灣、香港和澳門分別以以「中國香港」、「中國澳門」和「中華臺北」等名義參加了多個國際組織，有多位臺籍、港籍和澳籍人士成為一些國際組織的重要成員。隨著全球經濟一體化和兩岸四地交流的不斷加深，兩岸四地的中國人在國際上相互協調、配合，以一致立場對外、以一個聲音說話的重要性愈加顯現。如何開展兩岸四地國際層面的合作，尤其是海峽兩岸之間在國際層面的合作，有效制約外部勢力挑撥兩岸關係、從中漁利的行為，將依賴於建立起務實的、有操作性的交流渠道。建立國際層面的協作機制，可以透過兩岸四地公權力機關的相互配合實現，也可以發揮民間組織的獨特作用。國際層面的協作機制的形成，將使兩岸四地在訊息共享、人員流動、資金合作等方面得到充分交流，進而使兩岸四地在爭取共同利益方面協調一致，以維護中華民族的共同利益。

四、結語

　　黨的十七大報告指出,「按照『一國兩制』實現祖國和平統一,符合中華民族根本利益」。實現祖國完全統一,是全體中華兒女的共同心願。經過改革開放三十年的發展,我們已經在中國和平統一的進程上取得了偉大成就,這些成就與法治發展密切相關。中國和平統一是不可逆轉的歷史潮流,吸取借鑑以往中國和平統一法治實踐中的經驗與教訓,我們應充分認識到法律與法治發展在中國和平統一中的重要地位,全面樹立法律思維,推進統一法治建設,為祖國完全統一提供強有力的法律保障和制度支持。

關於新時期海峽兩岸關係和平發展的思考

　　隨著臺灣政治局勢發生了頗具積極意義的變化,海峽兩岸關係發展迎來了新的歷史機遇期。而將和平發展作為兩岸關係的主題,不僅是兩岸民眾的最大願景,而且已經成為兩岸政治領導人的共識。那麼,到底應該如何推動和促進兩岸關係和平發展呢?筆者認為,新時期海峽兩岸關係和平發展的關鍵有三,即抓住一個根本基礎,明確一個根本目標,形成一個根本保障。

　　第一,在「九二共識」基礎上加強雙方互信,是兩岸關係和平發展的根本基礎

　　由於歷史原因,海峽兩岸曾隔絕長達近四十年,其間還曾經歷過高度軍事對立的緊張階段,相互之間的瞭解、認識極其有限,加之兩岸在不同歷史階段都曾一度進行過片面宣傳,因而導致兩岸之間在政治、經濟、文化、社會、軍事等方面均存在相當程度的誤解,其中政治方面的誤解尤為突出。可以說,政治上的互不信任,

使兩岸正常的經貿活動、文化交流和人員來往時刻處於緊張狀態；政治方面的誤解是導致經濟、文化、社會和軍事等各方面誤解的根源，也是阻礙兩岸關係和平發展的最大癥結所在。因此，增強政治互信，是推進包括經濟互信、文化互信、社會互信和軍事互信在內的全方位互信的基礎。

為使兩岸在政治上實現最基本的互信，從而構築兩岸接觸的基礎，汪道涵、辜振甫等老一輩政治家經過不懈努力，達成了具有重大歷史意義的「九二共識」。兩岸政治領導人非常重視「九二共識」的歷史地位與作用。胡錦濤同志在會見江丙坤時強調，「九二共識」是海協會和海基會實現復談的基礎；馬英九在「5·20」講話中也表示，今後將繼續在「九二共識」基礎上，儘早恢復協商。可見，「九二共識」是兩岸在政治方面迄今為止所能形成的最大共識。以「九二共識」為基礎，加強雙方政治互信，進而為推進兩岸雙方的全方位互信，有利於兩岸正式協商結束敵對狀態，從而為兩岸關係和平發展提供和諧穩定的政治環境。

而兩岸之間消除誤解，加強互信的最佳方式是交流。胡錦濤同志在黨的十七大報告中指出，兩岸同胞要加強交往，加強經濟文化交流，繼續拓展領域、提高層次，推動直接「三通」，使彼此感情更融洽、合作更深化。馬英九在「5·20」講話中也認為，兩岸走向雙贏的起點是經貿往來與文化交流的全面正常化。從目前兩岸交流、交往的情況來看，有幾點需要引起我們注意：其一，單純的人員交流已經不能滿足兩岸關係和平發展向深層次發展的需要，因此應拓展交流途徑、搭建交流平臺，為兩岸之間全方位、多層次的交流提供渠道；其二，雙方在交流過程中要儘量做到換位思考、善意溝通，要充分考慮對方的實際情況，多從善意的角度來理解對方的想法，以消除不必要的誤解。

第二，深化雙方共同利益、努力尋求兩岸雙贏，是兩岸關係和

平發展的根本目標

　　如前所述，2008年3月，中國國民黨籍候選人馬英九贏得臺灣「大選」，國民黨重新執掌臺灣領導權後，和平發展成為兩岸關係發展的主題。這既是國共兩黨和兩岸民眾共同努力的結果，也是由兩岸根本利益的一致性所決定的。胡錦濤同志在會見國民黨名譽主席連戰時提出的「建立互信、擱置爭議、求同存異，共創雙贏」的對臺工作十六字方針，與此前臺灣領導人馬英九和蕭萬長所主張的「正視現實、開創未來，擱置爭議，追求雙贏」有著異曲同工之妙，這充分表明雙方領導人在深化共同利益、尋求兩岸共贏方面存在高度共識。

　　胡錦濤同志在黨的十七大報告中稱「中國」為兩岸同胞的共同家園，並將十三億大陸同胞和二千三百萬臺灣人民稱作血脈相連的命運共同體，明確指出了兩岸人民在血緣、民族和文化上的密切聯繫。馬英九在「5·20」講話中也提出，兩岸同屬中華民族，應各盡所能，齊頭並進，共同貢獻國際社會，共同尋找和平共榮之道。兩岸領導人以強烈的民族責任感和高超的政治智慧，超越高度敏感的政治糾葛，站在「中華民族」的高度，正視兩岸關係發展現狀，以「中華民族」作為聯繫兩岸人民的紐帶，將「兩岸同屬中華民族」作為尋求兩岸共同利益的起點，符合中華民族的整體利益與長遠利益。然而，在過去的相當長時期內，我們過於從中美關係、中日關係乃至整個國際關係的角度考慮兩岸關係的發展，而對兩岸共同利益的關注則極為不夠，並因而一度出現如馬英九在「5·20」講話中所講的「惡性競爭、虛耗資源」，從而使外人從中漁利的現象。現在看來，以兩岸關係自身為出發點，深化共同利益、尋求兩岸雙贏，實現兩岸各自利益的最大化以及中華民族整體利益的最大化，才是兩岸關係的核心所在。

　　同時，兩岸在一些普適性價值上的認識趨同，也使雙方可以擱

置具體爭議，從而尋求最大共識。馬英九在「5·20」講話中提到，兩岸問題最終解決的關鍵在於生活方式和核心價值；而溫家寶總理也曾指出，自由、民主、人權、法制、科學是人類共同的價值追求，是人類共同創造的文明成果，但各國在實現這些價值過程中的形式或者途徑，可以根據不同國家的國情和條件進行選擇。改革開放三十年的實踐證明，大陸不僅不否定民主、人權、法治等普適性價值，而且在保障人權、加強民主、推進法治上取得了巨大成就。可以說，兩岸之間在一些普適性價值上的認識基本相同，其差異主要體現在實現方式和推進過程方面。而且兩岸政治制度和社會制度不同，在一些問題上的思考角度和處理方式不同是完全正常的現象。只要不違反「九二共識」，不違背中華民族的根本利益，都可以在充分對話的基礎上，擱置具體爭議，實現兩岸雙贏。

第三，加強制度建設，構建兩岸關係和平發展框架的法律機制，是兩岸關係和平發展的根本保障

胡錦濤同志在黨的十七大報告中提出了「構建兩岸關係和平發展框架，開創兩岸關係和平發展新局面」的戰略構想。兩岸關係和平發展框架包括經濟框架、政治框架、文化框架、社會框架和外交框架等諸多方面，儘管這些框架各自有著不同特點，發揮著不同作用，但在形式上這些框架最終都要體現為法律機制，而且只有依靠法律機制它們才能發揮應有的作用。因此，形成有效的法律機制是構建兩岸關係和平發展框架的關鍵。

在兩岸關係和平發展框架的法律機制中，和平協議居於關鍵地位。它是兩岸關係和平發展的根本法律依據。因為和平協議將以法律的形式承載兩岸人民對和平發展的願景，也將是兩岸形成的最大共識的法律記載。當然，從目前來看，和平協議的簽訂是一個長期的過程，在誰來簽、如何簽、簽什麼等關鍵性問題上均需要深入開展理論研究。

從構成來看，兩岸關係和平發展框架的法律機制主要包括憲法機制、部門法機制和法律障礙排除機制三大部分。憲法機制在構建兩岸關係和平發展框架的法律機制中居於核心地位。構建兩岸關係和平發展框架的憲法機制，有利於將兩岸關係和平發展從政治原則上升為法律原則，從而為兩岸關係和平發展提供政治保障和原則指引。部門法機制是兩岸關係和平發展框架的法律機制的主體，包括兩岸關係和平發展的民事立法、商事立法、行政立法、刑事立法與法律協作等方面。在表現形式上，兩岸可尋求共同規範協商制定機制，以共同規範作為調整兩岸關係和平發展中所涉法律關係的規範性文件，為規範兩岸事務提供規範性依據。同時，兩岸也可將制定共同規範的過程，作為表達利益、形成共識的過程，從而減少、軟化兩岸關係和平發展過程中可能產生的矛盾。同時，兩岸關係和平發展已經、正在、即將遭遇諸多法律障礙，而這些法律障礙大多是由於兩岸長期隔離和「臺獨」分裂勢力作祟所致。兩岸關係和平發展的法律障礙解決機制，堅持兩岸關係和平發展方向，堅持反「臺獨」立場，採取相應措施，靈活應對，從而有利於從根源上清除兩岸關係和平發展過程中的法律障礙。

　　總之，儘管兩岸關係發展具有長期性、複雜性、艱巨性等特點，但和平發展理應成為其中心主題，就當前來說，只要我們抓住一個根本基礎，明確一個根本目標，建立一個根本保障，兩岸關係就一定能夠健康穩定地向著和平發展的未來推進。

論兩岸關係和平發展框架的內涵——基於整合理論的思考

　　黨的十七大報告提出了「構建兩岸關係和平發展框架」的戰略構想，為我們下階段的對臺工作提供了明確而系統的指引。2008年

3月以來，兩岸局勢出現了有利於兩岸關係和平發展的積極變化。但是，兩岸關係和平發展框架的內涵仍然是一個亟待解決的重大理論問題。國臺辦主任王毅同志在2008年度兩岸關係研討會上指出，兩岸關係和平發展框架的內涵等一系列重大問題，需要我們從理論、政策和實務操作等方面，深入思考、積極探索，以凝聚擴大兩岸同胞的共識，共同致力於促進兩岸關係和平發展的實踐。本文將藉助整合理論，對兩岸關係和平發展框架的內涵進行初步探討，以期助益於構建兩岸關係和平發展框架的理論研究與實踐發展。

一、整合的含義、分類和整合路徑

整合理論，在臺灣又被稱作「統合理論」、「統合論」。它最早是西方學者分析歐洲一體化的一種研究工具，臺灣學者則常將其運用於研究兩岸關係，並且已形成比較豐富的研究成果。而大陸學界對臺灣學者提出的「統合論」多持批判態度。一種較具代表性的觀點認為，「統合論」是一個動態和模糊的概念，只強調統合的過程，迴避了統合的結果，其實質是在統合的名義下行「臺獨」之實。本文認為，針對以「統合」為名、行「臺獨」之實的假「統合論」，上述批評自然成立，但這並不意味著整合理論不適用於兩岸之間。相反，整合理論作為研究不同實體之間融合、交流的理論工具，在兩岸關係的研究中，自有其可資利用之處，不能因為其首先被運用於「臺獨」理論，而全盤否定其理論價值。為澄清整合理論的真相，這裡我們對整合的含義、分類和整合路徑等予以闡述。

（一）「整合」的含義及分類

「整合」（Integration）一詞，大陸學者多譯為「一體化」，臺灣學者多譯為「統合」。從詞源上來講，「整合」是一個經濟學名詞。經濟學上提出整合理論的目的在於，以區域為基礎，提高區

域內的要素流動，達到資源的有效配置和利用。受美國系統性社會科學研究的興起，以及歐洲各國開始實施歐洲整合的影響，整合理論逐漸走出經濟學，而成為各個社會科學爭相研究的問題。尤其是歐洲整合，已成為「研究整合理論的鮮活範例」，並因而有力地促進了整合理論的發展。

然而，不同理論流派對整合概念的理解則有所不同。若從描述性角度而言，整合是指兩個或多個實體（entity）透過一定措施（measures）消除彼此間的限制（confine），從而形成一個新的結構（structure）。依據不同的標準，可以對「整合」進行不同的分類。如以性質為標準，整合可以分為政治整合、經濟整合、文化整合、社會整合等；以是否依賴強制力幹預為標準，整合可以分為消極整合和積極整合；以主體為標準，可以分為國家整合、地區整合、民族整合、企業整合等。在整合理論中，最重要也最常見的分類，是以「整合」一詞所使用的不同場合為依據，將整合分為動態整合和靜態整合。

一般而言，「整合」一詞大多在兩種場合下被使用：其一，用於描述一種正在進行的「過程」（process）；其二，用於描述一種已經達到的「狀態」（a state of affair）或「結果」（outcome）。者是動態整合，後者是靜態整合，兩者各有所指，又互相聯繫。動態整合突出整合是一個循序漸進、前後承接的動態過程，強調整合的方式、程序與效果；而靜態整合則突出整合是一個透過各種方式和步驟實現的狀態和結果，多用於描述兩個或多個實體之間消除彼此間限制、形成一個新的結構後的狀態。此外，動態整合和靜態整合還有另一層值得探討的區別。臺灣學者高朗將傳統意義上的「整合」分拆為「整合」和「統一」兩個概念，並用「整合」表示「心理、政策和制度的一致」，用「統一」表示「政府的合併」。根據高朗的這一分類，動態整合隱含著一條以兩個實體間心理、政策和制度的一致為目的的分析路徑，而兩個實體間是否產生「政府的合

併」，並不必然成為動態整合所關注的主要對象。可以說，動態整合是一個偏重於實質意義的整合概念。與此相對應，靜態整合則偏重於整合所形成的新結構，尤其是具有形式化特徵的結構。因此，靜態整合是具有形式意義的整合概念。但並不能說靜態整合與形式整合等同，因為靜態整合併不必然意味著放棄對實質整合的追求。毫無疑問，對動態整合和靜態整合概念的釐清，對於分析兩岸關係具有極為重要的意義。

(二) 整合的路徑

整合的路徑，是指各實體為實現整合而經歷的步驟，是對整合過程、措施、策略和方式的宏觀性設計。整合的路徑包括以社會為中心和以國家為中心兩大取向。前者以功能主義、新功能主義以及新-新功能主義為代表，後者以聯邦主義為代表。

1.以社會為中心的取向：功能主義和新功能主義

功能主義、新功能主義的理論出發點基本一致，均認為整合應以經濟利益和社會需要為基礎，從各方共同利益出發，透過積極合作來建立共同的認知，並透過國家間經濟資源和社會資源的自由流動來實現。

功能主義的代表人物為羅馬尼亞學者米特蘭尼（David Mitrany）。米特蘭尼提出了作為功能主義核心理論的「分枝論」（Doctrine of Ramifica-tion）。米特蘭尼認為，國家間為了避免戰爭，有三種可選擇的途徑：其一，實現國家聯合；其二，建立地區性的聯邦體系；其三，透過功能性的合作。在三種途徑中，米特蘭尼傾向於第三種。他認為：功能性的合作既可以避免國際機構過於鬆散的弊端，同時又能在公共生活中建立廣泛而穩定的權威。而國家之間在某一領域合作的發展，會導致其他領域的合作，「國家間一部門的合作是另一部門合作的結果，也是另一部門合作的動因」。功能主義的實質是，迴避主權問題的高度爭議性，不簡單謀

求建立統一的世界政府，而是將各國相同的功能整合起來，交由一個技術化的國際組織去管理。由於功能之間高度關聯，因而這種基於功能的整合會自動滲透至政治領域，從而使人民對國家的忠誠度向一個功能性的組織體轉移，這樣，功能主義所期待的整合即可實現。可見，功能主義的社會基礎是各國在科技進步和經濟發展高度互聯背景下的合作壓力。它試圖透過「從經到政」的路徑，將國家的功能從一個主權國家轉移到一個功能性組織，從而實現各國之間的整合。在實踐中，功能主義曾受到早期歐洲整合運動領袖的青睞，歐洲煤鋼共同體、歐洲原子能共同體等組織，都是在這一理論指導下建立起來的。

有學者質疑功能主義將經濟與政治嚴格區分的理論前提，認為大多數功能化的服務，最終將會涉及資源配置，而資源配置的決定必然是政治性的。這一質疑也是新功能主義的出發點之一。新功能主義的主要倡導者是哈斯、林德伯格、施米特（Schmitter）、奈伊等人。在思考路徑上，新功能主義沿襲功能主義，認為整合一旦發動，便會自動維持。但是，新功能主義認為，整合的擴展並不是一個自發的過程，而是一個自覺的過程，需要政治領導人和社會精英在其中扮演積極的角色。新功能主義的核心概念是「外溢」（Spillover），包括功能性外溢（Functional Spillover）和政治性外溢（Political Spillover）。前者是指整合不可能侷限在特定經濟部門，一定領域的合作活動會「外溢」到其他部門；後者是指由於政治領導人和社會精英將注意力轉向超國家層面，從而使整合從經濟領域外溢到政治、社會領域。由此可見，新功能主義的實質仍然是迴避主權等高度爭議性問題，而在政治性較弱的領域進行功能性整合，當面對由此類功能性整合產生的政治性壓力時，充分發揮政治領導人和社會精英的作用，透過超國家的制度安排，引導「外溢」的方向。新功能主義較之功能主義更加符合歐洲整合的現實，並且借鑑了行為主義的理論資源，將整合理解為一個獨立的、能動的過

程，從而擺脫了功能主義之經濟決定論觀點，為歐洲整合提供了有力的理論支撐。在實踐中，歐洲三個功能性組織組成歐洲聯盟，並實現了包括共同貨幣在內的整合計劃，充分證明了新功能主義的生命力。彭特南曾評價新功能主義是「整合的歐洲的共同方法」。

2.以國家為中心的取向：聯邦主義

聯邦主義可以說是最為久遠的整合理論，其理論淵源可以追溯至古希臘和中世紀的歐洲。現代意義上作為整合路徑的聯邦主義，主要有兩個來源：一是在歐洲17至18世紀戰爭中產生的各種和平計劃，以及二戰後歐洲所形成的和平計劃，如被稱為「歐洲之父」的莫內（Jean Monnet）即認為，只有建立「歐洲聯邦」才能維持歐洲安全；二是美國自1787年以來行之有效的聯邦制。主張聯邦主義的學者認為，整合的重點不在過程，而在建立一套政治體制，使得參與整合的各實體既能享有自治（Self-rule），又能實現共治（Shared-rule）。

聯邦主義一般會透過一部憲法，將多個「國家」聯合成一個新的實體，而不需要先解決社會、文化、經濟等層面的問題。聯邦主義者認為，功能主義者想透過「由經到政」的路徑實現整合，卻忽略了國家主權這一關鍵要素可能產生的阻滯作用，最終可能導致整合的需要在主權束縛下屈服。而聯邦主義將憲法作為整合手段，透過搭建一個制度性框架，一方面形成足夠的政治權力，滿足成員單位集體防衛、內部安全、共同外交和經濟事務等方面的需要；另一方面保留各國主權以及內部事務上的自治權，使各國不至於因整合而主權受損。由此可見，聯邦主義的思考路徑顯然不同於功能主義和新功能主義。它並不在意整合的方式，卻在意如何為整合提供一套行之有效的制度框架。如果說功能主義和新功能主義是期盼透過經濟、文化、科技、福利等方面的整合，實現主權、安全等政治層面的整合，並遵循「從經到政、有合無統」或「從經到政、先合後

統」的思路,那麼,聯邦主義則是先對主權、安全等政治議題進行某種安排,然而在此安排基礎上推動經濟、文化和社會整合,並遵循「從政到經、有統無合」或「從政到經、先統後合」的思路。如果以統一為縱軸、以整合為橫軸,可以建立一個整合類型圖:

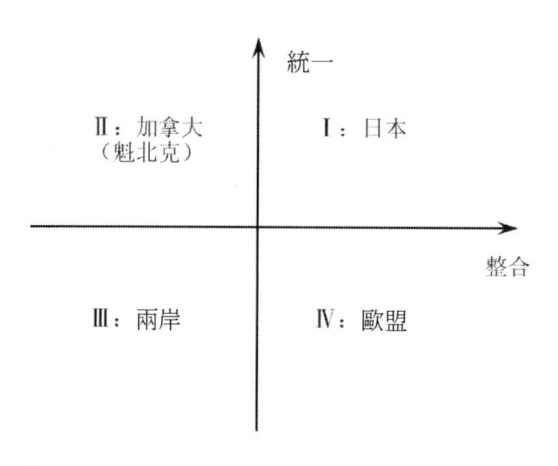

```
              ↑ 統一
              │
   Ⅱ:加拿大    │   Ⅰ:日本
   (魁北克)    │
              │
──────────────┼──────────────→ 整合
              │
   Ⅲ:兩岸     │   Ⅳ:歐盟
              │
              │
```

圖1

在上述圖中,象限Ⅰ是「整合且統一」(「既統且合」)的情形,如日本、美國等;象限Ⅱ是「統一而未整合」(「統而不合」)的情形,如加拿大和魁北克等;象限Ⅲ是「未整合且未統一」(「不統不合」)的情形,如兩岸;象限Ⅳ是「未整合但統一」(「合而不統」)的情形,如歐盟等。圖1可以比較直觀地描述功能主義、新功能主義和聯邦主義的整合路徑:功能主義和新功能主義在整合路徑上是相同的,即從象限Ⅲ經過象限Ⅳ,到達象限Ⅰ,其中功能主義可能會停留在象限Ⅳ,不再繼續前進;聯邦主義的整合路徑則是從象限Ⅲ經過象限Ⅱ,到達象限Ⅰ,也有可能只到達象限Ⅳ,而不再繼續前進。

二、臺灣關於兩岸整合的理論構想

臺灣政學各界運用整合理論分析兩岸關係的歷史，可追溯至1950年代雷震用「兩德模式」分析兩岸關係。1987年後，臺灣對整合理論的研究日漸活絡。2001年1月1日，陳水扁在「元旦祝詞」中表示，要「從經貿與文化的『統合』開始，逐步建立雙方的信任，進而共同尋求兩岸永久的和平、政治統合的新架構。」政治人物的表態，使整合理論從個別學者學究式的理論研究，轉變為臺灣政學各界的一門「顯學」。總體而言，臺灣各界對「整合」或「統合」的態度頗為微妙：大多數臺灣學者和政治人物都將「整合」或「統合」視為「統一」的同義詞，但在設計各類整合模式時，又秉持所謂「先獨後統」的思維。1987年後，臺灣及臺灣主要政黨（主要是國民黨和民進黨）分別提出了「一國兩府/一國兩體」、「邦聯」、「統合論」和「兩岸共同市場」等兩岸整合模式，這裡按提出時間先後作一簡要評述。

（一）「一國兩府/一國兩體」論

「一國兩府/一國兩體」論是李登輝為首的「臺獨」分裂勢力於1990年代提出的「兩岸整合」模式。1989年3月28日，臺灣「立法委員」林鈺祥在「立法院」發言時，首次提出「一個中國、兩個對等政府」的構想，並且得到包括李登輝、俞國華等國民黨高層的讚許。1991年2月，臺灣透過的「國家統一綱領」，較為系統地闡述了「一國兩府/一國兩體」的整合路徑。根據「國家統一綱領」的闡述，透過「一國兩府/一國兩體」實現整合要經過三個階段：第一階段為互惠交流階段。在此階段，兩岸透過交流、互惠消除敵意，「不否定對方為政治實體」，建立良性互動關係，並逐步放寬各項限制，促進兩岸民間交流和經貿發展；大陸推動經濟改革和政治改革，實行民主法治，兩岸摒除敵對狀態，在一個中國的原則下，以和平方式解決一切爭端，在國際間相互尊重，互不排斥。第二階段為互信合作階段。在此階段，兩岸應建立對等的官方溝通管道，實行直接三通，共同開發大陸東南沿海地區，並逐步向其他地

區推展，以縮短兩岸人民生活差距；兩岸應協力互助，參加國際組織與活動，並且還要推動兩岸高層人士互訪，以創造協商統一的有利條件。第三階段為協商統一階段。在此階段，應「成立兩岸統一協商機構，依據兩岸人民意願，秉持政治民主、經濟自由、社會公平及軍隊國家化的原則，共商統一大業，研訂憲政體制，以建立民主、自由、均富的中國」。由此可見，「國家統一綱領」所規定的整合路徑，是一條新功能主義的整合路徑，即按照「由經到政」的思考路徑，先實現經濟、文化和社會等方面的整合，然後在此基礎上，發揮政治人物的作用，實現政治整合，最終實現兩岸「既統且合」的狀態。然而，「一國兩府/一國兩體」與其說是整合模式，不如說是分裂模式。因為在「一國兩府/一國兩體」的指導下，臺灣逐漸改變了原來堅持「一個中國」政策，逐漸走向「臺獨化」。1996年，臺灣實行所謂「戒急用忍」政策，「國統綱領」所規定的「交流互惠」政策，在事實上被停止實施。1999年7月9日，李登輝拋出「兩國論」觀點，這就在理論上拋棄了「一國兩府/一國兩體」的主張；2006年2月，陳水扁終止「國統會」和「國家統一綱領」，這就從制度上拋棄了「一國兩府/一國兩體」。

（二）「邦聯」論

「邦聯」論是由國民黨高層於2000年前後提出的兩岸整合模式。根據國民黨關於「邦聯」的說帖，所謂透過「邦聯」方式實現兩岸整合，即兩岸在「九二共識」與「和平穩定」基礎上，恢復兩岸商談與合作，共組「邦聯」；兩岸按照國際「邦聯」的「通則」，分別具有「國際人格」，兩岸在「邦聯」框架內開展各項交流；同時，「邦聯」不是兩岸關係的最終歸宿，而只是一個「階段性的安排」，兩岸將在條件成熟時實現和平統一。按照國民黨關於「邦聯」的說帖，「邦聯」不是「臺獨」，也不是「急統」，而是在「兩岸分治」的基礎上，建構「共同的屋頂」，「對等共存、和平共處」。事實上，「邦聯」論所設計的也是一條新功能主義整合

路徑。它希望透過「邦聯」維持兩岸和平穩定，繼而在「邦聯」架構下，開展兩岸交流和合作。由於「邦聯」論以「臺灣獨立」為前提，持「階段性的一個中國」立場，加上「邦聯」自身的特點和缺陷，因此，透過兩岸共組「邦聯」的形式實現兩岸整合是行不通的。但是，「邦聯」論以「九二共識」為基礎，堅持「統一」的最終目標，從而在一定程度上緩解了1999年李登輝提出「兩國論」後所導致的「臺獨」氣氛。臺灣和香港媒體亦普遍評價「邦聯」論比「兩國論」向「統」的光譜更靠近了一步。

（三）「統合論」

「統合論」，或稱「共同體論」，主要是由民進黨人士仿照歐洲整合活動所提出的兩岸整合模式。最早的「統合論」，見於臺灣前「立法委員」張俊宏於1990年初撰文時提出的「兩岸關係七階段論」。張氏認為，兩岸關係的發展可以參考歐盟模式，即由經濟整合帶動政治整合，再討論政治統一的問題。為此，張氏認為，應建構兩岸互動往來的穩定架構，逐步使兩岸關係正常化，形成一種既可使兩岸統一，又可各自獨立的關係模式。而建立這一關係模式的過程，即所謂「兩岸關係七階段發展論」：第一階段，設立中介機構；第二階段，形成中介地位；第三階段，成立「南海經濟共同體」；第四階段，建立「亞洲共同市場」；第五階段，組成「中華國協」；第六階段，組成「中華邦聯」；第七階段，組成「中華聯邦」。2001年1月，陳水扁又在新年獻詞中提出所謂「統合論」，表示要「從經貿與文化的『統合』開始，逐步建立雙方的信任，進而共同尋求兩岸永久的和平、政治統合的新架構」。按照陳水扁的設計，「兩岸統合」的第一步是經濟統合，第二步是文化統合，第三步是政治統合，而只有透過「經濟、文化的統合，才有可能談到政治的統合」。陳氏的「統合論」，延續了張俊宏的「共同體」觀點，即試圖照搬歐洲整合的經驗，按照「由經到政」的路徑實現兩岸整合。然而，陳水扁的「統合論」在臺灣並沒有維持多長時間，

「一邊一國」論很快就取代「統合論」，成為陳水扁兩岸政策的主軸。

（四）「兩岸共同市場」論

有臺灣人士認識到，與其「大膽」地設想兩岸關係的未來，不如著眼於兩岸關係現狀，關照兩岸共同、廣泛、長遠的經濟利益，先在經濟方面探索整合模式，「兩岸共同市場」就是這一思路最為典型的代表。「兩岸共同市場」的概念由臺灣著名政治人物蕭萬長先生提出。早在1991年初，時任臺灣「經濟部長」的蕭萬長先生，就建議大陸、香港和臺灣組成「中國共同市場」。2000年11月13日，蕭萬長先生在一次論壇上，發表了題為「如何創意發展兩岸共同市場」的演說，比較詳細地闡述了其「兩岸共同市場」的理念。蕭萬長先生認為，在兩岸共同加入WTO的背景下，兩岸將面臨更多的挑戰與競爭，因此「兩岸必須成立共同市場，將臺灣的資金管理理念與大陸資源與市場結合」，在經濟議題上攜手合作，來降低加入WTO的衝擊，進而達成雙贏的結局。根據蕭萬長先生的說明，「兩岸共同市場」的涵義主要有三點：其一，倣法歐洲整合的精神，將歐洲各國由經濟整合走向政經結合的模式作為參考，從降低貿易障礙開始，擴及商品、人員、資金、服務等生產要素移動的自由化，進而發展到經濟政策協調乃至政治的聯盟；其二，適應兩岸特殊狀況作合理調整，兩岸共享市場及資源並強調開放式的經濟整合；其三，兩岸從經濟合作、「經濟主權」的「共享」，擴大到「政治主權」的「共享」。透過建立「兩岸共同市場」這一經濟事務的協商合作關係，從而降低「一個中國」的政治爭議，使一個中國問題在經濟上形成一個「大中華」後，能夠逐步得到解決。

綜合「邦聯」、「統合論」和「兩岸共同市場」的主張可見，三者設計的兩岸整合路徑，其實都與「國家統一綱領」所設計的整合路徑相同，即新功能主義的整合路徑，只不過在側重點上各有不

同罷了。根據這一結論，臺灣及臺灣主要政黨提出的整合路徑如下圖所示：

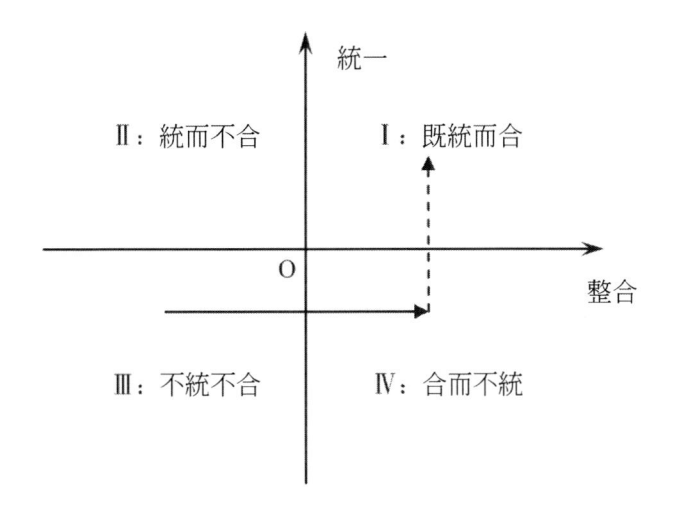

```
            統一
            ↑
 Ⅱ：統而不合  │  Ⅰ：既統而合
            │      ↑
            │      ┊
────────────O──────┊──────→ 整合
            │      ┊
            │      ┊
 Ⅲ：不統不合  │  Ⅳ：合而不統
```

圖2　（本圖為作者自製）

由於設計整合路徑的臺灣或臺灣有關政黨並不是都真心期望達到兩岸「既統且合」的效果，因此象限Ⅳ向象限Ⅰ的發展用虛線表示。

三、中國大陸關於兩岸整合的理論構想

眾所周知，中國大陸處理兩岸關係、解決臺灣問題的指導思想是鄧小平「一國兩制」的構想。「一國兩制」在大陸有著極為特殊的地位：其一，「一國兩制」是中國共產黨解決臺灣問題的主導戰略思想。自十四大以來，中國共產黨歷次黨代會均將「和平統一、一國兩制」作為解決臺灣問題、實現祖國完全統一的基本方針；其二，「一國兩制」已經明確載入1982年憲法和《反分裂國家法》，是大陸解決臺灣問題的法定方式之一；其三，「一國兩制」也為大

陸學界所公認,經過數十年的發展和累積,「一國兩制」已形成一個比較完整的理論體系;其四,「一國兩制」構想已獲得大陸民眾的普遍認同。因此,與臺灣形形色色的兩岸整合設計相比,大陸處理兩岸關係、解決臺灣問題的理論較為單一和明確。在此,我們將運用整合理論對「一國兩制」進行理論上的探討和解釋。

(一)對整合理論的修正

如前所述,整合理論是基於歐洲整合運動,尤其是歐盟整合實踐所提出的一套理論體系。儘管這一理論有其普適性,但其理論源流仍具有個案分析的特徵。由於歐洲整合的背景與兩岸關係迥異,因此,在運用整合理論分析兩岸關係時,有必要對整合理論進行修正,以符合兩岸關係及兩岸的具體情況。

除「兩岸共同市場」外,臺灣及臺灣主要政黨提出的兩岸整合模式,之所以都難以真正獲得兩岸整合的效果,其原因在於:這些整合模式都預設了「臺灣」或「中華民國」擁有「主權」的前提。因此,在設計模式時,都專門對主權問題進行單獨安排。分析前述臺灣的各種整合模式可見,其要麼要求大陸承認「臺灣」或「中華民國」在「事實」上擁有「主權」;要麼在假定「臺灣」或「中華民國」擁有「主權」的前提下,主張兩岸「主權合併」。正如臺灣一位學者所言,「目前,在中國大陸對『一中原則』的堅持下,以及其對臺灣法定主權的覬覦下,歐盟功能性整合經驗根本無法適用;除非中國大陸自動放棄對臺『法定主權』之主張,或臺灣接受中國大陸的『一中原則』,否則兩岸想進入功能性整合階段根本言之過早。」形成上述現象的原因,一方面是臺灣部分人士堅持所謂「臺灣」或「中華民國」擁有「主權」的觀念;另一方面也肇因於整合理論與兩岸關係之間的部分不兼容性(partly Incompatibility),這種不兼容性主要體現在兩個方面:

第一,「整合」概念中的幾個基本命題與兩岸關係現狀不符。

整合理論以歐洲整合為模板，認為參與整合的主體是國家，各參與整合的國家間透過「和平改變」和「自願地合併」以實現統合。可見，整合理論實際上是主權國家之間實現整合的一套理論體系。對兩岸而言，「國家」、「主權」恰恰是極為敏感的話題。在此背景下，「整合」的概念是否適用於兩岸都值得懷疑，更遑論整合理論了！因此在兩岸間，如果不迴避「國家」、「主權」等話題，整合理論將很難發揮作用。此外，整合理論有關「各國家間的主流價值觀應相互調和一致」、「不可武力威嚇」的要求，也很難獲得兩岸的一致認同。

第二，功能主義、新功能主義和聯邦主義等理論也與兩岸關係的現狀不符。儘管功能主義和新功能主義在思考路徑上都主張「由經到政」，但兩者在「由經到政」的過程中，並非忽略政治性因素的作用。研究歐洲整合的學者基歐漢和霍夫曼等人認為，「政府間談判」才是歐洲整合成功與否的決定性因素，而「外溢」則不過是退居次席的「條件性結果」（con-ditional consequence）。亦有臺灣學者認為，國家和政府是「功能外溢」背後的動因，任何技術功能性合作都可能牽涉到政治、安全等問題，因此，在兩岸關係中運用新功能主義，必須面對政治問題。由於功能主義和新功能主義實際上都是在歐洲整合背景下提出的，而這些整合路徑已經預設了政治主權爭議以獲得某種程度的解決或諒解前提，因此，功能主義和新功能主義的整合路徑，恰恰不是「去政治化」的選擇，而是一種具有政治建構作用的功能性整合。聯邦主義的問題則更為直接：聯邦主義的核心是透過政治層面的整合，帶動經濟、文化和社會等各方面的整合。在兩岸存在「國家」、「主權」等高度爭議的前提下，能否將聯邦主義直接適用於兩岸也存在相當疑問。

從上述分析可以發現，整合理論與兩岸關係之間的部分不兼容性，並非因為整合理論本身存在缺陷，而是在於兩岸之間特殊而複雜的關係，尤其是在「國家」和「主權」等問題上的高度爭議和對

立。臺灣學者張亞中曾嘗試消除「國家」和「主權」的敏感性。在《全球化與兩岸整合》等系列著作中，張氏以「主體性」和「管轄權」兩個概念替代了敏感的「主權」。張氏認為，「臺灣的主體性在於中華民國政府在現有管轄的領域內享有完整管轄權，中國大陸的主體性在於中華人民共和國在其現有的領域內享有完整的管轄權」，雙方「彼此再相互承認對方的『主體性』、同意共存於國際組織」云云。但張氏並沒有對「主體性」作出解釋，也沒有明確說明「主體性」與主權的區別。因此，有學者認為，張亞中之所以使用「主體性」這個詞，只是為了避開敏感的政治名詞「主權獨立」而已。本文認為，雖然張亞中的觀點有失偏頗，但他運用比較中性的話語替代比較敏感的政治名詞，亦不失為在當前兩岸關係下的一種權宜之計。有鑒於此，對整合理論修正的核心在於，擱置兩岸關係中殊為敏感的「國家」和「主權」等議題，其主要方式是運用模糊了「國家」符號和「主權」特徵的「兩岸話語」，代替整合理論中的「國家」和「主權」等話語。當然，具體的修正可依具體分析環境而有所不同，不能一概而論。

（二）「一國兩制」的整合理論解釋

「一國兩制」是目前解決臺灣問題的最佳方式，也是被規定於中國大陸1982年憲法和《反分裂國家法》的法定統一方式之一。

從歷史源流而言，「一國兩制」思想可追溯至1950年代。早在1958年，毛澤東同志就曾指出，「臺灣如果回歸祖國，可以照自己的方式生活，來了大陸就是貢獻，把枝同大陸連起來，根還是他的，他可以搞他的一套，軍隊可以保存，我不壓迫他裁軍，不要他簡政，讓他搞三民主義」。1963年，周恩來同志將中國共產黨當時的對臺政策概括為「一綱四目」，比較系統地表達了臺灣統一於祖國後，可以保留原有政治制度、社會制度的政策。1981年，葉劍英同志闡述「有關和平統一臺灣的九條方針政策」（「葉九條」），

首次宣布臺灣與大陸統一後，可以作為特別行政區，享有高度自治權，還可以保留軍隊，中共不干預臺灣地方事務，臺灣現行的生活方式與社會、經濟制度不變。1982年1月，鄧小平在評價「葉九條」時，正式提出了「一國兩制」的概念。1983年6月，鄧小平在會見美國客人時，提出「實現臺灣和中國大陸和平統一的構想」（「鄧六條」），系統闡明了「一國兩制」的意涵，形成了第一階段的「一國兩制」思想。根據鄧小平同志的論述，臺灣問題的核心是祖國統一，在堅持一個中國的前提下，制度可以不同，但在國際上代表中國的只能是中華人民共和國；臺灣是「高度自治」，而不是「完全自治」，自治應有一定限度；統一後，臺灣作為特別行政區，可以實行與大陸不同的制度，可以有其他省市自治區沒有的權力，擁有立法權、司法權，終審權不須到北京，臺灣還可以有自己的軍隊，只是不能構成對大陸的威脅，臺灣的黨政軍系統，都由臺灣自己管理，大陸政府還給臺灣留出名額；實現統一的適當方式是兩黨對等談判，不提中共與地方談判。鄧小平、葉劍英等同志的論述，構成了「一國兩制」的第一階段。

1995年1月，江澤民同志發表《為促進祖國統一大業的完成而繼續奮鬥》（「江八點」）的講話，建議雙方「就正式結束敵對狀態，逐步實現和平統一，進行談判」，同時，首次沒有提「一個中國」就是「中華人民共和國」，從而形成了第二階段的「一國兩制」思想。此後，「一國兩制」的涵義幾經變化，但其中一個突出特點是「只變一國、不變兩制」，即只對「一個中國」的具體涵義進行調整，而不涉及「兩制」。由此可見，在前兩階段的「一國兩制」思想中，「一國兩制」的核心是「一國」，「兩制」是實現「一國」的方式和手段。正如鄧小平同志所說的那樣，「一個國家兩種制度這個構想是從中國解決臺灣問題和香港問題出發的⋯⋯根據香港和臺灣的歷史和實際情況，不保證香港和臺灣繼續施行資本主義制度，就不能保持它們的繁榮和穩定，也不能和平解決祖國統

一問題」。可以說，鄧小平等中共領導人，看到了中國大陸和臺灣在政治和社會等方面的巨大差異，看到了中國大陸與臺灣在經濟和人民生活水平上的暫時差距，本著「實事求是」的立場，站在國家和民族高度，提出了「一國兩制」的偉大構想，其意在先實現政治上的統一，再以政治統一為基礎，談兩岸其他方面的問題。按照整合理論的解釋，前兩階段的「一國兩制」，正是遵循聯邦主義路徑的整合模式。

也就是說，前兩階段「一國兩制」的主要目的在於「一國」，即完成統一，只要能實現統一，臺灣可以享有高度自治權。根據鄧小平同志的論述，雖然臺灣的高度自治權不是「完全自治權」，而是有一定限度，但這個限度僅僅是「不能損害統一的國家利益」，在此前提下，臺灣甚至可以保留軍隊。「江八點」更是明確表明，中共對臺灣同外國發展民間性經濟文化關係也不持異議。從比較法視野來看，幾乎沒有任何一個國家的內部行政區域能有這樣的自治地位，即便同屬「一國兩制」框架內的香港和澳門，也尚有大陸政府的駐軍，主要領導人的任命也需經過中共。可以說，「一國兩制」採取的是一種比較純粹的聯邦主義路徑，參見圖3。

根據圖3，透過「一國兩制」實現兩岸統一是從象限Ⅲ達到象限Ⅱ，然後形成一個國號為「中國」的實體，到達「統而不合」的狀態。至於兩岸在實現統一後的走向，則不屬於「一國兩制」所要解決的問題。

（三）CEPA的整合理論解釋

嚴格說來，CEPA（內地與香港、澳門關於建立更緊密經貿關係的安排）屬於「一國兩制」範疇。但是，CEPA改變了前兩階段「一國兩制」形式意義整合的立場，轉而尋求內地和香港、內地和澳門在實質意義上的整合。這一轉變，從某種意義上可以說是「一國兩制」思想本身的發展，對於兩岸整合亦具有參考價值，因而有

必要做專門說明。

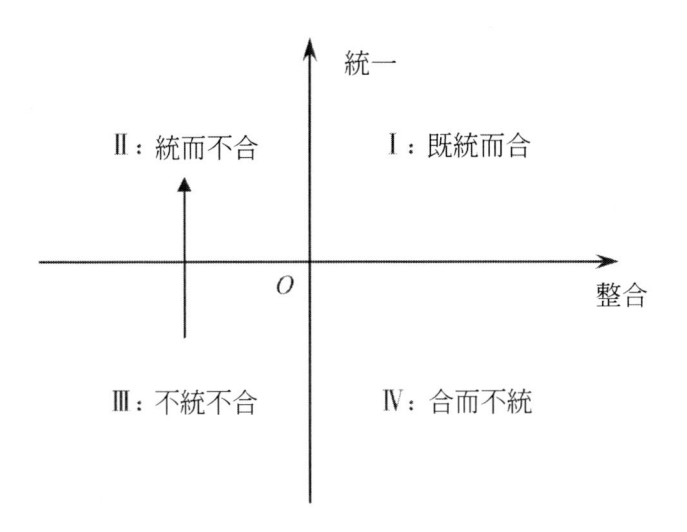

```
              ↑ 統一
  Ⅱ：統而不合    │    Ⅰ：既統而合
              │
──────────────O──────────────→ 整合
              │
  Ⅲ：不統不合    │    Ⅳ：合而不統
```

圖3　（本圖為作者自製）

　　CEPA的主要內容是允許眾多香港、澳門產品零關稅進入大陸，放寬大陸對香港、澳門服務業的準入領域以及貿易便利化三個方面，其主要目的在於逐步減少或取消內地與港澳地區之間所有貨物貿易實質上的關稅和非關稅壁壘，逐步實現服務貿易的自由化，減少或取消內地與港澳地區之間實質上所有的歧視性措施，促進貿易投資便利化。可以說，CEPA所提供的，乃是一種經濟整合的安排，即借由「一國兩制」及兩個「基本法」所搭建的政治構架，推動並實現內地與香港、澳門的經濟整合，進而帶動三地在經濟、文化、社會及人民心理方面的整合。可以說，以CEPA的簽訂為代表，前兩階段「一國兩制」所設計的形式意義的聯邦主義路徑，開始向實質意義的聯邦主義路徑轉變。這一轉變，對兩岸關係亦具有較大影響。

　　（四）整合理論對兩岸整合的描述和解釋

從總體上而言，前兩階段「一國兩制」仍是遵循形式意義的聯邦主義路徑。儘管在CEPA簽訂後，此種形式意義的聯邦主義路徑逐漸向實質意義的聯邦主義轉變，但CEPA調整的是內地和香港、內地和澳門之間的關係，與臺灣的特殊情況畢竟不同。況且，從大陸對兩岸關係的最終期望而言，「一國兩制」仍是最佳解決方案。可以說，大陸對臺灣的最終期望，仍在於臺灣與大陸統一為「一個中國」、並且承諾不「獨立」，即形式意義上的整合。至於大陸與臺灣是否實現實質意義上的整合，則屬於另外一個層次的問題。因此，基於上述認識，整合理論對兩岸整合的描述和解釋可以列表如下：

　　表1

整合路徑	兩岸狀態	整合狀態的描述	整合評價	兩岸評價①
功能主義	兩岸在「一個中國」名義下的實質性整合	象限 I (既統而合)	理想	不作最終目標設計
	較弱的兩岸交流	象限 IV (合而不統)	比較理想	不理想
新功能主義	較強的兩岸交流	象限 IV (合而不統)	比較理想	比較理想
	兩岸在「一個中國」名義下的實質性整合	象限 I (既統而合)	理想	不作最終目標設計
聯邦主義	兩岸在「一個中國」名義下的形式性整合	象限 II (合而不統)	比較理想	理想
	兩岸在「一個中國」名義下的實質性整合	象限 I (既統而合)	理想	不作最終目標設計

此處評價，為以「一國兩制」為標準的評價，至於臺灣的可能評價，本表暫不涉及。

（本表為作者自製）

對於上表，有幾點需要說明。對於到達象限 I，即兩岸在「一個中國」名義下的實質性整合，根據前文的論述，暫時不屬於大陸對臺灣的最終期望，「一國兩制」亦未對此作最終目標設計。對於分別經由功能主義和新功能主義兩條路徑達到的象限 IV，由於兩者在整合程度上有區別，因此，對其評價亦不相同：對於前者，功能主義路徑只能在較低的功能層次實現整合，領域僅限於經貿往來和人員交流，只能算作兩岸整合的初級階段，因而被評價為不理想；對於後者，新功能主義帶動包括政治、經濟、文化和社會等各個層面的整合，屬於兩岸之間比較全面的整合，但在形式上，未能滿足「一個中國」的目標，因而被評價為比較理想。對於到達象限 II，即兩岸在「一個中國」名義下的形式性整合，正是「一國兩制」所欲達到的目標，因而被評價為理想。

四、兩岸關係和平發展框架是兩岸整合的新形式

根據中共十七大報告的有關論述，兩岸關係和平發展框架仍被納入「一國兩制」的理論體系。這一方面表明「一國兩制」理論體系的巨大包容性；另一方面也說明兩岸關係和平發展框架，將對「一國兩制」理論進行調整。本文認為，兩岸關係和平發展框架是兩岸整合的新形式，在兩岸關係面臨新機遇和新挑戰的歷史時刻，它立足於中華民族的根本利益和兩岸關係的長遠發展，豐富了「一國兩制」思想，以使其更加符合兩岸關係的現實。

　　（一）臺灣對「一國兩制」的批評

　　儘管「一國兩制」表明了大陸解決臺灣問題的最大誠意，但臺灣各界對「一國兩制」的評價卻並不高。由於歷史的機緣，雖然鄧小平同志提出「一國兩制」的初衷，是為瞭解決臺灣問題，但「一國兩制」卻首先適用於香港和澳門，臺灣在絕大多數時候，則充當著看客和評論者角色。在臺灣，「一國兩制」被認為是「中共的統戰策略」，不僅「臺獨」分子，連部分支持統一的泛藍人士也對「一國兩制」存有歧見。1994年，臺灣公布《臺海兩岸關係說明書》，聲稱「中華民國對兩岸目前暫時分裂分治的認定與中共『一國兩制』的說法，有著絕對不同的內涵。……（一國兩制）不但完全無視中華民國的存在，更是假中國統一之名，行兼併臺澎金馬之實。至於中共所設計的『兩制』，彼此在地位上也不相等，大陸地區所實施的社會主義被其視為主體，而臺灣實行的三民主義只能為輔，且只能在過渡期存在。至於『兩制』的內涵與時效，中共當局認為其擁有解釋權與最後決定權。因此，『兩制』乃是任由中共宰制的一種權宜措施，本質上，仍是一種主從關係。……明確的說，『一國兩制』的目的，是要中華民國向中共全面歸降，要臺灣人民在一定的時間後放棄民主自由制度。因此，中共的這項主張，客觀上不可行，主觀上我們也絕不接受」。另據臺灣「行政院大陸委員會」編印的資料，臺灣認為，「一國兩制」是「矛盾性」、「過渡性」、「壓制性」的設計，其目的是把臺灣「併吞」在「一黨專政

的大陸當局」之下，認為「『一國兩制』不能確保臺灣能永遠享有目前自由、民主、均富的生活，實行『一國兩制』，臺灣民主自由將倒退三十年」。除臺灣和政治人物外，臺灣學界對於「一國兩制」也是非議較多。可以說，臺灣僅有極少數人能接受「一國兩制」。

毫無疑問，臺灣政學各界對「一國兩制」存在諸多曲解之處，其指責和非議也均是在曲解的基礎上提出，但這一狀況也給我們提出了一系列的嚴肅問題，比如「一國兩制」為何會遭到臺灣的抵制？難道僅僅是由於「主權」、「國家」的爭議所致？而且馬英九在就任臺灣新領導人典禮上的一段講話，值得我們深思。馬英九認為，「兩岸問題最終解決的關鍵不在主權爭議，而在生活方式與核心價值」。按照馬英九的邏輯，是生活方式和核心價值的區別，導致了兩岸問題，「主權爭議」只不過是兩岸在生活方式和核心價值方面存在區別的表現形式。從上文所引臺灣的文件可以發現，臺灣有相當一部分人對大陸很不瞭解，認為「一國兩制」「不能確保臺灣能永遠享有目前的自由、民主、均富的生活」，被併吞在「一黨專政的大陸當局」下，「臺灣民主將倒退三十年」。這其中，雖然包含有「臺獨」分裂勢力的有意攻擊，但也從一個側面體現了臺灣民眾對大陸的陌生和疏離。這種陌生和疏離，恰恰是「一國兩制」難以為臺灣所接受的根本原因。

（二）兩岸關係和平發展框架的整合理論解釋

從上述分析可見，僅僅透過聯邦主義的整合路徑思考臺灣問題的解決，已難以達到預期效果。兩岸關係和平發展框架正是在這種背景下公布的。目前，大陸學界對兩岸關係和平發展框架的認識，主要有以下兩種觀點：第一，從政策角度出發，認為兩岸關係和平發展框架是兩岸關係和平發展理論框架和具體設想的統一，包括基礎、目的、途徑、依靠力量和具體設想等等，該觀點在目前大陸臺

灣問題的研究領域處於通說地位；第二，從制度角度出發，認為兩岸關係和平發展框架是一個包括經濟框架、政治框架、文化框架、社會框架和外交框架等在內的框架體系，雖然這些框架各有特點，發揮著不同作用，但在形式上都體現為一致性、明確性和穩定性的法律機制，兩岸關係和平發展框架的形成與發展，也由此轉化成為法律制定、法律修改和法律適用的過程。這兩種觀點各有側重。前者重在政策性說明，論述了兩岸關係和平發展框架的依據、基礎、目的以及界限；而後者則重在制度性建構，提出了如何構建和實施兩岸關係和平發展框架的觀點。但兩者都沒有對兩岸關係和平發展框架的涵義，作進一步說明。

　　本文認為，兩岸關係和平發展框架是中國共產黨在新世紀新階段，把握兩岸關係主題，立足兩岸關係現狀，堅持並發展「一國兩制」思想，所提出的新的兩岸整合模式。對兩岸關係和平發展框架內涵的理解，可以從整合的四個要素，即實體、措施、限制和結構四個方面來把握：其一，「兩岸」是兩岸關係和平發展框架的實體，作為一個地理概念，「兩岸」可以替代其他難以言明的政治概念，至於「兩岸」具體所指為何、其間關係如何，雙方都可以採用「沉默」的方式而不作進一步說明；其二，兩岸關係和平發展框架的措施在於，以經濟、文化和社會為先導、帶動政治層面的整合，其中實現「三通」促進兩岸經貿關係正常化是兩岸關係和平發展的關鍵步驟；其三，缺乏互信、缺乏協商機制，是目前兩岸關係和平發展的限制，尤其是在高度爭議的「國家」、「主權」和臺灣的「國際生存空間」上，兩岸幾乎不可能達成一致，而這些衝突和對立在「臺獨」分裂勢力的推動下，成為兩岸關係的主要限制，除此以外，兩岸在制度上的區隔、觀念上的隔膜等，也是兩岸關係發展的限制因素；其四，兩岸關係和平發展框架所形成的結構是兩岸間的協商機制以及由此形成的正常化的兩岸關係，這是為兩岸關係和平發展奠定制度框架和良好的外部環境。

由此可見，兩岸關係和平發展框架遵循的是類似於新功能主義的路徑，亦即先在經濟、文化和社會等方面推動功能性整合，再透過兩岸領導人和政治精英的協商，使經濟、文化和社會等領域的整合向「國家」、「安全」和「主權」等政治領域「外溢」，從而促進兩岸在政治層面的交流與對話，累積兩岸的共識與信任，為兩岸最終統一奠定基礎。但是，兩岸關係和平發展框架並沒有嚴格遵循新功能主義的整合路徑，而是遵循一種Z型整合路徑。按照中共十七大的論述，兩岸關係和平發展框架並沒有超越「一國兩制」的理論體系，而是後者的新發展。胡錦濤同志曾多次強調，實現兩岸關係和平發展，基礎是堅持一個中國原則，目的是為兩岸同胞謀福祉，途徑是深化互利雙贏的交流合作。可以說，兩岸關係和平發展，與前兩階段「一國兩制」相比，只是在實現祖國統一的方式上有所發展，而在一個中國原則和「兩制」的態度上，沒有任何變化。因此，兩岸關係和平發展框架毋寧是一種「以合促統」的方略，而並非要改變「一國兩制」。至於用「兩岸」代替其他難以言明的政治概念，不過是一種策略性選擇，而絕不是以「兩岸」代替「一中」。以下用圖4說明兩岸關係和平發展框架的整合路徑：兩岸關係和平發展框架的整合路徑是從象限Ⅲ出發，經過象限Ⅳ，但沒有如一般新功能主義一樣，直接發展到象限Ⅰ，而是向象限Ⅱ發展，至於最終能否達到象限Ⅰ，在「一國兩制」的理論體系下不作為最終目標設計，但仍不失是兩岸關係和平發展的可能選項之一。據此，兩岸關係和平發展框架的整合路徑如圖4所示：

由於從象限Ⅱ向象限Ⅰ的發展具有不確定性，因而在圖中用虛線表示。由上圖可知，兩岸關係和平發展框架所構想的整合路徑，呈現出反「Z」字型，因而不妨稱此種整合路徑為「反Z型整合路徑」，簡稱「Z型整合路徑」。可見，所謂「Z型整合路徑」，實際上由新功能主義和聯邦主義兩條整合路徑雜糅而成。由此可見，兩岸關係和平發展框架在相當程度上吸收了CEPA的成功經驗，並

且針對兩岸關係現狀，務實地走出了「以合促統」的路子，但在兩岸最終地位安排上，仍堅持「統而不合」，以消除臺灣方面的疑慮，落實「高度自治」的承諾，從而為兩岸整合提供了極為廣闊的空間。這樣，兩岸關係和平發展框架，既保證了「一國兩制」的精髓，即在臺灣高度自治的條件下實現祖國完全統一，又從現實主義立場，確保「一國兩制」可以透過兩岸關係和平發展框架，在兩岸充分交流和融合的基礎上得以實現。

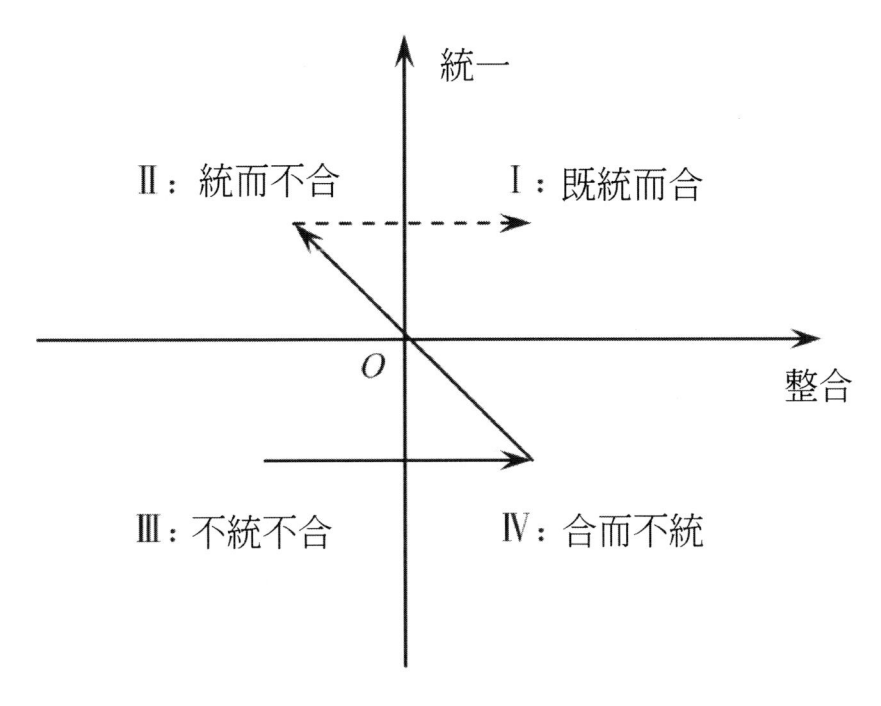

```
         統一
         ↑
Ⅱ：統而不合    Ⅰ：既統而合
    ←------------→
      ↖
────────O────────→ 整合
          ↘
            →
Ⅲ：不統不合    Ⅳ：合而不統
```

圖4　（本圖為作者自製）

五、結語

　　構建兩岸關係和平發展框架，是目前兩岸關係的重點和難點。對兩岸關係和平發展框架內涵的探討，除需進行深入的政策解讀，也需從理論角度對之加以解釋。本文運用整合理論這一理論工具，對兩岸關係和平發展框架的內涵進行了探討，並提出了兩岸關係和平發展框架的「Z型整合路徑」這一觀點。按照整合理論的解釋，兩岸關係和平發展框架，既堅持了「一國兩制」的精髓，又立足於現階段的兩岸關係，發展了「一國兩制」，為兩岸未來關係的發展奠定了基礎。但是，由於兩岸關係的複雜性和特殊性，本文所提出的觀點和結論也必然只是階段性的，只能為中國大陸當前的兩岸政策提供一種解釋，其中還有諸多問題，需要我們進一步的研究和探

討。

論構建兩岸關係和平發展框架的法律機制

　　黨的十七大報告站在建設中國特色社會主義、實現中華民族偉大復興的高度，對臺灣問題提出了一系列新方針、新政策、新論斷，為我們正確處理臺灣問題提供了明確而系統的指引。胡錦濤同志在黨的十七大報告中鄭重呼籲，在一個中國原則的基礎上，協商正式結束兩岸敵對狀態，達成和平協議，構建兩岸關係和平發展框架，開創兩岸關係和平發展新局面。「構建兩岸關係和平發展框架」是十七大報告針對臺灣問題所進行的重大理論創新，是落實中共對臺工作一系列方針政策的新舉措。考慮到臺灣問題的法律屬性，我們認為法律機制將在構建兩岸關係和平發展框架的過程中發揮重要作用。本文將對什麼是構建兩岸關係和平發展框架的法律機制、為什麼需要法律機制以及構建兩岸關係和平發展框架的法律機制包括哪些內容等重大理論問題進行討論，並試圖以此為基礎，建立兩岸關係和平發展法律機制的論綱。

一、構建兩岸關係和平發展框架的法律機制釋義

　　如果給構建兩岸關係和平發展框架的法律機制下一個粗淺的定義，它可以被概括為調整兩岸關係和平發展過程中各種事務的法律規範、法律制度和法律運行的總稱。然而，這一描述性的定義遠遠不能滿足對臺工作理論與實踐的需要，因此，我們有必要從法律機制的一般定義出發，對「構建兩岸關係和平發展框架的法律機制」這一範疇作更為精確的分析。

法律是社會關係的調整器。法律機制將紛繁複雜的社會關係轉化為權利義務關係，進而透過調整權利義務關係來實現對社會的控制。透過法律的社會控制，已經成為人類政治文明發展的代表性成果。解決臺灣問題，實現祖國完全統一是中華民族根本利益所在，也是我們黨領導全國人民在新世紀要完成的三件大事之一。當前，「和平統一，一國兩制」是解決臺灣問題的最佳方式，而構建兩岸關係和平發展框架則是體現這一重大戰略思想的舉措，法律機制應該、也能夠在構建兩岸關係和平發展框架過程中發揮應有的作用。具體而言，構建兩岸關係和平發展框架的法律機制在性質、目的、功用、內容和體系上有著鮮明的特點。

　　在性質上，構建兩岸關係和平發展框架的法律機制是宏觀性與微觀性的有機統一。臺灣問題是中華民族根本利益所在，兩岸關係和平發展是實現中華民族偉大復興的重大戰略步驟。同時，兩岸關係和平發展又與兩岸人民的民生福祉和切身利益密切相關。由於兩岸關係和平發展宏觀性與微觀性的統一，構建兩岸關係和平發展框架的法律機制也兼具宏觀性與微觀性，體現為制度上的複合性與實踐上的多元性。所謂制度上的複合性，即在制度體系上，不僅包括兩岸關係定位、兩岸關係政治安排以及其他涉及兩岸關係走向等重大問題的宏觀制度，也包括調整兩岸民間交往和經貿交往的微觀制度。所謂實踐上的多元性，即在實踐環節上，宏觀層面的中共和有關部門依法開展的各項涉臺活動，兩岸有關機構相互接觸、合作等活動，以及微觀層面的司法裁判、行政執法行為和公民所進行的法律活動等都構成兩岸關係和平發展法律實踐的一部分。

　　在目的上，構建兩岸關係和平發展框架的法律機制堅持為臺海地區謀和平、為兩岸人民謀福祉的統一，概括而言，就是和平與發展。當前，除一部分「臺獨」分子外，兩岸關係和平發展是各方均能接受的最大共識，唯有把握好這一最大共識，將兩岸關係和平發展框架的法律機制構建成為和平法、發展法，並透過法律機制的作

用，以和平保障發展，以發展促進和平。構建兩岸關係和平發展框架的法律機制一方面將「和平統一，一國兩制」的主張法制化，為兩岸關係和平發展奠定法理基礎，另一方面又建立相應配套制度將和平發展思想具體化、程序化，使其能發揮實效。同時，構建兩岸關係和平發展框架的法律機制應特別重視臺灣人民的民生福祉，積極在法律機制的制度構建與實施運行中貫徹寄希望臺灣人民方針決不動搖的方針，將保障與實現臺灣人民利益放在重要位置，使臺灣同胞能從中感受到祖國的關懷與熱情。

在功用上，構建兩岸關係和平發展框架的法律機制既要承擔法律規制的功能，又要發揮政策宣示的作用。構建兩岸關係和平發展框架的法律機制的一般原理是將臺灣問題透過法律特有的權利義務機制加以調整，以期達到兩岸關係和平發展的目的。然而，「涉臺無小事」，臺灣問題的敏感性使得對兩岸關係的處理具有較強的政策性。實踐中的經驗也有力地說明了這一點，我們對臺工作的主要依據仍然體現為政策，具體表現為領導人的講話，有關部門的談話、指示等。從目前的形勢來看，政策——尤其是中共領導人所提出的、具有宏觀指導意義的政策——在對臺工作中仍占據著主導地位，因此，政策不僅不應從對臺工作領域中退出，其作用還應得到進一步加強。對於政策在對臺工作中的重要地位，構建兩岸關係和平發展框架的法律機制應在一定程度上體現政策性，並及時將政策轉化為法律形式。將政策以法律形式加以體現，可以提高政策的科學性和權威性，並加強政策的宣示效果，也可藉助法律固有的穩定性、明確性特徵達到穩定臺灣人民心理、威懾「臺獨」分裂勢力的目的。《反分裂國家法》的實踐與效果已經清晰地說明了這一點。

在內容上，構建兩岸關係和平發展框架的法律機制同時包含公法與私法。如前文所述，臺灣問題具有高度複雜性，涉及經濟、政治、文化、社會、外交等各個領域，牽涉到公權力與公權力之間、公權力與私權利之間以及私權利與私權利之間錯綜複雜的法律關

係。因此，構建兩岸關係和平發展框架的法律機制也具有複雜性，既包括調整公權力與公權力之間、公權力與私權利之間的公法規範，也包括調整私權利與私權利之間的私法規範。具體而言，公法所針對的問題包括兩點，其一是具有根本性的臺灣地位及臺灣公權力機關的地位問題，此一問題主要透過憲法規範加以解決；其二是兩岸公權力機關對涉臺事務如何處理的問題，主要透過行政法規範來解決。私法所針對的問題則主要集中於兩岸民間交往和經貿往來上，主要透過民法規範來解決。當然，公法與私法的劃分並非絕對，對於一些需要同時運用公法手段和私法手段加以處理的問題，應擺脫理論上的桎梏，發揮務實精神，切實解決問題。公法規範與私法規範的複合性也決定了構建兩岸關係和平發展框架的法律機制並非是以某一部門法為核心的單一規範體系，而是包括憲法、行政法、民商法、訴訟法、國際法、環境法等多個部門法體系在內的多元法律體系。

在體系上，構建兩岸關係和平發展框架的法律機制既是實踐論體系，又是教義學體系。我們對構建兩岸關係和平發展框架的法律機制的基本認識是以實踐為出發點，依託法律機制，形成足資使用的兩岸關係和平發展框架，促進兩岸關係進一步發展、促進祖國早日統一。除此之外，此一命題還具有較強的教義學功能，將促進臺灣學與法學的互動發展，產生橫跨兩個學科，兼採其他社會科學所長的新興邊緣學科。由於種種原因，大陸臺灣學與法學脫節的情況較為嚴重，對臺灣問題的研究多側重宏大敘事的歷史闡述和應景式的對策分析，缺乏系統化的理論梳理和體系建構，也缺乏對具體問題的深入分析。理論上的缺失導致實踐中的困境。隨著兩岸交往的日益深入，諸多問題一一暴露，其中絕大多數與法律有關。如何應對這一局面，如何使法律在兩岸關係和平發展的歷史進程中發揮其應有的作用，都需要深入研究。有鑒於此，學界有必要以構建兩岸關係和平發展框架的法律機制研究為契機，對臺灣學和法學的交叉

領域展開深入、全面的研究,將臺灣問題研究從過去口號式解讀的偏頗中解脫出來,從宏大敘事的泥沼中解脫出來,以法律為載體,對臺灣問題進行精細化、規範化、實證化的分析,以期建構起足以指導實踐的新興學科門類。

二、法律機制對於構建兩岸關係和平發展框架的必要性

構建兩岸關係和平發展框架是一個龐大的系統工程,涉及經濟、政治、文化、社會和外交各個領域,需形成包括經濟框架、政治框架、文化框架、社會框架和外交框架在內的框架體系,而法律機制則是在這一框架體系中一以貫之的基本機制。對法律機制在構建兩岸關係和平發展框架的必要性的認識,可以從兩岸關係和平發展的必然趨勢、運用憲法思維處理臺灣問題的必然結果和遏制「臺灣法理獨立」的必然選擇三個方面加以論述。

(一)構建法律機制是兩岸關係和平發展的必然趨勢

黨的十七大報告將兩岸關係的主題確定為「和平發展」,這是中共在綜合時代主題、兩岸關係歷史和兩岸關係發展趨勢的基礎上作出的科學論斷,也是以後開展對臺工作時需要考慮的基本因素。兩岸關係和平發展與兩岸高度對立不同,經常性、和平性的經貿往來和人員交流將成為兩岸關係和平發展的主要表現形式,兩岸事務的核心也將從軍事、政治轉向經濟、文化、社會等方面,隨著兩岸關係和平發展的不斷深入,海峽兩岸將出現物資、資金、人才和訊息頻繁流動的局面。可以預見,在兩岸關係和平發展的趨勢下,需要新的調整機制與之相適應,而法律機制是最為適合的調整機制,構建法律機制是兩岸關係和平發展的必然趨勢。

第一,構建兩岸關係和平發展框架的法律機制是對臺灣問題法

律屬性認識深化的成果。對臺灣問題法律屬性的認識，我們經過了一個逐步深化的過程。長期以來，大陸政界、學界和普通民眾對臺灣問題的認識仍主要停留在政治層面，較少、甚至沒有從憲法和法律角度來思考臺灣問題。與此同時，「臺獨」分裂勢力卻不斷鼓噪「憲改」、「公投」等活動，以期實現「臺灣法理獨立」，「憲法」和「法律」儼然成為「臺獨」分子謀求「臺獨」的重要手段。隨著「臺獨」分裂勢力的手段逐漸從政治領域向法律領域，尤其是憲法領域轉移時，我們也逐步認識到臺灣問題的法律屬性。從法律角度而言，臺灣問題實際上是新中國製定的憲法與法律是否能有效適用於臺灣的問題，是臺灣現行「六法體系」和新中國法律體系之間的關係問題，而臺灣問題最終也要透過合乎憲法和法律的途徑解決。《反分裂國家法》是我們對臺灣問題法律屬性認識的代表性成果，它將中共對臺政策法制化，已經成為我們對臺工作的基本法律依據之一。《反分裂國家法》頒布後，在臺灣引起強烈反響，直接導致臺灣部分政黨領導人訪問大陸，促成兩岸黨際交流，使兩岸關係躍上一個新臺階。《反分裂國家法》的成功經驗說明，法律已經成為臺灣問題中不可或缺的重要組成部分，同時，也表明對臺灣問題法律屬性的認識仍需進一步深化。就目前而言，我們不僅需要透過《反分裂國家法》來重申一個中國原則，表明我們對臺灣問題的基本態度和基本政策，而且還需要一套包括各個門類、各個層級的規範性文件在內的法律體系，對處理臺灣問題進行全面、整體、明確的制度安排和程序設計，以期透過法律機制促進兩岸關係和平發展。可以說，雖然我們並不否認臺灣問題的政治屬性，但對臺灣問題的法律屬性已經有了比較明確和深刻的認識，而構建兩岸關係和平發展的法律機制正是這一認識的成果之一。

　　第二，法律機制是兩岸關係和平發展框架貫徹落實的重要保障。如前所述，兩岸關係和平發展框架是一個包括經濟框架、政治框架、文化框架、社會框架和外交框架等在內的框架體系，法律機

制在其間居於基礎性地位,這一基礎性地位可以從兩個方面進行理解。其一,兩岸關係和平發展框架外在表現為法律機制。上述兩岸關係和平發展諸框架雖然各自有著不同的特點,發揮著不同的作用,但在形式上都需以一定方式表現出來,而法律機制則是目前最佳的表現方式。在法學理論和法律技術的作用下,透過吸收現有工作方式和制度創新,將兩岸關係和平發展框架的主體、客體、內容、程序等諸要素用法律形式加以明確,形成具有一致性、明確性和穩定性的法律機制。由此形成的法律機制是兩岸關係和平發展的基礎性法律依據,兩岸關係和平發展框架的形成與發展也由此轉化成為法律制定、法律修改和法律適用的過程。其二,兩岸關係和平發展框架的實現依賴法律機制。「徒法不足以自行」,法律實施是法律的生命,也是法律機制實現其目的的必要手段。使兩岸關係和平發展框架有效運轉的關鍵是兩岸關係和平發展法律機制的有效實施,將兩岸關係和平發展轉化為立法、執法、司法和守法的過程,透過對法律制度的貫徹落實,一方面使法律成為促進兩岸關係和平發展的有力手段,另一方面則形成有利於兩岸關係和平發展的法律秩序。

第三,構建兩岸關係和平發展框架的法律機制有利於落實寄希望於臺灣人民方針絕不動搖的方針。臺灣同胞是我們的血肉同胞,是促進兩岸關係和平發展的重要力量,也是遏制「臺獨」勢力分裂活動的重要力量。臺灣1990年之後的「憲政改革」,雖以「臺獨」分子的「擴權化」和「臺獨化」為脈絡,但臺灣人民在客觀上取得了諸多民主權利,包括直接選舉民意代表和領導人、透過「公民投票」直接決定自己命運等權利。因此,我們應緊緊依靠臺灣人民,積極採取措施,落實寄希望臺灣人民絕不動搖的方針,而構建兩岸關係和平發展框架的法律機制是其中的重要方式之一。其一,兩岸關係和平發展的目的是為臺海地區謀和平、為兩岸人民謀福祉,維護臺灣人民的民生福祉是其題中應有之義。「穩定」是臺灣的主流

民意,「和則兩利、分則兩弊」已經成為兩岸人民的共識。兩岸關係和平發展框架的法律機制是和平法、發展法,透過制度設計與實踐,促進兩岸關係和平發展,保障臺海地區的穩定,為臺灣人民赴大陸進行經貿活動和其他各項活動提供有力的法律保障,並將中共對臺優惠政策落到實處,促進臺灣人民利益的實現,增強臺灣人民對大陸的認同與信任。其二,構建兩岸關係和平發展框架的法律機制有利於提高臺灣人民對兩岸關係和平發展框架的認同感。兩岸關係和平發展框架是互動性、雙向性的框架,需要臺灣人民的認同方可產生應有效果。不僅如此,兩岸關係和平發展是未來祖國完全統一的前奏,獲得臺灣人民對兩岸關係和平發展框架的認同將為爭取臺灣人民對統一的支持發揮重要作用。法律機制對於提高臺灣人民對兩岸關係和平發展框架的認同感有著不可替代的作用:首先,法律機制以一致性、明確性和穩定性的法律制度將對臺政策法制化,有利於加強臺灣人民對兩岸關係和平發展的信心;其次,透過法律實施,將兩岸關係和平發展框架落到實處,給臺灣人民帶來實實在在的利益,有利於激發其共同促進兩岸關係和平發展的熱情;再次,臺灣人民法律素質較高,法律意識較強,普遍形成了對法律權威的認同,透過構建法律機制體現兩岸關係和平發展框架,有利於臺灣人民瞭解兩岸關係和平發展框架的主要內容,並基於對法律的信仰與服從,增強對兩岸關係和平發展框架的認同。

(二)構建法律機制是運用憲法思維處理臺灣問題的必然產物

臺灣問題是不僅是一個政治問題,也是法律問題。由於憲法在法律體系中的根本地位,我們也可以說臺灣問題在根本上是一個憲法問題。因此,我們在對臺工作中有必要充分運用憲法思維。所謂憲法思維,是指人們在社會活動中運用憲法及其基本理論思考問題、解決問題的思維方式。運用憲法思維處理臺灣問題是基於以下三點理由:

第一,「憲政改革」業已成為「臺灣法理獨立」的主要形式,運用憲法思維處理臺灣問題切中了問題的要害。「憲政改革」是臺灣「民主化」與「本土化」的主要載體,「臺獨」分子透過「制憲」、「修憲」、「釋憲」等多個途徑推進「臺獨」。1990年後,臺灣進行了七次「憲改」活動,透過了多個包含「臺獨」內容、暗示「臺獨」方向、企圖「永久性維持兩岸現狀」的多個「憲法」增修條文。同時,「臺獨」分子積極推動「制憲」,草擬出所謂「臺灣共和國憲法」、「中華民國第二共和憲法」等「臺獨憲草」,臺灣領導人也多次聲稱要「制憲正名」。除顯性的「憲法」變遷途徑外,「臺獨」分子還透過隱性的「釋憲」途徑推進所謂「釋憲臺獨」。截至2007年年底,臺灣「司法院大法官」共作成十六個與兩岸關係有關的「憲法解釋」,這些解釋對於兩岸關係的走向產生了重要影響,一些解釋成為臺灣進行「漸進式臺獨」活動的「法源」。

第二,臺灣民眾普遍法律素質較高,運用憲法思維處理臺灣問題,有利於堅持貫徹寄希望臺灣人民的方針決不動搖,加強對臺工作的民意基礎。臺灣經過近六十年的發展,經濟社會文化法律等各方面社會制度已經比較成熟,臺灣人民的法律素質普遍較高,民主、法治和人權已經內化為臺灣人民的基本修養。無論其正當性如何,臺灣現行的「憲法」與「法律」業已獲得臺灣人民的普遍認同。1990年後,臺灣結束所謂「動員戡亂」,臺灣人民逐漸取得了選舉民意代表、選舉領導人、透過公民投票決定重大事務的權利,臺灣人民能夠已經能夠透過選票決定自己的前途與命運。在這種情況下,我們應充分運用憲法思維,密切注意臺灣人民在臺灣政治生活中的重要地位,信任臺灣人民、依靠臺灣人民,堅持寄希望臺灣人民的方針不動搖。另一方面,正如上文所述,臺灣人民普遍視大陸為「沒有民主」、「不講法治」、「漠視人權」的社會,對大陸的憲法與法律不僅沒有認同感,甚至連基本認識也沒有。長期以

來，我們希望透過政治宣傳、經濟合作和文化感召來爭取臺灣人民，目前，在「臺獨」意識塵囂直上，中國意識在臺灣民眾心中逐漸褪色的情況下，需認識到以憲法和法律為基礎，建構臺灣人民對「中國」的認同感的戰略意義。

　　第三，憲法是中國的根本法，運用憲法思維處理臺灣問題是依法治國的題中應有之義。中國現行憲法是黨領導人民製定的，充分體現了人民的意志，是黨的領導、人民當家做主和依法治國的有效載體，在中國法律體系中具有根本法地位。憲法序言指出，中國憲法是國家的根本法，具有最高的法律效力。全國各族人民、一切國家機關和武裝力量、各政黨和各社會團體、各企業事業組織，都必須以憲法為根本的活動準則，並且負有維護憲法尊嚴、保證憲法實施的職責。從這個意義上而言，處理臺灣問題，也應依據憲法和法律。中國現行憲法是我們處理臺灣問題的總章程，而《反分裂國家法》是處理臺灣問題的具體指針。運用憲法思維處理臺灣問題，以憲法和法律的手段遏制「臺灣法理獨立」，以法促統、依法統一，在決不承諾放棄使用武力的前提下，按照憲法與《反分裂國家法》所規定的各項原則、方針、政策處理兩岸關係，用憲法和法律的武器震攝、制約、打擊「臺獨」分裂勢力。

（三）構建法律機制是遏制「臺灣法理獨立」的必然選擇

　　2007年3月，溫家寶總理在《政府工作報告》中指出，當前反「臺獨」工作的首要任務是遏制「臺灣法理獨立」，這是在大陸公開發表的重要官方文件上第一次出現「臺灣法理獨立」的提法。「臺灣法理獨立」高度概括了目前「臺獨」活動的特徵與發展方向，遏制「臺灣法理獨立」將成為我們今後很長一段時期內反「臺獨」的重點。「臺灣法理獨立」一詞的提出，表明我們對臺灣問題的認識有了進一步的昇華，同時也說明遏制「臺灣法理獨立」的緊迫性與重要性。可以說，構建兩岸關係和平發展框架的法律機制是

在「臺灣法理獨立」外在壓力下的結果，是遏制「臺灣法理獨立」的必然選擇。所謂「臺灣法理獨立」，是指透過法律手段，使臺灣在「法理」上與中國相「脫離」而成為「獨立一國」的臺獨「形式」。與「臺灣獨立」、「臺灣事實獨立」等「臺獨」形式相比，「臺灣法理獨立」具有如下特徵：

第一，「臺灣法理獨立」是「顯性臺獨」與「隱性臺獨」的統一。「臺灣法理獨立」與「臺灣獨立」、「臺灣事實獨立」等「臺獨」形式的最大區別在於，它不僅追求「臺獨」這一「顯性」結果，而且將這一結果分步驟、分階段地在一系列「隱性臺獨」活動中加以落實，前一特徵使其與「臺灣事實獨立」有別，而後一特徵則與我們通常所理解的「臺灣獨立」有別。以臺灣自1990年開始的所謂「憲政改革」為例，一方面，臺灣希望借「憲政改革」，謀求「法統」的轉化，以實現「中華民國在臺灣」或「中華民國就是臺灣」的「臺獨」效果；另一方面，臺灣又利用「修憲」、「釋憲」等多種途徑，分階段、有步驟的透過七次「憲改」，以及數十個「大法官解釋」，逐漸以表面上「去臺獨化」的「法律途徑」，將1946年「憲法」改造成一部「臺灣憲法」。可以說，在「臺獨」分子的一手操辦下，本來是臺灣人民「爭民主、爭人權」的「憲政改革」完全蛻化成為「臺灣法理獨立」的主要形式，而以「憲法」增修條文和「大法官解釋」構成的臺灣現行「憲法體制」也因此成為「臺灣法理獨立」的物質載體。

第二，「臺灣法理獨立」是「宏觀性臺獨」和「微觀性臺獨」的統一。「臺灣法理獨立」不僅在宏觀的政治層面追求「臺獨」的效果，希冀將「憲法」、「法律」變為「臺獨」的布告欄，而且還在具體個案中滲透「臺獨」思想，謀求「臺灣立法獨立」、「臺灣行政獨立」和「臺灣司法獨立」，意圖使兩岸永久分治，實現所謂「維持現狀就是臺獨」。在立法上，臺灣制定所謂「兩岸人民關係條例」，名義上為促進兩岸人民交流融通，實際上為兩岸人民來往

設置重重障礙，甚至不惜矮化、貶斥大陸人民，對之施以不公平對待。在行政上，陳水扁當局一再阻撓兩岸三通直航，阻撓大熊貓入臺、甚至阻撓奧運聖火入臺，採取各種手段打擊、壓制赴大陸投資的臺商以及臺灣偏統媒體，同時發動各種名義的「臺獨公投」，推行「金元外交」、「務實外交」，竭力推動「臺獨」進程。在司法上，臺灣「大法官」以「維持現狀、兩岸分治」思想為指導，頻繁作成不利於兩岸關係和平發展和兩岸人民互相交流的解釋，意圖造成「臺獨」「事實化」與「常態化」。

　　第三，「臺灣法理獨立」是「臺獨」實踐與「臺獨」理論的統一。「臺灣法理獨立」不僅重視實踐活動中的「臺獨」效果，而且看重所謂「學理臺獨」。不可忽視的事實是，臺灣相當一部分高級知識分子，尤其是法律學人在統「獨」問題上十分曖昧，一部分人甚至甘當「臺獨」分裂勢力的馬前卒，利用其學識，或為「臺獨建國」尋找所謂理論基礎，或為「臺灣法理獨立」出謀劃策。在林林總總的「臺獨」理論中，既有宏觀性的指導理論，如葉俊榮的「代表性強化論」、王泰升的「以臺灣為中心」的「憲法」史觀等，而且包括微觀性的理論，如有些學者提出的臺灣政治體制設計原理、「國族認同」問題等。因為這些理論常常處於法學辭藻的包裝之下，不僅法學素養不高的人難以察覺，甚至連一些法學專家也難以看清。

　　「臺獨」分裂勢力推動「臺灣法理獨立」的行徑已經給對臺工作形成了巨大的壓力，因此，我們對臺工作中應重視法律地作用，樹立起臺灣問題是法律問題的觀念，積極構建兩岸關係和平發展框架的法律機制，以此作為依法統一、以法促統的重要載體。同時，還應積極運用法學理論和法律知識分析「臺獨」活動的法律屬性以及法律活動的「臺獨」屬性，研究「臺獨」活動所涉及的法律制度、「臺獨」活動所需經過的「法定程序」、「臺獨」活動在法律上的可能性與現實性等問題。

三、構建兩岸關係和平發展框架的法律機制的主要內容

首先需指出的是，對於構建兩岸關係和平發展框架的法律機制的主要內容而言，本文僅僅是從建構角度所進行的論述，而非描述性的闡釋。因此，本文有必要先對建構原則加以說明。總體而言，建構原則可以概括為「堅持原則、圍繞核心、分層建構」。堅持原則，即堅持一個中國原則決不動搖，堅持一個中國原則是兩岸關係和平發展的政治基礎。一個中國原則，即世界上只有一個中國，大陸和臺灣都同屬於一個中國；儘管兩岸尚未統一，但兩岸同屬於一個中國的法律事實從未改變；堅決反對任何形式的「臺獨」分裂活動。堅持原則是構建兩岸關係和平發展框架的法律機制的前提。圍繞核心，即圍繞法律機制這一核心，充分認識法律機制在構建兩岸關係和平發展框架中的核心地位，並以實現祖國早日統一為根本目的，為臺海地區謀和平、為兩岸人民謀福祉，促進兩岸關係和平發展制度化、規範化、程序化。分層構建，即在具體建構過程中，本著求真務實的精神，對堅持一個中國原則作分層理解，進而分層構建兩岸關係和平發展的法律框架。具體思路為，在堅持一個中國原則的前提下，分兩個層面對這一基本原則進行展開，即原則性的一個中國原則與具體性的一個中國原則。原則性的「一個中國」，即堅持一個中國原則決不動搖，反對任何形式的「臺獨」分裂活動；具體性的「一個中國」，即在部門法層面，發揚求真務實的精神，清醒地認識到兩岸的現實，清醒地認識到臺灣有關「法律」在臺具有實際拘束力的現實，採取有針對性的策略，構建起兩岸關係和平發展的法律框架。

在上述建構原則的指導下，我們將構建兩岸關係和平發展框架的法律機制的主要內容分為三個部分。第一，兩岸關係和平發展的憲法機制，以作為原則性的一個中國原則的體現；第二，兩岸關係

和平發展的部門法機制,以體現具體性的一個中國原則;第三,宏觀考慮堅持一個中國原則可能遇到的各類法律障礙,並為克服這些障礙建構相應的法律機制。

(一)兩岸關係和平發展的憲法機制

憲法在構建兩岸關係和平發展框架的法律機制中居於核心地位,是我們開展對臺工作、遏制「臺灣法理獨立」、促進兩岸關係和平發展的根本大法。構建兩岸關係和平發展的憲法機制,將一個中國原則從政治原則上升為法律原則,規定兩岸關係和平發展的一般原則,並對一些重大敏感的問題進行安排,從而為兩岸關係和平發展提供政治保障和原則指引。兩岸關係和平發展的憲法機制包括三個層面:其一是成文法典意義的憲法,其二為以憲法解釋為主的憲法變遷形式,其三是具有憲法性法律性質的兩岸和平協議與《反分裂國家法》。

第一,憲法是解決臺灣問題的根本法律依據。憲法規定了國家和公民統一臺灣的義務,體現了「和平統一、一國兩制」的方針,並為運用非和平方式統一臺灣提供了法律依據。其一,憲法規定了國家和公民統一臺灣的義務。1982年憲法序言莊嚴宣布:臺灣是中華人民共和國的神聖領土的一部分,完成統一祖國的大業是包括臺灣同胞在內的全中國人民的神聖職責。憲法序言的這段話既有宣示意義,又有規範意義:它不僅宣示臺灣是中國的神聖領土,奠定了統一義務的歷史基礎、政治基礎和法理基礎,還為包括臺灣同胞在內的全國人民設定了憲法上的統一義務。序言的這段話可以作為統一臺灣義務的根本性法源。其二,憲法既體現了「和平統一,一國兩制」的方針,又為以非和平方式統一臺灣提供了法律依據。「和平統一、一國兩制」方針在1982年憲法上體現為特別行政區制度,1982年憲法系統規定了特別行政區的特徵、設置主體、基本法制定方式等重要問題,奠定了特別行政區制度的基本框架。同時,儘管

我們力爭透過和平方式實現兩岸統一，但也決不承諾放棄使用武力。決不承諾放棄使用武力是中共對臺工作強有力的後盾，運用非和平方式實現兩岸統一是解決臺灣問題的最後選擇，亦為憲法所規定。

第二，憲法解釋是界定臺灣問題性質的最佳途徑。兩岸均有人認為，兩岸關係和平發展應擱置「統獨」爭議，以務實態度面向未來。這一觀點自有一定可取之處，尤其是對於一味追求「臺灣法理獨立」的臺灣更是具有相當的警醒作用。但是，臺灣問題性質的模糊將使兩岸關係和平發展淪為一場偶然性事件，兩岸關係和平發展也會因為外在環境缺乏安定性而無法得到穩定、持續發展。目前兩岸關係「政亂則經慌」的局面也證明了這一點。可以說，對臺灣問題性質的界定是對臺工作的核心問題。然而，明確界定臺灣問題的性質是一項兼具政策性與法律性的工作，既要考慮到憲法和法律的權威，又要顧及中共對臺政策的延續性，既涉及對已有憲法規範的解釋，也涉及對憲法未明確規定事項的闡明。從憲法學角度而言，解決上述問題最適宜的方法莫過於憲法解釋：其一，憲法解釋有利於在不變動憲法文本的情況下體現中共對臺政策，這樣既能保持憲法的穩定性，也能彰顯中共對臺政策的延續性，還能靈活應對中共對臺政策的調整；其二，憲法解釋可以將中共的對臺政策憲法化，使之成為具有憲法位階的法律規範，造成僅從政策層面定位難以達到的效果。

第三，《反分裂國家法》與和平協議是兩岸關係和平發展的基礎性規範。《反分裂國家法》是目前處理臺灣問題的基本法律，在對臺法律體系中的地位僅次於憲法。《反分裂國家法》將中共對臺政策法制化，為兩岸關係的和平發展奠定了基本法律框架。《反分裂國家法》第一條便開宗明義地表明了其立法目的，即「反對和遏制『臺獨』分裂勢力分裂國家，促進祖國和平統一，維護臺灣海峽地區和平穩定，維護國家主權和領土完整，維護中華民族的根本利

益」。繼而依次規定了和平統一的基礎、促進和平統一應採取的措施和方式、運用非和平方式統一的條件和機制等。對於《反分裂國家法》而言，目前急需解決的問題是其適用方式。由於《反分裂國家法》具有宣示意義大、政策性強等特點，其適用必然有特殊之處。法律的生命在於實施，中共立法的目的也在於透過適用《反分裂國家法》，促進兩岸關係的進一步發展，以遏制「臺灣法理獨立」。因此，如何適用《反分裂國家法》兼具理論價值和實踐價值，值得進一步探討。除《反分裂國家法》外，和平協議也將在兩岸關係和平發展中發揮重要作用。黨的十七大報告中首次提出「和平協議」這一法律概念，如同「九二共識」那樣，「和平協議」將在凝聚兩岸最大共識的基礎上形成，是構建兩岸關係和平發展法律框架的基礎性規範。可以預見，臺灣的地位、臺灣的性質、兩岸關係和平發展的基本框架等重大問題都將在和平協議中有所體現。當然，就目前局勢而言，和平協議僅僅是一個基本設想，至於其內容、簽訂方式以及效力等問題均需進一步的研究。

（二）兩岸關係和平發展的部門法機制

自1987年臺灣開放赴大陸探親以來，兩岸民間往來日益活絡，兩岸在投資、金融、教育、旅遊、體育、藝術、醫療等領域的交流漸趨頻繁，民間交往已經成為兩岸關係的特徵之一。在兩岸官方往來基本凍結的情況下，民間交往發揮著特殊的作用。目前，大陸方面調整兩岸民間交往的法律比較零散，效力層級不高，已經不能適應日益增長的兩岸民間往來的需要。而憲法、《反分裂國家法》上的一個中國原則又過於抽象，操作性不足，不能滿足兩岸關係和平發展對於法律機制的要求。因此，有必要將憲法、《反分裂國家法》以及未來可能簽訂的和平協議加以細化，將作為原則的一個中國原則轉化為具體的一個中國原則，充分發揚求真務實的精神，採取有針對性的策略，構建起兩岸關係和平發展的部門法機制。兩岸關係和平發展的部門法機制以《反分裂國家法》為核心，包括四個

方面，即兩岸關係和平發展的民事立法、商事立法、行政立法與法律協作。

第一，兩岸關係和平發展的民事立法。民事立法，即有關婚姻、繼承、收養、贍養、勞務、文化交流、知識產權、侵權等方面的法律，在兩岸民間交往中占據重要地位。海峽兩岸民事法律制度雖在根本性質上有所不同，但在技術上均類似於德國法系的民事法律制度，法典結構、基礎性制度以及法學理論的親緣性使兩岸關係和平發展的民事立法具有可能性。兩岸關係民事立法主要包括處理海峽兩岸婚姻、家庭、收養、贍養、繼承等事務的家庭法，處理慈善事業、勞務交流、文化交流和教育合作事務的社會法，處理著作權、專利權、商標權以及技術開發、技術合作、技術轉讓等事務的知識產權法，處理人身損害、財產損害等事務的侵權法等。

第二，兩岸關係和平發展的商事立法。商事立法，即有關公司、票據、保險、信託、證券、銀行和投資等方面的法律，在兩岸經貿交往中占據重要地位。目前，除了文化淵源外，經濟因素是臺灣一部分人主張統一或維持現狀的主要原因。然而，兩岸經濟制度與政策差別較大，一體化進程遠未起步，主要產業又具有一定重合性，兩岸之間的經濟衝突被掩藏在政治「統獨」矛盾之下，隨著兩岸關係的進一步發展，經濟衝突也將逐漸暴露出來。來大陸投資的臺商不僅是促進兩岸經濟發展的主要力量之一，也是遏制「臺灣法理獨立」的重要力量，而臺灣一些政治人物也提出將公布鼓勵大陸居民赴臺投資的政策，因此，如何更多更好地吸引臺商投資、如何為大陸居民赴臺投資提供便利條件、如何協調兩岸產業政策、增強兩岸經濟的互補性與一體性、如何暢通、拓展兩岸金融流通渠道等，將成為商事立法所需關注的重點。大陸與臺灣均採民商合一的立法例，在商事立法上並未採行制定統一商法典的做法，且在技術上均偏向德國法系，同時又吸收了英美法系的若干因素，因此兩岸之間商事立法亦同民事立法一樣具有共通性，為兩岸關係和平發展

的商事立法提供了便利條件。兩岸關係和平發展的商事立法主要包括鼓勵臺商投資的公司法人制度和投資法律制度，加強兩岸經濟一體化的資本流通制度和金融法律制度等。

第三，兩岸關係和平發展的行政立法。與日益活絡的民間交往及經貿交往相比，兩岸之間公權力機關並無任何直接解除，甚至在某種程度上處於敵對狀態。但是，這一局面並不能削弱行政立法在兩岸關係和平發展中的重要地位。大陸行政機關與臺灣籍相對人之間的行政法律關係已經從原來單純的出入境管理，擴展到投資經營管理、稅務管理、教育管理、基礎設施建設管理、旅遊事務管理、戶籍管理等多個部門行政法領域，包括行政處罰、行政許可、行政給付、行政救助以及行政合約等主要行政行為形式在內，而一些臺商也開始運用大陸的《行政復議法》和《行政訴訟法》維護自身合法權益。與民事立法和商事立法相比，行政立法具有相當複雜性，涉及一系列敏感問題，因此，兩岸關係和平發展的行政立法只能循序漸進、逐步建立。

第四，兩岸關係和平發展的法律協作。法律協作是兩岸加強交流合作的重要方式，也是可以將兩岸關係納入兩岸四地總體關係範疇的方式。因此，應加強兩岸四地、尤其是大陸與臺灣、臺灣與港澳地區的法律協作，使法律協作成為促進兩岸關係和平發展的紐帶。目前，兩岸存在一定程度的法律協作，包括透過有關機構交換刑事犯罪嫌疑人、互相承認司法裁判、互相提供司法文書服務等，但是這些已經開展的法律協作停留在司法領域，遠遠不能滿足兩岸關係和平發展的要求。我們認為，兩岸之間的法律協作應是全方位的，包括刑事、民事、行政等各個領域，形成兩岸法律協作機制，建立包括兩岸區際私法在內的兩岸關係法律協作機制。同時，兩岸之間的法律協作還應著眼於兩岸四地之間，構建起適用於大陸、臺灣以及港澳地區的區際法律交流協作平臺，溝通四個法域間的法律聯繫，促進兩岸四地之間的法律交流與合作。

（三）兩岸關係和平發展的法律障礙解決機制

　　兩岸關係和平發展已經、正在、即將遭遇到諸多法律障礙，這些法律障礙大多是由於兩岸長期分離以及「臺獨」分裂勢力作祟所導致的，主要有以下六項：其一，「憲政改革」，1990年以來，臺灣已經連續發動七次「憲政改革」，透過「制憲」、「修憲」和「釋憲」等途徑推進所謂「臺灣法理獨立」；其二，以各種名目進行的「臺獨公投」，2003年以來，「臺獨」分子就將「公投」作為實現「法理臺獨」的重要手段，陳水扁當局曾於2004年組織過一次所謂「防禦性公投」，而目前又在積極推動所謂「入聯公投」，這些「公投」都是變相的「臺獨公投」，都將成為「臺灣法理獨立」的重要步驟；其三，臺灣「兩岸人民關係條例」及「兩岸關係法制」，臺灣以「兩岸人民關係條例」為核心，建立起所謂「兩岸關係法制」，在一定程度上充當著調整兩岸人民關係的法律依據，但「兩岸關係法制」以兩岸分離為前提，意圖「永久性」維持現狀，是造成「臺灣事實獨立」的法律依據；其四，兩岸互不承認對方法律和公權力機關的合法性，導致法律適用和法律協作等一系列困難，甚至使正常的法律業務無法開展。其五，兩岸法律協作途徑單一，除了跨海打擊刑事犯罪尚可透過紅十字會渠道進行合作，其他領域基本上沒有合作機制，雖然在一定範圍內相互承認判決和裁定，也開展了一些司法文書證明、傳遞合作，但深度和廣度遠遠不能滿足兩岸關係和平發展的需要，兩岸法律協作途徑單一和不暢將動搖臺灣人民與大陸來往的信心，其危害不小於臺灣推動的一系列「法理臺獨」活動，因而成為制約兩岸關係和平發展的主要障礙；其六，兩岸無國際法層面交流渠道，在國際事務中，由於「臺獨」分子的作用，兩岸不僅不能精誠合作，爭取共同利益，反而容易激化矛盾，導致不必要的衝突和損失。

　　我們可以清晰地發現，「臺獨」分裂勢力的分裂活動是導致這些法律障礙的總根源。因此，在構建兩岸關係和平發展的法律障礙

解決機制時，應堅持一個中國原則，堅持反「臺獨」立場，從根源上清除兩岸關係和平發展上的法律障礙，同時，本著求真務實的精神，採取相應措施，靈活應對兩岸關係和平發展中法律障礙。

第一，將對臺事務納入司法領域，積極運用司法手段解決涉臺問題。目前，對臺事務大多由行政機關進行處理，涉臺問題也基本上透過行政途徑加以解決。行政權具有效率高、專業性強等特點，可以有效應對涉臺問題，也取得了相當成效。但涉臺無小事，對臺灣事務的處理應持更為審慎的態度。另外，由於終局性、權威性和中立性等特點，司法作為社會糾紛解決機制的最終手段已經為全世界所公認。因此，將對臺事務納入司法領域，透過司法途徑解決涉臺問題，將提高問題解決的權威性，也有助於將敏感的「統獨」爭議轉化為法律問題，使其更容易獲得臺灣同胞的認同。同時，司法權具有個案性、處分性等特點，有助於將憲法、《反分裂國家法》以及其他兩岸關係和平發展的法律機制落到實處。

第二，注意發揮民間組織、學術團體的重要作用。一些不具有官方性質的民間組織，如紅十字會、海協會與海基會、各宗親會、各學術團體和研究機構在兩岸交流過程中造成了特殊的作用。透過民間組織和學術團體的渠道，兩岸之間不僅加強了民間溝通、學術交流與經貿往來，而且也使在黨際交往、司法協作等方面有所依託。民間組織和學術團體的非官方身分，尤其是一些超越政治和意識型態的組織，可以使兩岸避免是否承認對方公權力機關或規範性文件效力的爭議，從而以務實的態度促進兩岸關係和平發展。在兩岸關係和平發展框架的法律機制中，民間組織與學術團體的作用與地位將得到進一步提升，而成為兩岸之間進行交流和溝通的核心渠道。

第三，以《反分裂國家法》為核心，建立起大陸版的兩岸關係法制。目前，臺灣已有所謂「兩岸關係法制」，並在一定程度上充

當「臺灣法理獨立」的法律依據之一。為與之針鋒相對，促進中共對臺政策的貫徹落實，有必要憲法為依據，建立以《反分裂國家法》為基本法的大陸版兩岸關係法制，根據中共對臺工作政策、目前對臺工作實際情況和臺灣的「法律」狀況，制定專門以處理兩岸關係為目的的法律，從而將中共的對臺政策法律化。在建立以《反分裂國家法》為基本法的對臺工作法律體系時，有必要考慮以下三點：其一，建立對臺工作法律體系應有助於兩岸和平統一，有助於兩岸人民的民生福祉，在不承諾放棄使用武力的前提下，以發展兩岸人民關係、保障兩岸人民利益為第一要務；其二，建立對臺工作法律體系應體現對臺工作的實踐性和靈活性，在堅持一個中國的原則不動搖、堅持寄希望於臺灣人民的方針不動搖的前提下，根據實際情況調整對臺工作的具體策略，採取一切切實可行的方法增進兩岸人民福祉，早日實現兩岸完全統一；其三，建立對臺工作法律體系應與時俱進，充分顧及日後兩岸關係走向，為未來處理兩岸關係預留制度空間。

第四，兩岸在國際社會互相協作。目前，臺灣以「中華臺北」、單獨關稅區等名義參加了多個國際組織，越來越多的臺灣人士也成為一些國際組織的重要成員，隨著全球經濟一體化和兩岸交流的不斷加深，兩岸中國人在國際上相互協調、配合，以一致立場對外、以一個聲音說話的重要性愈加顯現。如何開展兩岸國際層面的合作，以爭取中華民族共同利益，制約外部勢力挑撥兩岸關係的行為、從中漁利的行為，將依賴於建立起務實的、有操作性的交流渠道。建立國際層面合作機制，需要兩岸公權力機關的相互配合，在目前情況下，可參照「汪辜會談」模式，由兩岸各自指定民間組織形成論壇、會談、洽談會等交流機制，在訊息共享、人員流動、資金合作等方面進行充分交流，使兩岸在爭取共同利益方面協調一致，以實現中華民族的共同利益。

四、結語

　　1960年9月1日，臺灣著名學者殷海光先生為《自由中國》雜誌撰寫了名為《大江東流擋不住》的社論，其意指臺灣人民爭取民主的運動就像大江東流一樣，是任何勢力也無法阻擋的。今天，面對「臺獨」分裂勢力的囂張氣焰，我們同樣也要說，兩岸關係和平發展與祖國完全統一也像大江東流一樣，是任何人、任何勢力都擋不住的。兩岸關係和平發展是歷史的必然，也是祖國完全統一的前奏。在這一歷史背景下，我們應充分認識到法律機制在構建兩岸關係和平發展框架中的重要作用，認識到臺灣問題不僅是一個政治問題，也是一個法律問題，歸根到底是一個憲法問題，認識到「臺灣法理獨立」的本質與危害性，積極運用憲法和法律武器，依法統一、以法促統，將「法律促進」提升到對臺工作總指導方針的地位，透過構建兩岸關係和平發展框架的法律機制，始終為臺海地區謀和平，為兩岸人民謀福祉，為祖國完全統一奠定良好制度基礎。

論發展和平穩定的兩岸關係

　　兩岸關係是由如何解決臺灣問題而引申出來的歷史性課題。眾所周知，臺灣問題具有其特殊性和複雜性。儘管從法理上說，臺灣與祖國大陸都是中國領土不可分割的一部分，但當前臺灣既不同於祖國內地的某一行政區域，也不同於實行「一國兩制」的香港或澳門。因此，從性質上說，兩岸關係在本質上屬於中國國內的一種特殊交往形式。在當前祖國大陸與臺灣尚未統一的情況下，應該如何認識和發展兩岸關係，是新的歷史條件下複雜的臺海局勢向我們提出的新挑戰。

一、和平穩定的兩岸關係事關中國的未來

兩岸關係的核心在於如何解決臺灣問題。可以說，臺灣問題一日得不到解決，不僅中國的國家安全將受到威脅，而且中國的主權和領土完整也將不能很好地維護，中華民族的繁榮昌盛也就很難實現。因此，能否發展和平、穩定的兩岸關係，進而推進祖國和平統一，已成為決定中國未來的關鍵因素之一。

（一）和平穩定的兩岸關係事關中國的國家安全

臺灣問題是中國整體國家安全戰略的重要組成部分，臺灣海峽局勢直接關係到中國以及整個亞太地區的安全與穩定，而兩岸關係的發展趨向決定了臺灣問題能否解決以及如何解決的問題。因此，兩岸關係能否和平穩定發展事關中國的國家安全。

首先，從地理位置上看，臺灣處於中國陸權與海權接界的「邊緣地域」，是中國維護南海海域主權進而有效實現制海權的重要依託。臺灣位於祖國東海大陸架的東南邊緣，東臨太平洋，東北鄰琉球群島，南面為巴士海峽，西隔臺灣海峽與祖國大陸的福建省相望。臺灣扼西太平洋航道的要沖，是中國東南大陸的海上屏障和進出太平洋的瓶頸。獨特的地理位置，決定了臺灣重要的地緣戰略地位，以及臺灣在維護中國海上安全方面和維護中國海權利益過程中所處的重要而特殊地位。

其次，從當前的國際關係來看，自前蘇聯解體後，西方大國調整了其對華戰略，突出表現在加大了對中國的防範和遏制，而臺灣問題則成為它們制約中國、威脅中國國家安全的重要途徑之一。一方面，臺灣是美國在亞太地緣戰略中的核心鏈條，被美國視為「永不沉沒的航空母艦」。在傳統地緣戰略思維指導下，美國繼續憑藉其強大的經濟實力和軍事力量，強化對西太平洋的控制。另一方面，日本逐漸改變了冷戰時期的謹慎姿態，憑藉著美日軍事同盟的

影響力,積極參與西太平洋的地緣政治博弈。日美簽署的《防衛合作指導方針》將應對「周邊事態」納入日美軍事幹預範圍。儘管該方針在「周邊」是否包括臺灣問題上模糊不清,卻明顯反映出兩國決定聯合控制西太平洋、遏制中國的戰略企圖。而臺灣問題則是美日對中國實施地緣遏制的重要槓桿,因此能否解決臺灣問題直接關係到中國海上安全的全局,而發展和平穩定的兩岸關係則是其中的關鍵環節。

(二)和平穩定的兩岸關係事關中國的發展

對於一個有著十三億人口的發展中大國而言,發展的問題始終是第一位的。如前所述,兩岸關係能否和平穩定發展對解決臺灣問題有重大影響。從這個角度而言,兩岸關係是事關中國發展的重大課題。一方面,隨著中國經濟的快速發展,經濟發展及人口增長同資源、空間有限性之間的矛盾日漸嚴重,因而,能否開發海洋資源直接關係到中國未來的可持續發展,關係到中國的整體繁榮與穩定。臺灣是中國南海海域的要塞,是我們開發南海及其周邊地域資源的依託。可以毫不誇張地說,臺灣是祖國南海「生命線」上一顆無價的珍珠。

另一方面,發展需要和平的國際、國內環境。如果我們不盡最大努力爭取和平解決臺灣問題,不盡最大努力推進和平、穩定的兩岸關係,那麼,我們就會錯過十分關鍵的戰略機遇期。而且,要和平,不要戰爭,是海峽兩岸中國人的共同心聲。因為無論從哪個角度來說,戰爭都不是解決臺灣問題的最佳選擇。這也是為什麼我們黨和政府一直強調要盡一切努力發展兩岸關係,爭取和平解決臺灣問題,不到萬不得已決不採用非和平方式的根本原因。儘管「臺獨」分裂勢力愈演愈烈的分裂活動使兩岸關係重新陷入緊張狀態,但我們仍然不能放棄和平解決臺灣問題的努力。因此,實現兩岸關係和平穩定發展是我們對臺工作的重要內容。

（三）和平穩定的兩岸關係事關中國的統一大業

實現祖國統一、民族團結、國家強盛和世界和平，一直是中華民族不斷追求的理想。由於各種原因，臺灣與祖國大陸分離多年，臺灣不僅實行與祖國大陸完全不同的社會制度，臺灣民眾無論在生活習慣、還是在意識型態上與祖國大陸人民存在眾多差異，而且受臺灣扭曲的政治宣傳影響，臺灣臺灣民眾，尤其是臺灣年輕一代對祖國大陸存在嚴重的隔閡感和不信任感。因此，及時消除隔閡，以增進臺灣民眾對大陸的瞭解和信任，是我們爭取祖國和平統一的必由之路。從這個意義上說，兩岸關係能否和平、穩定發展直接關係到中國的統一大業能否實現。因為，透過兩岸的交往與合作，可以不斷加深兩岸人民的相互瞭解，增強兩岸人民的共識，逐步建構起信任和溝通機制，在消除雙方間的誤解和分歧的同時，增進雙方的感情。

二、兩岸關係在曲折中艱難前進

1949年中華人民共和國成立，蔣介石帶領國民黨殘餘勢力逃往臺灣，並藉助美國的援助在臺灣穩住陣腳，海峽兩岸的對峙局面得以形成。自此以後，兩岸關係一直在曲折中艱難前進。

從中華人民共和國成立到1950年代末，海峽兩岸一直處於嚴重的軍事對峙狀態。在這一歷史時期，祖國大陸提出「一定要解放臺灣」，臺灣則鼓吹「軍事反攻大陸」，實現「反共復國」，而且雙方在祖國大陸東南沿海諸島嶼多次展開激烈戰鬥。儘管海峽兩岸的軍事對峙是中國國內解放戰爭的延續，但美國等國際因素的介入，使臺灣問題更加複雜化。1950年6月，朝鮮戰爭爆發。同年6月27日，美國宣布介入朝鮮局勢，並派美軍第七艦隊進入臺灣海峽，以阻止祖國大陸軍隊解放臺灣，臺灣問題從此形成。1954年12月2

日,美國還同臺灣簽訂了美臺「共同防禦條約」,進一步加強了對臺灣問題的干預。從此,兩岸關係不再是純粹的海峽兩岸人民間的問題,其發展不可避免地受到諸多國際因素的影響。

1950年代末至60年代後期,受國際局勢變化的影響,海峽兩岸關係有所緩和,但海峽兩岸的局部軍事衝突仍然存在。在這一時期,中國共產黨人關於和平解放臺灣的戰略思想不斷發展。毛澤東宣布「國共已經合作了兩次,我們還準備進行第三次合作。」1956年6月28日,周恩來同志在一屆全國人大三次會議的報告中,專門談到瞭解放臺灣問題,指出「和平解放臺灣的可能性正在增長」,並代表中國政府宣布「願意同臺灣協商和平解放臺灣的具體步驟和條件,並且希望臺灣在他們認為適當的時機,派遣代表到北京或者其他適當的地點,跟我們開始這種商談。」中共第八次全國代表大會的報告也表明,儘管沒有承諾放棄使用武力,但中國共產黨關於解放臺灣的戰略思想,已經從「武力解放臺灣」轉變為「和平解放臺灣」。在和平解放臺灣的方針之下,大陸政府積極透過各種渠道加強同在臺灣的國民黨之間的溝通和聯繫。

從1966年到70年代後期,海峽兩岸處於冷戰對峙狀態。1966年「文化大革命」爆發,祖國大陸的對臺工作受到嚴重衝擊和破壞,對臺工作一度陷入停頓狀態,兩岸交往也幾乎斷絕。但中國面臨的國際環境卻發生了重大變化:中美關係開始解凍;中日邦交逐步走向正常化;1971年第二十六屆聯合國大會全體會議透過決議,中華人民共和國在聯合國的合法席位得到恢復。而臺灣則陷入了前所未有的「外交危機」,於是對內實行「革新保臺」的「積極偏安」政策,其大陸政策則轉變為「光復大陸」之下的「絕不談判」、「絕不妥協」。在此期間,儘管海峽兩岸前沿陣地的軍事對峙仍然存在,但正面武裝衝突已很少發生。

1978~1987年,海峽兩岸進入和平對峙時期。中國政府積極適

應變化了的國際、國內形勢，適時調整了對臺政策。1978年12月，中國共產黨的十一屆三中全會提出了臺灣回歸祖國，實現祖國統一大業的奮鬥目標。1979年元旦，全國人大常委會發表《告臺灣同胞書》。1981年9月30日，葉劍英向新華社記者發表談話，提出了九條原則，進一步將和平統一祖國作為祖國大陸對臺工作的基本方針政策。臺灣也改變和放棄了「反共復國」的初衷，轉而推行「以三民主義統一中國」，以及處理兩岸交往事務的「三不政策」。這一時期的兩岸關係由軍事對抗走向和平對峙，而且雙方都主張爭取以和平方式解決兩岸的政治分歧，實現中國統一。

需要強調的是，堅持「一個中國」，反對「兩個中國」或「一中一臺」是兩蔣（蔣介石、蔣經國）時期臺灣的基本立場。早在1950年代，蔣介石就反對和抵制「臺灣託管」論、「臺灣地位未定論」和美國提出的「劃峽而治」的「兩個中國」主張，並嚴厲鎮壓臺灣的分裂活動。這一基本立場一直延續到蔣經國治理臺灣時期。

從1987年到現在，海峽兩岸關係經歷了一個特殊的發展階段。於兩岸交往而言，機遇與挑戰、困難並存。一方面，海峽兩岸交流得到飛速發展。蔣經國晚年推行「政治革新」。在其影響下，1987年7月，臺灣解除實施長達三十八年之久的「戒嚴令」，逐步放寬了臺灣民眾赴大陸探親的限制，隨後又在一定範圍內逐步開放兩岸經貿往來。90年代以後，兩岸交往進一步加強，不僅交流領域擴大到經濟、文化、體育等各個方面，而且雙方的交流也從民間交流，發展到海峽兩岸官方機構間一定範圍內的協商和談判。1991年2月，臺灣公布所謂「國家統一綱領」，表達贊成「開放兩岸直接三通」、「推動兩岸高層人士互訪」的觀點。祖國大陸也先後公布一系列促進海峽兩岸交流與交往的措施。1992年11月，海峽兩岸關係協會與臺灣的海峽交流基金會就解決兩會事務性商談中如何表明堅持一個中國原則的問題，達成了以口頭方式表達的「海峽兩岸均堅持一個中國原則」的共識，由此，一個中國原則被確定為解決兩岸

關係的道德底線,「一中各表」的「九二共識」也成為中國政府處理對臺事務的基本準則。

而另一方面,這一階段是「臺獨」與「反臺獨」,「分裂」與「反分裂」艱難鬥爭的時期。蔣經國去世、李登輝繼任「臺灣總統」後,逐漸背離了一個中國原則。1989年3月,李登輝明確宣稱臺灣「外交」要突破「一個中國」的框架。1993年2月,李登輝公然表示,「主張中華民國在臺灣,始終沒有講過一個中國」。1995年4月,李登輝提出「李六條」,強調「臺灣與大陸分別由兩個互不隸屬的政治實體治理,形成了海峽兩岸分裂分治的局面」。兩個月後,李登輝在美國的演講中再三強調「中華民國在臺灣」或「在臺灣的中華民國」。1999年7月,李登輝提出「兩國論」,宣稱兩岸關係是「國家與國家,至少是特殊的國與國的關係」,從而徹底背棄了一個中國原則。臺灣的分裂言行引起了祖國大陸政府和全體中國人的強烈反對,祖國大陸立即開展反分裂、反「臺獨」的鬥爭,臺海局勢陷入危機,兩岸事務性接觸與談判被迫中斷。2000年,陳水扁當選臺灣領導人之後,拒絕接受一個中國原則,徹底否認「九二共識」,不斷推進「臺獨」分裂活動。陳水扁曾多次重申其「一邊一國」主張,明白無誤地表達其「臺獨」意圖。如2002年7月30日,陳水扁首度以民進黨主席身分發表談話時稱:「1999年所透過的臺灣前途決議文是民進黨黨綱的重大里程碑,也是我們目前處理兩岸問題的最高原則。臺灣是主權獨立的國家,目前她的國號叫做中華民國,任何有關現狀的變動,必須經由臺灣全體人民來共同決定。」陳水扁一再提出要「制憲」、「公投臺灣前途」,企圖在「民主」、人權」的旗號下實現其「漸進式臺獨」目標。而且,主張「臺獨」的民進黨執政臺灣,利用行政資源在各個領域進行「去中國化」,同時積極推進「法理臺獨」,已經直接威脅到祖國的主權和領土完整。因此,祖國大陸政府和人民在不放棄兩岸和平統一的努力、加強兩岸經貿聯繫的同時,也在積極進行「反分

裂」、「反臺獨」的鬥爭。特別是隨著《反分裂國家法》的頒布，以及中國國民黨、親民黨、新黨等臺灣在野政治力量與中國共產黨交往的不斷深化，兩岸關係的發展走上了新的歷史階段。

三、發展和平穩定的兩岸關係

胡錦濤同志早就指出，臺灣同胞是我們的骨肉兄弟，是發展兩岸關係的重要力量，也是遏制「臺獨」分裂勢力分裂活動的重要力量。「臺獨」分裂勢力越是想把臺灣同胞跟我們分隔開來，我們就越是要更加緊密地團結臺灣同胞。當前，國際社會反華勢力的活動以及臺灣的「臺獨」立場，給兩岸交往蒙上了陰影，使海峽兩岸在各個領域的交流不同程度地受到影響。在嚴峻的臺海局勢下，我們更不能放棄發展兩岸關係的努力，而應該從兩岸實際出發，採取務實、靈活的兩岸政策，推動兩岸交流形式的多樣化、實效化。具體而言，在新時期發展和平穩定的兩岸關係主要包括以下內容：

（一）不斷完善涉臺立法

在法治社會中，法對人們的行為起著規範、指引和教育作用。法明確規定人們能夠做什麼、不能做什麼，同時透過對違法行為進行懲戒，為人們提供可預測性的行為模式。立法是我們對臺工作的重要內容。涉臺立法從立法的角度為規範兩岸交往，推進兩岸關係提供法律保障。因此，祖國大陸要發展和平穩定的兩岸關係，推動兩岸在各個領域的交流與合作，實現兩岸持續、穩定發展，就必須透過立法來調整兩岸交往關係，規範並推動兩岸交流與合作，以法律的力量來抵制臺灣對兩岸交往的阻撓。

目前中國已經公布了一系列法律、法規、行政規章等來保障臺胞的合法權益，推動兩岸交流的深入發展，如《中華人民共和國臺灣同胞投資保護法》、《中國公民往來臺灣管理辦法》、《國務院

關於鼓勵臺灣同胞投資的規定》、《中華人民共和國臺灣同胞投資保護法實施細則》等。但是，從總體上說，當前祖國大陸關於調整兩岸交往的立法，已經明顯滯後於兩岸在經濟、文化、教育等領域交流與發展的現實需要。目前中國涉臺立法尚未系統化，有關處理涉臺事務的規定缺乏應有的規範性、系統性、權威性和可操作性，直接影響了它們在實踐中能夠發揮的作用。

隨著祖國大陸各地涉臺事務的普遍開展，地方性涉臺立法的重要性更加突出。地方性涉臺立法能夠有效彌補當前祖國大陸中共涉臺立法的不足，為各地處理涉臺事務提供有針對性的、富有實效的依據。而且，地方性涉臺立法中的合理內容，也為我們今後製定全國性的調整兩岸交往的綜合性法律提供借鑑。

當前，漢臺交往不斷密切，我們湖北廣闊的市場和豐富的投資機會，吸引了廣大臺胞來漢經商、興辦實業。因此，我們應該依託本地良好的投資環境和豐富的法律人才資源，積極開展涉臺立法研究，爭取在地方性涉臺立法方面創出自己的特色。

（二）加快兩岸經濟合作

進一步加強兩岸交流是海峽兩岸經濟發展的共同要求。經過幾十年的發展，海峽兩岸間的交流與合作不斷發展，雙方在廣泛的領域存在著共同利益。海峽兩岸在經貿領域的交流與合作為兩岸關係和平穩定發展提供了強大的物質支持。隨著祖國大陸改革開放步伐的加快，祖國大陸將開放更大的市場，為臺商提供更廣闊的投資空間和更多的貿易機會。而且由於祖國大陸和臺灣處於不同的經濟發展階段雙方在經濟發展的資源優勢方面存在顯著差異，因而存在很強的互補性，具有廣泛的合作空間。具體說來，臺灣臺灣有限的經濟資源與市場空間在很大程度上制約了臺灣經濟的發展，而祖國大陸豐富的自然資源以及廣闊的市場，則能在很大程度上彌補臺灣臺灣經濟條件的不足。如果海峽兩岸開展經濟合作，那麼臺灣將能夠

从祖国大陆获得更多的资源支持，从而不断拓展台湾经济的发展空间，而祖国大陆也可以从台湾的发展中获取自身发展的动力。如此一来，海峡两岸完全可以在进一步整合双方经济中实现两岸经济的「互惠双赢」。

事实上，自1980年代以来，海峡两岸已经在广泛的领域开展交流与合作，两岸人员之间的往来也日益频繁。经济交往是海峡两岸关系发展的亮点统计资料显示，2005年，两岸贸易继续保持较快的增长势头，两岸通航等领域的交流与合作出现一些新的局面，商务部统计数据表明，2005年1～11月份两岸贸易总额为820.2亿美元，较上年同期增长15.8%。

因此，从总体上看，尽管目前两岸交流与合作仍然存在种种人为障碍，但加强两岸交往已成为不可逆转的发展趋势。湖北作为中部大省，要积极发展两岸经贸关系，努力扩大汉台经济交流与合作，就必须在继续贯彻鼓励台湾同胞来我省投资的相关政策的同时，不断完善投资环境，切实保护台商的合法权益，促进两岸经贸合作，为海峡两岸的共同发展而努力。

（三）推动中华文化交流

加强海峡两岸人民间的沟通是保证海峡两岸关系良性发展、实现祖国和平统一的关键。而中华文化交流是联系两岸中国人的精神纽带，也是推进两岸关系和平稳定发展的精神动力。陈水扁执政以后，为实现其「台独」目标，台湾透过修改历史教科书、修改拼音用法等手段，加快了「去中国化」的步伐，企图在文化层面割断台湾人民同祖国大陆的联系。这从另一个角度说明了我们推动海峡两岸中华文化交流的必要性和紧迫性。

中华文化凝聚著包括台湾人民在内的中国各族人民的智慧，是联系两岸人民的精神纽带。尽管在现阶段，由于各种原因，我们不可能要求台湾台湾民众现在在政治上否定或放弃「中华民国」，转

而認同中華人民共和國，但不可否認，絕大多數臺灣民眾仍然認同中華文化，認同自己是中華民族的兒女。中華民族悠久的歷史、燦爛的文化，是每一個中國人的驕傲，也是把每一個中國人聯繫起來的精神紐帶。海峽兩岸中國人都是中華民族，都是炎黃子孫，都是中華文化的繼承者，不斷發揚中華文化是兩岸中國人的共同使命。因為，透過推動中華文化交流來維繫和發展兩岸關係，不僅有利於兩岸人民間的思想交流，增進兩岸人民的共識，最大限度地減少由於兩岸政治僵局帶來的矛盾和分歧，同時更好地維護海峽兩岸中國人的共同利益，而且更重要的是，從深層寓意上說，臺灣民眾對中華文化的認同，體現著一種政治認同，即肯定「海峽兩岸人民同屬中國人」。在中國近代史上，中華民族雖歷經磨難，但凝聚著中國各族人民智慧結晶的中華文化，是全世界中華兒女共同的精神家園。無論身在何方，對中國的認同，對中華民族的認同，對中華文化的認同，是全世界中華兒女的精神依託。

因此，在當前兩岸政治談判陷入僵局，雙方在政治層面分歧嚴重，發展兩岸交往面臨許多人為障礙的情況下，從兩岸現實出發，積極推進兩岸文化交流，增強臺灣人民對中華文化的認同感，是兩岸消除分歧，最終走向統一的堅實基礎。

（四）以黨際交流為切入點加強兩岸政治交流

採用和平方式而不是戰爭方式解決臺灣問題，無疑最有利於海峽兩岸中國人的共同利益。為爭取祖國和平統一，中國政府一再呼籲在一個中國原則基礎上開展兩岸平等政治對話和談判，共同協商解決臺灣問題。加強兩岸政治交流是發展兩岸關係的重要內容，祖國大陸政府和人民已為此付出了不懈努力。2005年3月4日，胡錦濤同志就新形勢下發展兩岸關係提出了四點意見，即：第一，堅持一個中國原則決不動搖；第二，爭取和平統一的努力決不放棄；第三，貫徹寄希望於臺灣人民的方針決不改變；第四，反對「臺獨」

分裂活動決不妥協。胡錦濤同志明確指出，對於臺灣任何人、任何政黨朝著承認一個中國原則方向所作的努力，我們都歡迎。只要承認一個中國原則，承認「九二共識」，不管是什麼人、什麼政黨，也不管他們過去說過什麼、做過什麼，我們都願意同他們談發展兩岸關係、促進和平統一的問題。我們希望臺灣早日回到承認「九二共識」的軌道上來，停止「臺獨」分裂活動。只要確立了一個中國的大前提，我們對任何有利於維護臺海和平、發展兩岸關係、促進和平統一的意見和建議都願意作出正面回應，也願意在雙方共同努力的基礎上尋求接觸、交往的新途徑。這些政策主張在很大程度上緩和了兩岸政治氣氛，為兩岸政治交流奠定了基礎。

現代政治是政黨政治，政黨在政治生活中起著舉足輕重的作用。政黨選舉是臺灣臺灣政治生活的重要內容。自2000年民進黨贏得臺灣「大選」之後，臺灣臺灣的政治環境發生了很大變化。由於陳水扁當局堅持「臺獨」立場，拒絕接受一個中國原則，大陸政府與臺灣進行直接政治談判陷入僵局。在這種情況下，開展海峽兩岸黨際交流無疑成為推動兩岸政治交流的切入點。2005年中國國民黨、親民黨領導人先後訪問大陸，胡錦濤總書記先後與國民黨主席連戰、親民黨主席宋楚瑜在北京舉行正式會談。海峽兩岸不同黨派領導人在交往中，就促進兩岸關係改善與發展的重大問題以及黨際交往事宜坦誠、深入地交換了意見，形成了一定的共識，進一步推動了兩岸政治交往的開展。

繼2005年11月1日第一次保護臺商合法權益工作會談之後，2006年9月18日，中共中央臺辦與國民黨臺商服務中心訪問團在京舉行第二次保護臺商合法權益工作會談，雙方交換了建立和規範兩黨有關工作機構保護臺商合法權益、保護大陸同胞在臺合法權益工作流程和運行機制的意見，並就進一步加強保護兩岸同胞合法權益工作，落實「雙向合作、平等保護」精神進行了會談，達成了廣泛共識。同時，中國共產黨與中國國民黨、親民黨在上海、北京、海

南等地聯合舉辦專題論壇,取得了一些交流成果。海峽兩岸黨際交流增進了兩岸間的政治認識,為推動兩岸政治交流開闢了新途徑。

總之,歷史已經證明,並將繼續證明,只有祖國大陸具備強大的政治、經濟、軍事力量,並且積極推進兩岸政治、經濟、文化交流,始終不渝地貫徹「寄希望於臺灣人民」的方針,臺灣問題才有望獲得圓滿解決。因此,為了海峽兩岸人民的共同利益,我們必須從各個方面努力,保障和推動兩岸關係和平、穩定發展,積極為和平解決臺灣問題創造條件。

兩岸治理:一個形成中的結構

2008年5月,臺灣政治局勢發生了有利於兩岸關係和平發展的變化。在兩岸領導人和有識之士的推動下,兩岸透過海協會和海基會所形成的「兩會框架」,達成了一系列協議和共識,並促成兩岸全面直接三通的實現。如何從理論上描述兩岸關係的現狀,並透過理論上的預測力來預測兩岸關係發展的趨勢,是一件饒有趣味的工作。當前所持的方法論,基本上是將兩岸類比為某種政治實體的類型,甚或是創造出一種新的政治實體類型。但是,無論是類別還是創造,總有若干缺憾甚至謬誤之處。兩岸關係固然不能藉助傳統政治學的智識,將其放置於「兩黨」、「兩體」或者「兩國」的研究框架內,但亦難依循靜態思維,孤立地將其看作是一個已經形成的新實體。立基於此認識,本文嘗試改變用「實體」範疇分析兩岸關係的方法論,轉而用「結構」代替「實體」,將兩岸關係描述成一種「治理結構」(the governance system)。為此,本文提出並試圖論證以下命題:大陸和臺灣之間的治理結構,乃是一種形成中的治理結構。為了論述方便,不妨將這種形成中的結構簡稱為「兩岸治理」。

一、歐盟治理和張亞中的「兩岸治理」評析

「兩岸治理」的名詞，並非是本文首先提出，早有學者根據兩岸現實，將「兩岸治理」作為兩岸間「去主權化」的替代性方案。從更廣的範圍內而言，有關「治理」的理論資源主要來自於已經成型的歐盟治理（或歐洲治理）。當然，無論是有學者提出之「兩岸治理」，抑或是「歐洲治理」，都與兩岸關係現狀及發展有著相當距離。

（一）歐盟治理

作為「治理」理論的源頭之一以及實踐場所，歐洲自啟動歐洲一體化（歐洲整合）開始，就探索一種「沒有政府的治理體系」（governance without government），其成果之一，便是形成了以歐盟為中心的治理結構。關於歐盟治理的準確定義以及性質，仍然是研究治理的學者關注的問題之一。但是，這些學者至少在以下觀點上是有著共識的：歐盟治理不能由歐盟的機構獨自擔當，而應該包括廣泛的社會行為體的參與，歐盟的治理應建立在（各利益群體間）協商而非（政府間）談判以及決策基礎之上。這一觀點將歐盟治理拆解為兩個相互關聯、但又各有特點的兩部分：其一，是以「第一支柱」（建立在《歐洲共同體條約》基礎上的歐洲共同體）為基礎的治理模式，這種模式以各成員國向「超國家」的歐盟機構讓渡權力並由歐盟機構在所讓渡權力的範圍制定規範為首要特徵，因此，這種治理模式又被稱為「共同體方法」；其二，是晚近逐漸形成的新治理模式，這些新治理模式主要有專門委員會、成員國間的「相互承認」、半私人的監管組織、共同體機構和開放式協調法（OMC）等。上述兩種治理模式的區別在於：新治理模式在相當程度上已經擺脫了民族國家的桎梏，因而不再是遵循「由政治責任性的機構負責制定規則和確定激烈辦法引導目標群體」的傳統模

式，而是將「目標群體」轉化為「利益攸關者」，使其參與決策過程，並幫助制定和實施決策。但是，這並不意味著新治理模式將取代「共同體方法」。臺灣學者蘇宏達認為，如果從制定規範的角度來觀察歐洲一體化，則歐盟治理就是同時在多個層次上互動並產生規範的機制和過程。貝婭特·科勒—科赫則將新治理模式視作「共同體方法」的補充，她認為，在絕大多數情況下，歐盟內部的決策仍然具有以條約為基礎的「共同體方法」的烙印，而新治理模式則更多的是一種補充，已經擴展到那些「所有成員國不願意讓渡權力，但又希望加強協調的政策領域」。

由此可見，歐盟治理就其內容而言，其實上是一種倡導廣泛參與的政治模式，其主要功能是彌補傳統政治方法（如政府間的談判，等等）在歐洲決策上的能力欠缺和正當性不足，從而提高政策的可接受性。

（二）張亞中的「兩岸治理」

臺灣學者張亞中是運用「治理」理論分析兩岸關係的代表性人物。張亞中提出的「兩岸治理」概念，建立在將治理理解為「沒有政府的統治」的基礎上。張亞中認為，「歐盟治理」或者是「全球治理」都傳達了一個重要的理念，即歐洲或全球事務的治理，不能期待著先擁有類似於傳統國家的大陸政府，也不可以完全寄希望於民族國家。同時，張亞中認為：「兩岸尚未解決『統治』爭議」，而必須長期停留在「兩岸間」的階段。據此，張亞中提出「兩岸治理」的概念，希望借由「兩岸治理」的提出，跨越兩岸現有的「統治權」論述，在不需要「統一」或是「獨立」的條件下，兩岸公權力機關就可以開始共同的合作，經由共同的治理，為兩岸人民創造最大的福祉，而兩岸人民也可以經由共同參與治理，來建構彼此的共同認同。因此，張亞中認為，「兩岸治理」是一個以兩岸人民利益為優先，顧及兩岸公權力機關基本政策需求的一個兩岸新架構。

綜合上述分析可見，張亞中所言的「兩岸治理」，實際上是將兩岸關係做「去主權化」的處理，用「治理」替代「統治」，以期為兩岸關係發展提供基本框架。

按照張亞中的論述，其所提出的「兩岸治理」既是以「歐盟治理」為思考的藍圖，又是他長久主張「兩岸統合」的另一種實踐。但若考察張亞中的有關論述，可以發現，「兩岸治理」意在倡導兩岸超越「統獨」和「統治權」的爭議，在「整個中國」（the whole China）的定位下，開展各個層面的合作，最後透過「功能外溢」（Spillover），促進兩岸認同的建立，進而形成「兩岸共同體」，使兩岸公共政策不因「統治」問題的懸而未決而無法相互接軌，亦可為未來的「統治」創造良好的基礎。可以說，張亞中的「兩岸治理」更加偏向他個人關於「兩岸統合的另一種實踐」的定位。

（三）對上述兩種「治理」的簡要評析

歐盟治理和張亞中所提出之「兩岸治理」的概念雖有著諸多不同，但仍有一個共同點：兩者都是在以「主權」為思考的前提，因而在對「治理」概念的思考上，受限於「主權」的牽絆。按照兩種治理的論證邏輯：「主權」被作為一個需要迴避的對象，而治理是「主權」的一種替代性方案，「治理」的提出，要麼是為了提高政策的正當性（如歐盟治理），要麼是為了給政策制定提供一個可能的框架（如張亞中的「兩岸治理」）。這種囿於「主權」思考的治理概念，雖然在表面上迴避了「主權」，但時時刻刻都將「主權」作為其理論的一個要素，因而可能使得「治理」概念隨時可能重新受困於「主權」的牽絆。

因為治理概念沒有脫離主權的思考框架，所以，「形成主權」被作為治理的目標之一。歐盟治理的理論預設是歐盟已經向著一個超國家機構發展，歐盟治理是歐洲一體化過程中「憲政主權」形成的必要機制。張亞中的「兩岸治理」雖然以「治理」替代「統

治」，試圖超越「主權」的論爭，但其在對治理結果的設計上，仍然希望透過「兩岸治理」實現兩岸的「共同認同」，並且試圖以「整個中國」代替「一個中國」，在國際上形成「兩岸三席」的局面。與「形成主權」的目標相適應，公權力機關被視為不可或缺的治理主體，使得治理在概念上仍然處於公權力機關的主導範圍內。考察「治理」的概念源頭，治理毋寧是在福利國時代政府管制失靈的產物。按照有關治理的經典理論解說：隨著福利國家的興起，社會團體日益崛起，並對傳統的政府管制模式產生衝擊，為了適應這一變化，政府必須進行「去管制化」，重新確定國家和社會的關係，尊重和促進各社會系統的自治能力，鼓勵更多的參與和合作。這一理論解說在歐盟治理的研究中得到了充分的體現。歐盟治理的一個研究方向就是將治理的概念放置在「國家中心主義」的論域內，致力於將歐盟作為「規制國家」（regulatory state）進行分析，將治理視為「（歐洲）國家適應20世紀末所處的外部環境的實證表現」。一些歐盟法專家甚至借此懷疑歐盟治理的有效性，這些專家非常肯定地認為：治理是需要政府的，因為歐盟是一個沒有政府的體系，因此研究歐盟治理將會無果而終。即便是那些將歐盟治理放置於「國家中心主義」之外的學者，也突出政府在治理中的主導性。貝婭特·科勒—科赫認為，在歐盟治理的兩大部分中，歐盟的新治理模式是「共同體方法」的補充。易言之，以政府為核心的「共同體方法」仍然是歐盟治理的主導模式。張亞中的「兩岸治理」在理論上更是與治理的理論源頭相左。按照張亞中的觀點，「兩岸治理」要求兩岸公權力機關超越「統獨」、「統治權」，從而進行「共同治理」。在這裡，「治理」一詞甚至已經偏離了它的本意，成為「統治」和「主權」的一種「概念美化」。

綜上所述，以上兩種治理概念，雖然在一定程度上都為本文提出「兩岸治理」提供了理論資源，但由於兩種治理概念都沒有真正擺脫主權的牽絆，因而使得兩種治理概念都不能簡單地套用到本文

所稱的「兩岸治理」上。

二、兩岸治理的概念生成

本文討論兩岸治理的一個基本前提是兩岸論域內主權的自證成性（self-evidence）。作為一種新結構，兩岸治理與「兩黨」、「兩體」或者「兩國」的政治關係定位不同，亦不是一種被創造的新政治模式，而毋寧是對兩岸現狀的一種理論描述。在這一描述的過程中，主權固然重要，但在兩岸關係的論域中，以及在兩岸商談的過程中，「主權」毋寧被作為一個已經自證成的背景。除非出現兩岸面對有國際因素之事件的情形外，主權在相當程度上是被擱置著的。因此，拋開兩岸關係中的國際因素，單以「兩岸」作為一個考察對象，沒有主權的牽絆，可以使智識資源更加集中於對兩岸正在形成中之結構進行思考。

（一）治理的性質：公與私之間

對治理性質的探討，主要是回答兩岸治理到底是發生在兩岸公權力機關之間，還是發生在民間團體之間的問題，亦即「治理」是一個具有公性質的結構，還是一個具有私性質的結構。大凡研究治理的學者，都會謹慎看待公權力機關在治理中的地位。歐盟治理和張亞中的兩岸治理，都非常強調公權力機關在治理結構中的非唯一性。兩岸特殊的歷史背景和現實環境，使得這個問題的討論更為複雜。

大陸和臺灣在「一個中國」的問題上存在不同認知，雙方因而在是否承認對方根本法（指《中華人民共和國憲法》和臺灣所稱的「中華民國憲法」）以及依據該根本法所建立的公權力機關上也存在著區別。基於一個中國原則，大陸方面對臺灣所稱「憲法」以及依據該「憲法」所建立的公權力機關，採不予承認的態度；而臺灣

雖然已經不再否認《中華人民共和國憲法》和中華人民共和國的合法性，但仍然禁止公權力機關以「公」名義與大陸的公權力機關進行接觸。在此情況下，兩岸無法透過官方管道進行直接交流。但是，大陸和臺灣又在一種微妙的默契下，採取各種迂迴的方式開展溝通和對話。

　　授權不具有公權力性質的民間團體開展商談，是大陸和臺灣所採取的主要迂迴方式。值得注意的是，獲得授權的民間團體在實質上是兩岸公權力機關的「白手套」。以海協會和海基會為例。在大陸，海協會不僅接受公權力機關的領導，而且在人員上也與公權力機關有著高度的一致性。以2008年6月產生的第二屆海協會副會長構成為例：七名副會長中有五人兼任或者曾經擔任過國臺辦副主任，一人為國務院其他部門（商務部）負責涉臺事務的主要領導，一人曾任國臺辦重要職務。有臺灣學者甚至認為：「海協會根本就是國臺辦為了因應兩岸協商，以民間對民間的模式而給予（國臺辦）另一種『民間團體』的面目」，「實際上它仍是『政府組織』的本質」。臺灣學者的觀點雖然有所偏頗，但也從一個側面說明了海協會和公權力機關之間的密切關係。臺灣方面亦是如此。海基會從組織序列上而言，是「陸委會」設立的一個「財團法人」，海基會的所有工作人員均有臺灣「公職人員」身分。從工作流程上而言，海基會派員赴大陸處理受託事務或相關重要業務，應報請委託機關或相關機關的同意，並受其指揮，還要「隨時報告處理情形」。由此可見，海協會和海基會是以民間身分與對方進行溝通和對話的中介和窗口。除海協會和海基會外，大陸和臺灣還成立了一系列專門服務兩岸對話和溝通的民間團體，如「海峽兩岸航空運輸交流委員會」（大陸）、「海峽兩岸旅遊交流協會」（大陸）、「臺灣海峽兩岸觀光旅遊協會」（臺灣）、「臺灣海峽兩岸航運協會」（臺灣），等等。這些「民間團體」大多與海協會、海基會具有類似的性質和工作方式。

在透過沒有公權力性質、但與公權力機關有著密切關係的「民間團體」進行溝通和對話，決定了兩岸治理是徘徊於公與私之間的一種結構。這種結構不同於歐盟治理中國家、地方政府、利益集團和公民共同參與的多層級網絡治理，而體現為「私名義、公主導」的單一層級治理。

（二）治理的功能：制度供給

兩岸治理源於兩岸關係和平發展所產生的制度需求，因而其主要功能是為兩岸關係和平發展進行制度供給。兩岸關係發展的歷史與現狀表明，消除兩岸關係發展的偶然性，使兩岸關係和平發展逐漸常態化，是構建兩岸關係和平發展框架的重要命題。

兩岸關係經常被放置在政治學和國際關係的論域內。根據政治學和國際關係的部分觀點，兩岸關係的發展狀況與兩岸政治人物、主要黨派以及兩岸所處的國際背景有著密切的聯繫。這一觀點實質上是一種「人治」的兩岸觀，亦即認為兩岸關係在本質上是由人所決定的，政治人物、黨派的意志、品性和觀點被認為是兩岸關係中的決定性因素。這種「人治」的兩岸觀已經不止一次被證明不利於兩岸關係和平發展的大勢。以1995年前的兩會事務性商談為例說明。1993年4月至1995年6月，以「汪辜會談」為起點，兩岸透過「兩會框架」開展了長達三年的事務性商談。在三年的事務性商談過程中，兩會共進行了七次工作性商談和四次副領導人級會談，並在1995年初開始醞釀第二次最高領導人級會談。在商談過程中，兩岸在共同打擊犯罪、漁事糾紛解決機制、經貿文化教育交流等方面都取得了進展，其間雖有波折，但總的趨勢是良好的。然而，1995年6月，時任臺灣領導人的李登輝公然以「私人身分」訪美，同月16日，海協會函告海基會，推遲第二次最高領導人會談，並推遲有關預備性磋商，持續三年之久的兩會事務性商談遂告中止。這輪兩會事務性商談被迫中止的原因不一而足，其中之一是當時兩岸關係

的發展是一種「人治」型的發展，政治人物的行為、黨派的政策調整都有可能影響，甚至從根本上改變兩岸關係的總體局面。要克服兩岸關係和平發展中的偶然性，關鍵是消除兩岸關係和平發展中的「人治」思維，建立「法治」型的兩岸關係和平發展框架，借由制度的穩定性，來弱化、消除兩岸關係和平發展的偶然性，從而提升其必然性，使兩岸關係和平發展不因領導人的改變而改變，不因領導人注意力的改變而改變。

建立「法治」型的兩岸關係和平發展框架，產生了對於制度的需求。一般而言，滿足制度需求的方式有兩種：一是借由立法者立法，以提供制度；二是透過主體之間的相互協商，以形成制度。顯然，大陸和臺灣之上沒有一個「超兩岸」的主體，因而也就不存在可以為兩岸制定共同規範的「超級立法者」。立基於此認識，對兩岸關係和平發展進行制度供給，必須依賴大陸和臺灣之間的協商，兩岸透過協商所形成的制度，亦因此而成為兩岸制度供給的主要來源。就現實層面而言，大陸和臺灣透過協商創製制度的主要方式是兩會協議（包括雖不以協議為名，但仍具有協議性質的紀要、事函、共識等。）兩會協議以規範性文件的形式，將兩岸共識予以制度化，從而為兩岸關係和平發展提供了規範依據。因此，用比較簡單的理論語言描述，兩岸治理在現階段的主要功能是透過「兩會框架」形成兩會協議。

（三）治理的工具：兩會協議

如前文所述，兩岸治理乃是一種法治型的治理結構，兩岸治理因而是透過規則的治理。立基於此認識，兩岸治理的主要工具是規範化的兩會協議。但是，不能簡單地將兩會協議等同於「兩岸法」，這固然是因為兩會協議形成過程中的主體特徵，但更為關鍵是源於兩會協議在兩岸發生效力的機理不同。

大陸和臺灣分屬兩個共同的法域，而兩岸又沒有形成「超兩

岸」的結構，因此，兩會協議在兩岸發生效力的主要場域並不是在兩岸間，而是在兩岸各自域內。簡而言之，兩岸在授權民間團體簽訂兩會協議後，在各自所屬的法域內，按照一定方式使兩會協議從民間團體之間簽訂的私協議，轉化為具有規範意義的法規則。在大陸，兩會協議有著直接適用的效力，亦即不需要特定的程序，兩會協議即可在大陸發生效力，但在臺灣，情況則要複雜得多。根據臺灣的「兩岸人民關係條例」，授權民間團體簽訂的兩會協議若不涉及法律修改或者無須另定法律的，則由行政部門核定，送「立法部門」備查，若涉及法律修改或者須要另定法律的，則應由行政部門核轉「立法」部門，由「立法」部門審議。在上述程序中，「核定」和「審議」是具有實質意義的步驟，都存在否決兩會協議的可能。在實踐中，曾有兩會協議因涉及臺灣法律的修改而暫緩實施的先例。2008年11月透過之《兩岸海運協議》包含有兩岸互免因空運和海運產生之營業稅和租稅的內容，涉及修改臺灣「兩岸人民關係條例」有關條文。因臺灣立法部門未能及時完成修法工作，導致《兩岸海運協議》的相關內容未能在臺灣實施。臺灣「法務部」有關《兩岸共同打擊犯罪及司法互助協議》是否涉及修法的說帖中的觀點具有相當代表性。根據該說帖，「法務部」認為，（協議）「相關之合作內容，系在我方現行的法令架構及既有的合作基礎上，以簽訂書面協議之方式，強化司法合作之互惠意願，同時律定合作之程序及相關細節，提升合作之效率及質量。與對岸律定合作事項涉及人民權利義務部分，均在現行相關法律下執行，未涉及法律之修正，亦無須另以法律定之」。綜合以上事例，臺灣方面對兩會協議效力的態度有三種情況：第一種情況，兩會協議涉及「法律」之修改或「法律」保留事項，而「立法院」否決了兩會協議。此時，按照臺灣「法律」，兩會協議不產生法律效力，臺灣方面自應適用原有關「法律」。第二種情況，兩會協議涉及「法律」之修改或「法律」保留事項，而「立法院」未否決兩會協議，從而產生

「修法」（涉及「法律」之修改時）或「立法」（涉及「法律」保留事項時）的效果。此種情況下，臺灣方面執行修改後的有關「法律」，並因而間接適用兩會協議。第三種情況，兩會協議不涉及「法律」修改或「法律」保留事項。按照臺灣「內政部」說帖的觀點，發生第三種情況時，兩岸簽訂協議僅在「強化……意願，同時律定合作之程序及相關細節」，臺灣方面對於合作事項涉及人民權利義務部分，均在現行相關法律下執行。至於兩會協議，只是在執行相關「法律」時，產生間接的適用效果。由此可見，兩會協議在臺灣發生效力的機理是透過臺灣的「法律」，藉助臺灣「法律」在其域內的效力，間接發生效力。

由此可見，兩會協議是否在大陸和臺灣的各自域內發生效力，取決於兩岸各自對兩會協議的態度。由於兩岸沒有一個凌駕於其兩者之上的「超兩岸」機構，因此，兩會協議在兩岸域內的效力無法透過外部監督和制約來得到保障，換言之，兩會協議從法理上而言，並不具有強制性的拘束力，體現出「軟法性」。以上是從法效力的角度，論證兩會協議的軟法性。不僅於此，兩會協議在諸多方面都符合軟法的特徵。軟法總的來說是不具有法律約束力但可能產生實際效果的行為規則。軟法有著三個方面的特徵，而這三個方面的特徵，也是兩會協議所具備的。

第一，軟法意味著人們在某種原則上能夠達成協議，而接受該原則的人們無須贊同這一原則在某一特定情形中的要求。兩會協議的基礎是「九二共識」，「九二共識」本身就是「擱置爭議」的產物，兩岸甚至在「九二共識」的內容上尚存在著不同認知。但兩岸的這些差異並未影響兩會協議的簽訂，兩岸仍然在「九二共識」的基礎上，不斷累積共識，並將其以規範化的形式體現為兩會協議。兩會協議本身也是兩岸擱置爭議的成果，其並不能掩蓋兩岸的差異和歧見，相反，正是由於差異和歧見的存在，才使得兩會協議更加具有生命力和可接受性。

第二，軟法機制體現為一種「動態合作博弈的過程」。所謂合作博弈，就是博弈參與人能夠達成一個具有拘束力的協議。在動態合作博弈的過程中，軟法規範不僅固化上一輪博弈的成果，而且為下一輪博弈提供前提條件。兩會協議遵循「動態合作博弈」的規律。大陸和臺灣在政治對立的過程中，就事務性議題達成協議，這些協議從孤立的角度看，都難以對兩岸關係產生根本性的改變，但卻將兩岸長期累積的共識以規劃性文件的形式固定下來，既為現階段的兩岸關係和平發展提供了制度，而且也為兩岸關係的進一步發展提供了條件。以兩岸直航事務為例，兩岸從春節包機起開始累積共識，後經週末包機逐漸開放直航常態化包機，最終在2009年4月實現了定期航班。在上述過程中，兩岸透過「兩會框架」，分別形成了《海峽兩岸包機會談紀要》、《兩岸空運協議》、《兩岸空運補充協議》，這一系列的兩會協議既固化了上一階段兩岸在直航方面的共識，又為直航在下一階段的深化發展提供了基礎。

第三，軟法機制在本質上體現為一種程序民主的商談政治。軟法從理論源頭上與商談民主（亦即協商民主）有著密切的聯繫。雖然軟法機制所包含的民主因素往往不能提供足夠的實質正當性，但卻滿足程序上的最低條件。重視協商，已經成為軟法的重要特徵。兩會協議是經由一個並不完美的協商機制產生。兩岸之間的各種溝通渠道，如兩會框架、民間對話（經由兩會的復委託，如澳門模式）、兩岸經貿論壇乃至於隔空喊話等，在本質上都是協商機制。兩會協議自身也大多以規定合作程序和合作方式為主要內容，而在實質性內容上規定較少，體現了協商和程序民主的特徵。

作為軟法，兩會協議雖然不具有拘束力，但可以指導兩岸各自域內的立法。當兩岸關係和平發展框架發展到一定程度時，軟法有助於兩岸的有效決策和結果趨同，從而成為「兩岸法」從形成到演進的一種過渡形式。

(四）組合主義（corporatism）的兩岸治理

透過以上對兩岸治理性質、功能和工具的論述，兩岸治理的概念也得以生成：兩岸治理是一個被相當簡化的軟法治理結構。這個描述性的概念當然不能包含兩岸治理的全部內容。根據歐洲一體化的經驗，有學者總結出「治理」的四種模式，其理想狀態的各自特徵如下表所示：

表1

	國家主義	多元主義	組合主義	網路治理
超國家組織的角色	權威者	裁判	仲介者	啟動者
主要行動目標	尋求共同的國家利益	追求個人利益	整合衝突團體的利益	協調相關利益
互動模式	多數決和行政命令	彼此競爭與妥協，以形成「最小獲勝聯合」	有系統地協商以達成共識	多方談判以趨近彼此的立場
主體	國家或公權力機關	國家和為數眾多的利益集團、政黨	國家和少數利益集團	國家和有直接利益關係的利益集團
利益集團	利益集團被納入行政體系以協助政策執行	利益集團無法影響政策執行	少數利益集團被納入行政體系以協助政策執行	利益集團與行政官僚交換資源以協助政策執行

　　綜合考察兩岸治理，可以發現其在三個方面有著顯著的特點。第一方面的特點是：兩岸治理是一個沒有官僚體系的治理，亦即治理主體並不是以政治權威或行政命令來進行治理。這一特點決定了兩岸治理並不是一種行政權威的治理，如果考慮到兩會協議的軟法性，這一結論更加具有確定性。雖然兩岸治理在性質上是「形私實公」的，公權力的影子無處不在，但任何一方的公權力機關在「沒有官僚體系的治理」中，都無法主導治理，而毋寧是充當著中介者的角色。兩岸都只能經由透過充分協商產生的兩會協議來實現治理。第二方面的特點是：大陸和臺灣在形成共識的過程中，與其說是透過協商產生共識，不如說是透過協商尋找共識。第二個方面的特點表明了大陸和臺灣在現階段尚未達到謀求某一共同利益的階段，而是只能透過對相衝突利益的整合來彌補因長期隔離而造成的關係裂痕，離透過談判尋求利益平衡還有相當距離。第三個方面的特點是：兩岸治理不是一個被搭建的結構，而是一個逐漸生成的結構，亦即兩岸並非是搭建起治理結構後再討論問題，而是一邊搭建結構，一邊討論議題，治理結構的搭建與治理功能的實現因而幾乎是同步的。這一方面的特點又表現為議題的受選擇性，並非所有議題都能進入兩岸事務性商談的範圍，而兩岸事務性在選擇議題上又

具有較大的偶然性。如大陸「三鹿奶粉」事件使得「食品安全」進入兩岸事務性商談的議題範圍，金融危機的爆發又使得「金融監管」成為兩岸事務性商談關注的議題。議題選擇方面的偶然性和議題本身的受選擇性，決定了只有議題所涉及的少數行業可以參與到兩岸治理的結構中。而由於兩岸在涉對方事務上的管制，即便某一行業進入兩岸治理的結構，也並不意味著該行業中所有的利益集團都能進入兩岸治理的結構。大陸方面分步驟開放各省市赴臺旅遊資格的做法，已經證明了這一點。當然，這些被納入兩岸治理結構的利益團體，也成為了兩岸公權力機關處理兩岸事務的重要節點，協助各自兩岸政策的執行和實現。

比照表1所列的各種模式，兩岸治理比較類似於組合主義的治理模式，同時又體現出與經典組合主義治理模式不同的地方。按照施密特的描述，在組合主義的治理模式中，少數利益集團被納入到政策決定和執行的核心。但是，在兩岸治理的結構中，由於議題的受選擇性，少數利益集團實際上無法控制治理結構。從特徵上考察，本文所稱的兩岸治理更加類似於貝婭特·科勒—科赫所言之「商談民主與追求集體認同相結合而成的產物」。

三、形成中的兩岸治理

儘管兩岸治理已經隱然浮現，但其毋寧仍然是一個形成中的結構，並不具有完整的治理樣態。討論當前兩岸治理到底有何欠缺，對於完善兩岸治理，推動兩岸關係和平發展框架的構建，自然具有重要的意義。

（一）共同決策尚未形成：到底有多少決策權力被轉移？

歐盟的顯著特點之一，是歐盟各成員國透過歐盟，能夠形成共同政策。共同政策的形成，實質上是歐盟各國向歐盟這一「超國

家」組織轉移權力的過程。林德伯格（Leon Lindeberg）、薛定諤（Stuart Scheingold）和施密特（Phillippe Schmitter）曾分別用建構概念模型的方式，對歐洲事務政策管轄權的轉移進行過定量分析。本文亦擬採用該方法，對兩會協議進行樣本分析，以探討在兩岸治理結構中，到底有多少決策權力被轉移。本文抽取的樣本為2008年6月後簽訂的7項協議，排除了大部內容已為《兩岸空運協議》所準用的《兩岸包機會談紀要》和性質特殊的《兩岸共同打擊犯罪及司法互助協議》。對於兩岸間的決策權力，本文建構四項指標：其一，完全各自決定，不納入共同決策的範圍；其二，兩岸僅交換意見而不合作；其三，兩岸透過協商進行共同決策；其四，兩岸在兩會協議中明確實質性共識，亦即作出共同決策。以上四項指標構成共同決策的測量光譜，其中第一項指標離共同決策最遠，第四項指標離共同決策最近。

以下是根據7項協議內容整理的決策權力轉移狀況表（表2）：

表2

	完全各自決定	兩岸僅交換意見而不合作	兩岸通過協商進行共同決策	明確實質性共識
兩岸關於中國居民赴台灣旅遊協議	2	1	2	1
兩岸空運協議	5	0	2	2
兩岸海運協議	4	1	1	2
兩岸郵政協議	1	2	1	5
兩岸食品安全協議	0	3	1	0
兩岸空運補充協議	4	1	2	2
兩岸金融合作協議	0	1	4	3
總數(占百分比)	16（30.2%）	9（17%）	13（24.5%）	15（28.3%）

上述七項協議均為兩岸已經達成高度共識的產物，在這七份協議所涉的五十三項決策權力中，仍然由兩岸各自決定的共二十五項（第一項指標加第二項指標之和），其中只有九項需告知對方，由兩岸共同決定的共二十八項，其中已經形成明確共識的為十五項，不足總數的三分之一，另十三項需由兩岸經協商確定。以上數據雖僅為對樣本所做的分析，但由於上述七項協議已經構成兩岸治理的主幹性內容，因而亦可反映兩岸治理中決策權力轉移的整體面貌。據上述分析，進入兩岸治理的事務中，尚有近一半的決策權力未能成為兩岸共同決策的事項，而在被轉移的事務中，亦有超過一半仍需以協商的方式進行共同決策，而非由兩會協議逕直進行實質性安排。綜上所述，兩岸共同決策機制尚未形成，大陸和臺灣仍然掌握著兩岸治理的大部分決策權力。

（二）支撐規範正當性的不足：兩岸治理能不能為規範提供正當性？

透過治理彌補民主赤字，從而增強規範的正當性，是治理所產生的積極效果之一。無論是哪一種治理的概念，都希望透過吸納更

多主體（而不僅僅是公權力機關）的參與，來支撐規範的正當性。那麼，兩岸治理能否其所產出的制度提供足夠的正當性呢？

根據Lijphart所提出的基本思想，集體意願的形成有著兩條路徑，一是「多數決定型民主」，二是「協商一致性民主」。兩條路徑在集體意願形成的程序上體現為「多數決」和「共識決」。兩岸治理作為一個相當簡化的軟法治理結構，其核心是兩岸商談機制，在這種特殊的結構下，兩會協議的制定並不是依靠「多數決」的投票民主形式完成的，而是依賴一種十分艱難的「共識決」機制。這一方面是因為兩岸治理中主體的雙方性，使得兩岸治理無法建立一種多數決機制，另一方面也是因為兩會協議的合法性並非來源於兩岸治理。對於大陸，政府和民眾期盼實現國家統一的民族情緒已經足以為兩會協議提供有效的正當性來源，暫時還不需要新的正當性來源。對於臺灣，由於兩會協議並不具有直接適用性，而是體現為其域內「法律」立、改、廢的過程，因此，兩會協議在臺灣的正當性實際上是來源其域內「法」的效力。因此，對於兩會協議而言，兩岸治理並非供給制度的正當性，而僅僅是制度本身，多數決因而是不必要的。

由於兩岸治理不足以支撐起兩會協議正當性，使得兩會協議的實效不得不依賴大陸和臺灣各自內部的意志。在特定情況發生時，大陸和臺灣都可以憑藉自己的意志停止兩會協議在各自域內的適用。兩岸治理對於兩岸關係和平發展的制度供給，仍將因兩會協議正當性支撐的不足，從根本上被削弱和動搖。

（三）公民參與的欠缺：公民的作用如何？

對於治理的研究文獻往往來自於兩股：第一股文獻是基於對「國家中心論」的批判而提出的多層級治理概念，第二股是沿用公共行政中的「網絡治理」概念。第一股文獻中的「多層治理」又有著兩種不同的理解：第一種理解，將多層治理理解為不同政府層級

間的治理，這種理解，大多發生在處理中共與地方關係以及府際關係中；第二種理解，將多層治理理解為公權力機關與其他主體共同參與的治理。對於多層級治理的第二種理解，毋寧是從另一個角度來描述「網絡治理」，因為兩者都強調非公權力機關的其他主體在治理中的作用，區別僅僅在於參與的方式和程度。由於大陸和臺灣至少是目前，都不再將兩岸關係定性為「中共與地方關係」，因此，兩岸治理在理論淵源上更加偏向注重「參與」的治理概念。

將「參與」引入兩岸治理的結構，不僅是理論使然，而且在實踐中亦具有相當意義。目前，兩岸透過「兩會框架」所進行的商談，具有比較濃厚的祕密政治特徵。除了公開簽訂協議的領導人會談以及最後公布的協議文本，普通民眾根本無從知曉兩會協議商談的過程，更無從參與協議的制定過程並表達意願。雖然兩會協議在當前的條件下，都能符合兩岸民眾的共同利益。但是，這種「符合」只是一種淺層次的「符合」：因為在當前的兩岸關係下，只要兩岸能恢復交流、降低敵意，就能為大多數兩岸民眾所接受。再者，根據前文的論述，兩會協議的正當性也並非來自於兩岸治理的結構。這也就可以解釋為何目前的兩會協議即便是在沒有公眾參與的情況下，也能獲得兩岸民眾的普遍認同和支持。

公民參與的欠缺，雖然在目前尚未顯現出弊端，但對兩岸治理發揮其功能產生侵蝕作用。這種侵蝕作用不僅僅是因為公民參與的欠缺將降低未來兩會協議的可接受性，而且是因為公民參與的欠缺，公民將成為兩岸關係和平發展的「旁觀者」，而兩岸治理結構也愈將淪落為兩岸關係發展的「劇場」。劇場化的兩岸治理，使兩岸治理又滑向了「人治型」兩岸關係發展一邊，兩岸治理的制度供給功能亦因此有可能無法實現。

四、結語

從方法論角度而言，兩岸治理概念的提出，核心是用「結構」範疇替代「實體」範疇，從而改變了將兩岸關係類比為政治實體的方法論，而著重於從動態角度建構兩岸關係的理論模型。這種方法論的提出，使當前殊為敏感和複雜的兩岸政治關係定位產生了新的理論思路。本文作者曾經提出的「議題化」、「階段化」的兩岸政治關係定位解決方式，亦因此有了至少是程序上的依託。至於兩岸治理的未來發展方向，本文認為，毋寧繼續延續以「結構」替代「實體」的方法論，將兩岸治理的發展方向仍然「想像」為一種結構。當然，按照治理的一般理論，這種新的結構在理論上體現為「兩岸善治」，至於理論上的「想像」是否正確，將有待兩岸關係和平發展實踐的檢驗。

論海峽兩岸大交往機制的構建

海峽兩岸之間的交往，既是為滿足兩岸民眾日常生活所需，又構成兩岸關係和平發展的重要組成部分。隨著臺灣政治局勢發生有利於兩岸關係和平發展的變化，兩岸之間的交往亦從零散、簡單、單向的交往，向著多元、複雜、雙向的交往轉變。當前，兩岸交往日益活絡，已經成為增進兩岸民眾情感和強化兩岸聯結的重要方式。因此，推動兩岸交往機制的構建，在一個中國原則下實現兩岸交往的常態化和制度化，消除或緩和兩岸交往的政治障礙與法律障礙，對於兩岸深化交往，並透過交往積累全方位互信具有重要意義，且能夠為兩岸形成和平發展的制度框架提供參照。本文將兩岸大交往機製作為兩岸各層次交往機制的總括性概念，並透過討論建構兩岸大交往機制可能遭遇的困境、意義及其所包含的多元結構，以期為兩岸構建完善、有序的交往機制提供理論支撐。

一、兩岸交往：一個描述性概念

制度的構建,源自於實踐對於制度的需求。兩岸大交往機制的構建,亦是如此。隨著兩岸交往向著多元、複雜和雙向方向的轉變,使兩岸交往應該建立相應的制度,以避免出現兩岸交往秩序的失序,從而實現兩岸交往的常態化和制度化,就成為兩岸關係和平發展過程中的重大課題。因此,在討論構建兩岸大交往機制前,有必要討論何為兩岸交往以及兩岸交往的特徵。

　　(一)兩岸交往的特徵

　　「兩岸交往」概念的提出,本身蘊含著兩岸關係的變遷與發展。在兩岸隔絕的歷史時期,兩岸人民只能透過極其偶然的機會進行接觸,而無交往的可能。1987年,臺灣對兩岸交往實行部分解禁,從而使「兩岸交往」成為一個現實的概念。從當下的眼光來看,兩岸交往,既是對兩岸人員往來、機構商談、經貿交流以及其他各類互動的總體性描述,也是對兩岸關係未來發展的一種期許,因而是一個具有發展性的概念,而較難從理論上對「兩岸交往」的概念予以界定。因此,本文擬將兩岸交往作為一個描述性概念,透過勾勒兩岸交往的一般特徵,以明確兩岸交往在制度供給方面的需求。

　　第一,兩岸交往的本質是一國內兩法域人民之間的交往。兩岸交往是兩岸民眾自然形成的共同活動。由於兩岸間特殊的歷史糾葛和現實情結,兩岸交往的本質在不同的立場下,有著不同的解釋,其間更涉及兩岸政治關係定位等更為敏感和複雜的問題。立基於一個中國原則的立場,並考慮到兩岸當前仍處於政治對立狀態的現實,兩岸交往的本質可以被規定為一國內兩法域人民之間的交往。所謂「一國內」,表明兩岸交往不同於「兩國交往」,仍是在一個統一中國內不同地區人民之間的交往,應當在交往的過程中遵循一個中國原則,在交往過程中形成的任何機制和規則,都必須符合一個中國原則,而不能與之相違背。所謂「兩法域」,是指兩岸人民

雖同屬一個中國，但仍處於兩個法域，相互間應當彼此尊重對方的法律制度、價值取向和生活習慣，也有義務承受因法域差異而產生的諸多不便，儘管這種不便應當在兩岸可以接受的最大程度上予以消除。需要說明的是，「法域」是指一個具有或適用獨特法律制度的區域，與「國家」、「主權」等概念無關，一個主權國家也可以有多個法域，強調兩岸交往的跨法域性，並不牴觸一個中國原則。

第二，兩岸交往是涵蓋兩岸各層次的交往。就目前兩岸交往的現狀而言，兩岸已經形成了涵蓋兩岸各層次的交往，而不僅是單一層次的交往。1987年後，兩岸交往經歷了從以探親為主的民間民眾往來向包括經貿、文教、科技、旅遊等多維度往來的變化，也經歷了從早期臺灣向大陸單向流動向兩岸雙向流動轉變的過程。儘管其間因臺灣政治局勢變化而有所波折，但就基本面而言，兩岸交往已經突破單一層次交往，形成了多元交往的格局。當前，兩岸之間的交往層次主要包括三個層次：其一，兩岸透過兩會框架形成了事務性商談機制。兩會事務性商談機製為兩岸交往提供協商、對話的途徑，並為規範兩岸民眾交往行為進行造法性的工作；其二，兩岸政黨對話機制。由在大陸執政的中國共產黨和臺灣的主要政黨透過領導人會談、論壇和會議等形式開展的交往，政黨對話機制所達成的兩岸共識推動了兩岸交往的可持續發展；其三，兩岸民眾之間基於經貿、投資、就業、求學、旅遊、婚姻、探親等活動形成的民間交往。這一部分交往有著民間、廣泛和深入的特點，構成兩岸交往的主幹。當然，以上三個交往層次並不是相互孤立的，而是一個有機聯繫的整體。其中兩會事務性商談和兩岸政黨對話機制的成果，決定著民間交往的範圍和深度；而兩岸民間交往進一步深化的需求，又推動了上述兩個層次交往的發展。

第三，兩岸交往的主體是兩岸民眾，但主導者則是兩岸公權力機關。兩岸交往符合兩岸民眾共同的民族情感和現實利益。兩岸形成的各項制度框架和途徑，在根本上也是為了實現兩岸民眾更加便

利和更加廣泛的交往。在兩岸交往中，兩岸民眾之間的交往不僅在量上占據絕對多數，而且是兩岸交往最為活躍的部分。從根本意義上而言，兩岸民眾對於兩岸交往的需求，是推動兩岸交往的動力。然而，這種動力毋寧是本源性的，對於兩岸公權力機關並無規範上的拘束力。原因在於兩岸民眾雖然構成兩岸交往的主體，但由兩岸當前特殊的政治情勢，兩岸民眾實際上無法參與到有關兩岸交往機制構建的過程中，而這一過程恰恰決定著兩岸民眾交往的範圍和深度。從此意義而言，兩岸民眾實際上是在被動地接受兩岸公權力機關透過各種途徑對兩岸交往所形成的安排，兩岸公權力機關構成了兩岸交往的主導力量。兩岸公權力機關基於各自的政策立場和制度規範，透過各自立法或協商機製公布的一系列政策文件、共識性宣言、規範性文件和協議，構成了兩岸交往的規範依據，對兩岸民眾的交往起著規範上的約束作用。

（二）兩岸交往的四重困境

兩岸交往是在兩岸政治對立現狀下的交往。儘管兩岸可以採取擱置爭議或者迴避政治問題的辦法開展交往，但由於政治力的作用不可能經由擱置或迴避的辦法完全消除，因此在政治對立的背景下，兩岸交往不僅在歷史維度上不可能一帆風順，即便在日益熱絡的今天，仍然存在著諸多困境。總體而言，兩岸圍繞一個中國原則的政治爭議，是兩岸交往中各種困境的根源和總體現，而「一中爭議」在兩岸交往中具體地體現在政治、法制、體制和心理四個方面。

第一，以承認爭議為核心的政治困境。兩岸政治對立在形式上體現為兩岸之間的「承認爭議」。承認爭議，即大陸和臺灣由於「一中爭議」，在是否承認對方根本法以及依據該根本法所建立的公權力機關等問題上所存在的爭議。對於大陸而言，由於堅持一個中國原則，因而對臺灣的根本法以及依據該根本法所建立的公權力

機關，採取一概不予承認的態度。臺灣在1990年結束「動員戡亂」後，改變將大陸視為「叛亂團體」的做法，已經不再否認《中華人民共和國憲法》和中華人民共和國政府的合法性。但是，臺灣至今仍然禁止公權力機關以「公名義」與大陸的公權力機關開展直接對話。在「承認爭議」下，兩岸公權力機關無法透過官方管道進行交流，因而只能透過包括兩會事務性協商機制在內的各種非官方管道交流。同時，由於「承認爭議」的存在，兩岸交往所必要的兩岸互信也由於「不承認」而被削弱。因此，兩岸交往常常由於兩岸互信的缺乏而出現倒退，甚至陷於停頓的狀態。

　　第二，以法律衝突為核心的法制困境。兩岸分屬兩個不同的法域，各自以根本法為核心形成了法律體系，而兩個法律體系之間存在著大量的法律衝突。由兩岸跨法域性產生的法律衝突，給兩岸交往中的法律適用造成障礙，並因此而構成兩岸交往的法制困境。解決兩岸法律衝突的最佳方式是兩岸統一立法或進行區際法制協調，但由於兩岸並未累積足夠的互信，因而兩岸在統一立法和區際法制協調方面尚無有效舉措。當前，兩岸基於各自所接受的法學理論和政治立場，都在相關法律中規定了涉對方事務的法律適用。如臺灣的「兩岸人民關係條例」，對於兩岸有關民商事法律的適用作出了比較詳細的規定。大陸方面在《民法通則》、《繼承法》、《婚姻法》等法律中，對於涉臺民商事法律的適用也有相應規定。由於兩岸均未承認對方法律的效力，因而在解決兩岸交往所遭遇的法律衝突問題上，兩岸仍然處於各說各話的狀態。

　　第三，以部門差異為核心的體制困境。由於兩岸公權力機關在推動兩岸交往中起著主導性地位，兩岸公權力機關之間以合適名義進行協商是構建兩岸交往機制的重要環節。在兩岸交往的早期，主要工作是啟動兩岸交往並構建起基本的框架，因而採取兩會模式，由兩岸負責涉對方事務的公權力機關授權民間團體進行事務性商談，尚能滿足兩岸交往的需要。隨著兩岸交往的不斷深入，涉及專

業性事務的兩岸交往也在增多，必然要求兩岸管理專業性事務的公權力機關進行聯繫。如兩岸在食品安全、標準計量檢驗檢疫、金融監管、核安全等領域已經簽署的協議，都規定兩岸相應的主管部門開展聯繫與溝通，並共同完成協議所設定的任務。然而，兩岸行政機構設置頗為不同，大陸的專業性行政機構設置較細，而臺灣行政機構的職權則相對集中。因此，兩岸在同一事務上，相關的對口部門並不完全一致，有時會出現大陸方面幾個部門對口臺灣方面一個部門的現象。如在海域執法合作方面，大陸方面有海巡、海監、漁政、海警、海關等多支涉海執法隊伍，而臺灣僅有隸屬於「海巡署」的「海巡」一支執法隊伍，使得大陸和臺灣在海域執法上缺乏相應的對口部門。除此以外，大陸在食品安全上採取的「分段管理」體制，也使兩岸在食品安全事務合作方面，存在著對口部門確定困難的問題，等等。

　　第四，以認同矛盾為核心的心理困境。兩岸在意識型態、政權、「國家」上的認同矛盾，對兩岸交往產生著微妙的影響，因而構成兩岸交往中的心理困境。兩岸人民同屬一個中華民族，有著共同的歷史記憶和情感聯繫。然而，由於長期的隔絕，以及兩岸公權力機關在特殊歷史時期對對方的片面宣傳，加上「臺獨」分裂勢力臆造所謂「臺灣國族認同」等理論，導致兩岸民眾在心理上存在差異。此種差異體現在認同問題上，就體現在兩岸民眾對於一個中國原則、誰是「中國」等根本性問題上存在著矛盾，連帶著對於兩岸社會制度、生活方式和價值觀等方面亦存在著不同的認知與評價。認同矛盾加深了兩岸民眾之間的不信任感，也放大了兩岸在長時間隔離後產生的疏離感。如果說政治、法制和體制上的障礙，透過精細的制度設計和安排，尚能較快克服或者迴避，那麼，兩岸交往中兩岸民眾因認同矛盾產生的隔膜，則需要相當長的一個歷史時期才能予以消解。在兩岸認同矛盾消解至一個不足以影響兩岸交往的程度前，以認同矛盾為核心的心理困境將始終困擾兩岸交往的有序開

展，並影響兩岸交往機制在運行中的實際效果。

二、兩岸大交往機制：消解兩岸交往困境的應然

臺灣學者張亞中認為，「國家」和「主權」是兩岸關係中的結。在一定歷史時期內，完全消除兩岸間的政治對立是不現實的。然而，建構合理的、能夠為兩岸所共同接受的兩岸交往機制，可以減少或避免因政治對立給兩岸民眾交往帶來的負面作用，最大程度地消解兩岸交往中的困境。事實上，在兩岸交往的過程中，兩岸自發地形成了若干具有制度特徵的交往框架或途徑，也形成了以兩會協議為代表的兩岸交往規範，從而已初步構建起兩岸交往機制。但這些已經形成的兩岸交往機制距離兩岸民眾對於擴大和深化交往，尤其是透過規範方法將兩岸交往的成果予以制度化、常態化的要求，還存在一定距離。由於兩岸交往機制化的實踐尚處於自發狀態，因而理論上對於兩岸交往機制的認識，也有待進一步深化。

就「兩岸交往機制」的提法而言，理論界早有涉及。具有代表性的觀點認為，兩岸交往主要是兩岸民眾之間的往來，大陸方面較早的著作如陳安主編的《海峽兩岸交往中的法律問題研究》和曾憲義、郭平坦主編的《海峽兩岸交往中的法律問題》，均從法律適用和法律衝突角度分析兩岸交往問題，將兩岸交往理解為兩岸民眾之間的往來。在此理解基礎上，兩岸交往機制主要被理解為兩個層次的含義：其一為本體層次的含義，即將兩岸交往機制理解為兩岸民眾的交往機制，如前述的兩本論著；其二為方法層次的含義，主要是針對兩岸兩會機制或者其他類似機制而言的，如有學者將兩岸事務性商談理解為透過對話進行的兩岸交往秩序建構。由於當前理論界提出的兩岸交往機制概念，都是立足於兩岸交往機制的某一個方面，因而本文將其稱為小交往機制。相應的，本文將涵蓋兩岸各方面、各層次的交往機制則稱之為兩岸大交往機制，並將兩岸大交往

機製作為統攝和描述兩岸各種交往機制的總括性概念。

兩岸大交往機制概念的釋出，切中了有關兩岸關係和平發展的戰略思考，符合兩岸民眾的根本利益，也順應兩岸關係和平發展的總體趨勢。在兩岸關係和平發展不斷取得新進展的歷史背景下，構建兩岸大交往機制，符合兩岸對於和平發展的共同期許、有利於規範兩岸交往行為、以及補強兩岸交往的正當性，進而推動兩岸交往形成制度依賴。

第一，兩岸建立大交往機制，符合兩岸對於兩岸關係和平發展的共同期許。兩岸關係和平發展既符合兩岸民眾的現實利益，也為兩岸具有遠見卓識的政治人物所認可。2008年以來，兩岸領導人透過不同途徑，多次強調兩個「十六字」：即大陸方面所主張的「建立互信、擱置爭議、求同存異、共創雙贏」十六字「方針」和臺灣方面所主張的「正視現實、開創未來、擱置爭議、追求雙贏」十六字「箴言」。兩岸民眾既享受著兩岸關係和平發展的成果，也積極推動兩岸關係向著更加廣闊的前景發展。由此可見，兩岸儘管仍處於政治對立狀態，一些敏感的政治議題尚未解決或者尚未開啟解決的途徑，但政治對立以及某些政治議題並不影響兩岸對於兩岸關係和平發展的共同期許。這種共同期許要求兩岸建立更深化和更具權威性、規範性的制度化交往框架。因此，建立涵蓋兩岸交往各層次、各方面的大交往機制，將兩岸交往中形成的自發秩序，納入由規範所形成的制度框架，對於形成兩岸關係和平發展框架的法律機制具有積極的推動作用。同時，將在兩岸間具有造法功能的兩會機制及其他類似機制，納入兩岸大交往機制範圍，藉助制度的規範性和權威性特徵，將兩岸關係和平發展的成果予以制度化，將有利於提升兩岸相關共識和協議的效力位階，為兩岸關係和平發展提供持續性的規範依據。

第二，兩岸透過建立大交往機制，可以有效規範兩岸各層次的

交往行為。兩岸交往自發形成的多元交往格局，僅僅表示兩岸交往在量上已經積累到一定程度，而並不表明兩岸的多元交往格局已經被制度化和常態化。相反，兩岸當前的多元交往格局尚處於零散、相互孤立和自發狀態，鮮有制度化或制度化程度較高的交往規範，相當一部分兩岸交往活動仍然依靠政治慣例或者兩岸默契開展。當前兩岸多元交往制度化程度不高的狀態，雖然與兩岸政治對立的現狀有關，但對於兩岸各層次交往行為的規範化和常態化，仍有一定負面影響。以至於兩岸的正常交往，對臺灣內部政治局勢的依賴度較高，尤其是臺灣領導人的態度，對於兩岸交往在其任期內能否正常開展，常常具有決定性影響。兩岸建立大交往機制的過程，就是將兩岸經由單方面立法、政策宣示以及雙方協商所形成的協議、共識等予以規範化的過程。具體而言，對於兩岸各層次交往中的規範而言，兩岸大交往機制的建立將對之產生「共識化」和「法制化」兩個應然的趨勢。共識化，是指兩岸交往中的制度供給，將逐漸走出兩岸各自「獨白」的狀態，而趨向透過兩岸協商形成「共識」的方式完成。法制化，是指兩岸交往將逐漸擺脫經由兩岸默契和政策措施調整的階段，而遵循一致性和明確性的規範調整。共識化和法制化兩大應然趨勢的結果，就是為兩岸交往提供充分的規範依據，以有效的規範兩岸各層次的交往行為，結束兩岸交往「無法可依」的局面。

　　第三，兩岸大交往機制的建立，能夠為兩岸交往提供持續性的正當性來源。兩岸交往正當性，涉及兩岸交往能否長久，以及能在何種程度上抵抗政治力侵蝕的問題。欠缺持續正當性支撐的兩岸交往，只能是偶然的和不穩定的。從理論上而言，一個制度得以具有持續正當性支撐的最佳方式是制度形成過程的民主性。然而，由於兩岸現實，建立此種民主的制度形成機制具有相當難度，甚至在相當長的歷史時期具有不可能性。因此，透過兩岸大交往機制的建立，形成對民主形成過程的替代性機制，就兩岸關係現狀而言，無

疑是最具可行性的方案。目前，兩岸交往的正當性源於兩個方面：其一，基於民族情感的正當性，這一正當性來源在支撐兩岸交往正當性方面起著主要作用；其二，大陸和臺灣各自分別頒布了規範兩岸交往的規範性文件，這些規範性文件也支撐著兩岸民眾交往行為的正當性。但兩岸交往正當性的兩個來源，在為兩岸交往提供持續正當性支撐方面，均有不足。首先，民族情感和現實利益不具有規範型態，因而不論在內容上還是形式上都有著不確定性。現階段的兩岸交往，仍然體現為對因長期隔離而造成的關係裂痕的修補，還談不上尋求兩岸利益的一致性整合。在此情形下，兩岸民眾現實利益的衝突並不劇烈，民族情感足以為兩岸交往提供正當性支撐。然而，隨著兩岸交往的擴大和深化，兩岸利益衝突無法僅憑民族情感而獲得化解，因而需要更加有效的正當性支撐。其次，兩岸各自有關交往的規範性文件由於承認爭議的存在，在各自內部尚基於法規範的拘束力而具有正當性，但在如何規範對方交往主體的行為上，則存在著較大障礙。兩岸大交往機制則不是僅僅依靠民族情感而建構的交往機制，而毋寧說是兩岸向著法的共同體發展的重要形式和階段。兩岸大交往機制首先要創設的就是基於「共識決」的兩岸法制形成機制，以將兩岸交往的正當性來源，從民族情感和各自獨白式的立法，轉變到兩岸經由共識形式達成的兩岸法制上，透過「共識決」彌補兩岸因制度形成民主性不足而造成的缺憾。

總之，兩岸大交往機制的目的是透過制度建設和規範建構，為兩岸交往提供足夠的規範依據。透過規範兩岸交往主體的行為，使兩岸在推動兩岸交往上形成制度依賴，從而最大限度地減少政治因素對於兩岸有序交往的影響。在此方面，兩岸大交往機制所採取的方法，就是將兩岸各層次的交往從當前的分散狀態，運用「大交往機制」的概念統合成具有體系特徵的整體，將各層次交往都納入到兩岸大交往機制所建構的規範系統中，以為兩岸交往提供有效、穩定和持續的規範依據。

三、兩岸大交往機制的多元結構

兩岸大交往機制意圖涵蓋兩岸各層次的交往，但這並不意味著這是兩岸各層次交往的簡單疊加，而是形成有助於規範兩岸交往體系的制度框架。良好的兩岸大交往機制至少應當包括兩個要素：其一，能夠容納兩岸現有的各層次交往；其二，具有足夠的可發展空間，以容納兩岸正在形成或者尚未形成的交往。由此兩個要素出發，本文對於兩岸大交往機制多元結構的描述，不擬繼續沿用對於兩會事務性商談機制、兩岸主要政黨對話機制和兩岸民間交往的總結方法，而是基於兩岸交往可能發生的場域，即兩岸內、兩岸間和兩岸外分別加以描述。

（一）規範兩岸民眾交往的「兩岸內」交往機制

兩岸內，是指兩岸在各自有效管轄領域內的場域。兩岸內的交往，是兩岸交往最為直接的體現形式。兩岸內交往主要體現為兩岸中一方的民眾在另外一方有效控制範圍內的活動，這與以往學者所言的兩岸民眾交往大體相當，也即通常所理解的兩岸小交往機制。兩岸內交往機制包含兩岸民眾在經貿、投資、旅遊、就業、就學、文化交流、探親、婚姻等各個方面的交往，是兩岸交往中最大量也最活躍的交往形式。由於在兩岸內交往中，兩岸民眾適用的主要是兩岸各自域內的法律規範，因而兩岸內交往機制所需克服的主要困境是以法律衝突為核心的法制困境。由此可見，兩岸內交往機制以構建兩岸交往的法律適用機製為主要內容。

兩岸內交往機制在具體規範上，體現為兩岸統一實體法、法律衝突規範和司法互助規範等。目前，以上三種具體規範除兩岸統一實體法外，均有所體現，但大部分體現為兩岸各自立法的狀態。由於兩岸存在著的承認爭議，所以在兩岸內克服以法律衝突為核心的法制困境，又轉化為如何應對承認困境的問題。近年來，隨著兩岸

對「九二共識」和兩岸跨法域性認識的深化，兩岸透過立法或者司法解釋的方式，逐步放開了對於對方法律的承認。如大陸最高人民法院曾於1998年頒布《關於人民法院認可臺灣有關法院民事判決的規定》等有助於兩岸司法協助的規範性文件。2010年，最高人民法院又在《關於審理涉臺民商事案件法律適用問題的規定》中，表達了人民法院可以適用臺灣民事法律的態度。臺灣方面在其「兩岸人民關係條例」中，對涉大陸的法律適用問題進行了比較詳細的規範，形成了初具體系化的適用。2009年，兩岸透過兩會機制達成《海峽兩岸共同打擊犯罪及司法互助協議》，在兩岸司法互助方面進行了協商造法的初步嘗試。上述兩岸各自立法和協商的努力及成果，為構建兩岸內交往機制，妥善解決兩岸法律適用問題奠定了基礎。

（二）確立和規範兩岸公權力交往的「兩岸間」交往機制

「兩岸間」作為一個理論上的概念直接脫胎於「政府間」的概念，後者是現實主義者對於歐洲一體化成果的一種描述。經由兩岸話語的改造，「兩岸間」承繼了「政府間」的核心內涵，但去除了「政府間」所具有的「主權」、「國家」、「政府」等形式特徵，而使之能夠適用於兩岸現實。具體而言，「兩岸間」概念對於兩岸現狀的描述體現在三個方面：其一，兩岸形成新的結構，該新結構不具有實體型態，因而也不具有凌駕於兩岸之上的特徵，僅僅體現為兩岸各類型和各層次的協商機制；其二，兩岸各自保留對己方有效管轄領域的治理權，而不向兩岸形成的新結構讓渡權力；其三，兩岸協商機制所形成的決定，不必然對兩岸產生直接效力，而是需經過兩岸依其各自域內法產生效力。

「兩岸間」概念較好地解釋了兩岸在1992年之後所形成的兩會機制及其運行效果。1992年，兩岸經由兩會機制，形成了制度化的交往格局，並在2008年後得以真正的常態化和制度化。兩會機制透

過一系列協議，為兩岸交往提供了制度性安排。兩會機制採取「民間白手套」的形式，替代兩岸公權力機關進行平等協商和交流，為兩岸交往的穩定發展進行了有效的制度供給。兩會機制形成的協議或共識，採取在兩岸各自分別立法的方式完成法制化，並規範各自主體在兩岸交往中的行為，包括各自公權力機關的行為。依據ECFA成立的兩岸經濟合作委員會深化了兩會機制的內涵，使得兩岸首次成立了雙方參加的共同機構（Shared Institution）。但就本質上而言，兩岸經濟合作委員會並不是凌駕於兩岸之上的機構，而僅僅是兩岸協商機制的組織化和常態化而已，依然體現了「兩岸間」的特色。

就兩岸協商機制而言，其本質上毋寧是在「承認爭議」的困境下，兩岸公權力機關交往的替代性機制。在兩岸剛剛恢復交往或者交往程度並不深入的早期，授權民間團體替代公權力機關交往，尚可以完成相應的協商和合作任務。但隨著兩岸交往的深入，僅靠民間團體對公權力機關進行替代性交往，顯然已不能滿足兩岸交往深入發展的需要。事實上，多個兩會協議訂定有兩岸業務主管部門指定人員進行溝通聯絡和工作方案實施的合作方式，一些協議還規定有兩岸執法合作機制，實際上已經突破了民間團體替代公權力機關參與兩岸交往的層次。因此，在「兩岸間」的場域構建兩岸公權力機關交往機制的主要問題，已經不再是構建兩岸公權力機關交往機制是否有必要和可行，而在於如何透過兩岸話語的表達，克服或消解「承認爭議」對於兩岸公權力機關交往機制的消極影響，以及如何透過合理的機構設置，克服或消解因部門差異而產生的體制困境。目前，對於兩岸間交往機制的構建，有必要著重於構建兩岸間的權力結構，推動兩岸向兩岸間交往機制轉移實質性的權力，而非簡單的協商職能，以加強兩岸間交往機制的合作能力。同時還應引入兩岸民眾參與機制，以強化兩岸透過兩岸間交往機制所產生成果的正當性。

(三)規範兩岸在國際社會交往的「兩岸外」交往機制

世界上絕大多數國家和絕大多數政府間國際組織均承認一個中國原則，臺灣作為中國的一部分因而在法理上並無參與國際交往的主體資格。但是，臺灣以不同名義參與國際社會在客觀上已經是不爭的事實，典型者如臺灣以「中華臺北」名義參加國際奧委會組織（IOC）、以「單獨關稅區」名義加入世界貿易組織（WTO），以觀察員身分出席世界衛生大會（WHO），等等。因此，承認臺灣參與國際社會交往的事實，應當與臺灣是否具有國際法主體資格的問題分開。鑒於臺灣已經廣泛且深入地參加國際社會交往，兩岸交往因而產生了外在於兩岸的第三場域，即「兩岸外」。「兩岸外」與「兩岸內」、「兩岸間」相比，主要體現在受制約的因素發生了變化。在後兩個場域，受制約的因素主要來自於兩岸，但「兩岸外」的受制約因素除來自兩岸外，還有外在於兩岸的其他因素，如兩岸共同加入的國際組織所訂定的規則。「兩岸外」交往機制的主要功能是規範兩岸在國際社會的交往行為，主要包括三個部分。

其一是臺灣有序參與國際活動的機制。大陸方面已經明確提出，對於臺灣參與國際組織活動問題，在不造成「兩個中國」、「一中一臺」的前提下，可以透過兩岸務實協商作出合情合理安排。臺灣參加國際活動問題，涉及臺灣民眾的自尊和自我認同問題，是臺灣社會的核心議題之一。而參加一些功能性的國際組織，如世界貿易組織、世界衛生組織等，又有利於保障和維護臺灣民眾的相關權利。對於臺灣參與國際空間的訴求，大陸方面應當在堅持一個中國原則上予以務實應對，其應對的方法就是尋找合適的方式和名義，推動臺灣有序參加國際活動機制的建構，使臺灣參加國際活動的節奏和方式處於兩岸能夠共同接受的範圍內。2009年，臺灣以觀察員名義出席世界衛生大會，並在之後成為慣例，已經為這種機制的建構提供了範本。

其二是兩岸共處一個國際組織的交往規範。兩岸目前已經共同參加了一些國際組織，在共處一個國際組織的過程中，不可避免地發生一些交往行為，如兩岸在WTO的框架下曾多次遭遇貿易爭端，也曾透過WTO所設置的爭端解決機制處理兩岸貿易爭端。因此，如何規範兩岸共處一個國際組織中所發生的交往行為，使之更加符合該國際組織的規則，運用國際組織的規定解決兩岸爭議問題、共同促進中華民族整體利益，是構建兩岸共處一個國際組織交往規範應當重點建設的內容。

其三是兩岸共同維護中華民族整體利益的機制。儘管兩岸在意識型態、政權和「國家」認同上有所差異，但在民族認同上仍能保持「中華民族認同」，因而對於中華民族整體利益有著共同的維護責任。事實證明，臺灣民眾和大陸民眾一道，在保釣和保衛「南海主權」方面發揮了積極作用，表現出「兄弟鬩於牆，外御其侮」的民族精神。兩岸在「同屬一個中華民族」和「九二共識」的基礎上，可以也應當擱置兩岸政治爭議，以民族大義為重，推動兩岸共同維護中華民族整體利益機制的構建，為兩岸形成合力提供制度渠道。

當然，以上三個層次的劃分也不是絕對的，如「兩岸間」交往機制透過造法功能和執行功能影響「兩岸內」交往機制，而「兩岸外」交往機制必須透過「兩岸間」交往機制，形成兩岸對外合作的基本框架和制度路徑，等等。可以說，每個層次對其他層次的交往都透過制度的勾連有著較高的關聯性和依存度。

四、結語

兩岸交往已經成為兩岸關係和平發展的重要組成部分，也是進一步推動兩岸關係和平發展的重要動力。構建兩岸大交往機制，在

兩岸交往日益熱絡的今天，對於推進兩岸關係和平發展的進一步深化和固化兩岸關係現階段的發展成果，具有重大而現實的意義。目前，兩岸交往方興未艾，專業性、地域性的兩岸交往機制構建已經提到議事日程上來，但真正從宏觀制度構建的高度思考構建兩岸大交往機制，尚在決策和實務層面缺乏相應的舉措。本文在理論上對兩岸大交往機制的構建進行了宏觀探討，以為對於如何構建兩岸大交往機制和各層次交往機制等細部問題提供概念話語和理論指引。至於在微觀層面上探討兩岸大交往機制構建的具體方法，我們將另文論述。

論兩岸法制的構建

自「構建兩岸關係和平發展框架」的戰略思考提出以來，經過多年的研究和探討，學界和政界對於法治思維在構建兩岸關係和平發展框架方面的作用已經有了比較清晰的認識，基本形成了兩岸關係和平發展框架應當包括並且主要體現為法律機制的共識。但是，宏大地、抽象地研究法律在構建兩岸關係和平發展中的意義，早已不能滿足實踐的需求。儘管有學者注意到兩會協議構成兩岸和平發展的法治化形式這一特點，但在總體上學界對於調整和規範兩岸關係和平發展的法律到底指涉為何並無清晰的認識，體現為兩岸關係和平發展框架的法律機制究竟是僅存在於理論型態或觀念型態中，還是已經初現端倪這一根本性問題仍未獲得解決。為此，本文提出「兩岸法制」的概念，作為統攝兩岸各自處理涉對方事務的法律規範以及兩岸透過兩會事務性商談機制形成的協議的總括性概念，為更加深入和準確地探討法律在兩岸關係和平發展中的地位與作用提供智識資源。由於學界缺乏對兩岸法制相關問題的論述，一些學者甚至對兩會協議是否具有法律屬性仍存有質疑，因此，本文將對什麼是兩岸法制、兩岸法制的表現型態、兩岸法制的構建方法等理論

作一闡述，以求教於方家。

一、兩岸動力系統與構建兩岸關係和平發展框架：「兩岸法制」的概念與功能

　　立基於法律機制在構建兩岸關係和平發展框架中的作用，兩岸法制不妨可以作一個描述性的定義：兩岸法制是調整和規範大陸和臺灣在兩岸關係和平發展過程中各類行為的規範和制度的總稱。顯然，描述性的定義沒有揭示出兩岸法制的特點，也沒有對實踐中兩岸法制所遭遇的困境和詰問作出回應，遠遠不能滿足兩岸關係和平發展的需要。因此，有必要立基於兩岸關係和平發展框架對於制度的需求，對「兩岸法制」的概念作一更加精準的分析。

　　臺灣學者蘇宏達在分析歐盟形成的原因時指出，歐洲各國基於自利原則都不願意為了歐洲整合而讓渡主權，歐洲整合的動力來自於整個歐盟的結構性制約和導引。據此，蘇宏達提出一個有意義的結論：歐洲整合的動力在於它的「不可瓦解性」，在歐洲整合面臨「共同體既有成果」受到威脅時，對歐盟結構可能被動搖甚至瓦解的恐懼時，可以進一步刺激整合的深化，此即歐洲動力系統。儘管歐盟模式不具有可移植性，且歐盟與兩岸關係也無必然聯繫，但蘇宏達對歐盟研究的成果，對兩岸關係具有極為重要的參考意義。類似於歐盟動力系統，大陸和臺灣亦形成了兩岸動力系統，其任務是為兩岸關係和平發展框架提供持續的推動力。依循兩岸動力系統的特點，兩岸法制對於構建兩岸關係和平發展框架的意義，可以從兩個方面來加以解讀：其一，兩岸法制為構建兩岸關係和平發展框架提供了制度動力；其二，兩岸法制保證了兩岸結構的穩定性，從而為兩岸動力系統提供了具有「不可瓦解性」的結構。本文將嘗試以兩岸動力系統為分析工具，對兩岸法制的概念作一討論。

（一）制度動力：兩岸法制對兩岸關係和平發展的推動作用

兩岸動力系統的動力主要來自於兩個方面：其一，中國傳統文化中的大一統觀念，以及由此形成的對中國統一的追求，構成兩岸動力系統的歷史動力；其二，維護臺海地區穩定、維護兩岸人民福祉構成了兩岸動力系統的現實動力。這兩種動力在當前的實現方式主要是：歷史動力被解讀為兩岸對於統一的民族情感和對「中國」符號的認同，因此，歷史動力的實踐方式主要集中於對中華文化的散播性宣傳以及對一個中國原則的反覆宣告；現實動力則被理解為對兩岸民眾經濟利益的滿足，尤其是在當下兩岸政治對立的情勢下，現實動力更加被理解為大陸透過優惠政策向臺灣單方面的利益輸送。

對於兩岸動力系統的上述實現方式，在效果上不可謂不明顯。至少自2008年後，對「中華民族」和「九二共識」兩個符號的運用，以及大陸一系列惠臺政策的運用，對於兩岸關係和平發展造成了至關重要的推動作用。然而，在臺灣充斥「族群」、「省籍」議題的非理性政治場域中，此種實現方式能否持續，則相當令人質疑。以2012年臺灣立法機構選舉為例，從大陸惠臺政策中直接受益的一些選區並未在選情上發生正面變化，相反，藍營在幾乎所有的「大陸採購區」都遭遇了選票下滑的現象。同樣的，國民黨對於「九二共識」的堅持，在相當程度上也被選民理解為兩岸關係和平穩定的必要途徑，而「九二共識」所具有的「一中性」意涵，則並未獲得臺灣民眾足夠的認可。立基於以上事實，尋求兩岸動力系統新的實現方式顯得尤為必要。

法律這一制度性因素可以發揮民族情感、國家認同乃至於經濟利益無法造成的作用。在歷史動力的實踐方面，法律可以將有關民族認同和國家認同的共識規範化，運用規範的明確性、穩定性和強制性維護共識的權威性和有效性。在歐洲整合運動中流行一時的憲

法愛國主義，就是將人們對於國家的認同寄託於憲法，以論證歐洲制憲的必要性。賈慶林在第八屆兩岸經貿論壇的講話中，提出：「一個中國框架的核心是大陸和臺灣同屬一個國家，兩岸關係不是國與國的關係。兩岸從各自現行規定出發，確認這一客觀事實，形成共同認知，就確立、維護和鞏固了一個中國框架。」從政策話語上肯定了法律規範在確認民族認同和國家認同方面的重要性。因此，合適的法律規範可以合理地表達兩岸共識，儘量減少兩岸因「主權」和「國家」而產生的「概念之爭」，以最大限度地體現共識。在現實動力的實現方面，可以發揮法律作為社會關係調整器的功能，將兩岸之間的利益關係，轉變為權利義務關係，用權利義務機制肯定和保障人們對現實利益的需求與實現。當前大陸的惠臺措施，主要體現為政策形式，因而在靈活性有餘的同時有著規範性和穩定性不足的問題。政策與法律的落差，導致了政策在臺灣方面的接受度和信任度並不盡如人意。將現實利益予以法制化，推動現實利益的「權利化」，以肯定和保障權利的方式，消除現實利益的不穩定性，從而持續的、穩固地滿足相關主體的利益需求。

　　兩岸動力系統的目的，是為兩岸關係和平發展提供持續的推動力。類似於歐洲動力系統，兩岸動力系統的持續推動力，也來源於兩岸關係和平發展的「不可瓦解性」，而此種「不可瓦解性」不可能僅僅來自於一種處於持續變化狀態的認同與情感、一種不穩固的現實利益，而同時也必須來自於制度透過對規範的實施和保障而產生的驅動。兩岸法制的釋出，切合了兩岸動力系統的需求，為構建兩岸關係和平發展提供了制度動力。

　　（二）制度依賴：兩岸法制對兩岸關係和平發展框架的保障機理

　　更進一步，兩岸動力系統不僅要透過兩岸法制來驅動兩岸關係和平發展，而且需要將兩岸關係和平發展轉化為一種穩固的結構，

透過結構的穩定性來強化兩岸關係和平發展的「不可瓦解性」。此種結構就是政策話語所表述的「兩岸關係和平發展框架」，兩岸關係和平發展框架因而可以被理解為是為強化兩岸對和平發展的制度依賴而構建的結構。

考察兩岸關係的歷史與現狀，兩岸關係是否和平發展對於人的因素有著較大的依賴。亦即：兩岸關係的發展狀況與兩岸政治人物、主要黨派乃至於兩岸所處的國際背景都有著密切的聯繫。這一現象表明，兩岸關係和平發展在相當程度上依循著一種「人治型」的模式。在「人治型」的發展模式下，兩岸關係和平發展的前途、步驟都是仰賴於人的意志，尤其是臺灣領導人的「統獨」觀點、個人品性在兩岸關係中成為具有決定性的因素。這種「人治型」的發展模式已經不止一次被證明不利於兩岸關係和平發展的大勢：政治人物的行為、黨派的政策調整可以從根本上改變兩岸關係的總體局面，甚至於2008年後兩岸關係和平發展的良好局面，與臺灣發生有利於兩岸關係和平發展的政治局勢變化也有著密切的關係。臺灣「政黨輪替」已經呈現出常態化的樣貌，將兩岸關係和平發展的希望寄託在臺灣的某一個黨派甚至某一個人已不現實。克服兩岸關係和平發展中的偶然性，關鍵是消除兩岸關係和平發展中的「人治」思維，建立「法治」型的兩岸關係和平發展框架，借由制度的穩定性，來弱化、消除兩岸關係和平發展的偶然性，從而提升其必然性。

值得疑問的是：兩岸並不存在一個類似於歐盟之於歐洲各國的「超兩岸」框架，亦即兩岸法制事實上並不具有強制適用的效力，那麼，法治型的發展模式如何透過兩岸法制保障兩岸關係和平發展框架的構建呢？在大陸，依靠公權力機關與民眾對國家統一事業的追求與認同即可為兩岸法制提供足夠的效力源泉，而在臺灣，答案則不會如此簡單。對此，可以用臺灣學者吳玉山提出的「選票極大化策略模式」理論加以解釋。

吳玉山認為，臺灣的兩岸政策包括兩個面向：其一是統「獨」爭議，即「認同面向」；其二是經濟與安全的衝突，即「利益面向」。這兩個面向構成了臺灣兩岸政策的「議題空間」。根據臺灣近年來民意調查的結果，臺灣民眾在「認同面向」和「利益面向」構成的議題空間內，出現選擇趨中的現象：所謂「趨中」的現像是指臺灣民眾在「統」與「獨」之間選擇「維持現狀」，在「經濟」與「安全」之間選擇「和平發展」。兩岸法制體現了兩岸關係和平發展的價值取向，也透過兩會框架的制定程序，充分體現了兩岸共識，因而正好落在臺灣民眾可以接受的議題空間範圍內。在「選票極大化」的驅動下，臺灣政黨和政治人物必鬚根據自身選票最大化決定政策的傾向，因而對兩岸法制產生了制度上的依賴。政治力在形成兩岸法制的同時，也自覺地進入了兩岸法制所設定的規範框架，並且產生了對兩岸法制的依賴，反而為兩岸法制所限制，必須服從於兩岸法制，而不能與之相違背。隨著此種依賴的加深，兩岸法制透過制度依賴強化了兩岸關係和平發展框架的「不可瓦解性」。

立基於以上的討論，兩岸法制的概念可以從三個層次上加以理解：在外在表現的層次上，兩岸法制體現為調整和規範兩岸交往中各類關係的規範體系；在方法論的層次上，兩岸法制構成了推動兩岸關係和平發展的制度動力，是固化兩岸關係和平發展成果的規範方法；而在本體論的層次上，兩岸法制嵌入了兩岸關係和平發展框架的結構，並起著強化這一結構的功能，是保障兩岸關係和平發展框架的制度因素。

二、兩岸法制的表現型態

兩岸法制是一個在兩岸關係曲折發展的歷程中逐漸成長起來的概念。由於兩岸關係的複雜性，兩岸法制並未呈現出單一的型態，

而是根據構建方法和構建主體的不同，呈現出不同的型態。總結兩岸法制的表現型態，對於窺探兩岸法制的外在表現形式以及探討與兩岸法制有關的效力、接受、適用方式等法技術問題，都有著重要意義。以兩岸法制的構建主體劃分，兩岸法制有著以兩岸各自作為構建主體的兩岸涉對方事務法制以及與兩會協議兩種表現型態。兩岸涉對方事務法制在本質上仍是兩岸依循各自域內的立法機制所構建的兩岸法制，因而不具有「兩岸性」，是兩岸法制的初級型態。而兩會協議是兩岸經由制度化的商談機制形成的「兩岸間」規範，因而屬於兩岸法制的進階型態。

（一）兩岸法制的初階型態：兩岸涉對方事務法制

「兩岸法制」一詞的出現，表徵著兩岸從不接觸狀態到接觸狀態的轉變。在1987年前，兩岸間僅有極為偶然的幾次接觸，並無大規模的人員、資金、貨物往來，因而兩岸之間並不存在兩岸法制的生成條件。1987年兩岸恢復接觸後，兩岸民間往來日益密切，兩岸因人員往來而發生的法律適用問題也逐漸出現，由此產生了對於兩岸法制的原初需求。在兩岸恢復接觸之初，大陸和臺灣儘管已經創建了事務性商談的框架，但後者的造法特徵並不明顯，且雙方互信並未獲得足夠的累積，因此，兩岸法制首先出現的表現型態是兩岸在各自法域內制定的、以調整對方人員在本法域內行為以及解決法律適用問題的規範性文件。

1992年7月臺灣頒布的「臺灣與大陸地區人民關係條例」（以下簡稱「兩岸人民關係條例」）是兩岸間最早也是迄今為止綜合程度最高的規範性文件。臺灣正是以「兩岸人民關係條例」為核心構建起臺灣的涉大陸事務法律體系。目前，臺灣的涉大陸事務法律體系已經涵蓋經貿交流、文教交流和社會交流等各個方面，成為臺灣法律體系的重要組成部分。以「兩岸人民關係條例」為核心的臺灣涉大陸事務法律體系，在臺灣法律體系中的地位，是延續臺灣「六

法全書」的傳統，將涉大陸事務的法律根據其內容，歸類到不同的部門法中。如「兩岸人民關係條例」被歸類為「憲法類」、「大陸地區人民來臺投資許可辦法」等屬於行政法類，等等，此種方式事實上否認涉大陸事務的法律自成一獨立的法律部門，而僅僅認為其不過是具有「大陸事務」這一相同的調整對象。

大陸方面在2005年《反分裂國家法》頒布之前，並沒有類似於「兩岸人民關係條例」的涉臺事務基本法律。2005年制定的《反分裂國家法》雖未如臺灣的「兩岸人民關係條例」對於涉大陸事務作成全方位的綜合性規定，但也起著統攝大陸涉臺立法的作用。然而，《反分裂國家法》僅僅在第六條對於調整和規範兩岸交往行為作出了相當原則性的規定，大陸的涉臺立法因而仍呈現出分散立法的狀態。根據國務院臺灣事務辦公室編纂的《臺灣事務法律文件選編》，大陸涉臺事務的法律包括憲法類、經濟法類、行政法類、民法商法類、社會法類、訴訟法類等。由此可見，大陸涉臺事務的法律在主流觀點中，也沒有被視為是一個獨立的法律部門，而僅僅是由分散於各個部門法中、共同調整對臺事務的規範性文件組成的法律體系。

兩岸涉對方事務的法律雖然在立法主體、程序和效力淵源上有所不同，但兩岸涉對方事務的法律都是在內容上體現出「兩岸」性，在本質上仍是兩岸各自域內的法律：其一，由於兩岸在各自製定涉對方事務法律時，遵循的是己方根本法所規定的立法程序，涉對方事務法律是兩岸各自域內法律體系的重要組成部分，因而與對方的法律體系無涉；其二，由於兩岸依然存在政治對立關係，因而在制定涉對方事務的法律時，兩岸缺乏立法前的溝通與協調，僅僅以己方的兩岸政策指導立法，導致兩岸涉對方事務的法律不可能體現兩岸共識，而只能是兩岸各自政策獨白的法律表現；其三，由於兩岸立法的域內性，兩岸涉對方事務的法律在效力上並不及於對方，除因法律適用規則在己方法域內適用對方的法律外，兩岸各自

的涉對方事務法律主要在己方的域內產生效力,因此,在嚴格意義上,兩岸涉對方事務的法律依然是各自的域內法,而不是「兩岸法」。

由於上述原因,兩岸涉對方事務法制雖均以兩岸事務為調整對象,但彼此之間並不協調,相衝突之處亦不少見。相較而言,臺灣涉大陸事務的法律對兩岸交往施加的較多的限制,在一定程度上造成兩岸交往的不便與困難;而大陸涉臺事務的法律雖以「惠臺」為主軸,但一些規定也未見得能夠為臺灣和民眾所接受和認同。如果說在兩岸剛剛恢復接觸的初期,兩岸由於制度化的事務性商談機制尚未有效運轉和兩岸關係遭遇波折的原因,無法透過協商形成共識並將之法制化,因而只能透過各自域內立法的方式處理涉及對方的事務,那麼,在兩岸關係和平發展已經比較成熟和持續深化的情況下,兩岸涉對方事務的法律在兩岸關係和平發展中的作用就顯得有所不足了。因此,兩岸涉對方事務法制在量上為數眾多,但事實上已經不能滿足兩岸關係和平發展的需求,甚至已經不足以構成兩岸法制的主幹。

(二)兩岸法制的進階型態:體系化的兩會協議

截至2012年12月底,兩岸透過海協會和海基會構成的兩會事務性商談機制簽署了二十八項協議(含共識、共同意見、辦法、紀要等,以下簡稱「兩會協議」),透過規範化的協議形式表達了兩岸開展事務性合作的共識,並規範了合作的範圍、形式和程序。兩會協議在兩岸關係和平發展發展框架中具有重要的地位,起著固化與表達兩岸共識、引導與規範合作行為的關鍵作用。目前,兩會協議在量的累積基礎上,呈現出體系化的趨勢。兩會協議體系化的主要方式是在前一協議中設定議題,再由後續協議落實議題成果的方式完成,亦即「預先設定議題的體系化方式」。

預先設定議題的體系化方式,在本質上是從內容上對兩會協議

進行體系化的一種方式。早期的《汪辜會談共同協議》曾透過列舉年度擬討論議題的做法，為後續兩會談判設定的議題，進而按照該安排分別透過談判制定兩會協議。然而，由於兩岸關係發生巨大變化，《汪辜會談共同協議》的協議體系化嘗試未能成功。2008年6月至2009年6月兩會先後透過的《海峽兩岸包機會談紀要》、《海峽兩岸空運協議》和《海峽兩岸空運補充協議》是透過預先設定議題的方式所完成的第一個兩會協議體系，即兩岸空運協議體系。2008年6月，兩會就常態化包機簽訂《海峽兩岸包機會談紀要》，建立了制度化的兩岸包機直航，其中第十條和第十一條分別設定了兩岸開展貨運包機和定期航班的議題。2008年11月，兩會又簽訂了《海峽兩岸空運協議》，其中第五條實現了《海峽兩岸包機會談紀要》第十條所規定的「貨機包機」，同時，《海峽兩岸空運協議》第三條和第四條又規定兩岸同意對擴大直航航點和定期客貨運航班作出安排，為後續商談設定了議題。2009年6月，為落實《海峽兩岸空運協議》第三條和第四條所設定的議題，兩會以此兩個條文為依據，簽署了《海峽兩岸空運補充協議》，對擴大直航航點和開通定期客貨運航班的事宜進行了規定。在兩岸空運協議體系中，《海峽兩岸包機會談紀要》是具有引導性的協議，引導了後續兩個協議的商談與簽署。但是，有關兩岸空運的三個協議中，並沒有一個協議相對於其他兩個協議具有基礎性，因而此種體系化僅僅是依靠內容上的關聯性而構成的體系，與域內法以基本法律為核心構建的法律體系仍有區別。

　　2010年6月，兩會簽訂的《海峽兩岸經濟合作框架協議》（ECFA）繼續透過預先設定議題的方式，嘗試在經濟合作領域的實現兩會協議體系化。ECFA第五條和第六條分別就「投資」和「經濟合作」開列了若干議題，包括「投資保障機制」、「知識產權保護與合作」、「金融合作」、「貿易促進及貿易便利化」、「海關合作」、「電子商務合作」等內容，並要求兩會在「六個月

內」或「盡速」協商達成協議。2012年8月，兩會簽訂的《海峽兩岸海關合作協議》和《海峽兩岸投資保護和促進協議》，分別在前言中援引ECFA第五條和第六條作為簽訂協議的依據，從而在兩岸經濟合作領域，以ECFA為核心形成了一個初步的協議體系。與兩岸空運協議不同，兩岸經濟合作協議體系有著明確的核心協議，即ECFA。儘管兩會並未就協議之間的效力等級形成明確的規定，但ECFA在兩岸經濟合作協議體系中已經隱然具有超越其他協議的地位。以ECFA構成的兩岸經濟合作協議體系與域內的法律體系已經有著高度的類似之處，暗示了兩會協議的進一步成熟。

　　滿足「法治」型的兩岸關係和平發展模式對於制度的需求有著兩種方式：一是借由立法者立法，以提供制度；二是透過主體之間的相互協商，以形成制度。顯然，大陸和臺灣之上沒有一個「超兩岸」的主體，因而不存在為兩岸制定共同規範的「超級立法者」。立基於此認識，對兩岸關係和平發展進行制度供給，必須依賴大陸和臺灣之間的協商，兩會框架亦因此而成為兩岸制度供給的主要來源。就現實層面而言，大陸和臺灣透過協商創製制度的主要形式是兩會協議。體系化的兩會協議，使得兩會協議已經具備了類似於域內法的規範特徵和體系特徵。兩會協議以規範性文件的形式，將兩岸共識予以制度化，從而為兩岸關係和平發展提供了規範依據。因此，較之兩岸所制定的涉對方事務的法律，兩會協議能夠更加充分地運用法律規範表現兩岸共識，因而也更加有利於規範和調整兩岸交往行為。可以說，體系化的兩會協議已經成為了「兩岸法」，是兩岸從政策獨白到法理共識轉變的代表。

三、兩岸法制的構建方法

　　兩岸法制經由兩岸各自域內的涉對方事務立法和兩會協議及其體系化的嘗試，已經初具雛形，對於構建兩岸關係和平發展框架以及規範和調整兩岸交往行為造成了重要的作用。然而，距離法治型的兩岸關係發展模式對於制度的需求，當前的兩岸法制還有著相當的差距。尤為重要的是，當前的兩岸法制，無論是兩岸涉對方事務的法律，還是體系化的兩會協議，更多的是在「兩岸法制」這一概念統攝下的學理描述，因而並不是兩岸基於兩岸關係和平發展對於法律和制度的需求而進行的主動行為。構建兩岸關係和平發展框架，需要兩岸以更加積極的心態，從自發地「形成」兩岸法制轉變為自覺地「構建」兩岸法制，用法律的語言規避政治的爭議，用法律的權威克服政治的盲動，形成法治型的兩岸關係發展模式。在構建兩岸法制的過程中，簽訂兩岸憲制性協議、完善兩岸造法機制和引導公民有序參與等，都可以作為具體的方法加以運用。

　　（一）簽訂兩岸關係的憲制性協議

　　兩岸各自域內的法律因兩岸仍存在著政治對立，並無法在對方域內生效，因而對於兩岸交往行為的調整強度和範圍比較有限。由此可見，儘管當前兩岸涉對方事務的法律在量上占據著兩岸法制的多數，但從兩岸關係和平發展的長遠來看，兩會協議在調整和規範兩岸交往行為方面將起著更加重要的作用。

　　兩會協議經由預先設定議題的方式已經實現了開始體系化的嘗試，而且在某些領域已經形成了簡單的協議體系。然而，當前體系化的兩會協議距離一個法域內的法律體系仍有較大的差距，集中體現為兩會協議缺乏一個具有基礎地位的憲制性協議，導致兩會協議當前只能是處於體系化的階段，而未能因憲制性協議的統帥作用形

成兩會協議的體系。多有學者曾經提出兩岸簽訂基礎性、綜合性協議的設想。如臺灣學者張亞中曾經提出過「兩岸和平發展基礎協定」的設想，大陸學者周葉中教授也曾提出過中共十七大報告所提的海峽兩岸和平協議是兩岸關係和平發展的基礎性規範。綜合以上學者的觀點，如果說要在兩岸之間形成一個具有憲制地位的協議，那麼，和平協議無疑是最佳的選擇。

和平協議作為兩會協議中的憲制性協議，應當造成統帥兩會協議體系、解決兩會協議中具有基礎性、根本性問題的作用。兩會協議要真正地成為一個法律體系，必然涉及一些法律技術方面的問題，如兩會協議是否具有法律效力、兩會協議可否在兩岸各自域內適用以及如何適用、兩會協議與兩岸域內涉對方事務的法律如何銜接、兩會協議的解釋、變更和廢止等問題，都亟需解決。由於兩岸缺乏憲制性協議對兩會協議的上述法律技術問題進行系統規範，導致兩岸在實施協議的實踐中，對一些問題產生了不同認知，有些已經對兩岸實施協議、進一步累積互信產生了消極影響。如臺灣方面在以何種方式透過需要修改臺灣域內法的《海峽兩岸海運協議》等協議，以及是否應當以「公民投票」的方式透過ECFA等問題上，都出現了一些不利於兩岸關係和平發展和協議實施的聲音與現象。和平協議作為兩岸關係和平發展的憲制性協議，儘管主要任務在於確認兩岸關係的若干優先性內容，並規定兩岸關係和平發展的制度與程序，但也有必要對於兩會協議制定與實施中的法律技術問題加以規定，解決兩會協議制定與實施中的法律障礙，為推動兩會協議的規範化提供憲制性保障。

（二）凸顯和完善兩會框架的造法性功能

綜觀兩岸自1990年起至今所形成的協議，除1990年由兩岸紅十字組織簽署的《金門協議》外，其他協議均是由海協會和海基會構成的兩會框架經由商談簽訂，可以說，兩會框架不僅是兩岸事務性

商談的機制，而且已經成為兩岸法制的形成機制之一。隨著兩會協議在兩岸法制中的地位逐漸提高，兩會框架的造法性功能亦應隨之得到凸顯和完善。

當前，兩會框架是兩岸進行公開接觸的核心途徑。大陸和臺灣在「一個中國」的問題上仍存在不同認知，因而雙方無法透過官方管道進行直接交流，而只能在一種微妙的默契下，採取迂迴的方式開展溝通與對話。授權不具有公權力性質的民間團體開展商談，是兩岸採取的主要迂迴方式。兩岸成立了諸多專門服務兩岸對話和溝通的民間團體，其中海協會和海基會是綜合程度最高、影響力最大的民間團體。按照成立的目的，海協會和海基會在兩岸公權力機關授權的情況下，開展兩岸商談與合作，因此，其職能範圍不限於制定兩會協議。兩會框架除了制定兩會協議外，尚有其他方面的職能。如就某一具體事務開展商談、處理兩岸突發事件、代替兩岸公權力機關傳遞訊息等。

2008年後，兩岸制度化合作的形式發生了深刻的變化，體現為兩會協議所設立的聯繫主體機制的逐漸成形和兩岸共同機構的出現，由此，兩會協議的實施職能從兩會框架中切割出來，導致兩會框架逐漸向著兩岸間的造法機制轉變。聯繫主體制度是兩岸在兩會機制中具有特色的制度，兩岸借聯繫主體制度，將協議所規定的具體業務交由被指定的聯繫主體辦理。ECFA則創設了名為「兩岸經濟合作委員會」的常設性兩岸共同機構，作為兩岸開展經濟合作的磋商機制和ECFA實施機制。兩會協議無論採取上述何種方式實施，都表明兩會協議一旦簽署，兩會框架則不再涉及兩會協議的實施事務中。從兩岸關係的未來走向來看，兩會協議中的聯繫主體制度將逐漸定型化，而類似於兩岸經濟合作委員會的兩岸共同機構也會越來越多，因此，兩岸事務會體現出早期歐洲一體化過程中的「分支化」現象，即兩岸事務被分割到一系列共同機構中，而並非由單一機構完成。兩岸事務的分支化，使得兩會框架能夠更加專注

於兩會協議的制定，從而使得兩會框架的造法功能愈加強化。

兩會協議實施職能的切割，表明兩會框架已經具備從兩岸交流與合作的綜合性框架向專門造法機制轉變的條件。將兩會框架理解為兩岸專門的造法機制，則兩岸透過兩會的商談可以理解為兩岸法制的立法程序，兩岸亦因而可以按照類立法程序的設計改造兩會當前的商談程序。這一理解和改造有利於強化兩會協議的規範屬性，使得兩會協議的法律效力不僅可以透過兩會協議的目的正當性獲得證成，也可以透過制定程序的規範性獲得證立。

(三) 有效引導公民參與兩岸事務

將「公民參與」的理念引入兩岸事務，是兩岸關係和平發展至新階段的必然。目前，兩岸透過「兩會框架」所進行的商談，具有比較濃厚的祕密政治特徵。普通民眾除了能夠觀看到兩會領導人的會談以及事後閱讀正式協議文本外，根本無從知曉兩會協議的商談過程，更無法參與協議的制定並表達利益訴求。由於在當前的情勢下，兩岸關係的主題詞是恢復和加深交往，因而只要符合兩岸恢復和加深交往的兩會協議，都被認為是符合兩岸民眾利益的，因而也能夠獲得大多數民眾的認同。在此背景下，兩岸公民是否參與到兩會協議的制定過程，對於兩會協議本身的正當性而言，並無實質性的影響。

然而，公民參與的缺乏雖在目前尚未顯現出弊端，但對兩岸法制的構建在一個可預見的未來將產生消極作用。其一，建立完善的程序，實現程序正義，是法治的核心理念之一，而公民參與是程序正義的必然要求，缺乏公民參與的兩岸法制，不足以構成法治型的兩岸關係發展模式的規範基礎。其二，公民參與的缺乏，使得兩岸民眾將逐漸淪為兩岸關係和平發展的「旁觀者」，被動地接受兩岸公權力機關所設置與安排的發展範圍、步驟和方式，使得兩岸法制淪落為兩岸關係發展的劇場。顯然，被劇場化的兩岸法制，將導致

兩岸法制的構建成為兩岸政治人物展現政治觀點的方式，又使得兩岸法制重新墜入「人治型」的兩岸關係發展模式。其三，未來兩岸民眾的利益格局將在兩岸關係持續和平發展的背景下發生深刻變革，兩岸民眾因交往產生的利益衝突，將直接拷問兩岸關係和平發展的正當性。ECFA簽訂後，一部分臺灣政治人物以ECFA可能對臺灣經濟造成負面影響鼓動臺灣民意，獲得臺灣部分民眾回應，已經表現出了這一趨勢的端倪。引入公民參與兩岸事務，將兩岸民眾的利益訴求體現在兩會協議的制定過程中，儘可能地在協議中包容各方利益，是強化兩會協議正當性和可操作性的重要方式。

臺灣領導人馬英九曾經提出，臺灣與大陸簽訂和平協議需滿足民意支持和立法機關監督等三項條件，實際上已經包含了將公民參與引入兩岸事務的觀點。相對於臺灣積極引入公民參與兩岸事務的傾向，大陸方面對此問題尚缺乏足夠的認識。因此，有必要在兩岸事務中也樹立起程序意識和引導公民參與的意識，透過兩會框架形成相應的機制，有效引導公民參與到兩岸事務中，將民眾的利益需求借由公民參與導入兩會協議的制定過程，更加有效地構建兩岸法制。

四、結語

考察中共十八大報告，制度建設已經成為構建兩岸關係和平發展框架的重要組成部分，也是進一步推動兩岸關係和平發展的重要動力。構建健全的兩岸法制，在兩岸交往日益熱絡的背景下，對於深化兩岸關係和平發展的前景和固化兩岸關係和平發展的成果，具有重大而現實的意義。目前，兩會事務性商談的造法功能不斷發酵，規範兩岸交往行為、為構建兩岸關係和平發展框架提供規範依據的兩會協議不僅有量的累積，而且已經有了初步的體系化嘗試。但是，真正從宏觀制度構建的高度思考構建兩岸法制，尚在決策和

實務層面缺乏相應的舉措。本文在理論上對兩岸法制的構建進行了宏觀探討，以為對於如何構建兩岸法制、為兩岸關係和平發展提供持續的動力機制提供概念話語和理論指引。需要說明的是，本文所提出並論證的，是僅具靜態意涵的兩岸法制。至於兩岸法制在實踐中的運行狀態——暫且稱之為「兩岸法治」，則是另一更為複雜之問題，只有留待另文論述。

論構建兩岸關係和平發展框架的行政機關合作機制

行政機關是行使公權力的主體，作為公權力意志表達的行政，必然隱含著深層的政治因素。我們認為，建立兩岸行政機關合作機制的關鍵，就是要從宏觀上緩解政治與行政的內在張力、中觀上轉變社會治理思維、微觀上務實地透過平等協商的制度，促進兩岸行政機關之間的合作，在不斷實驗、反饋、調整、整合中，促成有效治理合作機制的形成。因此，兩岸行政機關合作機制的建立，需要我們在理論上理清政治和行政的關係，轉變兩岸治理思維，透過新區域治理下行政協議的方式，建立制度化、規範化、長效化的兩岸行政機關合作機制。

一、兩岸行政機關合作的癥結——從行政公共性談起

兩岸行政機關合作的內外障礙較多。而導致這些障礙的形式根源是臺灣公權力的法律地位問題，實質根源則是臺灣政治地位和「憲法」事實的確認問題。行政的政治屬性是目前兩岸行政機關建立合作機制的最核心問題。即，對臺灣而言，行政合作意味著在某

种程度上對中國大陸公權力的認可,凸顯了臺灣公權力對自身「憲法」功能和政治地位的模糊處境。同時,「臺獨」勢力也希望藉助行政的政治屬性,尋求「法理臺獨」和政治分裂的制度支撐。目前,兩岸政治事務透過「議題化」的方式模糊和迴避了政治敏感性問題,這照顧到了兩岸發展的歷史和現實,但模糊和迴避本身就是一種態度,從長遠看,必定需要尋求一種更妥當的方式,逐步推進兩岸公權力的合作。因此,構建兩岸行政機關合作機制,在理論和實踐上需要適度切割行政與政治的關係。實際上,隨著法治國家建設的推進、社會治理的轉型和公共行政的發展,行政公共性的本質屬性正逐步凸顯,行政公共性的內在價值和規範維度,使得行政與政治的內在張力和對立有了合作的可能和必要,並成為融合政治與行政價值理性和工具理性的連接點。這無疑是兩岸行政機關合作的一個理論基點。

(一)行政公共性是行政本質的重要屬性,體現了公共服務的倫理價值,它使公行政與其他行政相區別,使行政與政治存在基點上的區分。

從行政的內涵看,「行政」一詞有管理、經營、支配、(法律的)實施、施行等意義。從行政性質上看,「行政」分為公行政和私行政。公行政體現了公權力的行使;在國家管理角度,它要求國家行政機關行政的基本特徵在於執行和管理;在憲制的角度,它要求行政意義之界定必須置於憲法架構之下。實際上,行政的本質特徵之一就是追求公共利益的國家作用,並且行政的運作應注重配合及溝通。最終,行政是一種對公共利益的集合、維護、分配的活動。法治國的行政,體現並突出行政公共服務的目的,實現社會管理和公共服務的倫理價值。兩岸行政機關雖然都是公權力的行使機關,但作為法治社會實現社會有效治理並提供優質公共服務的主體,行政公共性的本質屬性理應得到正視和關注。而這也正是兩岸行政機關存在著公共合作的必要和可能的重要原因。

（二）行政公共性是一個歷史發展的範疇，它強調在歷史發展的特定時期，行政工具理性和價值理性、形式效率與實質公平相統一，使行政與政治存在融合發展的可能。

從行政公共性的發展看，任何社會型態，都存在兩種基本的行政屬性，即行政的階級屬性和社會屬性，也就是政治統治和社會管理職能。二者之間的關係是「政治統治到處都是以執行某種社會職能為基礎，而且政治統治只有在它執行了它的這種社會職能時才能持續下去。隨著法治國的建立發展，尤其是近現代行政國的完善，在公共領域，行政作為一種組織管理活動」的社會屬性和公共性更加突出。行政不再是階級統治和暴力壓迫的工具，而是要根據時代發展做出相應的調整和適應，這就是說公共行政需要向「公共」的價值本位轉移，以更好地實現社會治理和行政服務的職能。這樣，行政公共性的發展演進表現出了「政治與行政一體化——政治與行政分離——政治與行政合一——政治與行政分立——政治與行政融合」的發展路徑。因此，行政公共性已成為法治國和社會文明發展的重要部分，行政不僅是實現統治的工具，本身也代表著價值和理性，因而存在不同區域不同法政背景下交往合作的可能。

（三）行政公共性內在地要求行政與政治間的有限區分，以實現行政的社會治理和公共服務功能，並在滿足多元異質群體的利益訴求下，實現從行政向政治的轉移。

根據政治參與的程度和行政管理事務的性質，可以把行政事務分為三類，即純粹技術性的行政管理事務、參與政治決策的公共服務事務，以及由政治決斷的行政統治事務。三類行政事務客觀上要求實行不同的行政職能，這是行政公共性的現實需要和必然要求。一方面，根據行政事務的不同屬性，要求除法定或政治性行政事務外，需要在中低度政治涉入的行政管理領域，體現行政的社會管理和公共服務屬性，滿足不同階層和利益群體的需要。也就是說，行

政中的很大一部分是與政治無聯繫的，所以，即使不能全部，也應該在很大程度上把它從政治團體的控制下解放出來。這樣，實踐中，突出行政的社會屬性，使公共服務能力的提高成為可能；理論上，基於行政與政治的分合發展，使行政公共性的本質屬性更為明確，並促進了當今新公共管理學、新公共服務學等理論的發展。另一方面，行政職能的行使，使行政社會服務功能得以「外溢」，最終促成行政功能向政治統一的轉移。對行政功能的外溢而言，就是基於行政公共性的本質屬性，不同地域不同權力部門基於各自社會管理和公共服務的需要，在功能整合過程中，依據合作事務的內在性質，逐步從純粹技術性的行政管理事務向參與政治決策的公共服務事務，直致最終擴展到政治決斷的行政統治事務，實現從行政部門的社會管理職能向政治統治職能，行政管理部門向政治決斷部門的外溢轉化。這種外溢將行政的行使置於能動的反應地位。它不僅能根據實際發展的需要聚合各方利益，進行功能調整，也能不失時機地促成功能的部分或全部的外溢和轉換，從而實現從行政到政治的可能。

二、兩岸行政機關合作的治理轉型

行政與政治的相對分離不僅是行政公共性的客觀要求，也是兩岸治理轉型的時代需要。兩岸治理作為一個形成中的概念，對兩岸和平發展及其合作框架的建立具有思維轉向、價值導向和規範建構的作用。兩岸行政機關合作機制的建構，需要建立在兩岸合作治理的基礎上，發揮治理的理論洞穿力和現實建構力，不斷調整、回應和規制兩岸行政機關合作發展中的複雜性、動態性和多樣性問題。行政公共性促成了公共行政和治理轉型的統一。治理轉型在實現社會不可治理的同時，必須體現、完善及發展行政公共性，從而實現兩者的有效融合。

治理理論下的公共行政實現了這樣幾個轉變：第一，政治與行政是相對分離，並非絕對對立的。它保障了行政與政治各自的價值構造和制度設計，是兩岸行政機關合作的一個治理原點。第二，治理思維要求突出公共行政的包容性、動態性和多樣性，促成行政功能的治理思維轉型和制度成長。治理理論下的行政合作認為，不要過於強調行政政治的對立。相反，基於社會治理的需要，更需要突出行政政治的統一性，藉助多層次多形式的行政功能，實現行政效率與價值的統一。第三，治理議題或問題的複雜性、多樣性和動態性，要求治理能夠很好地促成傳統社會管控與治理新思維模式之間的銜接，創造性地解決議題不可治理性的問題。對兩岸行政機關合作機制的建構而言，就是要求行政機關治理合作可以規避兩岸之間的政治分歧，擱置暫時的主權爭議，從實體構建上發展新的治理模式，在程序上透過兩岸商談的模式，「階段化」「議題化」地實現兩岸行政合作的動態平衡。第四，從公共行政治理的範式看，兩岸治理下的行政合作本身就是一種治理合作的創新，在動態的互動中，實現了行政社會管理和政治統治的統一。行政不是消極、技術性的被動執行，而是包括積極的、政治性的主動決策方面的內容。因此，行政合作的過程本身，就是透過公共行政中各項政策和措施的達成，階段性地促成政治合作的目的。而這兩者都統一在兩岸行政合作的過程中。

　　從公共行政的治理角度看，兩岸治理理論為兩岸行政機關的合作提供了如下論點：第一，理清了行政與政治的關係問題。即行政與政治並不是完全對立、非此即彼不能統一的關係。相反，行政與政治是相對分離、有限獨立及動態統一的。對於法治社會的公共行政而言，只強調行政的政治屬性，而否認行政合作的可能性和必要性，在理論和實踐上都是不可取的。第二，巧妙地避免了兩岸行政機關直接進行政治接觸的敏感性，化解了兩岸，尤其是臺灣方面對行政合作的「合法性」憂慮。當前兩岸「事務性議題」「階段化」

的方式，畢竟存在相當模糊的地方，對「政治性議題」的迴避或沉默本身就是一種態度。相反，從治理的角度，在兩岸治理創新的視角下探討行政機關的合作，就可能獲得臺灣的更多認同和支持，從而為兩岸行政機關合作機制的建立創造可能的空間。第三，治理理論為兩岸行政機關合作提供了更多的解決思路。比如，為避免事務性議題與政治性議題的對立，緩解事務性議題對政治問題權力屬性的分散，在保持對事務性議題容納的基礎上，促成事務性議題向政治性議題的轉化。對此，可利用新區域主義的治理理論，透過兩岸行政協議的方式，實現兩岸行政機關合作機制的建立。新區域主義治理是治理轉型的一個重要發展。它強調不同區域間，主要是包括行政機關在內的政策相關方，透過建立一種穩定的網絡關係，實現策略性的合作機制，實現不同區域在不同層次和水平上的網絡分工協作，實現治理中公共利益最大化和公共服務最優化的目標。兩岸行政協議的內在特點和實施方式，能最大程度地釋放新區域主義治理的理論指導力和實踐建設力。

三、兩岸行政機關合作機制建構的基本路徑

在行政與政治相對分離的基礎上，基於兩岸治理思維的轉變，透過構建新區域主義治理下的兩岸行政機關合作機制，是實現兩岸有效治理和行政合作的突破點，而兩岸行政協議則是其集中表現。

（一）兩岸行政協議的內涵及特點

兩岸行政協議主要是指兩岸作為公權力機關的政府等，為了實現行政管理和社會治理的公共職能，透過簽訂協議的方式，在平等尊重協商一致的前提下，將行政管理和治理事務制度化、規範化，從而促進兩岸行政機關溝通協作機制的建立，實現行政事務和行政權力的有效運行和監督保障。兩岸行政協議最突出的特點有二：

其一，兩岸行政協議的簽訂主體地位平等，適用協商——遵守的權利模式。協議主體地位平等是兩岸行政機關合作的前提，即任何一方不得享有超越或多於對方的權利，不得享有對行政協議的優先權。其體現是，在性質上，兩岸行政機關都是公權力行使的機關，兩者合作的主要目的也是為更好地為兩岸經濟、文化、教育等領域提供有效專業的公共服務，以保障投資人和公民的合法權益，實現有效的行政管理和社會治理功能。從法律地位看，兩岸行政機關都享有有關規定的各項權利，在有關規定的範圍內，都享有對相關事務進行處理的權利，因此，長效動態的行政協議機制在法律上地位是平等的。同時，兩岸行政機關地位平等要求在行政協議的制定、達成、實施和保障等全過程中，適用協商——遵守的權利模式。即行政機關在協議訂立的過程中，協議各方機關需要在堅持原則和靈活性的基礎上，不斷溝通，平等協商，適時調整政策和規範，一旦協議簽訂，都要本著「承諾必定履行」的基本法治理念，全面善意積極地履行協議合作的內容。

其二，兩岸行政協議是原則性與靈活性，有限封閉和動態開放相結合的機制。堅持原則性是指，兩岸行政協議的基本原則、主要內容、實施保障等必須建立在「九二共識」的基礎上，任何違背基本原則的協議都是無效的；靈活性指行政協議在簽署前的磋商、實質商談、協議履行及其救濟保障的階段中，都可以透過協商溝通，採取靈活多變的手段，達成行政協議最終確定的任務。其範圍包括訂約方的選定、協議的內容、實施的方式和救濟途徑等。有限封閉和動態開放主要針對協議的內容而言，有限封閉是指兩岸行政機關協議主要涉及兩岸行政管理事務和社會治理的動態化制度化合作，排除純粹的政治事項。動態開放是指兩岸行政協議的協定內容在動態協商中達成平衡，具有包容性。既包括權利的授予和事務的分配，也包含大量經濟、文化、教育等行政管理活動。有限封閉避免過多的政治滲入，保障兩岸行政協議的執行和實施。動態開放擴充

兩岸行政協議的內容,促進兩岸行政協議的完善和發展。

(二)兩岸行政協議的基本模式

兩岸行政協議的基本模式是構建兩岸行政機關合作機制的實踐方式,涉及兩岸行政機關合作的法律地位、合作方式、基本原則、主要內容等幾方面。透過協議的方式將兩岸行政合作制度化、規範化、長效化,將為兩岸行政機關合作機制提供交流平臺和制度保障,從而逐步促成兩岸關係和平發展框架下行政機關合作機制的建立。

1.兩岸行政協議建構的基本思路

鑒於當前兩岸行政機關沒有直接溝通和交流,而臺灣臺灣複雜的政治生態環境,以及國外不利因素干擾等情況,因此我們認為,兩岸行政協議建構的主要思路是:「一個原則、兩個核心、三層建構」。

「一個原則」就是「九二共識」是兩岸行政協議的基本原則,行政協議的訂立、內容、實施等都不得違反基本原則。在堅持「九二共識」基本原則的基礎上,可以採取靈活多樣的措施,保障基本原則的落實,促成兩岸行政協議的實現。「兩個核心」是指,行政管理和法治建構的雙核心。行政管理作為兩岸行政協議的核心之一,存在理論和現實的支持。從理論上看,行政與政治的有限分離以及區域治理範式的轉型,為中立性、技術性和規範性的行政提供了可能,從而減少並緩和了行政政治性對行政合作機制的消極作用。但行政功能的溢出效應,以及行政協議的開放性特徵,會促成將來行政向政治的外溢,助益兩岸公權力機關事實的認同。從現實狀況看,兩岸行政協議下主體平等、遵從「協商——遵守」的基本模式,透過有限封閉動態開放的回應性機制,將逐步實現兩岸行政管理和社會治理的任務。法治建構的核心,主要是指行政法治的建構,包括兩岸行政立法、行政法治理念、行政法規範、行政法原

則、行政法實施及保障等涉及行政法體系的多方面內容。其中兩岸有關機關應該充分認識和重視兩岸包括行政法治在內的理論建構和制度銜接，關注兩岸行政法治發展的歷史和現實特點，為兩岸和平協議等合作機制提供實在的制度支持和規範保障。「三層建構」，指行政協議需要從基礎理論、行政協議執行機制、行政協議監督保障機制三個方面分層建構。兩岸行政協議基礎理論主要涉及行政協議的性質、功能、權力運行等方面的內容，解決行政協議在法律中的地位、作用和形式問題，為兩岸行政協議的發展提供理論上的支撐；行政協議執行機制，主要涉及行政協議的訂立主體、訂立方式、合作方式、協議形式等內容，解決行政協議具體形成及運行問題；行政協議監督保障機制，涉及行政協議的監督形式、保障方式，實體法和程序法的銜接等問題，解決行政協議的完全履行問題。

可以說，「一個原則、兩個核心、三層建構」的主體思路，充分照顧到了目前臺海兩岸的政治和社會現實，將能有效發揮行政協議的功能和作用，從而有助於兩岸行政機關合作機制的深入建構，推進兩岸關係和平發展法律框架的完善。

2.兩岸行政協議的基本原則

兩岸行政協議的基本原則主要有平等原則、協商原則、合作原則和法治原則。平等原則是指兩岸行政機關在雙方協議關係中的法律地位是平等的，權利義務是對等的。兩岸行政協議是行政機關在其職權範圍內就共同管理事務達成的共識性法律文件。他們之間既不存在上下級權力隸屬關係，也不存在命令執行的權力要求，而是雙方平等的法律關係。雙方互負全面善意履行的義務。協商原則是指兩岸行政協議是基於兩岸行政機關對公共管理事務協商一致而達成的。即在協議的訂立磋商、履行實施和保障監督的全過程中，透過協商妥協達成共識，成為兩岸行政協議制度化、常態化、規範化

的溝通型態。合作原則建立在行政協議的基本功能和價值實現基礎上，即兩岸行政機關存在合作的現實可能性和必要性，為此就必須以最大的善意和誠意，排除兩岸行政機關合作的各種障礙，促成行政機關合作的實現。法治原則貫穿行政協議的始終。它內在地要求行政機關能夠依循法治關於依法行政的各種要求，重視實體法建構和程序法銜接，做到依法辦事、公平公正，以最終保障行政協議的達成。

3.兩岸行政協議的主要內容

兩岸行政協議的條款內容。借鑑有關國家和地區行政協議的做法，兩岸行政協議的主要內容包括以下幾方面。首先，兩岸行政協議締結的主體。締結主體原則上要求地位對等、權利平等，但基於兩岸行政機關在憲制下的不同地位和作用，可以採取不同主體變通協商的方式作為例外。如正式或非正式的首長聯席會議，或代表磋商會議等，以完成協議的溝通和協商。其次，在協議締結程序上，主要分為非正式磋商、正式談判，草擬協議和透過協議四個階段。非正式磋商階段，可以透過派出談判小組，成立專門機構，或其他訊息媒介進行協議前商談。正式談判階段，可透過兩岸行政機關各種正式或非正式的形式達成談判。草擬協議階段，採用雙方共同草擬，一方草擬另一方核準等方法。透過階段，可採用有權機關批准、備案或簽署生效的混合形式。最後，在協議條款內容上，主要包括規定基本原則、協議目的、締結方的權利和義務、協議履行的方式和期限，協議的生效和效力，以及協議的監督和實施條款。根據目前兩岸行政機關和政法現狀，我們認為，協議締結主體本著協商自願的原則，應當以行政機關地位對等磋商為原則，但不排除不對等下行政機關之間行政協議的訂立。至於採取何種締結模式，談判方式和生效規定，都可以靈活處理，透過正式和非正式等多種渠道達成行政協議的主體內容一致即可。

兩岸行政協議的履行。行政協議的履行是行政協議的重要部分，是行政協議其他制度的中心，直接關涉行政協議目標和價值的達成。目前關於行政協議履行的模式主要有三種：有關機構履行，自動履行和非自動履行。有關機構履行主要是透過行政首長聯席會議或者其他正式或非正式機構，專門負責履行行政協議。自動履行，主要是指行政協議由各自區域內的行政機關根據其法律和政策自動履行。非自動履行，主要是締約方行政機關將行政協議轉化或併入區域現有法制系統內，透過修改行政法規範或直接適用的方法，落實行政協議。其中，有關機構履行執行效率高，但對於不同法系和政治背景的區域間行政合作，尋求法律依據的政治壓力較大。自動履行，由於基於締約雙方的協商共識，更能發揮兩岸行政機關的積極性和主動性。非自動履行，透過轉化或併入的方式，能較好地減少和迴避兩岸行政機關管轄內法律和制度的內在衝突。結合兩岸行政協議的特點和功能，我們認為應該採用自動履行為主、非自動履行為輔的混合履行模式。這種模式迴避了設立共同履行機構政治上的障礙，同時由於協議本身的協商共識性，兩岸締約方行政機關本著「承諾必定遵守」和全面善意履行契約的精神，可以在各自轄區內更好地運用正式或非正式制度完成協議的任務。

　　兩岸行政協議的糾紛解決。目前，行政協議糾紛的解決模式有：責任條款模式、行政解決模式、司法機關解決模式和仲裁解決模式。責任條款是兩岸行政協議的主要條款之一，雙方在協議締結簽訂的過程中，需要將違約方的權利、責任和救濟明確。行政解決模式，由於兩岸行政機關沒有共同的上級機關，也沒有共同的行政訴訟法等制度，不適合於兩岸行政協議的履行和保障。司法機關解決模式，特點是透過獨立中立的司法機關，將行政糾紛引入司法程序。雙方可以根據行政協議的具體內容和糾紛問題，協定選擇適用的實體法和程序法。仲裁解決模式，可以一裁終局、程序靈活、選用雙方都認可的專家和仲裁機構，能較好地緩和行政糾紛的衝突。

我們認為，糾紛解決機制應採取以責任條款為基礎，司法解決和仲裁解決為基本途徑的糾紛解決模式。這種模式需要事前在行政協議中以責任條款的方式，將糾紛產生後的救濟途徑予以規定，涉及責任主體、性質和途徑等內容。同時在協議履行中，或透過司法途徑或透過仲裁途徑解決矛盾，以促使行政協議內容的實現和目標的達成。

總之，兩岸行政協議本身是一個發展中的概念，在基礎理論、實施機制、保障模式等方面有很多需要進一步探討的內容。但是，透過協商平等的公權力機關的逐步交往合作，累積互信和經驗，探討理論和模式，就一定可以為兩岸關係和平發展框架中行政機關合作機制的建立作出應有貢獻。

論兩岸海域執法合作模式的構建

兩岸海域執法合作的模式，係指大陸和臺灣開展海域執法合作的主體、機制以及方式的總稱。對模式的選擇和確定，是兩岸海域執法合作的制度前提。自1990年後，兩岸海域執法部門並非沒有合作之經驗，但該經驗離形成制度尚存在一定距離。目前，加強兩岸海域執法合作、建立兩岸海域執法合作機制，已經成為兩岸學界共識，其意義亦為兩岸各界所公知。2008年3月後，臺灣局勢發生了有利於兩岸關係和平發展的變化，尤其是《海峽兩岸海運協議》簽訂後，兩岸海域執法合作的空間更為廣闊，而兩岸民眾共同「保釣」、東海油氣田事件、南海爭端，乃至索馬里護航等事件，更是要求兩岸盡速研擬建立執法合作機制之具體方案。本文擬對兩岸海域執法合作的模式構建進行探討，以期助益於兩岸海域執法合作機制的建立。

一、構建兩岸海域執法合作模式之困境

既然兩岸在海域執法合作方面有著廣闊的前景,但就實際情況而言,兩岸在海域執法合作方面成果相當有限,甚至至今仍未形成兩岸海域執法合作模式。究其原因,並非兩岸無意建立成形的兩岸海域執法合作模式,而在於構建上述模式,將遭遇諸多困境。本文將從政治、法制和體制三個方面加以論述。

(一)政治困境:「一中爭議」及其衍生的「承認爭議」

胡錦濤同志將兩岸關係的實質準確地定位為「政治對立」,而該「政治對立」在形式上體現為對「一個中國」的爭議。臺灣學者張亞中也認為,「國家」和「主權」是兩岸關係中的「結」。由於大陸和臺灣在「國家」、「主權」等問題上的政治爭議,直接導致了兩岸構建海域執法合作模式的政治困境。

「一中爭議」在兩岸執法合作中,首先體現為對「領海」的理解。國際海洋法通說認為,領海在一國主權所及的範圍內,主權性是領海有別於其他海域的首要特徵。大陸和臺灣的有關法律均對上述觀點持肯定態度:《領海及毗連區法》第一條規定領海系中華人民共和國主權範圍,而第五條也規定「中華人民共和國對領海的主權及於領海上空、領海的海床及底土」;臺灣制定的「領海及鄰接區法」第二條亦規定「中華民國主權及於領海、領海之上空、海床及其底土」。領海的主權性是一國海域執法部門進行海域執法的基礎,可以說,沒有領海的主權性,一國海域執法部門就沒有了進行海域執法的依據。按照一個中國原則,臺灣作為中國的一部分,並不具有「主權」。依此可以得出如下推論:臺灣的海域執法部門並不具有海域執法權。但若按此推論,否定臺灣海域執法部門的海域執法權,顯然是與兩岸關係的現狀相違背的。因此,如何認識「領海」在兩岸間的含義,如何看待臺灣海域執法部門實際上擁有的海

域執法權，成為構建兩岸海域執法合作模式的一大困境。

「一中爭議」所造成的困境並不止於抽象的「主權」爭論。由於「一中爭議」，大陸和臺灣在是否承認對方根本法以及依據該根本法所建立的公權力機關上亦存在爭議，即所謂的「承認爭議」。由於「承認爭議」，大陸對臺灣的「憲法」以及依據該「憲法」建立的公權力機關，採一概不承認的態度，臺灣雖已不再否認中華人民共和國的存在，但仍禁止公權力機關以「公」名義與大陸的公權力機關進行直接接觸。由於「承認爭議」的存在，兩岸時常出現緊張和對立。「承認爭議」反映到海域執法上，體現為應以何部門作為兩岸海域執法合作的主體，參與兩岸海域執法合作的部門應以何名義與對方進行合作，在海域執法合作中，兩岸應如何看待對方執法部門的地位以及是否可以適用對方法律等。

在「一中爭議」及其衍生的「承認爭議」作用下，兩岸海域執法合作這一純係事務性合作的議題，附著了極為濃厚的政治意味。任何有關兩岸海域執法合作的議題，都因此受到政治因素不必要的干擾，構建兩岸海域執法合作模式，甚至要為此承擔一定的政治風險。

（二）法制困境：兩岸海域法制之衝突

由於兩岸在海域執法的法制建設上，完全依循各自的建設道路，而並無任何溝通，因此，兩岸海域法制雖均以有關國際法條約為基礎，但也並非完全相同，仍存在諸多衝突之處，這些衝突造成了構建兩岸海域執法合作模式在法制上的困境。

當然，並非所有的兩岸海域法制衝突都對構建兩岸海域執法合作模式產生消極影響。比如在執法程序和執法標準等具體問題上，雖然兩岸海域法制有所不同，但這一衝突是可以透過法律適用規則予以消除的。因此，雖然兩岸海域法制在具體問題上的衝突可能會暫時影響兩岸海域執法合作，但一俟兩岸海域執法部門在法律適用

規則上形成共識，這一影響是完全可以消除的。真正造成兩岸海域執法合作困境的是兩岸海域法制在確定各自實際管轄海域（包括大陸規定的領海、毗連區、專屬經濟區等以及臺灣規定的「領海」、連接區、專屬經濟海域等）上的衝突。

根據《領海及毗連區法》，中國領海包括鄰接「中華人民共和國大陸及其沿海島嶼、臺灣及其包括釣魚島在內的附屬各島、澎湖列島、東沙群島、西沙群島、中沙群島、南沙群島以及其他一切屬於中華人民共和國的島嶼」的一帶海域。據上述羅列，鄰接由臺灣實際控制的臺灣及其釣魚島在內的附屬各島、澎湖列島及其他島嶼的海域，都屬於中華人民共和國的領海。與此相應，臺灣「領海及鄰接區法」並未一一羅列領海範圍，而是在第五條籠統地規定「由行政院訂定，並得分批公告之」。在實踐中，臺灣「行政院」並未對大陸部分的「領海」範圍進行確定，而是以臺灣島為中心，確定臺灣實際控制範圍內的「領海」。然而，臺灣截至目前所公告的「領海基線」並不包括金門、馬祖、東引、烏坵等外島地區，因此，從法理上而言，臺灣即便是依據其自身所頒布的規範性文件，亦不具有對上述範圍內海域的管轄權，而該海域在大陸方面的領海基線內，大陸對其擁有法律管轄權。但在實踐中，臺灣雖在法理上無上述範圍內海域的管轄權，但卻在實質上具有管轄權。由於金馬海域系兩岸海域執法合作最有可能發生的海域，因此，若不解決大陸之法律管轄權和臺灣之實質管轄權的爭議，必將給兩岸海域執法合作產生消極影響。

在重疊海域中劃定「領海」範圍的規定上，大陸和臺灣亦存在衝突，造成確定兩岸在海域執法管轄權分配上的困難，並因此曾導致不必要的爭議。據臺灣制定的「領海及連接區法」第六條規定，「領海之基線與相鄰或相向國家間之領海重疊時，以等距中線為其分界線」，但《領海及毗連區法》並無相同規定。雖然大陸和臺灣並非「兩國關係」，但臺灣在劃定其「領海基線」時，在澎湖與大

陸間仍以海域之中線為準，由此造成兩岸在海域執法管轄權分配上的困難。

（三）體制困境：對口海域執法部門之欠缺

大陸和臺灣實行完全不同的海域執法體制，尤其是在執法部門上差異頗大，缺乏對口海域執法部門因而成為阻礙構建兩岸海域執法合作模式的困境之一。海域執法涉及諸多部門，計有漁業、海事、船政、環保、海關、邊防、國土等，因此，世界各國對海域執法體制亦有不同規定，大體上可以分為集中執法體制和分散執法體制。集中執法體制，是指由一個統一的海域執法部門集中進行海域執法，其他部門不能進行海域執法；分散執法體制，是指海域執法由多個部門依其專業性質分別承擔。

目前，大陸採分散執法體制，而臺灣則採集中執法體制。大陸方面，由於採取分散執法體制，因而沒有一支海域綜合執法力量，也沒有一個涉海部門能單獨有效地實施海洋立法綜合管控。依照法律和行政法規，大陸具有海域執法權的部門主要有：國家海洋局（中國海監）、國家海事局（中國海巡）、隸屬農業部的漁政漁港監督管理局（中國漁政）、隸屬公安部的公安邊防海警（中國海警）以及隸屬於海關總署的走私犯罪偵查局（中國海關）。上述各執法部門在各自專業領域內，依照法律和行政法規進行海域執法。除此以外，海軍、國土、環保、文物、旅遊等部門亦有一定海域執法權。在上述海域執法部門之上，並無一個具有綜合職能的海域執法部門。臺灣2000年2月將原分散於「行政院」各「部會」的海域執法職能合併，成立「海岸巡防署」（「海巡署」），專責臺灣的海洋事務，為臺灣唯一具有海域執法權的部門。

由於兩岸海域執法體制的迥異，使得大陸和臺灣在海域執法上缺乏相應的對口部門。這一困境可以體現為兩種情形：第一，臺灣「海巡署」因在大陸無相同負責海域執法職能的部門，故無法與大

陸建立有關兩岸海域執法合作的模式。實踐證明，這一困境僅僅是理論上的，因為大陸方面雖無一個統一的海域執法部門，但在具體海洋事務上仍有對應的海域執法部門，「海巡署」可以按專業與對應的海域執法部門建立聯繫。第二，臺灣「海巡署」雖與一個大陸海域執法部門建立聯繫，但由於大陸採分散執法體制，該聯繫並不當然向其他海域執法部門擴展。如2003年後，「海巡署」與大陸邊防武警單位建立聯繫機制，但該聯繫機制並不向其他部門擴展，而僅限於邊防領域。第二種情形是大陸和臺灣構建兩岸海域執法合作的模式選擇中主要的體制困境。

　　上述三個困境從宏觀的政治，到中觀的法制，再到微觀的體制，依次給兩岸海域執法合作的模式選擇造成巨大困境。但上述困境所造成的，只是模式的制度化構建，並未阻遏兩岸海域執法部門在具體事件中的合作，也正是這些合作，為兩岸海域執法部門找尋擺脫困境之道提供了實踐基礎。

二、兩岸海域執法合作模式的要素

　　兩岸海域執法部門在實踐中的合作，是構建兩岸海域執法合作模式的實踐基礎。本節將透過幾個案例，分別從積極和消極兩個方面，分析兩岸海域執法合作模式的要素。

　　（一）要素之積極分析：「財富1號」事件與「閩蒲漁1089號」事件

　　從積極方面分析兩岸海域執法合作模式的要素，目的是確定哪些要素構成兩岸海域執法合作模式。

　　1.「財富1號」事件

　　2001年5月16日，杭州海關所轄「海關819」緝私艇在浙閩交界

海域執行任務時瞭解到，臺灣高雄港油輪「財富1號」於當日凌晨至午間，先後向多艘大陸福建籍漁船加駁走私柴油，並邊駁邊向澎佳嶼海域行使。「海關819」緝私艇即緊追跟蹤，於11時50分至12時30分左右將「財富1號」查獲，同時查獲兩艘大陸漁船。「海關819」緝私艇進行了現場問訊，並登船檢查，基本認定該三艘船涉嫌走私柴油，決定帶回溫州作進一步調查。下午15時05分，臺灣「行政院海岸巡邏總局」兩艘艦艇先後靠上被大陸查獲的臺輪「財富1號」，在簡單地與「海關819」緝私艇人員進行對話和瞭解情況後，便提出由其將臺輪帶回臺灣處理的要求。在近五個小時的交涉後，經雙方協商，「海關819」艇艇長和臺「海岸巡防總局」官員簽訂備忘錄，決定「財富1號」交由臺灣方面帶離，大陸方面的兩艘漁船由「海關819」艇押解返航。

「財富1號」事件是近年來兩岸處置突發事件的經典案件。本案之所以得以完滿解決，系依賴於兩岸執法人員（當然，也包括執法人員背後的決策者）保持高度克制，並在沒有相應協議或其他規範性文件的拘束下，能形成「平等談判、製作筆錄、相互交付、各自帶回」的合作形式。

2・「閩蒲漁1089號」事件

2004年9月13日，福建「閩蒲漁1089號」在福建省漳浦地區洋山島海域違法炸魚，並在9月17日為福建公安警艇告示停船受檢，但該漁船並未停船受檢，於是在距離金門約二十海里處海域遭到大陸公安艇警告射擊。該船駛抵東澱島（臺灣實際控制）外海約兩千米時因儲油槽被擊中，起火燃燒，二名船員落海失蹤，二名船員受傷。「海巡署」在獲知「閩蒲漁1089號」違法炸魚的事實後，基於兩岸共同打擊犯罪的立場，透過於2003年與大陸邊防武警單位建立的聯繫機制，與大陸有關單位取得聯繫後，於11月16日在金門將上述四名船員向大陸方面交接，在兩岸人員代表見證下，交接手續順

利完成。

「閩蒲漁1089號」事件因有「武力使用」的部分，本可能觸動臺灣方面的緊張神經，甚至有可能導致兩岸關係出現不必要的動搖和惡化，但該案仍得以有效解決，並未對兩岸關係造成消極影響，其原因固然在於兩岸共同打擊海上犯罪的立場，更加關鍵的因素是大陸邊防武警單位和臺灣「海巡署」之間建立的聯繫機制。透過該聯繫機制，大陸和臺灣有關單位可以就本案有效地進行訊息通報和協商，並共同形成解決方案。

（二）要素之消極分析：「勝大和號」事件與「臺電」核廢料事件

從消極方面分析兩岸海域執法合作的要素，目的是釐清哪些原因的存在，導致兩岸海域執法合作至今仍有不暢。

1．「勝大和號」事件

2007年7月28日，臺灣「勝大和號」等六艘漁船在澎湖花嶼西方約四十七海里海域（臺灣海峽中線靠臺灣一側）遭大陸三艘漁政船扣押。臺灣「海巡署」派出海防艇在花嶼海域發現上述大陸漁政船和「勝大和號」等漁船。後經無線電聯絡，大陸方面告知臺灣方面「勝大和號」等漁船系因進入大陸公告之休漁海域進行捕撈活動而遭扣押。大陸方面要求臺灣巡防艇駛離，並繼續向大陸方向行駛。由於兩岸漁政部門並無直接聯繫管道，只能透過其他相關管道進行聯繫。大陸漁政船最終同意將「勝大和號」等漁船及其船員放回。2007年7月28日，海基會專門就此事致函海協會，希望能共同維護雙方海上和諧氣氛，防止此類事件一再發生，對兩岸關係造成不利影響。「勝大和號」事件是1999年中國大陸實行南海區伏季休漁制度後，臺灣漁船遭大陸漁政船扣押的典型案例。

「勝大和號」事件引起臺灣強烈動作，並導致海基會專門就此

事致函海協會的後果，其主要原因有二：第一，兩岸在執法海域的界定上存在爭議，海基會在給海協會專函中專門提及「嚴格約制其所屬船舶」一句，實已表明雙方在執法海域界定上的爭議，亦即大陸和臺灣在大陸漁政船是否可以越過臺灣海峽中線一側執法，仍存在不同認知；第二，兩岸漁政部門並無直接聯繫管道，臺灣「海巡署」不能直接與大陸漁政部門進行現場溝通，而只能輾轉透過海基會、「陸委會」和「農委會」等相關機構與大陸進行溝通，按前文有關體制困境的分析，當屬「對口海域執法部門之缺乏」的第二種情形。

2.「臺電」核廢料事件

臺灣負責臺灣核能開發的「臺電」公司在全臺展開核廢料處置場徵選工作，臺灣以尚處於軍管的無人離島呼聲最高。據稱，「臺電」選取的場址主要有彭家嶼、澎湖望安、金門大小烏坵和小蘭嶼，如果最終決定將場址定於大小烏坵，則核廢料的航行運輸路線可能須進出大陸公布的領海海域。據《中華人民共和國領海及毗連區法》第八條，載運核物質的船舶透過中華人民共和國領海時必須持有有關證書，並採取特別預防措施，而臺灣「領海及領接區法」第九條亦有相似規定。如何處理可能發生之核物質進出大陸公布的領海海域和臺灣公布的「領海」海域的事件，是一個棘手的難題。

本案雖然尚未發生，但核物質進出大陸公布的領海海域一事，仍是「臺電」選址時考量的因素之一。本案的重點仍在於兩岸在執法海域界定上的爭議，同時伴隨大陸方面是否承認臺灣公布的「領海」，甚至包括如何理解「領海」一詞含義等高度政治爭議。

（三）要素之選擇

上述案例雖繫個案，但都具有典型特徵，從中可以概括出兩岸海域執法合作模式的要素。根據上述分析，我們發現，從積極方面而言，最終獲得妥善解決的案例都有以下幾點關鍵要素：第一，雙

方在保持克制基礎上的充分合作，以及由此形成的合作形式；第二，雙方在重大問題上的一致立場；第三，雙方建立的有效聯繫機制。與此相比，從消極方面而言，導致兩岸海域執法合作不暢的案件則大多肇因於以下幾個方面：第一，兩岸在執法海域上存在爭議；第二，兩岸在一些政治問題上存在重大爭議；第三，兩岸有關部門沒有建立相應的聯繫機制。從根本上而言，克服消極方面對兩岸海域執法合作造成的影響具有根本性，其原因是只有在克服了消極方面的不利影響後，才有可能在無消極因素干預下，充分挖掘兩岸共同認可的積極因素，以期促進兩岸海域執法合作的發展。

在上述從案例總結的積極方面若干因素和消極方面若干因素中，有些因素已經超越兩岸海域執法合作的討論範圍，如兩岸在「領海」含義上的理解等，已經屬於與「國家」、「主權」問題有涉的高度政治性爭議，遠非兩岸海域執法合作所能涵蓋。況且，討論兩岸海域執法合作本身已經包含有只關注事務性合作，不受限於政治性爭議的意味，因此，對於「領海」等與政治爭議有涉的問題，在討論兩岸海域執法合作時，毋寧是一個需要考慮的背景，而非構成模式的要素。據此，我們認為，構成兩岸海域執法合作模式的要素主要有執法海域、聯繫主體和合作形式三者。

第一，執法海域。執法海域是兩岸海域執法合作模式的地域要素。「執法海域」在兩岸海域執法合作模式中有著兩重含義。首先，執法海域是區分大陸和臺灣由誰主導執法的重要代表。由於大陸和臺灣事實上由兩岸海域執法部門單獨執法，而且在兩岸微妙的政治平衡下，任何一方都應儘量避免在對方實際控制區域執法，因此，對「執法海域」的界定，就成為區分由誰主導執法的重要代表。若在大陸一方的實際控制海域，即為大陸方面的「執法海域」，由大陸海域執法部門主導執法，若在臺灣一方的實際控制海域，即為臺灣方面的「執法海域」，由臺灣海域執法部門主導執法。其次，「執法海域」中的「海域」歸根到底是一個地理概念，

僅具指涉地理區域的含義。用作為地理概念的「海域」代替具有「主權性」的「領海」，有助於緩和兩岸間的高度政治爭議，從而為兩岸在海域執法合作中形成一套可資利用的話語體系奠定基礎。

第二，聯繫主體。聯繫主體是兩岸海域執法合作模式的主體要素。聯繫主體制度是兩岸在事務性商談中建立的主體制度。由於兩岸間存在「一中爭議」及其衍生的「承認爭議」，因而雖然民間層次的接觸已經基本放開，但在公權力層次仍處於隔絕狀態。然而，大量兩岸事務若無公權力機關，則根本無從實現。因此，大陸和臺灣經由海協會和海基會的事務性協議，創設了聯繫主體制度。考察兩會事務性協議中的聯繫主體制度可知，被規定在協議中的聯繫主體，往往並不是真正實施協議的主體（真正實施協議的主體，往往是兩岸的公權力機關），而只是負責與對方相當主體進行聯繫的主體。透過聯繫主體進行聯繫後，兩岸再分別由各自公權力主體落實。兩岸海域執法合作的模式選擇亦可借鑑聯繫主體制度，透過建立聯繫主體制度，迴避兩岸實際負有海域執法權的公權力機關是否直接接觸的敏感問題。

第三，合作形式。合作形式包括兩岸海域執法合作的形式以及由該形式所決定的程序，是兩岸海域執法合作模式的形式要素。兩岸海域執法合作的精髓在於「合作」，強調大陸和臺灣在海域執法問題上的「共識」，而非任何一方的「獨白」。如何使兩岸海域執法部門在執法合作中獲得「共識」，是合作形式解決的關鍵問題。合作形式看上去是一個形式和程序的問題，但也受到兩岸間政治爭議的干擾。如兩岸海域執法部門在合作中的關係、兩岸海域執法部門如何適用法律，以及對執法相對人應由誰管轄等問題，本質上都是大陸和臺灣政治關係定位在兩岸海域執法合作中的反映。因此，對於兩岸海域執法合作的合作形式，必須以十分謹慎的態度進行設計，而且該合作形式本身亦應是兩岸共識的產物。

三、構建兩岸海域執法合作模式之途徑

　　經由上兩部分的討論，本文已經基本建立起兩岸海域執法合作模式的輪廓，亦即在明確界分執法海域的前提下，透過統一的聯繫主體，透過一定的合作形式達成海域執法的共識。當然，這一輪廓過於粗糙，仍需作更進一步的精細設計。正如兩岸關係和平發展必須採取漸進方式穩步推進一樣，兩岸海域執法合作模式之構建亦需透過兩岸海域執法部門通力合作，逐步實現。立基於此認識，從一開始就設計一個完美的兩岸海域執法合作模式既不可能，也無必要，兩岸海域執法合作模式應是在實踐中逐漸發展起來的。但是，這並不意味著兩岸海域執法合作模式之構建排除人的主觀意願，完全自發形成。兩岸海域執法合作模式的構建是一個自覺的過程，它不僅需要實踐中的穩步推進，也需要在理論上進行必要的準備。本文將從思路和具體模式兩個方面對構建兩岸海域執法合作模式之途徑加以討論。

　　（一）思路

　　構建兩岸海域執法合作模式的途徑有縱的和橫的兩條思路。所謂縱的思路，是指以海域執法合作為總體背景，不分具體的專業領域，按照合作的程度作整體推進。所謂橫的思路，是指以海域執法的專業事項為依據，按各專業事項合作執法的必要性和難易程度分別推進。如臺灣學者姜皇池以兩岸在南海的聯合執法為背景，提出首先將海難救助方面的合作予以制度化，並以救難事務為基礎性合作試驗，再逐步擴及其他合作事項，以求得兩岸南海執法合作之最大利益。縱的思路和橫的思路實際上都是「先易後難」的思路。就縱的思路而言，初步的、表面的合作模式，顯然比深入的、實質性的合作模式更加容易建立，就橫的思路而言，某些海域執法領域因其性質，更加容易獲得兩岸的共同認同，甚至已經成為兩岸在海域

執法上的共同立場。如上述「閩蒲漁1089號」事件中，兩岸在共同打擊海上犯罪上立場相同，使得兩岸在海域執法合作上得以克服阻力，甚至迴避「使用武力」部分。姜皇池提出以海難救助為突破口，也是基於兩岸共同秉持的人道主義立場。

　　需要說明的是，「先易後難」只是一條明線，隱藏在「先易後難」背後的是一條「先事務後政治」的暗線。這條暗線決定著兩岸海域執法合作模式構建的發展方向和進程。兩岸在長期交往中，為了開展事務性合作的需要，形成了迴避政治爭議、專注事務商談的基本思路。尤其是「九二共識」的達成，不僅為兩岸事務性商談奠定了足以依靠的政治基礎，也為兩岸在事務性商談中迴避政治議題提供了依據。目前，除「九二共識」外，兩岸尚未達成新的政治性共識，但卻在兩岸「三通」、食品安全、旅遊、掛號信函、公證文書等事務性領域形成了多項協議，使兩岸事務性合作不斷取得新進展。按照新功能主義的見解，隨著兩岸事務性合作的深入發展，在兩岸政治力量的導引下，兩岸必將在政治上取得突破。同樣，兩岸海域執法合作雖在總體方面屬事務性合作，但在某些方面或者某些情況下，仍與政治有所關聯。如在南海事件上，大陸方面提出的「主權屬我、擱置爭議、共同開發」的總方針，而臺灣方面亦有「主權在我、擱置爭議、和平互惠、共同開發」的類似方針。但是，兩岸在「主權屬我」或「主權在我」上所主張的「主權」是否是一個「主權」，值得疑問。而且在南海事件中，兩岸要共同面對實際控制南沙群島的外國勢力，兩岸究竟以何名義共同對外，如何與外國勢力交涉等問題，已經關係到大陸和臺灣的政治關係定位等具高度政治敏感性的議題。相反，如海難救助、環境保護等純屬事務性事項的合作，則要容易和方便得多。由此，可以借鑑兩岸事務性商談所積累的經驗，先在事務性領域開展兩岸海域執法合作，然後將該執法合作向政治性領域擴展。總結明線和暗線，兩岸海域執法合作的思路應當是「從容易的事務性領域向困難的政治性領

域」，按此思路，所謂縱的思路和橫的思路應予合併，亦即打破單向度、直線式的模式建構途徑，形成複合式、多元化的模式建構途徑。

（二）具體模式

在具體模式上，按照合作程度的深淺，可以分為分別執法模式、協商執法模式和合作執法模式。需要說明的是，三種具體模式雖有深淺之分，但並非具有時間先後順序。因為構建兩岸海域執法合作模式的過程並非是單向度、直線式的，而是呈現複合式、多元化的樣態。有的海域執法領域的最終樣態可能就是分別執法，而依其性質不可能向協商執法、合作執法兩模式發展，如一些涉及政治性議題的執法事項。有的海域執法領域可能發展至協商執法為止，而不再向合作執法方向發展，如涉及公權力行使和司法管轄權的打擊海上犯罪、查私緝私等。有的海域執法領域則可能經由分別執法、再到協商執法，最終發展為合作執法，如基於人道主義立場的海難救助、基於環保立場的海上重大環境事件處置等。這些專業的海域執法領域依其性質，形成一個錯落有致、而又體系分明的整體。以下，按照執法海域、聯繫主體和合作形式三項要素為序，對分別執法模式、協商執法模式和合作執法模式分別加以說明。

第一，分別執法模式。分別執法模式是指兩岸海域執法部門為了完成特定的執法任務，在不否認對方海域執法部門執法權的前提下，以默示同意的方式，完成同一執法任務。分別執法模式是兩岸海域執法合作的初級階段，由於兩岸海域執法部門在分別執法模式中，採取「互不否認、沉默合作」的形式，因而分別執法模式又可稱為沉默執法模式。分別執法模式的執法海域以兩岸各自實際管轄的海域為依據，兩岸海域執法部門在各自實際管轄的海域內完成任務，而不得跨界執法，也不得干預對方在其自己執法海域的執法行為。在分別執法模式中，由於兩岸海域執法部門以沉默方式開展執

法合作，因而沒有聯繫主體制度，在合作方式上，也是按照各自的執法規則進行，但不得因己方執法侵害對方權益。分別執法模式與目前兩岸各自執法的不同之處在於，兩岸海域執法部門參與到分別執法模式中，是為了完成一項共同的執法任務，只是因為種種原因，無法開展或者不便開展直接對話。分別執法模式在兩岸海域執法合作的實踐中已有先例。如2006年5月20日，越南七艘漁船在南海東沙海域失蹤，越南方面分別向大陸和臺灣海域執法部門求助，大陸和臺灣均派出救援船艇實施海難救助，但並無事先聯絡，在救援過程中也沒有進行直接對話。上一案例中，兩岸依循典型的分別執法模式，在並無直接對話和溝通的情況下，共同完成了海域執法任務。分別執法模式有效地迴避了大陸和臺灣之間的政治爭議，足以成為兩岸啟動海域執法合作的選項之一。

　　第二，協商執法模式。協商執法模式是指兩岸透過特定的協商機制，在執法過程中相互交互訊息，並對重大問題透過充分協商加以解決。協商執法模式的執法海域以兩岸各自實際管轄的海域為依據，跨界執法必須經過對方同意或依照協商機制交由對方替代執法，一般不得干涉對方在其自己執法海域的執法行為。協商執法模式中，兩岸海域執法合作模式的核心是透過聯繫主體建立的協商機制。按事務性合作的通例，該聯繫主體可以是不具有公權力性質的民間團體，該民間團體在經有關部門授權後，負責與對方相應團體進行聯繫，然後就聯繫結果交由各自公權力機關實施。汲取體制困境的教訓，如果大陸方面暫時難以將各海域執法部門統一，則可透過建立統一的聯繫主體加以彌補，由該聯繫主體在各海域執法部門授權的情況下，負責與臺灣方面的對應團體進行聯繫，然後就聯繫結果依專業性質，由各海域執法主體分別實施。協商執法階段在合作形式上的特徵是「協商」。兩岸海域執法部門均透過一定聯繫主體進行協商，協商的範圍限於交互訊息和對重大問題的處分，體現為臨時性和個案性，因而不進行長期性的訊息交換，也無綜合性的

執法合作。如2000年，大陸方面的「銀鷺號」在靠近臺灣的海域被臺灣方面扣留，大陸方面透過海協會渠道與臺灣方面進行協商，促成被扣人員家屬赴臺慰問被扣人員，並再次向臺灣方面說明有關情況和提交相關證據，最終使臺灣方面放回被扣船隻和人員。在該事件中，大陸方面並未參與執法活動，而全系臺灣海域執法部門執法，大陸只是透過海協會和海基會建立的聯繫機制進行協商，對臺灣海域執法部門的行為產生影響。協商執法模式實際上是將兩岸透過事務性商談所形成的兩會模式移植到兩岸海域執法合作中，是與兩岸關係現狀相適應的合作模式。

第三，合作執法模式。合作執法模式是指兩岸建立合作機制，經常性地交換訊息，進行包括日常訓練、實兵演練、人員互訪、人員培訓、行動協調等方面的合作。合作執法模式是比較高級的兩岸海域執法合作模式，兩岸海域執法部門的執法海域不限於各自實際管轄的海域，在對方許可的情況下，一方可以進入對方海域進行執法，並可以在合作的框架內，就重大案件在人員、裝備上進行聯合。合作執法模式的聯繫主體仍然是透過不具有公權力性質的民間團體，但在該階段，兩岸海域執法部門的有關人員可以藉助被賦予民間團體身分，戴上「民間白手套」，直接進行對話。這一做法在已有的兩岸事務性合作中屢見不鮮，亦應移植到兩岸海域執法合作中。至於合作形式，合作執法階段的首要特徵是「合作」，該「合作」超越臨時性、個案性協商的範圍，而是依託合作機制，形成日常性、長期性、全面性的執法合作，且合作領域並不僅限於案件的處理，還在於日常事務的開展，在一定條件下，還包括共同執法。目前，就公開資料而言，兩岸海域執法部門雖未建立日常性訊息交換的合作機制，但不乏共同執法的案例，其中大多是共同的海難救助。

四、結語

大陸和臺灣同屬一個國家，維護中華民族海洋利益，確保中華民族海洋安全，謀求兩岸人民海洋福祉，是兩岸的共同責任。況且，海洋系兩岸諸多民眾的生存之本，透過建立兩岸海域執法部門的執法合作，構建兩岸海域執法合作模式，無論是對於民族而言，還是對於民眾而言，都是一件具有積極意義的事。作為兩岸關係和平發展框架的重要組成部分，兩岸海域執法合作模式也必將隨著兩岸關係的不斷推進迎來一個廣闊的發展前景。

構建兩岸共同維護中華民族海洋權益機制的建議

　　隨著海峽兩岸全面、直接「三通」的實現，臺灣開始允許大陸資本入島投資，使長久以來臺灣到大陸單向投資的非正常局面得以終結。然而，由於兩岸的政治經濟社會體制各異，加之長期隔絕，因而兩岸有關投資權益的制度設計與制度基調存在很大區別。因此，對兩岸經貿交往中投資權益的有關制度進行比較分析，對於促進兩岸經貿關係的正常化具有重要意義。

一、海洋權益攸關中華民族核心利益

　　近年來，隨著海洋能源、海洋經濟、海洋環境等問題的不斷凸顯，尤其是中國有關島嶼和海域受到周邊國家的「主權宣示」，海洋權益成為兩岸民眾關注的核心議題之一。由於大陸和臺灣均對海洋有著高度依賴，海洋已經成為大陸和臺灣新的經濟增長點和民生之本，而且涉及領土完整和民族尊嚴等問題，因此，海洋權益已經涉及中華民族核心利益。

　　第一，中國島嶼和海域頻遭周邊國家「主權宣示」，維護海洋

主權是維護中華民族固有海洋疆域的完整性和民族尊嚴的重大問題。近年來，中國在東海、南海等多個海域，均有島嶼和海域遭到周邊國家的「主權宣示」，引發中國與周邊國家的領海糾紛。如中日有關釣魚島的糾紛、中國與部分東南亞國家有關南海部分島嶼的糾紛等。中華民族傳統的海洋疆域及海洋安全受到嚴重威脅。這些海域和領海，是中華民族的固有海洋疆域，對於民族心理影響甚巨，有關爭議不僅嚴重地威脅到領海的完整性，而且對中華民族的民族尊嚴造成較大影響，也影響到了中國的國家形象。

第二，海洋經濟構成兩岸經濟新的增長動力，維護海洋權益有著重大的經濟價值。開發海洋資源、發展海洋經濟成為兩岸共同的選擇，也是兩岸經濟的新增長極。據國家海洋局統計，中國2011年全國海洋生產總值45570億元，海洋生產總值占國內生產總值的9.7%，全國涉海就業人員達3420萬人，已經成為國民經濟的支柱產業之一。據臺灣有關部門的公告，臺灣預計在2012年海洋產業將占到經濟生產總值的5%，成為臺灣的重要產業。因此，維護海洋權益還有著重大的經濟價值。

第三，海洋能源和海洋資源是保證兩岸經濟社會永續發展的重要因素，維護海洋權益涉及中華民族的長遠利益。隨著陸地資源的接近枯竭，海洋能源和海洋資源成為各國爭奪的戰略焦點。圍繞釣魚島、南海諸島的爭議，與海洋石油、天然氣資源開採有著密切關係。海洋能源和海洋資源是未來兩岸經濟社會永續發展的動力和保障，維護海洋權益，因而對於維護中華民族的長遠利益息息相關。除此以外，海洋已經成為兩岸部分民眾的民生之本，維護海洋權益就是維護民眾的生存利益。

二、構建兩岸共同維護中華民族海洋權益的機制極為必要

儘管海洋權益對於兩岸的重要意義已經成為兩岸有識之士的共同認知，但兩岸在維護中華民族海洋權益的合作上仍有不足。就總體狀況而言，仍然侷限於具體事務的合作，呈現出個案性、零散性和偶然性的狀態。其中原因，主要是因為兩岸之間存在著政治上和體制上的隔閡，未能在維護中華民族海洋權益的問題上形成合力。就現階段的情況而言，構建兩岸共同維護中華民族海洋權益的機制極為必要。

第一，兩岸在維護海洋權益上仍受到政治因素的困擾，影響了兩岸有關部門的直接合作。兩岸由於某些政治原因，尚未承認對方公權力機關的地位，並且在公權力機關的關係上，採取「不接觸」的政策。而海洋事務大多數由公權力機關負責管理，因此，上述政治因素的困擾，如不透過合理的制度安排，可能嚴重影響兩岸有關部門的直接合作。

第二，兩岸缺乏對口的聯繫部門，因而在維護海洋權益的體制機制上並不順暢。目前，在海洋事務管理體制上，大陸採取分散管理體制，國家海洋局（中國海監）、交通運輸部海事局（中國海巡）、農業部漁政漁港監督管理局（中國漁政）、公安邊防武警（中國海警）和海關總署走私犯罪偵查局（中國海關緝私）等，對於海洋事務均有管理權限，因而並沒有一個綜合性的海洋管理部門；臺灣2000年2月將分散在「行政院」各「部會」的海域管理職能，成立「海巡署」，專責臺灣海洋事務。根據馬英九在「藍色革命、海洋興國」的「海洋政策」中還提出要成立「海洋部」，進一步整合海洋管理職能。兩岸海洋管理部門之間由於體制不協調，因而導致兩岸對口海洋管理部門欠缺。

第三，兩岸當前合作的範圍仍限於事務性合作，而海洋事務較多涉及公權力機關的合作，因而存在政策上的困境。當前兩岸的事務性商談已經實現制度化和常態化，但兩岸合作的範圍仍限於事務

性合作，即不涉公權力或者不涉政治問題的技術性、民間性合作事項。海洋事務既涉及某些不涉政治議題的事務性合作事項，但更多的是涉及公權力、乃至於高度政治性的議題，如涉及臺灣所管轄的東沙南沙島嶼問題、兩岸實際管轄海域的劃界問題、兩岸懲處對方越界漁船問題、大陸海軍保障臺灣商船問題、臺灣運送核廢料經過大陸實際控制海域問題等。由於兩岸在這些問題上，還存在著大量的政策困境，因而難以有效解決上述問題。

三、構建兩岸共同維護中華民族海洋權益機制的一些建議

在兩岸關係日益熱絡的情況下，針對兩岸民眾都關心、涉及兩岸民眾根本利益的海洋權益保障問題，構建兩岸共同維護中華民族海洋權益機制，一方面整合兩岸資源，有效保障中華民族海洋權益，另一方面以共同維護海洋權益為契機，為兩岸合作範圍從事務性合作向行政性合作深化提供典範。

第一，基於「兄弟鬩於牆」的民族感情，透過建立機制，擱置某些影響兩岸共同維護中華民族海洋權益的政治因素。必須注意到，臺灣方面一直未放棄對於釣魚島、南海諸島的「主權」，並多次宣示了「主權在我」的決心。臺灣民眾與大陸民眾一道，在保釣、保衛「南海主權」上，發揮了積極的作用，表現出「兄弟鬩於牆」的民族感情。因此，兩岸在「兩岸人民同屬一個中華民族」和「九二共識」的基礎上，可以也應當擱置兩岸在政治上的爭議，以民族大義為重，建立機制，暫時擱置某些影響兩岸共同維護中華民族海洋權益的政治因素。在這方面，大陸可以事先提出一些積極的建議和主張，如向臺灣有關方面提出建立相關機制的建議，以表現誠意。

第二，在建構方式上，可以採取先建立針對具體問題的「專責小組」，在解決具體問題的過程中，為形成制度化的框架累積共識和經驗，建立完整的兩岸維護中華民族海洋利益機制，需要兩岸互信的累計和制度經驗。為此，兩岸可以就目前兩岸人民關心、實踐中急需應對、合作基礎又較好的事務，建立「專責小組」，以解決實際問題。如目前可以就解放軍海軍為臺灣商船護航建立「專責小組」，公開進行定期聯繫和訊息交換，既彰顯兩岸合作的成果，又為後續事務的合作形成積累經驗。此外，在保釣、開發西沙旅遊資源、臺灣核廢料運輸的航線選擇等問題上，也可以建立相應的專責小組。

第三，兩岸適時透過兩會協商機制簽署《海峽兩岸海洋事務合作協議》，在法制層面確認和規範兩岸共同維護中華民族海洋利益的機制。在透過「專責小組」累積互信，並對外宣示兩岸共同維護中華民族海洋權益的信心與決心後，兩岸可以適時透過兩會協商機制，簽署具有綜合性的《海峽兩岸海洋事務合作協議》，在兩岸法制的層面，對兩岸的合作原則、對口部門、聯繫機制、合作事項和範圍等進行確認與規範。

《海峽兩岸海洋事務合作框架協議》
（建議稿）

序言：海峽兩岸為開展海洋事務合作，基於互信互諒、平等互利、循序漸進的原則，達成開展兩岸海洋事務合作的意願。海協會和海基會（以下簡稱「雙方」）透過友好協商，同意本著維護兩岸民眾海洋權益和中華民族整體海洋利益，建立有利於保障兩岸海洋利益的合作機制。經協商，達成協議如下：

一、合作基礎：

1.兩岸在海洋事務上尊重對方實際管理和控制海域的現狀；

2.兩岸互不干涉對方制定的海洋政策和海洋法律。

二、合作機制：

1.構建兩岸海洋事務政策溝通與協商機制；

2.構建兩岸海域執法合作機制；

3.構建兩岸海洋重大事務通報機制；

4.構建兩岸海洋學術團體溝通、聯繫機制。

三、對已簽署雙方涉及海洋事務的協議的認可

　　本協議承認雙方已經簽署的各類涉及海洋事務協議的效力，本協議任何條款不得解釋為廢止或取消兩岸已經建立的海洋事務合作機制。

四、聯繫主體

　　本協議由雙方各自指定的對口單位進行聯繫。

　　兩岸海洋管理部門協助各自的對口單位從事與實施本協議有關的事務。

五、臨時性機制

本協議規定的各項合作機制，由雙方透過後續協商盡速完成。

在海協會和海基會達成共識前，兩岸海洋事務合作可以按照以下臨時機制開展：

1.透過指定的對口單位開展重大訊息交換，交換的範圍由指定的對口單位確定；

2.在海難救助、海洋環境汙染和生態保護、海運事務和漁民權益保障方面，建立證據交換、案情通報、跨實際控制海域替代執法等機制；

3.開展執法培訓、裝備聯合、人員往來、聯合演練等日常性合作機制。

4.建立兩岸民眾在公共海域遭遇突發狀況時的聯合處置和互助處置機制。

六、共同維護中華民族海洋利益

雙方應通力合作，共同維護中華民族海洋利益。

在共同維護中華民族海洋利益時，雙方政治立場和重大表述應遵循「九二共識」的基本原則。

七、執法線路和跨界執法

1.兩岸各自海洋事務管理部門在臺灣海峽靠近對方實際管理和控制領域執法時，應向對方透過執法線路和執法船隻的情況；

2.除發生重大海難救助、突發海洋環境汙染事件，兩岸各自的海洋事務管理部門不得跨界執法；

3.上述兩種情形發生的跨界執法，不得實用武器或具攻擊性、防衛性的工具，不得使用可潛水裝置，不得使用以核能為動力的執法平臺，使用大型吊裝設備、可噴水設備的，需在使用後6小時內書面報告對方；

　　4.發生跨界執法的平臺，除非執法必要，不得懸掛任何旗幟、使用任何徽章、標記等。

八、登臨權和緊追權

　　1.兩岸在各自管理和控制的海域，可以登臨對方船隻，但應當在登臨後6小時內通報對方；

　　2.兩岸在發生追捕犯罪需要時，執法平臺可以緊追至兩岸實際管理和控制海域的分界線止，除非發生第七條規定的特殊情形，不得跨界執法。

九、規則適用

　　1.兩岸在各自管理和控制的海域內適用本海域的規則；

　　2.發生跨界執法時，應當尊重對方海域內適用的規則；

　　3.在公共海域進行執法合作或遭遇突發狀況時，應遵循雙方共同認可的規則。

十、解釋機制

　　本協議由雙方透過協商方式解釋。

　　對本協議任何條文的解釋，不得違反「九二共識」的基本原

則。

十一、變更和補充機制

本協議由雙方透過協商方式變更。

對未盡事宜,雙方可以透過協商方式另定協議加以補充。

對本協議的任何變更和補充,不得違反「九二共識」的基本原則。

十二、生效辦法

兩岸應各自完成相關程序並以書面通知另一方。協議自海峽兩岸均收到對方通知後次日起實施。

兩岸經貿交往中投資權益制度的比較與評析

隨著海峽兩岸全面、直接「三通」的實現,臺灣開始允許大陸資本入島投資,使長久以來臺灣到大陸單向投資的非正常局面得以終結。然而,由於兩岸的政治經濟社會體制各異,加之長期隔絕,因而兩岸有關投資權益的制度設計與制度基調存在很大區別。因此,對兩岸經貿交往中投資權益的有關制度進行比較分析,對於促進兩岸經貿關係的正常化具有重要意義。

一、關於兩岸經貿交往中投資管理的制度體系

長期以來，大陸高度重視保護臺灣同胞的合法權益。1981年9月，葉劍英委員長發表談話，提出「歡迎臺灣工商界人士回祖國大陸投資，興辦各種經濟事業，保證其合法權益和利潤」。1995年1月，江澤民同志提出現階段發展兩岸關係、推進祖國和平統一進程的八項主張，強調要「保護臺灣同胞的一切正當權益」。2005年3月，胡錦濤總書記提出新形勢下發展兩岸關係的四點意見，表示無論在什麼情況下，都要千方百計照顧和維護臺灣同胞的正當權益。

　　1988年7月，國務院頒布了《國務院關於鼓勵臺灣同胞投資的規定》，這是為保護臺灣同胞來大陸投資制定的第一部專門行政法規。1994年3月，第八屆全國人民代表大會常務委員會第六次會議透過《中華人民共和國臺灣同胞投資保護法》（以下簡稱《臺胞投資保護法》），以法律形式規定了對臺灣同胞投資的保護，進一步提升了保護臺胞投資及其權益的法律層級。1999年12月，國務院頒布《中華人民共和國臺灣同胞投資保護法實施細則》（以下簡稱《實施細則》），以行政法規形式進一步明確了依法保護臺胞投資權益的措施。2005年3月14日，第十屆全國人民代表大會第三次會議透過《反分裂國家法》，明確規定「國家依法保護臺灣同胞的權利和利益」，再次以法律的形式宣示保障臺胞權益。國務院各部門結合《臺胞投資保護法》與本部門具體工作，制定部門規章、發布規範性文件，努力保護臺灣同胞投資的合法權益，形成了較為完善、配套的保護臺胞投資合法權益的法規體系和工作機制。各省級人大、政府根據《臺胞投資保護法》和本地區實際情況，制定臺胞投資保障條例、本地區貫徹落實《臺胞投資保護法》的辦法或其他規範性文件，以規範本地區保護臺胞投資合法權益工作。經過二十多年的發展，大陸方面已經形成了以《反分裂國家法》和《中華人民共和國臺灣同胞投資保護法》等對臺工作專門立法為核心，以行政法規、部門規章和地方性法規為支撐的保護臺灣同胞投資權益的制度體系。

臺灣有關大陸資本入島投資（以下簡稱「陸資入臺」）的制度體系是以「臺灣人民與大陸地區人民關係條例」（以下簡稱「兩岸人民關係條例」）為基礎的，「兩岸人民關係條例」是臺灣調整、規範兩岸關係和兩岸人民往來的基本制度，其他有關「陸資入臺」的規範性文件均以「兩岸人民關係條例」為依據。

2009年4月，「陳江共識」達成後，臺灣有關部門陸續修改原有制度中不適應大陸資本入島投資的規定，並制定了一批新的規範性文件，基本形成了有關「陸資入臺」的制度體系，主要包括「大陸地區人民來臺投資許可辦法」（以下簡稱「投資許可辦法」）、「大陸地區之營利事業在臺設立分公司或辦事處許可辦法」（以下簡稱「設立許可辦法」）、「大陸地區專業人士來臺從事專業活動許可辦法」（以下簡稱「專業人士來臺許可辦法」）、「臺灣與大陸地區金融業務往來許可辦法」（以下簡稱「金融業許可辦法」）、「各類所得扣繳率標準」、「大陸地區人民在臺灣取得設定或移轉不動產物權許可辦法」（以下簡稱「不動產許可辦法」）、「臺灣銀行及信用合作社辦理在臺無住所大陸地區人民不動產擔保放款業務應注意事項」（以下簡稱「不動產擔保放款事項」）和「大陸地區人民來臺投資業別項目」（以下簡稱「陸資投資項目」）等。

臺灣有關大陸資本入島投資的主要規範性文件一覽表

文件名稱	主要內容
「兩岸人民關係條例」	臺灣當局調整、規範兩岸關係和兩岸人民往來的基本制度，其他有關「陸資入島」的規範性文件均以「兩岸人民關係條例」為依據。
「投資許可辦法」	由臺灣地區有關部門於2009年6月30日新公布，對「陸資入島」的主要問題進行了規定，是「陸資」入島投資的主要依據。
「設立許可辦法」	由臺灣地區有關部門於2009年6月30日新公布，對「陸資」在台設立分公司或辦事處等事宜進行了詳細規定，是明確「陸資」在台投資主體資格和形式的主要依據。
「專業人士來台許可辦法」	1998年制定，2007年最後修正，規定中國專業人士來台從事專業活動的有關事宜，是「陸資」中中國方面人士入台並在臺灣地區開展活動的主要依據。
「金融業許可辦法」	2009年7月15日最後修正，規定兩岸金融業務往來的有關事宜，是「陸資」在台期間，開展金融業務的主要依據。
「各類所得扣繳率標準」	是臺灣地區有關部門依據「兩岸人民關係條例」第25條、第25條之1制定，其主要內容是規定中國地區公民、法人和其他組織在台所得的稅賦事宜，是「陸資」就在台所得繳納有關稅款的主要依據。
「不動產許可辦法」	於2008年6月30日最後修正，規定了中國地區公民、法人和其他組織在臺灣地區與不動產有關的事宜，是「陸資」在台投資期間，處理與不動產有關事宜的主要依據。

文件名稱	主要內容
「不動產擔保放款事項」	規定了在臺灣地區無住所的中國地區人民以不動產為擔保,獲取臺灣地區金融機構貸款的有關事宜,是「陸資」在臺灣地區以不動產為擔保獲取貸款的主要依據。
「陸資投資項目」	由臺灣地區經濟主管部門所列出的,「陸資」可以投資的項目。該文件以明示的方式列出,即只有在「陸資投資項目」中的項目,「陸資」方可投資,除此以外的項目,「陸資」不得投資。「陸資投資項目」是「陸資」在臺灣地區可以向何種項目投資的主要依據。

圖表來源:作者自製

由上可見,兩岸均形成了一套有關投資權益的制度體系,然而其形式則有所不同,體現了不同的制度定位。大陸有關臺灣同胞投資的制度多為綜合性立法,涵蓋了臺灣同胞投資的各個環節、各個方面;從名稱上看,「保護」、「保障」、「鼓勵」等詞語出現頻率較高,由此可見,大陸有關臺灣同胞投資的制度定位在於「保護」和「鼓勵」。相比之下,臺灣有關「陸資入臺」的制度大多是規範某一領域的具體事項,比如金融業、擔保、投資項目、稅收等;規範性文件的名稱多包含「許可」,這就體現公布灣地區有關制度對「陸資入臺」的規範傾向於管理和限制。

二、關於兩岸投資的審批與許可

大陸一向重視推動和促進臺灣同胞投資,臺灣同胞在大陸投資屬於受到鼓勵和促進的投資類型。《臺胞投資保護法》和《實施細則》對臺灣同胞投資的形式和程序進行了規定:《實施細則》第八條對臺灣同胞投資的形式進行了具體規定;《實施細則》第九條規定「臺灣同胞投資者進行投資,需要審批的,依照國家有關法律、行政法規規定的程序辦理審批手續」。《實施細則》第十條對設立臺灣同胞投資企業的程序進行了規定。同時,《實施細則》第十二

條規定了審批臺灣同胞投資的原則,即「提高辦事效率,減少管理層次,簡化審批程序,做到管理制度統一、公開、透明」。對於臺灣同胞投資的審批標準,《臺胞投資保護法》和《實施細則》僅強調了臺灣同胞投資應與國家國民經濟和社會發展規劃相適應、符合國家產業政策和投資導向的要求等積極標準。

相較於臺灣同胞在大陸投資的寬鬆條件與便捷審批程序,「陸資入臺」在臺灣屬於一般禁止行為。臺灣「兩岸人民關係條例」第七十三條規定,「大陸地區人民、法人、團體、其他機構或其於第三地區投資之公司,非經主管機關許可,不得在臺灣從事投資行為」。「陸資」必須透過臺灣有關主管機關的「解禁」,這一解禁的過程,即臺灣有關部門對「陸資」在臺投資的「許可」,主要包括以下幾個方面:

第一,「陸資」投資人應申請許可之投資行為。臺灣「投資許可辦法」第四條規定,「陸資」投資人在向臺灣有關部門申請在臺投資時,應以下幾種方式為之:其一,持有臺灣公司或事業之股份或出資額,但不包括單次且累計投資均未超過10%之上市、上櫃與興櫃公司股份,亦即若大陸合格境內投資機構投資單一臺灣上市(櫃)公司,若股權超過10%以上,即被視為「陸資」赴臺投資事項,應經臺灣有關部門許可;其二,在臺灣設立分公司、獨資或合夥事業;其三,對前兩款所投資事業提供一年期以上貸款;

第二,「陸資」投資人出資的種類應當符合有關規定。臺灣「投資許可辦法」第七條規定,「陸資」投資人的出資種類,以現金、自用機器設備或原料、知識產權(智慧財產權,包括專利權、商標權、著作財產權、專門技術或其他智慧財產權)以及其他經主管機關認可投資之財產;

第三,「陸資」投資人可以投資的項目、限額及投資比率應當符合有關規定。臺灣「投資許可辦法」第八條規定,「陸資」投資

人可以投資的項目、限額及投資比率由臺灣經濟主管部門會同各相關機構擬定；

　　第四，「陸資」投資人申請臺灣有關部門許可的程序。臺灣「投資許可辦法」第九條規定，「陸資」投資人應填具投資申請書，檢附投資計劃、身分證明、授權書及其他有關文件，向臺灣經濟主管部門申請許可。投資計劃發生變更時，也採取相同程序。臺灣主管機關在必要時，可以要求「陸資」投資人限期申報資金來源或其他相關事項。申報之事項有變更時，應於一個月內向主管機關申報；

　　第五，「陸資」投資人出資的到達。據「投資許可辦法」第十條規定，「陸資」投資人應將所許可之出資於核定期限內全部到達，並將到達情形報主管機關查核。「陸資」投資人經許可投資後，在核定期限內，未實行之出資，期限屆滿後，不得再行投資。前述「未實行之出資」事項，若有正當理由，於期限屆滿前，可以申請主管機關許可延展。

　　臺灣的有關制度限制了「陸資」投資人資格及禁止投資的方式。「投資許可辦法」第六條和第八條對「陸資」投資人資格及禁止投資事項進行了規定。據「投資許可辦法」第六條之規定，「陸資」投資人為大陸地區軍方投資或具有軍事目的之企業者，臺灣主管機關應限制其來臺灣投資。臺灣「投資許可辦法」第八條規定，「陸資」投資人所申請之投資，若有以下情形，將被禁止：其一，經濟上具有獨占、寡占或壟斷性地位；其二，政治、社會、文化上具有敏感性或影響臺灣安全；其三，對臺灣內部經濟發展或金融穩定有不利影響。「投資許可辦法」並未對大陸國有企業對臺投資予以限制，但大陸國有企業因其敏感身分和地位，是否能在臺灣投資，是臺灣各界關心的問題之一。臺灣「陸資投資政策說明」，屬於國務院國有資產監督管理委員會的138家國有企業中，除有軍方

投資背景的9家外,其餘129家都可赴臺投資,但若涉及敏感性問題,則可由臺灣主管機關禁止其投資。

此外,臺灣有關制度還規定了事前審查和事後監控的方式,管理「陸資」投資人的投資行為。臺灣有關部門透過建立相應的機制,對「陸資」投資人的投資行為進行嚴格審查和監控。臺灣經濟主管部門「投資審議委員會」已經建立「陸資審查機制」,將依據「陸資」投資申請人的投資金額、業別項目、投資類型、投資人身分等,會同有關機關進行審查。同時,「投資審議委員會」還建立了「陸資來臺投資資訊管理系統」,對「陸資」在臺投資的訊息及動態進行記錄、備案,以隨時掌握「陸資」在臺的活動。

綜上分析,兩岸對於投資許可的規定存在很大的不同。大陸的制度僅對基本的標準、審批程序進行了原則性規定;而臺灣的有關規定則兼具審批的積極標準和消極標準,且消極標準占據主要部分,並且還規定了詳盡的事前審查和事後監控的方式,反映了其對「陸資入臺」的謹慎態度。

三、關於兩岸有關投資範圍的規定

《臺胞投資保護法》和《實施細則》對臺灣同胞的投資範圍並未做出限制性規定,僅要求臺灣同胞投資應與國家國民經濟和社會發展規劃相適應、符合國家產業政策和投資導向。一些地方性法規結合本地區特點,以列舉的方式對臺灣同胞投資的鼓勵項目進行了規定,例如《湖北省實施〈中華人民共和國臺灣同胞投資保護法〉辦法》第五條規定,鼓勵臺灣同胞投資者投資公共基礎設施建設和能源、稀缺原材料開發、先進製造業項目、高新技術項目、農產品深加工項目和農業綜合開發項目、企業技術改造項目、資源綜合開發利用、再生資源利用以及環境保護項目、現代服務業項目和國家

和省鼓勵投資的其他項目；《北京市鼓勵臺灣同胞投資的補充規定》則鼓勵臺灣同胞投資高新技術產業、城市基礎設施、現代農業、用高新技術改造的重點發展行業、旅遊業和房地產業等行業和重點項目。這些地方性法規所規定的鼓勵項目涉及各個方面，甚至涉及能源、公共基礎設施建設等關乎國計民生的領域。因此大陸對於臺灣同胞投資範圍的規定是開放的，既考慮了臺灣同胞投資企業的專長，也兼顧了地區經濟發展的特點。

臺灣有關制度對「陸資入臺」的投資範圍則進行了實質性的限制。根據臺灣「大陸委員會」公布的「開放陸資來臺從事事業投資政策說明」（以下簡稱「陸資投資政策說明」），臺灣有關部門以「正面列表」的方式，明定開放陸資來臺投資之項目，從而對「陸資」投資的範圍進行了嚴格限制。無論是製造業、服務業和公共建設部分，「陸資投資項目」規定其只對「陸資」進行了有限度地開放。在製造業部分，臺灣行業標準中「製造業」的細類是212項，「陸資投資項目」只開放了64項，占總額的30%，對兩岸訊息產業界普遍關注的晶圓、TFT-LCD等項目，暫時不對「陸資」開放；在服務業部分，臺灣在WTO框架下承諾開放的113項次行業，只開放了25項，占總額的22%，金融業、電信業均不對「陸資」開放；在公共建設部分，臺灣「促進民間參與公共建設法」規定了公共建設此類別分類計81項，但只開放了11項，僅占總額的14%，「陸資」在臺投資公共建設業，僅限於「非承攬部分」，且有諸多限制條件。

由此可見，兩岸對於投資範圍的劃定與規範方式是截然不同的。大陸立法對臺灣同胞投資範圍採取的是「全面開放、重點鼓勵」的規範方式，有效地促進了臺灣同胞對祖國大陸的投資；臺灣對大陸資本入島投資的範圍劃定採取「正面列表」的形式，範圍比較狹窄，大多是技術含量偏低、在臺灣競爭已經相當充分、企業盈利空間小、容易提供就業崗位的領域，這就不利於「陸資」發展。

四、關於兩岸對投資中個人權益的保障

投資過程中的個人權益，主要包括個人的人身權益和對企業中勞動僱傭的管理。大陸對於臺灣同胞投資企業中的臺灣同胞員工名額並無限制，《實施細則》第十六條僅對其出入境手續的辦理進行了規定，同時《實施細則》也確立了臺灣同胞投資者個人、臺灣同胞投資企業中的臺灣同胞職工享有與大陸同胞同等待遇的原則。這在一定程度上鼓勵了臺灣的優質人力資源支持臺灣同胞投資企業的發展。

而臺灣的有關制度對「陸資」中的大陸人員則進行了限制。「專業人士來臺許可辦法」對「陸資」中的大陸人員，有著嚴格的名額限制：大陸專業人士任職於在臺「陸資」企業及來臺從事相關活動，若申請人為分公司或子公司，投資金額或營運資金二十萬美元以上得申請二人，投資金額或運營資金每增加五十萬美元得申請增加一人，但最多不得超過七人。若申請人為辦事處，申請人數限為一人；「陸資」企業聘僱的大陸專業人士來臺從事相關活動，申請人若為分公司或子公司，設立未滿一年者，營運資金或實收資本額達到新臺幣一千萬元以上，或設立一年以上者，最近一年或前三年平均營業額達新臺幣三千萬元以上、平均進出口實績總額達三百萬美元以上或平均代理傭金達一百萬美元以上者，可申請經理人一人，對於主管或專業技術人員（應具碩士學位或具學士學位並具有二年工作經驗），已實行投資金額三十萬美元以上者，得申請一人，已實行投資金額每增加五十萬美元，得再申請增加一人，最多不得超過七人，申請人若為辦事處，申請人數限為一人。這種名額限制，對於保證臺灣的就業有一定的積極作用，但對於大陸投資企業的有效管理則有很大的消極影響。

對於配偶和子女權益，兩岸有關制度均未限制名額。對於子女

的教育,兩岸均予以保障。根據臺灣有關法律規定,經許可在臺停留一年的「陸資」中的大陸人員(包括隨行眷屬),可以依照「全民健康保險法」之規定,參加臺灣的「全民健保」。

五、關於兩岸有關投資者的稅收與金融支持

大陸對臺灣同胞的投資實行了諸多優惠待遇,這是《實施細則》確立的基本原則。具體而言,臺灣同胞在大陸投資主要可以享受以下幾種優惠待遇:首先是稅收優惠,《實施細則》第十三條規定,「臺灣同胞投資企業依照國家有關法律、行政法規的規定,享受稅收優惠待遇」;其次,一些地方性法規規定,臺灣同胞對特定行業或者項目進行投資,可以獲得政府的政策性補貼,例如《北京市鼓勵臺灣同胞投資的補充規定》第六條規定,「臺灣同胞投資水、電、氣、熱、交通和環境保護六大基礎設施系統的項目,在政策方面給予一定照顧,使投資者獲得一定的回報」;在金融支持方面,大陸金融機構對於臺灣同胞投資設立了專門的融資支持。可以說,臺灣同胞在大陸投資享受的是一種「超國民待遇」。

臺灣對於「陸資」的待遇則處於同等或者低於臺灣居民待遇的水準。稅收方面,「陸資」與臺灣的法人、自然人並無差異。「兩岸人民關係條例」第二十五條規定,「陸資」有臺灣來源所得者,應就其臺灣來源所得,課徵所得稅。臺灣實行嚴格的稅收法定主義,稅收的種類、範圍、方式和數額均由法律進行嚴格規定。關於「陸資」在臺繳納所得稅所適用之法律,根據「兩岸人民關係條例」第二十五條和第二十五條之一的規定,其主旨為大陸人民於一課稅年度內在臺灣居留、停留合計滿一百八十三日者,應就其臺灣來源所得,準用臺灣人民之課稅規定,課徵綜合所得稅。在金融融資方面,為適應「陸資」在臺所需之金融服務要求,臺灣修正「金融業許可辦法」,以「放寬」為主旨,對「陸資」在臺可能涉及的

金融問題進行了規定。儘管如此，新臺幣授信業務，以對大陸人民辦理不動產擔保放款業務為限。

六、關於兩岸有關投資權益的保障

從《國務院關於鼓勵臺灣同胞投資的規定》，到《臺胞投資保護法》和《實施細則》，對於臺灣同胞投資權益的保障一直是大陸相關立法的重點內容。具體而言，大陸對於臺灣同胞投資權益的保障主要體現在以下幾個方面：

第一，限制對臺灣同胞投資的國有化和徵收。《臺胞投資保護法》規定，「國家對臺灣同胞投資者的投資不實行國有化和徵收；在特殊情況下，根據社會公共利益的需要，對臺灣同胞投資者的投資可以依照法律程序實行徵收，並給予相應的補償」。《實施細則》對於補償的標準和方式進行了更詳細的規定，「補償相當於該投資在徵收決定前一刻的價值，包括從徵收之日起至支付之日止按合理利率計算的利息，並可以依法兌換外匯、匯回臺灣或者匯往境外」。

第二，保證投資利潤和投資原本的匯出。《臺胞投資保護法》和《實施細則》均規定了「臺灣同胞投資者依法獲得的投資收益、其他合法收入和清算後的資金，可以依法匯回臺灣或者匯往境外」。

第三，改進仲裁程序以維護臺灣同胞的正當權益。為更好地在仲裁時維護臺灣同胞投資者的正當權益，《實施細則》還規定，「大陸的仲裁機構可以按照國家有關規定聘請臺灣同胞擔任仲裁員」。目前，已有北京、上海、重慶、廈門等四個仲裁委員會聘請了臺灣專業人士擔任仲裁員。臺商可按有關仲裁規定選擇臺灣仲裁員參與其糾紛的仲裁審理。

目前，臺灣尚未對「陸資」入島後的權益保護和糾紛解決渠道給予專門規定。「陸資」在臺灣的徵收問題，參照適用臺灣現有制度對於當地居民財產的有關規定。「陸資」入島後設立的分公司、辦事處以及個人均納入臺灣現有的制度保障框架內，大陸投資人在臺灣會受到和當地法人、自然人同等的法律待遇，如若發生糾紛可以依據當地有關途徑解決。

七、關於兩岸有關投資管理制度差異的評析

透過對兩岸有關投資權益的制度進行比較，我們不難發現，兩岸有關制度的定位差異決定了具體制度設計的差異：大陸有關臺灣同胞投資權益保障的法律體系全面保護、鼓勵和促進著臺灣同胞對大陸的投資，臺灣有關「陸資入臺」的制度旨在控制和限制「陸資」對臺灣的投資。具體表現形式上，大陸有關臺灣同胞投資權益保障的法律在確認臺灣同胞與大陸同胞同等待遇的基礎上，在部分領域還賦予了臺灣同胞投資的「超國民待遇」；而臺灣有關「陸資入臺」的制度則對「陸資」施以「非國民待遇」，不僅沒有優惠政策，反而加以重重限制。

造成如此差異的原因，主要在於兩岸對於經貿交往認識的不同。臺灣將「陸資入臺」定位為提振經濟的重要手段。長久以來，兩岸經貿交往呈現一邊倒的現象，臺灣的資金、人才、技術向大陸單方面傾斜、流動，影響外資對臺灣的信心。為了推動兩岸關係正常化，改變兩岸經貿交往一邊倒的現象，強化臺灣競爭力，有必要開放「陸資」入島，從而提振臺灣經濟。在這一目標驅使下，臺灣有關「陸資入臺」制度的基調是保障臺灣的經濟利益。制度的基調決定了臺灣對「陸資」投資範圍進行嚴格限定，並以「正面表列」的形式列出，而且「陸資」可以進入的領域，大多是技術含量偏低、在臺灣競爭已經相當充分、企業盈利空間小、容易提供就業崗

位的項目。此外，為了保護臺灣的經濟利益，有關制度對「陸資」在臺活動以及隨「陸資」來臺人員的活動予以限制，「陸資」在臺除受臺灣一般制度的約束外，還要承受專為「陸資」所設的法律限制。這就使臺灣有關「陸資」投資管理的制度體現了利用與限制並存的特點。

此外，由於歷史的原因，大陸人民在臺的活動也被嚴格限制。包括「陸資」在臺投資的行為，在臺灣原都屬於被禁止行為，即便是一些零散的貿易、交往行為，也被嚴格限制。儘管海協會與海基會就「陸資入臺」達成了共識，這種共識對於臺灣有關制度的變遷僅僅是達到了「鬆綁」的效果，即逐漸解除一些原來施加於大陸人民和「陸資」上的不合理、不正常的限制。由於這種「鬆綁」的效果是有限的，因而「陸資入臺」在短期內還無法獲得類似於臺灣同胞在大陸投資的種種優惠待遇。

當然，大陸有關臺灣同胞投資權益保障的法律體系也並非十全十美：隨著WTO過渡期的結束，對臺灣同胞投資的「超國民待遇」將面臨困境；有關法律制定時間較為久遠，一些規定與現實脫節；原則性規定過多，影響法律的可操作性；臺胞投資權益保障的法律體系亟待清理。等等。隨著兩岸經貿交往的發展，兩岸經貿交往中的投資管理制度必須進一步完善，以大力推進兩岸經貿關係的正常化。

專題三　海峽兩岸和平協議研究

論海峽兩岸和平協議的內涵及其實現路徑

　　海峽兩岸和平協議（簡稱「和平協議」）是兩岸關係和平發展過程中的重大戰略決策。自2007年大陸官方正式提出以來，兩岸學者對於「和平協議」的性質、主體、內容、程序等問題都曾進行過討論，亦有學者提出「和平協議」的建議稿。這些研究為兩岸正式商簽「和平協議」進行了必要的理論準備。但是，兩岸有關「和平協議」的各種理論繁多，而且對「和平協議」的內涵彼此間有著不同的理解。由於對「和平協議」內涵的不同認識，將會影響到「和平協議」規範文本的起草、實現路徑的選擇等重大實踐問題。因此，本文以構建兩岸關係和平發展框架的法律機製為理論背景，在「一個中國」框架的基礎上，對「和平協議」的內涵及其實現路徑等問題進行一些討論。

一、「和平協議」在兩岸關係和平發展框架中的地位與作用

　　在中共十七大報告提出的三點「鄭重呼籲」和中共十八大報告提出的三點「共同努力」中，都將「達成和平協議」與「開創兩岸和平發展新局面」或「開創兩岸和平發展新前景」聯結在一起，使之作為一個完整的表述提出。因此，對於「和平協議」的內涵及其實現路徑的討論，必須在兩岸關係和平發展框架之內進行討論。本

文認為，兩岸關係和平發展框架歸根到底要落實為規範、調整兩岸交往關係的法律框架，而在這一法律框架中，「和平協議」起著憲制性作用，因而是大陸和臺灣共同構建兩岸關係和平發展框架的憲制性協議。

（一）兩岸關係和平發展框架的法理內涵

從制度的角度出發，兩岸關係和平發展框架是一個包括經濟框架、政治框架、文化框架和社會框架等在內的框架體系。雖然這些框架各有特點，在兩岸關係和平發展中發揮著不同作用，但在形式上都體現為一致性、明確性和穩定性的法律機制。兩岸關係和平發展框架的形成與發展，也由此轉化為法律制定、法律修改和法律適用的過程。挖掘兩岸關係和平發展框架的法理內涵，對於理解「和平協議」在兩岸關係和平發展框架內的地位與作用，具有重要的意義。

考察兩岸關係的歷史與現狀，兩岸關係是否和平發展對於人的因素有著較大的依賴。亦即：兩岸關係的發展狀況與兩岸政治人物、主要黨派乃至於兩岸所處的國際背景都有著密切的聯繫。這一現象表明，兩岸關係和平發展在相當程度上依循著一種「人治型」的模式。在「人治型」的發展模式下，兩岸關係和平發展的前途、步驟都仰賴於人的意志，尤其是臺灣領導人的「統獨」觀點、個人品性在兩岸關係中成為具有決定性的因素。這種「人治型」的發展模式已經不止一次被證明不利於兩岸關係和平發展的大勢：政治人物的行為、黨派的政策調整，可以從根本上改變兩岸關係的總體局面，甚至於2008年後兩岸關係和平發展的良好局面，與臺灣發生有利於兩岸關係和平發展的政治局勢變化，也有著密切關係。由於臺灣「政黨輪替」已經呈現出常態化趨勢，因而將兩岸關係和平發展的希望寄託在臺灣的某一個黨派甚至某一個人已不現實。克服兩岸關係和平發展中的偶然性，關鍵是消除兩岸關係和平發展中的「人

治」思維，建立「法治」型的兩岸關係和平發展框架，從而借由制度的穩定性，來弱化、消除兩岸關係和平發展的偶然性，從而提升其必然性。而挖掘兩岸關係和平發展框架的法理內涵，不僅是要透過兩岸法制的建構來驅動兩岸關係和平發展，更是要將兩岸關係和平發展轉化為一種穩固的結構，透過結構的穩定性來強化兩岸關係和平發展的「不可瓦解性」。

兩岸關係和平發展框架的法理內涵體現在三個方面：第一，在外在表現的層次上，兩岸關係和平發展框架主要以法律機製表現於外，體現為調整和規範兩岸交往中各類關係的規範體系；第二，在方法論的層次上，兩岸透過協商平臺建立和實施體現兩岸共同意志的兩岸協議，是構建兩岸關係和平發展框架的主要方法，也是固化兩岸關係和平發展成果的規範方法；第三，在本體論的層次上，法律機制嵌入了兩岸關係和平發展框架的結構，並起著強化這一結構的功能，是保障兩岸關係和平發展框架的制度因素。

在具體的構成上，兩岸關係和平發展框架的法律機制包括兩部分。第一，兩岸各自公權力機關制定的涉及對方事務的法律。兩岸公權力機關為解決各自在處理涉及對方事務的法律需要，在各自法域範圍內，制定了以調整對方人員在本法域內行為，以及解決法律適用問題的規範性文件。如大陸方面的《反分裂國家法》、《臺灣同胞投資保護法》等，以及臺灣方面的「兩岸人民關係條例」、「大陸地區人民來臺投資許可辦法」等。第二，兩岸透過兩岸造法機制制定的兩岸協議。目前，兩岸主要透過「海協」對「海基」的兩會事務性商談機制，透過協商制定兩岸協議。截至2012年12月底，兩岸透過海協會和海基會構成的兩會事務性商談機制簽署了二十餘項協議，透過規範化的協議形式表達了兩岸開展事務性合作的共識，並規範了合作的範圍、形式和程序。兩岸協議在兩岸關係和平發展發展框架中具有重要的地位，起著固化與表達兩岸共識、引導與規範合作行為的關鍵作用。

（二）「和平協議」的憲制性地位與作用

從兩岸已經提出的理論方案來看，根據各自對「和平協議」預期目的的不同，有關「和平協議」地位與作用的觀點主要有以下幾種。第一，小「和平協議」。這種觀點認為，「和平協議」是兩岸正式結束軍事對峙和政治對立狀態的協議，主要作用是確認兩岸結束敵對狀態。第二，中「和平協議」。這種觀點認為，「和平協議」的作用不限於結束兩岸的敵對狀態，而應為兩岸關係和平發展提供基礎性規範。大陸學者張文生認為，兩岸「和平協議」是兩岸關係和平發展的框架協議，是兩岸關係和平發展的制度化。臺灣學者大多認為這個層次的「和平協議」相當於「國家統一綱領」（1991年）中所稱的「中程協議」。第三，大「和平協議」。這種觀點認為，「和平協議」是包容兩岸交往的綜合性協議。如臺灣學者張亞中教授提出的「兩岸和平發展基礎協定」和邱進益先生提出的「兩岸和平合作協議」。這兩部協議草案，都詳細規定了兩岸和平合作與發展的具體內容和路線圖，包括兩岸以統合方式建立共同體、兩岸共同保障臺商利益、兩岸建立共同市場、大陸幫助臺灣參加國際活動、大陸撤除針對臺灣的飛彈，等等。

「和平協議」的地位和作用與海峽兩岸對於「和平協議」的預期目的相關。以上對於「和平協議」的三種觀點，實際上都體現了兩岸各界對於兩岸關係中長期發展目標的期待。本文認為，「和平協議」在兩岸關係和平發展框架中的地位與作用，須根據兩岸關係和平發展框架的實際需要確定。從兩岸關係和平發展框架的法理內涵出發，不論是兩岸各自公權力機關制定的法律，還是兩岸造法機制制定的兩岸協議，體系化程度都偏低，尚未形成完整的規範體系，由此導致兩岸關係和平發展框架在制度層面也未形成完整的構架。造成上述現象的原因，除了兩岸政治互信累積不夠、兩岸事務性商談的範圍還有待進一步拓展外，缺乏能夠統領這些法律制度的基礎性規範，則是其中的重要原因之一。

從法律角度解決這一問題的最佳方式,是為兩岸關係和平發展框架的法律機制提供一個具有憲制性地位和作用的協議,「和平協議」無疑是擔當這一憲制性協議的最佳選擇。作為憲制性協議,「和平協議」的作用既不限於確認兩岸結束敵對狀態,也不是包羅兩岸關係發展萬象的綜合性協議,而是憲制性的,接近於上文所稱的「中和平協議」。「和平協議」的憲制性作用主要體現在五個方面:第一,肯定大陸和臺灣有關兩岸關係和平發展框架的共識,奠定兩岸關係和平發展的基本原則,在憲制性層面,確定兩岸關係和平發展的若干優先性內容;第二,構建以「和平協議」為統帥的兩岸協議體系,透過類似於單一法域內憲法與法律的關係,形成由「和平協議」、兩岸協議、兩岸協議的具體實施辦法等構成的協議規範體系,實現協議體系化,以保障兩岸協議始終與兩岸關係和平發展的根本目標相一致;第三,透過「和平協議」對兩岸的規範效力,規範和約束兩岸各自域內涉對方事務法律的政治立場,保證兩岸各自涉對方事務的法律不偏離兩岸關係和平發展的總體方向;第四,為兩岸人民構建認同兩岸關係和平發展的法理符號,藉助兩岸人民都已建立的法治觀念,將對兩岸關係和平發展框架的認同轉化為對「和平協議」的認同,提高兩岸人民對兩岸關係和平發展框架的認同度;第五,促進兩岸協商制度的進一步發展與完善,形成建制化的兩岸造法機制、兩岸開展政治性交往的制度平臺和臺灣有序參與國際空間的機制,為兩岸關係的深入交往提供制度渠道。

二、「和平協議」的內涵

　　從憲制性協議的角度,明確「和平協議」的內涵,應當把握以下兩點:第一,「和平協議」內涵的確定,應以兩岸在現階段能夠形成的基本政治共識為基礎,保證「和平協議」始終以追求國家統一和兩岸關係和平發展為方向;第二,「和平協議」在劃定必要政

治底線的前提下，應當為兩岸關係和平發展保留開放性，允許兩岸以協商的方式共同尋求兩岸未來可能的共處模式和發展模式。因此，對「和平協議」內涵的理解，主要包括以下五個方面。

（一）「兩岸同胞同屬中華民族」是「和平協議」的邏輯起點

「同族不戰」和「族內和平」，是兩岸簽署「和平協議」的民族倫理基礎。儘管兩岸在「國家」認同的問題上存在著不同認知，但兩岸主流群體都認同「中華民族」。中共十七大報告和中共十八大報告都使用了「血脈相連的命運共同體」的表述，闡明兩岸民眾之間因共同的風俗、血緣、歷史記憶、語言和文化所結成的歷史性聯繫。2008年馬英九在其第一任臺灣領導人的就業典禮上也提出：「兩岸人民同屬一個中華民族」的主張。這一主張在胡錦濤同志2008年12月31日的重要講話和中共十八大報告上，以「兩岸同胞同屬中華民族」的方式獲得大陸的回應，成為兩岸之間在民族認同上的共識。基於對「兩岸同胞同屬中華民族」的「中華民族認同」，兩岸對於中華民族偉大復興都有著歷史性責任，因而也都負有結束中華民族內部敵對狀態的歷史性任務。因此，從民族倫理的角度，對於中華民族認同的共同認知，天然地要求兩岸達成「和平協議」，「兩岸同胞同屬中華民族」構成「和平協議」的邏輯起點。

以「兩岸同胞同屬中華民族」作為「和平協議」的邏輯起點，主要是考慮「和平協議」對於維護中華民族族內和平與團結的作用、「中華民族」一詞作為政治話語的包容性、臺灣內部政治局勢等因素，並不意味著對於「中國」符號的否定。「兩岸同胞同屬中華民族」是「一個中國」的話語在民族層次上的體現，是「兩岸同屬一個中國」的重要組成部分。將「兩岸同胞同屬中華民族」作為「和平協議」的邏輯起點，不應被解釋為對「一個中國」話語的放棄或修正。

（二）「一個中國」框架是「和平協議」的政治基礎

「和平協議」是兩岸交往的階段性協議，並不是「統一協議」。這一點已經獲得兩岸絕大多數人士的認同。「和平協議」構想的提出，暗示了國家最終統一的長期性和艱巨性。然而，「和平協議」的階段性並不能排除兩岸統一的政治指向，更不意味著「和平協議」在「中華民族認同」的邏輯起點上，對兩岸關係未來的發展有著包括「臺灣獨立」和「兩個中國」在內可能的預期。因此，「一個中國」框架對於「和平協議」而言有著重要的意義。

「和平協議」並不是無原則的「和平」，而是在兩岸承認「一個中國」（「一中」）或其替代形式（「九二共識」）基礎上的「和平」。「中華民族認同」的邏輯起點並不能對抗主權統一和領土完整的國家根本利益。只有臺灣方面認同「一中」，兩岸才有和平可言。對於「和平協議」而言，對於「一中」的需求是兼具原則性和靈活性的：在原則性的一面，「和平協議」必須堅持和體現「一個中國」的特徵和表述，並以「一中」作為選擇和排除「和平協議」具體內容的標準；而在靈活性的一面，兩岸在「和平協議」的談判過程中，又必須兼顧各自的重大關切和核心利益，照顧對方的政治情感，儘可能包容不與「一中」相牴觸的各類表述與制度安排。在有關「一中」的諸多表述中，「一個中國」框架的提法，在2012年後逐漸取代過去的一個中國原則，成為大陸對臺表述的新核心。「一個中國」框架較之「一個中國」前提、一個中國原則等提法，具有更強的包容性和法理意涵，為兩岸關係預留了更大的發展空間。「一個中國」框架是符合「和平協議」對於「一中」表述需求的最佳選擇，構成「和平協議」的政治基礎。兩岸只有在這個基礎上，才有簽署「和平協議」的可能性。

（三）合情合理安排兩岸政治關係定位是「和平協議」的關鍵作用

兩岸在事實和法理上同屬「一個中國」，同時根據「九二共

識」的精神對「一個中國」的政治內涵進行各自表述。這是兩岸當前政治關係定位的基礎與現實。然而，這一定位又是在兩岸關係處於事務性合作初級階段的權宜之計。隨著兩岸關係的持續、深入發展，兩岸政治關係定位的模糊，將導致兩岸關係和平發展產生三個方面的難題：其一，兩岸交往的深入，必然涉及兩岸公權力機關的互動，而兩岸政治關係定位不明，將影響兩岸公權力開展合作的方式和程度；其二，兩岸交往的深入，將觸及兩岸現行法律制度，產生立法、修法的效應，如兩岸協議在臺灣的法律屬性與地位、如何在兩岸各自域內適用對方的行政法規範等；其三，兩岸關係和平發展的正當性，不僅應寄託於民族大義和社會經濟利益，還應關照到兩岸民意，以增強兩岸協議和兩岸交往的民主性。由於在兩岸尚存在「承認爭議」時，汲取此種民主正當性還存在困難，因此，兩岸政治關係定位是兩岸邁向和平發展和終極統一的重要階段性問題。

中共十八大報告提出，兩岸在國家尚未統一的特殊情況下務實探討兩岸政治關係，並作出合情合理的安排。對於「合情合理的安排」的討論，過去常常集中於對「合情合理」的界定上，而一個同樣值得討論的問題是：此處的「安排」當做何解？從政治的角度理解，「安排」可以理解為兩岸透過政治互諒所達成的共識，而從規範的角度思考，政治上達成的「安排」必然體現為規範文本，以滿足兩岸透過規範文本表達「意願」的需要。事實上，「安排」一詞的使用，在中國內地處理與港澳兩個特別行政區的關係上曾經被經常使用，而其使用方法都體現為雙方達成具有規範文本形式的協議。由此可見，「安排」一詞從法理角度來看，具有透過規範文本的形式體現兩岸共識的意涵。作為憲制性協議，「和平協議」的關鍵作用就是透過協議的規範文本，體現兩岸在政治關係定位上所形成的工作，落實中共十八大報告所稱的「合情合理的安排」。

在具體的方法上，兩岸可以先使用雙方都能接受的模糊話語，在程序上確定「和平協議」的主體，以及相互之間在談判過程中的

平等主體地位，為兩岸形成能夠包容「和平協議」談判過程的初步定位模式。這一初步定位模式在「和平協議」達成後的一段歷史時期內，也將成為兩岸政治關係定位的基本模式。隨後，兩岸在「和平協議」奠定的制度框架內，透過議題化、階段化和共識化的方法，逐步累積政治互信，完善兩岸政治語言的表達，以兩岸共識為標準，形成既適應兩岸關係和平發展的總體趨勢，又不違背「一個中國」框架的定位模式。在此過程中，「和平協議」貫穿其間，發揮著合情合理安排兩岸政治關係的關鍵作用。

（四）反對「臺獨」分裂圖謀是「和平協議」的底線要求

儘管兩岸關係在2008年後有了根本性好轉，但這種好轉並不意味著「臺獨」根源的瓦解，而毋寧是臺灣反對「臺獨」的政黨獲得執政地位。「臺獨」思潮和「臺獨」分裂勢力在臺灣臺灣仍有較大市場，並擁有一定的民意基礎。中共十七大報告和中共十八大報告都指出，「臺獨」分裂活動仍然是兩岸關係和平發展的最大障礙，反對「臺獨」分裂圖謀仍然是兩岸共同的責任。「臺獨」是兩岸和平的最大障礙，《反分裂國家法》明確規定以「非和平方式」解決臺灣問題的方式與程序，其目的就是指向「臺獨」分裂勢力。兩岸達成「和平協議」，即需要排除「臺獨」的負面影響，因此，反對「臺獨」分裂圖謀是「和平協議」的底線要求。

反對「臺獨」分裂圖謀的底線要求，對於「和平協議」有著三個方面的影響。其一，共同反對「臺獨」分裂圖謀，是兩岸達成「和平協議」的前提之一，只有在臺灣方面表明反對「臺獨」的前提下，兩岸才有可能圍繞「和平協議」開展談判；其二，「和平協議」應當明確表明兩岸共同反對「臺獨」的立場，並將其作為優先性內容載入「和平協議」，使之成為「和平協議」的基本原則之一；其三，是否反對「臺獨」分裂圖謀，構成「和平協議」審查和檢驗其他兩岸協議、臺灣涉及兩岸事務法律的基準，對於這些調整

兩岸交往的規範性文件具有憲制性層面的規範效力。總之,「和平協議」以憲制性協議的地位,明確反對「臺獨」分裂圖謀的底線要求,從而構成防範「臺獨」的法理保障。

(五)制度建設是「和平協議」的主要內容

中共十八大報告明確提出兩岸「促進平等協商,加強制度建設」的新主張,將制度建設提升到構建兩岸關係和平發展框架重要組成部分的高度,體現了兩岸關係的發展方式,已從政治宣傳、經濟合作和文化感召等方式,逐步擴展至制度建設。「和平協議」將為兩岸關係開創常態化的和平發展狀態,這就足以為兩岸在相當長一段時期內的正常發展和交流奠定基礎。這種穩定狀態並不是終極狀態,亦即兩岸關係不能因「和平協議」的簽署,而造成分離現狀的永久化。「和平協議」的憲制性作用,既應當體現為規定和確認兩岸關係和平發展框架中具有根本性和優先性的內容,也應當為未來兩岸關係的發展提供制度平臺。因此,加強制度建設,在憲制層面上明確兩岸交往應當遵循的程序和方式,確定雙方在交往中的相互地位和權利義務關係,構成「和平協議」的主要內容。

「和平協議」所構建的制度,具體包括兩岸事務性商談機制和兩岸政治性商談機制的具體構成、程序與方式、兩岸軍事互信機制、兩岸為事務性合作所構建的各類組織(如由ECFA建立的兩岸經濟合作委員會等)的授權制度、兩岸人民交往制度的基本原則、臺灣有序參與國際活動的機制,以及「和平協議」自身的效力、解釋、變更和聯繫機制等。透過這些制度,「和平協議」將為兩岸交流與合作提供制度渠道,為兩岸在具體事務層次的合作提供憲制性依據,將兩岸存在的各類政治爭議透過合乎法治基本原理的方式獲得解決,從而降低兩岸關係因政治爭議發生倒退、破壞甚至破裂的風險。

三、「和平協議」的實現（亦即簽署）路徑

「和平協議」的豐富內涵，決定了兩岸簽署「和平協議」將經歷一個較長和較艱難的歷史過程。從兩岸關係和平發展的前景而言，簽署「和平協議」這一在兩岸關係和平發展框架中具有憲制性地位和作用的協議，亦應經過充分的政治準備、詳細的理論準備和堅實的民意準備，而不宜操之過急。兩岸應透過合適途徑，精心設計與論證「和平協議」的實現路徑。本文根據憲制性協議的定位，提出包含「釐清認同基礎——增厚民意淵源——完善法律技術——建構制度平臺」四個步驟的路徑圖，以供參考。

（一）「和平協議」實現的認同基礎：兩岸法律制度的「一中性」

「和平協議」以「一個中國」框架為政治基礎，推動兩岸公權力和民眾對於這一政治基礎最為廣泛的認同，是「和平協議」實現的前提。考慮到臺灣對於「一個中國」框架的認同狀況，以政治說教、文化宣傳和民族情感為主的認同培養方式，不一定能夠造成預期的效果，反而會被認為是「統戰策略」。因此，構建「和平協議」實現所需的認同基礎，必須建立在兩岸都能接受的認同方式基礎上。

兩岸目前都已經接受法治作為治理的基本理念，尤其是在臺灣，法治理念已經深入人心，成為社會公認的價值準則。因此，挖掘兩岸法律制度中的「一中性」資源，透過對法律「一中性」的強調，將對於略顯抽象的「一中」認同，轉化為具體的法律遵守，透過法律制度的明確性和規範性，培育和強化民眾對於「一個中國」框架的尊重與認同。兩岸有識之士已經對注重兩岸法律制度的一中性提出過明確見解。賈慶林和連戰等兩岸知名政治人物，也都站在各自立場發表關於「兩岸透過各自規定確認『一個中國』框架」的

言論，表明了對於兩岸法律制度「一中性」資源的重視，使得透過兩岸法律制度的「一中性」，培育對於「一個中國」框架的認同，在實現「和平協議」的過程中，亦具有較強的可行性。

（二）「和平協議」實現的民意淵源：兩岸公民參與機制的建立

「和平協議」既是兩岸公權力機關的協議，也是兩岸人民的協議，是體現兩岸人民「謀和平、求發展」意願的協議，「和平協議」的效力最終需要獲得人民的認可，也必須依賴於人民的認可。因此，兩岸在實現「和平協議」的過程中，有必要建立兩岸公民參與機制，形成「和平協議」實現的民意淵源。

「和平協議」的實現有賴於人民。兩岸民眾既是「和平協議」的受益者，也應當成為「和平協議」的參與主體。臺灣領導人馬英九曾提公布灣方面接受「和平協議」的三項條件，其中「立法機關監督」和「民意支持」都體現了「和平協議」實現過程中的公民參與思想。當前的兩岸關係有著比較濃厚的祕密政治特徵，普通民眾根本無從知曉兩岸事務性商談的過程，更無從參與兩岸協議制定過程並表達意願。「和平協議」的憲制性地位與作用，決定了「和平協議」與兩岸協議有著根本不同。「和平協議」的正當性，除了應來自於兩岸公權力機關的共同意願、其所肯定的政治共識和完備的法律技術外，兩岸民眾的同意亦是重要來源。囿於兩岸政治現狀，由兩岸民眾共同投票的方式透過「和平協議」顯然是不現實的，因而「和平協議」獲得民意正當性的方式，只能體現為兩岸公民在「和平協議」實現過程中的廣泛參與。具有廣泛民意代表性的「和平協議」，亦能夠對抗臺灣反對「和平協議」的政治群體，增強「和平協議」的可適用性。

基於上述考慮，兩岸在實現「和平協議」的過程中，應當拋棄祕密政治的思維，建立兩岸公民參與機制，確認和保障兩岸民眾對

於「和平協議」談判過程和文本起草情況的知情權和參與權，允許兩岸民眾或民意代表以適當的方式參與「和平協議」的談判過程，使「和平協議」能夠真正體現兩岸民眾的共同意志和利益。

（三）「和平協議」實現的法律技術：兩岸協議法律技術的完善

「和平協議」並非是兩岸所首創。一些國家武裝衝突的雙方以及1950年代大陸政府與西藏地方當局都曾經簽署過類似於「和平協議」的文件。然而，在正處於政治對立的兩岸間制定「和平協議」，並以之成為具有憲制性地位和作用的協議，不僅在兩岸範圍內從未出現，在中國乃至世界範圍內，都尚無先例。除了兩岸透過多層次交往增進互信、積累共識外，實現「和平協議」，還需要文本起草、制度設計和協議實施的各項法律技術。在此方面，兩岸協議制定與實施過程中的法律技術，為「和平協議」的實現提供了有益經驗。

兩岸協議是目前調整和規範兩岸交往關係的主要規範性文件。根據本文的定位，「和平協議」是兩岸關係和平發展框架的憲制性協議，與兩岸協議的關係類似於域內法中憲法與法律的關係。兩岸協議目前已經累積了足夠的數量，形成覆蓋兩岸經濟社會交往諸多方面的規範集合。自2008年起，兩岸透過兩會框架，在兩岸協議的制度設計技術、實施技術和文本語言技術等法律技術方面，都獲得較大的提升與進步，協議文本的規範性和可適用性都獲得了提高。兩岸協議在實施過程中遭遇的兩岸各自域內接受兩岸協議的方式、兩岸公權力機關參與兩岸協議的聯繫機制、兩岸各自域內的法律與兩岸協議的銜接等問題，兩會框架都給予了積極應對，兩岸協議在實踐中逐漸從兩岸共同願景的文本化，轉化為真正具有法律效果的規範。兩岸協議法律技術的不斷完善，為「和平協議」的制度設計、文本起草以及和兩岸各自域內法的銜接，提供了重要參照。

（四）「和平協議」實現的制度平臺：兩岸政治性談判的實施

「和平協議」不是兩岸各自單方面的獨白，而是體現兩岸共同意志的共識。兩岸形成共識的過程，根據兩岸協議的經驗，主要體現為兩岸談判。由於「和平協議」的憲制性地位與作用，兩岸有關「和平協議」的談判不同於兩岸透過兩會框架的事務性商談，而是政治性談判。因此，兩岸實現「和平協議」的制度平臺，有賴於兩岸政治性談判的實施。對於兩岸政治性談判的實施，本文認為主要有談判的主體選擇、議題安排和程序設計。

第一，主體選擇問題。「和平協議」的談判主體，涉及兩岸政治關係定位的敏感問題。由於「和平協議」的任務之一是對兩岸政治關係定位作出合情合理的安排，因而在談判階段，沒有必要對兩岸政治關係定位作出明確界定，而應交由兩岸在談判過程中解決，防止這一敏感問題干擾甚至阻礙兩岸政治性談判的開展。因此，兩岸政治性談判主體的選擇，不妨沿用兩岸在事務性商談中的兩會框架，由兩岸分別授權海協會和海基會，以民間團體的名義開展政治性談判。在「和平協議」正式文本署名時，也可以沿用兩岸協議的做法，由兩會作為兩岸的代表署名。

第二，議題安排問題。議題是「和平協議」談判的核心要素。「和平協議」所討論的議題以及兩岸究竟能在何種程度上就談判所討論的議題達成共識，直接決定著「和平協議」談判的成敗。兩岸在「和平協議」談判過程中應持建設性態度：對於可以談、基礎好、容易達成共識的議題，儘量達成共識，並將其載入「和平協議」；對於暫時難以獲得兩岸共識的議題，尤其是涉及「國家」、「主權」等政治敏感議題，可以留待「和平協議」所構建的兩岸政治性商談機制解決。在具體的議題安排上，兩岸應當積極運用法律技術，將議題中的政治性議題，轉化為技術性、法律性的議題，嘗試降低談判難度，最大限度地推進兩岸共識的達成。

第三，程序設計問題。在歷史上，兩岸事務性商談曾經歷過多次反覆，對於敏感性更高、難度更大的「和平協議」談判，兩岸應充分估計到談判的難度。因此，在「和平協議」談判的程序設計上，應當做多階段的設計。參照兩岸事務性商談的經驗，兩岸關於「和平協議」的談判，可以分為四個階段；其一，啟動階段，是指兩岸就開展「和平協議」談判達成合意，並在理論和實務上進行必要準備的階段；其二，預備性磋商或程序性談判階段，在此階段，兩岸主要解決「和平協議」談判過程中涉及的程序問題，包括談判的正式名稱、各自授權機關的身分、談判地點、方式和具體步驟等；其三，正式會談或實質性談判階段，在此階段，兩岸主要就「和平協議」文本的內容進行談判；其四，正式簽署階段，經正式會談達成的協議文本，由兩岸公權力機關根據各自域內的法律透過後，由兩會最高領導人或兩岸最高領導人以適當的政治儀式予以簽署並宣示於外。

四、結語

海峽兩岸達成「和平協議」，正式結束敵對狀態，構建兩岸關係和平發展的憲制框架，開啟兩岸制度化交往的新篇章，是中華民族的一件大事和盛事。儘管兩岸目前彼此間仍存在不利於「和平協議」實現的種種問題，「和平協議」實現也必然會遭遇到各種挫折、倒退，甚至遭致全盤否定，但只要兩岸人民有信心、有耐心、有誠心，就必將圓滿完成這一場事關中華民族命運的偉業。

論海峽兩岸和平協議的性質——中華民族認同基礎上的法理共識

海峽兩岸簽訂和平協議的重要意義已為兩岸所公知，兩岸領導人亦在不同場合提出過簽訂和平協議的問題。但由於各種原因，海峽兩岸和平協議（下稱「和平協議」）仍處於設想階段。這既是因為現實中兩岸簽訂和平協議的時機、環境等均還不成熟，也是因為理論上對和平協議的研究還極為不足。迄今為止，兩岸政學各界在和平協議是什麼、誰去簽、簽什麼、怎麼簽、簽了以後怎麼辦等重大理論問題上尚無系統論述，更無成熟的理論共識。而在有關和平協議的理論體系中，和平協議是什麼，即和平協議的性質尤為關鍵。可以說，和平協議的性質一經確定，誰去簽、簽什麼、怎麼簽以及簽了以後怎麼辦等問題，都能在理論上找到有效的解決路徑。因此，本文擬以建構兩岸關係的分析方法為先導，對和平協議的性質進行初步探討，以期能推動和平協議的理論和實踐。

一、理論構建：兩岸關係的分析方法

　　曾有學者指出，「要將兩岸互動的過程與未來的發展來加以詮釋，第一步必然是尋找可以適用於兩岸關係的理論通則，然後利用通則的解釋和預測能力來分析兩岸關係」。然而，兩岸關係不僅有歷史遺留的問題與情結，也有現實帶來的衝突與糾葛，在世界歷史與現實中，竟無一成例可與之相比照。因此，比較政治學中基於其他特定政治結構產生的理論模式，在解釋和預測兩岸關係時，總有若干缺陷。兩岸關係的複雜性決定了分析方法的多結構性，亦即對兩岸關係的分析方法，不可能是某一特定理論模型的抽象與應用，而必然是由多個理論模型或分析工具交錯而成。因此，本文以兩岸認同為經、兩岸共識定位為緯，來建構分析兩岸關係的方法。

　　（一）兩岸認同：四層次分析法

　　本文所謂認同，是指主體對自己身分、角色、地位和關係的一

種定位，是主體對自己從屬於哪一群體的基本認知。在學界，認同已經成為分析兩岸關係比較通行的方法之一。曾有多位學者從政治認同、文化認同、國家認同等角度對兩岸關係進行分析。「臺獨」分子亦是在「國族認同」上作文章，意圖透過形成臺灣的所謂「國族認同」來構建「臺獨」的民意基礎。兩岸認同具有非穩定性特徵。作為認同主體的民眾對自己處於哪一群體的認知不是一成不變的，而是在不同場景中呈現出不同狀態。兩岸認同的非穩定性決定了認同的層次性，也為兩岸認同的類型化提供了依據。考察兩岸關係的歷史與現實，兩岸認同主要在政黨、政權、國家和民族四個層次發生，而兩岸認同也可因此類型化為政黨認同、政權認同、國家認同和民族認同四種。

政黨認同是指對主張某種特定意識型態和制度型態的政治體的認同。政黨認同之所以成立的一個根本假設在於：認同主體認同某一政黨的原因在於，支持該政黨所主張的意識型態及由此決定的制度型態。政黨的組織型態是特定意識型態和制度型態的物質載體，而政黨的組織型態與其主張的意識型態和社會型態具有相對獨立性，同一政黨所主張的意識型態和制度型態在不同歷史時期可能會有變化，不同政黨所主張的意識型態和制度型態又可能出現重疊，因而政黨認同具有交錯性和非穩定性特徵。為避免這種交錯性和非穩定性，我們從政黨認同中抽去組織型態的要素，而將其限定為對特定意識型態和制度型態的認同。在兩岸，這一意義的政黨認同主要有對自由主義、社會主義、三民主義的認同等。

政權認同是指對以特定根本法為基礎的政治體的認同，而不論該政治體及其所依據的根本法是否具有正當性，甚至是否真實存在。運用「政權」一詞的基礎在於對政權和國家兩個概念的釐清。由於政權在符號（如「中華民國」、「臺灣國」）和表現型態上均與國家有著緊密的聯繫，因此，政權與國家常被有意無意地混淆。本文認為，國家是主權、領土和人民的統一，國家的符號是歷史形

成的。而政權則是以其自認為具有正當性的根本法為基礎的政治體。儘管真實存在的政權也會管轄一定的領土和人民，甚至聲稱擁有主權，但這並不是對歷史傳統的延續，而是對現實狀態的描述或設想。因此，國家是一個兼具歷史和現實意義的範疇（如中國），而政權是一個僅具現實意義的範疇（如「中華民國」），甚至是一個沒有現實依據的觀念範疇（如所謂「臺灣國」、「臺灣共和國」、「中華民國第二共和」等）。政權認同是比政黨認同更加上位的概念，它並不關注某一個政權所採取的制度型態，也不關注在該政權中占據主導地位的意識型態，而只關注政權所表現出來的外在型態。它具體包括三個方面：其一，對特定政權符號的認同，如對「中華民國」的認同；其二，對該政權所依據的根本法、法律體系和官僚體系的認同，如對1946年「憲法」等的認同；其三，對政權賦予自身的身分和資格的認同，如認同「中華民國公民」的身分，使用「中華民國護照」等。

　　國家認同體現為對一種政治意義上的統一體的認同，在兩岸認同的譜系中，專指對中國或者「臺灣」的認同。國家認同比政權認同更加上位。它並不以特定根本法為基礎，並且也不明確究竟是對國家中哪個政權的認同，而只是對一定疆域、一種傳統和一個符號的認同。具體而言，對中國的認同是指對中國固有疆域、中華歷史文化傳統和「中國」這個符號的認同。而這種認同，既可能是對中華人民共和國，也可能是對「中華民國」的。兩岸在國家層次的認同方面，對於中國或「臺灣」的認同是非此即彼的關係，即要麼認同中國、不認同「臺灣」，要麼認同「臺灣」、不認同中國，而沒有其他選項。因此，在兩岸關係中，國家層次的認同，集中體現為是否認同「中國」這一國家歷史符號。

　　民族認同體現為對一個具有共同風俗、起源、語言、血緣和歷史記憶的民族的認同。受民族國家理論的影響，民族常被賦予政治學意義。然而，美國學者林茨等人認為，民族不具有組織性特徵，

僅僅擁有來自於民族成員的心理認同；國家可以將外在一致性（秩序）作為其存在的基礎，而民族則是一種「想像的共同體」的產物。據此，本文認為，民族和國家是一對二元化的結構，「民族」一詞不具有政治學上的意義，而僅具有社會學和人類學意義，相當於英語單詞「nation」，而不是需考慮「國籍性」（nationality）的「race」。民族認同是比國家認同更為上位的概念。本文暫不討論民族與國家之間是否存在對應關係，或者有什麼樣的對應關係，在兩岸認同的譜系中，民族認同專指對中華民族的認同，即中華民族認同。

（二）兩岸共識定位：三階段理論

兩岸問題的和平解決，必須以兩岸共識為基礎。由於兩岸關係的複雜性，兩岸只能分階段、有步驟地達成共識，在某個歷史時期或某個重要議題上甚至可能出現反覆和倒退。因此，如何在理論上對兩岸共識進行定位，並形成一套行之有效的兩岸共識定位理論，將對分析兩岸關係的現狀、前景等具有重大的理論和實踐意義。本文將借鑑美國政治哲學家羅爾斯在《政治自由主義》中的有關論述，提出關於兩岸共識定位的三階段理論。

羅爾斯在《政治自由主義》中認為，各種關於自由主義的完備性理論（comprehensive doctrines）之間都存在對立或衝突，因而相互之間無法完全認可，「在這樣的社會裡，一種合乎理性的完備性學說無法確保社會統一的基礎，也無法提供有關根本政治問題的公共理性內容」。為此，羅爾斯提出了「各種合乎理性的完備性學說達成重疊共識（overlapping consensus）的理念」，並提出了實現重疊共識的兩個步驟：從臨時協議（modus vivendi）到憲法共識（constitutional consensus）和從憲法共識到重疊共識。

臨時協議是達成重疊共識的第一階段。根據羅爾斯的論述，臨時協議的典型用法是兩個或多個勢力集團因為一時的共同利益所約

定的互動行為法則。協商簽訂臨時協議的每一個集團,都會明智而謹慎地弄清楚他們所提出的這一協議,代表著一個平衡點。羅爾斯認為,臨時協議具有一定的穩定作用。但是,這種穩定性建立在簽訂各方的利益平衡基礎上。因此,由臨時協議所構建的社會統一只是表面性的,一如社會的穩定性只是偶然的,有賴於那種不去推翻僥倖的利益集中的條件環境。三階段的第二階段是憲法共識。羅爾斯將憲法共識作為從臨時協議向重疊共識的過渡。他認為,憲法滿足了某些自由原則,但它們僅僅是作為原則而為人們所接受,而不是作為具有政治觀念的社會和個人之理念根據的原則、更不是作為一種共享的公共觀念,而為人們所接受。憲法共識的貢獻在於,為緩和政治對峙,確立了各種民主的選舉程序和某些基本政治權利。可以說,憲法共識的目的是為實現各種完備性學說的重疊,提供必要的空間和程序。羅爾斯認為,一種穩定的憲法共識有三項要求:其一,最終確定某些政治基本權利和自由的內容,並賦予它們以優先性;其二,對憲法共識所採取的措施和制度應運用自由原則進行充分論證;其三,突出合作美德的作用。當臨時協議階段的簡單多元向理性多元轉變後,憲法共識即告完成。三階段的最後一個階段就是重疊共識。重疊共識是在承認多元共存意義上的共識。它既允許一定程度上的多元共存,又強調共存狀態的各種完備性學說具有一定的價值認同。根據羅爾斯的論述,他所指的重疊共識,其實就是一種多元背景下的認同觀;重疊共識的形成過程,也是從「不同」到「認同」、而不是到「相同」的過程。如果我們對羅爾斯的上述理論加以改造,那麼完全可以得出分析兩岸共識定位的三階段理論。

第一階段是臨時協議,可以理解為兩岸在各種因素(包括外力因素)導致的均勢下,透過認可某一平衡點而達成的協議。臨時協議的目的在於,透過對某種平衡點的認可,維持兩岸的穩定。然而,建立在臨時協議上的穩定是一種表面的、偶然的穩定,兩岸中

任何一方以及外力的干擾，都會打破這一平衡。因此，臨時協議及其所形成的平衡，不應成為兩岸關係的常態。但是，臨時協議的形成又是達成憲法共識的必要步驟。其意義主要有二：其一，兩岸可以透過尋找平衡點進行充分探討和相互試探，臨時協議所認可的平衡點，將為達成憲法共識提供重要的參考；其二，臨時協議所形成的穩定狀態，將減少兩岸之間的政治對峙，從而為兩岸達成憲法共識提供良好的環境和條件，也有利於兩岸就關鍵問題進行充分協商。

根據羅爾斯的論述，完備性學說達成重疊共識的第二階段是憲法共識。但是，運用「憲法共識」定位兩岸共識有兩點不妥之處：其一，憲法是一國的根本大法，以制憲權的運用為根據，臺灣（或「中華民國」）不是一個主權國家，更無「制憲權」可言，因而使用「憲法共識」一詞在法理上不通；其二，羅爾斯用「憲法共識」一詞，其原意是透過憲法將各種民主的選舉程序和某些基本政治權利確定下來，而和平協議的主要內容並不在選舉程序和政治權利，因此，「憲法共識」一詞並不準確。基於以上兩點考慮，本文用「法理共識」一詞代替「憲法共識」，以更為準確地描述這一階段兩岸共識的特徵和性質。法理共識可以理解為兩岸在某種共同認同基礎上形成的制度安排。法理共識的目的是將兩岸的穩定狀態常態化、制度化，並為兩岸達成重疊共識進行制度上的準備。與臨時協議一樣，法理共識也會為兩岸帶來一個比較穩定的狀態。但是，與建立在臨時協議上的穩定不同，法理共識所形成的穩定狀態是一種實質性、非偶然性、制度化的穩定，因而是一種長期的穩定狀態。如果考慮到兩岸達成重疊共識的長期性和艱巨性，那麼由法理共識所形成的穩定狀態，有可能在相當長的時期內成為兩岸關係的常態。

第三階段是重疊共識，這是兩岸在統一問題上所形成的共識，可以理解為兩岸關係發展的目標。由於兩岸關係的特殊性，所以重

疊共識預設底線，但不預設結果。所謂預設底線，即兩岸之間的重疊共識以「一個中國」為底線，任何否定一個中國、意圖製造「臺灣獨立」的行為都不允許。所謂不預設結果，即兩岸重疊共識的內容，在底線所容許的範圍內完全開放，兩岸可以將各自的立場、觀點和態度，經由法理共識所形成的制度渠道，進行充分交流和協商，進而在共同認同的基礎上，確定最終的統一方案。同前兩個階段一樣，重疊共識也會為兩岸帶來穩定狀態，而此穩定狀態便是兩岸以一定形式表現出來的統一狀態。

需要指出的是，從理論上而言，臨時協議、法理共識和重疊共識的劃分只是相對的，如同在一個結構中一個共識可能是重疊共識，而在另一個結構中則是臨時協議或法理共識，其他亦然。但從兩岸關係的整體著眼，臨時協議、法理共識和重疊共識的次序和含義則是相對固定的，這也為我們討論兩岸共識的性質提供了可能。

（三）兩個理論工具的運用

運用兩岸認同和兩岸共識定位這兩個理論工具，分析兩岸在歷史和現實中的兩岸政策，有助於我們梳理兩岸關係發展的歷史軌跡，辨明兩岸關係的發展現狀及發展前景。而在將這些理論工具運用於實踐時，有兩點需要說明：

其一，這兩個理論工具在現實中適用的領域有所不同。以1992年兩岸達成「九二共識」為界，兩岸關係可以分為「獨白」時期和「共識-獨白」時期：前者是指兩岸之間互不往來，而是以「獨白」形式，單方面宣告各自的兩岸政策；後者是指兩岸之間開始交流，並逐漸發展交流的規模、層次和領域，兩岸之間也不再單純以「政策獨白」為主，而是有了一定的共識。正基於此，所以兩岸認同的分析對象，是兩岸以「獨白」形式表現出來的兩岸政策，其研究的時間覆蓋了1992年前的「獨白」時期和1992年後的「共識-獨白」時期；而兩岸共識定位的分析對象，則是兩岸以共識形式表現

出來的兩岸政策,其研究的時間僅覆蓋「共識—獨白」時期。

其二,從理論上而言,對兩岸共識性質的分析,包括共同的兩岸認同和性質定位兩個方面。其中共同的兩岸認同是基礎,因為如果兩岸之間無法在認同問題上達成一致,根本不可能形成共識;而兩岸共識是核心,因為對兩岸共識的定位,代表著兩岸關係的現實狀態,並可昭示兩岸關係的未來前景。因此,對於兩岸之間特定共識的性質,一定表述為「A基礎上的B」,其中A表示某一層次的兩岸認同,而B表示某一階段的兩岸共識。然而,兩岸認同的四個層次和兩岸共識定位的三個階段,共可以排出十二對組合。那麼,和平協議的A和B究竟是什麼呢?這就需要我們在回溯歷史、立足現實和展望未來的基礎上加以釐清。

二、中華民族認同是和平協議的現實基礎

兩岸之間取得一致認同是兩岸簽訂和平協議的基礎。而兩岸以哪一層次的認同為基礎協商簽訂和平協議,將決定和平協議是否簽得成、誰去簽、簽了以後怎麼辦等重大問題。透過梳理兩岸在「獨白」時期、「獨白-共識」時期對認同問題的基本態度及其變化,本文認為,兩岸在政黨、政權和國家等層次的認同上,均有較大分歧,短時間內難以取得一致。然而在民族層次上形成共識,則是簽訂和平協議最為現實的選擇。

(一)「獨白」時期的兩岸認同

1949年,中國人民在中國共產黨領導下取得了國內解放戰爭的勝利,建立了國號為中華人民共和國的政權,並制定了社會主義性質的憲法。而國民黨則退居臺灣一隅,保持「中華民國」的「國號」和1946年「憲法」。在相當長的歷史時期裡,兩岸一直處於互不往來的對峙狀態,兩岸政策也都以「獨白」形式體現。以1979年

全國人大常委會發表《告臺灣同胞書》為界，「獨白」時期可以分為兩個階段。

第一階段為1949年至1979年。在此階段，臺灣問題不僅在源流上是國共內戰的延續，而且在兩岸各自的政策主張和行為方式上，也體現為共產黨和國民黨兩黨之間，以及兩黨所代表的意識型態和制度型態之間的對立。兩岸均以各自的政黨認同為基礎，制定兩岸政策。具體表現為：其一，兩岸均視對方為「偽政權」和「叛亂團體」（「匪」），主張自己是中國的唯一代表，在國際上完全不兼容，採取絕對的「有他無我」、「漢賊不兩立」等政策；其二，兩岸之間互不往來，並長期處於軍事對峙狀態；其三，兩岸在意識型態上高度對立，大陸主張社會主義，而臺灣在國民黨執政條件下主張三民主義；其四，兩岸均認為自己的管轄範圍及於對方，並以各自的方式予以體現，如大陸在全國人民代表大會中設有臺灣省代表團，臺灣則使在大陸產生的民意代表長期留任，形成所謂「萬年國大」現象，並保留如「新疆省」和「蒙藏委員會」等單位；其五，大陸方面以「解放臺灣」為其兩岸政策主旋律，而臺灣則以「反共復國」為基本方針。

第二階段為1979年至1992年。在此階段，大陸發表《告臺灣同胞書》、「葉九條」和「鄧六條」等處理臺灣問題的方針政策，並以此為基礎，形成新的大陸兩岸政策框架，其核心就是「一國兩制」思想。第二階段的大陸兩岸政策主要包括：其一，世界上只有一個中國，即中華人民共和國；其二，中華人民共和國政府是代表中國的唯一合法政府；其三，臺灣作為中華人民共和國的一個地方政府，可以享有廣泛的自治權，可以保持資本主義制度和生活方式。可見，在此階段，大陸已經改變政黨認同的立場，轉向了政權認同。與政黨認同相比，建立在政權認同基礎上的「一國兩制」，淡化了意識型態色彩，在兩岸關係上採取了比較務實的政策。

臺灣在認同問題上這一階段也出現了與大陸相類似的變化，但並未形成如「一國兩制」那樣明確的思想，而是在政黨認同的包裝下表現出來。臺灣第二階段的兩岸政策，集中體現為「三民主義統一中國」。當時的臺灣領導人認為，「三民主義統一中國」是使中國成為自由、和平、強大的現代化國家的「唯一可行的道路」，而臺灣「已經為此作好了實驗和準備」。在「三民主義統一中國」口號的指導下，臺灣逐漸將重點移向臺灣。雖堅持「中華民國」的稱號，但對中共的稱呼已從「共匪」改為「中共」，也不再以「匪區」、「淪陷區」等稱呼大陸。同時，臺灣有限度地淡化意識型態色彩，修改原來的「漢賊不兩立」政策，提出了統一上的「差距縮小論」，即只要大陸和臺灣「在政治、社會、經濟、文化等方面的差距不斷縮小，中國和平統一的條件自然會漸趨成熟」。可以說，在「三民主義統一中國」的口號下，臺灣對中華人民共和國採取了某種意義上的默許態度，並且承認兩岸分離的現狀。然而，臺灣仍未放棄「三民主義」的主張，意圖以特定意識型態作為統一中國的前提和工具。因此，這一時期臺灣的兩岸政策雖然也有政權認同的萌芽，但並未拋棄政黨認同的思維，而且在後者指導下形成的「三不政策」（「不接觸、不談判、不妥協」），給兩岸關係帶來了諸多障礙。

值得注意的是，雖然在此階段臺灣出現了「臺獨」活動，但「兩個中國」或「一中一臺」並未成為主流，對兩岸關係大局也未產生大的影響。因此，在「獨白」時期，儘管兩岸在政黨和政權兩個層次上的認同有所不同，但在國家認同（對「中國」的認同）和民族認同（對中華民族的認同）上則是一致的。正是在這種一致基礎上，兩岸於1992年達成了具有歷史意義的「九二共識」，兩岸也由此進入「共識-獨白」時期。

（二）「共識-獨白」時期

1987年，臺灣開放臺灣居民赴大陸探親，兩岸結束了互不往來的歷史。但真正使兩岸從「獨白」時期進入「共識-獨白」時期的轉折點是「九二共識」。

　　「九二共識」的形成過程已為學界所公知，無須本文贅述。惟須詳加說明的是對「九二共識」性質的分析，因而這裡我們討論「九二共識」中的兩岸認同問題。「九二共識」的表述，有大陸和臺灣兩個版本：大陸方面表述為「海峽兩岸都堅持一個中國的原則，努力謀求國家的統一，但在海峽兩岸事務性商談中，不涉及『一個中國』的政治涵義」；臺灣方面表述為「在海峽兩岸共同努力謀求國家統一的過程中，雖均堅持一個中國的原則，但對於『一個中國』的涵義，認知各有不同」。儘管兩岸對「九二共識」的表述有所不同，但大陸和臺灣均以此為基礎，形成了共同的兩岸認同：其一，兩岸都承認隔海分離的狀態，並且均以「國家的統一」作為目標，均未涉及意識型態上的爭議，因此，「九二共識」的基礎不是政黨認同；其二，兩岸都指出「堅持一個中國原則」，體現了兩岸在國家認同方面的一致性；其三，儘管臺灣方面提到了對「一個中國」涵義的認知問題，但兩岸至少都持不涉及「一個中國」政治涵義的態度，這就實際上次避了「誰是中國」的敏感議題，並因而沒有刻意尋求政權層次的共同認同。綜上所述，本文認為，「九二共識」的基礎是對「中國」的國家認同。

　　「九二共識」簽訂後，兩岸局勢發生了深刻變化：一方面，兩岸結束了隔絕對立狀態，經貿、文化和人員交流不斷擴大和升級；另一方面，臺灣出現所謂「民主轉型」，「臺獨」勢力借「民主化」和「本土化」浪潮逐漸坐大。在此背景下，大陸和臺灣在兩岸政策上均有較大幅度的調整。

　　在大陸方面，兩岸政策的認同基礎，逐漸從政權層次轉向國家層次，並開始探索民族層次的認同。其主要方式是不斷擴充「一個

中國」的含義，使之更加具有包容性。1998年1月，錢其琛同志將一個中國原則表述為「堅持世界上只有一個中國，臺灣是中國的一部分，中國的主權和領土完整不能分割」。用抽象性更大、包容性更強的「中國」替代了「中華人民共和國」，從而將認同的層次從政權提升至國家。但是，「臺灣是中國的一部分」的表述，還是暗含有以大陸為主體的觀念，因而此時大陸的兩岸政策，仍帶有政權認同的痕跡。2002年11月，中共十六大報告正式使用「世界上只有一個中國，大陸和臺灣同屬一個中國，中國的主權和領土完整不容分割」的表述，這就將前一表述中的政權認同痕跡徹底去除，從而正式確立了以國家認同為基礎的兩岸政策。2005年3月，大陸透過了無「中華人民共和國」前綴的《反分裂國家法》，以法律的形式將「大陸和臺灣同屬一個中國」的事實確定下來，代表著政權認同的進一步淡化。2007年10月，胡錦濤同志在中共十七大報告中，除繼續肯定「大陸和臺灣同屬一個中國」的提法外，還首次提出「中國是兩岸同胞的共同家園，兩岸同胞理應攜手維護好、建設好我們的共同家園」（「家園論」）、「十三億大陸同胞和兩千三百萬臺灣同胞是血脈相連的命運共同體」（「命運共同體論」），並將臺灣問題提到了「維護中華民族根本利益」的高度。「家園論」和「命運共同體論」，淡化了「中國」的國家符號意義，但卻更加突顯了其民族符號的意義。由中共十七大報告透露出的訊息可知，大陸已經開始在民族層次構建認同。當然，民族認同的構建，並不表示對國家認同的否定，兩者事實上可以並行不悖。

在臺灣方面，其兩岸政策在政黨、政權和國家三個層次的認同上，均出現了較大變化。其一，三民主義被自由、民主等普適性價值所取代，新的政黨認同得以形成。1988年國民黨「十三全」正式提出，兩岸要在「民主、自由、均富」的基礎上實現統一，從而消解了三民主義意識型態。其後，在結社自由、言論自由的名義下，包括「臺獨」和共產主義在內的意識型態被解凍，「國父遺教」、

三民主義等原來在臺灣居於支配地位的意識型態被降格，自由、民主等普適性價值因而代替三民主義，成為與大陸社會主義相對抗的意識型態，新的政黨認同也在這一過程中逐漸形成。其二，臺灣完成了「中華民國臺灣化」的改造，政權認同的基礎不復存在。1990年後，臺灣有人開始解構「中華民國」聲稱對大陸享有的統治權，臺灣領導人亦將「中華民國到臺灣」先後修改為「中華民國在臺灣」和「中華民國就是臺灣」。同時，臺灣積極推動所謂「憲政改革」，採取了確認「自由地區」地位、直選「民意代表」和「總統」、「精簡」臺灣省級建制、建立「公投」制度、承認臺灣少數民族的「憲法」地位和權利等措施，在根本法的層面實現了「中華民國臺灣化」。隨之發生的，就是政權認同的徹底消亡。其三，臺灣的國家認同，經歷了從裂變到變異的過程。在政黨認同出現新變化和政權認同徹底消亡後，臺灣在國家認同層次也發生了變化。以民進黨的「臺獨黨綱」為代表，臺灣民眾在國家認同層次發生了裂變：即從原來對「中國」符號的一致肯認，轉變為一部分民眾認同「中國」符號、另一部分民眾認同「臺灣」符號的分裂局面。2000年後，由「臺獨」分子控制的臺灣，又加速了這一分裂局面的變異。2008年前後發生的「入聯公投」，在相當程度上代表著一部分臺灣民眾試圖突破「中國」符號的意願。

就客觀情況而言，上述三個層次的認同，在臺灣的社會基礎已經比較穩定，但這並不意味著臺灣已經走入「獨立」的死胡同。2008年5月20日，馬英九在就職演說中提出的「兩岸人民同屬中華民族」的「同屬論」，為當前的兩岸認同提供了一個新的契機。

（三）和平協議的認同選擇：中華民族認同

什麼是兩岸取得共同認同的關鍵？這是和平協議認同選擇面臨的第一個問題。從上述歷史脈絡和現實狀態可以看出，大陸和臺灣的兩岸政策，在認同問題上有著截然不同的特點：對大陸而言，追

求國家統一是政府、民眾的一致願望，兩岸政策也是圍繞統一而展開，因此，大陸兩岸政策在認同問題上的基本特徵是一元性；與此相比，臺灣的兩岸政策，在認同問題上則呈現出多元性特徵，即在認同多元化的背景下，臺灣的兩岸政策中，既有部分「臺獨」的因素，也有部分「中華民國」的因素，甚至還有部分考慮「中華民國」對大陸在名義上的「統治權」的因素。由於大陸的態度相對固定，因而兩岸之間形成共同認同的關鍵，就轉變為先在臺灣內部形成共同認同的問題，即先有臺灣內部的共同認同，才會有兩岸之間的共同認同。

　　觀察臺灣現狀，我們認為，中華民族認同是目前各黨各派最有可能形成共識的層次。其一，儘管政黨認同在臺灣仍有相當的影響力，但就總體而言，政黨認同不是兩岸取得共同認同的主流。馬英九在就職演說中認為，「兩岸問題最終解決的關鍵不在主權爭議，而在生活方式與核心價值」。而臺灣也有一部分人以「民主、人權」狀況為由攻擊大陸，將此作為兩岸不能統一的理由。但是，這些觀點在臺灣也僅是一家之言，而且多數「臺獨」分子的「臺獨」論證脈絡，也並不是從意識型態角度著眼。從此意義而言，意識型態或許可能成為「臺獨」分子主張「臺獨」的理由，但絕不會成為他們贊同統一的原因。況且，大陸在提出「一國兩制」後，已經明確改變了在政黨層次尋求共同認同的態度，因此對大陸再提政黨認同毫無意義。其二，「中華民國」已淪為生存策略，難以造成政權認同的作用。在臺灣，不少人都持這樣一種觀點，即「我們」（或者直接說「臺灣」）是一個「國家」，依據「憲法」，它的名字是「中華民國」。持這一被稱為「B型臺獨」觀點的人，未必都是「臺獨」分子，這其中也包括一部分支持統一的民眾。之所以會出現將同一句式為統「獨」兩方面所共同使用的情況，是因為這裡的「中華民國」，已經不再是「中國」的一個政權符號，而已經淪為一種生存策略。有學者更為透徹地指出，「中華民國」已死，只有

「中華民國憲法」一息尚存。喪失了政權意義的「中華民國」符號，在臺灣已難以擔當作為共同認同基礎的重任。其三，國家認同在臺灣難以獲得一致的認同。由於在兩岸關係的框架內，對「臺灣」符號的認同沒有任何意義，因而臺灣內部要在國家層面獲得的共同認同，只能是對「中國」的認同。然而，如果說經由「B型臺獨」的表達，統「獨」雙方就「中華民國」尚能達成共識，那麼對去除了政權痕跡的「中國」符號，則很難獲得一致認同。

　　由此觀之，中華民族認同已成為臺灣內部最後也是最為現實的選擇。在臺灣臺灣，「臺獨」分子雖極力推行所謂「去中國化」運動，但卻去不了「中華民族」。如果說「中國」作為國家符號，可能成為「去中國化」的對象，那麼，「中華民族」這一民族符號不僅去不掉，反而可能被用作國家符號的替代品。因此，臺灣內部形成中華民族認同是完全可能的。馬英九提出的「同屬論」，也有力地證明了這一點。不僅如此，中華民族認同，也是兩岸最具現實性的選擇。其一，兩岸之間在民族層次上的認同，有著比較成熟的政策基礎。如中共十七大報告提出的「家園論」和「命運共同體論」，與馬英九主張的「同屬論」，有著異曲同工之處。這一點，即便是「臺獨」分子也無法完全否認；其二，中華民族認同是兩岸認同的四個層次中，最不具政治意味的一個，因而有利於兩岸在簽訂和平協議過程中迴避敏感的政治問題；其三，中華民族認同的感召力，在兩岸認同的四個層次中是最大的，它以兩岸共同的風俗、語言、血緣和歷史記憶等因素為紐帶，有力地將兩岸人民聯繫起來，從而為簽訂和平協議奠定民意基礎；其四，中華民族認同具有較強的包容力，可包容兩岸民眾對政黨、政權和國家的各種不同認知，足以為兩岸政治、經濟、文化、社會、軍事乃至國際事務的交流和合作提供緩衝和發展空間。

三、法理共識是和平協議的歷史定位

臺灣的國家認同分裂，使臺灣問題的性質發生了變化：不僅臺灣方面的思考重心從「復國」轉向「建國」，大陸方面也逐漸「將臺灣問題從一個本國內戰的政治問題，重新定位為全民族興亡的問題」。在此背景下，臺灣問題的性質也從「統一問題」變成了「兩岸問題」。尤其在「九二共識」達成後，雙方在事實上承認對方在各自轄區內的統治權，於是，「獨白」為「共識」所取代。因此，和平協議只能是兩岸在充分交流、協商後，以某種形式體現出來的共識，而不可能是任何一方的「獨白」。本部分要解決的問題，就是如何對這種共識進行定位。

（一）「九二共識」的定位

至今為止，大陸和臺灣已經在多方面達成共識。這些共識可分為兩類：第一類共識是指解決具體事務的共識，如《兩岸公證書使用查證協議》、《兩岸直航協議》等；第二類共識是指解決兩岸相互之間交往的基礎性共識，這類共識一般用於兩岸之間基本關係的定位，其目的是為兩岸的具體事務性交往提供政治基礎。目前，兩岸之間可歸為第二類共識的，只有「九二共識」一項。因此，分析「九二共識」的定位，對於確定和平協議的定位，具有直接的啟示意義。

對於兩岸共識定位的分析，不僅要解讀該共識的具體內容，而且還要評估其形成的歷史背景和現實影響。從這兩方面考察，本文認為，「九二共識」是一項臨時協議。首先，「九二共識」以兩岸當時都能接受的「中國」作為兩岸達成共識的平衡點，是雙方為了處理事務性問題所形成的共識。其次，兩岸達成「九二共識」的原初目的非常單純，即為兩岸進行事務性商談消除政治障礙。除此以外，「九二共識」既沒有關於兩岸進一步協商和溝通的制度安排，也沒有將兩岸當時狀態常態化的政治目的。再次，「九二共識」所形成的穩定狀態十分脆弱，在實踐中也被多次破壞。如臺灣在「九

二共識」簽訂的同時，就提出了「一國兩府」、「一國兩區」等主張，並最終演變為「兩國論」；而陳水扁執政時期，一個中國原則更是被臺灣公開否認。這些都嚴重破壞了「九二共識」所形成的穩定狀態。最後，兩岸對「九二共識」的理解也不盡相同。大陸方面曾長期堅持「九二共識」的精神，是堅持一個中國原則；而臺灣方面則認為「九二共識」的精神，是「一個中國、各自表述」，甚至還有人曾懷疑是否有「九二共識」存在。

結合前面的論述，本文認為，「九二共識」的性質是中國國家認同基礎上的臨時協議。其平衡點是「一個中國」，其營造的穩定狀態，不論在理論上還是在現實中，都是不穩定的。但是，不能因此而抹殺「九二共識」的歷史貢獻：其一，「九二共識」所形成的兩岸穩定狀態雖然是表面的、偶然的，但它在客觀上緩和了兩岸之間的對峙狀態，為兩岸的事務性交流鋪平了道路；其二，「九二共識」肯定了一個中國原則，為兩岸進行深入協商奠定了基礎；其三，「九二共識」為兩岸達成進一步共識提供了良好的範例，也正是以「九二共識」為代表，兩岸進入「共識-獨白」時期。

在此值得探討的問題是：「九二共識」能否發展成為法理共識？我們認為，由於「九二共識」的形成有著特定歷史背景，因而它雖然是兩岸當前在國家認同層次能夠獲得的最大共識，但它發展成為法理共識的可能性極小。究其原因有三：其一，「九二共識」已經最大限度地描述了兩岸分治的現實，在雙方都有根本法（不考慮該根本法是否具有正當性或為對方所承認）的情況下，實現進一步整合的可能性相當小；其二，「九二共識」只是對現狀的原則性肯定，缺乏發展空間，難以適應兩岸關係的深入發展；其三，「九二共識」保留了「一個中國」，與臺灣目前高度扭曲且分裂的國族認同局面不符。

（二）兩岸共識形式的多樣化

「九二共識」簽訂後，兩岸官方之間雖然沒有形成新的第二類共識，但兩岸之間就相互之間的關係定位等基礎性問題仍有交流，或心照不宣地各自進行調整。因此，在大陸和臺灣反「臺獨」人士的共同努力下，兩岸形成了多樣化的共識，體現為黨際共識和兩岸之間一些「獨白」的暗合。前者包括中國共產黨和臺灣泛藍各黨之間的共識等，後者則以兩岸法制為典型代表。

第一，黨際共識的形成。黨際共識是指2000年後，在大陸執政的中國共產黨和臺灣的各黨派形成的共識。這是因為2000年後，臺灣實現了政黨輪替，這樣，政黨的兩岸政策及其與中國共產黨的黨際共識，就不再具有官方意義。2000年後，與中國共產黨形成共識的臺灣政黨主要是泛藍陣營的國民黨、親民黨和新黨。其中以2005年胡錦濤同志與連戰先生會見時形成的五項共識、2008年胡錦濤同志和連戰先生、蕭萬長先生、吳伯雄先生等人提出的「十六字方針」和「十六字箴言」最具代表性。2005年4月，胡錦濤同志和連戰先生達成堅持「九二共識」、反對「臺獨」、謀求臺海和平穩定、促進兩岸關係發展和維護兩岸同胞利益五項共識。這五項共識後被列入國民黨黨綱，成為國民黨兩岸政策的一部分。2008年4月13日，蕭萬長先生訪問大陸時，提出「正視現實、開創未來，擱置爭議，追求雙贏」的「十六字箴言」，並為馬英九在就職演說中所肯定。同年4月29日，胡錦濤同志又在與連戰先生的會談中，提出了「建立互信、擱置爭議、求同存異，共創雙贏」的「十六字方針」。兩個「十六字」是兩黨的黨際共識，也是兩黨對未來兩岸關係發展的新願景。其體現的主要精神有二：其一，兩黨對現實都採取了「不爭論」的態度，在一定程度上緩解了兩岸在認同問題上的緊張關係；其二，兩黨對未來都提出了「雙贏」目標，對兩岸關係的發展前景作了合理的預期。由於國民黨在臺灣目前處於執政黨地位，因此，上述兩個黨際共識，也將在相當程度上對臺灣制定兩岸政策產生影響。

第二，兩岸法制的暗合。大陸和臺灣長期以來都是透過政策處理兩岸事務。1990年後，臺灣率先制定「臺灣與大陸地區人民關係條例」（「兩岸人民關係條例」），並以此為基礎，形成了臺灣版的「兩岸法制」。相對而言，大陸的兩岸法制建設滯後於臺灣，政學各界曾長期將臺灣問題視為政治問題，對法律在解決兩岸關係中的重要作用重視不夠。2005年3月，全國人大透過《反分裂國家法》後，大陸版的兩岸法制才初步形成。儘管大陸和臺灣的「兩岸法制」在內容上有所不同，但也具有一些共性：其一，都以法律形式確認了兩岸分治的現實；其二，都規定了兩岸各層面交流的基本原則和行為規範；其三，都為未來的兩岸發展預留了制度空間，等等。由於大陸和臺灣在各自形成「兩岸法制」時，並未進行任何溝通和協調，因而相互之間仍能產生如此多的共性，的確極為不易。這一方面是因為兩岸民眾基於血緣關係、民族感情、經濟利益以及其他原因，要求兩岸之間建立穩定、高效的交流渠道，因而兩岸法制順應這一要求，以制度形式肯定並保障兩岸民眾之間的交流和往來；另一方面則是源於雙方在政治、經濟和社會等諸方面有著共同的利益，因而需要一個穩定的兩岸關係發展這些共同利益，而兩岸法制則為穩定和發展兩岸關係提供了制度保障。雖然兩岸法制不具共識形式，但也表明了兩岸在繼續擴大交流等方面，具有一致的願望和需求，代表著兩岸在「中國」國家符號之外，仍能基於現實利益找到其他新的平衡點。更為重要的是，兩岸法制為兩岸關係的發展，形成了一些行之有效的制度，對於和平協議具有極為重要的參考作用。

當然，上述多樣化的共識，並不是兩岸在充分溝通和協商基礎上的產物。其中的一部分是兩岸在黨際交流層次所形成的共識，既沒有成為臺灣官方正式的兩岸政策，也不一定獲得民眾的普遍認同。而另一部分則由兩岸各自單獨制定，只不過在內容、目的和效果上有所重疊而已。所以，這些多樣化的共識，與正式的兩岸共識

尚有相當距離。但是，這些多樣化的共識，也表明了大陸和臺灣在兩岸關係發展上的基本態度和主要觀點，其中一些內容將成為和平協議的一部分，或者為和平協議提供參考。因此，上述多樣化的共識，是兩岸共識從臨時協議向法理共識過渡的必要環節和重要步驟。

（三）和平協議的定位選擇：法理共識

簽訂和平協議的目的，即兩岸希望透過簽訂和平協議所形成的狀態，是決定和平協議定位的關鍵。根據中共十七大報告的有關論述，和平協議的目的是為了正式結束兩岸敵對狀態，構建兩岸關係和平發展框架，開創兩岸關係和平發展新局面。可以預見，和平協議簽訂後，兩岸將在政治、經濟、文化、社會和軍事等諸方面建立互信，形成兩岸關係的正常化狀態，從而有力地促進兩岸關係和平發展。正因如此，所以和平協議帶來的兩岸關係是一種比較穩定的狀態，足以為兩岸在相當長一段時期內的正常發展和交流奠定基礎。而臨時協議卻不具備這些條件。如前所述，臨時協議建立在脆弱的平衡基礎上，所形成的是一種表面的、偶然的穩定狀態。臨時協議中任何一方的背信行為，都將動搖臨時協議及其所形成的穩定狀態。因此，兩岸關係若要長期穩定地維繫下去，就不能僅僅依靠一種臨時協議的方式來運作其制度。以作為臨時協議的「九二共識」為例，由於其基礎是兩岸之間在國家層次的認同，因而在臺灣發生國家認同的裂變後，不僅不能對兩岸關係造成穩定作用，而且連自身存在與否都曾受到懷疑，更遑論以之為依據形成的穩定狀態了。因此，和平協議不能定位為臨時協議。此外，和平協議還沒有達到重疊共識的程度。前文已述，重疊共識就是兩岸以一定形式體現出來的統一狀態。簽訂和平協議只能實現並保障兩岸關係正常化，而兩岸關係正常化只是兩岸從對立向統一發展的一個過渡階段，而不是兩岸關係發展的終點。因此，兩岸應在和平協議的框架內繼續推進兩岸關係，而不是就此停步不前。

因此，本文認為，和平協議不是臨時協議，也不是重疊共識，而是一種法理共識。法理共識形成的是一種留有發展空間的穩定狀態。在一定歷史條件下，則可能成為兩岸關係的常態。從簽訂和平協議的目的來看，其完全符合法理共識的特徵：其一，如前所述，和平協議的基礎是兩岸在民族層次的認同，這是能在相當長的一段時期內保持穩定的平衡點，因而足以為和平協議提供有力的支撐；其二，和平協議所要營造的不是形式上的、偶然的穩定，而是結束兩岸敵對狀態，實現兩岸關係正常化和和平發展的狀態，在兩岸統一之前，這一狀態將成為兩岸關係的常態；其三，和平協議為構建兩岸關係和平發展框架奠定了基本原則和制度主幹，將為兩岸關係正常化和和平發展提供制度保障。

當然，達到一種穩定的法理共識需要滿足一些基本要求。因此，和平協議要成為穩定的法理共識，至少應該包括三項內容。其一，確定兩岸關係中某些最為關鍵的原則，並賦予其優先性，包括堅持中華民族認同、正式結束兩岸敵對狀態、肯定兩岸關係和平發展的前景、維護臺海地區和平穩定、維護兩岸同胞的民生福祉等。其二，法理共識既不深刻，也不廣泛，它範圍狹窄，不包括基本結構，而只包括制度和程序，可以說，法理共識的精髓是制度和程序。和平協議在確認一系列重要原則之外，還需形成保障這些原則貫徹落實的制度和程序，包括形成兩岸關係和平發展框架的制度主幹，奠定建立和平協議的執行機制和監督機制，為兩岸關係正常化和和平發展提供制度保障。其三，為兩岸交流和合作提供制度渠道，促使兩岸之間發揮中華民族互助、互愛的傳統，發揚合作美德，形成合力，共同促進兩岸關係和平發展。

而和平協議一旦簽訂，那就表明大陸和臺灣之間形成了法理共識，因而兩岸任何認同「中華民族」的政黨、社會團體和人士，都可以進入和平協議所規定的制度渠道，討論兩岸關係的前景，並以此為基礎，呼籲其他群體（如連「中華民族」也不認同的極端「臺

獨」分子），超越其狹隘觀點，共同參與到兩岸關係和平發展的大勢中來，並不斷擴大共識的深度和廣度，從而最終形成兩岸之間的重疊共識，實現祖國的完全統一。

四、結語

至此，本文運用兩岸認同和兩岸共識定位兩個理論工具，在對兩岸關係的歷史脈絡、現實狀況和未來前景進行分析和解讀的基礎上，明確了和平協議的性質，即中華民族認同基礎上的法理共識。我們相信，對和平協議性質的確認，將有助於有關和平協議的理論研究和實踐推進。當然，本文對和平協議性質的明確，僅僅是完成了「和平協議是什麼」這樣一個基礎性工作，而且對兩岸認同和兩岸共識定位這兩個理論工具的建構和使用還比較粗淺。至於和平協議怎麼簽、誰去簽、簽什麼，以及簽了以後怎麼辦等重大理論問題，還需進一步深入研究。

論海峽兩岸和平協議的基本原則

簽訂海峽兩岸和平協議（以下簡稱和平協議），是構建兩岸關係和平發展框架的關鍵步驟。和平協議的基本原則，是制定和實施和平協議過程中必須遵循的最基本的準則，是貫穿和平協議制定和實施的基本精神。在簽訂和平協議之意義已為兩岸所公知的情況下，探討和平協議的基本原則，提出兩岸均可接受的理論方案，是和平協議問題研究的一項重要課題。兩岸關係複雜和敏感，其中不僅有歷史遺留的問題與情結，也有現實所帶來的衝突與糾葛。確定和平協議的基本原則，實際上是對兩岸關係的一種「總梳理」，在此基礎上建構起理論框架，藉助理論的解釋力與預測力，對和平協

議的若干細部問題作出合適安排。本文作者曾經在多篇文章中對和平協議的性質、兩岸關係和平發展框架的內涵、大陸和臺灣政治關係定位進行過探討。這些探討為本文探討和平協議的基本原則奠定了理論基礎。延續上述研究成果的思路，本文認為，和平協議的基本原則主要有兩岸原則、功能原則和制度原則。

一、和平協議基本原則的釋出

2007年，中共十七大報告首次以官方文件的形式提出簽訂海峽兩岸和平協議（以下簡稱「和平協議」）的主張，「和平協議」因而成為兩岸矚目的議題之一。對此，臺灣領導人和臺灣有關政黨也給予了積極回應。然而，就目前形勢而言，和平協議仍然處於設想狀態，距離著手簽訂尚存在相當距離。兩岸關係複雜和敏感，其中不僅有歷史遺留的問題與情結，也有現實所帶來的衝突與糾葛。在簽訂和平協議之意義已為兩岸所公知的情況下，探討和平協議的基本原則，建構起理論的框架，藉助理論的解釋力與預測力，對和平協議的若干細部問題作出合適安排，提出兩岸均可接受的理論方案，是和平協議問題研究的一項重要課題。

和平協議的基本原則，是制定和實施和平協議過程中必須遵循的最基本的準則，是貫穿和平協議制定和實施的基本精神。確定和平協議的基本原則，實際上是對兩岸關係的一種「總梳理」，其要點主要有三：

第一，界定和平協議的主體，明確大陸和臺灣階段性的政治關係定位，為兩岸商簽和平協議奠定政治基礎。和平協議的主體，即兩岸究竟應當以何名義簽訂和平協議，關涉到大陸和臺灣的政治關係定位。後者構成困擾兩岸關係的癥結，也是兩岸間最為敏感的政治議題之一。如果囿於大陸和臺灣的政治關係定位，和平協議可能

將淪為兩岸各種政治術語的「概念之爭」。一個可取的定位策略，是將大陸與臺灣的政治關係定位予以「議題化」和「階段化」。議題化，是指將大陸和臺灣的政治關係定位作為一項兩岸談判的議題，由兩岸透過協商來加以解決，任何一方都應當避免單方面確定政治關係定位的模式和表述。階段化，是指大陸和臺灣可以採取分階段、分步驟的方式，根據兩岸關係發展的狀況，在不同階段確定不同的政治關係定位，使政治關係定位與兩岸關係的發展相適應。「議題化」與「階段化」的定位策略可以降低兩岸因政治關係定位問題的敏感性而激化政治對立的可能。沿著「議題化」和「階段化」的思路，和平協議應當為兩岸提供一個均可接受的最大公約數，一方面解決和平協議的主體問題，為兩岸商簽和平協議奠定政治基礎，另一方面也為和平協議簽訂後兩岸關係提供廣闊的發展空間。

第二，明確兩岸關係和平發展框架的重心，強化兩岸關係和平發展框架的發展路徑。根據中共十七大報告，和平協議和構建兩岸關係和平發展框架被放置在一個表述結構中，表現出和平協議與構建兩岸關係和平發展框架的直接關聯性。兩岸關係依其屬性被分為事務性關係和政治性關係兩類，前者是包括經濟、文化、社會等各方面事務的總稱，而後者則是指與政治、安全、軍事、「國際空間」等有關的事務。當前兩岸關係發展重在事務性關係，兩岸透過兩會框架所進行的也主要進行事務性商談。兩岸關係和平發展框架應當是包括事務性框架和政治性框架在內的總體框架，發展政治性關係是兩岸關係和平發展框架的題中應有之義。儘管事務性關係的發展可以推動政治性關係的發展，但這一推動作用並不是自然而然的，甚至有著很大的外在壓力和潛在危險。因此，和平協議雖被定位為政治性協議，但亦不應切斷與事務性關係的聯繫，而宜繼續延續兩岸事務性關係的軌跡，關注到兩岸關係在事務性關係和政治性關係上的區別，合理確定和平協議的側重點，強化兩岸關係和平發

展框架「先經後政、先難後易」的發展路徑。

　　第三，明確和平協議應當包括的主要內容，為兩岸根據和平協議發展兩岸關係提供載體和渠道。和平協議應當包括哪些內容，是兩岸商簽和平協議時的核心問題。就目前兩岸公開的資料來看，多有學者對和平協議的內容進行了設計，典型性代表如：其一，張亞中先生在其「兩岸和平發展基礎協定」中，基於「整個中國」和「兩岸關係思想體系」的觀點，認為和平協議的主要內容應當包括建立兩岸基礎關係和兩岸共同體；其二，邱進益先生在其「兩岸和平合作協議草案」中，對兩岸「三通」、共同市場、停止軍事對抗、臺灣「國際空間」等問題進行了設計；其三，陳孔立先生認為，和平協議應被定位於「在擱置爭議時期簽訂的協議」，因此，凡是屬於「終極目標」的問題，超出和平發展而涉及必須「擱置」的爭議問題，以及並非基礎性的問題，理應不在和平協議內容的範圍之內。儘管以上學者的觀點有所不同，但都認為和平協議應當規定某些實體性的內容。這一點，與兩岸民眾對和平協議的期待也有著相契合之處。然而，客觀觀察兩岸關係和平發展的軌跡可以發現，兩岸關係仍然有著較強的「人治」特徵，容易受到政治人物更替或者政治人物態度更替的影響，尤其是受到臺灣領導人態度的影響至為明顯。因此，和平協議最為關鍵的作用，並非是急於確定某些實體性的內容，而是構建兩岸關係和平發展的制度框架，實現兩岸關係和平發展的制度化、法治化與規範化。

　　基於以上三點的考量，本文認為，和平協議的基本原則主要有兩岸原則、功能原則和制度原則：兩岸原則用「兩岸」這樣一個地理概念替代「兩國」、「兩府」、「兩區」、「兩制」、「兩黨」等政治概念，為大陸和臺灣的政治關係定位提供最大、最廣義、最具發展可能性和最易接受的表述；功能原則延續兩岸事務性商談的傳統，緩和兩岸從事務性商談向政治性商談的壓力，使得和平協議能夠在構建兩岸關係和平發展框架中造成基礎性規範的作用；制度

原則解決了兩岸關係和平發展的外在政治壓力，使得兩岸關係和平發展得以納入到制度和法治的軌道內，藉助法律的確定性、規範性克服兩岸關係發展中的種種困境，運用制度的力量推動兩岸關係和平發展。對於各個原則的生成、含義及功能，本文將在以下部分詳述之。

二、兩岸原則：「中華民族認同」的邏輯結果

大陸雖然一再透過對「一個中國」政治含義的擴充，來包容其兩岸政策的發展與變化，但由於兩岸在「主權」、「國家」上的根本性爭議，大陸方面對「一個中國」政治含義的不斷擴充反而被認為是大陸對臺灣的一種「統戰策略」。為了消除這種不必要的誤解，形成兩岸都能接受的和平協議文本，促進和平協議的簽訂與實施，可以超越國家層次的認同，在「中華民族」層次建構兩岸的認同基礎。按照「中華民族認同」的要求，意識型態、政權和國家等各個層次的議題都應暫時予以擱置，因此，用「兩岸」這一從地理概念轉化而來的政治概念來指稱大陸和臺灣，成為和平協議的必然選擇。和平協議「兩岸原則」的確立，體現了「中華民族認同」，反映了和平協議對大陸和臺灣政治關係定位的基本態度，構成和平協議的基礎。

（一）「兩岸」的釋出

當兩岸關係的重心從對「誰是中國」的「正統爭議」轉向「一個中國」的「統獨爭議」後，大陸和臺灣政治關係定位成為兩岸關係中最為敏感和棘手的問題。臺灣方面先後提出「一國兩府」、「一國兩體」、「一國兩區」、「特殊的國與國」、「一邊一國」、「憲法一中」等定位模式，而大陸方面也以「一國兩制」為核心，透過不斷擴大「一個中國」的含義，以包容臺灣方面的現實

需要。除在政治層面的爭議外，大陸和臺灣在1987年恢復接觸後，也需要一個合適的名義進行交流，以達到既為兩岸交流提供方便，又不涉及任何政治議題的目的，在此背景下，「兩岸」在大陸和臺灣的交往中具有了特定的含義和特殊的作用。

著名的歐洲學者法布里斯·拉哈（Fabrice Larat）描述「歐洲」一詞時，曾指出：「語言的演變就像一面鏡子」透過它，我們可以洞察政治秩序的變化。「兩岸」一詞的出現，本身就表徵著兩岸關係從不接觸狀態向接觸狀態的轉變。1987年前，在大陸和臺灣因政治對立而互不接觸的情況下，臺灣問題的論域內只有「兩黨」、「雙方」而沒有「兩岸」。這時的「兩岸」甚至不是一個地理概念，大陸和臺灣的重要文告和領導人講話中都沒有出現「兩岸」一詞。這是因為，「大陸」與「臺灣」在兩岸互不接觸的狀態下，已經被高度意識型態化，政治性極強的「兩黨」、「雙方」等詞語，已經足以概括大陸和臺灣的關係，「兩岸」自然也沒有出現的必要和可能。直到1987年兩岸恢復接觸後，「兩岸」才作為一個地理概念出現，成為大陸和臺灣的代稱。

隨著兩岸關係的深入發展，隨著兩岸關係的深入發展，「兩岸」一詞逐漸從一個地理概念，向政治概念轉變。「兩岸」本是一個地理概念，用於描述分處臺灣海峽兩邊的大陸和臺灣。但是，人們在使用「兩岸」時，往往又不是將其作為地理概念使用，而是多用於指涉一種政治現實，不僅僅表明分處臺灣海峽的大陸和臺灣，而且也表明暫時尚未統一、但同屬於「一個中國」的「大陸」和「臺灣」。這時，「兩岸」轉變為一個政治概念。作為政治概念的「兩岸」通常有兩種用法：第一，「兩岸」在作為政治概念使用時，並不是嚴格地指稱地理上的「臺灣海峽兩岸」，因為臺灣並非僅包括臺灣海峽一側的臺灣島，還包括澎湖、金門和馬祖三個外島，而這三個外島雖在地理上屬於大陸一側，但在政治上屬於臺灣一側；第二，使用「兩岸」的場合，往往是那些不便表達「一國」

的場合，地理上的「兩岸」儼然是政治上的「一國」的替代品。

「兩岸」亦被載入大陸和臺灣的有關法律，成為一個法律概念。當然，作為法律概念的「兩岸」顯然只能按照政治概念的「兩岸」來理解。但是，作為法律概念的「兩岸」又與作為政治概念的「兩岸」有所不同。法律雖然是政策的規範表述，但法律本身具有相對穩定性，因而作為法律概念的「兩岸」在含義上通常落後於作為政治概念的「兩岸」。根據大陸和臺灣都認可的法治原則，只有法律上對「兩岸」的規定，才是兩岸公權力機關對「兩岸」正式認可的含義。因此，作為法律概念的「兩岸」對於大陸和臺灣的政治關係定位更加具有參考意義。根據大陸和臺灣的有關法律，「兩岸」是指兩個依據不同根本法（暫不考慮該根本法的合法性）所產生的公權力機關進行有效管轄的區域。

由此可見，「兩岸」在臺灣問題的論域內，已逐漸成為一個具有特殊意涵的概念：作為一個地理概念，「兩岸」承載著人們對兩岸關係過去的認知；作為一個政治概念和法律概念，「兩岸」體現了人們對兩岸關係現狀的無奈和對未來的期許。在這看似矛盾的話語背後，體現了兩岸關係在過去60年的深刻變化。臺灣學者邵宗海認為「兩岸」的確是個中性而且抽象、甚至具有「對等」意味的名詞，臺北接受的程度也高。當然，邵宗海將「兩岸」理解為「兩岸對等」有其偏頗之處，但這也進一步地證明了「兩岸」在兩岸之間可解釋的空間之大、包容性之高。

「兩岸」的釋出，並不是要以「兩岸」替代「一國」，相反，「一國」是正確理解「兩岸」的框架。本文所稱的「兩岸」，是「一個中國」框架下的「兩岸」，對「兩岸」的正確解釋，應是在「一國」框架內的解釋。用「兩岸」來描述大陸和臺灣在現階段的政治關係定位，原意是藉助「兩岸」在含義上的模糊性，用以迴避可能激化兩岸關係的其他用語。因此，「兩岸」乃是兩岸關係中的

一種策略性考量，而非是要用「兩岸」來替代「一國」。

（二）兩岸原則的含義

兩岸原則是和平協議的基礎原則，也是和平協議對政治關係定位的基本態度。中共十七大報告提出「兩岸關係和平發展框架」的構想，將政治上的「一國」置換為地理上的「兩岸」，既在原則上堅持了「一國」，又在實踐中對「一國」作了策略性的迴避，體現了大陸推動兩岸關係和平發展的誠意。在此背景下，兩岸原則將承擔起歷史的重要。作為和平協議的基本原則，兩岸原則的含義主要有：「兩岸」最為策略地描述了大陸和臺灣當前的政治關係，是「中華民族共識」下最為合適的選擇。在和平協議中確立兩岸原則，是「中華民族認同」的邏輯結果。作為和平協議的基本原則，兩岸原則的含義主要有：

第一，兩岸原則提出的前提是大陸和臺灣對「一個中國」政治含義的認知不同。目前，兩岸（至少在形式上）都堅持一個中國原則，但是，大陸和臺灣對「一個中國」政治含義的認識有所不同。這種不同是兩岸關係現狀的反映，也為「九二共識」所包容。然而，問題不僅僅在於兩岸對「一個中國」政治含義理解有所不同，在臺灣內部，各群體間對「中華民國」的認知也是各不相同。臺灣相當一部分人持這樣一種觀點：「我們」（或者直接說「臺灣」）是一個「國家」，依據「憲法」，它的名字是「中華民國」。持這一被稱為「B型臺獨」觀點的人，未必都是「臺獨」分子，這其中也包括一部分支持統一的民眾。之所以會出現同一句式為統「獨」兩方面所共同使用的情況，是因為這裡的「中華民國」，已經不再是「中國」的一個政權符號，而是已經淪為「臺灣」作為一個「國家」的生存策略。存在於臺灣現行「憲法」上的「中華民國」透過「憲法」的建構作用，成為臺灣作為「國家」的一種「存在方式」。有臺灣學者更為透徹地指出，「中華民國」已死，只有「中

華民國憲法」一息尚存。考慮到兩岸在「國家」層次認同的現狀，和平協議應暫時將「一國」置換為「兩岸」，用地理上的概念模糊、淡化政治上的「國家」概念。從此意義而言，兩岸原則是和平協議用於轉化一個中國原則表現形式的策略性原則。

　　第二，兩岸原則的基礎是兩岸承認當前的狀態，尊重對方在其管轄領域的管轄權。由於歷史原因，兩岸尚未統一的狀態具體表現為：其一，兩岸均依據至少自認為具有「正當性」的根本法成立，並組成公權力機關；其二，兩岸的公權力僅及於各自管轄的領域，而無法對對方實際控制的範圍行使管轄權；其三，兩岸各自管轄領域內的民眾，絕大多數對各自的根本法及其由此產生的公權力機關在心理上、情感上和文化上產生認同。對於此情況，兩岸原則要求兩岸承認當前的尚未統一狀態，並尊重對方在其管轄領域的管轄權。惟其如此，兩岸原則方有存在的根基。否則，兩岸必將陷入政治議題的紛爭，徒增彼此間的不信任感，並因此阻滯兩岸關係和平發展。

　　第三，兩岸原則的實質是大陸和臺灣在兩岸關係和平發展框架內，暫時擱置「國家」、「主權」等爭議，甚至暫時不談一個中國原則，只要不出現將臺灣從祖國分離出去的事實，對兩岸現狀應保持尊重。和平協議的認同基礎是「中華民族認同」，意識型態、政權和國家等層次的議題要麼被擱置，要麼被轉化為一項「可以談」的議題。因此，和平協議不宜對兩岸關係的實體性問題作出判斷，而應在現狀的基礎上，為兩岸關係的實體發展提供相應的制度平臺。為此，和平協議應暫時擱置「國家」、「主權」等爭議，在具體制定和實施的過程中，為了爭取更多臺灣民眾的認同和支持，甚至可以暫時不出現「一個中國」的表述。但是，兩岸原則不同於「一國兩府／一國兩體／一國兩區」，更不是「兩國論」、「一邊一國」，它毋寧是對現狀的摹寫，而不是對未來的承諾。因此，兩岸原則的底線是尊重兩岸現狀，如果出現將臺灣從祖國分離出去的

事實，既破壞了兩岸均認可的兩岸結構，也是為和平協議所不容許的行為。反之，只要不出現上述事實，大陸和臺灣基於兩岸原則，都應對現狀予以尊重。

「兩岸原則」是一個事實性原則，也是一項策略性原則。兩岸原則的確立，可以使兩岸迴避無謂的「概念之爭」，從而將為大陸和臺灣達成和平協議提供寬鬆的政治環境。

三、功能原則：兩岸關係和平發展框架的必然要求

兩岸關係和平發展框架遵循的是一條「先經後政、先易後難、循序漸進」的路徑，其實質是透過經濟、文化、社會等事務性議題的推動，實現政治性議題的突破。透過推動事務性議題，兩岸可以培養信任、積累共識，從而透過事務性議題的帶動作用，使兩岸間的信任和共識從事務性領域向政治性領域「外溢」。這種新功能主義的思路，決定了和平協議的功能原則。

（一）新功能主義思路下的兩岸關係和平發展框架

新功能主義脫胎於功能主義，兩者均認為整合應以經濟利益和社會需要為基礎，從各方共同利益出發，透過積極合作建立共同的認知，並透過國家間經濟資源和社會資源的自由流動來實現。功能主義認為國家間的整合應迴避高度爭議性的主權問題，將各國中相同的功能整合起來，交由一個技術化的國際組織去管理，而非簡單謀求建立統一的世界政府。功能主義者認為，由於功能之間的高度關聯性，這種基於功能的整合會自動滲透至政治領域，從而引起人民對國家的忠誠度向一個功能性的組織體轉移，功能主義所期待的整合即可實現。功能主義的社會基礎是各國在科技發展和經濟高度互聯背景下的合作壓力，試圖透過「從經到政」的路徑，將國家的

功能從一個主權國家轉移到一個功能性組織，從而實現各國之間的整合。曾有學者質疑功能主義將經濟與政治嚴格區分的理論前提，認為大多數功能化的服務最終將會涉及資源的配置，而對這些資源配置的決定必然是政治性的。這一質疑也是新功能主義的出發點之一。在思考路徑上，新功能主義沿襲功能主義，認為整合一旦發動便會自動維持。但是，新功能主義認為，整合的擴展並不是一個自發的過程，而是一個自覺的過程，因而需要政治領導人和社會精英在其中扮演積極的角色。新功能主義的核心概念是「外溢」（Spillover），包括功能性溢出（Functional Spillover）和政治性外溢（Political Spillover）。前者是指整合不可能侷限在特定的經濟部門，一定領域的合作活動會「外溢」到其他部門；後者是指由於政治領導人和社會精英將注意力轉向超國家的層面，從而使整合從經濟領域外溢到政治、社會領域。由此可見，新功能主義的實質仍是迴避主權等高度爭議性問題，而在政治性較弱的領域作功能性整合，在面對由此類功能性整合產生的政治性壓力時，充分發揮政治領導人和社會精英的作用，透過超國家的制度安排，引導「外溢」的方向。

　　功能主義與新功能主義是歐洲整合過程中出現的理論，儘管兩岸關係不能與歐洲整合類比，但是去除掉理論的「國家」因素，功能主義和新功能主義可以被運用到對兩岸關係的分析中。兩岸因長期的對立和隔絕，缺乏最基本的互信，在「主權」、「國家」和「國際空間」等問題上幾乎沒有對話的空間。兩岸關係和平發展框架對此問題的解決思路是透過推動經濟、文化和社會等事務性議題，使兩岸有積累互信和共識的實踐渠道，進而透過兩岸領導人和政治精英的推動，實現兩岸在政治性議題上的突破。因此，按照整合理論的解讀，「兩岸關係和平發展框架」基本上遵循著新功能主義的思路，亦即先在經濟、文化和社會等方面推動功能性整合，再透過兩岸領導人和政治精英的推動，使經濟、文化和社會等領域的

整合向「國家」、「安全」和「主權」等政治領域「外溢」，從而促進兩岸在政治層面的交流與對話，累積兩岸的共識與信任，為兩岸最終統一奠定基礎。按照新功能主義的思路，兩岸關係和平發展框架，既保證了「一國兩制」的精髓，即在臺灣高度自治的條件下實現祖國完全統一，又從現實主義立場，確保「一國兩制」可以透過兩岸關係和平發展框架，在兩岸充分交流和融合的基礎上得以實現。

（二）功能原則的含義

推動事務性議題的深入發展，對於兩岸關係政治性議題的破局有著極為重要的意義。基於新功能主義思路下的兩岸關係和平發展框架，功能原則得以成為和平協議的核心原則，和平協議就是要按照兩岸關係和平發展框架的要求，沿著新功能主義的路徑，透過經濟、文化、社會等事務性關係的發展與推動，實現政治性關係的突破。功能原則正是循著這一思路提出來的。對於功能原則，可以從以下幾個方面加以理解：

第一，功能原則的主要內容是加強兩岸在經濟、文化和社會等事務性議題的合作。功能原則的確定，一方面是吸取了兩岸二十年交流史的經驗與教訓，透過迴避敏感的政治議題，只談兩岸事務性議題，從而使兩岸交流能夠得以初步建立和正常開展，另一方面，也是借鑑了包括兩德模式、中美洲共同市場和東南亞國家聯盟等整合模式的有益經驗，在傳統政治模式無法適用時，以經濟、社會、文化、科技、環保為優先議題，暫不以敏感的政治、軍事為議題，從而在功能層面實現整合。根據新功能主義的思路，功能原則切合了新功能主義中事務性議題向政治性議題「外溢」的特徵，因而可以促進兩岸在經濟、文化和社會等事務性議題的合作，從而為兩岸在政治性議題上的對話和協商，創造了有利的氛圍和條件。

第二，功能原則的實質是緩解政治性議題對事務性議題的壓

力。功能原則的提出，是為了消解兩岸政治與經濟的矛盾。根據米特蘭尼的觀點，只要討論主權與領土同時存在，事務性議題和政治性議題之間的矛盾就不會得到解決。兩岸的現實是對米特蘭尼觀點的最佳註釋。眾所周知，大陸和臺灣恢復協商後，政治議題對經濟議題的壓迫一直是兩岸關係得不到深入發展的癥結所在。儘管大陸和臺灣都刻意將政治議題與經濟議題分開，但是，由於政治對經濟的滲透以及政治局勢不穩所造成的經濟恐慌，仍是困擾兩岸的重大問題之一。對於此，米特蘭尼開出的藥方是將主權從地域單位轉移到功能單位，以功能性的國際組織代替主權國家。如果拋開米特蘭尼觀點中比較激烈的成分，我們不妨認為，米特蘭尼的觀點實際上是透過功能的轉移來緩解主權的壓力，從而貼合「由經到政」的思考路徑。從此意義而言，功能原則既是一項原則，也是一種處理兩岸關係的策略，它透過將兩岸經濟、文化和社會等事務性議題的功能化，在兩岸關係和平發展框架內將其與政治性議題的聯繫切斷、虛化或擱置，從而緩解政治性議題對事務性議題的壓力。因此，在功能原則的作用下，兩岸經濟、文化和社會等議題，可以實現全面開放，而暫時不考慮政治議題對其可能產生的影響。

　　第三，功能原則同時是兩岸關係和平發展議題的重要分析工具。藉助功能主義的分析工具，可以將兩岸關係和平發展的議題功能化，分別形成經濟議題、政治議題、文化議題和社會議題，其中又以經濟議題和政治議題為主。功能原則對經濟議題和政治議題的採取不同的處理方法。對於經濟議題，由於各項經濟議題之間的高度關聯性和低政治敏感性，功能原則的處理方式是整體功能化，即將經濟議題作為一個功能整體進行考量，促進兩岸經濟層面的率先整合。對於政治議題，功能原則的處理方法則是再功能化，即將政治議題再次分解為次政治議題，形成次功能整體，並以功能隔離的方式對之進行安排，使一個次政治議題的解決，在沒有政治精英引導的情況下，不產生外溢效果。

在功能原則作用下,和平協議產生了另一種可能選擇,即功能化(分支化)的和平協議。依據米特蘭尼的觀點,透過功能的整合,國家主權將被功能化,即國家的功能將從主權國家向功能組織轉移。在米特蘭尼看來,作為一個整體的國家主權,將在功能主義的作用下,逐漸分支化。米特蘭尼的觀點可能比較偏激,但是,如果考慮到功能原則的實質是透過將議題的層層分解,並重視其中的經濟、文化、社會,而擱置政治議題,從而緩解事務性議題對政治性議題的壓力,那麼,米特蘭尼的觀點便產生以下的思考:和平協議是否可以分支化,即和平協議並不是一份協議,而是由一系列協議構成的協議集。在功能原則的作用下,這一可能性是完全存在的。當然,功能原則只是和平協議的基本原則之一。作為一項法理共識,和平協議的主要內容尚包括對若干優先性內容的確認,因此,和平協議在促進兩岸功能性整合之外,還承載著與前者同等重要的宣示功能。基於此認識,本文的觀點是,和平協議最好不以分支化的形式出現,以防削弱了和平協議的宣示意義,然而,和平協議的內容,是可以考慮採取分支的形式進行安排的。

和平協議雖主要是兩岸間的政治性協議,但和平協議中的政治性主要體現為以法律形式確認兩岸能夠形成共識的政治性內容,目的是為兩岸在經濟、文化和社會等方面的事務性合作掃清政治障礙。但兩岸的政治共識不能僅僅停留在和平協議所載內容的階段,而必須進一步加以深化。功能原則確立,有助於緩解政治性議題對兩岸關係和平發展的壓力,落實由經濟到政治、由事務性議題到政治性議題的發展路徑。

四、制度原則:法理共識的外在型態

筆者曾在另一篇文章中將和平協議定性為「中華民族共識基礎上的法理共識」,其中「中華民族共識」已經體現為「兩岸原

則」，法理共識則體現為「制度原則」，亦即和平協議可以理解為兩岸在某種共同認同基礎（即「中華民族認同」）上形成的制度安排。根據「法理共識」的特徵，除確認優先性內容外，和平協議應主要體現為制度。因此，制度原則得以作為法理共識的外在型態，而成為和平協議的基本原則之一。制度原則的目的是透過和平協議的制度安排，為兩岸關係和平發展提供制度化、常態化的管道，同時克服新功能主義思路所帶來的「環溢」和「溢回」等弊端，從而使兩岸對兩岸關係和平發展框架產生制度依賴。

（一）法理共識定位下的和平協議

羅爾斯在《政治自由主義》中認為，各種關於自由主義的完備性理論（comprehensive doctrines）之間都存在對立或衝突，因而相互之間無法完全認可，「在這樣的社會裡，一種合乎理性的完備性學說無法確保社會統一的基礎，也無法提供有關根本政治問題的公共理性內容」。為此，羅爾斯提出了「各種合乎理性的完備性學說達成重疊共識（overlapping consen-sus）的理念」，並提出了實現重疊共識的兩個步驟：第一步是從臨時協議（modus vivendi）到憲法共識（constitutional consensus），第二步是從憲法共識到重疊共識。羅爾斯的理論是為瞭解決各種完備性理論之間的對立與衝突，由此可類比兩岸關係中大陸和臺灣所持的各種觀點和政策之間的對立與衝突。在類比過程中，羅爾斯所謂「憲法共識」概念為「法理共識」，以迴避「憲法」一詞可能引起的政治誤解。

參考羅爾斯對憲法共識的論述，法理共識「既不深刻，也不廣泛，它範圍狹窄，不包括基本結構，而只包括制度和程序」，因此，法理共識主要是兩岸在某種共同認同基礎上形成的制度安排。大陸和臺灣形成法理共識的目的是為了在兩岸間形成常態化、制度化的穩定狀態，並為兩岸達成重疊共識進行制度上的準備。和平協議就是兩岸間所形成的一項法理共識。法理共識的特徵決定了和平

協議在內容上的特徵，因而也就確立了和平協議上的制度原則。

除體現法理共識的特徵外，在和平協議中確立制度原則，還有利於兩岸經由制度安排克服新功能主義的弊端。歐洲問題學者施密特在修正新功能主義時，提出了四個值得借鑑的概念：其一，環溢（spill-around），是指增加整合過程的功能範圍，但不增加其相對的權力；其二，強化（build-up），是指整合組織決策的自治性及權威加強，但並不擴張整合的領域；其三，緊縮（retreenchment），是指整合組織的權威減少；其四，溢回（spill-back），是指整合組織的功能範圍及權力收縮到外溢前的狀況。從這四個概念出發，當前兩岸關係發展中，將出現以下兩種可能。

第一種可能，兩岸關係因臺灣態度的改變而迅速「緊縮」，直到「溢回」。目前的兩岸關係充滿偶然性，其前提與其說是臺灣對大陸在經濟上的依賴性，不如說是臺灣目前積極的兩岸政策。如果臺灣的態度發生改變，那麼，目前有利於兩岸關係和平發展的局面，可能出現「溢回」的狀況。這一點，已經為1995年前後的兩岸關係發展史所證明。從今天的眼光來看，1995年前兩岸關係的發展不可謂不順利，雖然大陸和臺灣間存在種種爭議，但兩岸能從互不接觸到開展事務性商談，並簽訂一系列協議，已經是一個不小的進步，而且兩會還規劃了包括政治性談判在內的一系列重大議題。但是，1995年李登輝態度急轉後，兩岸關係迅速「緊縮」，並很快跌入低谷，直到2005年後才有所緩和。

第二種可能，兩岸關係長期出現「環溢」、「強化」等狀態。即便臺灣不改變當前積極的兩岸政策，也很難保證兩岸關係會沿著新功能主義的路徑發展。因為如果臺灣僅僅想透過兩岸關係和平發展獲得現實利益，而並不想使兩岸關係有更加深入的發展，那麼，兩岸關係將只有量的擴大，而無質的提高。馬英九在就職演說上提出的「不統、不獨、不武」就體現了臺灣只想從兩岸關係發展中獲

取經濟利益,而無更深一步發展的意圖。如果出現兩岸關係「環溢」和「強化」的狀況,那麼,兩岸關係將最終淪為「永久性地維持現狀」。這顯然與構建兩岸關係和平發展框架的目的相違背。

和平協議中制度原則的確立,將兩岸關係和平發展制度化、常態化,利用制度的穩定性,提升兩岸關係和平發展的穩定性,從而可以削弱兩岸關係和平發展的偶然性,最終透過制度的有效性使兩岸形成對兩岸關係和平發展框架的制度依賴。

（二）制度原則的含義

制度原則,是指和平協議除規定若干優先性內容外,應只包括制度和程序,而避免對實質問題的判斷。從此意義而言,作為「法理共識」的和平協議,其主要內容是制度和程序的集合,目的是透過制度的安排,為兩岸關係和平發展提供制度平臺。因此,制度原則構成了和平協議的主幹。對制度原則的理解,可以從以下三個方面來把握:

第一,制度原則是一個開放的空間,目的在於透過制度安排,為兩岸關係發展提供各種不違背優先性內容可能性,核心就是避免對實質性問題的判斷。羅爾斯提出憲法共識的精義,便在於為各種完備性學說的重疊提供必要的空間和程序,從而避免對特定完備性學說的選擇。法理共識脫胎於憲法共識理論,自然承繼了憲法共識的精義。將制度原則作為和平協議的主幹性原則,因而也體現了憲法共識精義。對於和平協議而言,制度原則意味著兩岸之間除了某些優先性內容的其他議題,具有各種可能的發展空間。對於這些可能的發展空間,和平協議應不作任何實質性判斷,而是給予平等的發展機會。至於最終兩岸關係的走向如何,將由大陸和臺灣根據和平協議所規定的制度所共同決定。從此意義而言,制度原則又是一個形式原則。

第二,制度原則並非絕然不對實質性問題作出判斷,對於若干

優先性內容,和平協議應作出確認。和平協議雖然以制度原則為主幹,但是,確定制度的目的是為了為實質性問題的深入協商提供平臺,因此,制度原則並不排除對若干重大實質性問題(優先性內容)的確認。按「臨時協議——法理共識——重疊共識」的次序,和平協議屬於第二階段的共識,其意指在和平協議之前,必然形成了一定前置協議(即「臨時協議」),否則,無「第二階段的共識」可言。對於和平協議而言,前置協議的成果是被默認成立的,即便沒有被明確地載入和平協議,也不能否定其有效性。同時,作為一項兩岸共識,和平協議的簽訂又必然以一定認同為基礎,如在本文看來,和平協議的認同基礎是「中華民族認同」。對於此認同,和平協議也是必須載明的。

第三,和平協議中制度原則的「制度」,應指向以協商機製為主的制度,而非其他。對於「制度」一詞,本身包含著各種可能選擇,但其目的是為了配合兩岸關係和平發展框架的建立。周葉中教授認為,兩岸關係和平發展框架最終在形式上都體現為一致性、明確性和穩定性的法律機制,和平協議所構建的制度,將成為兩岸關係和平發展框架的主幹之一,兩岸關係和平發展框架也因而對和平協議所構建的制度具有直接影響。立基於此認識,和平協議所謂的「制度」,主要是指兩岸協商機制,而非其他。協商機制,是指兩岸以各種形式,就有關問題進行會談、交流和磋商,並簽訂協議的制度和程序的總稱。由於兩岸關係的特殊性,在大陸和臺灣沒有形成「超兩岸」的結構前,兩岸形成任何協議,都必須建立在共識的基礎上,而不可能透過任何形式的多數決和決斷。釐清制度原則中的制度,對於確定和平協議的主幹,具有重要的指導意義。

功能原則與制度原則相結合可能產生一個問題:和平協議能不能預先設定發展目標,進而透過制度落實?舉例而言,和平協議是否可以先行確定兩岸建立共同市場的目標,然後建立相應的協商機制,透過兩岸之間的協商,確定兩岸共同市場的具體制度安排。本

文認為，這樣的做法並不違反制度原則。上述做法不違反制度原則的原因是：制度原則中的制度，其指向的對象，是兩岸在形成這些制度時，尚不能達成共識的議題，而對於能夠載入和平協議的發展目標，一定是兩岸已經獲得共識的議題，對此，和平協議不應拘泥於制度原則，因而阻卻共識的表達。由此可見，制度原則並不是一個純粹的形式原則，除了優先性內容對其的指導和限製作用外，一些已經形成的其他共識，也將對制度產生影響。

五、結語

海峽兩岸和平協議是兩岸關係和平發展框架的基礎性規範，在兩岸關係和平發展框架中起著「小憲法」的作用。根據理論推演，確立和平協議的原則，在某種意義上也是為兩岸關係和平發展框架提供原則性指引。兩岸關係敏感而複雜，如何藉助理論的解釋力和預測力，透過迂迴、迴避、擱置的辦法，將兩岸之間敏感的政治議題轉化為法律議題、技術議題，是和平協議研究所需關注的重點。本文只是借由原則的確立，做了一些初步地嘗試。至於本文所提出的原則是否妥當，只有留待兩岸關係和平發展的實踐檢驗了。

關於大陸和臺灣政治關係定位的思考

大陸和臺灣的政治關係定位，是用於表徵大陸和臺灣如何看待對方政治地位，以及如何看待彼此間政治關係的概念。大陸和臺灣的政治關係定位是兩岸關係深入發展必須解決的前提性問題。合理的、可為大陸和臺灣共同接受的政治關係定位，將有力地促進兩岸關係和平發展。因此，為促進兩岸關係更加深入發展，就必須解決大陸和臺灣的政治關係定位問題。本文即根據兩岸關係現狀和兩岸

有關政治關係定位的主張，提出幾點有關大陸和臺灣政治關係定位的思考。

一、大陸和臺灣有關政治關係定位的模式

1949年10月後，大陸和臺灣就政治關係定位曾提出或在實踐中實行過多種定位模式。這些模式為我們討論大陸和臺灣在現階段的政治關係定位提供了重要參考。

（一）「合法政府對叛亂團體」

1979年前，大陸和臺灣的政治關係定位模式都是「合法政府對叛亂團體」，只不過由於大陸和臺灣各自所處立場不同，因而對該模式含義的界定有所區別。大陸方面認為，1949年10月中華人民共和國成立後，中華人民共和國中共人民政府已取代「中華民國國民政府」，成為代表中國的唯一合法政府，而退踞臺灣的「中華民國政府」則是叛亂團體。大陸方面的主張得到了絕大多數中國人民和國際社會的普遍認同。聯合國2758號決議在指代臺灣派駐聯合國的「代表時」，沒有用「臺灣政府代表」或「中華民國政府」，而是代之以「蔣介石的代表」。臺灣方面認為，大陸是所謂「淪陷區」、「匪戰區」，中國共產黨領導的人民政權是「叛亂團體」。因此，臺灣名義上對包括大陸和臺灣在內的「全中國」實行所謂「動員戡亂」，在國際上聲稱代表中國，並延長在大陸產生的「中共」民意代表任期，以彰顯其對「全中國」的「法統」。

「合法政府對叛亂團體」是大陸和臺灣在內戰思維主導下的產物。隨著兩岸關係的緩和，「合法政府對叛亂團體」模式也為兩岸所放棄。

（二）「中共對地方」

「中共對地方」是大陸方面在1979年至1980年代初期主張的政治關係定位模式。1979年1月1日，全國人大常委會發布《告臺灣同胞書》，提出「中國政府和臺灣商談」的呼籲，這代表著大陸正式改變臺灣是「叛亂團體」的定位，並已隱然將臺灣視為一個地方政府。1981年9月30日，葉劍英同志提出「葉九條」。其中第三條是大陸和臺灣統一後，臺灣可作為「特別行政區」；第五條提公佈灣當局及各界代表人士，可擔任全國性政治機構的領導職務；第六條提出中共可以補貼臺灣的「地方財政」。根據「葉九條」，臺灣被定位為中華人民共和國的一個地方政府，只是「葉九條」中沒有正式出現「地方政府」這個概念。1983年6月，鄧小平同志在會見美國客人楊力宇時，明確將臺灣定位為「地方政府」。鄧小平同志指出：「中共承認臺灣地方政府對內政策上可以搞自己一套」，臺灣回歸後「作為特別行政區，雖是地方政府，但同時可以享有其他省市自治區所沒有，而為自己所獨有的某些權力」。但是，鄧小平同志考慮到臺灣有關「中共對地方」模式的可接受度，又在同一場合指出：「要實現統一，就要有個適當方式」，「建議舉行兩黨平等會談，實行國共第三次合作，而不提中共與地方談判」。在鄧小平同志作出上述表態後，除在個別場合，大陸方面一般都不再用「中共對地方」模式來定位政治關係。

　　（三）「兩黨」

　　「兩黨」是大陸方面在1980年代至90年代初期主張的政治關係定位模式，其淵源可追溯至1950年代。早在1956年，毛澤東同志就曾提出透過「國共第三次合作」解決臺灣問題的設想。1981年9月，葉劍英同志在「葉九條」中提出「舉行中國共產黨和中國國民黨兩黨對等談判，實行第三次合作，共同完成祖國統一大業」的建議。1983年6月，鄧小平同志提出用「國共第三次合作」代替「中共與地方談判」後，「兩黨」模式成為大陸對政治關係定位的新主張。

以「兩黨」模式定位大陸和臺灣的政治關係，須以共產黨和國民黨分別在大陸和臺灣長期、穩定執政為前提。1986年至1987年間，臺灣開放「黨禁」、解除「戒嚴」，又於1991年透過修改「憲法」，在臺灣實行西方式的「政黨政治」。1993年，臺灣曾在一份文件中認為，「在過去多年中，政府基於國內政黨政治發展已具基礎，面對中共一再提出『黨對黨談判』的要求，均表反對，或未予理會」，「政府以前的態度是如此，以後也不會改變」。臺灣在該文件中的說詞表明，以「兩黨」模式作為大陸和臺灣政治關係定位的前提已不存在。

（四）「一國兩區」、「一國兩府」、「一國兩體」

「一國兩府」、「一國兩體」、「一國兩區」等模式是以李登輝為代表的「臺獨」分裂勢力，於1980年代末至1999年間主張的政治關係定位模式。上述三個概念中的「一國」是指「中國」，其含義在1994年前指「中華民國」，在1994年後按臺灣發布的「臺海兩岸關係說明書」，是指「歷史上、地理上、文化上、血緣上的中國」。「兩區」是指「大陸地區」和「自由地區」（「臺灣」）；「兩府」是指中華人民共和國政府和「中華民國政府」；「兩體」是指中華人民共和國和「中華民國」是兩個「對等」實體。「一國兩區」、「一國兩府」、「一國兩體」的核心思想是「兩岸對等」，其意在透過「兩岸對等」的建構，防止臺灣被大陸「地方化」、「矮化」。

運用「一國兩區」、「一國兩府」、「一國兩體」定位大陸和臺灣的政治關係，在1990年代是臺灣的主流觀點，並被分別規定在臺灣現行的「憲法」、「國家統一綱領」等規範性文件中，成為臺灣「法定」的政治關係定位。在「一國兩區」、「一國兩府」和「一國兩體」的政治關係定位下，臺灣逐漸改變了原來堅持的一個中國原則，逐漸走向「臺獨化」。1999年7月9日，李登輝提出所謂

「兩國論」，在理論上拋棄了「一國兩區」、「一國兩府」、「一國兩體」的主張。2006年2月，陳水扁終止「國家統一綱領」，也在制度上拋棄了「一國兩區」、「一國兩府」、「一國兩體」。目前，臺灣除在「憲法增修條文」中維持「大陸地區」、「自由地區」等用語外，已經放棄使用「一國兩區」、「一國兩府」、「一國兩體」來定位大陸和臺灣的政治關係。

（五）「兩國」

「兩國」是以李登輝、陳水扁為代表的「臺獨」分裂勢力主張的政治關係定位模式。1999年7月，李登輝在接受德國媒體採訪時，將大陸和臺灣定位為「國家與國家，至少是特殊的國與國關係」，明確提出所謂「兩國論」。「兩國論」將大陸和臺灣的政治關係定位為「兩國」，認為「一個中國」是兩岸統一以後的事情，目前兩岸是「兩國」，因而互不隸屬。但是，這個「兩國」關係又是特殊的，既不是一般的「兩國」關係，也非「內政」的中共與地方關係，而是內外有別，「在對外關係定位上為兩個國家，但對內則互不稱外國，也非內政關係」。陳水扁當選為臺灣領導人後，「兩國論」被改造成更加偏向「臺獨」的「一邊一國」論。早在當選之前，陳水扁曾發表一份名為「跨世紀中國政策白皮書」，其中有一段話即「臺灣是一個主權獨立的國家，依目前憲法稱為中華民國」。這段話是陳水扁對大陸和臺灣政治關係定位的主導思想。2002年8月，陳水扁在接受日本媒體採訪時，正式提出「一邊一國」論，試圖將大陸和臺灣的政治關係定位為「兩國」關係。根據陳水扁對「一邊一國論」的解釋，所謂「一邊一國」是指「臺灣是我們的國家，……不是別人的一部分，不是別人的地方政府，別人的一省，臺灣也不作第二個香港、澳門，因為臺灣是一個主權獨立的國家。」陳水扁的「一邊一國論」徹底拋棄了「中華民國」架構，比李登輝的「兩國論」走得更遠。透過「一邊一國」論，陳水扁將「中華民國」等同於「臺灣」，進而刻意區分中國與「臺

灣」，試圖造成兩岸「一邊一國」的態勢。

　　由於「兩國」模式主張「臺獨」，不符合兩岸關係的現實，也與兩岸主流觀點相背離，因而不可能為兩岸所共同接受。即便在臺灣，以「兩國」模式作為大陸和臺灣的政治關係定位，也僅僅停留在政治人物的口頭言說階段，沒有落實為具體的政策或綱領。

二、大陸和臺灣政治關係定位的解決方式：「議題化」和「階段化」

　　大陸和臺灣政治關係定位的本質是對兩岸關係的未來發展方向進行定位，核心是提出大陸和臺灣可以共同接受的模式。從上文的整理可知，大陸和臺灣在政治關係定位模式上的爭議主要有二：第一，是否承認「中華民國」或「臺灣」是一個「獨立」的「主權國家」；第二，大陸和臺灣之間是否具有「對等」關係。由於大陸和臺灣存在「國家」和「主權」等高度敏感的政治爭議，兩岸目前尚未形成關於政治關係定位的共識。因此，為了避免因政治原因影響兩岸事務性交流，大陸和臺灣在兩岸事務性交流中都採取了「擱置」政治關係定位的做法，在事務性商談中迴避政治問題。而且透過海協會和海基會兩個授權團體，將兩岸關係轉變為「兩會關係」，從而透過「兩會框架」解決兩岸事務性交流中的有關問題。但是，兩岸關係不可能永遠停留在事務性交流階段，要使兩岸關係向著更加深入的方向發展，就必須找到解決大陸和臺灣政治關係定位問題的合適方式。（一）「政治對立」論的解讀胡錦濤同志在紀念《告臺灣同胞書》發表三十週年座談會的講話（以下簡稱「胡六點」）中，對大陸和臺灣的政治關係定位進行了新的闡述。這是大陸方面在政治關係定位問題上的最新主張。雖然「胡六點」對於大陸和臺灣政治關係定位的論述只有三句話，但這三句話揭示了大陸和臺灣政治關係的實質，提出瞭解決大陸和臺灣政治關係定位問題

的方式。由於「胡六點」對大陸和臺灣政治關係定位的論述，圍繞「政治對立」展開，因此，本文將「胡六點」中的相關論述稱為「政治對立」論。

第一，胡錦濤同志指出，「1949年以來，大陸和臺灣儘管尚未統一，但不是中國領土和主權的分裂，而是上個世紀40年代中後期中國內戰遺留並延續的政治對立，這沒有改變大陸和臺灣同屬一個中國的事實」，這就為大陸和臺灣的政治關係定位奠定了基礎。眾所周知，臺灣問題是國共內戰的遺留問題。儘管臺灣已經兩次實現「政黨輪替」，但並不能改變這一歷史上發生的事件，兩岸關係的現狀和未來發展，即是上述歷史事件的延續。由於國共內戰以及大陸和臺灣過去近六十年間實際上的敵對狀態，使得大陸和臺灣在政治上高度對立。但是，兩岸之間的政治對立並不是「國與國」之間的政治對立，而是一國內因內戰而產生的政治對立。因此，雖然大陸和臺灣尚未統一，但仍然是「一個中國」內的「不統一」，不能以大陸和臺灣尚未統一為由，否定大陸和臺灣同屬於一個中國的事實。也就是說，大陸和臺灣的政治關係定位，應在「一個中國」的框架內，從「一國」的角度來思考。正確認識上述事實，是對大陸和臺灣進行政治關係定位的基礎。

第二，胡錦濤同志指出，「兩岸復歸統一，不是主權和領土再造，而是結束政治對立」，這就確定了大陸和臺灣解決政治關係定位問題的標準。臺灣主張的「兩區」、「兩府」、「兩體」和「兩國」等政治關係定位模式，都以「領土」、「主權」、「政府」、「國家」等兩岸關係中的表面性、形式性概念為基礎，而沒有意識到兩岸關係的實質是政治對立。事實上，正是由於大陸和臺灣存在政治對立，所以才在形式上體現出「兩個地區」、「兩個政府」、「兩個實體」，甚至「兩個國家」的外觀。臺灣的上述政治關係定位模式，違背了歷史事實，因而不可能為大陸所接受。因此，以「兩區」、「兩府」、「兩體」和「兩國」等模式，來定位大陸和

臺灣的政治關係，不僅不能解決大陸和臺灣在政治關係定位上的爭議，反而會因此加劇兩岸在政治上的對立。1999年後兩岸關係發展的現實，已經充分證明了上述結論。根據胡錦濤同志的論述，大陸和臺灣應該把握「政治對立」這一實質，以結束政治對立為標準，妥善、合理地確定大陸和臺灣能共同接受的政治關係定位模式。

第三，胡錦濤同志指出，「為有利於兩岸協商談判、對彼此往來作出安排，兩岸可以就在國家尚未統一的特殊情況下的政治關係展開務實探討」，為我們解決大陸和臺灣政治關係定位問題提供了合適的方式。「政治對立」揭示了兩岸關係的實質，結束「政治對立」是大陸和臺灣政治關係定位的標準。確定合適的政治關係定位模式，以符合結束「政治對立」的標準，是大陸和臺灣政治關係定位的關鍵。根據胡錦濤同志的論述，大陸和臺灣都不宜單獨選擇政治關係定位模式，而是應該將兩岸在國家尚未統一情況下的政治關係，作為兩岸之間的一項議題，展開務實探討，進而透過相互之間的談判、協商以及妥協、折衷，形成大陸和臺灣能共同接受的政治關係定位模式。這種將政治關係定位議題化的主張，符合兩岸關係的現狀，在堅持一個中國原則的基礎上，表現了對臺灣的尊重，因而體現了大陸方面的善意和誠意。

綜上所述，「政治對立」論對大陸和臺灣政治關係定位的基本觀點可以概括為：大陸和臺灣之間當前政治關係的實質是一國內部的政治對立關係，大陸和臺灣的政治關係定位應以結束這種政治對立關係為標準，至於採取何種模式定位大陸和臺灣的政治關係，應由兩岸透過務實探討決定。

（二）「議題化」和「階段化」的解決方式

根據「政治對立」論對大陸和臺灣政治關係定位的基本觀點，我們認為，在當前的兩岸形勢下，可以透過「議題化」和「階段化」的方式來解決大陸和臺灣政治關係定位的問題。

第一，「議題化」是指透過將大陸和臺灣的政治關係定位作為一項議題，由兩岸透過談判協商解決，大陸和臺灣都應避免單方面確定政治關係定位模式。雖然兩岸政治關係的實質是政治對立，但就臺灣的現實而言，要讓臺灣放棄在「國家」、「主權」上的主張，有著相當的難度。因此，大陸和臺灣在政治關係定位的過程中，將不可避免地涉及「國家」、「主權」等敏感議題，稍有不慎就可能激化兩岸之間的政治對立，給兩岸關係和平發展帶來消極影響。基於上述考慮，在解決政治關係定位的問題上，可以採取「議題化」的方式，將政治關係定位轉變為大陸和臺灣之間「可以談」的「議題」，從而降低大陸和臺灣間的政治對立，因政治關係定位而被激化的可能性。將政治關係定位「議題化」的方式，延續了大陸處理兩岸事務、尤其是敏感事務的一貫做法，是對當前「擱置爭議」處理方式的發展，因而有利於兩岸關係的深入發展。將兩岸事務、尤其是敏感事務議題化，是大陸對兩岸事務的一貫主張。鄧小平、江澤民和胡錦濤等領導人都曾建議兩岸之間「先談起來」，在「談」的過程中，逐步解決問題，而且表示「在一個中國原則下，什麼都可以談」。兩岸關係發展的實踐也證明，透過將敏感事務「議題化」，可以有效解決兩岸關係發展中的一些重大問題。同時，「議題化」的處理方式可以給大陸和臺灣多種選擇空間，既可使兩岸在務實探討基礎上選擇已經提出的模式，也可是兩岸經由談判創造的新模式。

第二，「階段化」是指大陸和臺灣可以採取分階段、分步驟的方式，根據兩岸關係發展狀況，在不同階段確定不同的政治關係定位，使政治關係定位始終與兩岸關係發展狀況相適應。「階段化」是由「議題化」所決定的。兩岸談判的實踐表明，任何一項共識的達成，都是在多輪談判、反覆商談基礎上形成的。可以預見，政治關係定位這樣重大而敏感的議題，也必然將經歷多次反覆。因此，大陸和臺灣有關政治關係定位的談判，亦將體現出階段性的特徵。

階段性的談判將產生階段性的成果。這些階段性的成果既是對現有兩岸共識的集中概括，也是未來大陸和臺灣政治關係定位發展的基礎，對於積累兩岸互信、擴大兩岸共識，具有積極意義。透過「階段化」的處理，大陸和臺灣政治關係定位的敏感性在被「議題化」降低後，再次被降低，大陸和臺灣之間因政治關係定位激化政治對立的可能性也會隨之降低。

但是，將大陸和臺灣的政治關係定位進行「議題化」和「階段化」處理，並非意味著大陸和臺灣之間的政治關係可能被定位為「兩國」，或其他「臺獨」模式。堅持一個中國原則是對政治關係定位「議題化」和「階段化」的底線，任何經過兩岸務實探討形成的大陸和臺灣政治關係的階段性定位模式，都必須符合一個中國原則，而不能與之相違背。當然，根據「九二共識」和「胡六點」的精神，這裡的一個中國原則應作「框架」理解。

三、現階段的政治關係定位模式：「兩岸」模式

如前所述，在兩岸仍然因「國家」、「主權」等爭議產生歧見的情況下，「議題化」和「階段化」的解決方式，是目前大陸和臺灣在政治關係定位上最具可能性的選項之一。對現階段而言，儘管透過「兩會框架」的兩岸事務性交流仍是兩岸關係的主流，但隨著兩岸事務性交流的日益深化，政治性交流亦將提上議事日程。包括達成和平協議在內的兩岸政治性交流，都需要大陸和臺灣以合適的名義參加，這就要求大陸和臺灣形成初步的政治關係定位，為政治性交流創造有利環境。考察大陸和臺灣提出的各種定位模式，我們認為，這些模式都難以為大陸和臺灣所共同接受，因而難以擔當起歷史的重任。考慮到兩岸關係的歷史和現實，我們認為，作為地理概念的「兩岸」可以作為現階段大陸和臺灣政治關係定位的模式。

（一）「兩岸」的形成

歐洲學者法布里斯·拉哈（Fabrice Larat）描述「歐洲」一詞時指出：「語言的演變就像一面鏡子，透過它，我們可以洞察政治秩序的變化。」「兩岸」的形成同「歐洲」含義的變遷一樣，為拉哈的觀點提供了註解。在過去幾十年間，「兩岸」一詞的形成及其在語義上的變化，折射著兩岸關係的變化。

「兩岸」一詞的出現，本身就表徵著兩岸關係從不接觸狀態向接觸狀態的轉變。1987年前，在大陸和臺灣因政治對立而互不接觸的情況下，臺灣問題的論域內只有「兩黨」、「雙方」而沒有「兩岸」。這時的「兩岸」甚至不是一個地理概念，大陸和臺灣的重要文告和領導人講話中都沒有出現「兩岸」一詞。這是因為，「大陸」與「臺灣」在兩岸互不接觸的狀態下，已經被高度意識型態化，政治性極強的「兩黨」、「雙方」等詞語，已經足以概括大陸和臺灣的關係，「兩岸」自然也沒有出現的必要和可能。直到1987年兩岸恢復接觸後，大陸和臺灣在交流中需要一個合適的名義，以達到既為兩岸交流提供方便，又不涉及任何政治事務的目的。這時，「兩岸」才作為一個地理概念出現，成為大陸和臺灣的代稱。

隨著兩岸關係的深入發展，「兩岸」一詞逐漸從一個地理概念，向政治概念和法律概念轉變。從形成上而言，「兩岸」是一個地理概念，用於描述分處臺灣海峽兩邊的大陸和臺灣。但是，人們在使用「兩岸」時，往往又不是將其作為地理概念使用，而是多用於指涉一種政治現實，其意不僅僅表明地理上的兩岸，而且也表明暫時尚未統一、但同屬於「一個中國」的「大陸」和「臺灣」。這時，「兩岸」轉變為一個政治概念。作為政治概念的「兩岸」通常有兩種用法：其一，人們將「兩岸」作為政治概念使用時，並不是嚴格地指稱地理上的「臺灣海峽兩岸」，因為臺灣並非僅包括臺灣海峽一側的臺灣島，還包括澎湖、金門和馬祖三個島嶼，而這三個

島嶼雖在地理上屬於大陸一側，但在政治上是屬於臺灣一側的；其二，人們使用「兩岸」的場合，往往是那些不便表達「一國」的場合，地理上的「兩岸」儼然是政治上的「一國」的替代品。

「兩岸」亦被載入大陸和臺灣的有關法律，成為一個法律概念。當然，作為法律概念的「兩岸」顯然只能按照政治概念的「兩岸」來理解。但是，作為法律概念的「兩岸」又與作為政治概念的「兩岸」有所不同。法律雖然是政策的規範表述，但法律本身具有相對穩定性，因而作為法律概念的「兩岸」在含義上通常落後於作為政治概念的「兩岸」。根據大陸和臺灣都認可的法治原則，只有法律上對「兩岸」的規定，才是兩岸公權力機關對「兩岸」正式認可的含義。因此，作為法律概念的「兩岸」對於大陸和臺灣的政治關係定位更加具有參考意義。根據大陸和臺灣的有關法律，「兩岸」是指兩個依據不同根本法（暫不考慮該根本法的合法性）所產生的公權力機關進行有效管轄的區域。

由此可見，「兩岸」在臺灣問題的論域內，已逐漸成為一個具有特殊意涵的概念：作為一個地理概念，「兩岸」承載著人們對兩岸關係過去的認知；作為一個政治概念和法律概念，「兩岸」體現了人們對兩岸關係現狀的無奈和對未來的期許。在這看似矛盾的話語背後，體現了兩岸關係在過去60年的深刻變化。

（二）「兩岸」作為現階段政治關係定位模式的可行性

將「兩岸」作為現階段政治關係定位的模式，亦即將大陸和臺灣的政治關係定位為「兩岸」關係，進而將「兩岸」作為大陸和臺灣開展政治交流的主體，並不是我們的臆想，而是對大陸和臺灣交往實踐的總結。大陸和臺灣恢復接觸後，「兩岸」常被用於不便表達「一國」或「雙方」的場合，大陸和臺灣在簽訂有關協議時，也多用「兩岸」的名義。大陸和臺灣的第一個事務性協議《金門協議》在序言中有「海峽兩岸紅十字組織代表……經充分交換意見

後，達成協議。」其後，有的事務性協議甚至直接在其協議名稱前冠以「兩岸」或「海峽兩岸」，如《兩岸公證書使用查證協議》（1993年）、《海峽兩岸關於大陸居民赴臺灣旅遊協議》（2008年）、《海峽兩岸海運協議》（2008年）等。大陸和臺灣的有關法律也將「兩岸」作為大陸和臺灣進行談判的名義。《反分裂國家法》第七條規定：「國家主張透過臺灣海峽兩岸平等的協商和談判，實現和平統一」、「臺灣海峽兩岸可以就下列事項進行協商和談判……」；臺灣的「兩岸人民關係條例」第四條之二亦有「統籌辦理兩岸訂定協議事項機關及程序」的規定。雖然「兩岸」的上述用法，並非將「兩岸」作為大陸和臺灣的政治關係定位，而是一種「稱謂」，但在大陸和臺灣因「國家」和「主權」爭議，無法就政治關係定位達成共識的情況下，將這一「稱謂」上升為「定位」，未嘗不是一種可行的選擇。將「兩岸」作為現階段大陸和臺灣政治關係定位的可行性，主要可從以下兩方面分析：

　　第一，「兩岸」準確地概括了兩岸關係發展的現狀，是大陸和臺灣在政治關係定位上不斷「去政治化」的結果，因而能夠為兩岸所共同接受。政治關係定位「議題化」的精髓在於，透過「議題化」，將具有高度政治敏感性的政治關係定位「去政治化」，以使大陸和臺灣能夠在沒有政治負擔的情況下，坐下來談政治關係定位問題。考察大陸和臺灣在政治關係定位方面的實踐，「去政治化」是貫穿其中的一條主線。大陸和臺灣在政治關係定位上，共經歷了三個階段：第一階段為1987年至1992年，在此階段，大陸主張「一國（中華人民共和國）兩制」，臺灣主張「一國（中華民國）兩府」、「兩體」、「兩區」等，折衷的結果是「九二共識」，在堅持「一個中國」的前提下，暫不涉及「一個中國」的政治涵義；第二階段為1999年至2002年，在此階段，大陸主張「臺灣是中國的一部分」，臺灣主張「特殊的兩國論」，折衷的結果是大陸提出的「大陸和臺灣同屬於一個中國」，在一定程度上緩解了臺灣對大陸

的從屬性；第三階段為2005年後，在此階段，大陸主張「大陸和臺灣同屬於一個中國」，臺灣主張「一邊一國」，折衷的結果是大陸提出「兩岸關係和平發展」的主張。由此可見，「兩岸」是大陸和臺灣政治關係定位不斷「去政治化」的結果。儘管大陸和臺灣的政治關係定位最終必須透過政治的方式解決，但根據「議題化」的解決方式，在大陸和臺灣就政治關係定位進行談判前，用「去政治化」的「兩岸」作為大陸和臺灣的政治關係定位，消除政治關係定位中「國家」、「政府」、「實體」等政治概念的干擾，也是務實和可行的。

第二，「兩岸」作為大陸和臺灣在現階段的政治關係定位模式，為大陸和臺灣進行兩岸協商談判，以及大陸和臺灣就政治關係定位進行深入談判提供了對話條件。將「兩岸」作為大陸和臺灣的政治關係定位，體現了對政治關係定位「階段性」的解決方式。在大陸和臺灣尚存在「國家」、「主權」等政治爭議的前提下，用「兩岸」作為政治關係定位，可以使大陸和臺灣暫不考慮對方是否為一個政治實體，其公權力機關是否具有「合法性」等敏感問題，避免因觸動政治關係定位的敏感神經而激化業已存在的政治對立。因此，「兩岸」的定位模式比「中共對地方」、「兩黨」、「兩區」、「兩府」和「兩體」等模式，更加具有現實性和可操作性。「兩岸」也是一個具有足夠解釋空間的定位模式。大陸學者沈衛平認為，「『兩岸』是一個雙方都已習慣和認同的概念，也是一個頗具彈性和符合保留灰色地帶規則的概念」，臺灣學者邵宗海也認為，「兩岸」的確是個中性而且抽象、甚至具有「對等」意味的名詞，臺北接受的程度也高。將「兩岸」作為大陸和臺灣政治關係定位模式，可以給大陸和臺灣各自表述的空間，從而將當前對「一個中國」的「各自表述」，策略性地轉換為對「兩岸」的「各自表述」，更進一步地降低政治關係定位的敏感性。但是，將「兩岸」作為現階段大陸和臺灣政治關係定位模式的主張，並非意味著大陸

和臺灣的政治關係定位,將永遠保持在「兩岸」模式上。前文已述,「兩岸」是大陸和臺灣政治關係在現階段的選擇,目的是使大陸和臺灣在「兩岸」的定位下,就包括政治關係定位在內的政治問題「先談起來」。至於「兩岸」作為政治關係定位模式後的發展,大陸和臺灣應本著「兩岸」的關係定位,逐漸從彼此的政治對立中走出,透過「兩會框架」或公權力機關,進行更加深入的對話和商談。

(三)「兩岸」與相關範疇的關係

儘管「兩岸」有著足夠的解釋空間,但這毋寧是一種策略性選擇。我們提出「兩岸」的目的,並不是以「兩岸」代替「一國」。因此,有必要對「兩岸」與「一國」、「兩制」和「兩會」等相關範疇的關係進行說明。

第一,「一國」是正確解釋「兩岸」的框架,「兩岸」是對一國內政治對立關係的事實描述。對大陸和臺灣的政治關係定位進行「議題化」和「階段性」處理,並且在現階段將大陸和臺灣的政治關係定位為「兩岸」模式,並不意味著包括「兩國」在內的其他模式,都可能成為大陸和臺灣未來的政治關係定位。我們所稱的「兩岸」,是「一國」框架內的「兩岸」;對「兩岸」的正確解釋,應是在「一國」框架內的解釋。用「兩岸」來定位現階段大陸和臺灣的政治關係,就是利用了「兩岸」在含義上的模糊性,從事實角度、而且僅僅從事實角度對大陸和臺灣間的政治對立關係進行描述,迴避可能激化兩岸政治對立關係的其他模式,因而只是一種策略上的考量,並非是用「兩岸」代替「一國」。

第二,「兩岸」與「兩制」解釋兩岸關係的角度不同,但「兩岸」本身包含了「兩制」的含義。「兩制」是指大陸和臺灣統一後,臺灣可以實行與大陸社會主義制度不同的資本主義制度,側重點是從社會制度和意識型態角度,對大陸和臺灣的關係進行說明,

可見,「兩制」以「統一」為前提。「兩岸」是現階段大陸和臺灣政治關係的定位模式,重在從事實角度描述大陸和臺灣尚未統一時的「政治對立」關係。「兩岸」和「兩制」解釋兩岸關係的角度不同,但兩者有著密切的聯繫:其一,從現實角度看,「兩岸」描述了大陸和臺灣不屬於同一個公權力機關有效管轄的事實,而這一事實是大陸和臺灣統一後實行「兩制」的基礎;其二,從發展的角度看,「一國兩制」是解決臺灣問題的最佳方式,「兩岸」的政治定位模式,可以緩解大陸和臺灣進行政治性談判的負擔,從而創造有利於實現「一國兩制」的條件。可以說,「兩岸」本身就包含了「兩制」的含義,兩者不僅不矛盾,而且共同促進兩岸關係的發展。

　　第三,「兩岸」和「兩會」是大陸和臺灣在不同層次上對兩岸關係的定位模式,但在「兩岸」模式下,「兩會」亦可作為大陸和臺灣政治交流的渠道。前文已述,大陸和臺灣在政治關係定位層面採取暫時擱置的態度,而透過海協會和海基會兩個授權團體進行事務性交流,從而形成兩岸事務性交流中的「兩會」關係。由此可見,「兩岸」和「兩會」是大陸和臺灣在不同層次的定位模式:「兩岸」是大陸和臺灣的政治關係定位,而「兩會」是大陸和臺灣在事務層次的關係定位。由於大陸和臺灣在事務性交流中有著不涉及政治問題的默契,因此,將「兩岸」作為現階段政治關係的定位模式,並不影響大陸和臺灣在事務性交流中已經比較成熟的「兩會」模式。同時,「兩岸」迴避了「政府」、「實體」等政治性內容,大陸和臺灣以「兩岸」模式進行政治性交流時,如果由公權力機關直接接觸,將出現兩岸是否承認對方公權力機關合法性的敏感議題。在此情況下,可以借用「兩會」框架,由「兩會」作為「兩岸」模式下大陸和臺灣政治交流的渠道,而將是否承認公權力機關的合法性,作為「兩會」談的一項議題,由「兩會」在談判和協商的過程中解決。

綜上所述，將「兩岸」作為大陸和臺灣政治關係定位，是兩岸在當前局勢下的務實選擇。透過「兩岸」模式，與「國家」、「政府」、「實體」等有關的政治問題都被「議題化」，由大陸和臺灣透過談判和協商的方式分階段加以解決。可以說，「兩岸」模式為大陸和臺灣當前的政治關係破冰提供了一種新的思路，也將為結束大陸和臺灣的政治對立創造有利的政治環境。

關於兩岸法理關係定位的思考

大陸和臺灣的政治關係定位，是用於表徵大陸和臺灣如何看待對方政治地位，以及如何看待彼此間政治關係的概念。大陸和臺灣的政治關係定位是兩岸關係深入發展必須解決的前提性問題。合理的、可為大陸和臺灣共同接受的政治關係定位，將有力地促進兩岸關係和平發展。因此，為促進兩岸關係更加深入發展，就必須解決大陸和臺灣的政治關係定位問題。本文即根據兩岸關係現狀和兩岸有關政治關係定位的主張，提出幾點有關大陸和臺灣政治關係定位的思考。

黨的十八大報告指出：兩岸可以探討國家尚未統一特殊情況下的兩岸政治關係，作出合情合理的安排。兩岸政治關係定位是兩岸從事務性商談向著政治性談判過渡，構建兩岸關係和平發展框架的重要步驟，也是一項政策性、理論性極強的兩岸疑難問題。本報告提出「兩岸法理關係定位」的概念，並藉助該概念，對兩岸間棘手的臺灣法理定位問題進行討論，供有關方面決策時參考。

一、「兩岸法理關係定位」提法的必要性和可行性

兩岸法理關係定位是兩岸從以民間團體為交往主軸的事務關係到政治關係過渡的一個中間概念，描述的是兩岸在尋求突破事務關係，但因政治互信累積不夠，暫時在政治關係定位上未達成共識情況下的中間過渡關係。從兩岸關係和平發展的大勢和兩岸交往的具體實踐來看，「兩岸法理關係定位」提法有其必要性，也具備足夠的可行性。

第一，兩岸事務性商談進入深水區，需要兩岸公權力機關合作的事務不斷增加，兩岸過去使用模糊話語擱置公權力機關地位和法律制度地位的做法，在實踐中遇到越來越多的障礙。兩岸關係和平發展實踐的客觀需求，要求兩岸在法理上說清楚彼此之間到底是什麼關係、兩岸公權力機關到底應當如何開展交往、到底應當如何看待臺灣的法律制度等重大問題。而這些問題，都與兩岸法理關係定位有著密切的聯繫。兩岸就政治關係定位如能達成共識，本來是回答上述問題的最佳方式。但是，就兩岸當前的情況來看，兩岸的政治互信並未累積到足夠的程度，兩岸在處理彼此政治關係上，還是處於「各自為政」的狀態。因此，兩岸政治關係定位在當前更加適宜作為一項議題，由兩岸透過務實探討加以解決。因此，實踐的需求只能透過一個介於兩岸事務關係和政治關係的中間過渡性的提法來滿足，兩岸法理關係定位可以承擔這個政策任務。

第二，兩岸法理關係定位的提法，暗合了臺灣和政治人物所提出的一些觀點，也與兩岸法律制度的「一中性」特點相符合。從李登輝時期開始，臺灣在處理兩岸政治關係定位的問題上，就藉助臺灣現行「憲法」的規定。馬英九擔任臺灣領導人以來，多次以臺灣現行「憲法」的某些規定為依據，對「中華民國」的地位、大陸和臺灣的關係等開展論述。近期，謝長廷圍繞「憲法」作了很多文章，不僅重提「憲法一中」，而且提出「憲法共識」，認為兩岸應當在具有「歷史聯結和特殊關係」的憲法基礎上，開展政治談判。由於臺灣現行「憲法」在文本表述上有著「一中性」的特點，因此，臺灣政治人物當前圍繞臺灣現行「憲法」的論述，對於兩岸關係和平發展的積極意義大於消極意義。兩岸法理關係定位的提法，抓住兩岸法律制度中「一中性」的特點，將法律制度的「一中性」上升為關係定位的理據，有利於有效應對臺灣政治人物依憑「憲法」提出的各類觀點，可以最大限度地運用兩岸法律制度的「一中性」資源。

第三，兩岸法理關係定位的提法，也符合兩岸所共同認同的法治原則，有利於將兩岸的某些政治共識法理化、規範化。1982年憲法和臺灣現行「憲法」都肯定了「一中性」的原則，是「九二共識」在法律制度上的表現形式。藉助兩岸所共同認同的法治原則，臺灣現行「憲法」所確認的「一中性」，在臺灣有著最高的法律效力。對「九二共識」的堅持和認同，很大程度上轉化為對臺灣現行「憲法」所具有的「一中性」規範的遵守與執行。只要臺灣現行「憲法」的「一中性」規範不改，則臺灣試圖改變現狀和「一中性」的行動在臺灣都無法律依據。兩岸法理關係定位正是藉助了法律規範對「一中性」的肯定，將法律規範的「一中性」與法律規範（尤其是根本法規範）的效力結合起來，將兩岸達成的政治共識，在法理關係定位的框架內予以法理化和規範化。

二、兩岸法理關係定位的表述

用合適的語言表述兩岸法理關係定位，涉及兩個問題，其一，兩岸法理關係定位到底是在描述什麼，即兩岸法理關係定位的目標指向；其二，在技術上用什麼話語來表述當前的兩岸法理關係定位。本部分圍繞以上兩個問題作一討論。

第一，兩岸法理關係定位的目標指向。

兩岸政治關係定位的指向是：其一，大陸和臺灣兩個地理區域的相互關係；其二，大陸和臺灣各自公權力機構的相互關係。對於前者，大陸和臺灣在當前的政策話語中形成「兩岸」這一模糊表達的共識，在事務性商談和交往實踐中已經被證明是有效的表述。對於後者，大陸和臺灣尚未形成共識，仍然互持「不承認、不接觸」的態度，實踐中透過海協對海基的兩會框架開展商談和交往。兩岸政治關係定位之所以出現上述局面，新中國政權的正統性以及與舊

的「中華民國」的關係，是其中一個具有根本性、基礎性的原因。新中國（中華人民共和國）政權的正當性，在相當程度上建立於推翻舊的「中華民國」的歷史功績上。這一論斷不僅為建國以來的各種政策表述、歷史文件和人民意志所不斷證明，而且體現在1982年憲法的序言中。因此，對「中華民國」符號的否定，連帶對「中華民國憲法」以及以該「憲法」為依據的公權力機關體系的否定，都為證成新中國政權正當性所必要。兩岸政治關係定位不解決「中華民國」的地位問題，不解決「中華民國憲法」的地位問題，不解決「中華民國」公權力機關體系的地位問題，根本無從談起。但是，上述三個問題的解決，涉及對新中國政權正當性的評價、對中國共產黨革命歷史功績的評價、對中國人民爭取民族獨立和自由運用的評價，其影響遠超於臺灣問題的單一論域，不宜輕易地為解決某一個治國理政中的具體問題而做出可能影響國家發展和黨執政地位全局結論。一個可行的策略，是以暫時擱置兩岸政治關係定位問題，先關注兩岸法理關係定位，將比較敏感的政治關係定位降格為法理關係定位，釐清兩岸在法律制度上的相互關係。

第二，當前兩岸法理關係定位的合適表述。

對當前的兩岸法理關係定位至少應當考慮到三個原則：其一，兩岸求同存異基礎上的一個中國原則，這是兩岸法理關係定位的政治基礎，在兩岸法理關係定位中，可以儘量地從兩岸法律制度的「一中性」去挖掘法律資源，強化一個中國原則的法理意義；其二，有利於兩岸關係和平發展和中華民族偉大復興的原則，以合適的語言緩解兩岸政治對立而不是刺激兩岸政治對立，創造臺海兩岸和平、和諧、共生、共榮的環境，用法律保障兩岸民眾「中國夢」的實現；其三，落實「寄希望於臺灣人民」的原則，在表述兩岸法理關係定位時，以兩岸人民的民生福祉為中心，以有利於兩岸民眾體現兩岸關係和平發展主體性作用為目標，吸收和鼓勵兩岸民眾參加兩岸法理關係定位重大表述的形成。基於以上的原則，考慮到兩

岸法律制度對「一中性」的交集性表述，兩岸當前的法理關係定位不妨用「一個中國框架下的兩個平等法律主體」來表述。這一表述的可行性在於：其一，用「一個中國框架」來體現「一中性」，符合一個中國原則的政治要求，也符合兩岸法律制度的「一中性」；其二，用「平等」界定兩岸彼此之間的法理關係，符合「大陸和臺灣同屬一個中國」的立場，更多地強調兩岸在促進和平發展、保障民生福祉方面的權利義務平等，可以迴避臺灣所提出的「對等」要求；其三，兩岸各自在其實際控制區域內實行有效實行著各自的法律體系，在法理上是兩個平等的法律主體，因而用「法律主體」定位大陸和臺灣在法理上的地位，不僅符合現實，也可以迴避「政治實體」、「地區」等存在爭議的概念。

三、臺灣現行「憲法」的定位問題

對法律制度的定位，首在於對處於法律體系頂端的根本法的定位。確定了根本法的定位，則整個法律體系可以在根本法的統攝下，以根本法的定位為基準進行合情合理的定位。為臺灣現行「憲法」定位的關鍵問題是如何看待1949年中共中央做出的《關於廢除國民黨的六法全書與確定解放區的司法原則的指示》（以下簡稱「指示」），與臺灣實際正在運行的「中華民國憲法」的關係。「指示」的基本原則和精神，是確立社會主義法治的重要依據，甚至構成了新中國法律體系的基石，是不可動搖的。因此，「指示」對「中華民國憲法」的廢止和破棄，也是必須堅持的政治原則。但是，實事求是地看待臺灣現行「憲法」，可以發現，這部被宣告廢止的「中華民國憲法」實際上在臺灣仍然穩定、有效的存在：首先，其大部分條文及其增修條文，在臺灣仍有法律效力；其次，臺灣民眾普遍認同這部「憲法」的效力，而且將這部「憲法」作為凝結臺灣共識的依據，多數臺灣民眾對這部「憲法」是有感情的；再

次，依據這部「憲法」所建立起來的臺灣公權力機關體系，在臺灣實際行使著公權力，也獲得了臺灣民眾廣泛的認同。如果大陸方面長期堅持不承認「中華民國憲法」，有可能傷害臺灣民眾的感情，反而有助於「臺獨」分裂勢力否定「中華民國憲法」的「一中性」，妨礙兩岸政治互信的累積，從而不利於兩岸關係和平發展和兩岸政治關係定位的前景。

那麼，如何看待這個在大陸方面看來「主觀上被廢止、客觀上仍存在」的「中華民國憲法」呢？一個可供參考的解決思路，是在政治層面堅持「指示」的基本原則和精神，但同時從法律功能的技術性客觀看待臺灣現行「憲法」在臺灣的實際作用，用「憲制性規定」描述臺灣現行「憲法」。「憲制性規定」的提法，有著三點可行性。其一，「憲制性規定」的提法是從技術層面描述臺灣現行「憲法」在臺灣的作用，而並非對其政治地位的承認，因而不存在違背「指示」原則和精神的問題。其二，「憲制性規定」不等於「憲法」，而是對某個規範性文件功能的具體說明，因而不造成承認臺灣現行「憲法」政治地位的問題，《中華人民共和國香港特別行政區基本法》和《中華人民共和國澳門特別行政區基本法》都被稱為「憲制性法律」，但並不意味著兩者是香港和澳門的「憲法」。「憲制性法律」在港澳問題上已經成為一個通用概念，中共領導人的講話、學者論著和港澳地區人士的言論中，都大量使用了這一概念，也從側面表明了這一概念只是對法律功能的一中描述，並不會導致承認「中華民國憲法」政治地位的效果。其三，「憲制性規定」目的是說明臺灣現行「憲法」的作用，在「憲制性規定」的統攝下，臺灣現行「憲法」規定的實際效力甚至是「憲制性效力」都可以獲得技術意義上的認可和承認，基於該憲制性規定上的公權力機關，作為對臺灣實施有效管轄的機關體系不涉及政治的技術性作用，也都可以獲得相應的承認。

四、相關的對策與建議

本報告綜合以上觀點，形成如下對策與建議，供中共領導和有關部門決策時參考：

第一，藉助與臺灣知名政治人物會見、兩岸高層次交往機制等平臺，尋找合適的機會，使用「兩岸法理關係定位」、「一個中國框架下平等法律主體」、「憲制性規定」等表述，向對方釋放信號，試探對方的態度和臺灣持不同統「獨」觀點群體的反映。

第二，透過學術團體的交往機制，允許學者在學術會議上表達「一個中國框架下平等法律主體」、「憲制性規定」等觀點，透過與臺灣方面學術團體的討論，對兩岸法理關係定位進行務實探討，為兩岸討論政治關係奠定基礎、提供素材。

第三，對於臺灣現行「憲法」，在政策文件中允許使用「臺灣憲制性規定」的提法。在此基礎上，對於臺灣建立在憲制性規定上的公權力機關體系和法律體系的稱呼都隨之加以變更。在公權力機關體系方面，除「總統」、「副總統」外，均使用臺灣認可的正式稱呼，如「臺灣行政院長」、「臺灣法務部長」、「臺灣立法委員」等。在法律體系方面，做總體概括時，仍使用「臺灣有關規定」的表述，但對具體的法律，可使用「臺灣某法」或「臺灣某條例」的稱謂，如「臺灣民法典」、「臺灣刑法典」等，不必在技術上做加引號的處理。

第四，明確兩會框架的造法性功能，在具體的事務性合作上，涉及公權力機關合作的部分，可以採取更加有利於合作的方式，如以公權力機關對公權力機關的模式，避免政治因素對兩岸事務性合作的消極影響。

《海峽兩岸和平協議》（建議稿）

　　2005年4月29日，國共兩黨領導人胡錦濤和連戰達成兩岸和平發展共同願景的五項共識，其中第二項為「促進終止敵對狀態，達成和平協議。建構兩岸和平穩定發展的架構，包括建立軍事互信機制，避免兩岸軍事衝突。」2007年10月15日，胡錦濤在中國共產黨第十七次全國代表大會的政治報告中鄭重呼籲兩岸「在一個中國原則的基礎上，協商正式結束兩岸敵對狀態，達成和平協議，構建兩岸關係和平發展框架，開創兩岸關係和平發展新局面」。2008年12月31日，胡錦濤在《告臺灣同胞書》發表三十週年紀念座談會上再次呼籲兩岸「在一個中國原則的基礎上，協商正式結束兩岸敵對狀態，達成和平協議，構建兩岸關係和平發展框架」。馬英九等臺灣政治人物以及臺灣有關政黨也在不同場合對「和平協議」的呼籲予以回應。「和平協議」已經成為兩岸正式結束敵對狀態，構建兩岸關係和平發展框架的主要法律文件。簽訂和平協議，對於維護臺海地區和平穩定，維護兩岸人民民生福祉，維護中華民族根本利益，都具有重要意義。為此，我們在長期進行臺灣問題研究的基礎上，草擬《海峽兩岸和平協議》（建議稿），以期助益於兩岸早日簽訂和平協議，為兩岸關係和平發展提供文本參考。

一、總體思路

　　和平協議是構建兩岸關係和平發展框架的基礎性文件。簽訂和平協議不僅是為了正式結束兩岸敵對狀態，而且是為了構建兩岸關係和平發展的框架。對於兩岸而言，和平協議的簽訂，不可能是任何一方的「政策獨白」，而只能是兩岸的高度共識。

　　第一，「中華民族認同」是和平協議的認同基礎。兩岸人民同

屬一個中華民族,中華民族是兩岸人民共同的精神家園,兩岸人民理應攜手維護好、建設好我們的共同家園。在兩岸意識型態對立、政權認知不同、國家認同異化的情況下,選擇「中華民族認同」作為和平協議的認同基礎,是最為現實和有效的。「中華民族認同」與一個中國原則並不矛盾,而是在一個中國原則下作出的務實選擇。

第二,「法理共識」是和平協議的共識定位。由於歷史、政治等原因,兩岸在「國家」、「主權」等政治敏感性高的議題上存在短時期內難以調和的不同觀點。就目的而言,和平協議意在正式結束兩岸敵對狀態,構建兩岸關係和平發展框架,而並非是為了徹底解決這些爭議。因此,和平協議是一項法理共識,其主要功能是透過確認兩岸關係和平發展過程中所必須確定的優先性內容,建立兩岸關係和平發展的制度和程序。大陸和臺灣可以透過和平協議規定的制度和程序,在充分協商基礎上,解決困擾兩岸關係和平發展的政治、經濟、文化、社會等各方面的問題。

將和平協議定性為「中華民族認同基礎上的法理共識」,可以確定:和平協議並不是解決兩岸關係所有問題的政治文件,而是為兩岸關係和平發展提供制度性協商機制的法律規範。運用法學思維建立具有可行性的規範文本,建構適合於兩岸關係和平發展的制度框架,是我們草擬和平協議(建議稿)的總思路。

二、基本原則

和平協議的基本原則,是制定和實施和平協議過程中必須遵循的最基本的準則,是貫穿和平協議制定和實施的基本精神。確定和平協議的基本原則,對於指導和平協議的制定、確定和平協議的內容和解釋和平協議具有重要意義。兩岸關係和平發展框架是確定和

平協議基本原則的依據。兩岸關係和平發展框架遵循一條由經濟到政治、由事務性議題到政治性議題的發展道路。立基於該認識，和平協議應確立兩岸原則、事務原則和制度原則，其中兩岸原則是和平協議的認知基礎，事務原則是和平協議的功能定位，制度原則是和平協議的內容依據。

第一，兩岸原則。兩岸原則是指大陸和臺灣承認兩岸尚未統一併存在政治分立的現狀，暫時擱置「國家」、「主權」等政治敏感議題，將「兩岸」作為和平協議的主體。中共十七大報告提出「兩岸關係和平發展框架」的構想，將政治上的「一國」置換為地理上的「兩岸」，既在原則上堅持了「一國」，又在實踐中對「一國」作了策略性的迴避，體現了大陸推動兩岸關係和平發展的誠意。兩岸也因其是一個排除政治色彩的中性詞語，容易獲得臺灣方面的認同。因此，在和平協議中建立兩岸原則，用地理上的「兩岸」作為政治上的「一國」的具體化，使和平協議能夠最大限度地為大陸和臺灣所共同接受。

第二，事務原則。事務原則是指和平協議應加強兩岸在經濟、文化和社會等領域的事務性合作，緩解政治性議題對兩岸關係和平發展的壓力，透過事務性合作，促進兩岸關係和平發展。「事務性合作」一詞來源於兩岸在1992年後開始的事務性商談。經過十餘年的事務性商談，兩岸形成了在事務性商談中迴避政治議題的成功經驗。和平協議雖為兩岸政治性協議，但和平協議中的政治性內容主要體現為和平協議的優先性內容，目的是以法律形式確認兩岸能夠形成共識的政治性內容，以為兩岸在經濟、文化和社會等方面的事務性合作掃清政治障礙。因此，和平協議應確立事務原則，緩解政治性議題對兩岸關係和平發展的壓力，落實由經濟到政治、由事務性議題到政治性議題的發展道路。

第三，制度原則、制度原則是指和平協議除兩岸關係和平發展

所必需的優先性內容外，應避免對其他政治性問題進行判斷，而只規定兩岸協商制度，以為兩岸透過協商解決實質性問題提供制度平臺。制度原則來源於解決兩岸政治性問題的「議題化」和「階段性」的思路。「議題化」是透過將大陸和臺灣間的政治性問題作為兩岸談判的一項議題，由兩岸透過談判協商解決，在兩岸透過談判達成共識前，兩岸都應避免單方面對政治性問題作出結論。「階段化」是指大陸和臺對於暫時難以達成共識的政治性問題，可以採取分階段、分步驟的方式，根據兩岸關係發展狀況，在不同階段確定不同的解決方式，使兩岸對該政治性問題的理解與認知始終與兩岸關係發展狀況相適應。「議題化」和「階段性」思路的關鍵是建立行之有效的兩岸協商機制，而和平協議應為兩岸協商機制建構起基本框架。

三、逐條釋義

【條文】

序言

為促進兩岸關係和平發展，謀求兩岸人民福祉和臺海地區和平，受海峽兩岸委託，海峽兩岸關係協會（以下簡稱「海協」）和財團法人海峽交流基金會（以下簡稱「海基」）經過平等談判，簽訂《海峽兩岸和平協議》（以下簡稱「和平協議」）如下，謹請兩岸共同遵守。

【釋義】

和平協議延續海協和海基兩會協議的傳統，在正式條文前加上「序言」，對和平協議的目的、主體和名稱等重要問題進行說明。

第一，關於和平協議的目的。和平協議作為構建兩岸關係和平

發展框架的基礎性文件，其根本目的是促進兩岸關係和平發展。中共十七大報告立足於「為兩岸同胞謀福祉、為臺海地區謀和平、為中華民族謀復興」，提出「構建兩岸關係和平發展框架」的戰略思考，因此，和平協議的目的可以被確定為「促進兩岸關係和平發展，謀求兩岸人民福祉和臺海地區和平」。

  第二，關於和平協議的主體。胡錦濤指出：「1949年以來，大陸和臺灣儘管尚未統一，但不是中國領土和主權的分裂，而是上個世紀40年代中後期中國內戰遺留並延續的政治對立，這沒有改變大陸和臺灣同屬一個中國的事實。兩岸復歸統一，不是主權和領土再造，而是結束政治對立。」結合胡錦濤的重要論述以及兩岸現狀，兩岸關係不是「兩國」關係、「兩府」關係、「兩體」關係、「兩區」關係，也不是「兩黨」關係，而是一國內的政治對立關係。如何概括這種政治關係定位，是確定和平協議主體的關鍵。我們認為，地理上的「兩岸」可以轉變為一個政治概念，並作為大陸和臺灣政治關係定位的表述。將政治關係定位為「兩岸」關係，可以有效地避免兩岸間敏感而複雜的關係定位爭議，使兩岸不致於因政治關係定位問題而延擱和平協議的簽訂。和平協議主體是以自己名義簽訂和平協議的主體，但由於「兩岸」的抽象性，「兩岸」只能透過委託形式，委託其他組織進行和平協議談判。歷史和現實都證明，海協和海基是最為合適的和平協議談判主體。需要說明的是「兩岸」在和平協議談判中的相互地位。對此問題，大陸方面主張，兩岸在談判過程中是「平等」關係，重在程序性權利和義務。臺灣方面則主張兩岸是「對等政治實體」。我們認為，兩岸實質性的政治關係如何，是敏感性高的政治議題，應留待和平協議構建的兩岸協商機制解決。因此，在和平協議談判中，經「兩岸」委託的海協和海基兩會是平等關係，平等地行使談判權利、履行談判義務。

  第三，關於和平協議的名稱。大陸和臺灣在兩會機制下，形成

了兩會協議前冠之以「海峽兩岸」的慣例。該慣例在和平協議中可以繼續沿用。因此，和平協議的名稱可以確定為「海峽兩岸和平協議」，但為方便起見，仍可簡稱為「和平協議」。

【條文】

一、政治互信的宣告

兩岸應建立政治互信，就以下內容達成共識：

（一）兩岸正式結束敵對狀態，共同維護臺海地區的和平穩定；

（二）兩岸同屬中華民族，共同維護中華民族的根本利益；

（三）兩岸共同致力於兩岸關係和平發展；

（四）兩岸承諾不單方面改變截至公元2×××年12月31日（民國××年12月31日）時的狀態。

【釋義】

本條為和平協議的優先性內容。根據和平協議「法理共識」的定位，優先性內容是指和平協議所必須確認的、兩岸關係中最為關鍵的內容，這些內容在兩岸關係中具有優先性的地位，是兩岸關係在一定歷史階段得以發展的基礎。我們認為，兩岸關係和平發展的優先性內容是兩岸互信，具體包括：第一，確認兩岸正式結束敵對狀態；第二，確認兩岸對「中華民族」的共同認同；第三，確認建立兩岸基礎關係；第四，確認兩岸關於不單方面改變兩岸現狀的承諾。

對於和平協議文本而言，關鍵是如何用規範化的語言表述上述優先性內容。「優先性內容」為理論上的用於，如直接用於和平協議文本，則在何為「優先性」、如何判定「優先性」、「優先性」應如何維護等方面存在問題。我們認為，作為具有規範性的和平協

議文本，可以不提「優先性」，而直接宣告兩岸的政治互信，將優先性內容作為兩岸就政治互信達成的共識羅列在文本中，具體如下：

第一，對於「確認兩岸正式結束敵對狀態」，可以採取直接宣示的方式，在和平協議中規定「兩岸正式結束敵對狀態」，為了起強調作用，可以在宣示後表明兩岸「共同維護臺海地區的和平穩定」的立場。至於兩岸軍事互信機制、大陸「撤飛彈」等議題，可由兩岸透過和平協議規定的兩岸協商機制進行充分協商第二，對於「確認兩岸對『中華民族』的共同認同」，可以採取直接宣示的方式，在和平協議中規定「兩岸同屬中華民族」。中共十七大報告指出，兩岸應維護中華民族的根本利益。對此觀點，臺灣方面亦不持異議，此觀2008年5月20日馬英九的講話可知。為了強化兩岸對「中華民族認同」的目的，可以加上「共同維護中華民族的根本利益」一句。

第三，對於「確認建立兩岸基礎關係」，由於「基礎關係」容易引起將兩岸關係類比兩德關係的誤解，因此，在和平協議的正式條文中，不宜出現「基礎關係」一詞。兩岸建立基礎關係的目的是兩岸關係和平發展，兩岸關係和平發展框架是兩岸基礎關係的制度載體。因此，可以直接將「兩岸共同致力於兩岸關係和平發展」載入和平協議。

第四，對於「確認兩岸關於不單方面改變兩岸現狀的承諾」，由於大陸和臺灣對「兩岸現狀」的認知上存在根本性差異，因而無法用政治語言來描述準確描述「兩岸現狀」。我們認為，可以用時間點表述的方式予以變通，至於在該時間點上，「兩岸現狀」到底是什麼，可以由兩岸各自理解，只是不能違反該時間點上的「兩岸現狀」。為此，可以將兩岸現狀表述為「截至公元2xxx年12月31日（民國xx年12月31日）時的狀態」。

【條文】

二、兩岸協商機制

兩岸授權海協和海基，建立兩岸協商機制：

（一）兩岸可就經濟、文化、社會等事務性議題進行協商；

（二）兩岸可就政治性議題進行協商；

（三）需要時，海協和海基可以委託其他組織就事務性議題進行協商；

（四）兩岸協商機制的程序和方式由兩岸透過海協和海基另行協商確定。

【釋義】

本條為兩岸協商機制。兩岸協商機制是和平協議的主幹。根據制度原則，和平協議除對前述優先性內容予以確認，體現大陸和臺灣在若干關係到兩岸關係前途的重大問題上的共識外，對於其他議題，應採取儘量避免實質性判斷的態度，而僅僅是為兩岸關係的和平發展提供協商機制。對於兩岸協商機制，有以下三個問題需要探討：

第一，關於兩岸協商的主體。兩岸協商的主體，涉及是否大陸是否承認臺灣公權力機關「合法性」的問題。該問題屬實質性的政治爭議，應留待和平協議構建的兩岸協商機制解決。在沒有就此問題形成共識前，可以繼續沿用海協和海基兩會協商機制，由海協和海基受兩岸委託，進行兩岸協商。

第二，關於兩岸協商的議題。兩岸協商議題具有多元性，既有政治敏感性低的經濟、文化和社會等事務性議題，也有敏感性高的政治性議題。根據大陸的一貫政策主張和《反分裂國家法》第7條的規定，兩岸可以就經濟、政治、文化和社會等各方面議題進行協

商，而不限於目前的事務性協商。

　　第三，關於兩岸協商的復委託機制。海協和海基作為兩岸半官方性質的民間團體，具有綜合性的特點，其所處理的兩岸關係事務都是兩岸具有綜合性、宏觀性的事務。因此，專業性不強的缺點將有可能影響兩岸協商的效果。為了彌補這一缺點，兩岸協商機制應建立復委託制度，允許海協和海基對兩岸行業協會（同業公會）、非政府組織等社會團體進行復委託，允許這些團體在必要時與對方相關團體在專業領域進行事務性協商。但是，兩岸協商的復委託機制僅限於事務性協商。原因是兩岸政治性協商具有高度政治敏感性，兩岸對於政治性協商應採取特別審慎的態度，不宜在已經委託兩會的情況下再行復委託。

　　至於兩岸協商機制的程序和方式，可以授權海協和海基另行協商確定。

【條文】

三、兩岸協議

兩岸透過協商機制，可以簽訂兩岸協議，包括：

（一）兩岸事務性協議；

（二）兩岸政治性協議。

【釋義】

　　本條為兩岸協議。和平協議是一項法理共識，並以制度原則為其基本原則之一，因此，和平協議除了確認某些優先性內容外，並不對其他實質性內容進行規定，而僅僅提供兩岸進一步商談的機制。和平協議的制度原則決定了對和平協議的實施，除了和平協議自身外，還需藉助依照和平協議規定的兩岸協商機制所制定的兩岸協議及其所形成的兩岸協議體系。兩岸協議是指兩岸透過和平協議

所規定的兩岸協商機制所制定的協議，其名稱可以是協議、紀要、安排等。兩岸協議依據和平協議產生，而兩岸協議根據其內容和產生機制的不同，又可以分為兩岸事務性協議和兩岸政治性協議，和平協議、兩岸事務性協議和兩岸政治性協議共同構成了兩岸協議體系。兩岸事務性協議是由兩岸事務性協商機制產生，其規定的內容主要是兩岸事務性事項，是兩岸協議體系的主幹。兩岸政治性協議是由兩岸政治性協商機制產生，體現兩岸在和平協議簽訂後，對兩岸間政治性事務形成的新共識，是對和平協議的發展。

【條文】

四、和平協議簽訂前兩岸協議的效力

和平協議生效後，兩岸民間機構在和平協議簽訂前簽訂的協議（見附件一）繼續有效。

【釋義】

本條為和平協議簽訂前兩岸協議的效力。和平協議簽訂前，兩岸透過海協和海基兩會協商，以及其他民間團體的協商，簽訂了包括兩會協議在內的多項兩岸協議。這些兩岸協議為兩岸開展事務性交流，提供了規範依據，而且被實踐證明是行之有效的。因此，和平協議簽訂後，這些兩岸協議應繼續有效。同時，和平協議透過承認和平協議簽訂前兩岸協議的效力，可以將這些兩岸協議的效力來源從當時兩會或其他民間團體的合意向和平協議轉移，從而將其納入以和平協議為基礎的兩岸協議體系。為了增強和平協議的規範性，對於繼續有效的協議，不宜採取概括說明的方式，而應以附件形式列舉於和平協議正式條文後。

【條文】

五、和平協議簽訂前臺灣與香港、澳門相互協議的效力

和平協議生效後，臺灣民間團體與香港民間團體、澳門民間團

體在和平協議簽訂前簽訂的協議（見附件二）繼續有效。

【釋義】

本條為和平協議簽訂前臺灣與香港、澳門相互協議的效力。和平協議簽訂前，臺灣與香港、澳門透過民間團體簽訂了一系列的協議。這些協議為港臺、澳臺在香港、澳門回歸後開展正常交流造成了重要作用，而且已經被實踐證明是行之有效的。和平協議的主體是「兩岸」，香港和澳門屬於「兩岸」中大陸一方。香港、澳門與臺灣的關係同樣應受和平協議的調整。因此，和平協議應承認和平協議簽訂前臺灣民間團體與香港民間團體、澳門民間團體簽訂的協議，使之繼續有效，同時將其納入以和平協議為基礎的兩岸協議體系。

【條文】

六、聯繫機制

和平協議由海協和海基負責聯繫：

（一）海協和海基應建立定期聯繫機制；

（二）海協和海基可以向對方派駐常駐代表；

（三）海協和海基的定期聯繫機制、常駐代表的地位和工作方式，由海協和海基協商確定。

【釋義】

本條為和平協議的聯繫機制。聯繫機制是使兩岸協商機制制度化、常態化的重要方式。對於和平協議的聯繫機制，有以下兩個問題需要探討：

第一，和平協議的聯繫主體。和平協議的聯繫主體，是負責和平協議聯繫的主體。和平協議需要兩岸公權力機關的配合才能有效實施，但兩岸公權力機關直接接觸涉及是否大陸是否承認臺灣公權

力機關「合法性」的問題。該問題屬實質性的政治爭議,應留待和平協議構建的兩岸協商機制解決。在沒有就此問題形成共識前,可以繼續沿用海協和海基兩會模式,由兩會負責和平協議有關事務的聯繫。唯須在和平協議中專門規定的,是兩會應建立定期聯繫機制,改變目前兩會不定期聯繫的現狀,使兩會聯繫制度化、常態化。

第二,兩岸向對方派駐常駐代表。隨著兩岸關係和平發展進程的深入,兩岸有必要向對方派駐常駐代表,以負責日常聯繫、交流、宣傳以及保障己方居民權利等事務。有學者曾經提出兩岸互設「常設代表處」的設想,認為「常設代表處」「類似於國家間互設的大使館」。儘管「常設代表處」可以迴避兩岸關係是不是「國與國」關係的敏感問題,但若由兩岸公權力機關互派常駐代表,仍有大陸和臺灣的政治關係定位、是否承認臺灣「合法性」等敏感問題。因此,兩岸不適宜以「官方」名義向對方派駐常駐代表處。為此,可以由兩會借聯繫和平協議的名義,向對方(指兩會中的一方,而不是兩岸中的一方)派駐常駐代表,從而將「兩岸互派代表」,轉變為「兩會互派代表」。透過兩會向對方派駐常駐代表的形式,不僅可以降低政治敏感性,而且可以使兩岸公權力機關戴上「民間白手套」,透過兩會框架,達到互派常駐代表的作用。

至於定期聯繫機制、派駐代表的地位和工作方式等,可以授權海協和海基另行協商確定。

【條文】

七、和平協議的效力

和平協議具有法律效力:

(一)兩岸應根據和平協議制定、修改和解釋有關法律;

(二)兩岸協議不得與和平協議相牴觸;

【釋義】

本條為和平協議的效力。和平協議的效力，是指和平協議的拘束力。作為一份法律文件，和平協議具有法律效力，而這種法律效力，主要體現對兩岸域內法的效力和兩岸協議的效力。

第一，和平協議對兩岸域內法的效力。和平協議一經生效，即和平協議具有高於兩岸除1982年憲法和臺灣現行「憲法」的效力。但是，由於兩岸並無意透過和平協議建立高於兩岸的「超兩岸」機構，和平協議的效力因而無法透過撤銷與和平協議相牴觸的規範性文件的方式體現。因此，和平協議的效力並不直接對兩岸各自域內的法律體系產生作用，但兩岸按照和平協議的規定，依據各自法律的相關規定，制定、修改和解釋各自域內的法律。

第二，和平協議對兩岸協議的效力。和平協議是兩岸協議的基礎和依據，兩岸協議必須依據和平協議制定，而不能與之相牴觸。規定「兩岸協議不得與和平協議相牴觸」，有利於形成以和平協議為基礎的兩岸協議體系，有利於維護和平協議的效力。然而，對於「牴觸」一詞，兩岸事務性協議和兩岸政治性協議應做不同的理解。對於兩岸事務性協議而言，「牴觸」一詞主要理解為兩岸事務性協議不得違反和平協議的規定，兩岸必須按照和平協議制定、修改和解釋和平協議。對於兩岸政治性協議，由於其是和平協議的發展，一些規定必然會突破和平協議的規定，從表面上看是「牴觸」和平協議。但是，判斷兩岸政治性協議是否與和平協議相牴觸，不能僅看兩者在條文上是否存在矛盾，而主要應看兩岸政治性協議的內容是否符合和平協議所規定的兩岸關係發展方向。因此，只要兩岸政治性協議沒有規定與和平協議所規定的兩岸關係發展方向相逆的事項，則不應認為該政治性協議與和平協議相牴觸。

【條文】

八、和平協議的解釋

和平協議由海協和海基透過兩岸協商機制予以解釋：

（一）任何一方均可提出解釋申請；

（二）解釋以兩岸協議形式作出；

（三）解釋和平協議的兩岸協議與和平協議具有同等效力；

（四）在解釋時應優先參考和平協議簽訂時的會談紀要、備忘錄等文件。

【釋義】

本條為和平協議的解釋。和平協議的解釋，是指透過對和平協議文本含義的闡明，使和平協議能夠得以適用。對和平協議的解釋，是適用和平協議的必要環節。和平協議的解釋，包括兩岸在各自管轄區域內的解釋和兩岸間的解釋。對於兩岸在各自關係區域內的解釋，應按照兩岸各自管轄區域內的法律解釋制度進行，和平協議只規定和平協議在兩岸間的解釋。由於兩岸並無透過和平協議建立高於兩岸機構的意圖，因此兩岸間對和平協議的解釋，只能透過兩岸協商機制。立基於此認識，兩岸任何一方均可透過海協或海基提出解釋申請，而解釋也應循兩岸協商機制形成兩岸協議的制度，以兩岸協議的形式作出。依據解釋與被解釋對象具有同等效力的基本原理，對和平協議的解釋，與和平協議具有同等效力。

明確和平協議解釋的界限，禁止對某些體現和平協議核心精神、具有極端重要性的內容進行解釋，有助於迴避因隨意解釋而破壞和平協議核心精神的風險。兩岸關係敏感而脆弱，和平協議作為一項法理共識，雖然在兩岸間形成了一個比較穩定的狀態，但是這種穩定的狀態以和平協議所規定的制度為基礎，因此，和平協議的變化，即便只是透過解釋的隱性變化，都將削弱甚至徹底動搖這種穩定的狀態。據此，對和平協議解釋的界限，應遵循四項原則：第一，不解釋優先性內容原則，禁止兩岸解釋和平協議所確定的優先

性內容（即第一條規定的政治互信）；第二，不引用政治關係定位解釋原則，兩岸在解釋和平協議時，禁止引用政治關係定位作為支持其觀點或否定其他觀點依據；第三，以和平協議解釋和平協議原則，包括兩層含義：其一，兩岸解釋和平協議時，應以和平協議有規定者為限，和平協議未規定者，不應作擴大解釋或透過解釋填補漏洞，絕對排斥和平協議的有權解釋者借解釋和平協議之名、行修改和平協議之實，其二，對和平協議的解釋，應以和平協議文本為依據，注意和平協議前後文本的協調；第四，歷史解釋優先原則，存在對和平協議文本的多種解釋時，應當優先選擇當初兩岸制定和平協議時的意思。但是，並不是上述四項原則都有必要載入和平協議。根據世界各國解釋憲法和法律的實踐，除歷史解釋優先原則外，成文法一般部規定其他三項原則，而是由解釋者在解釋時自行適用。因此，和平協議中，也應只明確規定歷史解釋優先原則，要求兩岸在解釋和平協議時，優先參考和平協議簽訂時的會談紀要、備忘錄等文件。至於其他原則，應由兩岸在解釋和平協議的實踐中把握。

【條文】

九、和平協議的變更

和平協議由海協和海基透過兩岸協商機制予以變更：

（一）任何一方均可提出變更申請；

（二）變更以書面形式確認；

（三）對和平協議的任何變更，不得變更第一條所列的內容。

【釋義】

本條為和平協議的變更。允許變更和平協議，以保證和平協議與兩岸關係和平發展的適應性，有其必要性。和平協議的變更，亦可稱和平協議的修改，即對和平協議文本的增補、刪除和變動。按

照兩會協議的慣例，和平協議應仍將和平協議的修改稱為和平協議的變更。和平協議的文本反映了簽訂和平協議時兩岸關係的發展狀況。隨著兩岸關係和平發展的深化，和平協議的文本將出現不適應兩岸關係和平發展的地方。基於與兩岸透過兩岸協商機制解釋和平協議相同的原因，和平協議的變更因而也應由兩岸透過兩岸協商機制進行，兩岸任何一方均可提出變更申請，變更以書面形式確認。除此以外另有兩個問題需要說明：

第一，海協和海基簽訂的兩會協議中，一般授權兩會就「未盡事宜」「另行協商」，和平協議是否也應有類似規定，允許兩岸透過兩岸協商機制就「未盡事宜」「另行協商」？我們認為，對和平協議的變更應在和平協議文本的框架內，而不宜以「未盡事宜」為名做任何擴張，以防在擴張中動搖和平協議的基礎，偏離和平協議的性質，減損和和平協議的權威性。兩岸若對和平協議「未盡事宜」達成共識，可以透過兩岸政治性協議形式加以體現，而無必要變更和平協議。

第二，為防止透過變更和平協議，破壞或者削弱和平協議的基礎，和平協議應規定對和平協議變更的界限。確定和平協議中不得依其自身所規定的變更程序予以變更的事項，可以依下列三項原則：其一，空洞化原則，即若變更該事項，則導致和平協議的空洞化；其二，授權原則，即若變更該事項，則超出兩會獲得政治任務委託時的授權；其三，核心領域原則，即若變更該事項，則因變更和平協議的核心領域而導致無法實現兩岸簽訂和平協議的目標。綜合以上三項原則，我們認為，和平協議中不得變更的事項，是和平協議第一條所確認的兩岸政治互信，除此以外，其餘有關兩岸協商機制的所有內容，均可透過和平協議所規定的變更程序加以變更。

【條文】

十、和平協議的接受和生效

海協和海基簽訂和平協議後,兩岸應在協議簽訂後40日內按照各自規定完成接受程序,和平協議自兩岸均完成接受程序後生效:

(一)本協議於2xxx年x月x日(民國xx年x月x日)簽訂;

(二)本協議共兩個版本,大陸所持版本為海協列前,海基列後,採公元紀年方法,臺灣所持版本為海基列前,海協列後,採臺灣通行紀年方法;

(三)本協議一式四份,雙方各持兩份,其中一份為對方所持版本;

(四)本協議各版本具有同等效力。

【釋義】

本條為和平協議的生效。目前,兩岸對兩會協議的接受和生效有著不同的做法。大陸方面以協議簽訂後經過一定期間(由協議規定)為生效要件,經過一定期間後,協議自動生效。臺灣方面則須經有關主管部門核可或審議,經過一定期間不一定必然產生協議生效的效果。為了消除這一不同,和平協議應對和平協議在兩岸的接受和生效進行明確規定。我們認為,依據和平協議的兩岸原則,對和平協議的接受,應循兩岸各自規定的程序進行。同時,和平協議應規定兩岸完成接受程序的期間,防止可能出現的拖延現象。借鑑兩會協議的普遍做法,可以將這一期間規定為40日。在兩岸完成接受程序後,和平協議即告生效,而不必等待40日期間屆滿。

兩會在和平協議談判過程中是平等關係,為了體現這種平等關係,和平協議文本應儘量避免出現兩會先後排列,或其他可能導致兩岸排序效果的表述,在必須出現兩會先後排列或其他可能導致兩岸排序效果的表示時,應採取變通方法。我們認為,和平協議可在主體保持不變的前提下,分為兩個版本,其中大陸所持版本中海協列前,海基列後,使用公元紀年,臺灣所持版本中海基列前,海協

列後，使用臺灣通行紀年，雙方同時應持對方版本一份，以作備案。兩個版本的協議具有同等效力。

【條文】

附件一：

根據《海峽兩岸和平協議》第四條，兩岸民間團體在和平協議簽訂前簽訂的下列協議繼續有效：

……

附件二：

根據《海峽兩岸和平協議》第五條，臺灣民間團體和香港民間團體、澳門民間團體在和平協議簽訂前簽訂的下列協議繼續有效：

……

【釋義】

附件一和附件二為配合和平協議第四條和第五條，列出和平協議簽訂後繼續有效的兩岸民間團體在和平協議簽訂前簽訂的協議，以及臺灣民間團體和香港民間團體、澳門民間團體在和平協議簽訂前簽訂的協議。

論兩會事務性協議的接受制度

1993年後，大陸和臺灣透過授權團體海協會和海基會簽訂了一系列事務性協議（以下簡稱「兩會協議」），兩會協議的簽訂與實施對於促進兩岸關係和平發展發揮了積極作用。兩岸依據各自的有關規定接受（incorporation）兩會協議是兩會協議實施的關鍵步驟。所謂兩會協議的接受，是指兩岸透過一定方式使兩會協議從民間團體之間簽訂的私協議，轉化為具有規範意義的法規則的過程。目

前，兩岸學者對兩會協議的研究，仍多從協議的意義、影響和作用等宏觀層面著手，而對於兩會協議的接受等技術性、細節性的議題未有涉及。「涉臺無小事」，任何在表面上看來僅具「技術性」和「細節性」的議題，在兩岸關係的框架內都將變得微妙而敏感，對兩會協議的接受也不例外。實踐中，因兩岸在兩會協議的接受問題上存在不同認知，甚至一度引發爭論。立基於上述原因，本文擬結合兩岸接受兩會協議的實踐，以及兩會協議的有關文本，對兩會協議的接受問題作一理論上的探討。

一、問題的提出

2008年11月，兩岸海協會和海基會領導人在臺北達成包括《海峽兩岸食品安全協議》在內的四項事務性協議。在該四份協議的最後一條都規定：「本協議自雙方簽署×日時生效」，其中《海峽兩岸食品安全協議》規定為七日，其餘三份協議規定為四十日。對於這一條的規定，兩岸產生了不同的理解。尤其是《海峽兩岸食品安全協議》，因其規定從簽署至生效的期間較短，兩岸有關部門因在對外表述上有所不同，一度引發媒體猜想。雖然這一風波並未對兩岸關係造成實質性的影響，但凸顯了兩會協議接受這一問題的重要性。

按臺灣媒體報導，2008年11月12日，臺灣「立法院」將當月4日海協會和海基會領導人簽訂的四項協議交付有關委員會審查。根據臺灣「立法院職權行使法」第八條之規定，「交付有關委員會審查」屬於「立法院」進行「議案審議」的「一讀程序」，亦即被「交付相關委員會審查」的議案並不必然產生法律上的效力。但，臺灣「立法院」將上述四項協議「交付有關委員會審查」時，據兩會領導人11月4日簽訂《海峽兩岸食品安全協議》已過七天。若按《海峽兩岸食品安全協議》第八條之規定，該協議已經生效。那

麼，臺灣「立法院」在《海峽兩岸食品安全協議》生效後，仍然按照將其「交付有關委員會審查」，是否有兩會協議若非經臺灣法律所規定的程序批准則不具有法律效力的意思？

值得注意的是，國臺辦發言人範麗青於2008年11月26日召開的國臺辦例行新聞發布會上，針對有記者問及臺灣「立法院」對《海峽兩岸食品安全協議》等四項協議的審查是否可能影響其執行和生效時，指出：「兩岸所簽署的三項協議，規定在簽署後四十天內生效，目前雙方都在進行一些內部的各自的準備工作。兩岸同胞都期望三項協議生效以後盡快推動兩岸三通，以達到擴大兩岸交流合作，促進兩岸的經貿發展，共同應對當前日益嚴峻的經濟形勢的目的。」考察國臺辦發言人的表述，至少有兩處值得注意：第一，雖然臺灣「立法院」將四項協議都「交付有關委員會審查」，但國臺辦發言人僅提及規定有「簽署後四十天內生效」的三份協議，從而將《海峽兩岸食品安全協議》排除在外，這一表述，是否意味著大陸方面認為依《海峽兩岸食品安全協議》第八條之規定，《海峽兩岸食品安全協議》已經生效？第二，國臺辦發言人並未正面回應記者所提「立法院審查」一事，而僅以「雙方都在進行一些內部的各自的準備工作」代替之，這裡的「準備工作」含義為何，發言人並未作出具體說明。

雖然國臺辦發言人的表述並不能直接體現出大陸在四項協議是否生效上的態度，但就上述分析而言，大陸方面的態度應更多偏向認為「協議應按協議之規定生效，而不受臺灣內部原因影響」。由此，兩岸至少在表述上發生了矛盾之處。而且臺灣民進黨「立法院」黨團公開表示，若四項協議並非經「立法院」決議，而是「自動生效」，將「不會承認效力」。

上述圍繞《海峽兩岸食品安全協議》等四項協議所產生的爭議，基本上可以反映出兩岸在兩會協議的接受上的主要衝突，歸結

起來就是：兩會協議的接受，是否必須經過批准或審查程序，亦即兩會協議是由兩岸自動接受，還是需經特定的接受程序？

二、兩會協議接受問題的產生原因

兩會協議的政治基礎是以堅持一個中國原則為核心內容的「九二共識」，因此，兩會協議的本質是「一國內地區間協議」。然而，「接受」是一個國際法學上的概念。具有「一國性」的「兩會協議」，何以會使用到一個國際法學上的概念呢？本文認為，兩會協議產生接受問題的原因，絕非是臺灣一部分人所聲言的所謂「兩會協議條約化」主張，而是源於兩會協議在兩岸關係背景下所體現出來的跨法域性和私協議性。

第一，兩會協議的跨法域性要求兩岸透過接受，將兩會協議轉變為各自域內的法律規範，其原因在於兩岸因歷史和現實的因素，已經成為了兩個不同的法域。按照理論通說：法域是一個純粹的法學概念，指具有或適用獨特法律制度的區域，與「國家」、「主權」等概念無關，一個主權國家也可以有多個法域。大陸和臺灣目前仍處於分離狀態，施行於大陸的《中華人民共和國憲法》無法適用於臺灣，而臺灣依據其「憲法」形成了法律體系。在此情況下，大陸和臺灣在事實上存在兩套互相平行的法律體系（而不考慮其正當性），大陸人民和臺灣人民在各自公權力機關的實際控制範圍內，僅遵守、執行和適用本區域內的法律。對大陸和臺灣是兩個不同法域的認識，並不影響大陸和臺灣同屬「一個中國」的事實，而且已為兩岸學界和實務界所公認。2009年4月兩會簽訂的《海峽兩岸共同打擊犯罪及司法互助協議》，就隱含著將大陸和臺灣視為兩個不同法域的前提在其中。兩岸既為兩個法域，兩會協議的實質因而是一國內兩個法域之間簽訂的事務性協議，而此兩個法域並不具有統屬關係。因此，雖然兩會協議具有「一國性」，但仍需透過類

似於國際法上「條約接受」的機制，使之轉變為兩岸各自法域內的法律規範。當然，對兩會協議的接受與國際法上「條約接受」有著本質的不同，並不能以兩會協議需經接受為由，否定兩會協議的「一國性」。同樣，也不能因為兩會協議的「一國性」，而否定兩會協議接受的必要。

第二，兩會協議的私協議性要求兩岸透過接受，將兩會協議轉變為具有公性質的法律規範。兩會協議是兩岸在公權力機關無法直接接觸的情況下，授權民間團體海協會和海基會簽訂的事務性協議。就簽訂主體而言，海協會和海基會是大陸和臺灣為開展兩岸事務性交流而專門成立的團體。從兩會章程來看，海協會的性質為「社會團體法人」，海基會的性質為「財團法人」，根據兩岸有關法律規定，均屬不具有公權力性質之私主體。由於兩會的私性質，其所簽訂的兩會協議因而也僅是具有私協議的性質。從法理上而言，具有私協議性質的兩會協議即便「生效」，也僅能拘束作為簽訂主體的海協會和海基會，並不具有普遍拘束力。然而，在現實中，由海協會和海基會作為兩會協議的簽訂主體，實為兩岸在公權力機關無法直接接觸情況下的變通方法。兩會協議的實施涉及兩岸公權力的行使，有的還需要兩岸公權力機關對兩岸各自法域內的法律進行修改和解釋，因而僅憑具有「窗口」性質的海協會和海基會將難以實現協議目的。為此，有必要透過接受的方式，使兩會協議從僅具有私性質的協議，轉變為具有普遍拘束力的法律規範。透過接受，兩會協議被賦予公性質，從而轉變為足以拘束兩岸公權力機關和普通民眾的法律規範。

綜合兩會協議的跨法域性和私協議性，可以發現，兩會協議接受是兩會協議生效的必要條件。根據兩會協議的跨法域性，兩會協議的實施可以被分為在兩岸各自法域內的實施（以下簡稱「域內實施」）和兩岸間實施兩部分，其中由兩岸公權力機關主導的域內實施是兩會協議是否能得以實施的關鍵。但是，基於兩會協議的私協

議性,即便兩會協議根據其自身規定生效,也僅能拘束海協會和海基會,因此,要使兩岸公權力機關也受到相同拘束,必須經過一定的接受機制。經由接受機制,兩會協議可以獲取足夠的正當性和規範性,從而成為調整協議所涉兩岸事務性關係的基本法律依據。

三、國際法知識的借鑑

雖然大陸和臺灣同屬一個中國,本不生國際法上的問題。但是,考慮到兩會協議的跨法域性,因此,可以在否定臺灣「國家」屬性的前提下,單純從理論層面借用國際法學的知識,對兩會協議的接受進行分析。

第一個問題:接受是否必須經過有形的批准或審查程序,亦即兩會協議是否可以自動在兩岸各自法域內生效。該問題在國際法上體現為條約是否可以直接適用的問題。按照通行國際法準則和國際法理論,國家有落實條約的義務,至於如何落實,一般有兩種方式:其一,若條約包含直接適用的內容,則條約無需轉化立法,而直接以併入方式接受為國內法的一部分;其二,若條約不包含直接適用的內容,則締約國應採取措施,使條約得適用於國內。因此,條約的接受是採取直接適用的方式,還是不直接適用的方式,完全以條約自身如何規定為依據。當然,對於條約是否直接適用,還有考察該國在憲政體制上的特點,若該國的憲政體制並不承認條約具有直接適用性質,則條約即便包含有直接適用條款,亦不產生直接適用的效果。由此類比,對於判斷兩會協議是否可以自動在兩岸各自法域內生效的標準主要有兩項:第一,大陸和臺灣的有關制度是否承認兩會協議的直接適用性,第二,兩會協議自身有無相應規定。

第二個問題:兩岸應以何種形式接受兩會協議。該問題在國際

法學上體現為條約適用的方式。對於條約一般有著兩種適用方式：一是將條約規定轉變為（transformation）為國內法；二是將條約規定納入（adoption，或併入）國內法。前者（轉化）是指為了使國際法能在國內有效地加以適用，透過其立法機關，將國際法有關具體規則變成國內法體系，用國內法的形式表現出來；後者（納入）是指為了能使國際法能在國內適用，一般作出原則規定，從總體上承認國際法為國內法的一部分。當然，也有國家將兩種方式結合起來，根據條約的性質和具體內容，對有些條約以轉化的方式適用，而對有些條約以納入的方式適用。至於採取何種方法，也是由各國憲政體制所決定。由此類比，兩岸應以何種方式接受兩會協議，是轉化還是納入，應根據兩岸內部的體制決定。

綜上所述，兩會協議接受機制的分析對象，應主要集中於以下兩個方面：第一，兩會協議的相關規定；第二，大陸和臺灣在接受兩會協議方面的制度與實踐。以下，本文將按此思路，分別對兩會協議中有關接受機制的規定以及兩岸接受兩會協議的制度與實踐進行探討。

四、兩會協議中有關接受機制的規範分析

解決兩岸在兩會協議的接受上的衝突，一方面固然可以從協議的功能、目的以及協議對兩岸關係和平發展的促進作用等方面，透過政策言說的方式加以探討，另一方面，也可以經由法學的規範分析方法，以協議文本為依據，從規範的角度尋找合適的方法。

由於兩岸分屬兩個不同的法域，兩會協議的實施被分為在兩岸各自域內的實施和在兩岸間的實施。對於「兩岸各自法域內」（以下簡稱「兩岸域內」）和「兩岸間」的劃分，是兩會協議設計接受機制的認識基礎。根據「兩岸域內」和「兩岸間」的劃分，兩會協

議的接受屬於兩岸域內事務，與兩岸各自的相關體制有關。作為事務性協議，兩會協議不便也無必要對兩岸的相關體製作出具體規定。因此，兩會協議文本中並沒有「接受」及其類似概念，也無明確的接受機制。但是，這並不意味著兩會協議文本中沒有規定對協議的接受機制。兩會協議文本雖因不便或無必要對兩岸在各自域內接受協議作出規定，但仍可規定其生效方面的機制。考慮到接受的主要功能在於使兩會協議產生效力，因此，本文擬以兩會協議文本中的生效條款為依據，分析兩會協議所規定的接受機制。

　　根據兩會協議文本，兩會協議的生效條款先後採取過四種模式。第一，簽訂後定期間後生效，即兩會協議在雙方簽訂後經過一定期間，待該期間屆滿後方產生效力。該模式首見於《汪辜會談共同協議》，主要為1990年代簽訂的兩會協議所採用。根據《汪辜會談共同協議》協議第五條規定，「本共同協議自雙方簽署之日起三十日生效實施」。《兩會聯繫與會談制度協議》、《兩岸公證書使用查證協議》、《兩岸掛號函件查詢、補償事宜協議》、《海峽兩岸關於大陸居民赴臺灣旅遊協議》以及《海峽兩岸包機會談紀要》等兩會協議均以此模式生效。第二，待雙方確認後定期日生效，既兩會在確認兩會協議內容後，在一個確定的日期生效。該模式常用於兩會復委託其他組織或個人簽訂的兩會協議中。如《港臺海運商談紀要》第四條規定，「本商談紀要經海峽兩岸關係協會、財團法人海峽交流基金會核可並換文確認，於今年（1997年）7月1日起正式生效。」第三，簽訂後定期間內生效，即兩會協議在兩會簽訂該協議後一定期間內產生效力，但在實踐中一般為期間屆滿之日起生效。該模式為兩會在2008年11月簽訂的四份協議中被採用。如《海峽兩岸空運協議》第十三條規定，「本協議自雙方簽署之日起四十日內生效」。第四，最長過渡期後生效，即兩會協議規定一個最長的過渡期，由雙方進行相應準備工作，待準備工作完成後生效，但不得超過給定的最長過渡期。如《海峽兩岸共同打擊犯罪及司法互

助協議》、《海峽兩岸金融合作協議》和《海峽兩岸空運補充協議》三份協議都規定「協議自簽署之日起各自完成相關準備工作後生效，最遲不超過六十日」。

　　第一種模式和第二種模式都是兩會協議在1990年代所採用的模式，本文討論的重點因而在2008年後採用的第三種模式和第四種模式。從表面上看，第三種模式和第四種模式都是在一定期間屆滿後生效。但是，第三種模式對給定的期間沒有作出明確的界定，導致兩岸對此理解不一，而第四種模式則將給定的期間明確為「緩衝期」。在對於第三種模式中給定的期間的理解上，大陸方面認為，該給定期間為「生效緩衝」期，即便任何一方沒有完成接受程序，協議亦自動生效；臺灣方面則認為，該給定期間應是「生效決定」期，如果有任何一方在此期間內作成否定協議的決定，則該協議不產生效力。上述爭議歸結到一點，就是兩會協議的生效，是否必須經過有形的接受程序。正是這個爭議，導致了兩岸在《海峽兩岸食品安全協議》等四份協議上的衝突。兩岸顯然意識到了第三種模式的缺陷，是造成上述爭議的原因之一，因而在2009年4月簽訂的三份兩會協議中發展出第四種模式，防止再度引發不必要的爭議。

　　與第三種模式相比，第四種模式不僅將給定期間明確為「生效緩衝期」，而且對兩岸在「緩衝期」內的工作也作了規定。在第四種模式的表述中，雙方在緩衝期內應完成「相關準備工作」。這裡的「準備工作」有著相當豐富的內涵：第一，「準備工作」固然包括人員、物資、裝備等工作，同時也包括法制工作，尤其是兩岸以合適方式，使兩會協議成為各自法域內法律體系的一部分，亦即對兩會協議的接受，可以說，「準備工作」一詞可以作為兩會協議接受機制的直接淵源；第二，「準備工作」又是一含義相當模糊的中性詞，它並非是嚴格意義上的法律用語，因而可以有效迴避「批准」、「接受」等國際法學意義上的詞語，確保兩會協議的「一國性」，防止因協議文本的缺陷，引發所謂兩會協議「條約化」的話

題。當然,至於兩岸以何種方式完成「接受」這個「準備工作」,第四種模式仍未加以明確規定,根據兩岸事務性合作的精神,兩岸自然可以依據其各自域內的法律自行決定。

綜合上述分析,可以得出兩會協議接受機制的主要內容(以採取第四種模式為例):第一,兩會協議在兩岸各自完成準備工作後生效,而該準備工作包括對兩會協議的接受,且準備工作應在一個給定的過渡期內完成;第二,至於兩岸以何種方式完成對兩會協議的接受,則由兩岸根據各自域內的法律決定。

五、中國大陸接受兩會協議的制度與實踐

中國大陸認為兩會協議具有直接適用性質,因而以兩會協議的直接適用性為基礎,形成三種具體的適用方式。需要說明的是,這些具體的適用方式並沒有制度化,而是根據實踐所進行的總結。

第一,直接適用方式。直接適用方式,是指兩會協議在依據其自身規定生效後,即成為大陸法律體系的一部分,自然具有法律效力。按照大陸方面在實踐中的做法,「直接適用」的內涵是廣泛的:其一,在對象上,「直接適用」係指兩會協議適用於包括公權力機關在內的所有公民、法人和其他組織;其二,在方式上,「直接適用」不僅是有關部門處理具體案件的規範依據,而且是制定規範性文件的依據。如根據司法部1993年頒布的《海峽兩岸公證書使用查證協議實施辦法》第1條,司法部制定這一實施辦法的目的就是「為履行《兩岸公證書使用查證協議》」。可以說,兩會協議在大陸至少可以作為行政立法上的依據。

第二,先行立法適用方式。先行立法適用方式,是指大陸在兩會協議簽訂前,先行制定相關法律,並以該法律為調整兩會協議所涉事項的依據。如兩會雖於2008年6月才簽訂《海峽兩岸關於大陸

居民赴臺灣旅遊協議》，但國家旅遊局、公安部和國臺辦早在2006年就制定了《大陸居民赴臺灣旅遊管理辦法》，在事實上起著管理和規範大陸居民赴臺旅遊事務的作用。

　　第三，納入適用方式。納入適用方式，是指大陸有關部門在兩會協議前協議後，以「印發」、「通知」等形式，將兩會協議納入到法律體系中。如國臺辦、公安部和海關總署於1995年聯合下文，以「通知」形式將《兩會商定會晤人員入出境往來便利辦法》印發給各地臺辦、公安機關和海關，要求上述單位「遵照執行」。

　　綜上所述，中國大陸在肯定兩會協議直接適用性的基礎上，認為對兩會協議的接受不須經過有形的程序。

六、臺灣接受兩會協議的制度與實踐

　　與大陸肯定兩會協議的直接適用性相比，臺灣對兩會協議的直接適用性持否定態度。「兩岸人民關係條例」對於兩會協議的接受形成了比較成熟的制度框架，但並非沒有缺陷。「兩岸人民關係條例」對於兩會協議接受的體制共分兩部分：

　　第一，界定「協議」的概念，以明確兩會協議接受機制的適用對象。根據「兩岸人民關係條例」第四條之二第三項，臺灣方面將「協議」定義為「臺灣與大陸地區間就涉及行使公權力或政治議題事項所簽署之文書」，而「協議之附加議定書、附加條款、簽字議定書、同意紀錄、附錄及其他附加文件，均屬構成協議之一部分。」根據此定義，一項兩會協議若要進入「兩岸人民關係條例」所規定的接受機制，必須涉及公權力之行使或政治議題事項。當然，兩會協議的行使均至少涉及臺灣公權力的行使，當然適用「兩岸人民關係條例」所規定的程序。

　　第二，將兩會協議依其內容是否涉及臺灣法律之修改或法律保

留事項，分別規定不同的接受程序。根據「兩岸人民關係條例」第五條第二項，兩會協議之內容「若涉及法律之修改或應以法律定之」，「協議辦理機關應於協議簽署後三十日內報請行政院核轉立法院審議」，反之，若兩會協議之內容「其內容未涉及法律之修正或無須另以法律定之者，協議辦理機關應於協議簽署後三十日內報請行政院核定，並送立法院備查」。在「核轉」、「審議」、「核定」和「備查」四個程序中，「核轉」和「備查」不具有實質性的審查意義，僅具有形式上的「轉交」、「備案」等意義，而「核定」和「審議」則具有實質性的審查意義，「行政院」經由「核定」程序、「立法院」經由「審議」程序，可以對「兩會協議」作成實質性的決定，亦即不能排除兩會協議在這兩個階段被否決的可能。由此可見，兩會協議的接受權限是：若協議之內容涉及臺灣法律之修改或法律保留事項，兩會協議應經由「立法院」審議，在「立法院」審議透過後，才告在臺灣法域內生效；若協議之內容不涉及臺灣法律之修改或法律保留事項，則由「行政院」核可，經「行政院」核可後，兩會協議即告在臺灣域內生效。

當然，根據「兩岸人民關係條例」第五條第一項之規定，兩會協議在簽訂前，必須經過臺灣「行政院」同意，因此，若臺灣對兩會協議的接受僅適用「行政院」核定、「立法院」備查的方式，則被接受的幾率較大。因此，真正能產生「兩會協議」被否決效果的，主要是適用「行政院」核轉「立法院」審議的方式接受兩會協議。問題的關鍵就在於：如何判斷兩會協議是否涉及臺灣法律之修改或法律保留事項，以下以《海峽兩岸海運協議》為例說明。2008年11月兩會簽訂《海峽兩岸海運協議》後，臺灣「行政院」和「立法院」就是否應將該協議交由「立法院」審議產生爭議。「立法院」「法制局長」劉漢廷認為，《海峽兩岸海運協議》第三條「雙方同意兩岸登記船舶自進入雙方港口至出港期間，船舶懸掛公司旗，船艉及主桅暫不掛旗」的規定，與臺灣「商港法」關於「船舶

入港至出港時，應懸掛中華民國國旗、船籍國國旗及船舶電臺呼號旗」的規定衝突。因此，要實施《海峽兩岸海運協議》，必須修改「商港法」上述規定或修改「兩岸人民關係條例」、將「商港法」排除出兩岸關係適用範圍。按照劉漢廷的觀點，《海峽兩岸海運協議》無論如何都涉及臺灣有關規定的修改，因而必須由「行政院」核轉「立法院」審議。但依臺灣「立法院議事規則」之規定，「立法院」難以在協議規定之四十日內完成規定程序，可能導致《海峽兩岸海運協議》無法按期生效。因此，「行政院」以變通辦法，依據「兩岸人民關係條例」第九十五條，將《海峽兩岸海運協議》作為「實施臺灣與大陸地區直接通商」的辦法，交由「立法院」「決議」。據「兩岸人民關係條例」第九十五條之規定，「立法院」若在三十日不能作出「決議」，則推定為（視為）同意。後續實踐證明，《海峽兩岸海運協議》正是憑藉「兩岸人民關係條例」第九十五條的「推定同意」規定，於協議規定的生效期間屆滿前被臺灣接受。

圍繞《海峽兩岸海運協議》的爭議之所以能得到妥善解決，主要取決於兩點：第一，協議內容特殊，涉及兩岸「三通」事項，可以在「兩岸人民關係條例」找到變通處理的依據；第二，「兩岸人民關係條例」第九十五條規定了「推定同意」制度，使《海峽兩岸海運協議》是否直接適用的問題在「推定同意」的名義下被繞開。因此，《海峽兩岸海運協議》（依此方法透過的還有性質與其類似的《海峽兩岸空運協議》）的接受，僅屬個案，而不具有普遍性。在實踐中，兩會協議是否涉及臺灣相關規定之修改或保留事項，除可如《海峽兩岸海運協議》般明確找到須修改或違背相關規定保留原則之處，否則，全屬一法律解釋問題。實踐中，臺灣主管兩會協議所涉事項的部門，具有相當大的發言權。

至於兩會協議被接受後，是以「轉化」形式適用，還是以「納入」形式適用，臺灣相關規定並未作進一步規定。2009年5月，臺

灣「法務部」關於《海峽兩岸共同打擊犯罪及司法互助協議》的新聞稿,透露公布灣方面適用兩會協議的具體方式。根據該新聞稿,「法務部」聲言:「相關之合作內容,系在我方現行的法令架構及既有的合作基礎上,以簽訂書面協議之方式,強化司法合作之互惠意願,同時律定合作之程序及相關細節,提升合作之效率及質量。與對岸律定合作事項涉及人民權利義務部分,均在現行相關法律下執行,未涉及法律之修正,亦無須另以法律定之。」按此新聞稿的態度,臺灣方面對兩會協議的適用被分為三種情況。第一種情況,兩會協議涉及有關規定之修改或保留事項,而「立法院」否決了兩會協議。此時,按照臺灣有關規定,兩會協議不產生法律效力,臺灣方面自應適用原有關規定。第二種情況,兩會協議涉及有關規定之修改或保留事項,而「立法院」未否決兩會協議,從而產生「修法」(涉及修改時)或「立法」(涉及保留事項時)的效果。此種情況下,臺灣方面執行修改後的有關規定,並因而間接適用兩會協議。第三種情況,兩會協議不涉及有關規定的修改或保留事項。按照上述新聞稿的理解,發生第三種情況時,兩岸簽訂協議僅在「強化……意願,同時律定合作之程序及相關細節」,臺灣方面對於合作事項涉及人民權利義務部分,均在現行相關法律下執行,至於兩會協議,只是在執行相關法律時,產生間接的適用效果。由此可見,臺灣方面對於兩會協議的具體適用方式為「轉化」,亦即將兩會協議的具體規則轉化為其域內有關規定中,再透過執行其域內有關規定,達到適用兩會協議的效果。

綜上所述,臺灣在否定兩會協議直接適用性的基礎上,按照一定形式的審查程序接受兩會協議。

七、結語

由於兩會協議的跨法域性和私協議性,「接受」是兩會協議從

兩岸授權民間團體之間的協議,向兩岸各自域內法律體系的轉變的關鍵步驟。同樣,基於兩岸分屬不同法域的認識,並考慮到兩岸關係的現狀,對兩會協議的接受,都只能按照其各自域內的接受機制完成,兩會協議不便也無必要對兩岸到底以何形式接受兩會協議作出規定。由此回到本文第一部分所提出的問題,可以發現,該問題在兩岸關係的論域內實際上是一個偽問題,真正的問題應該是:兩會協議如何透過不斷增強自身的規範性建設,消除可能導致兩岸爭議的文本缺陷。這才是兩岸以及兩會在以後起草、簽訂兩會協議時,所需加以更加關注的。2009年4月的三份兩會協議已經對此作出了良好的示範。

論兩會協議的體系化

兩會協議是指兩岸透過「兩會機制」所制定的協議,其名稱可以是協議、共識、共同意見、辦法、紀要等。自1993年兩會簽訂《汪辜會談共同協議》起,特別是2008年以來,兩會協議在數量上已經有了一些累積,兩會協議所涉及的領域也愈加寬廣。兩會協議在發展的過程中,呈現了一定的體系化特徵,但體系化程度並不高。體系化的兩會協議,對於提高兩岸關係和平發展的法治化程度,進而推動兩岸關係和平發展框架的構建,有著重要的意義。

一、兩會協議體系化的現狀

隨著兩岸關係的和平發展,兩會透過兩會事務性商談機制的運作,制定了一系列的兩會協議,形成了兩岸關係發展的制度成果。截至2012年11月,兩會共簽訂了二十八項兩會協議,內容涉及兩會聯繫會談制度、運輸、郵政、旅遊、經濟合作、投資保護、司法協

助等諸多領域。兩會協議數量上的積累並未使得兩會協議形成完備的規範體系。無論從協議內容、形式，或是協議間的相互關係上看，兩會協議這一協議集合的體系化程度不高。

從兩會協議的內容上看，統攝兩會協議的基礎性規範不夠完善。內國法律體系中，憲法及憲法性法律是統攝整個法律體系的基礎性規範。類比內容法律體系，目前的兩會協議缺乏這類基礎性規範。從協議的內容分析，一方面，兩會協議中的絕大多數屬於事務性協議，主要圍繞兩岸間某一具體事務進行規範，沒有一份協議是作為所有其他協議的制定總依據；另一方面，儘管兩會簽訂了《兩會聯繫與會談制度協議》，並確定了《兩岸商定會務人員入出境往來便利辦法》以規範兩會間的制度化協商，相關協議內容較為簡單，對於兩會協議的接受、效力、聯繫主體、解釋、變更等涉及兩會協議的共性問題沒有統一的規範，各協議對於以上問題分別規定，形成了若干不同的規範模式。

從兩會協議的形式上看，兩會協議種類較多，效力等級不明確。從協議的名稱看，列入本文研究範圍的28項協議中，有22項「協議」、2項「共識」、2項「共同意見」、1項「辦法」、1項「紀要」。不同形式協議僅在內容上有區別，效力等級並不明確。

從兩會協議的相互關係上看，兩會協議主題分散，協議之間缺少聯繫。2010年以前的19項協議，僅有涉及「三通」的幾項協議之間形成了功能協議組團，其他協議間均無援引或者準用等關係。2010年《海峽兩岸經濟合作框架協議》簽訂以後，這一情況有所改變，《海峽兩岸海關合作協議》和《海峽兩岸投資保護和促進協議》均為根據《海峽兩岸經濟合作框架協議》條款進行協商的產物。《海協會與海基會有關〈海峽兩岸投資保護和促進協議〉人身自由與安全保護共識》則引用了《海峽兩岸共同打擊犯罪及司法互助協議》有關聯繫主體的規定。

二、兩會協議體系化的實踐

如前所述,兩會協議尚未形成體系。但在兩會制度化協商的過程中,兩會仍透過設定議題、功能協議組團等方式嘗試對將兩會協議體系化。

(一)透過設定議題的體系化嘗試

透過制定協議時設定議題而規劃兩會協議的內容,是從內容上對兩會協議體系化的一種方式。1993年4月29日,時任海協會負責人的汪道涵和時任海基會負責人的辜振甫達成《汪辜會談共同協議》。該協議的前言將這一會議定性為「民間性、經濟性、事務性與功能性之會談」。這一定性一方面在內容上次避了政治議題,另一方面是兩會試圖對兩會協議進行內容上的體系化嘗試。該協議第一條的名稱為「本年度協商議題」,提出兩會擬在1993年度內,就「違反有關規定進入對方地區人員之遣返及相關問題」、「有關共同打擊海上走私、搶劫等犯罪活動問題」、「協商兩岸海上漁事糾紛之處理」、「兩岸智慧財產權(知識產權)保護」、「兩岸司法機關之相互協助(兩岸有關法院之間的聯繫與協助)」等議題進行事務性協商。《汪辜會談共同協議》列舉當年擬討論議題的作法,一方面可以將這些議題確定下來,作為當年兩會協商的重點內容;另一方面也可以解讀為兩會希望將《汪辜會談共同協議》作為兩岸事務性協議的「綱領」,並透過該「綱領」安排後一階段兩會談判的議題,進而按照該安排分別透過談判制定兩會協議。由此,《汪辜會談共同協議》雖然在規範意義上並不是這些按照其安排制定的兩會協議的依據,但在政治意義上構成了這些兩會協議的來源。圍繞《汪辜會談共同協議》,兩會協議進行了初步地體系化嘗試。可惜由於種種原因,《汪辜會談共同協議》所列的議題目前都未形成協議,以《汪辜會談共同協議》為「綱領」的兩會協議體系並未形

成。

儘管《汪辜會談共同協議》並未如願形成兩會協議體系，兩會在1993年4月29日簽訂的《兩會聯繫與會談制度協議》，以及1994年6月22日兩會依據其制定的《兩會商定會務人員入出境往來便利辦法》，形成了一個小的協議體系。《兩會聯繫與會談制度協議》第五條規定，兩會同意就兩會會談、事務協商、專業小組工作、緊急聯繫等事由，相互給予經商定之兩會會務人員適當之入出境往來與查驗通關等便利。但《兩會聯繫與會談制度協議》第五條，並未直接規定哪些人員系屬「經商定之兩會會務人員」，也未對「適當之入出境往來與查驗通關等便利」的具體含義及方式進行規定，而是規定了「具體辦法另行商定」，要求兩會透過另外協商制定具體實施辦法。1994年，兩會為落實《兩會聯繫與會談制度協議》第五條的規定，在北京進行商談，制定《兩會商定會務人員入出境往來便利辦法》。該辦法第一條明確了《兩會聯繫與會談制度協議》第五條是制定辦法的依據，《兩會聯繫與會談制度協議》第五條中的商定會務人員範圍、具體便利等內容，都被加以詳細而具體的規定。由此可見，在《兩會聯繫與會談制度協議》和《兩會商定會務人員入出境往來便利辦法》間，前者是後者制定的依據，後者可以視作前者的下位協議。兩者共同構成了一個小的協議體系。這個協議體系雖不是統攝所有兩會協議的體系，但卻是兩會協議內第一個規範意義上的協議體系。

2010年6月29日，兩會簽訂的《海峽兩岸經濟合作框架協議》發展了《汪辜會談共同協議》透過設定議題來形成體系的方式，在嘗試將經濟合作領域的兩會協議體系化。《海峽兩岸經濟合作框架協議》的第五條和第六條分別就「投資」和「經濟合作」開列了若干議題，包括「投資保障機制」、「知識產權保護與合作」、「金融合作」、「貿易促進及貿易便利化」、「海關合作」、「電子商務合作」等內容，並要求「六個月內」或「盡速」協商達成協議。

2011年10月20日《海協會與海基會關於推進兩岸投保協議協商的共同意見》重申並確定了《海峽兩岸經濟合作框架協議》所確定的完善投資保障機制的有關制度框架和協議要點。2012年8月9日，兩會簽訂的《海峽兩岸海關合作協議》和《海峽兩岸投資保護和促進協議》則分別在前言中說明了《海峽兩岸經濟合作框架協議》的第五條和第六條作為簽訂協議的依據。至此，在兩岸經濟合作領域，形成了一個小的協議體系。根據《海峽兩岸經濟合作框架協議》所開列的議題，後續兩會還將簽訂「知識產權保護與合作」、「電子商務合作」等方面的下位協議。

（二）透過功能協議組團的體系化嘗試

除了建構縱向的協議體系，兩會還在橫向嘗試透過功能協議組團的方式將兩會協議體系化。2008年11月，海協會負責人陳雲林和時任海基會負責人江丙坤在臺北簽訂了《海峽兩岸空運協議》、《海峽兩岸海運協議》和《海峽兩岸郵政協議》，形成了涉及兩岸「三通」的協議體系。

2008年6月簽訂的《海峽兩岸包機會談紀要》、2008年11月簽訂的《海峽兩岸空運協議》和2009年4月簽訂的《海峽兩岸空運補充協議》，構成了兩岸空運協議體系。2008年6月13日，海協會和海基會就兩岸常態化包機簽訂《海峽兩岸包機會談紀要》，建立了制度化的兩岸包機直航。2008年11月4日，海協會和海基會又簽訂了《海峽兩岸空運協議》，該協議基本上是參照包機直航制定的。其中，《海峽兩岸空運協議》第四條規定，兩岸「應就定期客貨運航班作出安排」，而第八條又規定「客貨運包機等相關事宜，準用《海峽兩岸包機會談紀要》的規定」。根據《海峽兩岸空運協議》第四條和第八條，《海峽兩岸空運補充協議》和《海峽兩岸包機會談紀要》同《海峽兩岸空運協議》一起，構成了兩岸空運協議體系。在這個協議體系中，《海峽兩岸空運協議》藉助第五條規定的

「具體的狹義變更」和第八條「準用條款」，居於基礎性地位，而其他兩個協議在協議體系中都以《海峽兩岸空運協議》為中心。我們認為，兩岸「三通」協議體系並不是規範意義上的協議體系，它主要是我們根據其目的和內容進行的總結。

縱觀兩岸在兩會協議體系化的嘗試，雖然沒有構建起完善的兩會協議體系，但也可以為研究兩會協議體系的構成提供參考。

三、兩會協議體系的結構

儘管目前兩會協議體系化程度不高，但從兩會協議的發展，以及兩岸關係和平發展的趨勢看，兩會協議正朝著體系化的方向發展。我們認為，兩會協議體系的結構主要包括基礎性協議和事務性協議。

（一）兩會協議體系中的基礎性協議

兩會協議要成為完善的體系，就必須有基礎性協議為整個兩會協議體系提供效力來源，並對兩會協議的接受、效力、聯繫主體、解釋等共同的程序性問題進行規範。

我們認為，海峽兩岸和平協議應當作為兩會協議體系的基礎性協議，成為兩會協議的效力來源。類比以憲法為基礎的內國法律體系，和平協議相當於兩會協議體系中的「憲法」。和平協議及依據其所產生的兩會協議，構成兩岸間的規範體系。鑒於和平協議尚未達成，現階段兩會所形成的一系列兩會協議，在和平協議達成之後，如果不與和平協議相牴觸，則可以繼續有效；如果有與和平協議相牴觸的內容，則可根據兩會有關程序進行變更。

兩岸關係和平發展是一個動態的過程，兩會協議體現出了軟法的某些特徵。對於兩會協議的接受、效力、聯繫主體、解釋等共同

的程序性問題，兩會可以在適當的時候，以現有兩會協議所確定的模式為基礎，制定規範程序性問題的協議來確定，或者以習慣或慣例的方式確定。

（二）兩會協議體系中的事務性協議

事務性協議是兩會協議體系的主體部分，也是兩岸關係和平發展框架法律機制的重要組成部分。如果說基礎性協議是兩會協議體系中的「憲法」，那麼事務性協議可以看做兩會協議體系中的「部門法」。由於兩會協議作為兩岸治理工具的特殊性，按傳統部門法的劃分來對兩會事務性協議進行分類並不能體現兩會協議的特點。我們認為，根據兩岸事務性協議要解決問題的性質，兩岸事務性協議包括三類：

第一，兩岸事務的實體性協議。兩岸事務的實體性協議，是指直接調整兩岸間政治、經濟、社會和文化等事務的協議。兩岸事務的實體性協議可將兩岸交往過程中經常發生、雙方域內制度規定基本相同且兩岸能就此達成一致的事項，以實體性規範規定下來，兩岸及兩岸人民在這些領域的交往中，能直接依據該實體性規範。兩岸事務的實體性協議規定的一般是兩岸交往中最為重要的事務，主要包括航運、郵政、經貿合作、旅遊觀光、智慧產權（知識產權）保護、跨海峽婚姻、贍養、收養、繼承、勞務交流等。當然，我們這裡所說的兩岸事務的實體性協議並不具有直接代替兩岸域內實體法的效果，而僅在上述事項跨海峽發生時產生效力。

第二，兩岸事務的程序性協議。兩岸事務的程序性協議，是指規定兩岸間公權力部門合作、聯繫和共同處理某項事務程序的協議。兩岸事務的程序性協議主要適用於在兩岸間雖有進行某些交往的現實需要，但由於兩岸相關制度區別較大或暫時無法形成共識，只能透過兩岸相互合作、聯繫，或共同處理的事務。由於兩岸域內法律制度大部分區別較大，在兩岸尚無法達成共識的前提下，兩岸

事務的程序性協議將構成兩岸事務性協議的主要內容。現階段，兩會已經簽訂的協議，如《海峽兩岸金融合作協議》、《海峽兩岸共同打擊犯罪及司法互助協議》、《海峽兩岸農產品檢疫檢驗合作協議》、《海峽兩岸標準計量檢驗認證合作協議》、《海峽兩岸核電安全合作協議》、《海峽兩岸海關合作協議》等均屬於這一類協議。

第三，兩岸區際法律適用協議。兩岸區際法律適用協議，是指解決兩岸民商事法律適用問題的協議。兩岸屬於不同法域，民商事法律衝突的問題由來已久，雖然有學者不斷主張建立所謂區際衝突規範或兩岸適用國際私法來解決民商事法律衝突，但由於種種原因未能成行，其中之一便是臺灣法律的地位問題。但是，大陸方面自1987年後，從未明確規定不準適用臺灣法律。以廣東省高級人民法院印發的《關於涉外商事審判若干問題的指導意見》為例，該意見第四十一條規定：當事人如果選擇適用臺灣法律的，在屬於臺灣民商事法律、不違反一個中國原則、不違反中國大陸社會公共利益條件下可以適用，但必須稱為「臺灣某某法」。2010年，最高人民法院頒布的《最高人民法院關於審理涉臺民商事案件法律適用問題的規定》第一條第二款明確規定「根據法律和司法解釋中選擇適用法律的規則，確定適用臺灣民事法律的，人民法院予以適用」。該司法解釋正式明確了臺灣民事法律在大陸司法審判中的可適用地位。然而臺灣現行的規範相關問題的制度卻不夠開放，有大陸學者研究指出，臺灣用於解決兩岸民商事法律適用問題的「臺灣與大陸地區人民關係條例」「開放沒到位、限制不放鬆、缺乏前瞻性」。因此，根據具體情況，將具有跨海峽性但又不適於統一實體性協議或程序性協議調整的事務，透過兩岸區際法律適用協議予以調整，是兩岸的最佳選項。這類協議可以涵蓋民事主體的行為能力法、侵權行為法、物權法、合約法、公司法以及部分商事法律等領域。

四、結語

　　兩會協議是兩岸關係和平發展框架法律機制的重要組成部分，也是兩岸關係和平發展的重要制度保障。在兩岸交往日益深化的今天，構建兩會協議體系對於推進兩岸關係和平發展，促進平等協商，加強制度建設，進一步鞏固現階段兩岸關係發展的制度成果，具有重大而現實的意義。兩會協議的體系化是一個宏大的命題，本文在此分析兩會協議體系化的現狀與兩會協議體系化實踐，僅僅提出兩會協議體系結構的基本設想。對於如何在微觀層面推進兩會協議的體系化以及兩會協議體系化的具體機制等問題，我們將在今後的研究中，另文探討。

專題四　臺灣法律制度研究

臺灣「違憲審查制度」改革評析——以「憲法訴訟法草案」為對象

　　溫家寶在十屆全國人大五次會議所作政府工作報告中指出，當前反「臺獨」工作的首要任務是遏制「臺灣法理獨立」。臺灣的政治實踐亦表明，以「制憲」、「修憲」和「釋憲」為主要途徑的「憲政改革」，已經成為「臺灣法理獨立」的主要形式。由於臺灣以「司法院大法官釋憲機制」為核心，建立了獨具特色的「違憲審查制度」，「大法官」也憑藉此機制在臺灣的政治生活中占據著極為重要的地位，而且目前臺灣「違憲審查制度」改革的呼聲很高，「司法院」亦擬定了「憲法訴訟法草案」（以下簡稱「草案」），以代替目前施行的「司法院大法官審理案件法」（以下簡稱「審理法」），而一旦得以透過，將重構臺灣的「違憲審查制度」，進而對「臺灣法理獨立」產生相當程度的推動作用。因此，以「草案」為對象，對臺灣「違憲審查制度」擬議中的改革進行介紹和評析，從而揭示「臺獨」分子「法理獨立」的真實面目，具有極為重要的意義。

一、臺灣「違憲審查制度」之演變

　　臺灣秉承德國為代表的大陸法系傳統，採「集中式違憲審查」模式，專設「司法院」掌理「憲法解釋」與統一解釋。但1946年「中華民國憲法」僅抽象地規定「司法院設大法官若干人」，負責

「憲法解釋」和統一解釋（第七十八條和第七十九條），而並未規定大法官解釋「憲法」和進行「統一解釋」的具體形式。正是1946年「憲法」的這一缺漏，導致臺灣「違憲審查制度」在五十餘年間從早期之「會議」模式，演變到晚近之「會議-法庭」雙軌模式，再到擬議中之「憲法法庭」模式。

「會議」模式肇始於「立法院」於1947年透過的「司法院組織法」。該法第三條規定，「司法院設大法官會議，以大法官九人組織之，行使解釋憲法並統一解釋法律命令之職權」。其後，1947年12月25日和1980年6月29日修正的「司法院組織法」，均沿用「大法官會議」形式進行「憲法解釋」和「統一解釋」。直至1992年，「大法官會議」一直是臺灣有權進行「違憲審查」的唯一形式，此一階段可稱之為「會議模式」階段。「會議模式」階段，又可按「大法官」行使職權所依賴之「法律依據」的變動，分為兩個時期。1948年9月15日，「大法官會議」根據當時的司法院組織法，自行透過了「司法院大法官會議規則」（以下簡稱「規則」），作為行使職權的基本規範，這一時期，又可稱之為「規則」時期。但「大法官會議」於1958年作成釋字第76號解釋，將「監察院」的地位提高至與「國民大會」和「立法院」相當的「國會」地位，因而招致「立法院」的強烈不滿。「立法院」自行透過「立法」程序制定「司法院大法官會議法」（以下簡稱「會議法」），強加給「大法官會議」，作為後者行使職權的基本規範，此階段又可稱之為「會議法」時期。「會議法」的大部分內容與「規則」並無區別，其主要修改之處是大幅提高「大法官會議」的表決門檻，「大法官會議解釋憲法，應有大法官總額四分之三之出席，暨出席人四分之三之同意，方得透過」。由於「大法官」形成決議的條件過於苛刻，以至於在此期間，「大法官」在「憲法解釋」方面建樹頗少，「釋憲功能」幾乎被凍結。

自1990年起，臺灣開始所謂「憲政改革」，「違憲審查制度」

模式也隨之從單一的「會議」模式,向「會議-法庭」雙軌模式轉換。1992年5月,臺灣透過第二個「憲法增修條文」,設立「憲法法庭」,以審理「政黨違憲解散案件」。這一機構的設立背景非常複雜。總體而言,是在「司法院」改革過程中,「會議派」和「憲法法院派」折衷的結果。但「憲法法庭」的設立,對傳統的「會議模式」產生了重大衝擊。1992年11月20日,「立法院」修改「司法院組織法」,配合「憲法增修條文」的規定,設置「憲法法庭」,與「大法官會議」共同構成「會議-法庭」雙軌模式。1993年2月3日,「立法院」將「會議法」修正為「司法院大法官審理案件法」(以下簡稱「審理法」)。「司法院」則自行頒布「司法院大法官審理案件法施行細則」和「憲法法院審理規則」,於是,雙軌模式正式形成。另一值得指出的是,「會議—法庭」雙軌模式名義上為兩者並存,而且「會議」與「憲法法庭」相比還占一定優勢,但其體現的趨勢卻是「大法官會議」的弱化。其一,「大法官會議」從組織降格為「形式」。1992年前的三部「司法院組織法」均明確規定「司法院設大法官會議」,且「大法官」行使職權的基本規範,均冠以「大法官會議」之名,但1992年修正的「司法院組織法」首次取消「大法官會議」組織。其中第3條規定,「司法院置大法官十七人,審理解釋憲法及統一解釋法令案件,並組成憲法法庭,審理政黨違憲之解散事項,均以合議行之。大法官會議,以司法院院長為主席。憲法法庭審理案件,以資深大法官充審判長;資同者以年長充之」。該條規定了由司法院大法官組成「憲法法庭」,雖出現「大法官會議」字樣,但其地位已經下降為以院長為主席的院會形式,而不再是具有法律地位的一級組織。除此之外,「審理法」首次以「大法官」為適法主體,而不再以「大法官會議」冠名,其第2條亦規定,「司法院大法官,以會議方式……」據此,「大法官會議」只是「大法官」行使職權的方式,而非組織型態。其二,「審理法」大量引入訴訟法性質的程序性規定,如迴避、言辭辯論

等，並透過準用條款，引入臺灣「行政訴訟法」的相關規定，從而凸現出「法院化」傾向。不過，總體而言，在「審理法」時期，「會議」模式仍在「會議-法庭」雙軌模式中占據優勢，該雙軌模式也可稱為「以『會議』模式為主的雙軌模式」。

2005年6月，臺灣完成第七次「憲政改革」。原屬「國民大會」的「總統」（含副總統，下同）彈劾權被切割至「司法院」「憲法法庭」，「司法院」職權再次擴充，「憲法法院化」傾向得以進一步強化。由於「憲法增修條文」對「憲法法庭」職權的擴充，此次「憲改」亦成為臺灣再次調整「違憲審查制度」的契機，對「審理法」的修改即在此背景下展開。當然，就臺灣的修法本意而言，絕不僅限於配闔第七個「憲法」增修條文，而有著深刻的政治背景：其一，對「違憲審查制度」的修改，是長期以來臺灣「司法改革」的中心，此次「修法」不過是臺灣「司法改革」的步驟之一；其二，對「違憲審查制度」的改革，其根本目的是為「臺灣法理獨立」服務，修法是其在制度上的準備活動。以上兩點涉及問題頗多，待後文詳加說明。

二、臺灣「違憲審查制度」之改革

2005年12月27日，臺灣「司法院院會」透過「憲法訴訟法草案」，並附「總說明」。該「草案」綜合臺灣的「釋憲實踐」，對臺灣現行的「會議—法庭」雙軌模式進行大幅修正，基本奠定了以「憲法法庭」為中心的「違憲審查制度」，並對若干具體制度進行增補和修改。本節以該法為分析對象，描述臺灣「違憲審查制度」的改革趨勢，包括模式選擇和制度設計兩個方面。

（一）模式選擇：「憲法法庭」模式

根據1946年「憲法」規定，「司法院」為「國家最高司法機

關」，但「司法院大法官」卻並無「審判權」，其職權範圍僅限於「憲法解釋」與「統一解釋」。而早期之「司法院組織法」、「規則」、「會議法」，以及晚近之「審理法」，均以「會議」作為大法官「釋憲」的唯一形式，「憲法法庭」僅適用於審理部分政治性極強、甚至極難出現的案件。加之對「大法官會議」的開會形式、議決方式、解釋文書等方面的綜合考察，可知臺灣「違憲審查制度」的重要形式，即「大法官釋憲機制」，雖體現出「會議—法庭」的雙軌模式特徵，但仍以訴訟性質較弱、且「釋憲」與審判相對分離的「會議」模式為主。

1999年，臺灣召集所謂「全國司法改革會議」，提出「純粹審判機關化」的「司法院」改革目標定位，並提出「一元多軌——一元單軌」的改革步驟。2001年，大法官作成「釋字第530號解釋」，認為現行「司法院組織法」對司法院性質的定位有所偏頗。除大法官「釋憲」外，「司法院……本身僅具最高司法行政機關之地位，致使最高司法審判機關與最高司法行政機關分離」，而按1946年「憲法」的規定，「司法院」應定位為「最高審判機關」。這兩份文件，尤其是「釋字第530號解釋」，將臺灣學界長期存在的「司法院」性質之爭予以釐清，並為臺灣「違憲審查制度」向「憲法法院」模式邁進奠定了法律基礎。至此，臺灣司法實務界和憲法學界在建立「憲法法院」式的「違憲審查」模式上基本達成共識。

不過，「憲法法院」模式的建立，並未直接透過「憲改」或修改「司法院組織法」的形式進行，而是透過較為迂迴的方式完成，即將「審理法」更名為「憲法訴訟法」。但這一變更的意義不能小視。它不僅是法律名稱的調整，而且意味著臺灣「違憲審查」模式、乃至整個司法體制的變革。據「司法院」在「修正草案總說明」（以下簡稱「修法說明」）所言，「司法院」之所以將擬定「草案」的名稱，由往日之「審理法」，變更為「憲法訴訟法」，

意在表明此次修法的重點在於，「就大法官行使憲法所賦予之各項職權，均改以憲法法庭審理方式為之」，以期透過名稱的轉變，將本已弱化的「大法官會議」徹底廢除，達到直接宣示「違憲審查模式」轉換的效果。不僅如此，「憲法訴訟法」與「司法院組織法」的地位也有所變更，由此將可能引發整個臺灣司法體制的變革。僅就法律位階而言，「司法院組織法」與「審理法」均為「立法院」立法，兩者處於同一位階層級。但兩者的法律地位完全不同。據「審理法」第一條明示，「審理法」系依據「司法院組織法」第六條制定。由此可知，「審理法」屬「司法院組織法」之附屬立法。而「草案」第一條則將上述條文修改為，「司法院憲法法庭審理案件之程序，依本法之規定」，取消了對「司法院組織法」的引據性規定。此一規定，將「憲法訴訟法」之法律地位提升至與「民事訴訟法」、「刑事訴訟法」和「行政訴訟法」之法律地位，共同構成臺灣法院之「行為法」。而根據「組織法」與「行為法」的基本法理，「憲法訴訟法」與「司法院組織法」處於相同地位，而不再是附屬與被附屬的關係，「憲法訴訟」得以成為臺灣一項新的、基本的、獨立的訴訟制度。

　　以「憲法訴訟」在「草案」中的體現為代表，「憲法法庭」模式取代以「會議」模式為主的「會議-法庭」雙軌模式，成為未來臺灣「違憲審查制度」最可能的模式選項。

　　（二）制度設計：司法化的審判制度

　　模式一俟確定，程序設計則為必然之事。配合從「審理法」到「憲法訴訟法」的轉換，或者說從「會議」模式為主的「會議-法庭」雙軌模式向「憲法法庭」模式的轉換，「草案」不遺餘力地大量吸納訴訟法中的「司法化」程序，對現有「大法官釋憲機制」進行重構。

　　1.組織法庭化

「草案」對「違憲審查制度」組織方面的規定，主要可概括為「法庭化」，包括「大法官會議」完全為「憲法法庭」所取代和設置「審查庭」兩個方面。

其一，「草案」第二條徑直規定，「憲法法庭由全體大法官組成，審理下列案件……」其審理案件類別基本涵攝現有「審理法」第四條、第十九條和「憲法增修條文」第四條所規定的案件類型；第三條規定，「憲法法庭」以「院長」、「副院長」或參與審理之資深大法官為審判長。對比「審理法」第二條、第四條和第十六條，作為大法官審理案件主要形式的「大法官會議」，完全為「憲法法庭」所取代。

其二，據「草案」第三條規定，「憲法法庭」設審判長，並由大法官三人組成審查庭。審判長為「草案」的新設職位，「審理法」並無對應職位。審判長一職本為「法院組織法」第四條規定，「草案」規定審判長的任職資格與「法院組織法」第四條完全一樣，即原則上由庭長（在「草案」中為充任「司法院院長」之大法官，略相當於「憲法法庭庭長」）出任審判長，前者不能擔任時，由副庭長（「副院長」）或年資較長者充任。審查庭則脫胎於「審理法」規定之審查小組，但兩者性質完全不同。僅從名稱上觀察，審查小組以「小組」冠名，定位為「大法官會議」之辦事機構，而「草案」則以「庭」冠名；此外，依「司法院大法官審理案件法施行細則」之（以下簡稱「審理法細則」）有關規定，審查小組不僅具有程序法的審查功能，以決定是否受理「釋憲」聲請，而且還具有實體法上的初審功能，負責起草審查報告，並提出解釋文和解釋理由書草案。與此相比，「審查庭」的功能則大為限縮，僅負責一些零碎的程序性事項，與「審查小組」不可同日而語。但為何作此安排，「修法說明」未作任何解釋。這裡我們從「大法官會議」與「憲法法庭」性質之不同，對此原因作一簡要分析。據「審理法」第二條規定，「大法官會議」審理案件的主要方式為「合議」。又

據「審理法細則」第十三條、第十四條規定,「大法官會議」的重要職責在「議」,而不在「審」。因此,實體性的審理工作,需要由相當於合議制機關下辦事機構的「審查小組」完成,包括起草最具實質意義的解釋文。而「草案」則凸現審理案件的訴訟特徵,「憲法法庭」需親自審理案件,而非簡單地「合議」。因此,「憲法法庭」下再設「審判小組」之類的組織已無必要。但為方便與訴訟當事人聯繫,又設計「審判庭」充作「憲法法庭」與當事人之間的紐帶。綜上可見,「草案」意在透過對審判長和審判庭的設計,突出「憲法法庭」的主體地位,以顯示其與以合議製為特徵的「大法官會議」的不同。

2.類型具體化

此處所言的「類型」,指憲法法庭審理案件的類型。而「具體」則可從兩個方面理解:其一是與「模糊」相對的「具體」(或謂「清晰」);其二則是與「抽象」相對的「具體」。本文所指的「具體」為第二種理解,但也不迴避對前一種理解的討論。論及此問題,需先釐清「審理法」和「草案」對案件類型的「立法」模式。雖然「審理法」專條規定「大法官解釋憲法之事項」(「審理法」第四條)。但在實務和理論研究中,「審理法」第四條卻往往被忽視,學者們更多地從「審理法」第五條、第七條和第十九條,以及「憲法增修條文」第二條,總結出大法官審理案件的類型。這些條文的主體並非是大法官,而是「聲請人」。這種法官與聲請人分別列舉的二元立法模式,導致大法官到底受理哪些案件存在相當的模糊之處。學者們也依不同的分類標準,對此問題提出了不同見解。但「草案」仍沿襲「審理法」的規定,採取這一二元「立法」模式。「草案」第二條列舉「憲法法庭」審理的案件類型,其措辭雖與「審理法」第四條有所不同,但其意圖也是透過直接列舉方式規定可審理案件的類型。其後,「草案」第三十九條、第四十條、第五十二條和第五十七條,又從「聲請人」角度列舉了「憲法法

庭」審理案件的類型。自然，「審理法」的弊病也會被「草案」所沿襲，因此，若談及與「模糊」相對的「具體」（清晰），「草案」實在難副其名。

當然，出現上述情況的原因，也在於「草案」在案件類型方面的著力並不在此。與此相比，「草案」顯然對第二種理解中的「具體」著力較深，尤其是對「憲法釋疑」案件的處理。據「審理法」第四條規定，大法官解釋「關於適用憲法發生疑義之事項」。而第五條則更加具體化為「中共」及地方各機關、三分之一以上「立法委員」聯署，均可聲請審理「憲法釋疑」案件。「憲法釋疑」案件，又稱狹義的「憲法」解釋或純粹意義上的「憲法」解釋，是1946年「憲法」第七十七條最直觀的反映。但「憲法釋疑」案件本身，又是被臺灣學界長期質疑的案件類型。大多數學者認為，「憲法釋疑」案件「並無得以附麗的事實基礎」，具有高度抽象性，加上臺灣不正常的政黨格局，又附帶上高度的政治性，與「司法為個案爭議解決之本質」不符。「草案」因應臺灣學者的長期呼籲，加之對「釋憲」實務中的經驗總結，刪除「憲法釋疑」案件類型，並於第四十一條規定，聲請憲法法庭為……裁判，應以書狀敘明「爭議之性質與經過」。「憲法釋疑」案件類型的取消，的確在一定程度上造成了將臺灣「違憲審查制度」從抽象審查轉換為具體審查的作用，也成為類型具體化的主要代表和成果。根據「草案」，刪除「憲法釋疑」案件後，「憲法法庭」審理案件的類型包括「憲法爭議」案件、「法令違憲」案件、「統一解釋」案件、「政黨違憲解散」案件和「總統」彈劾案。

3.程序訴訟化

「草案」的最大特色就是建立了「憲法法庭」模式的「違憲審查制度」。這一特色不僅體現在組織的法庭化和案件類型的具體化，還體現在審理程序的訴訟化。審理程序的訴訟化，指「憲法法

庭」適用類似於普通訴訟中的程序來審理「憲法」案件。正是訴訟程序的引入，使臺灣的「違憲審查制度」得以「憲法法庭化」。「審理法」並非沒有在設計程序時引入訴訟程序因素，但並不構成「審理法」程序的主流。因為這些具有訴訟性質的程序規定，要麼為準用條款，如「審理法」第三條規定，「大法官審理案件之迴避，準用行政訴訟法之規定」；要麼僅適用於「政黨違憲解散」案件，蓋因制定「審理法」時，憲法法庭僅能審理該類案件；要麼被規定於位階較低的「審理法細則」和「憲法法院審理規則」中。但這些都不足以體現臺灣「違憲審查制度」的「憲法法庭化」。

「草案」則對憲法法庭審理案件的程序，進行了大幅度的「訴訟法」改造。其一，「審理法」名稱被修改為類似於「民事訴訟法」、「刑事訴訟法」、「行政訴訟法」的「憲法訴訟法」，此一理由前文已述。其二，據「修法說明」，「審理程序法庭化」被列為「修法」的主要目的，「草案」亦為此「增訂多項法庭活動之重要規定」，包括迴避、案件當事人（含他造代理人）、代表人、訴訟代理（含強制代理）、公開審判、言辭辯論、證據出示、證據調查、舉證責任、暫時處分（下詳）、期日、送達、補正、閱讀卷宗、案件層轉、不予受理和案件撤回等訴訟法上的特有制度。其三，在結案的文書形式上，「草案」規定，改「審理法」的「釋字」為「裁定」、「判決」等訴訟式的司法文書，這也是「違憲」審查模式轉換在「法律」文書上的體現。以「釋字」作為「大法官」審理案件的結案方式是「會議」模式的體現，且易出現一起案件占用數個「釋字」的混亂局面。「草案」引入的裁定和判決，則是「憲法法庭」模式的體現，兩種司法文書將分別適用於「程序性事項」和「實體性事項」。

值得一提的是草案對「暫時處分」的法制化。這一問題也是此次修法的重點，為臺灣學界所關注，有學者甚至將「暫時處分」單列為審理案件類型之一。「暫時處分」是臺灣憲法學界近年來討論

的熱點,也是在「釋憲」實務中經常遇到的問題之一。儘管「審理法」並非無「暫時處分」的規定,但僅限於「政黨違憲解散案件」。據「審理法」第31條規定,「憲法法庭……如認政黨之行為已足以危害國家安全或社會秩序,而有必要時,於判決前得依聲請機關之請求,以裁定命被聲請政黨停止全部或一部之活動。」但這一規定不僅無任何理論爭論,也從未適用。真正引發對「暫時處分」熱議的是「三一九」槍擊案及「三一九槍擊案真相調查特別委員會」(以下簡稱「真調會」)事件。部分「立法委員」認為,「真調會條例」一旦實施,「將立即造成憲法法益及公共利益不可回覆之重大損害」,因此「有為急速處分之必要」。但「審理法」並未規定「大法官」有暫停適用「法律」的「急速處分」權,臺灣「大法官」並未在「真調會」事件中行暫時處分,但在「釋字第585號解釋」的解釋文末尾說明:「司法院大法官依憲法規定獨立行使憲法解釋及憲法審判權,為確保其解釋或裁判結果實效性之保全制度,乃司法權核心機能之一,不因憲法解釋、審判或民事、刑事、行政訴訟之審判而有異。本件暫時處分之聲請,非憲法所不許……」這就相當於在「審理法」之外,授予大法官行使暫停法律效力的職權。釋字第585號解釋解釋文的表述,也成為大法官當前行使「暫時處分」的基本法源。第一次在真正意義上適用暫時處分制度的是「強捺指紋案」。「大法官」針對「戶籍法」第八條要求強捺指紋的規定,作成暫時停止該條第二項、第三項效力的解釋,並規定「暫時處分」的決定在公布後六個月內有效,從而豐富了暫時處分制度的細節。但暫時處分長期游離於成文法源之外,對「大法官」行使該項職權造成了一定困難。「草案」綜合學者意見和「釋憲」實踐,用三個條文的篇幅(第四十八條至第五十條),詳細規定了「暫時處分」的條件、作成、期限、效力、再處分等,並將「暫時處分」定位為程序性事項,得作成「裁定」形式。其實,暫時處分制度表面上是對以往經驗的總結,其中卻也包含了程序訴

訟化的走向。因臺灣「民事訴訟法」和「行政訴訟法」，均有類似於「暫時處分」的規定，如「民事訴訟法」之「假扣押」、「假處分」和「定暫時狀態」等，以及「行政訴訟法」之「假扣押」、「假處分」等。因此可以說，對暫時處分制度的法制化，也是程序訴訟化的一個重要方面，「草案」既然意圖與「民事訴訟」、「行政訴訟」之外，再構建所謂的「憲法訴訟」，在程序設計上則不能沒有相應的對應物，「暫時處分」不過是其中最引人關注的代表性制度。

4.宣告法制化

臺灣「大法官」在「釋憲」實務中，形成了較具特色的宣告模式。據臺灣學者整理，「大法官」採取的宣告模式主要有「合憲」宣告、「合憲」非難、「違憲」但不失效、「違憲」並立即失效、「違憲」定期失效和代替立法者彌補漏洞的宣告等。「釋憲」實務中最常見的是「合憲」宣告、「違憲」並立即失效和「違憲」定期失效，但「大法官」在適用這些宣告模式時並無任何規律，也無固定形式，幾乎全憑自由心證。以「違憲」定期失效為例，「大法官」在實務中所用的宣告形式有三種：定緩期間失效、定緩期日失效和定檢討修正期間。定緩期間失效是指「大法官」以期間形式規定「違憲」法令失效的時間，在「大法官」所定期間屆至後，「違憲」法令失效。期間又分兩年、一年和六個月，且完全無規律可循。從比較法角度而言，奧地利憲法也有類似規定，其中法律為一年零六個月，命令為六個月，期間長短依違憲法令性質而定，十分清楚明了。而臺灣的「釋憲」實務則不然，「大法官」的隨意性很強。如同為宣告法律「違憲」的「釋字第356號解釋」和「釋字第373號解釋」，前者定期間為兩年，後者定期間為一年；同為宣告命令「違憲」的「釋字第313號解釋」和「釋字第402號解釋」，前者定期間為兩年，後者定期間為一年；又如同定期間為六個月的，「釋字第443號解釋」針對命令，而「釋字第588號解釋」針對「法

律」；甚至出現一個解釋同時將「法律」和「命令」一併定期間為一年的例子（「釋字第450號解釋」）。定緩期日失效是指「大法官」以期日形式明令違憲法令於某一時間點上失效。同樣，在定緩期間失效案件中出現的混亂情況，也出現在定期日的案件中。定檢討修正期間是指「大法官」規定一定期間，要求有關機關在此期間內按「大法官解釋」的要求修正「法律」，最著名者如釋字第530號解釋等。這三種形式在本質上同屬於某種特定考慮，將已違憲的法令效果推後發生，但由於缺乏明文規範，出現了上述混亂不堪的局面。除「違憲」定期失效外，其他宣告模式也不同程度地存在上述問題。

因此，「司法院」試圖透過修法將宣告模式法制化。其一，配合「憲法法庭化」的模式選擇，將宣告模式定名為「判決諭知」。其二，將「判決諭知」分為「合憲」判決諭知、「違憲」判決立即失效諭知、「違憲」判決溯及失效諭知和「違憲」判決定期失效諭知，其他原「釋憲」實務中的宣告模式則未予法制化。其三，對「違憲」判決定期諭知作出了具體規定，僅保留原定緩期間的失效形式。「草案」第三十一條規定，「判決諭知法律或命令定期失效者，其所定期間，法律不得逾兩年，命令不得逾一年。」這一規定，比原來實務中的作法要明確許多。

5.效力明晰化

殊為奇怪的是，無論是1946年「憲法」及其增修條文，還是「司法院組織法」，抑或是「審理法」，均明文規定「憲法解釋」及統一解釋的效力，而這些解釋文件的效力是經由「大法官」作成的解釋明確的。

「大法官」關於「憲法解釋」及統一解釋效力的解釋共有三個：「釋字第177號解釋」規定，「依人民聲請所為之解釋，對聲請人據以聲請之案件」具有拘束力，明確瞭解釋的個案效力；「釋

字第185號解釋」規定,「司法院解釋憲法,並有統一解釋法律及命令……,所為之解釋,自有拘束全國各機關及人民之效力」,明確瞭解釋的一般拘束力;而「釋字第188號解釋」是關於解釋時間效力和溯及力的規定。該解釋規定,司法院「依其聲請所為之統一解釋,除解釋文內另有明定者外,應自公布當日起發生效力」,「……引起歧見之該案件,如經確定終局裁判,而其適用法令所表示之見解,經本院解釋為違背法令之本旨時,是項解釋自得據為再審或非常上訴之理由。」

同「暫時處分」和宣告模式一樣,儘管「大法官」透過解釋形成了「解釋效力」的制度,但這些制度畢竟未成文化。因此,臺灣司法實務界和法學界要求將解釋效力以成文法形式予以明確的呼聲較高。「草案」因應呼籲,比較詳細地規定瞭解釋的效力問題。「草案」第三十條沿襲「釋字第188號解釋」,規定了「憲法法庭」判決的時間效力,即「憲法法庭之判決,自宣示或公告當日起發生效力」。「草案」第三十二條肯定「釋字第185號解釋」,規定「憲法法庭」的判決具有普遍拘束力,「法院、各機關、地方自治團體、人民、法人及政黨」均受起拘束,「併負有採取必要措施以實現判決內容之義務」。「草案」還分別規定了判決對個案的直接效力(具體效力)和間接效力(抽象效力)。前者為第三十四條。根據該條規定,「憲法法庭」判決法令「違憲」的,人民、法人或政黨等聲請人可憑此判決就已終審的「原因案件」提起再審,檢察機關亦可針對該案件提起「非常上訴」。第三十四條將適用主體僅限於聲請人,案件範圍僅限於「原因案件」,其所規定的「判決效力」為直接拘束原因案件的具體效力。第三十三條要解決的則是因「法令」被宣告「違憲」,其他不直接與該判決相聯繫的案件是否同受其影響的問題。該條分立即失效和定期失效分別加以規定。前者又被細分為案件在「憲法法庭」作成判決前是否已經終審,若未終審,則判決效力及於該案,該案應按判決意旨裁判;若

該案已經終審,則判決效力不具有溯及力。而定期失效判決則在法令仍有效期間,不具有拘束個案之效力,個案仍應適用已被宣告「違憲」而定期失效的法令。第三十六條和第三十七條則規定了「憲法」裁判的終局效力,即「對於憲法法庭之裁判,不得聲明不服」,「已經憲法法院為裁判者,不得更行聲請。」第五十條、第五十七條和第六十四條,分別規定了「暫時處分」之裁定、「總統」彈劾案之判決和「政黨違憲解散」案件之判決的效力。

以上所言的模式選擇和程序設計,以及程序設計所包含的五個主要方面,大體勾勒出了「草案」所規定的「憲法訴訟」制度的基本框架,加上一些準用性規定(如第十九條、第三十八條等),以「法庭」和「訴訟」為主要特色的臺灣新「違憲審查制度」浮出水面。

三、臺灣「違憲審查制度」改革評析

如何透過「草案」透露出來的訊息,評析擬議中的臺灣「違憲審查制度」改革,是本文的主要目的。而對「草案」的評析應主要從三個方面著力:其一,如何評析「草案」內容;其二,如何評析草案的立法技術,尤其是修法方法;其三,如何評析臺灣極力推動修法的目的。本節將從上述三個方面對臺灣「違憲審查制度」改革及「草案」加以評析。

(一)修法內容:從混亂到混亂

如前所述,目前「司法院」大法官審理案件的主要依據是「審理法」,以及依「審理法」制定的「審理法細則」和「憲法法庭審理規則」。這些規定大多按照以會議模式為主的「會議-法庭」雙軌模式設計,並存在相當多的漏洞。而大法官在實務中又自創形形色色的制度,使整個「違憲審查制度」混亂不堪。司法院修法的目

的之一，也在於「重新檢視」、「通盤修正之」。然而我們發現，這部擬議中的「草案」並未擺脫混亂境地，其所謂「通盤修正」後的「草案」，不過是從一種混亂狀態轉變到另一種混亂狀態。以下從五個方面舉例說明。

1.究竟是具體還是抽象？

草案的一個鮮明特徵，就是要將目前以會議模式為主的「會議-法庭」雙軌模式，改革為「憲法法庭」模式，其中類型具體化是其為符合司法個案性而為的主要改革目標之一。但只要我們對「草案」稍加分析就能發現，不僅「憲法法庭」審理案件的抽象性質沒有去除，而且原來抽象與具體分明的案件類型也被混淆。

根據「審理法」，雖然存在爭議較大的「憲法釋疑」案件，但據「釋字第527號解釋」，大法官認為「憲法設立釋憲制度之本旨，系授予釋憲機關從事規範審查權限，除由大法官組成之憲法法庭審查政黨違憲解散事項外，尚不及於具體處分行為違憲或違法之審查」。可以說，抽象審查案件類型和具體審查案件類型仍涇渭分明，不致混淆。「草案」雖取消「憲法釋疑」，但在徹底廢除抽象審查案件方面做得並不徹底，其中的一些修法行為反而加深了案件類型的「抽象性」。

「草案」在廢除「憲法釋疑」案件時，又增加了一類案件類型，即「憲法爭議」案件。「草案」第二條第一項規定，「憲法法庭」審理「憲法上權限爭議及其他憲法適用上爭議案件。」從直觀上看，「憲法爭議」案件以發生權限爭議和適用爭議為前提，與「審理法」第四條規定的「適用憲法發生疑義之事項」相比，確實「具體」很多，臺灣學者亦認為如此。但若仔細考察「草案」第二條規定的憲法爭議案件，可以發現，這並非「草案」所初創，而早就存在於「審理法」之中，只不過並非規定在第四條，而是存在於第五條。審理法第五條第一項第一款規定，當「中共或地方機關，

……因行使職權與其他機關之職權，發生適用憲法之爭議……」時，可聲請「釋憲」。該條規定的「憲法」爭議，實質上是因行使職權而產生的適用「憲法」之爭議，相當於德國聯邦憲法法院法上的機關爭議案件和韓國憲法法院法上的權限爭議案件。與之對比，「草案」第二條第一項的內容則要豐富得多，不僅包括權限爭議，還包括「其他憲法適用上爭議案件」。臺灣學者認為，所謂「其他憲法適用上爭議案件」可以概括為「憲法適用爭議」，以與該項前半段相應。但這一觀點值得商榷。若仔細推敲「草案」第二條第一項的條文結構，並對比「審理法」第五條第一項第一款，我們發現，在「憲法適用」之前多出了「其他」兩個字，說明「草案」第二條第一項前半段規定的「憲法權限爭議」，僅為後半段所言之「憲法適用爭議」的一項，而非與之並列的案件類型。不僅如此，「草案」規定的「憲法適用爭議」，遠較「審理法」規定的「憲法適用爭議」要廣。「審理法」僅規定了因權限爭議而引發的「憲法」適用爭議，而在「草案」中，權限爭議只是「憲法適用爭議」之一種。據此分析，「草案」所規定的「憲法適用爭議」，類似於「憲法之統一解釋」，即當兩造就「憲法」含義產生不同理解時，由居於中立地位之「大法官」作統一解釋。可以說，「草案」雖刪去了「憲法釋疑」案件，但由於立法技術的疏漏，又使「憲法釋疑」案件以另一種形式存在，從而使具體化的目標落空。這是例證之一。

例證之二是「草案」對「立法委員」聲請「法令違憲」的要件，進行了兩處重要修改，表現出極強的抽象化特徵：其一是刪除「行使職權」要件；其二是增加聲請期限限制規定。「行使職權」是「立法委員」聲請「釋憲」的要件之一。據「審理法」第五條第一項第三款規定，「現有三分之一立法委員」「行使職權」時，可因「適用憲法發生疑義」聲請「大法官釋憲」。在「釋憲」實務中，「立法委員」依此途徑要求「釋憲」時，大多至少在形式上說

明「憲法疑義」系因「行使職權」產生，有些「立法委員」的「釋憲」聲請，還明確說明「憲法疑義」系行使哪項職權產生。「草案」第三十九條第一項第四款，則刪除了「行使職權」要件，使三分之一「立法委員」在聲請「釋憲」時，不須以行使職權為前提。這一規定使少數「立法委員」在「憲法」爭議與自身利益沒有任何關係時聲請「釋憲」，其抽象程度遠高於「憲法釋疑」案件。可見，雖依「審理法」無須「事實基礎」，但仍須「立法委員」以行使職權為前提，而依「草案」則連「行使職權」的要件也無須具備，已屬德國公法學上所稱「客觀訴訟」，即聲請人不必以聲請事項於己有關便可提起訴訟。這樣寬泛、抽象的「釋憲」聲請條件，連臺灣學者自己也擔心，取消「行使職權」要件，將「可能導致立法委員濫訴，使大法官淪為政治作秀的配角，以致喪失司法的獨立性」。在刪除「行使職權」要件的同時，「草案」又對「立法委員」「釋憲」附加時間限制，即三分之一「立法委員」僅能於「法律依法公布後六個月內，或命令送置立法院後六個月內」，就「法令」是否「違憲」聲請「憲法法庭」裁判。顯然，「草案」的「立法」目的並不在於維護主觀之人權，因對人權之保護顯然不能以是否為法令公布後六個月為限；那麼，只能推定「草案」的「立法」目的在於維護客觀之法秩序，避免法令始終處於僅以少數「立法委員」即可聲請「違憲」的高風險中。將上述兩處改動予以綜合，我們可以清晰地發現，「草案」表現出強烈的「客觀化」趨勢，有著抽象違憲審查的特徵，而這卻與其標榜的「具體化」改革方向背道而馳。

2.究竟是減負還是加負？

「草案」將原來的二元「違憲審查」模式，簡化為一元模式；同時將繁瑣的合議制「釋憲」程序，修改為相對簡單的訴訟程序。這些修改的原初目的之一，是為了提高「違憲審查制度」的效率，但與之相反，草案中的一些制度安排，不僅沒有減輕「大法官」審

理案件的負擔，反而增大了這種負擔。最為典型的是「草案」第四十五條。該條第一項規定，「聲請案件欠缺憲法上權利保護之必要，或欠缺憲法上之原則重要性者，得不予受理」。這一規定的本意是防止當事人濫訴、提高效率、整合司法資源，並無可厚非。但關鍵的問題在該條第二項，不受理裁定竟須「大法官法定總額三分之二以上參與評議及參與大法官二分之一以上同意」。與之相比的是該法第四十六條規定，判決命令「違憲」，須「大法官」法定總額以上三分之二參與評議，經參與評議之大法官二分之一以上同意；審理統一解釋案件，應有「大法官」法定總額二分之一以上參與評議，並經參與評議之「大法官」二分之一以上同意；就連暫時處分，也需要法官法定總額以上三分之二參與評議及參與評議之「大法官」二分之一以上同意。不受理一個案件所需「大法官」的票決數，竟然與「法令違憲」和暫時處分所需票決數相同，高於法令統一解釋的票決數。與之相比，「審理法」及「審理法細則」，僅規定審查小組即可決定案件是否受理（「審理法」第十條、「審理法細則」第九條）。只有在特殊情況下，才「由大法官全體審查會審查」。可見，「草案」對於案件不受理的規定過於苛刻，這樣的規定可能導致以下滑稽場景：「大法官」決定是否受理某一案件所耗費的精力，甚至比「大法官」作成裁判所耗費的精力還要多，在這種情況下，「提高效率、整合司法資源」的最好方法，竟是大法官無條件地受理全部案件。無疑，出現這樣的局面與「草案」第四十五條第一項減輕「大法官」審理案件負擔的初衷是相違背的。

3.究竟是積極還是消極？

「司法院大法官」透過「釋憲」對臺灣的「憲政改革」產生了極為重要的作用，並表現出較強的司法積極主義，從而充當「憲政改革」的輔助者、監督者和善後者。「司法院」修法的動機之一，是為了配屬第七個「憲法增修條文」，並對臺灣目前的「違憲審查制度」重新進行整合，以期發揮更大的作用。但是，「草案」卻為

「大法官」充分發揮職權設置了障礙。現以「草案」對「大法官」作成裁判之可決人數的規定為例予以說明。「草案」第四十六條和第四十七條，雖然表面上沿襲「審理法」第十四條的規定，但若仔細考究條文，其中卻另有玄機。其一，「審理法」第十四條之「現有總額」被修改為「法定總額」，表決門檻無疑提高。按臺灣有關規定，「大法官」不足額的情況是完全可能出現的，若此時仍要求表決人數以法定總額為計算基準，則無異於加大了「憲法法庭」作成裁判的難度。其二，部分條款加入「但書」，變相提高了表決門檻。如「草案」第四十六條第一項第一款，雖在表面上維持判決法律「違憲」應有三分之二以上參與評議、參與評議之「大法官」三分之二以上同意的規定（還不能考慮「大法官」缺額的情況），但該款後卻附加「但書」，規定「同意人數不應低於大法官法定總額的二分之一」。按「大法官」足額時計算，若不考慮「但書」的規定，判決一項法律「違憲」，須十名「大法官」參與評議，至少七名「大法官」同意；若考慮「但書」的規定，判決一項法律「違憲」至少須八名「大法官」同意，且由此反推，八名「大法官」同意的情形下至少要有十二人參加評議，與不考慮但書的情況相比，後者的門檻要高出許多，這在一定程度上限制了「大法官」發揮功能。類似的情況還在「總統」彈劾案中出現。據「草案」第五十五條規定，「憲法法庭」審理彈劾案件應有「大法官」法定總額四分之三以上參與評議、參與評議「大法官」四分之三以上同意，但其同意人數不得低於「大法官」法定總額的三分之二。若按此規定，彈劾「總統」須十四名「大法官」出庭，十名「大法官」同意方可形成判決。與此類似的情況曾出現在「會議法」時期。其時，「會議法」規定了極為苛刻的「兩個四分之三」條款，即「大法官會議」若想作成一項憲法解釋，需四分之三以上「大法官」出席，並以出席「大法官」四分之三以上同意。從當時的立法背景考慮，「立法院」制定「會議法」的目的，也正在於限制「大法官」「釋

憲」；而從該法的實施效果來看，「會議法」時期的「大法官」僅作成兩項憲法解釋，其作用被極大地限縮。這一情況直到「審理法」對表決機製作出調整後，才有所改觀。「草案」所規定的表決機制再次對大法官設置了相當高的、且不合理的門檻。從歷史經驗可見，在此種表決制度下，「大法官」要發揮積極作用有著相當難度。

4.究竟是適應還是桎梏？

違憲審查制度的重要環節是憲法解釋。臺灣的「違憲審查制度」，也正是以「大法官釋憲機制」為基礎。因此，討論臺灣「違憲審查制度」改革，有必要討論其對「憲法解釋」的影響。按臺灣學者通說，「憲法解釋為憲法生長之本，可以賦予憲法新的生命與內容，是憲法成長的原動力」。可見，使憲法能適應複雜多變的社會環境，是憲法解釋的主要功能之一，這也是憲法解釋的一條基本原理。

反觀「草案」，其規定的一系列制度，不僅不能促進「憲法解釋」上述功能的有效發揮，反而可能成為導致「憲法」停滯不前的因素。這些制度除對法令「違憲」判決之溯及力的絕對否定、高門檻的表決機制等外，最嚴重的是對「憲法」案件之再審的絕對禁止。「憲法」案件之再審，在臺灣當前的「釋憲」實務中，被稱為「補充解釋」，即「大法官」在已有「憲法」解釋尚須進一步闡明、補充或修正的情況下，再次對「憲法」有關條文作出解釋的活動。在實踐中，「大法官」曾作成多個「補充解釋」，最著名者如「釋字第585號解釋」在「釋字第325號解釋」的基礎上，擴展「立法院」之調查權，並明示「本院釋字第三二五號解釋應予補充」。類似的例子還有「釋字第209號解釋」對「釋字第188號解釋」之補充，「釋字第572號解釋」對「釋字第371號解釋」之補充等。有學者甚至認為，補充解釋已「隱然成為一種特殊的案件類型」。「補

充解釋」是在以「會議」模式為主的「會議-法庭」雙軌模式下採取的形式，其實質內容在「憲法法庭」模式下體現為「憲法」案件之再審。需要指出的是，本處所謂「再審」，與普通訴訟之「再審」含義不同。後者是「一事不再審」原則的具體體現，對象為具體個案，目的在於防止當事人纏訟，以節約司法資源；前者則並不否定「一事不再審」，而僅指聲請人應能以不同事實針對已在另一案件中被解釋的「憲法」條文，再次提出「釋憲」聲請。從一般法理而言，對於已經審結並作成判決的「憲法」案件，若出現與作成判決時迥異的社會環境，聲請人自當就新的事實提起再審。這不僅是維護聲請人利益的機制，也是使「憲法」適應社會發展的必要手段。無論就「憲法」訴訟之主觀性或客觀性而言，允許「憲法」案件再審均有其合理性和必要性。

然而，「草案」第三十七條卻違反「憲法解釋」的基本原理，以相當絕對的口氣禁止「憲法」案件再審。該條規定，「聲請案件經憲法法庭為裁判者，不得更行聲請」。「違反前項規定者，由憲法法庭以裁定駁回之」。這一規定不僅使「憲法」透過「憲法解釋」實現變遷的可能性降低，而且還扭曲了「憲法解釋」的本來意義。該條文一旦施行，「憲法解釋」不僅不能成為「憲法」適應社會環境的原動力，反而可能成為「憲法」變遷的桎梏。

5.究竟是民大還是權大？

這個問題本不應成為問題，因為「保障人民權利是憲法的核心價值，政府權力必須尊重和保障人權」，是兩岸憲法學界公認的基本常識。但從我們對「草案」的解讀來看，卻絲毫看不出人民權利對政府權力的優位性，反而看到的是「草案」處處限制人民權利、維護政府權力的一面。

其一，人民聲請「釋憲」權的狹隘。「草案」第三十九條第一項第三款沿襲「審理法」第五條第一項第二款，規定「人民、法人

或政黨，與其憲法上所保障之權利，遭受不法侵害，經依法定程序提起訴訟，對於確定終局裁判所適用之法律或命令，認其牴觸憲法者」，可以聲請「憲法法庭」裁判。單獨觀察「草案」的上述條文，似乎並未限縮人民的聲請「釋憲」權，但若將該條文置於「草案」與「審理法」在審理案件類型的整體對比中，我們就會發現，「草案」關於人民聲請「釋憲」範圍的規定過於狹隘。如「釋字第374號解釋」曾規定，「判例」等「相當於命令者」，屬人民聲請「釋憲」的範圍。但「草案」仍將人民聲請「釋憲」的對象，限於「法律或命令」兩者。而與「釋字第374號解釋」相隔不遠的「釋字第371號解釋」，則因確認法官可為「釋憲」聲請人而被吸收進草案中。創設權力的解釋受到優遇，明文載入「草案」，而創設權利的解釋則遭到漠視，被忽略不計，如此厚此薄彼，足可見「草案」的真實目的所在。

　　其二，人民聲請「統一解釋」權的取消。「審理法」第七條第一項第二款規定，人民有聲請「大法官」為「統一解釋」的權利，但「草案」並無類似規定。按「省略為有意之省略」的解釋原則，「草案」業已取消人民聲請「統一解釋」的權利。據臺灣現行「憲法」規定，「司法院」負責「憲法解釋」和「統一解釋」，但按「司法院」之「最高司法機關」（1946年「憲法」第七十七條）和「最高審判機關」（「釋字第530號解釋」），「大法官」不能主動進行「憲法解釋」或「統一解釋」，而必須以其他主體之聲請為前提。就「憲法解釋」而言，不僅各公權力機關有「釋憲」聲請權，人民亦有「釋憲」聲請權，人民權利至少在形式上與公權力是平等的（內涵暫且不論）；而與「憲法解釋」幾乎平行的「統一解釋」，則只有公權力才有聲請權，人民無此聲請權，人民權利與公權力連形式上的平等都沒有。況且，臺灣的法院體系非常複雜，除審理民、刑事案件的普通法院外，還有審理行政案件的行政法院，負責公務員懲戒的「公務員懲戒委員會」，這些法院體系各自獨

立，各自按自己的理解適用有關規定，難免出現解釋不一的情況。而除「憲法法庭」外，各法院系統並無其他足以充當「統一解釋」機關的組織。在這種情況下，取消人民聲請「統一解釋」權，將使人民在各法院系統之間發生法律解釋衝突時，毫無救濟手段，這對人民權利無疑是巨大的損害。

其三，法令「違憲」判決絕對無溯及力的偏頗。法令「違憲」判決是否具有溯及力，是直接關係人民權利的重要制度。若深受「違憲」法令侵害的民眾，不能以法令「違憲」為由主張恢復權利，「違憲審查制度」的意義將大打折扣。但考慮到先在判決形成的、相對穩定的社會秩序，絕大多數國家在法令違憲判決的溯及力上，都有所限縮。如德國《聯邦憲法法院法》規定，因適用違憲規則而被宣告有罪的當事人，可提起再審；而非刑事訴訟案件則不受適用規則被宣告違憲的影響，原審判決仍為有效。德國法的規定，充分考慮到人民權利與法律關係穩定性之間的協調，將法令違憲判決的溯及力限於刑事案件，這在當前情況下無疑是科學的。與此相比較，「草案」第三十三條第一項規定，「法律或命令與憲法牴觸而應立即失效者，……其於憲法法庭判決前已確定之案件，除原因案件外，其效力不受影響」。將所有已決案件全部排除出法令「違憲」判決的溯及力之外，採取絕對的無溯及力主義。據「修法說明」稱，這一規定的目的在於，「維持法秩序之安定」，但稍有法學常識的人都知道，「維持法秩序之安定」的目的，終究是為了保護人民權利。「草案」追求法秩序之形式完備性，卻忽視甚至傷害了更應加以重視的實質正當性，公權力和人民權利孰輕孰重，一望便知。

其四，彈劾「總統」程序的虛化。「司法院」此次修正「審理法」的直接目的是為配闔第七個「憲法增修條文」，對「總統」彈劾案作出具體的程序性規定。然而，因「草案」極力維護政府權力，以至於其規定的「總統」彈劾程序在相當程度上被虛置。不可

否認，「草案」對總統彈劾程序的規定頗費周章，試圖以公正面目表現對公權力的限制態度。但在最關鍵的表決機制上，「草案」再次將公權力放在第一位。不僅設置了「兩個四分之三」的高門檻，而且透過「法定總額」、「但書」等規定，變相將本已很高的門檻再次提高。可以說，「草案」設計的那些程序只是一件華麗的擺設，要想透過「憲法法庭」達到彈劾總統的目的，基本上是不可能的。

深諳各國法制、通曉各路法理的臺灣學者們，多用「客觀價值秩序」、「法秩序的安定性」等華麗辭藻，為「草案」「重政府權力、輕人民權利」的行徑辯護。其實，正如臺灣學者們指出，臺灣「憲政改革」的「主要重點在於憲政體制之調整，對於人權之議題則從未成為憲政改革之焦點」。「草案」的上述規定，不過是臺灣「憲政改革」「重政府權力、輕人民權利」傳統的延伸。

「草案」本想把法源分散、相對混亂的「違憲審查制度」合理化，但由於「修法」理念和技術的偏差，使這部「草案」非但沒有達到目的，反而導致「違憲審查制度」更加無序和混亂。從混亂到混亂，不僅是「違憲審查制度」的悲哀，也襯托公布灣地區「憲政改革」的亂象與無奈。

（二）修法方法：合併＋照搬

「草案」內容的混亂與「修法」方法不無關係。在「修法」方法上，「司法院」承襲其一貫作風，用合併和照搬的方法拼湊出一部問題頗多的「草案」。

1.合併

合併是「司法院」「修法」的主要方式，系透過對現有制度的整合，將已在臺灣比較成熟的制度納入「草案」，並使之明確化、法制化。主要表現在三個方面：

其一，對其他「訴訟法」有關條文的合併。現行「審理法」中有數處準用臺灣「刑事訴訟法」和「行政訴訟法」的規定，如第三條規定迴避事項準用「行政訴訟法」之規定；第二十三條搜索、扣押事項準用「刑事訴訟法」之規定；第三十二條「憲法法庭審理政黨違憲解散案件之程序」，除「審理法」有特別規定外，準用「行政訴訟法」之規定等。之所以出現諸多準用性規定，與臺灣「違憲審查制度」模式及「審理法」的定位不無關係。由於臺灣「違憲審查制度」在模式上採「會議-法庭」雙軌模式，「憲法法庭」模式及訴訟化的審查程序，僅適用於「政黨違憲審查案件」，故而，「審理法」在制度建構上偏重於「違憲審查制度」的模式與組織，而並未注重對審理程序的設計。因此，在程序並非「立法」重點的情況下，準用其他較為成熟規定中的可用條款，就成為「審理法立法者」的必然選項。而且由於臺灣「違憲審查制度」在模式上以「憲法」法庭模式為目標，程序設計上也意圖建立訴訟化的審查程序，名稱上也改為「憲法訴訟法」，因而在這種情況下，為配合「訴訟法」的程序性特徵，原本居於次要地位的程序性規定在「草案」中躍居主要地位，原本準用即可的制度，須按照「憲法」訴訟的特點加以改造。以迴避制度為例，「審理法」第三條規定，「大法官」審理案件之迴避，準用「行政訴訟法」的有關規定，而「草案」則結合「憲法」訴訟的特點，專門在「行政訴訟法」第十九條規定的基礎上增加一款，規定「大法官」若「曾在中共或地方機關參與該案件之聲請或有關決定者」應自行迴避。類似的例子還有很多，這也突出說明，所謂合併，並非是簡單的「法條搬家」，而是帶有改造性質的重構。

其二，對「審理法細則」和「憲法法庭審判規則」的合併。除準用其他訴訟規定外，臺灣現行「違憲審查制度」的審理程序，還依賴於「審理法細則」和「憲法法庭審判規則」。「審理法細則」系依據「審理法」第三十四條制定，「憲法法庭審判規則」系依據

「審理法」第三十二條制定。兩者主要規定「審理法」未盡之具體程序和其他技術性事項，以充「釋憲」之程序性法源。由於上述兩部法令均由「司法院」依據「審理法」授權制定，因此，臺灣法學界多將這兩部法令定性為「審理法」之「附屬立法」。為配合「違憲審查」模式從「會議-法庭」雙軌模式轉向「憲法法庭」模式，以及建構訴訟化程序的需要，「草案」將「審理法細則」和「憲法法庭審判規則」中的大量程序性規定合併進來。因此，「審理法細則」和「憲法法庭審判規則」，成為「草案」程序性規定最大的來源，如言辭辯論之具體程序、「大法官」審查之具體程序、撤訴制度等，均從這兩部「附屬立法」中合併而來。當然，「草案」並非將兩部「附屬立法」的條文直接搬用，而是結合「憲法訴訟」的特點，對其進行了改造。如將「審理法細則」規定之「審查小組」，移至「草案」時便改為「審查庭」，其職能也大為限縮，等等。

其三，對「大法官解釋」的合併。「大法官解釋」是目前臺灣「違憲審查制度」的又一重要法源，很多重要制度並不是預先規定於「審理法」中，而是「大法官」在「釋憲」實務過程中逐漸積累、發展起來的。但也有一些由解釋創設的重要制度，並未合併至「草案」中，如前述之「補充解釋」等。

2.對外國法制的照搬

臺灣的「違憲審查制度」，以大陸法系國家尤其是德國的相關制度為模板建立，在制度上多有照搬之處，此點亦為「大法官」自己所承認。「釋字第371號解釋」稱，臺灣「法制以承襲歐陸國家為主，行憲以來，違憲審查制度之發展，亦與……歐陸國家相近」。而且由於多數「大法官」均有留德、留奧（地利）、留日背景，其中尤以留德者居多，因此，無論在制度建構，還是程序設計，抑或審查技術方面，「大法官」均大量抄襲德國法理論，甚至奉德國法為圭臬。這一點業已引起臺灣學者的批評。如臺灣學者石

世豪針對「釋字第613號解釋」中充斥的「權力分立」、「制衡」、「責任政治」、「行政一體」、「積極科予立法者立法義務」、「權力核心領域」、「多元人民團體參與」、「民意複式授權」等成文「憲法」所未觸及的「外來語」，批評「大法官」在引用這些「外來語」時，並未能「充分考察外國法概念的理論發展和制度實踐情形」，以致作成不恰當的解釋，「坐等歷史時刻消散」。石氏的觀點雖以特定個案為背景，但也具有相當的代表性。

「草案」的設計也以照搬外國法制，尤其是德國法制為主，輔以奧地利和韓國的有關制度。需要指出的是，本文並非認為所有借鑑外國法制度的行為均為照搬，亦不否認法律移植之必要性和合理性，而僅在於說明「法律移植」這一稱謂並不適用於臺灣「違憲審查制度」對外國法制度的借鑑。因為，臺灣在「修法」過程中，並非系統、科學地借鑑外國法制度，而是零散、功利地將對其有用的外國法制度照搬到「草案」中，外國法制度儼然成為其證成制度正當性的手段之一。

其一，制度借鑑時缺乏整體性考量，使德國、奧地利、韓國甚至美國的違憲審查制度摻雜其間。由於臺灣司法實務界和法學界與德國法的特殊關係，「草案」較多地借鑑了德國《聯邦憲法法院法》，所設計的制度大致以德國法為框架。但「草案」也引進了奧地利、韓國等與德國同屬大陸法系國家的有關制度。如「草案」第三十一條對「違憲」定期失效判決諭知的規定，係引入奧地利的違憲法令定期失效制度；又如禁止「憲法」案件之再審制度，系移植自韓國《憲法法院法》第三十九條。除大陸法系國家的相關制度外，「草案」還照搬美國法的一些制度。如對「憲法釋疑」案件的取消，即是美國「分散、個案式」違憲審查制度在「草案」中的反映。而且，兩大法系共存也容易導致「草案」內容的混亂。再以審理案件類型為例。「草案」按美國法觀點取消「憲法」釋疑案件，但同時又以德國法之「抽象法規審查」為參照，刪除了「三分之一

立法委員」聲請「釋憲」的「行使職權」要件。前者體現的是審理案件類型的具體化趨勢，後者則具有審查案件類型的抽象特徵，從而使「草案」規定的審理案件類型的性質雜亂無章，難以捉摸。

其二，制度借鑑時功利至上，外國法制度僅為證成制度正當性的手段。這類實例在「草案」中俯拾可見。現舉「草案」對「憲法」案件是否可以再審問題的功利選擇為例說明。對於憲法案件是否可以再審，主要有兩種立法例：一為韓國《憲法法院法》第三十九條，絕對禁止「憲法」案件之再審；二為德國《聯邦憲法法院法》第四十一條，規定基於新的事實，當事人可以針對同一憲法問題再次提起憲法訴訟。「草案」採納韓國法的「立法」例，此點亦在「修法說明」中明確說明。綜觀整個「草案」，乃至整個臺灣「釋憲」實踐，多引用德國法制度，參考韓國《憲法法院法》的情況極少。唯在「憲法」案件之再審問題上，「草案」棄德國法而用韓國法，況且臺灣「釋憲」實務早已大量「補充解釋」實踐，草案為何如此安排，頗讓人費解。但若洞悉到「草案」借鑑制度時的功利特點，這一問題便可清楚地得出答案：「草案」設計者的本意就是要絕對禁止「憲法」案件之再審，之所以提及該制度系參考韓國《憲法法院法》，不過是借韓國法來遮掩其真實意圖，以加強該制度的所謂「科學性」和「合理性」而已。

（三）修法目的：「臺灣法理獨立」的重要步驟

毫無疑問，所有的「修法」內容和「修法」方法都為「修法」目的服務。臺灣之所以出現「修法」內容上的混亂和「修法」方法上的雜亂，其原因是臺灣修改「審理法」，並推動「違憲審查制度」改革，目的在於推動「臺灣法理獨立」。

1.從司法層面進一步破除「五權憲法」架構

1946年「憲法」至少在形式上遵循了孫中山五權憲法思想，設計了「立法」、「行政」、「司法」、「考試」、「監察」五院，

共同構成1946年「憲法」的權力結構框架。由於1946年「憲法」制定於大陸，且其本意是適用於全中國，因而也被「臺獨」學者視為所謂「外來政權」的「外來憲法」，五院結構更被視為「中華民國憲法之病症」之一。因此，臺灣「憲政改革」的基本目標，就是將1946年「憲法」從適用於全中國的「憲法」，轉換為僅適用於臺灣的「憲法」，在臺灣建立「新法統」，建立「三權分立」式的「主權國家」。經過十餘年的「憲政改革」，五院結構已被基本瓦解。「立法」、「行政」、「司法」、「考試」、「監察」「五權平等相維」的權力結構，被「立法院」（含「監察院」）、「總統」（含「行政院」）、「司法院」三權分立所取代。觀察目前臺灣的權力結構，可能只有「司法院大法官」透過「會議」形式進行「憲法解釋」和統一解釋，尚稱得上是延續了1946年「憲法」五權架構的特徵。「臺獨」分子自然會將這一仍具「五權憲法」特徵的制度視為「異己」，欲除之而後快。所謂從「會議-法庭」雙軌模式向「憲法法庭」模式轉換，審理程序的「訴訟化」改造等，都是「臺獨」分子徹底改變「司法院大法官釋憲機制」性質的手段。在他們看來，「司法院」以「大法官會議」形式解釋「憲法」是「五權憲法」特徵，是「外來憲法」，不是「島國臺灣」的制度；而「島國臺灣」或「中華民國第二共和」至少應建立「憲法法院」，充作「最高憲法審判機關」。建立「憲法法庭」是其建立「憲法法院」的重要步驟。一旦「憲法法庭」得以建立，本已被「最高法院」、「最高行政法院」和「公務員懲戒委員會」架空了「審判職能」的「司法院」，便真正淪為了「司法行政機關」，「臺獨」分子離破除「五權憲法」，樹立「臺灣新法統」的目的就又近了一步。

  2.強化「總統」的所謂「代表性」

  根據1946年「憲法」的設計，「總統」為虛位「元首」。但由於臺灣長期的威權體制，以及「動員戡亂時期臨時條款」對1946年「憲法」的修改，「總統」成為實際主導行政權的實位「元首」。

1987年後,「總統」職位長期由「臺獨」分子把持,並妄圖以一人之力及一人之願,逆臺灣主流民意推進「臺獨」。為實現這一目的,「臺獨」分子竭力強化「總統」的所謂「代表性」,凸現其所謂「臺灣人格象徵」地位。臺灣採取的主要措施有:其一,改「總統」選舉方式為臺灣人民直接選舉,變「中華民國總統」為「臺灣總統」,同時強化總統的民意基礎,使其得以挾民意謀「臺獨」;其二,「行政院長」的產生方式由「總統」提名、「立法院」同意,改為「總統」逕行任命、無須「立法院」同意,「總統」成為實際之行政首腦,並處於「有權無責」的地位,從而基本具備以一人之願推動「臺獨」的能力,陳水扁上臺後的種種劣行也充分證明了這一點;其三,「精簡」臺灣省級建置,使可能威脅「總統」「代表性」地位的「臺灣省長」一職虛化,以避免出現兩個「臺灣人格象徵」。

　　「草案」為強化「總統」的所謂「代表性」服務,進一步鞏固了「總統」的地位,其主要體現就是「總統」彈劾程序的虛化。雖然第七個「憲法」增修條文,將「總統」之彈劾權從「國民大會」切割至「憲法」法庭,但從臺灣的本意而言,自然不願意「臺灣人格象徵」被輕易彈劾,因此,「草案」為「總統彈劾案」設置了罕見的「兩個四分之三」之高門檻。同時,臺灣自己也可能認識到,作為「臺灣人格象徵」的「總統」,在絕大多數時候並不得臺灣民心,因而有可能出現連「兩個四分之三」條款,也保護不了「總統」的情況,因而還透過所謂「法定總額」、「但書」等規定,再次變相提高「總統」彈劾案的門檻。據「草案」第五十五條規定,要想作成一項「總統」彈劾判決,須「大法官」十四人參加評議(還不能考慮「大法官」不足額的情況),其中十人同意方可。這樣的高門檻,加之「總統」操有「大法官」的選任權,因此,要想透過「憲法法庭」彈劾程序彈劾「總統」,幾乎是不可能的事情。「草案」正是透過這種方法,既將第七個「憲法增修條文」的內容

融入「違憲審查制度」，在形式上保持法秩序的完備，同時又使該制度實質上處於虛置狀態，淪為一件華麗的擺設，從而為「臺獨」分子的險惡目的服務。

3.加大透過司法途徑實現「臺獨」的可能性

如前所述，以「制憲」、「修憲」和「釋憲」為主要途徑的「憲政改革」，已成為「臺灣法理獨立」的主要方式。如果說「制憲」和「修憲」已引起大陸足夠重視的話，那麼「釋憲」這一極端隱祕的「臺獨」形式卻還尚未為人所關注。在臺灣的「釋憲」實務中，「大法官」已經作成多個關於兩岸關係的解釋。如與「固有疆域」有關的「釋字第328號解釋」、「汪辜會談」所訂協議性質的「釋字第329號解釋」、臺灣省之地位的「釋字第467號解釋」、「福建省」之地位的「釋字第481號解釋」、「大陸人民出入境限制」的「釋字第497號解釋」、「大陸人民任職限制」的「釋字第618號解釋」等。目前，已有臺灣學者開始研究透過「司法院」對兩岸關係進行定位的可能性，還有學者曾研究過臺灣在國外司法案例中的「國家」地位問題，國際上也不乏關於臺灣所謂「地位」的案例，最著名者如「湖廣鐵路債權案」、「光華寮案」、「莫里斯訴中華人民共和國和『中華民國』」案等。這些事實都昭示我們，臺灣可能在透過政治、「立法」、行政途徑都無法實現「臺獨」的情況下，從較為隱蔽的司法途徑推進「臺獨」。

「草案」亦體現了臺灣的上述意圖。它所設計的「憲法爭議」案件類型、「三分之一立法委員」聲請「釋憲」機制，以及法官聲請「釋憲」機制等，都為「臺獨」分子從司法領域推進「臺獨」提供了制度空間。其一，在臺灣的「釋憲」實務中，大多數與兩岸問題相關的案件均與「憲法爭議」有關。如與「臺獨」最為接近的「釋字第328號解釋」就是典型的「憲法爭議」案件。「草案」不僅保留這一案件類型，且將其從「審理法」規定之機關權限爭議，

擴展到所有「憲法適用爭議」。目前，臺灣現行「憲法」在統「獨」問題上語句曖昧、漏洞頗多，「臺獨」分子完全可能利用這些漏洞，刻意製造爭議，並借「憲法爭議」案件類型的外殼，將統「獨」問題交「憲法法庭」裁決。其二，「三分之一立法委員」申請「釋憲」是與兩岸關係有關的案件中最為常見的一類，如「釋字第329號解釋」、「釋字第467號解釋」和「釋字第481號解釋」等，均是由三分之一「立法委員」聯署聲請，而進入「釋憲」程序的。「草案」保留了該項制度，並取消了「三分之一立法委員」聲請「釋憲」的「行使職權」要件，使得少數占據「立法委員」位置的「臺獨」分子，可以任意提起與兩岸問題有關的案件，聲請「憲法法庭」裁判。其三，近年來，隨著兩岸民間交流的推進，大陸人民與臺灣人民之間的法律糾紛日益增多，臺灣法院在審理此類案件時，往往會面臨大陸人民在臺灣的地位如何、大陸人民是否應與臺灣人民「平等對待」等問題。這些問題都與敏感的統「獨」問題高度相關，臺灣地方法院法官往往透過「釋憲」方式，將矛盾交由「大法官」解決。一些大陸地區赴臺人員在遭到臺灣司法當局不公正對待後，也透過「人民聲請釋憲」的途徑，要求「大法官」作「憲法解釋」。前者如「釋字第558號解釋」，在該解釋中，臺灣高等法院因在「大陸人民出入臺灣限制」發生爭議，遂依「釋字第371號解釋」聲請大法官「釋憲」；後者如「釋字第497號解釋」，該解釋的聲請人之配偶系大陸人士，因臺灣當侷限制未能進入臺灣，在窮盡一切救濟途徑後，聲請人遂以「平等原則」為由，聲請「大法官」對臺當侷限制大陸人民入境的有關規定進行審查。在這些案件中，大法官多以「比例原則」和「兩岸人民關係條例」為依據，作成對大陸人民不利的解釋，嚴重阻礙兩岸人民的正常交流，並損害民生福祉，對兩岸關係定位產生了微妙影響。「草案」將法官「釋憲」機製法制化，並繼續保留「人民聲請釋憲」機制。可以推斷，隨著兩岸民間交往的進一步加深，會有越來越多的類似案件

進入司法程序,並可能透過上述兩條途徑交由「憲法法庭」裁判。這時,「憲法法庭」是否會作出對兩岸關係和兩岸民眾民生福祉不利的判決呢?我們認為,僅就歷史考察而言,這種判決是完全可能出現的。

總之,「草案」雖在表面上不涉及任何統「獨」問題,甚至以相當中立的姿態表明其「技術法」立場,但就是在這種看似「統獨中立」的「技術法」外表下,包藏著「臺獨」分子的險惡用心。這是「草案」最為危險的地方,也是「臺灣法理獨立」最為危險的地方。

四、遠非結語

當「臺獨」分子的手段漸次從政治領域向法律領域,尤其是憲法領域轉移時,臺灣問題的憲法屬性也逐漸清晰。針對這股以「憲政改革」為核心的「臺獨」逆流,大陸有志於臺灣問題研究的學者或學人,有必要從憲法學角度認真對待臺灣問題。透過抽絲剝繭的精細分析、邏輯嚴密的規範分析和細緻入微的實證分析,以穿透法律辭藻的迷霧,逐漸揭開臺灣「法理獨立」的面紗。

附表:大法官解釋與「草案」相關條文對照表

編號	解釋內容	相關制度	「草案」條文
177	(解釋文)「本院依人民聲請所為之解釋，對聲請人據以聲請之案件，亦有效力。」	解釋的個案效力	第34條第1項：「人民、法人或政黨依第39條第1項第3款聲請之案件，經憲法法庭喻知法律或命令立即失效或定期失效者，該受不利確定終局之聲請人，得依法定程式或判決喻知之意旨請求救濟。檢察總長提起非常上訴者，亦同。」
185	(解釋文)「司法院......，其所為之解釋，自有拘束全國各機關及人民之效力......」	解釋的一般拘束力	第32條：「憲法法庭判決有拘束法院、各機關、地方自治團體、人民、法人及政黨之效力......」

編號	解釋內容	相關制度	「草案」條文
188	(解釋文)「依其聲請所為之統一解釋，除解釋文內另有明定者外，應自公布當日起發生效力」	解釋的時間效力	第30條：「憲法法庭之判決，自宣示或公告當日起發生效力。」
188	(解釋文)「……引起歧見之該案件，如經確定終局裁判，而其適用法令所表示之見解，經本院解釋為違背法令之本旨時，是項解釋自得據為再審或非常上訴之理由。」	解釋作為再審之理由	第34條第1項：「人民、法人或政黨依第39條第1項第3款聲請之案件，經憲法法庭喻知法律或命令立即失效或定期失效者，該受不利確定終局之聲請人，得依法定程序或判決喻知之意旨請求救濟。檢查總長提起非常上訴者，亦同。」
209	(解釋文)「確定終於裁判適用法律或命令所持見解，經本院解釋認為違背法令之本旨時，當事人如據以為民事訴訟再審之理由者，其提再審之訴或聲請再審之法定不變期間，參照民事訴訟法第五百條第二項但書規定，應自該解釋公布當日起算……」	再審之期間	第34條第2項：「……自聲請案件系屬憲法法庭之日起至判決送達聲請人之日止之期間，不計入法律規定之再審期間。」
371	(解釋文)「法官於審理案件時，對於應適用之法律，依其合理之確信，認為有牴觸憲法之疑義者，自應許其先行聲請解釋憲法，以求解決。……各級法院得以之為先決問題裁定停止訴訟程序，並提出客觀上形成確信法律為違憲之具體理由，聲請本院大法官解釋。」	法官聲請「釋憲」案件類型之增設	第39條第1項第5款：「法官就其受理之訴訟案件或非訟案件，對裁判上所應適用之法律，確信其牴觸憲法者」（著重號為作者所加）
530	(解釋文)「是司法院除審理上開事項之大法官外，其本身僅具最高司法行政機關之地位，致使最高司法審判機關與最高司法行政機關分離。為其符合司法院為最高審判機關之制憲本旨，司法院組織法、法院組織法、行政法院組織法及公務員懲戒委員會組織法，應自本解釋公布之日起二年內檢討修正，以副憲政體制。」	「憲法法庭」模式	第2條：「憲法法庭由全體大法官組成，審理下列案件……」
572	(解釋文)「如僅對法律是否違憲發生疑義，或系爭法律有合憲解釋之可能者，尚難謂已提出客觀上形成確信法律為違憲之具體理由。」	法官聲請「釋憲」之「確信」要件	第39條第1項第5款：「法官就其受理之訴訟案件或非訟案件，對裁判上所應適用之法律，確信其牴觸憲法者」（著重號為作者所加）

編號	解釋內容	相關制度	「草案」條文
585（含599）	(解釋文)「司法院大法官依憲法規定獨立行使憲法解釋及憲法審判權，為確保其解釋或裁判結果實效性之保全制度，乃司法權核心機能之一，不因憲法解釋、審判或民事、刑事、行政訴訟之審判而有異。」(解釋理由書)「如因系爭憲法疑義或爭議狀態之持續、爭議法令之適用或原因案件裁判之執行，可能對人民基本權利或憲法基本原則造成不可回復或難以回復之重大損害，倘依聲請人之聲請於本案解釋前作成暫時處分以定暫時狀態，對損害之防止事實上具急迫必要性，且別無其他手段可資防免其損害時，即得權衡作成暫時處分之利弊，若作成暫時處分顯然利大於弊時，自可准予暫時處分之宣告。」	暫時處分制度	第48條第1項：「為避免人民之基本權利或公益遭受難以回復之重大損害，且有急迫必要而無其他手段可資防免者，憲法法庭得就聲請案件相關之憲法爭議、法令之適用或原因案件裁判之執行等，為暫時處分之聲請。」
590	（解釋文）「裁定停止訴訟程式自亦包括各該事件或案件之訴訟或非訟程式之裁定停止在內。」	法官聲請「釋憲」案件類型之範圍	第39條第1項第5款：「法官就其受理之訴訟案件或非訟案件，對裁判上所應適用之法律，確信其牴觸憲法者」（上下引號為作者所加）
590	（解釋文）「惟訴訟或非訟程式裁定停止後，如有急迫之情形，法官即應探究相關法律之立法目的、權衡當事人之權益及公共利益、斟酌個案相關情狀等事項，為必要之保全、保護或其他適當之處分。」	法官聲請「釋憲」案件之暫時處分	第39條第2項：「法官依第一項第五款之規定聲請裁判的同時，應就其受理之案件，以裁定停止訴訟或非訟程序，如有急迫事由，並得為必要之處分」
613①	(解釋理由書)「失去效力之前，通傳會所作成之行為，並不因前開規定經本院宣告違憲而影響其適法性，人員與業務之移撥,亦不受影響。」	「違憲」定期失效制度	第33條第2項：「法律或法令與憲法相牴觸而應定期失效者，於期限屆至前，除原因案件外，仍應適用該法律或該命令……」

（本表為作者自製）

①含其他同類案件，參見「釋字第613號解釋」「大法官」許玉秀的部分協同意見書所附的《定緩失效期間或失效期日之大法官解釋》和《定檢討修正期間之大法官解釋》，彭茂生製作。

臺灣「司法院大法官」解釋兩岸關係的方法

當「臺獨」分子的分裂手段漸次從政治領域向法律領域，尤其是憲法領域轉移時，臺灣問題的憲法屬性也逐漸清晰。臺灣的政治實踐亦表明，以「制憲」、「修憲」和「釋憲」為主要途徑的「憲政改革」已經成為「臺灣法理獨立」的主要形式。在「制憲臺獨」、「修憲臺獨」困難的情況下，「臺獨」分子曾多次透過「司法院大法官」解釋「憲法」，企圖造成「兩岸分治永久化」的局面，進而謀求所謂「臺灣獨立」。因此，研究「司法院大法官」關於兩岸關係的解釋，對於遏制「臺灣法理獨立」有著重要意義。本文擬以解釋方法為線索，對「司法院大法官」關於兩岸關係的解釋作全面地梳理與評價。

一、研究意義與對象

（一）研究意義

作為一項具有高度技術性的法活動，憲法解釋是透過一定解釋方法將憲法文本含義予以明確，並適用於事實的過程。儘管解釋方法對釋憲者毫無拘束力，但解釋方法仍有其重要作用，在釋憲活動中扮演重要角色。沿著法學方法論的研究進路，對法律解釋方法的討論主要體現為兩條脈絡，一是所謂「正當化的脈絡」，著重於探討如何透過解釋方法論證解釋結果正當化的條件；二是所謂「尋法的脈絡」，著重描述法律解釋過程，以及探討如何正確地解釋法律。若將上述兩條脈絡適用於憲法解釋，則可自然得出憲法解釋方法的兩項基本功能：一是所謂價值功能，即透過外觀上嚴謹的說理與充分的思辨，賦予解釋結果以正當性；二是所謂規範功能，即使

憲法文本與解釋結果之間產生某種確定的聯繫，以提高解釋結果具有可預測性。立基於此，本文認為，研究「大法官」解釋兩岸關係的方法有以下兩方面的意義。

其一，有利於揭示「臺獨」分子將「臺獨」「正當化」的過程。當前，「臺獨」分子意圖透過「制憲」、「修憲」、「公投」等法律手段，賦予「臺獨」分裂活動所謂「正當性」，「憲法解釋」亦是其中之一。「大法官」在「憲法解釋」過程中，以「中立」、「客觀」、「公正」面目示人，嚴格遵循法定程序，透過解釋文、解釋理由書等文本形式將解釋結果用大量華麗、嚴謹、規範的法律辭藻表現出來，使解釋結果充滿「說理性」。「臺獨」分子正是借此，將具有「臺獨」內容的解釋結果包裝在法律儀式和法律辭藻下，使之從外觀上具有所謂「正當性」。研究「大法官」解釋兩岸關係的方法，並透過抽絲剝繭的精細分析、邏輯嚴密的規範分析和細緻入微的實證分析，可以將「釋憲臺獨」的本質與真相暴露於世人面前，徹底揭穿「臺獨」分子的虛偽面紗。

其二，有利於提高「釋憲臺獨」的可預測性。兩岸關係的發展牽動兩岸人民的民生福祉和臺海局勢的穩定，隨著兩岸交流的逐漸熱絡以及「臺獨」分子分裂活動的日益加劇，「大法官」任何一項與兩岸關係有關的解釋都將觸動兩岸敏感的神經。因此，絕大多數人們必然希望「大法官」解釋兩岸關係的結果具有可預測性。同時，兩岸關係錯綜複雜，涉及諸多法外因素，「憲法」文本與解釋結果之間的關聯常常淹沒在經驗世界中，解釋結果的確定性也極度模糊。因而，根據「大法官」業已做成的解釋，分析「大法官」解釋兩岸關係的方法，概括「大法官」解釋兩岸關係的一般規律，並據此建立經驗性的「大法官」解釋兩岸關係模型，對於有效預測「釋憲臺獨」的發展方向、及時揭穿「臺獨」分子的「臺獨」伎倆也頗有裨益。

（二）研究對象

　　方法是「亂中有序」的經驗性總結，大量解釋的存在是研究「大法官」「釋憲」方法的必要條件。研究「大法官」解釋兩岸關係的方法，自應以「大法官」解釋為對象，惟按臺灣「法律」，「大法官」作「憲法解釋」或統一解釋的過程，實際上極富個性化色彩：「大法官」不僅可以透過解釋文和解釋理由書對待解釋案件作成具有法效力的解釋，同時可依個人旨趣發布協同意見書和不同意見書表達個人對案件的觀點，甚至「抒己見以明志」。同時，臺灣「司法院大法官」在作「憲法解釋」或統一解釋時受政治影響極深，多有「荒腔走板」之處，協同意見書和不同意見書在某種程度上反倒反映了「大法官」基本態度，在一定情況下也更加具有學理性。基於以上兩點理由，各解釋的解釋文、解釋理由書、「大法官」發布的協同意見書和不同意見書均是本文所研究的對象。

　　截至2007年8月，臺灣「司法院」已作成「憲法」解釋和統一解釋共632個，其中與兩岸關係有關的有十六個。這些解釋總體而言可分為三類：其一，「法統」型解釋，這部分解釋均圍繞臺灣在臺的所謂「法統」展開，為臺灣在臺統治提供「憲法」依據，以消弭所謂「全中國」與「小臺灣」之間的「落差」，維護臺當局的運轉，包括「釋字第31號、第85號、第117號、第150號和第261號解釋」；其二，權利型解釋，這部分解釋圍繞臺灣人民權利與大陸赴臺人員權利展開，包括「釋字第242號、第265號、第475號、第479號、第497號、第558號和第618號解釋」；其三，制度型解釋，這部分解釋針對的是臺灣政治制度運行過程中出現的疑難問題，「包括釋字第328號、第329號、第467號、第481號解釋」。以上三類解釋的基本情況可列表如下：

　　表一：「大法官」關於兩岸關係解釋情況表

作成時間	編號	類型	聲請主體	案由	協同意見書	不同意見書
1954.1.29	31	「法統」型	「行政院」	「立委」、「監委」延任	—②	—
1960.2.12	85	「法統」型	「行政院」、「國民大會」	「國民大會代表」總額計算標準	0	0
1966.11.9	117	「法統」型	人民③	「國民大會代表」遞補資格	0	0
1977.9.16	150	「法統」型	人民	「中央」民意代表任期	0	1
1989.6.23	242	權利型	人民	赴台人員重婚問題	0	2
1990.6.21	261	「法統」型	「立法院」	「萬年國大」任期	0	1
1990.10.5	265	權利型	人民	中國人民入境案	0	0

　　②協同意見書與不同意見書隨解釋文和解釋理由書一同發表的制度始於1958年，「大法官」作成「釋字第31號解釋」時，並未實行該項制度。

　　③據臺灣有關規定，人民在窮盡所有救濟手段後，可依法向「司法院大法官」聲請「釋憲」，據此，臺灣法學界多將「人民」視為「憲法解釋」的聲請主體之一。參見吳庚：《憲法的解釋與適用》，三民書局2004年版，第378頁以下。

作成時間	編號	類型	聲請主體	案由	協同意見書	不同意見書
1993.11.26	328	制度型	三分之一「立法委員」	「固有疆域」範圍	0	0
1993.12.24	329	制度型	三分之一「立法委員」	「汪辜會談」協議性質	0	4
1998.10.22	467	制度型	三分之一「立法委員」	臺灣之地位	3	2
1999.1.29	475	權利型	法官①	退台前發售之債券債權人權利	0	0
1999.4.1	479	權利型	人民	「中華比較法學會」更名案	0	1
1999.4.16	481	制度型	三分之一「立法委員」	「福建省」之地位	0	1
1999.12.3	497	權利型	人民	中國人民入境案	0	0
2003.4.18	558	權利型	「台灣高等法院」	「返國」條件爭議	0	2
2006.11.3	618	權利型	「台灣高等行政法院」	中國人民在臺任公職條件	0	0

（本表由作者自製）

二、解釋方法的適用

（一）傳統解釋方法的適用

自薩維尼以降，文義、論理、歷史、體系四種傳統法解釋方法成為憲法解釋的主流方法。臺灣「司法院大法官」亦多採取上述方法，以「憲法」文本為依據解釋兩岸關係。

1.文義解釋與論理解釋

文義解釋是指依據憲法文本的文字與語法結構，對憲法加以解釋的解釋方法；而論理解釋則是依據憲法文本的邏輯聯繫與語意關

係解釋憲法的解釋方法。在臺灣大法官的「釋憲」實踐中，兩者區別甚微，故本文對此兩種方法作合併論述。

　　文義解釋與論理解釋為最基本之「釋憲」方法，其實例在「大法官」對兩岸關係的解釋中俯拾可見。例如，由於1946年「憲法」對權利之規定極為模糊，「大法官」於權利型解釋中大多不厭其煩地對所涉權利加以闡釋，如「釋字第265號解釋」對遷徙自由之解釋、「釋字第479號解釋」對結社自由之解釋等。還有一些解釋專門針對「憲法」中所涉特定詞句，如「釋字第329號解釋」將1946年「憲法」所稱的「條約」界定為「用條約或公約之名稱，或用協定等名稱而其內容直接涉及國家重要事項或人民權利義務且具有法律上效力者而言」，對「條約」作擴大解釋，不僅包括傳統國際法意義上的「條約」，還包括所謂「政府間協定」等文件。另外，「大法官」在解釋時，也會對其他相關法律中的詞句加以闡明，如在與「福建省」地位有關之「釋字第481號解釋」中，針對「福建省」是否為「轄區不完整之省」的疑問，「大法官」劉鐵錚認為，「省縣管轄範圍有大有小，人口亦多亦少，均不影響其地位」，因而認定不存在所謂「轄區不完整之省」。

　　另需指出的是，文義解釋與論理解釋在各類解釋方法中對憲法文本最為依賴，受憲法文本語言的約束也最大。照此而言，文義解釋與論理解釋應是最具有確定性的解釋方法，但是，語言並不具有唯一性，一個詞語具有多個特定的指向性含義，特定詞語的「指」（signifier）和「所指」（signified）之間，如何進行取捨需憑藉解釋者的意願和價值取向。因此，即便是針對同一文本，「大法官」亦能根據不同形勢作成含義各異的解釋。故同樣針對1946年「憲法」第六十五條和第九十三條關於「立法委員」和「監察委員」任期的規定，「大法官」在三個解釋中所作的解讀截然不同。「釋字第31號解釋」為消弭國民黨退臺後「全中國」與「小臺灣」之間的落差，採用「行政院」觀點，將第一屆「立法委員」和「監察委

員」任期擴展至「第二屆委員，未能依法選出機會與召集前」，將「任期」一詞作擴大解釋。「釋字第150號解釋」則嘗試突破「釋字第31號解釋」，在後者基礎上對「任期」作狹義解釋，認為第一屆「中共」民意代表只是在第二屆「中共」民意代表未選舉產生前「繼續行使職權」，其任期並未變更，仍應依1946年「憲法」之規定。「釋字第261號解釋」則認為，「釋字第31號解釋」及其他「法律」，「既無使第一屆中共民意代表無限期繼續行使職權或變更其任期之意，亦未限制次屆中共民意代表之選舉」，據此結束第一屆「中共」民意代表之任期。由此可見，三個解釋對同一規定的解讀完全不同，亦據其各自的理解作成功能不一、作用不同的解釋。「大法官」對於同一詞句，不僅在不同解釋中出現過不同理解，而且在同一解釋中，也曾出現過不同理解的情況。如限制大陸赴臺人士擔任公職的「釋字第618號解釋」，對1946年「憲法」第七條「平等」一詞的理解就前後不一。在該解釋解釋文中，「大法官」認為「平等，係指實質上之平等而言，立法機關基於憲法之價值體系，自得斟酌規範事物之差異而為合理之區別對待……」並據此認定限制大陸赴臺人士擔任公職的「兩岸關係條例」部分條款「與憲法第七條之平等原則並尚無違背」；然而，在解釋理由書中，大法官又採取形式平等的觀點，認為如果對每一個大陸赴臺人士的「忠誠度」作逐案審查，「非僅個人主觀意向與人格特質及維護自由民主憲政秩序之認同程度難以嚴格查核，且徒增浩大之行政成本而難期公平與公平……」據此將大陸赴臺人士的考驗期一概規定為十年，也不再言及其剛剛在解釋文中頗費周章闡釋出來的「斟酌規範事物之差別而為合理之區別對待」了。

2.歷史解釋

歷史解釋為臺灣唯一法定之解釋方法，個別「大法官」亦認為「憲法制定者之意思，倘已明確表明時，在憲法目的所關聯之倫理性原則未有變更之下，即應忠實予以反映，而不得另求其他……」

然而，臺灣所謂「憲法制定者之意思」卻頗難思索：除1946年「制憲」外，臺灣尚有數次對「動員戡亂時期臨時條款」的修改，1991年後，更是頻繁出現所謂「修憲」，「憲法制定者」意思缺乏長遠考量，在短時間內反覆更迭，給「釋憲」工作造成極大困難。此外，「憲法並非靜止之概念……從歷史上探知憲法規範性的意義固有其必要；但憲法規定本身之作用及其所負之使命，則不能不從整體法秩序中為價值之判斷」，歷史解釋是一個具有時效性質的解釋方法：當因時間流逝，使歷史真實無法被獲知或者制憲者主觀共識演變為社會客觀共識時，歷史解釋自應退出歷史舞臺。尤其是對於時效性強、歷史淵源複雜的兩岸關係而言，歷史解釋所能施展空間就更為狹小了。

最早在對兩岸關係的解釋中運用歷史解釋法的是「釋字第31號解釋」。該解釋作成於1954年，此時與「制憲時刻」相去不遠，因此，「大法官」在解釋時所追尋的歷史為「制憲」時之原旨，基於此，「大法官」將認為「五院制度」是1946年「憲法」樹立之本旨。而至釋字第85號解釋時，距「大陸淪陷國家發生重大變故已十餘年」，「大法官」不再追尋「制憲者」的意圖，認為上述情況的發生「實非制憲者始料所及」，但「大法官」並非放棄歷史解釋，而是將「制憲」者的意思與「憲法」本旨作一區分：雖然「制憲」者的原旨已無參考價值，但「憲法」「設置國民大會之本旨」仍需尊重。「釋字第150號解釋」則既非追尋「制憲者」之意思，又非追尋「憲法」之本旨，而是追尋所謂「動員戡亂時期臨時條款」的本旨，甚至不惜按此條款的含義解讀「憲法」有關條文。而延至「釋字第261號解釋」時，「動員戡亂時期臨時條款」也瀕臨被廢止的邊緣，「大法官」自然不會去追尋其「本旨」，但「大法官」於該解釋中，卻又對「釋字第31號解釋」的原旨加以解讀，並據此廢止「萬年國大」，終止「釋字第31號解釋」的效力。

長期以來，臺灣法學界存在「以大陸為中心」和「以臺灣為中

心」兩條憲法學研究脈絡。在回溯歷史時，究竟是以「大陸的歷史」為準，還是以「臺灣的歷史」為準，臺灣學者尚未就此問題形成共識，因而兩條脈絡在「大法官釋憲」過程中均有所反映，最為典型的例子是兩組「大法官」針對「釋字第467號解釋」所發布的協同意見書與不同意見書。「釋字第467號解釋」的起因源於所謂「精省工程」。1997年，臺灣發動第四次「憲政改革」，決定「精簡」臺灣省級建置，停止辦理臺灣省長和省議會選舉，臺灣省由地方自治團體改為「行政院」派出機構。儘管已經到了「精到廢」的地步，但臺灣省級建置依然存在，仍設省政府和省諮議會，因此，「精簡」後的臺灣省是否具有公法人地位引起爭議。雖然多數「大法官」認為臺灣省不具備地域自治團體的公法人資格，但孫森淼和董翔飛、施文森兩組「大法官」從歷史角度出發，分別發布了協同意見書和不同意見書，對多數意見提出異議，只不過兩組「大法官」所引以為據的「歷史」有所不同。孫森淼持「以臺灣為中心」的「憲法」史觀，依次分析日據時期之臺灣總督府、光復過渡時期之臺灣行政長官公署及「動員戡亂時期」之臺灣省政府的地位、職權與功能，進而得出「臺灣省政府具有中共派出機關之性質」的結論。董翔飛、施文森則「以大陸為中心」，不僅在不同意見書開頭便指明1946年「憲法」依據孫中山先生建國理念及其學說制定，而且引據1945年「司法院」「院解字第二九九零號」所涉在大陸發生之案例，說明法人與自治制度之建立為性質不同的兩個問題，進而否定多數「大法官」意見，提公布灣省仍為公法人的觀點。

　　由於兩岸關係在歷史上發生多次劇烈變化，歷史事件或者「制憲」者原旨已經無法為「大法官」解釋兩岸關係提供所需的「正當性」，亦無法產生足夠的說服力，因此，「大法官」運用歷史解釋方法的實例並不多見。

3.體系解釋

臺灣學界對體系解釋存在兩種不同性質的理解。一部分學者認為，體系解釋「就是視一部法律或國家法制為一個體系，以文義、概念及關聯意義為手段，並藉助邏輯推理的法則所形成解釋的一種方法」，此一觀點在學界處於通說地位；另有學者認為，體系解釋是指「當個別條文的含義發生爭議時，先拉高到一個足以統攝所有體制規定的理型，再依循該理型去決定爭議條文最適當的涵義……」，亦有學者認為，憲法理論應成為憲法解釋的「後設理論」，這些學者對於體系解釋的認識，可以概括為依憲法理論構建理論模型，並以此理論模型作為解釋憲法條文的依據。比較兩種概念可知，前者所謂體系，係指「規範體系」，而後者所謂體系，係指「理論體系」。兩種體系解釋方法在「大法官」解釋兩岸關係的實踐中均被大量運用。

對於規範體系解釋方法，「大法官」多將其運用於權利型解釋中，且已經形成「權利條款+權利限制原則」的解釋模式，即先引用1946年「憲法」第二章中某一權利條款，並加以闡釋，然後依同法第二十三條，論證對所涉權利的限制是否與權利限制原則相違背。「大法官」在「釋字第497號解釋」中甚至明確指出，「若法律僅為概括授權時，則應就該項法律整體所表現之關聯意義以推知立法者授權之意旨，而非拘泥於特定法條之文字」。運用此方法作成的權利型解釋俯拾可見，本文不再贅述。除權利型解釋外，「大法官」亦將規範體系解釋方法運用於制度型解釋中。如「大法官」劉鐵錚在討論第四個「憲法」增修條文第九條之性質時，認為應「從憲法上整體原則觀察」，並在此原則指導下，考察1946年憲法第十一章「地方制度」在憲法中的地位，結合「憲法」增修條文前言，將第四個「憲法」增修條文第九條的性質上確定為「過渡性安排」。

對於理論體系解釋方法，「大法官」在解釋兩岸關係中對其運用得頗為嫻熟。早期大法官多依據「五權憲法」理論，用「五權平

等相維」為其解釋背書。至「釋字第261號解釋」,「大法官」為突破「釋字第31號解釋」所創設的「法統」,不再依據「五權憲法」理論,而是先將「民意代表之定期改選」拉升到「民主憲政之途徑」的高度,並將辦理次屆「中共」民意代表選舉的目的視為「確保憲政體制之運作」云云。據此可見,「釋字第261號解釋」所依據的理論是所謂「民主憲政」。「大法官」不僅依賴即有的理論,而且常常創設一些理論,作為其解釋兩岸關係的基準。如在「釋字第467號解釋」中,多數「大法官」便提出判斷地方自治團體是否具有公法人資格的兩個條件,以此作為判斷臺灣省是否為公法人的標準。「釋字第467號解釋」等,「大法官」在運用理論體系解釋方法時,表現出兩個重要趨勢。其一,「大法官」所依據的理論體系,早期以孫中山先生的「五權憲法」理論為主,其後逐漸過渡到具有普適性的憲法學理論,包括西方國家的一些憲法學理論;其二,早期「大法官」在引用或建構理論體系時,大多脫離「憲法」規範,其後,「大法官」則注意依託憲法規範、從「憲法」規範中尋找理論體系的根據。不過,需要指出的是,「大法官」即便依據的是相同條文,所建立的理論體系也不必然相同,如同樣依據1946年「憲法」第二十三條,「釋字第479號解釋」推演出明確性原則,而「釋字第558號解釋」、「釋字第618號解釋」等則推演出了比例原則等。上述兩個趨勢清晰地說明,「大法官」對兩岸關係的解釋,逐漸從政治語言的堆砌轉到法律語言的包裝上來,純法學方法亦隨之成為「大法官」解釋兩岸關係方法的主流。

(二)新興解釋方法的適用

由於多數「大法官」均有留學背景,尤以德國、日本、美國居多,因此這些國家憲法學的新發展,對於臺灣「釋憲」實務影響頗深,流行於上述國家的新興憲法解釋方法,亦對臺灣「司法院大法官」解釋兩岸關係產生影響。

1・「政治問題不審查」

「政治問題不審查」是司法消極主義在解釋方法上的體現。臺灣憲法學界對「政治問題不審查」的理論探討極多，大多都認為由於司法釋憲先天的缺乏所謂「民主正當性」，司法機關在「釋憲」時應對其他政治部門所作的政治決定保持尊重與克制。「政治問題不審查」的最大癥結在於「政治問題」一詞實難定義：何謂「政治問題」，這個問題本身也許又是一個龐大的理論堆積，學界對此問題亦是眾說紛紜。然而，無論學界爭議如何，「大法官」在解釋兩岸關係的過程中，仍依據各自的理解嫻熟地將此方法運用於實踐。

臺灣學者大多以「釋字第328號解釋」作為「大法官」運用政治問題不審查理論的起點。該案的起因是陳婉真等部分「立法委員」於「立法院」審查「大陸委員會」、「蒙藏委員會」預算時，聲請「大法官」解釋1946年「憲法」第4條「固有疆域」含義而引發。表面上來看，陳婉真等人的直接目的是為了確定大陸及蒙藏地區是否為「中華民國」領土，以決定是否透過「大陸委員會」及「蒙藏委員會」預算，然而，這部分「立法委員」在向「立法院」提交的臨時提案中，明目張膽地提出「中國大陸不屬於中華民國領土」、「『自由地區』（即臺澎金馬地區）即為現階段中華民國領土主權所在」等言論，其「臺獨」心理昭然若揭。由於「釋字第328號解釋」的「釋憲」聲請人直指兩岸關係底線，要求「大法官」確定「固有疆域」範圍，因此，「大法官」一旦此時作成明確的解釋，則可能導致兩岸關係徹底破裂的後果。熟悉各國法律、深諳各路法理的「大法官」只有「祭出」「政治問題不審查」理論，認為「國家領土之範圍如何確定，純屬政治問題；其界定之行為，學理上稱之為統治行為，依權力分立之憲政原則，不受司法審查」，「固有疆域範圍之界定，為重大政治問題，不應由行使司法權之釋憲機關予以解釋」，從而迴避了對「固有疆域」的解釋。在解釋文和解釋理由書中，「大法官」不惜詳細闡述「政治問題不審

查」的理論概要並列舉出息會議人員的名單充數，也不對該解釋所涉案件的實質著一字、發一言，對爭議的關鍵問題採取了刻意迴避態度，以盡力避免觸碰兩岸關係的底線。

「政治問題不審查」理論亦出現在「大法官」發布的不同意見書中。如「大法官」張特生在其針對「釋字第329號解釋」多數意見發布的一部不同意見書中，兩次運用了「政治問題不審查」理論。在對所涉案件的定性上，張氏認為，該解釋所涉案件涉及「立法院」與「行政院」之間的權限爭議，「確屬涉及高度政治性之問題」，「大法官」「對顯然牽涉高度政治性之問題，仍宜自我節制，若介入過多，不惟易致越權之議論，且治絲益棼，可能招怨致尤，有損司法之立場與尊嚴」。在案件的解決方式上，張氏再次運用「政治問題不審查」理論，認為該案不宜由「司法院」透過「釋憲」機制解決，而是按照「政治問題不審查」理論的基本原理，依照權力分立原則，「由行政與立法兩院斟酌當前國家特殊處境，協商解決」。無獨有偶，另一位「大法官」李鐘聲亦認為司法機關「不得於審查法令是否違憲而乘機干預政治問題，為司法審查制之重要原則」，「對於其他憲法機關從事之自由政治運作與決定，……諸如：領土、條約、外交、戰爭等等事項」，司法機關應「都不插手介入，拒絕受理解釋」。

儘管上述幾位「大法官」以一腔書生氣要求「司法院」大法官「釋憲」時嚴格遵循「政治問題不審查」，然而，這樣的說辭恐怕只能矇蔽初涉「憲法」的清純學子。對於絕大多數「大法官」而言，實難定義的「政治問題」一詞，為其逃避對兩岸關係明確定性提供了良好的藉口，「政治問題不審查」理論在方法論上的意義恐怕也正在於此。

2.結果取向解釋

結果取向解釋，是指解釋者把因其解釋所作決定的社會影響列

入解釋的一項考量，在有數種解釋可能性時，選擇其社會影響較有利者。結果取向解釋是憲法解釋與社會科學聯結的主要方式，也是釋憲者充當所謂「社會工程師」的重要途徑。在臺灣，「大法官」往往充當政治改革的輔助者、監督者和善後者。因此，儘管「大法官」並為在解釋活動中明示所謂「結果取向」，但該方法對「大法官」解釋兩岸關係的重要影響是不言而喻的。

「釋字第242號解釋」的起因是隨國民黨退臺人士的重婚問題。1949年後，部分在大陸有妻室的退臺人員在臺灣再行組成家庭，隨著兩岸開放探親，退臺人員留居大陸的妻室亦去臺尋找失散多年的丈夫，長期因兩岸隔離而被鬱積的重婚問題全面爆發。如果依臺灣民法之規定，將隨國民黨退臺人員在臺灣的婚姻認定為重婚，「其結果將致人民不得享有正常婚姻生活，嚴重影響後婚姻當事人及其親屬家庭生活及人倫關係，反足妨害社會秩序」，據此承認在臺婚姻具有法律效力。而在「釋字第475號解釋」中，「大法官」針對國民黨退臺前所發行債券債權人清償債務的聲請，認為「政府立即清償」的後果將「勢必造成臺灣人民稅負之沉重負擔，顯違公平原則」，因而決定延緩債權人行使債權。

除解釋文和解釋理由書運用結果取向解釋方法外，部分「大法官」在其發布的協同意見書和不同意見書中，亦運用該方法。如在「釋字第329號解釋」中，「大法官」張特生考慮到將「協定」納入「條約」的解釋結果，認為在臺灣「外交條約之處理，已難以常態方式進行」的情況下，對「條約」作擴大解釋，「不特行政院及外交部將受不應有之束縛，國家拓展國際空間活動之努力，亦將受起影響」，因此，「為推展務實外交，爭取……國際上之生存空間」，對「協定」「不得不從權處理」。同樣，另一位「大法官」在針對「釋字第329號解釋」多數意見發布的不同意見書中，專闢一節，以「本件解釋後果堪虞」為名，對「司法院」憑藉「釋憲」干預「立法院」行使職權的後果，表示出極大擔憂。

除上述幾個明顯運用結果取向解釋方法的實例外，大多數關於兩岸關係的解釋並看不出結果分析，但若將「釋字第31號解釋」、「釋字第85號解釋」、「釋字第150號解釋」以及「釋字第261號解釋」結合起來觀察，還是能發現其中「法與時轉」的哲學；而且，若干個權利型解釋多多少少地蘊涵著「不改變兩岸分治現狀」的取向在其中；即便是以「政治問題」為由迴避審查的「釋字第328號解釋」，也正是考慮到一旦確定「固有疆域」範圍後可能導致的嚴重後果，才以「不審查」代替「解釋」，大有「沒有態度便是態度」的意味。由此可見，大法官在解釋兩岸關係時，對結果取向解釋方法的運用是具有普遍性的。

3.「憲法解釋憲法」

隨著解釋方法的多元化，憲法解釋難以避免地走入了「方法越多、秩序越少」的困境。臺灣憲法學者亦敏銳地感覺到，越來越多的解釋方法，使「釋憲」者有了更為廣闊的游移空間，「釋憲」者可以根據結果選用能得出該結果的方法。在上述情況下，解釋方法淪為政治決斷和意識型態恣意的工具。因此，有學者提出「憲法解釋憲法」的解釋方法，即「釋憲」者於解釋「憲法」時以「憲法」有規定者為限，「憲法」未規定者，應由人民或「立法」機關透過「修憲」、「立法」予以補足，絕對排斥「釋憲」者借「釋憲」之名、行「制憲」之實。然而，儘管臺灣學界已經在理論上認識到了「憲法解釋憲法」方法的重要性，但大法官在「釋憲」實務中，幾乎未能依次方法解釋憲法或作統一解釋，形成了一個個「沒有方法的政治決定」。

考察「大法官」關於兩岸關係的十六個解釋，其多數意見均未採用「憲法解釋憲法」的方法，反而是部分「大法官」發布的不同意見書中，有運用與主張該方法的實例。較早提出「憲法解釋憲法」方法的是「大法官」姚瑞光，他在針對「釋字第150號解釋」

多數意見的不同意見書中指出，「大法官會議解釋憲法之事項，以憲法條文或與憲法有同效力之條文有規定為限」，「憲法條文無規定之事項，自不生『適用憲法發生疑義』」，亦不生「法律或命令有無牴觸憲法」之問題，據此否定該解釋的多數意見。類似的例子還有「大法官」董翔飛針對釋字第558號解釋多數意見提出的不同意見書。董氏認為，多數「大法官」以「入出國及移民法」第五條之規定為據，認定「國家安全法」第三條「違憲」，是以「『甲法律與乙法律規定不符而違憲』的以法律解釋法律的釋憲方法」，「釋憲者行使釋憲，不從憲法層次尋找方向，……其法理容有未當」。

如果說，「大法官」在解釋過程中僅僅是不採用「憲法解釋憲法」方法的話，其後果尚算不上是「荒腔走板」，然而，正如臺灣學者所擔憂的那樣，「大法官」不僅沒有以「憲法解釋憲法」，反而以「法律解釋憲法」，尤其在幾個與大陸人民權利有關的解釋中，體現得尤為明顯。這類解釋的一般邏輯是，「大法官」以「憲法」增修條授權「立法院」文對兩岸關係立法的有關條款為依據，引用「兩岸關係條例」中部分規定，進而結合1946年「憲法」第二章中的某一權利條款以及第二十三條，推導出對大陸人民權利的限制，並未違背權利限制原則，與「憲法」並無牴觸云云。該邏輯實際上將對兩岸關係的特別立法「兩岸關係條例」置於「憲法」之上，用該條例之內容來解釋1946年「憲法」第二十三條所謂「所必要者」的含義。在臺灣學界普遍承認「憲法」之最高法律效力位階的情況下，大法官解釋兩岸關係竟以「法律解釋憲法」，不僅與一般法理相違背，甚至與「憲法」設立大法官「釋憲」機制的目的有所乖違。

三、解釋方法的評價

臺灣「司法院大法官」已有五十餘年的「釋憲」實踐，形成了比較完備的憲法解釋理論體系，儘管這些理論與德國、日本、美國的憲法學理論相比，仍有幼稚和不足之處，但對臺灣所產生的重大影響已然屬不證自明之實。正如本文在上文中所提到的那樣，隨著方法的多元化，憲法解釋難免走入「方法越多、秩序越少」的困境，尤其是對於殊為敏感的兩岸關係而言，方法的取捨與選擇更是好像去觸碰一座即將爆炸的彈藥庫。無論是對於「大法官」本人，或是旁觀者而言，解釋兩岸關係都是一項危險係數極高的活動，其意義遠遠超出解釋活動本身。根據上述十六個「大法官」解釋，本文已經用描述性的語言概括了「大法官」解釋兩岸關係的方法，進一步的工作自然是對之進行評價，以概括出「大法官」解釋兩岸關係的一般規律，繼而建立經驗性的「大法官」解釋兩岸關係模型。以下本文將透過兩條思路對「大法官」解釋兩岸關係的方法進行評價：其一是依時間序列的縱向比較評價，其二是將兩岸關係與政府體制、人民權利並列，分析「大法官」在解釋不同性質案件時所採用方法的異同，並據此作橫向比較評價。

（一）縱向比較評價

從表一可見，以1990年為界，此前「大法官」關於兩岸關係的解釋多屬「法統」型，這一特徵與「大法官」在當時的功能和地位有著密切聯繫。在討論這一聯繫時需要交待的是，1990年正是臺灣「憲政改革」開始的一年，隨著戒嚴的解除，臺灣社會亦進入所謂「民主化」時期；同時，這一年也是「臺獨」活動開始急劇膨脹的一年，原先被牢牢禁錮的「臺獨」思想得以鬆綁，並逐漸成為一股足以影響臺灣政局和兩岸關係的逆流。

自國民黨當局從大陸敗退臺灣後，如何消弭制定於大陸、預備適用於「全中國」的1946年「憲法」與退臺後「小臺灣」窘境之間的落差，成為當時臺灣面臨的主要法律困境。「司法院大法官」成

為解決這一困境的主要工具，並作成「釋字第31號解釋」，創設了以「萬年國大」為主要特徵的所謂「釋字第31號解釋」「法統」。此後，「大法官」又相繼作成多個解釋，「釋字第31號解釋」所創設的「法統」正式形成，這一批「大法官」也被外界稱為「御用大法官」。與其功能與地位相適應，「大法官」創設了「國家發生重大變故」這一解釋模式，並在此後多個解釋中加以適用，其影響甚至波及1990年後的「大法官」解釋，作用範圍也不限於「法統」型解釋。

最早採用「國家發生重大變故」模式的是「釋字第31號解釋」。該解釋緣起於第一屆「中共」民意代表的任期問題。1954年，大陸選出的第一屆「立法委員」和「監察委員」任期屆滿，而臺灣意圖維持其所謂「中華民國法統」，不欲在臺灣進行第二屆選舉，「全中國」與「小臺灣」的衝突由此在「中共」民意代表改選的問題上表面化。「大法官」在解釋文中聲稱「值國家發生重大變故，事實上不能依法辦理次屆選舉時，若聽任立法、監察兩院職權之行使陷於停頓，則顯與憲法樹立五院制度之本旨相違……」，除此之外，「大法官」並未提及其他理由，便徑直得出第一屆「立法委員、監察委員繼續行使其職權」的結論，正式確立了「國家發生重大變故」模式。之後作成的多個解釋，均循「釋字第31號解釋」例，使「國家發生重大變故」模式成為「法統」型解釋的標準模式。「釋字第85號解釋」為解決「國民大會代表」總額計算標準問題，「大法官」在解釋文中指出「憲法所稱國民大會代表總額，在當前情形，應以依法選出而能應召集會之國民大會代表人數為計算標準」，僅以「當前情形」一詞，便得充作全部解釋理由，至於當前情形為何，大法官又在解釋理由書中聲言「自大陸淪陷國家發生重大變故已十餘年，一部分代表失去自由，不能應召出席會議，……當前情況較之以往既有重大變遷……」可見，所謂大法官在解釋文中所謂「當前情形」，就是「國家發生重大變故」。另一個典

型的例子是「釋字第117號解釋」，該解釋針對「第一屆國民大會代表出席遞補補充條例」是否「合憲」的問題，「大法官」在作解釋時，改採方法極為簡單，僅僅套用「國家發生重大變故」模式，認為「（聲請人）喪失其候補資格，乃因大陸政府遷臺後，為適應國家之需要而設」，隨即便得出係爭法律「與憲法有關條文尚無牴觸」的結論。可以說，前三個使用「國家發生重大變故」模式的解釋，均係簡單機械套用，解釋理由亦因此蒼白無力。由於1970年代後臺灣「法統」危機的日益加深，以及「大法官」解釋經驗的積累與成熟，此後的幾個運用「國家發生重大變故」模式作成的解釋，更加重視該模式的說理性。「釋字第150號解釋」是突破「釋字第31號解釋」「法統」的先聲，該解釋亦以「國家發生重大」為由，維持「釋字第31號解釋」奠定的「萬年國大」局面，但同時用規範分析方法，認為「釋字第31號解釋」並非變更第一屆「中共」民意代表任期之規定，進而將「行政院」停止遞補第一屆「立法委員」的命令解釋為合憲。「釋字第150號解釋」雖仍採用「國家發生重大變故」模式，但引入了規範分析的方法，意圖增加解釋的說理性。而結束「萬年國大」、開啟臺灣「憲政改革」大門的「釋字第261號解釋」對「國家發生重大變故」又作另一番解釋。該解釋採用「國家遭遇重大變故」的表述模式，承認釋字第31號解釋的效力，同時，又以「當前情勢」為由，認為「釋字第31號解釋」所創設的「法統」已經不再適用於臺灣，至於所謂「當前情勢」為何，「大法官」並未說明。在「釋字261號解釋」中，「國家發生重大變故」已經不是「大法官」作成解釋的理由，而是「大法官」批判和揚棄的對象。然而，在該解釋中，「大法官」卻又使用了一個比「國家發生重大變故」更為模糊的「當前情勢」作為理由，似乎又在以另一種方式延續著傳統模式，只不過不出現「國家發生重大變故」的字樣罷了。「國家發生重大變故」模式不僅被「大法官」用於法統型解釋，在權利型和制度型解釋中亦被多次採用。「釋字第

242號解釋」針對赴臺人員重婚問題，認為「惟國家遭遇重大變故，在夫妻隔離，相聚無期之情況下發生之重婚事件，與一般重婚事件究有不同」，並據此認定1949年後赴臺人員在臺婚姻「合法」。除此之外，「大法官」還運用「國家發生重大變故」模式，分別作成「釋字第265號解釋」和「釋字第475號解釋」，前者將限制大陸人民入境的「法律」解釋為「合憲」，後者則延緩1949年前國民黨政府發行債券之債權人對當局行使債權。

從上述對「國家發生重大變故」模式的分析中可見，該模式雖在文字表述和語義上沒有變化，但其功能已經發生了逆轉。以「釋字第150號解釋」為代表，「國家發生重大變故」在此之前是臺灣維繫其所謂「法統」、保持「全中國政府」形象的藉口，而在此之後，「國家發生重大變故」則蛻變為臺灣維持兩岸分離、區別對待兩岸人民的託辭。

「國家發生重大變故」模式的致命缺陷是該模式沒有「憲法」依據，如果說在戒嚴時期，尚能透過所謂「動員戡亂時期臨時條款」勉強推出，在戒嚴解除後則完全無任何法律依據。同時，臺灣自1990年後即推行所謂「民主化」和「本土化」，意圖去除「統一」符號，而且，「國家發生重大變故」的意識也從臺灣民眾心理逐漸褪去。在上述幾個因素的共同作用下，「國家發生重大變故」模式自然逃脫不了被取代的命運。以「釋字第328號解釋」為代表，一種新的「大法官」解釋兩岸關係的模式出現。「釋字第328號解釋」以所謂「政治問題不審查」理論作為「釋憲」依據，在「大法官」解釋兩岸關係的歷史上開創了不出現「國家發生重大變故」及類似字樣，而代之以「憲法」規範分析方法的實例。對於這一模式，本文稱之為「憲法規範」模式。「憲法規範」模式與「國家發生重大變故」模式不同，運用後一模式的解釋雖在對「國家發生重大變故」這一理由上所用的文字不同，但內涵均保持一致；運用前一模式的解釋則由於案件性質各異，又呈現出不同的樣態，主

要有兩種子模式。

其一,「權利條款＋權利限制原則」。這一子模式主要運用於權利型解釋,最具有代表性的是「釋字第479號解釋」。「釋字第479號解釋」系因原臺灣「中國比較法學會」更名為「臺灣法學會」的要求,被「內政部」以「全國性」團體需以「中國」、「中華民國」、「中華」等冠名為由拒絕而引發。該解釋所涉爭議的關鍵,正如董翔飛、劉鐵錚、黃越欽三位「大法官」在不同意見書中所指出的那樣,是「臺灣是否意含國家名號」的問題。由此可見,本案是「臺獨」分子謀求突破「去中國化」法律限制的重要步驟。「大法官」在解釋聲請人「去中國化」行為是否「合憲」時,全然沒有任何關於統「獨」爭議的討論,在解釋文和解釋理由書中對「去中國化」的實質不著一字,僅從1946年「憲法」第十四條導出所謂「結社自由」,又依據第二十三條引進德國法上的「明確性原則」,將敏感的統「獨」爭議化解為權利問題,然後以「人權保障者」面目宣告「內政部」限制「去中國化」行為的規定因「侵害人民依憲法應享之結社自由,應即失其效力」。至此,「大法官」輕而易舉地將一個可能引發兩岸正面衝突的統「獨」問題化解於無形,同時又為「去中國化」活動找到了「合適」的「法律依據」。採用此子模式的解釋,均以「憲法」增修條文第十一條（或第十條）為先導,首先推出限制人民權利具有「憲法」依據,然後以1946年「憲法」第二十三條為依據,運用「法律保留原則」、「比例原則」和「明確性原則」論證限制人民權利法律的「合憲」性,有些解釋還從1946年「憲法」第二章中找出一個或兩個權利條款以作支撐。目前,這一模式已在多個權利型解釋中被適用,類似的例子還有「釋字第475號解釋」（1946年「憲法」第二十三條）、「釋字第497號解釋」（1946年「憲法」第十、二十三條）、「釋字第558號解釋」（1946年「憲法」第十、二十三條）、「釋字第618號解釋」（1946年「憲法」第七、二十三條）等。

其二,「憲法理論+規範分析」。這一子模式主要運用於制度型解釋中,除前述「釋字第328號解釋」外,還有「釋字第329號解釋」、「釋字第467號解釋」與「釋字第481號解釋」等,現以「釋字第467號解釋」說明。「釋字第467號解釋」的實質是「精省工程」的「合法性」,以及「精省」後臺灣省的地位問題。但是,「大法官」在解釋文和解釋理由書中,並未觸碰問題實質,而是依靠構建憲法理論,結合「憲法」增修條文及其他相關法律,否定了臺灣省的公法人地位。在解釋理由書開篇,多數「大法官」「不察⋯⋯制憲時代背景,亦無視憲政經驗及法制層面已形成之共識,復不採公法學上同時也是學術界所公認知⋯⋯之通說,在方法上亦未建立強有力之理論架構,甚至未見一句說理,即蹦出了」地域團體所需符合的兩項條件,繼而僅透過羅列「憲法」增修條文相關規定,亦未見任何說理,便徑直得出了「臺灣省非公法人」的結論。「釋字第467號解釋」對「憲法規範」模式的運用可謂已臻極致,不惜違反學術共識,編造一套毫無說服力的所謂「理論」,將「憲法」增修條文中對省級建置的「調整」篡改為「廢除」,按照「臺獨」分子的意圖,將「廢省」法制化,「釋字第467號解釋」也因此成為調整臺灣省級建置的重要「法源」。類似的例子還有運用國際法理論作成的「釋字第329號解釋」、運用實質平等理論作成的「釋字第481號解釋」等。

至於「國家發生重大變故」模式與「憲法規範」模式之間的區別,我們可以從「大法官」運用兩種模式解決同一性質案件的實踐中一窺端倪。「釋字第265號解釋」和「釋字第497號解釋」,均針對大陸人民入境限制案件,「大法官」作成的解釋也大同小異,均將限制大陸人民入境的法律解釋為「合憲」,但兩者所使用的解釋方法完全不同。釋字第265號解釋,依然沿用國家發生重大變故模式,在解釋理由書中稱「當國家遭遇重大變故,社會秩序之維持與人民遷徙之自由發生衝突時,採取⋯⋯入境限制,既為維持社會秩

序所必要,與憲法並無牴觸」。而在「釋字第497號解釋」中,「大法官」則從第三個「憲法」增修條文(1994年)第十條(現為第七個「憲法」增修條文(2005年)第十一條)推導出限制大陸人民入境的「憲法」依據,繼而運用1946年「憲法」第二十三條,指出限制大陸人民入境的規定,符閤第二十三條所規定的「比例原則」,最終得出「內政部」相關規定與「憲法」並無牴觸的結論。可見,兩種模式在本質上並無任何區別,只不過是一種語言文字上的轉換而已。當然,由於後一模式被包裝在大量的法律辭藻之下,較之前者更具隱蔽性和模糊性。

需要指出的是,上述所謂「國家發生重大變故」模式與「憲法規範」模式是本文的經驗性概括,在實踐中,「大法官」解釋兩岸關係經歷了從單純使用「國家發生重大變故」模式,到兩種模式混用,再到單純使用「憲法規範」模式的過程,其轉折點仍以1990年為界。1990年前,幾乎全部解釋均以「國家發生重大變故」模式作成,「大法官」在解釋文和解釋理由書中,幾乎不作理論闡述,對於「法律」條文也僅作簡要分析。而自1990年後,「憲法規範」模式開始得以適用,但「國家發生重大變故」模式並未被立刻棄用。如「釋字第475號解釋」,一方面稱「國家發生重大變故,政府遷臺,此一債券擔保之基礎今已變更」,另一方面又認為「延緩債權人對國家債權之形式,符合上開憲法增修條文意旨,與憲法第二十三條限制人民自由權利應遵守之要件亦無牴觸」,「大法官」在作成解釋時將兩種模式混用。以「釋字第497號解釋」為代表,「國家發生重大變故」模式淡出「大法官」解釋,「憲法規範」模式取而代之。可以預見,日後臺灣「大法官」解釋兩岸關係時將以「憲法規範」模式為主。

(二)橫向比較評價

將大法官解釋政府體制、人民權利和兩岸關係的方法進行橫向

比較，是一件難度頗大，卻繞有趣味的事情。從憲法學一般理論而言，政府權力和人民權利是憲法的主要內容，釋憲者的主要工作便是透過釋憲控制政府權力、保障公民權利，這一點已經成為各國（地區）理論界與實務界的共識。然而，臺灣的情況卻有很大不同：「大法官」除了承擔傳統「釋憲」者應完成的工作外，還須謹小慎微地處理比此二者更為複雜和敏感的兩岸關係。而兩岸關係又像是「一個不斷冒出濃煙的活火山，復國與建國的板塊不斷擠壓」，「大法官」的處境就好似在兩大板塊間走平衡木，稍有不慎便會引發難以預計的後果。就此點而言，「大法官」解釋兩岸關係的難度遠大於解釋政府體制和人民權利。也正是如此，我們在看到「大法官」層出不窮的關於政府體制解釋，以及大量關於人民權利解釋時，並未發現多少關於兩岸關係的解釋。即便是本文所提及的十六個與兩岸關係有關的解釋，也大多可以納入政府體制和人民權利範疇。據此可知，「大法官」解釋兩岸關係的方法其實與其解釋政府體制和人民權利的方法有重疊之處。

如「釋字第261號解釋」，它所須解決的問題同時涉及兩岸關係、政府體制和人民權利三個方面，既關係到「釋字第31號解釋」「法統」的「合法性」，又關係到「萬年國大」的任期問題，同時還關係到臺灣人民重要的民主權利。面對這樣一個三位一體的問題，「大法官」卻得出既不否定既有「法統」，又能推進政府體制改革，同時兼顧人民權利的結論，其解釋方法亦成為臺灣「釋憲」實務中的經典之作。「大法官」首先運用「國家發生重大變故」模式，肯定「釋字第31號解釋」所創設的「法統」，繼而用頗耐人尋味的「當前情勢」終止了「釋字第31號解釋」的效力；然後，大法官將「民意代表之定期改選」上升到「反映民意，貫徹民主憲政之途徑」的高度，用體系解釋的方法，將放之四海而皆準，但卻有著極大變化空間的憲法理論作為結束「萬年國大」任期的理由之一，隨即又採用歷史解釋的方法，舉公布灣地區已經辦理的若干選舉活

動，充作結束「萬年國大」，即行改選的另一理由。至此，鋪墊工作均已完成，「大法官」順理成章地宣告「第一屆未定期改選之中共民意代表……停止行使職權」，並責成有關機關開始辦理第二屆「中共」民意代表選舉。「釋字第261號解釋」所用的解釋方法涉及文義解釋、歷史解釋、體系解釋、功能取向解釋等多種解釋方法，這些方法在運用過程中，很難區分其指向的對象究竟是兩岸關係、政府體制還是人民權利。

當然，若仔細橫向比較「大法官」解釋兩岸關係、政府體制和人民權利的方法，還是能清晰地發現一些區別。

第一，「大法官」解釋兩岸關係時，所處的地位及其所發揮的功能與解釋政府體制與人民權利時不同，因此，「大法官」在選擇解釋方法時所作的考量亦有不同。對於政府體制，在「憲政改革」前，「大法官」基本上充當「政權鞏固者」角色，根據政治人物的意願為當局「執政」套上「憲法」的光環；「憲政改革」以後，「大法官」積極介入政治爭議，表現出極強的司法積極主義，一些關於政府體制的重要解釋在臺灣「憲政改革」過程中占有重要地位，「大法官」透過「釋憲」的方式參與政治實踐，對臺灣政治生活實施規範控制，儼然是政治糾紛的仲裁人。由於「大法官」在解釋政府體制時，考量的因素集中於如何得出各方均能接受的方案，而不致因解釋招致其他政治部門報復，同時能在一定程度上引導臺灣政治發展。因此，「大法官」在選擇方法時顯得比較隨意，並無固定模式，方法也較為多元。更有甚者，「大法官」不惜顛倒方法與結果之間的邏輯聯繫，先按政治形勢與個人意識型態決定解釋結果，再選擇合適的解釋方法來包裝該結果。至於人民權利，其在「憲政改革」過程中完全被忽視，「從未成為憲政改革之焦點」。也許正是因為如此，「大法官」反倒不必背負沉重的政治壓力，得以按照法理與法律的基本邏輯來解釋「憲法」。多數臺灣學者亦認為，「大法官」在臺灣人民權利發展與保障方面著力頗深，貢獻也

遠大於其對政府體制和兩岸關係的解釋。與前述兩者相比，兩岸關係則較為特殊：按臺灣學者的觀點，「本土化」是臺灣「憲政改革」的兩大重點之一，而對兩岸關係的任何微小擾動，都可能產生難以估量的政治後果；但從「大法官」關於兩岸關係的解釋來看，多數解釋所涉及的案件與兩岸關係之定位的直接關聯程度並不高，大多僅觸及兩岸關係的側面。因此，「大法官」在選擇解釋方法時，一方面所背負的責任遠大於解釋政府體制和人民權利，不得不在選擇方法時謹小慎微，就事論事，不能如解釋政府體制和人民權利那樣，從大處著筆，用宏大敘事的手法來構建理論體系，以展示「大法官」的學術功底與成就；另一方面，「大法官」又必須至少在表面上遠離政治意識型態，透過嚴謹、甚至純粹的法學方法來解釋兩岸關係，在極端情況下甚至不惜藉助某些憲法理論來迴避對係爭案件的解釋。凡此種種，說明「大法官」所選擇的解釋兩岸關係的方法，只能是以一定政治目的為價值預設、同時潛藏政治意識型態的「純粹」法學方法。這一看似矛盾的結論，正是「臺獨」分子試圖藉助「大法官」解釋的法學外衣包藏其「臺獨」野心，並賦予「臺獨」以所謂「正當性」的險惡圖謀在「憲法」解釋方法論上的直接反映。

第二，「大法官」解釋兩岸關係的方法在發展方向與其他兩者不盡相同。從方法論意義而言，「大法官」解釋兩岸關係的空間極小。因此，與政府體制和人民權利相比，「大法官」解釋兩岸關係的方法在發展方向上有所不同，甚至呈現出完全相反的趨勢。其一，對於政府體制和人民權利而言，從規則到原則是一個顯而易見的發展方向，而「大法官」在解釋兩岸關係時則正好相反。受德沃金「封閉完美法律體系」思想及凱爾森「法規範層級」思想的影響，「大法官」在解釋時，除注重從規範本身尋找解釋的依據，而且將高於法規範的法原則作為「釋憲」的依據。當「大法官」無法從規範中尋找解釋依據時，他寧願將解釋建立在原則基礎上，直接

運用含義廣泛、包容性強的原則為其解釋背書。而在兩岸關係上則表現出另一種完全相反的趨勢，較之早期的所謂「五權憲法」、「國家發生重大變故」等抽象的原則言說，「大法官」更加願意從「憲法規範」中直接尋找解釋兩岸關係的依據。從法理上而言，規則無論如何比原則更加具體，也更具有確定性，在形式上也更具說服力，用於包裝解釋結果的效果顯然強於後者，因此，「大法官」願意在敏感的兩岸關係上選擇具有確定的規則作為其解釋依據。其二，與社會科學方法大量運用於解釋政府體制和人民權利不同，「大法官」在解釋兩岸關係時，越來越多地運用純法學方法。有臺灣學者認為，「憲法」解釋應與社會科學相連結，走社會科學的進路，甚至讓臺灣的憲法學漸漸趨近一種社會科學。在「釋憲」實務中，諸如博弈論、公共選擇理論、公共政策理論乃至社會調查方法已在「大法官」解釋中顯露出苗頭，「憲法」解釋方法論業已從單純的法學領域拓展到社會科學領域。然而，上述這些趨勢與現象與兩岸關係是絕緣的。從本質上而言，兩岸關係是一個綜合各個社會科學門類的綜合性問題，與其他社會科學的聯繫，應強於政府體制與人民權利兩者，但由於「大法官」在解釋兩岸關係時，刻意將其對兩岸關係的基本態度包裝在法學辭藻之下，嚴格適用純法學方法，導致兩岸關係的解釋與其他社會科學方法反而表現出背道而馳的趨勢。其三，「大法官」在解釋政府體制和人民權利時，避免使用政治問題不審查理論，表現出較強的司法積極主義，而在解釋兩岸關係時，則將政治問題不審查理論視為最後的救命稻草。截至2007年7月底，除協同意見書和不同意見書外，「大法官」僅在兩個解釋中運用了「政治問題不審查」理論，一為「釋字第328號解釋」，二為「釋字第419號解釋」，其中後一解釋尚不涉及所涉案件的核心。可以說，真正完全適用「政治問題不審查理論」的解釋只有「釋字第328號解釋」一例。然而，這並非說明「大法官」在解釋政府體制和人民權利時沒有面臨「政治問題」的詰問。「大法

官」在作成「釋字第499號解釋」、「釋字第520號解釋」、「釋字第585號解釋」、「釋字第613號解釋」時,都曾有學者及「大法官」建議援引「政治問題不審查」理論,迴避解釋有關政治爭議,但「大法官」並未以此為藉口迴避審查,而是積極介入爭議,作成相關解釋。而對於兩岸關係,「大法官」則將「政治問題不審查」作為救命稻草,在所涉案件必須對兩岸關係作出明確定位時,便將該案件定性為「政治問題」,堂而皇之地不予解釋。

綜合上述縱向與橫向兩個方面的比較,我們可以清晰地看到,「大法官」解釋兩岸關係的方法呈現出所謂「去政治化」趨向,「大法官」試圖以「統獨中立」的姿態,至少在形式上與敏感的兩岸關係保持一定距離。與此同時,「臺獨」分子也正是力圖透過維持這種形式上「中立」的法學方法,為其「臺獨」目的提供「正當化」的外衣。

四、結語:從本體到方法的弔詭

臺灣學者廖元豪曾將兩岸關係憲法定位可司法性之考量因素概括為社會共識之可能性、憲法規定之明確性、學理探討之成熟性、解釋後果之可預測性、政治行為之先行性以及細部解釋之累積性等六個方面;本文作者亦曾提出,影響釋憲「臺獨」的因素主要有個別案件的觸發、「大法官」的態度、解釋論證模式的完備性以及政治決定的明確化等四個方面。概括兩種觀點可知,即便是「大法官」透過「釋憲」謀求所謂的「臺獨」效果,這一行為也不過是「臺獨」分子的政治行為在法律上的投影。弔詭的是,「大法官」解釋兩岸關係的方法卻體現出「去政治化」的趨向。解釋這一弔詭現象的原因,只能回到司法審查的正當性,這一歷久彌新的元問題上去。

關於司法審查正當性問題的大義微言，早已成為學界公知的常識，無須本文再作系統論述。唯需提出的是，表面上與民主對抗的司法審查，在絕大多數時刻卻扮演著「民意傾聽者」的角色：司法機關不僅不是站在民主的對立面，反而是聚合與反映民意的公共理性論壇，而法官無異於該公共理性論壇的主持人。因此，認為司法審查總是站在民主對立面的觀點毋寧是一種膚淺的印象。回到臺灣的社會現實，在族群對立嚴重、統「獨」矛盾突出的情況下，「大法官」無論對兩岸關係作成何種解釋，都將刺激一部分人群的敏感心理。可以說，對兩岸關係的解釋根本無所謂社會共識可言；換言之，「大法官」在解釋兩岸關係時，即便想站在所謂「民主」的對立面，也會發現他的對面根本沒有「民主」可言。在此情況下，「大法官」若依據自己對統「獨」問題的基本判斷和取向作成解釋，必將在舊問題未及消弭的情況下，出現新的爭議。貴族化的司法審查，顯然無法為之提供足夠的「民主正當性」。可以說，「臺獨」分子透過「釋憲」實現「臺獨」的觀點，從本體論角度而言，是一個經不起推敲的偽問題。然而，「釋憲臺獨」的要害之處便在於「臺獨」分子試圖利用司法權的貴族性繞開「制憲」、「修憲」、「公投」的高門檻，實現所謂「臺灣法理獨立」。社會共識如何，甚至是否存在「社會共識」，都不是「釋憲臺獨」所需考慮的問題。可以說，「釋憲臺獨」與本體論無涉，僅僅只是一個方法論問題。「臺獨」分子所要作的，不過是透過某種方法，將要達到的政治目的包藏在方法之下，用法律辭藻將這一目的表達出來而已。在這種情況下，「臺獨」分子早已預設好的「臺獨」議題，被轉化成為了一個方法論問題。

揭開「臺獨」分子將「臺獨」目的由本體轉化為方法的面紗，我們再次看到了「臺灣法理獨立」的隱蔽性與危險性。從本體到方法的弔詭，是「臺獨」分子玩弄政治把戲與法律把戲的真實寫照。在現階段，唯有深刻認識到臺灣問題的憲法屬性，用憲法思維分析

臺灣問題,方可真正有效地遏制「臺灣法理獨立」。

論臺灣參加國際組織的策略——以臺灣申請參與WHO／WHA活動為例

　　立基於特定的立場(一個中國原則),中國大陸學界對臺灣參加國際組織的文獻主要可以分為兩股:其一是從學理上闡述與論證中國政府對於臺灣參加國際組織的基本觀點和政策;其二是評論、批判臺灣有關臺灣參加國際組織的政策、言論和做法。此一「立場定位」(position-oriented)的研究範式對於從學理上堅持一個中國原則自有其重要意義,唯在對臺灣參加國際組織之細部策略的觀察、分析與解釋上尚顯薄弱。本文擬在堅持一個中國原則的基礎上,著重考察臺灣參加國際組織的策略及其轉變,並分析其策略轉變背後的兩岸互動及相關政治考量,嘗試從「策略定位」(strategy-oriented)的面向構建對臺灣參加國際組織的思考範式。自1997年起,臺灣即申請參加世界衛生組織(WHO)和世界衛生大會(WHA)的有關活動,並於2009年以「中華臺北」名義與觀察員身分參與世界衛生大會(WHA)。臺灣申請參與WHO／WHA活動已經成為臺灣參加國際組織的典型案例之一,本文也將以此為例,對臺灣參加國際組織的策略加以分析和驗證。

一、不對稱博弈與策略定位範式

(一)策略運用的背景:不對稱博弈

　　當前比較重要的國際組織,大多是建立在主權國家體系基礎上的組織體。對於絕大多數國際組織而言,除非其憲章有特別規定,否則均以主權國家為其成員國。據此,是否加入特定的國際組織,

已經具有了「國家承認」和「政府承認」的效果。因此，臺灣、政黨和有關人士將是否加入特定國際組織，作為衡判其「主權」或「主體性」獲得「國際承認」的標準。與此相應，中國政府也將臺灣繼續排除出只能由主權國家加入的國際組織，作為其在國際上否定臺灣「主權」和「主體性」的代表。大陸和臺灣在後者參加國際組織的問題上，已經形成了博弈關係，其本質已經不是單純的臺灣能否參加國際組織的問題，而構成了兩岸關係的競技場和測試場。

大陸和臺灣在臺灣參加國際組織的博弈中並非處於均勢，而是與兩岸間其他博弈一樣，呈現出不對稱博弈的特點。不對稱博弈在現實中體現為臺灣難以參加只能由主權國家參加的國際組織。中國大陸的文獻對此問題大多基於一個中國原則的立場加以闡述，而缺乏對兩岸關係和國際政治的現實面的關照。本文在堅持一個中國原則的基礎上，嘗試從現實主義的角度，透過分析不對策博弈的國際政治基礎與法理基礎，以便在更深層次上揭示策略在臺灣參加國際組織中的重要作用。

與中華人民共和國建交的國家數量遠大於與臺灣保持「外交關係」的國家數量，構成了不對稱博弈的國際政治基礎。中國政府將是否承認一個中國原則作為中國同其他國家建立外交關係的一項前提性原則，與中華人民共和國建交的國家，因而都必須與臺灣斷絕「外交」關係。同時，世界各國對一個中國原則所形成的國際共識，進一步強化了中國政府的建交原則，而兩者效果的疊加，形成了與中華人民共和國建立外交關係的國家數量遠大於與臺灣保持「外交關係」的國家數量的格局。在臺灣參加國際組織的問題上，以上格局導致中國政府反對臺灣參加國際組織的主張常常能夠獲得壓倒性多數的支持。以臺灣申請參加世界衛生組織活動的票決情況為例，在1997年、2004年、2007年的三次票決中，大會均以壓倒性多數否決了將臺灣的「會籍」問題列入大會議程的提案，參見表1所示：

表1：世界衛生大會票決臺灣「觀察員／會員」案情況一覽表

時間	票決事由	反對國家數	贊成國家數	棄權國家數
1997	「觀察員」案	128	19	5
2004	「觀察員」案	133	25	2
2007	「會員」案	148	7	2

（本表為作者自製）

聯合國2758號決議構成了不對稱博弈的法理基礎。絕大多數國際組織都是建構在以其憲制性文件（憲章）為基礎的法體系之上，其運作也都以其法體係為基本依據。即便是有利的國際政治格局，也必須有著明確、規範的法理依據方能發揮作用。前文所述的國際政治格局雖然能夠在國際政治的現實面支撐不對稱博弈的局面，但並不能為不對稱博弈提供法理基礎。因此，從現實主義的角度而言，不對稱博弈必須建築在一定的法理基礎上。在實踐中，1971年聯合國大會的2758號決議為不對稱博弈提供了法理基礎。依據2758號決議，各國際組織大多取消或以其他方式重新議定臺灣的會員資格。如世界衛生組織於1972年的一份決議（WHA25.1）即引用聯合國大會第2758號決議，恢復中華人民共和國在世界衛生組織的合法席位，該決議因而多次為世界衛生組織引用，以拒絕臺灣的「觀察員」或「會員」申請。

不對稱結構的國際政治基礎和法理基礎並不是相互孤立的，兩者結合起來，可以有效地解釋臺灣參加國際組織活動中的某些現象，主要包括兩個方面：第一，對世界各國和有關國際組織在臺灣參加國際組織問題上的政策和角色進行分析與解釋，廓清臺灣參加國際組織所採用策略時所考量的外部環境；第二，對臺灣採取的策略進行適切地分析，以明辨其策略所指向的標的。對於以上兩個方面的問題，本文後續部分將加以詳述。

（二）策略定位範式的釋出

範式是理論化了的坐標或羅盤，以此坐標為底基，才有可能將

某一研究範圍歸類或規範，其決定了研究者的著眼點，決定了哪些問題是允許提出的，同時決定著如何回答所提出的具體問題以及解決這些問題的方法與手段。「範式」概念對於解決本文所涉問題的意義在於：臺灣參加國際空間所涉之問題，已經形成了一個「現象的集合」，對現象進行觀察點和思考路徑的選擇，決定了對現象及其本質的理解程度，合理的研究方式，將有助於研究者尋找合適的觀察點和思考路徑，進而更加精細和深刻地把握臺灣參加國際空間的本質，並為尋求有效、準確的因應之道提供理論支撐。

立場定位範式將研究者所持的政治立場轉化為分析問題的基本工具和主要論據，其優勢有二：第一，在研究中滲透明確的政治立場，有助於為政策提供足夠的理論支撐，事實上，中國大陸學者在研究臺灣參加國際組織的問題時，多數以解釋和分析政策為主要內容，使得中國大陸的有關政策不僅是一種政治上的決斷，而且具有了一定的理論根基；第二，立場定位範式反映了國際社會有關「一個中國」的共識和國際組織在處理臺灣「會籍」問題上的共性做法，較好地將不對稱博弈的國際政治基礎和法理基礎融入對預設立場的解釋中，從而有助於從理論上描述不對稱博弈的基本圖景。從方法論的角度而言，研究者很容易從其所持的立場出發，在臺灣參加國際組織的諸多現象中找出切入點，並縷清其間的邏輯脈絡。然而，立場定位範式的弊端也十分明顯。第一，由於研究者將其所持政治立場作為分析問題的基本工具和主要論據，因此，其結論的正確性植根於政治立場之上，當政治立場遭受到懷疑和否定時，其結論的正確性也一併被懷疑和否定。臺灣學者多有以一個中國原則為對象的批判性文獻，這些文獻均將一個中國的原則視為阻礙臺灣參加國際組織的最大障礙，因而也否定了立基於一個中國原則所推演的相關結論。第二，立場定位範式固然可以較好地描述和分析有關臺灣參加國際組織的各類現象，但其往往著眼宏觀，因而在對現象的細節把握上有所不足，難以預測現象的未來走向，其所提出的對

策也以「堅持一個中國原則」為主軸，操作性和應對性亦有所不足，在方法論上也有「循環論證」之感。

立場定位範式的一個現實背景是大陸與臺灣在政治、軍事和經濟實力上的巨大落差，不對稱博弈的國際政治基礎和法理基礎無不是這一落差的直觀反映。立場定位範式將這一落差在理論上予以了理想化的操作，即試圖用兩岸實力落差解釋兩岸不對稱博弈的國際政治基礎和法理基礎，同時預設了兩岸實力落差與一個中國原則之間的必然聯繫，以一個中國原則貫穿起不對稱博弈的國際政治基礎和法理基礎，從而用這一邏輯鏈對臺灣參加國際組織的問題加以闡述。以上的邏輯鏈注意到了在現實面中實力與立場之間的聯繫，但其忽略了在大陸與臺灣的不對稱博弈中，政治、軍事和經濟實力上的巨大落差並不是絕對的和不可迴避的，不對稱博弈的國際政治基礎和法理基礎因而也並不是不可化解的堅冰。

威廉·哈比（William Habeeb）認為，兩造之間的博弈中有著三種權力：其一是總和結構權力，指「某造的總資源以及實際能力」；其二是議題構造權力，指「某造在特殊議題或關係脈絡中的資源與能力」；其三是行為權力，指「某造行使權力資源的能力以達到可欲的目標」。臺灣學者初國華認為，大陸與臺灣之間的「不對稱」，僅僅指的是「總和結構權力」的不對稱，並不包括「議題構造權力」和「行為權力」在內，臺灣可以透過議題構造權力和行為權力扳回與衡平兩岸在總和構造權力上的不平衡。在以上論述中，議題構造權力和行為權力並不是由總和結構權力所決定的，相反，如果議題構造權力與行為權力使用得當，可以有效地制約和抵消總和結構權力。如果用以上論述來檢視立場定位範式，可以得出以下兩點結論：第一，兩岸圍繞臺灣參加國際組織的博弈固然有著不對稱性，但其不對稱性僅僅指從兩岸在政治、軍事和經濟實力的角度而言的，並不必然意味著大陸在此博弈中居於絕對的優勢地位，亦即實力上的巨大落差並不必然體現為博弈中的巨大落差，或

者說博弈中的落差並不如實力上的落差那麼大;第二,如果臺灣採取的策略得當,充分發揮議題構造權力和行為權力,未必不能化解、迴避博弈的不對稱性,甚至可能造成「以小搏大」的效果,這就意味著不對稱博弈的國際政治基礎和法理基礎如果遭遇到特定的策略,是有被化解可能的。

按照哈比對博弈中三種權力的論述,實力與立場之間的聯繫並不如預設的那樣必然和絕對,立場在兩岸的不對稱博弈中,毋寧起著背景和底線的作用,而對不對稱博弈的精細考察,還需關注到策略的作用。為此,本文將構建起策略定位範式,將一個中國原則從分析問題的基本工具和主要論據轉化為背景和底線,用策略勾連起不對稱博弈的國際政治基礎和法理基礎,從而對從更深層次上分析臺灣參加國際組織的問題進行理論上的嘗試。

二、主體策略:從「一國」到「兩體」

「主體」策略所對應的是臺灣參加國際組織的資格問題。以何種外在的「主體」符號和身分參加國際組織,攸關一個中國原則的底線,也是中國大陸方面最為關注的議題。目前,「國家」名號(包括「中華民國」和「臺灣」)儘管在臺灣臺灣經常被提起作為參加國際組織的「主體」符號,但其目的更多的是僅具象徵意義的宣示,而不具有實質意義。在政策面和實踐面上,臺灣在主體策略上實現了從「一國」向「兩體」的轉變,並試圖藉助中國大陸的「兩岸」表述,在參加國際組織的活動中尋求突破。

(一)「兩體」策略的理論意涵

1971年聯合國透過2758號決議後,不對稱博弈具有了足夠的法理基礎,而配合其國際政治基礎,臺灣已經難以透過「國家」名號參加國際組織。自1980年代後,當時臺灣所堅持的一個中國原則在

臺灣亦受到「臺獨」政黨和群體的攻擊。在內外雙重壓力下，臺灣在參加國際組織的問題，放棄了「漢賊不兩立」的政策，而改以「兩體」解釋、替代和虛化「一國」，並透過對「兩體」內涵的挖掘，推動「兩體」策略逐漸浮出水面並被付諸實踐。

「兩體」策略肇始於臺灣事實決斷與法理框架之間的矛盾，而「兩體」策略的釋出，也正是事實決斷和法理框架之間折衷的產物。一當臺灣作成放棄「漢賊不兩立」的政策，而決定在國際關係上「代表臺灣」時，由於臺灣現行「憲法」並未放棄「一中」的表述，因此，臺灣的上述事實決斷不僅無法獲得中國大陸和國際社會的認可，而且在臺灣的法理框架下也有著較大的困難。為了克服事實決斷與法理框架之間的矛盾，在既有的法理框架下，用「兩體」解釋「一中」，營造「虛化一國、營造兩體」的氛圍，就成為臺灣參加國際組織的必然選擇。

「兩體」的含義可以從兩個方面加以展開。第一，宏觀層面的「兩體」。從歷史淵源上而言，「兩體」策略以「一國兩體」為源頭。「一國兩體」是臺灣於1990年初期對大陸和臺灣政治關係定位的政策描述。1991年的「國家統一綱領」對「一國兩體」有著如下解釋：其一，大陸與臺灣均是中國的領土；其二，互不否認對方為「政治實體」；其三，建立「對等的官方溝通管道」。宏觀層面的「兩體」亦為臺灣「憲法」和有關規定所肯定，是臺灣所正式承認的兩岸政治關係定位模式。第二，微觀層面的「兩體」。宏觀層面的「兩體」在具體情況下，有著多種不同的表現形式，即微觀層面的「兩體」。如臺灣以「中華臺北」（Chinese Taipei）名義參加國際奧委會、亞太經合組織、世界動物衛生組織等國際組織，以「單獨關稅區」（The Separate Custom Territory）參加世界貿易組織以及以「捕魚實體」（Fishing Entity）大西洋鮪魚資源保育委員會、中西太平洋漁業委員會等捕魚國際組織。

上述宏觀與微觀兩個層面的「兩體」概念，在臺灣參加國際組織的策略中有著不同的意義。借由宏觀層面的「兩體」，臺灣正式放棄與中國大陸競爭「中國代表權」，意圖營造兩岸「分裂分治」的局面，以為臺灣「尋求一個權宜的外交空間」。可以說，宏觀層面的「兩體」，是臺灣參加國際組織的導向性原則。但從操作的角度而言，宏觀層面的「兩體」概念毋寧體現了臺灣在參加國際組織問題上的政治決心，而未必有多少操作餘地。況且，宏觀層面的「兩體」在「一國兩體」本身得不到國際社會承認的情況下，實難撼動不對稱博弈的國際政治基礎和法理基礎。在實踐中有意義的是微觀層面的「兩體」。儘管微觀層面的「兩體」與宏觀層面的「兩體」在本質內涵上基本相同，但前者的外延要大於後者。如果說宏觀層面的「兩體」是臺灣的一種政治表述，那麼，微觀層面的「兩體」，則是一種功能性的話語。微觀層面的「兩體」用「中華臺北」、「單獨關稅區」和「捕魚實體」等名稱，將臺灣的「參與名稱」（「中華民國」）「法理名號」作了切割，試圖透過「主權」和「國家」概念的分支化，來為臺灣參加國際組織尋找合適的「主體」符號。微觀層面的「兩體」，在方法論上與米特蘭尼的功能主義相貼合。後者曾主張將各國相同的功能整合起來，交由一個技術化的國際組織去管理，從而實現國家的功能從一個主權國家轉移到一個功能性組織。微觀層面的「兩體」試圖透過功能主義的思考路徑，在臺灣參加國際租住的問題域內解構「國家」和「主權」的概念，從而化解或者動搖不對稱博弈的國際政治基礎和法理基礎。

　　同時，「兩體」策略借由中國大陸的「兩岸」表述，可以提高中國大陸對臺灣參加國際組織的容忍度。如果說宏觀層面的「兩體」尚且具有「分裂分治」的政治意涵，那麼微觀層面的「兩體」則已經相當功能化。中國大陸的「兩岸」表述在政治意涵上與「兩體」有著本質的區別，但並非與被功能化的「兩體」格格不入。2002年中共十六大報告正式將「臺灣在國際上與其身分相適應的經

濟、文化、社會活動空間」列為兩岸「可以談」的議題。2005年3月透過的《反分裂國家法》更以法律形式將「臺灣在國際上與其地位相適應的活動空間」確定為兩岸談判的議題之一。2008年，胡錦濤在「12·31講話」中再次指出：「對於臺灣參與國際組織活動問題，在不造成『兩個中國』、『一中一臺』的前提下，可以透過兩岸務實協商作出合情合理安排。」中國大陸的上述重要政策表明，臺灣參加國際組織的問題未必不能得到解決，而解決問題的關鍵是尋找到臺灣參加國際組織的合適名稱和方法。僅就這一點而言，中國大陸的「兩岸」表述與微觀層面的「兩體」有著暗合之處：兩者都試圖透過迴避「國家」和「主權」的問題，用敏感度較低的法律問題和技術問題替代敏感度較高的政治問題。儘管「兩體」策略可以提高中國大陸的容忍度，但其界限也是十分明顯的：其一，政治性界限，即真正奏效的「兩體」策略，只能是在微觀層面上解釋和使用「兩體」，而宏觀層面上的「兩體」則早已被大陸方面認定為有違一個中國原則，其二，法理性界限，即便是在微觀層面上使用「兩體」策略，也必須有一定的法理依據，即臺灣只能在相關國際組織的章程有規定時，方能以功能性名稱參加。

臺灣在主體策略上對「兩體」策略的轉變與選擇，表明臺灣參加國際組織的總體方向已經從「爭正統」向「謀存在」轉變，「兩體」策略也因而影響了議題策略和行為策略的選擇與決斷。可以說，「兩體」策略是臺灣參加國際組織諸策略的基石。

（二）主體策略效果的實證分析

若僅從臺灣以各種名義參加的國際組織的數量來看，「兩體」策略有著一定的效果。但此種靜態的觀察，有著三點弊端：第一，無法觀察到主體策略從「一國」策略到「兩體」策略轉變的動態過程；第二，儘管臺灣在操作層面上使用了微觀層面的「兩體」概念，但這並不意味著其不欲達到宏觀層面「兩體」概念的效果，而

這一效果無法簡單地從數量上加以判斷；第三，「兩體」策略在特定國際組織上的效果，並不能掩蓋其乃是一個有著嚴格邊界的策略，而這一點也無法從數量上加以證明。本文擬對臺灣申請參加WHO／WHA的「主體」選擇過程進行實證分析，以期對「兩體」策略的效果進行更加全面地評估，同時也驗證本文對臺灣主體策略轉變的判斷。

儘管臺灣於1997年第一次申請參加WHO／WHA，但早在此兩年前，臺灣行政部門就對以何種名義參加WHO／WHA進行了評估。1995年4月19日，時任臺灣「衛生署副署長」的石曜堂在一份名為「臺北重返世衛組織之展望」的報告中，提出「中華民國在臺灣」是申請入會「較為可行之名稱」，並認為「若以國家名義申請入會，可能遭遇中共方面的阻擾與反對」。同年9月，臺灣行政部門要求各主管部門「提出功能性較大的國際組織作為加入的優先目標」。綜合以上兩個政策細節，可以判斷，早在臺灣申請參加WHO／WHA前，迴避「國家」名號而改採功能性名稱的觀念就已經開始影響臺灣行政部門的決策。

1997年3月31日，臺灣「外交部長」蔣孝嚴致函WHO幹事長中島宏，提出以「中華民國（臺灣）」的名義成為WHO／WHA觀察員的意願，蔣氏函件並未提及中華人民共和國代表權的問題，已經透露出將「兩體」策略從紙面的政策討論付諸實踐的趨勢，也體現了臺灣前文所述的政策考量。此後，直到2001年，臺灣均以「中華民國（臺灣）」名義，申請以「觀察員」（observer）身分參與WHO／WHA相關活動，而並不觸及中華人民共和國地位的問題，「兩岸」的概念隱然出現在臺灣參與WHO／WHA的策略中。但是，由於「中華民國」的「國家」名號仍然出現在臺灣的申請文件中，因而「兩體」策略運用得並不充分。

2002年，臺灣放棄「中華民國」的名號，而徑直以「臺灣」為

名申請成為WHO／WHA的觀察員，將其「兩體」策略首次明晰地展現在世人面前。但是，「臺灣」是一個地理性和政治性的符號，而功能性則偏弱，因而2002年臺灣以「臺灣」為名申請成為WHO／WHA的觀察員，雖然運用了「兩體」策略，但也觸及了「兩體」策略的界限，即試圖賦予宏觀層面的「兩體」以微觀意義，從而實現以微觀博宏觀、以WHO／WHA觀察員彰顯「臺灣」「主體性」地位的目的。

2003年，臺灣仿照「捕魚實體」（Fishing Entity）一詞，創造出「衛生實體」（health authority，或譯為「衛生當局」）的概念，以此作為成為WHO／WHA觀察員的名稱。與「中華民國（臺灣）」、「臺灣」相比，「衛生實體」是一個完全屬於微觀層面的功能性概念，至少在字面上讀不出任何政治性的意涵，可以說比較清晰地體現了臺灣主體選擇策略向「兩體」策略的轉向。但是，「衛生實體」在WHO／WHA的章程中並無依據，純係臺灣的創造，因而臺灣在意圖繞過兩體策略的政治性界限的同時，卻遭遇了兩體策略的發理性界限。「衛生實體」的這一缺陷，也為大陸方面所捕捉。同年舉行的世界衛生大會上，中國衛生部長張文康指出：「（臺灣）發明了一個所謂『衛生實體』的新名堂，⋯⋯世界衛生組織是主權國家參加的聯合國機構，不是什麼『實體』組成的機構」，進而否定了臺灣「衛生實體」的名號。

2004年至2006年，臺灣再次祭出「臺灣」名號，重拾2002年所採用的「兩體」策略，也未獲成功。2007年，臺灣以臺灣政治為考量基準，在陳水扁任期即將屆滿時，不顧國際政治基礎和法理基礎，而提出以「臺灣」名義成為WHO／WHA正式成員的申請，不僅觸碰了「兩體」策略的法理性界限，而且已經接近於突破「兩體」策略的政治性界限。美國、加拿大及歐盟等原本支持臺灣成為WHO／WHA觀察員的國家，對此亦投反對票。

2008年WHO／WHA恰逢臺灣「政黨輪替」的過渡期，4月17日，仍由民進黨主導的臺灣致函WHO／WHA祕書處，延續2007年例，提出成為正式會員的申請，另外又於世界衛生大會會議期間策動「邦交國」提出「邀請臺灣成為世界衛生大會觀察員」的提案。根據臺灣「外交部長」黃志芳的表態，正式成員申請和觀察員提案並舉，保持了政策的延續性和彈性，表明臺灣瞭解成為WHO／WHA正式成員的困難，以及先成為觀察員的意願。「兩案並舉」在一定程度上表明了臺灣「兩體」策略的回歸與折衷。

　　2009年1月，世界衛生組織致函臺灣衛生部門，要求臺灣推薦一名「臺北的聯繫窗口」（Contact Point in Taipei），採取「臺北」而不是「中華民國（臺灣）」和「臺灣」的名號指稱臺灣，獲得臺灣認可。同年4月28日，WHO／WHA幹事長陳馮富珍又致函臺灣衛生部門負責人葉金川，邀請臺灣衛生部門以「中華臺北」（Chinese Taipei）的名義與觀察員身分出席世界衛生大會，也獲得臺灣的認可。自此，臺灣的「兩體」策略在合適的主體符號下終於奏效。

　　綜觀「兩體」策略在臺灣參與WHO／WHA上的實踐，「兩體」策略的本質是透過名稱符號的甄選與使用，不斷試探和尋找兩岸的最大公約數和平衡點，而「兩體」策略得以奏效的關鍵，也在於透過合適的名稱符號，藉助「兩岸」的外殼，使臺灣參加國際組織時，總有一絲與「一個中國」的關聯，從而減低大陸的反感與抵制，在一定程度上化解不對稱博弈的國際政治基礎和法理基礎。

三、議題策略：從「權力」到「權利」

　　在兩岸有關臺灣參加國際組織的互動中，「主權爭議」是一個核心議題。議題策略所對應的是臺灣參加國際組織的理由問題。以什麼理由參加國際組織，關係到臺灣參加國際組織訴求的「正當

性」基礎、臺灣民眾和國際社會支持與認同的程度,以及在對抗中國大陸方面的文宣資源。尤其是中國大陸頻頻使用主權話語強化不對稱博弈的國際政治基礎和法理基礎時,採取適切的議題策略,對於臺灣參加國際組織而言,有著戰略和策略上的雙重意義。儘管臺灣在應對中國大陸主權話語時,亦不時以防止臺灣被「矮化」等帶有「主權」色彩的話語加以回應,但這些話語毋寧是一種政治表態,策略上的意義並不明顯。在議題選擇上,臺灣已經形成了一套藉助臺灣民意、化「權力話語」為「權利訴求」的策略,挾臺灣兩千三百萬人民之意願,並透過中國大陸「寄希望於臺灣人民」的主張,試圖為臺灣參加國際組織背書。

(一)「權利」策略的理論意涵

主權是兩岸有關臺灣參加國際組織中的一個「結」。中國大陸在應對臺灣參加國際組織的訴求時,最經常使用的就是以主權為核心的「權力話語」,其構成一個層層遞進的三段論闡述:其一,政府間的國際組織只能由主權國家參加;其二,臺灣不是「主權國家」;其三,臺灣無權參加只能由主權國家參加的政府間國際組織。中國大陸所持的主權話語,既是「一個中國三段論」這一政治決斷的產物,也有著深厚的國際政治基礎和法理基礎,因而與不對稱博弈的基本結構和客觀事實是相貼合的。以主權話語封鎖臺灣參加國際組織,是中國政府應對臺灣參加國際組織的基本策略,也是一條不可動搖的底線。臺灣雖然不時有應對之聲,但大多並不具有實質意義。況且,在不對稱博弈的國際政治基礎和法理基礎難以動搖的前提下,臺灣事實上也無法透過對抗中國大陸「主權話語」的方式獲得突破。在此情況下,繞開主權話語,圍繞「權利」構建參加國際組織的新議題,將臺灣參加國際組織的活動從「彰顯國家的主權」變為「主張人民的權利」,成為臺灣在參加國際組織的議題策略上的必然選擇。

事實上，「權利」策略仍然是臺灣在臺灣重構「主權認同」的產物之一，因而天然地具有「主權」的內核。1949年國民黨退居臺灣後，長期堅持對「全中國」的「法統」，延續其在大陸所產生的民意機關，形成所謂「萬年民代」的局面。由於長期不改選「中共」民意代表，臺灣在臺灣實際上並沒有足夠的「正當性」基礎。不過，當時臺灣獲得「主權認同」的方式並不是依賴於臺灣民眾的認同，而更多的是透過獲得「外部有權者的承認」，以營造其「外部正當性」。臺灣占據聯合國席位、拉住美國、日本等主要國家的「外交關係」，試圖證明其獲得國際上「有權者」承認的「事實」。然而，隨著中美關係正常化、中華人民共和國恢復聯合國合法席位、「臺美斷交」等一系列重大事件的發生，臺灣已經無法從島外「有權者」那裡汲取足夠的「正當性」，只能將「正當性」來源轉向臺灣。這種趨勢在1990年開始的「憲政改革」後變得更加明顯，臺灣透過「憲政改革」建構「內部正當性」，即便是「面臨中國統一壓力的憲政危機與對外代表性強化」時，也是透過放開「中共」民意代表選舉、加強臺灣領導人權威、精簡臺灣省級兼建制來樹立一個「臺灣主權象徵」。在「臺獨」理論看來，這一過程是臺灣將「正當性」從「有權者」向「主權者」轉變的過程，代表著臺灣將其「正當性」（或曰「法統」），已經從「全中國」轉移到了「臺灣」。1996年第一次直選臺灣領導人，被認為是「內部正當性」最為直接的例證。

　　從「內部」獲證「正當性」的臺灣，開始從「權利」的角度謀求在國際組織的存在。1994年4月，臺灣「外交部」發表「中華民國參與聯合國說帖」，並以「中華民國政府及人民參與聯合國及國際活動之基本權利」為該說帖之副標題，將「權利」策略引入參加國際組織的活動中。在該說帖中，臺灣提出「推動參與聯合國案系基於下列三項原則及認知」：「繼續追求中國未來的統一；不挑戰中共在聯合國的席位及接受兩岸分裂分治之現實，尋求臺灣二千一

百萬人民基本權利在聯合國中獲得合法之維護,並得有適切之代表,此舉與中國之主權爭議無涉。」1996年7月,臺灣「外交部」再次提出「重新檢視一九七一年聯合國二七五八號決議——在臺灣的中華民國政府及人民參與聯合國及其他國際組織之基本權利」的說帖,主張兩岸以「平行代表權」模式同為聯合國「會員國」,並再次重申「不挑戰中共在聯合國的既有之席位」、「參與聯合國系在尋求臺灣二千一百三十萬人民之權利在聯合國內有適當之代表,其目的並非尋求代表全中國」。這兩份說帖比較清晰地表達了臺灣運用「權利」策略參加包括聯合國在內的國際組織的意圖,即藉助「內部正當性」的強化,將主權話語轉化為權利策略,將參加聯合國等國際組織的意義從「彰顯主權」向「主張權利」轉變,意欲再次實現其「外部正當性」。當然,這一「外部正當性」不再是1970年代之前「中華民國」對於「全中國」的「外部正當性」,而僅僅是「臺灣」的「外部正當性」。

以兩份說帖為代表,臺灣參加國際組織的「權利」策略得以確立。「權利」策略包括以下兩個方面的內容:第一,臺灣參加國際組織並不歸因於「主權」的行使,而是歸因於臺灣人民權利的實現;第二,臺灣參加國際組織僅僅是臺灣人民權利實現的過程,而與中國政府在國際組織的地位無關。由是觀之,「權利」策略對於臺灣參加國際組織而言,至少可以產生以下兩個方面的效應。第一,臺灣參加國際組織並不需要論證臺灣是否具備「主權」的要素,即便在無法證成臺灣「主權」要素的情況下,臺灣仍可挾「民意」而藉助「權利」話語提出參加國際組織的主張,「民意」的產生與匯聚因而替代「主權」的論證成為臺灣參加國際組織的關鍵要素。民進黨當局在2007開始鼓動的「入聯公投」,就是為「入聯」匯聚和獲取臺灣人民參加聯合國的「民意」的過程。同時,臺灣藉助「權利」策略中的「權利」表達,以期徵得主要國家的「同情」,從而化解不對稱博弈的國際政治基礎。第二,按照「權利」

策略的說辭，臺灣參加國際組織並不意味著與中國大陸爭奪「代表權」，而是「使臺灣人民的權利在國際組織有著適合的代表」，從而可以在一定程度上削弱中國大陸以主權話語封鎖臺灣參加國際組織策略的強度。由於中國大陸在對臺方針上一直有著「寄希望於臺灣人民」的主張，對於臺灣所採取的「權利」策略，中國大陸亦因而必須給予正面回應。如胡錦濤在「12·31講話」中專門提出「我們瞭解臺灣同胞對參與國際活動問題的感受，重視解決與之相關的問題」，表明了中國大陸亦須重視臺灣人民參加國際組織的權利，而不能概以「主權」封鎖之，體現了「權利」策略確可透過「寄希望於臺灣人民」的方針，影響中國大陸在應對臺灣參加國際組織問題上的決策。

（二）議題策略效果的實證分析

如果說臺灣參加聯合國的活動，是「權利」策略的緣起，那麼，在臺灣參加WHO／WHA的問題上，「權利」策略得到了淋漓盡致地體現，成為驗證「權利」策略之運用與效果的最佳案例。對於這一過程的觀察，本文擬從兩個方面著手：第一，考察臺灣運用「權利」策略之時機和表達臺灣人民「民意」之方式；第二，觀察中國大陸因應臺灣「權利」策略的舉措，意圖藉助以上兩個方面的分析，證明本文對於「權利」策略及其效果的觀點。

臺灣在參加WHO／WHA的問題上，一般結合階段性公共衛生突發事件，藉助「健康權利」或者「健康福祉」等具體的權利表述，運用「權利」策略，而不類在申請「入聯」時所提出的相當抽象的「權利」表述。臺灣「外交部」2002年5月在一份名為「中國推動參與世界衛生組織（WHO）案說帖」中提出，1998年臺灣爆發腸病毒，導致180萬人受到感染，400人送醫急救治療，其中80人死亡，而「重大損失」的原因之一就是「（臺灣）被排除在世界衛生組織之外，無法即時取得重要的資訊、技術，以及關鍵醫療」。

2002年下半年發生「非典」（SARS）疫情後，臺灣又將未能獲得國際社會指導和產生重大損失的原因，歸咎於「中國阻擾遷遲了六週」，並不失時機地以「防治SARS」為由，透過臺灣的「邦交國」提出參加WHO／WHA的提案。2006年，臺灣「外交部」負責人在向臺灣立法部門提交的「外交施政報告」中，又以「日益升高之禽流感威脅」為由，提出「全面常態化參與世界衛生組織相關機制及會議」的主張。

除此以外，臺灣還善用各類民意聚合方式，將參加WHO／WHA上升為臺灣的「主流民意」，進而借「主流民意」的表達，為其加入WHO／WHA背書。2007年5月14日，時任臺灣「外交部長」的黃志芳在「說明今年推動以臺灣名義申請加入WHO案記者會」時，提出了臺灣申請成為世界衛生組織會員的四點主要因素，其中第四點包括兩個部分：其一，根據民調，臺灣有九成四的民眾支持該提案；其二，臺灣立法部門不分朝野一致透過決議案，支持申請成為世界衛生組織正式會員。兩個部分實際上對應了兩層民意表達機制：其一為臺灣民眾之態度，試圖以「九成四」的高支持率表明臺灣申請參加WHO／WHA已經獲得絕大多數臺灣民眾的支持；其二為民意代表機關之態度，試圖以臺灣之唯一民意代表機關的「決議」，表明臺灣已經在此問題上達成「朝野共識」。以上兩點，意在說明臺灣已經形成了參加WHO／WHA的主流民意，無論是WHO／WHA、國際社會還是中國大陸，亦不可忽視臺灣的「主流民意」。臺灣「外交部」在事後向臺灣立法部門提交的一份報告中，更是將「凝聚全民意志」、「順應民意」等排在此次申請WHO「正式成員」之「正面意義」的首位。

中國大陸方面在2002年前仍採取一個中國原則，用主權話語封鎖臺灣參加WHO／WHA的申請，但在面對「權利」策略時，也採取了應對性的表述。中國常駐聯合國代表王英凡在2001年7月2日致聯合國祕書長的一封函件集中表現了中國大陸在此階段的應對策

略。該函件的主旨仍是重申不對稱博弈的國際政治基礎和法理基礎，運用主權話語的三段論闡述，否定臺灣參加WHO／WHA的資格。但在傳統的主權話語下，提出「中華人民共和國在聯合國系統及其所有專門機構，包括世界衛生組織之中自然代表包括臺灣同胞在內的全體中國人民」這一表述，用「臺灣同胞屬於中國人民」的公式，消解臺灣的「權利」策略。但是，「臺灣同胞屬於中國人民」這一公式在政策面和實踐面上仍然存在著誤差，中國大陸對此亦有體認。2003年，中國大陸為應對「非典」所需，同意世界衛生組織派員赴臺，實際上已經對2001年函件的某些觀點進行了變通，至少在技術層面上承認世界衛生組織確有派員赴臺之必要，而不能以「臺灣同胞屬於中國人民」為由迴避臺灣民眾的「健康權利」問題，也表達了中國大陸正視臺灣民眾「健康福祉」的觀點和態度。

儘管在「非典」後，中國大陸不再用主權話語應對臺灣的「權利」策略，但是，仍然嚴格區分臺灣民眾「健康權利」、「健康福祉」與政治問題的界限，以對臺灣的「權利」策略「去政治化」，消解「權利」策略所產生的效應。在此方面最具代表性的文件，是2003年8月7日中國常駐聯合國代表王光亞致聯合國祕書長的函件。在該函件中，中國大陸明確表達了上述兩層意思：其一，提出「臺灣人民是我們的骨肉同胞，沒有誰比我們更關心他們的健康安全」，表達了對臺灣人民「健康權利」的關心與尊重，以正面回應臺灣「權利」策略；其二，指出「臺灣指使極少數國家，借SARS作政治文章，完全是別有意圖」，從而點明臺灣的「權利」策略在本質上仍是一項政治性策略，「既不道德，也不明智」，表達了中國大陸要求對臺灣民眾的「健康權利」作「去政治化」處理的主張。

2005年後，中國大陸在「寄希望於臺灣人民」的方針指導下，客觀認識臺灣的民意，並對臺灣民眾參加WHO／WHA的主流民意作出了正面地回應。當年5月「胡宋會」所發布的新聞公報，從順

應臺灣民意的角度,正面論述了對於臺灣參加國際組織的觀點,而且專門提出「優先討論參與世界衛生組織活動的問題」。2009年3月,溫家寶在「兩會」例行新聞發布會上表示,對於臺灣參加涉及臺灣同胞利益的國際組織,中國大陸願意透過協商作出合情合理的安排,也專門提到了「世界衛生組織」。中國大陸領導人的表態,即表明了中國大陸政策指針的變化。事實上,「權利」策略的運用,也給了中國大陸為臺灣參加WHO／WHA鬆綁的契機。2009年1月,臺灣被接納參與《國際衛生條例》的運作後,國臺辦就將其理解為中國大陸「在解決臺灣同胞關心的衛生健康問題上」「誠心誠意」的表現。

綜合以上有關臺灣運用「權利」策略以及中國大陸回應的基本情況,可以發現,「權利」策略的運用,其本質乃是徹底改變不對稱博弈的國際政治基礎和法理基礎的策略。在「權利」策略中,臺灣並不是改變國際政治基礎和法理基礎,而是採取了釜底抽薪的辦法,將構成該兩項基礎的「主權」要素抽去,而換做更加符合臺灣實際情況和更能為國際社會所接受的「權利」要素,進而藉助「人權」、「人道」等具有普遍意義的價值,強化其參加國際組織的基礎。同時,藉助中國大陸「寄希望於臺灣人民」的方針,「權利」策略倒逼中國大陸改變運用主權話語封鎖臺灣參加國際空間的傳統策略,而中國大陸在面對「權利」策略時,也只能作出肯定性的回應,而無法加以直接地反駁,甚至在一定程度上也要藉助「權利」話語。從此意義而言,不得不承認「權利」策略在臺灣參加國際組織的議題操作上,的確可以收到一定的預期效果。

四、行為策略:從「加入」到「參與」

由於不對稱博弈的國際政治基礎和法理基礎,臺灣並無法具有「正式成員」的身分。行為策略所對應的是臺灣如何在無法成為

「正式成員」的情況下參加國際組織活動的問題。儘管臺灣也曾謀求成為特定國際組織的正式成員，但這些舉措更多的是一種態度和「決心」的宣示，難說是理性的政治決斷。在以正式成員身分「加入」國際組織較為困難的情況下，臺灣在實踐面上更加傾向於利用國際組織憲章和重要公約的規定，試圖透過選擇合適的身分，實質性地「參與」到國際組織的運作中，至少爭取在國際社會的曝光機會，以體現其在國際社會的「存在」。

（一）「參與」策略的理論意涵

國際組織是西方主權國家體系的產物。從原初意義上而言，國際組織存在的目的是主權國家透過國際組織的規則或決策程序，以保障或爭取更多的國家利益。但現代國家之所以積極加入國際空間，並參與國際組織，除了為爭取國家利益外，也在借此確定其主權的完整性。尤其以非西方體系中的主權國家為代表，如新興民族獨立國家等。對於兩岸而言，爭取外部有權者的承認，成為證成「正當性」的共同策略。不獨臺灣在現時狀況下是如此，1971年前的中國大陸亦是如此。參加國際組織，對於兩岸而言，所爭的不僅是參與制訂國際規則，更重要的是牽涉到國際社會對於雙方在法理名號上的認知。在此意義上，中國大陸在臺灣參加國際組織上更加在意的問題，也並不是臺灣參加國際組織後對中國大陸現實利益的影響，而是臺灣的參加行為是否會產生對「臺灣」「國際承認」的效果。而臺灣所關注者，也更多在於臺灣能否透過成為國際組織的「正式成員」，以彰顯其「主權」，以及外部有權者的「認可」。由於中國大陸在認識論上將臺灣參加國際組織與「臺灣」的「國際承認」結合起來，因而藉助不對稱博弈的國際政治基礎和法理基礎，不遺餘力地消解臺灣成為國際組織「正式成員」的可能性。因此，臺灣雖然堅持以成為「正式成員」為目標，但也採取了將目標進行階段化分解的策略，即先謀求「參與」國際組織，以實質性參與到國際組織的活動中，進而以量變累積質變、以時間換取空間，

待機會合適時即實現成為「正式成員」的目的。

「參與」策略中的「參與」，是指不以「正式成員」身分，而以其他身分或者方式參加國際組織相關活動。其中，所謂「其他身分」，是指「觀察員」、「副會員」等不是正式成員、不具有正式成員才能享有的完整權利，但也能行使一部分權利的身分。「其他身分」並不同於「兩體」策略中所言的「主體名號」，如「中華臺北」、「單獨關稅區」、「捕魚實體」等，後者已經是「正式成員」。而「參與」策略中所言及的「方式」，是指技術合作、參加會議、訊息交換與共享等方式，這些方式雖然並不能為臺灣賦予特定的身分符號，但可以使其實質性地參加到國際組織的各類活動中。

「參與」策略並不直接謀求成為國際組織的「正式成員」，對於臺灣而言，有著「自我降格」的意涵，因而體現了臺灣「務實外交」的政策。1950年代至1980年代中期之前，以一個中國原則為基礎，臺灣在「外交」上採取「漢賊不兩立」的政策，亦即斷絕所有與中華人民共和國建交的國家、退出所有接納中華人民共和國為正式成員的國際組織。「漢賊不兩立」政策切合了不對稱博弈的國際政治基礎和法理基礎，造成臺灣幾乎全面退出「國際空間」的局面。對於「漢賊不兩立」的政策，臺灣學者一般給予相當負面的評價，認為「漢賊不兩立」實際上是使得臺灣更加孤立的一種政策，「裹住了臺灣的手腳、窒息臺灣的活力」。1980年代中期後，臺灣逐漸改行「彈性外交」的政策，在李登輝時代又將「彈性外交」政策升格為「務實外交」政策。在參加國際組織的問題上，「務實外交」政策提出「採取彈性作法，以謀求實質參與」的觀點，為「參與」策略的釋出提供了政策基礎。其後，臺灣雖然在具體舉措上有所變化，但在基本思路上仍然延續著李登輝時期的觀點，「參與」策略因而能夠在臺灣獲得持續的政策動力與支撐。

「參與」策略在一定程度上繞開了不對稱博弈的國際政治基礎和法理基礎，因而也能獲得比「加入」策略更多的國際支持。第一，一些國際組織在設置「觀察員」和「副會員」的目的，部分地在於為特定主體提供參加國際組織活動的機會，因而臺灣若以「觀察員」、「副會員」參與國際組織活動，在一些國家看來並不會造成承認臺灣「主權」的效果。第二，技術合作、參加會議、訊息交換與共享等大多是技術性活動，而較少具有政治性的意涵，有些國家也可以以「技術性」為由來規避有關主權的議題。第三，支持臺灣「參與」國際組織的風險，顯然要小於支持其「加入」的風險，也不必涉及過多的國際法問題和敏感的「主權」問題，因而也為部分國家所能夠接受。第四，「參與」策略在具體運用上，常常與「權利」策略並用，以「權利訴求」為臺灣「參與」國際組織背書，也更加強化「參與」策略在此方面的效果。由於不對稱博弈的國際政治基礎和法理基礎主要在於限制臺灣成為國際組織的「正式成員」，而對於臺灣參與國際組織活動在拘束力尚弱，因而為臺灣運用「參與」策略提供了實踐環境。

　　當然，「參與」策略的運用，須得一定的法理基礎，亦即臺灣所選定的國際組織必須在其憲章或者重要公約中，規定有「觀察員」、「副會員」及非正式會員參與活動的規範依據。從此意義上而言，如果沒有相應的規範依據，「參與」策略並無用武之地。但是，由於臺灣可以藉助其在國際上的支持力量推動對國際組織憲章或者重要公約的修改，因此，法理上的限制並不構成對臺灣運用「參與」策略的實質性阻礙因素。

　　對於臺灣「參與」國際組織活動的主張，中國大陸方面在2000年前較少給予正面回應，而是藉助不對稱博弈的國際政治基礎和法理基礎對之加以封鎖。2000年1月，時任國務院副總理的錢其琛提出兩岸可以談的五項議題，其中包括「談臺灣在國際上與其身分相適應的經濟、文化、社會活動空間問題」。這一議題在兩年之後，

又被作為「三個可以談」的內容之一，載入中共十六大報告，再三年後，又以「臺灣在國際上與其地位相適應的活動空間」的擴大性表述出現在《反分裂國家法》第七條中。2005年，「胡宋會」新聞公報又對臺灣「參與」國際組織做出了正面肯定和回應。「胡宋會」新聞公報的表態在胡錦濤「12·31」講話中獲得了進一步的肯定和說明，尤其是「12·31」講話明確提出「作出合情合理安排」的表述，更加明確了對於臺灣以合適身分和方式「參與」國際組織的肯定態度。藉著中國大陸對於臺灣「參與」國際組織的包容態度，「參與」策略在臺灣參加國際組織的問題上，有著較大的適用空間。

（二）行為策略效果的實證分析

在臺灣參加WHO／WHA的提案中，除1997年使用了「attend」（「加入」），2007年使用了「membership application in」（「成為會員」）外，均使用了「participate in」（「參與」）的表述，表明「參與」是臺灣參加WHO／WHA的主導性行為策略。以「觀察員」身分參加世界衛生大會，並被納入《國際衛生條例》框架，因而也是臺灣以「參與」為主軸的行為策略的代表性案例。對於本案例及其「參與」策略的驗證性分析，可以從以下三個方面展開：第一，觀察臺灣在營造「參與」氛圍、創造「參與」條件、實施「參與」行為方面的各項具體措施；第二，比較分析主要國家對於「加入」和「參與」的態度差異，以此觀察「參與」策略消解不對稱博弈之國際政治基礎的效果；第三，觀察中國大陸對於「參與」策略的態度及其應對，分析「參與」策略在兩岸在臺灣參加WHO／WHA問題上攻防的效果。

與「加入」是「主權」或「權利」的主張與訴求不同，「參與」常常是功能性的，亦即「參與」特定的國際組織，的確是為實現特定功能之需要，而非「主權」或者「權利」的伸張。如臺灣衛

生部門在通報被納入《國際衛生條例》一事時，用了「正式加入全球疫情通報以及防治體系」的表述，而沒有使用「主權」和「權利」的相關話語，體現了「加入」與「參與」在邏輯起點上的不同。因此，臺灣在WHO／WHA問題上運用「參與」策略的前提，是營造有利於「參與」策略的氛圍，論證臺灣確為國際衛生體系之重要一環的態勢。為此，臺灣提出國際衛生體系在臺灣存在漏洞（gap）的觀點，論證臺灣被納入國際衛生體系的必要性，從而為其運用「參與」策略提創造前提性條件。2002年5月，臺灣「外交部」發表說帖，認為1998年的腸病毒事件是「因被排除在世界衛生組織之外，無法即時取得重要的資訊、技術，以及關鍵醫藥，導致……重大損失」，提出了國際防疫體系在臺灣存在著「漏洞」問題。在此份說帖和2004年5月發表的說帖中，臺灣詳細說明了臺灣在亞太及全球航運業的中樞地位，提公布灣島系國際交通樞紐和匯聚地，應當成為世界疾病防疫傳播體系的重要組成部分。2003年「非典」爆發後，臺灣又以防治「非典」為由，向WHO請求援助，並將WHO延後派遣專家赴臺歸咎於臺灣並未被納入國際防疫體系。2005年《國際衛生條例》修正後，臺灣再次提出「積極參與世界衛生組織所建立之全球傳染病防疫機制，以達到世界衛生組織李鍾郁幹事長所稱防疫『無漏洞』（no gap）之目標」。由於臺灣的上述觀點和言論大多結合了階段性公共衛生突發事件，因而對於WHO／WHA有著較強的說服力，中國大陸方面亦無法反駁，在一定程度上甚至需要給予正面的因應。

臺灣運用「漏洞」的說辭為「參與」策略的運用提供了前提，但正如前文所言，「參與」策略之運用須得一定法理基礎，即WHO／WHA的憲章和重要公約具有容納臺灣「參與」的規範依據。WHO／WHA的憲章並未專門規定「觀察員」制度。儘管在實踐中有一些「觀察員」的慣例，但是，這些慣例並未成為規範意義上的制度，且針對對象或為具有特殊性的國家（如1953年的梵蒂岡

和1963年的馬耳他騎士團），或為形成中的國家（如1974年的巴勒斯坦解放組織），或為國際組織（如國際紅十字會、國際紅十字會及紅新月會聯合會等），顯然不適用於臺灣。因此，修改WHO／WHA的憲章和其他重要公約，納入有利於臺灣「參與」WHO／WHA的規範，是「參與」策略適用的條件。臺灣深諳此理，除積極尋求透過慣例方式受邀成為「觀察員」外，也透過「邦交國」和「友好國」推動有關國際公約的修改。在具體操作中，臺灣所選擇的對像是《國際衛生條例》，並從2004年3月起，多次在修法工作組會議等場合，利用突發公共衛生事件的影響，極力推動該條例納入對臺有利的表述。2005年5月，世界衛生大會修改《國際衛生條例》，在第3條第3項規定，「本條例的執行應以其廣泛適用以保護世界上所有人民不受疾病國際傳播之害的目標為指導」。臺灣稱該款為「普世適用」條款，並認為「普世適用」條款可以作為臺灣「參與」《國際衛生條例》以及國際衛生體系的初步法理基礎，試圖以「普世適用」消解不對稱博弈的法理基礎。

　　「漏洞」的營造以及「普世適用」條款的納入，為「參與」策略的運用提供了邏輯起點和法理基礎。藉助階段性的突發公共衛生事件，臺灣不僅開始「參與」WHO／WHA的活動，而且不斷深化「參與」程度，提升「參與」檔次，以「積跬步」的方式，最終成為WHO／WHA的「觀察員」。2003年「非典」期間，臺灣以「防疫」為名，要求WHO／WHA派官員赴臺指導。是年5月至7月，WHO／WHA共派出5名官員赴臺瞭解情況。2003年6月，臺灣更是派出衛生官員和專家參加在馬來西亞舉行的防止「非典」國際會議，以「非典」為契機，臺灣開始與WHO／WHA進行接觸，並開始頻繁派出衛生官員和專家參與WHO／WHA的技術性活動。但是，臺灣所要求的並不是「技術性參與」，而是「全面常態化參與世界衛生組織相關機制及會議」。為此，臺灣於2006年1月，策動其「邦交國」向WHO／WHA提交促進臺灣「有意義參與」的提

案。2006年5月，臺灣又要求WHO／WHA幹事長能夠安排其參與有關會議，並希望成為「全球疾病疫情警報與反應網絡」的正式成員。2006年5月14日，臺灣更是在並未被納入《國際衛生條例》的情況下，自行宣布提前實施《國際衛生條例》，自動履行該條例所規定的各項義務，試圖透過「提前實施」達到被納入《國際衛生條例》的「既成事實」，也在國際上為其「參與」策略製造輿論氛圍。同時，臺灣衛生部門也主動向WHO／WHA通報有關臺灣的衛生事件。如臺灣衛生部門曾在2008年七次主動向WHO／WHA通報三聚氰胺的調查結果。這些舉動未見得獲得WHO／WHA的回應，但也為臺灣「參與」WHO／WHA擴大了影響，積累了條件。2009年臺灣以「觀察員」身分參加WHO／WHA，雖然在根本上是兩岸良性互動的產物，但在相當程度上也是臺灣十餘年來不斷針對WHO／WHA進行滲透和積累的自然產物。

　　從國際範圍來看，「參與」策略的效果相當明顯。一些囿於不對稱博弈之國際政治基礎和法理基礎而無法支持臺灣「加入」WHO／WHA的國家，在「參與」策略的鼓動下，也繞開不對稱博弈的國際政治基礎和法理基礎，對臺灣的「參與」訴求表達支持。美國、日本、加拿大和歐盟各國一般透過政府宣言、政府首腦講話、議會決議等方式，表達對於臺灣「參與」WHO／WHA的支持。如美國雖堅持不支持臺灣成為WHO／WHA正式成員的立場，但也表態支持臺灣成為WHO／WHA的觀察員。美國國會在2001年正式以立法的形式，要求政府採取積極措施推動臺灣成為WHO／WHA的「觀察員」，並多次延長該法的適用期限。2003年「非典」期間，美國衛生部門負責人多次表示，WHO／WHA應當將所有受到「非典」影響的國家和地區，包括臺灣，納入WHO／WHA的相關計劃與活動。2004年5月，美國又在臺灣成為WHO／WHA「觀察員」的提案中投下贊成票。2005年5月，美國支持在《國際衛生條例》中納入對臺灣有利的「普世適用」表述。日本在

2003年「非典」期間，以臺灣在地理上與其接近為理由，提出「地方性之問題亦可能迅速蔓延而影響周邊地區，吾人不可能將世界之任何部分排除」，從而要求將臺灣納入WHO／WHA。值得注意的是，對於臺灣參加WHO／WHA的提案，美國、日本、加拿大和歐盟各國大多數情況下都作出了否定性的投票，但又多在投票的解釋性聲明中，支持臺灣「有意義的參與」WHO／WHA的活動，體現出「參與」策略在爭取各主要國家的支持上，有著明顯的效果。除各主要國家外，「參與」策略對於其他國家也有著明顯的效果。下圖顯示了1997年、2004年和2007年WHO／WHA三次票決臺灣參加WHO／WHA提案的贊成國家數的變化情況，可以發現，在1997年和2004年投票支持「觀察員」案的數量，明顯地多於2007年的「會員」案，這也從一個側面體現了「參與」策略在消解不對稱博弈之國際政治基礎上的效果。

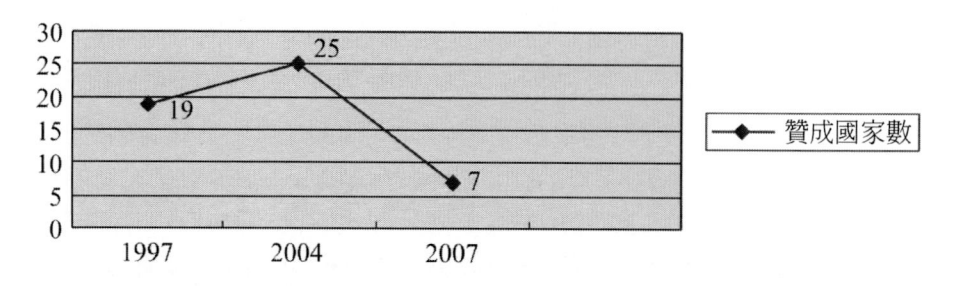

圖1：票決臺灣參加WHO／WHA提案的贊成國家數的變化圖
（本圖為作者自製）

　　由於一系列階段性公共衛生事件的影響，中國大陸面臨著國際社會要求將臺灣納入國際衛生體系的壓力，因而也逐漸放開了臺灣「參與」WHO／WHA活動的空間，凸顯了「參與」策略對於中國大陸的決策亦有一定效果。2003年「非典」期間，時任國務院副總理兼衛生部長的吳儀表示，中國政府同意世界衛生組織派專家赴臺瞭解情況，又同意臺灣醫療專家出席馬來西亞舉行的國際會議，表現出中國大陸放開臺灣「技術性參與」空間的因應策略。2004年5月，時任衛生部副部長的高強在世界衛生大會上提公布灣地區「參與」世界衛生組織活動的四項基本主張，表明了中國大陸對於臺灣「參與」策略的態度：其一，臺灣只能在「一個中國」的框架內，在中國政府同意的情況下「參與」WHO／WHA的活動；其二，即便如此，臺灣也只能「技術性參與」WHO／WHA的活動。2005年4月13日，國臺辦發言人透露，中國大陸將與世界衛生組織祕書處協商，研究臺灣「技術性參與」WHO／WHA活動的具體辦法。同時，中國大陸也向臺灣通報一些大陸方面的疾病疫情，如2005年大陸有關方面向臺灣的有關方面通報了安徽省發生的流腦疫情。中國大陸的容納與推動臺灣「技術性參與」WHO／WHA活動，一方面是基於兩岸攻防上爭取主動的考量，另一方面，也表明「參與」策略的確造成了一定的效果。

　　值得一提的是，中國大陸的主動措施逼出了臺灣對於「參與」

策略本質的自白。2007年6月15日,臺灣「外交部」發表說貼,提出「絕不接受世界衛生組織將臺灣實施國際衛生條例納入中國之下」,「在臺灣任何有關國際衛生條例防疫措施之實施亦僅能由(臺灣)相關部門執行」。臺灣「外交部」的上述表態,表明「參與」策略仍是一個名為「功能性」、實為「政治性」的策略。

五、總結

透過以上對於臺灣參加WHO／WHA案例的分析,本文提出的「兩體」策略、「權利」策略和「參與」策略及其各策略的實踐效果都獲得證成,以不對稱博弈為理論背景的策略定位研究範式也獲得了證成。從策略定位研究範式觀察,臺灣運用各種策略參加國際組織的具體樣態雖然有所不同,但總體的路徑是相同的:第一,將具有高度敏感性的政治語言轉換成敏感度較低的法律語言或技術語言;第二,藉助具有替代性的法律語言或技術語言繞開不對稱博弈的國際政治基礎與法理基礎;第三,在中國大陸的政策空間和表述空間內,尋找與替代性的法律語言或技術語言共通之處,不斷積累和豐富其內涵,最終達到參加國際組織的目的。當然,臺灣所運用的策略並不是純粹法律性或者技術性的,其仍然是在特定立場上所採取的具體措施和手段。策略定位範式並不是模糊具體措施和手段背後的政治決斷,相反,比較以一個中國原則為主要話語的立場定位範式,策略定位範式能夠更加準確和有針對性地發現臺灣參加國際組織所運用的方法、手段及其所發表言論的實質,因而能夠為中國大陸提出因應對策提供理論上的支撐。

最後,本文提出因應「兩體」策略、「權利」策略和「參與」策略的基本思路:第一,正確認識臺灣藉助國際組織的憲章或重要公約的規範申請參加國際組織中的現象,改變一概以立場否定之的政策,而在國際組織憲章或重要公約中尋找合適的反制依據,對於

確無反制依據的,根據臺灣的現實需求和國際社會的認可程度適當開放其以合適名義參加國際組織活動的空間,以「疏」而非「堵」的辦法應對「兩體」策略;第二,利用在國際社會的話語優勢和組織資源,主動維護臺灣民眾的各項權利與福祉,尊重臺灣民眾的正當權利訴求,防止因政治原因客觀上妨礙臺灣民眾權利實現的情況出現,消解「權利」策略的社會基礎;第三,對於臺灣以合適名義已經參加的國際組織,應當更加注重於如何在「兩岸共處一個國際組織」的情況下,維護國家統一與主權,保障國際組織功能實現,防止「參與」策略效果的進一步累積。當然,以上觀點僅僅是一些基本的思路,至於更加深刻地闡述和論證,本文已經無法承載,只有留待另文論述。

論臺灣的「大部制」改革——以2008年版「行政院組織法修正草案」為對象

　　2008年年初,正當大陸各界熱議國務院「大部制」改革之時,海峽對岸的臺灣亦計劃透過修改「行政院組織法」及其他相關規定,推動臺灣的「政府改造」。該「政府改造」方案計劃大幅減少「行政院」部會組織數量,以打造「具有全球競爭力的活力政府」,因而堪稱臺灣版的「大部制」改革。由於當時海峽兩岸所關注的重點是即將舉行的臺灣領導人選舉以及所謂「入聯公投」,因此,尚處擬議中的「政府改造」方案未能引起足夠關注。然而,儘管此方案尚未獲得臺灣「立法」機構批准,在未來也可能存在變數,但是,方案本身已經在相當程度上體現了臺灣政經學各界對「政府改造」的共識,也表明了臺灣「政府改造」的基本思路和方向。因此,無論是為了探究臺灣行政機構的運作機制,還是為了給

大陸的「大部制」改革提供有益參考，我們都有必要對於臺灣此次「政府改造」加以足夠關注和研究。本文即以此為目的，擬從臺灣「行政院」機關設置的現狀及其困境、「政府改造」的背景和內容等方面對之作一簡要述評。

一、「行政院」機關設置現狀及困境

臺灣「行政院」機關設置的基本法源是「行政院組織法」、「中共行政機關組織基準法」（「基準法」）、各部會機關的「組織法」或「組織條例」和規定設置機關的法律，其中，「行政院」及其部會的設置、內部組織、職能和編制由以「行政院組織法」為核心的「行政組織法體系」規定。現行「行政院組織法」制定於1947年，後經1948年、1949年、1952年和1980年四次修改。實自1949年「修法」後，「行政院」一直維持所謂「八部二會」格局，即「內政部」、「外交部」、「國防部」、「財政部」、「教育部」、「法務部」、「經濟部」、「交通部」、「蒙藏委員會」（「蒙藏會」）和「僑務委員會」（「僑委會」）。從表面上來看，臺灣行政機構數量並不多，且各部會管轄業務範圍及其廣泛，基本上具備了大部制的特點。以「內政部」為例，該部業務範圍涵蓋人口、土地、營建、役政、社會福利、地方制度、社會治安、災害防救、區域規劃、政黨審議、出入境及移民管理、空中勤務、土地測繪、消防等領域，竟與大陸六至七個部委相當，無怪臺灣有人稱「內政部」為「天下第一大部」。其餘各部會亦幾乎包攬其所負責領域內的事務。根據「行政院組織法」第14條之規定，「行政院」「為處理特定事務，得於院內設各種委員會」。以該條為依據，「行政院」增設了若干負責某項業務的機關，而部分「立法院」制定的部門「行政法」也規定「行政院」創設一些機關。目前，以「有無單獨之組織法規」、「有無獨立之編制及預算」、

「有無印信」為標準，除「八部二會」外，「行政院」設有一行（「中共銀行」）、一處（「主計處」）、二局（「人事行政局、新聞局」）、三署（「衛生署」、「環保署」、「海巡署」）、一院（「故宮博物院」）及二十個直屬委員會，而這些機關依性質不同，可細分為三類。第一類機關為幕僚機關，包括「人事行政局」、「主計處」和「新聞局」。這些機關由「憲法增修條文」或「行政院組織法」直接規定設立，其目的在於為各業務部門提供必要協助。第二類機關是所謂「獨立機關」，依學界通說包括「中共選舉委員會」（「中選會」）、「公平交易委員會」（「公平會」）、「金融監督管理委員會」（「金管會」）、「國家通訊傳播委員會」（「通傳會」）和「中共銀行」。獨立機關是臺灣仿照美國「獨立管制的行政委員會」（Independent Regulatory Agencies）和德國的獨立機關所創設的機關類別，其工作方式均採合議制，依法獨立行使職權，「中選會」、「公平會」、「金管會」和「通傳會」還要求委員超出黨派以外，任職期間不得參加政黨活動。其三，其他業務機關。除幕僚機關、獨立機關以外的署、直屬委員會等均可列入該類。大多數第三類機關的組織、業務範圍及編制並非「組織法」規定，而是以次一級的「組織條例」為其法源。兩者區別在於，「署」用於獨任制機關，而「委員會」則多用於合議制機關。對於「行政院」的上述狀況，臺灣政界和學界褒少抑多，其指責則主要集中在以下四點。

　　第一，「行政院」機關數量過多。現行「行政院組織法」本擬以「八部二會」為主幹，再輔以幕僚機關構成「行政院」組織體系，在設計各部業務範圍時，也確實按照上述思路，「行政院」各部會也因而具有了大部制的基本特徵。但行政院後依「行政院組織法」第十四條和其他有關法律增設若干機關，「行政院」機關數量因而呈現出膨脹趨勢。目前，「行政院」目前共三十八個機關，遠超出「八部二會」的規模。臺灣臺灣對此現象詬病頗多，多數學者

認為，歐美等發達國家的政府機關數量一般在十個至二十個之間，平均為十四至十六個，臺灣竟設三十八個機關，顯然數量過多。基於此，臺灣學者一般認為「行政院」機關數量應在十五個至二十個左右，陳水扁亦提出「讓部會組織減少三分之一」的口號。

第二，「行政院」機關在組織設置、業務範圍、人員編制等方面過於僵硬。臺灣在組織行政方面採高密度的法律保留原則，即「行政院」機關的組織設置、業務範圍、人員編制等都必須制定為「法律」或「法令」，獲「立法院」批准後方可生效，乃至一個機關應設何內部單位、各單位有何職能、每單位有幾個職位、每個職位的職稱、職等都由法律或法令位階的規範性文件詳加規定，對任何組織方面的事務進行微調都需透過「修法」方式。但在臺灣藍綠高度對立的背景下，「修法」並非易事。可見，由高密度的法律保留原則所形成的「法規機構框架」無法適應環境需要的變遷作適時的調整，從而導致了各機關在組織方面的僵化和死板，機關活力也亦因此流失。因此，如何打破僵化的「法規結構框架」，實現「調整彈性化」，成為「政府改造」的重要任務之一。

第三，部會分際不明顯，導致「行政院」組織統合能力不強。根據「基準法」的規定和臺灣學者的觀點，「部」、「會」在功能和工作方式上都有著明顯的分際：「部」擔任基本政策或功能相近的綜合性、統合性之政策業務，功能在於執行民眾對特定領域的需求，工作方式多採獨任制，相當於房屋的支柱；而「會」則基於政策統合需要設置，在各部需要其他機關的協助與配合，以及跨政策領域的協調時發揮作用，工作方式多採合議制，相當於房屋的橫樑。但就目前的狀況而言，「行政院」中部會分際並不明顯，尤其是部分「會」徒具會之名稱，而不具會之政策統合功能。如「勞工委員會」（「勞委會」），雖名為「會」，實則連合議制都不實行，而是採獨任制，其業務範圍也僅限於「勞工行政事務」，與「部」無異。再如「經濟建設委員會」（「經建會」），原本是為

「經濟建設之設計、審議、協調及考核」而設,但後來成為「行政院」規劃經濟發展的幕僚機關,類似的情況還有「研究發展考核委員會」等。由於所設各會要麼變異為負責某項專門業務的「部」,要麼成為「行政院」的幕僚部門,導致「行政院」的政策統合能力極為低下,以至於無法在發生突發事件和重大災難時,無法對各部會進行有效統合。如1999年「九二一」地震後,臺灣竟無部會能造成有關統合、協調功能,只得另設「九二一震災災後重建推動委員會」。

第四「行政院」部分機關在設置上有欠科學。其一,某些機關有無必要設置存在疑問。如多數臺灣學者從臺灣現狀出發,質疑單設「蒙藏會」的必要性;還有學者認為若從少數族群利益的考慮出發,為何只設「原住民族委員會」(「原民會」)和「客家委員會」(「客委會」),而不設「外省委員會」;其二,各機關之間業務範圍和規模不均衡。有學者認為,「內政部」、「教育部」等部會過於龐大,除負責有關行政管理事務外,還管理企業、學校、研究機構等附屬單位,人員多達上萬人,而另一些部會則業務範圍狹窄,人員也不到一百人,部會之間的職權、角色、功能、預算、員額之間無法取得相當的平衡。其三,一些機關的業務範圍有所重疊。如「新聞局」和「通傳會」、「財政部」和「金管會」、「內政部」和「公共工程委員會」(「工程會」)、「經濟部」和「經建會」等機關之間均存在業務範圍重疊的現象,由此也造成了機關之間職能不清、互相推諉等亂象。

二、「政府改造」的背景

臺灣自1987年後連續發生「解嚴」、結束「動員戡亂」、「憲政改革」以及「政黨輪替」等重大事件,臺灣政治、經濟、社會等諸領域發生重大變化,尤其是變動不居的兩岸關係給臺灣發展帶來

諸多不確定因素。為應對日益發展的政經局勢以及臺灣社會要求「政府改造」的呼聲，「行政院」分別於1987年、1992年和1998年三次成立專案小組，負責研究修正「行政院組織法」，但均無果而終。2000年民進黨上臺後，陳水扁專門成立由其親任主任委員的「政府改造委員會」，重點研究修正「行政院組織法」，以期對「行政院」組織架構進行重組。「行政院」亦於2004年制定「基準法」，並已獲「立法院」透過。同時，「行政院」亦於2002年、2004年、2005年和2008年四次提出「行政院組織法修正草案」（「修正草案」），由於種種原因，上述「修正草案」都未獲得「立法院」透過。此次「修正草案」已經是「行政院」所提出的第五個版本。總體而言，臺灣之所以如此積極地推動「政府改造」，其背景有三：

第一，配合所謂「臺灣民主轉型」，落實「憲政改革」成果。1987年後，臺灣解除長達38年的戒嚴，其後的「憲政改革」等重大事件又促使了臺灣社會的「民主化」和「本土化」。臺灣學者認為，「八部二會」是冷戰體制所支撐的動員戡亂體制下的產物，其本質是戰爭期間為增強政府對民間控制與動員能力，並節約行政成本，而壓縮形成的權宜性安排，以「八部二會」為主幹的「行政院」機關組織體系與臺灣在「民主化」和「本土化」的背景下，「行政院」應重新對其自身進行角色定位和功能調整，改變傳統的支配者和主導者角色，而著重發揮領航、協調與仲裁功能。「臺灣民主轉型」在制度上體現為為「憲政改革」。經過七次「憲改」，臺灣在角色定位、政治體制、基本「國策」等方面均發生了較大變化，其中與「政府改造」有關的有三：其一，1997年後，臺灣「大陸政府體制」從「修正的內閣制」轉向「雙首長制」，「總統」成為行政權的主導，「行政院長」淪為「總統」的「幕僚長」和「責任替身」，「行政院」機關組織需要在組織體制、層次結構上與之相適應；其二，透過「憲改」，「臺灣本土意識」獲得承認，並逐

漸成為臺灣社會的主流思潮，形成於大陸的「八部二會」結構必將遭到質疑和攻擊，從而成為「政府改造」的直接對象；其三，臺灣省級建制被精簡，一些原來由「臺灣省政府」承擔的職能轉由「行政院」承擔，「行政院」亦應隨之調整。可以說，「政府改造」也是臺灣落實「憲政改革」成果的重要步驟之一。

第二，提升臺灣的「全球競爭力」。臺灣學者在分析「政府改造」背景時，幾乎到了「言必稱競爭力」的地步，而「政府改造委員會」和歷次「修正草案說明」都將打造「具有全球競爭力的政府」作為「政府改造」的目標。臺灣學者普遍認為，臺灣競爭力排名下滑的癥結不是並非因為企業、公司等私部門表現欠佳，而是由財政赤字大幅增加、政府債務累積擴大、基礎建設嚴重落後、法制改善不足等公部門的不當行為引起。據臺灣學者所引據的瑞士洛桑國際管理學院（IMD）全球競爭力排行榜，2004年臺灣總排名為第12位，但「行政效率」僅為第18位，而「政策延續性」竟一度排名第66位。臺灣對外開展「務實外交」，建設「亞太營運中心」和「全球運籌中心」，以此作為臺灣對外改善「國際政治經濟地位」的基本策略，對內則提出「永續發展」的口號，希望借此「一外一內」提升臺灣的全球競爭力。臺灣學者認為，在上述背景下，「外交」、「僑務」、經貿、新聞等涉外機構亟需統合，而土地規劃、城鄉發展、公共工程、交通建設、環境保護等也應兼籌並顧。因此，透過「政府改造」達成提升行政機關功能和效率，成為提升臺灣「全球競爭力」的必然選擇。

第三，配合政黨的選舉策略。前陳水扁當局任內共提出四份「行政院組織法修正草案」。民進黨之所以如此積極推進「政府改造」的目的，一方面是為了落實選前承諾，營造政績氛圍，另一方面則是為了實現其「臺獨」意識型態，突出「臺灣特色」，借「政府改造」推行「漸進式臺獨」。對於前者，在「大選」時，陳水扁及民進黨曾提出過比較完整的「政府改造」方案，上臺後其必然會

擺出積極推行「政府改造」的姿態。但是，臺灣學界對此卻議論頗多，臺灣學者普遍認為，陳水扁當局所推行的「政府改造」只是一場「數字遊戲」，且盲目移植歐美制度，「新穎的單位名稱不少，但卻鮮少提及功能、角色及細部工程」，「除表達民進黨政府特殊的意識型態偏好外，似乎未就國家未來的核心功能進行檢討」。有學者甚至認為，「政府改造」的政治考慮多於功能取向，宣示意義重於實質改造，根本就是一場「荒腔走板」的鬧劇。至於後者，陳水扁及民進黨則完全貫徹政黨意識型態，不惜違背行政規律和其自己制定的改造目標，亦成為臺灣學界批評的目標之一。為突出「臺灣國族意識」、營造所謂「四大族群」的氛圍，同時也為拉攏臺灣的少數民族和客家人，前陳水扁當局成立「原民會」和「客委會」，並竭力矮化、攻擊，甚至擬議取消「陸委會」和「蒙藏會」等機關。同時，為落實民進黨「海洋立國」的宗旨及其臆造的所謂「臺灣海島文化」，前陳水扁當局擬設立管理海洋事務的機關，但組織方式極為簡單，不過是將由若干部會機關管理的海洋事務集中到一個部門中去，卻忽視了海洋事務與陸地事務的統合性及其銜接。有學者揶揄道，如果按前陳水扁當局提出的草案設立「海洋委員會」（或「海洋事務部」），則會出現「陸上臺風環境部發布，海上臺風海洋部發布」的怪狀。

三、「政府改造」的內容

　　前文已述，本次行政院所提出的「修正草案」是2000年後的第五個版本，前四個版本胎死腹中的原因異常複雜，既有方案自身的問題，也有諸如藍綠對抗、「臺獨」意識、族群意識等因素的摻雜。可以說，此次由行政院透過的方案是臺灣各方勢力折衝樽俎的結果。

　　（一）「中共行政機關組織基準法」和「大陸政府機關總員額法」

　　為改變高密度法律保留原則所產生的組織僵硬局面，落實「彈性政府」的理念，臺灣以「憲法增修條文」第四條規定之「國家機關之職權、設立程序及總員額，得以法律為準則性之規定」為依據，於2004年制定並透過了「基準法」，此次行政院又隨「修正草案」同時提交了「大陸政府機關總員額法草案」（「員額法草案」），後者若能順利透過，則與前者共同為「政府改造」做好了法制準備。

　　「基準法」規定行政院各部會機關的通用事項，相當於各部會機關「組織法」和「組織條例」的總則。「基準法」共七章三十九條，其核心內容是明確機關分級及數量。根據「基準法」規定，行政機關分為四級，行政院為一級機關，部會為二級機關，其中部總數不超過十三個，會總數不超過四個，局、署為三級機關，分局、分署為四級機關，獨立機關單列，總數不超過五個。此外，為體現「彈性政府」理念，「基準法」明確規定了法律保留的密度，下放了組織事務的立法權限。根據「基準法」，只有一、二、三級機關及獨立機關的組織事務才需制定為「法律」，四級機關只需制定為「命令」即可，而各機關內部單位的組織事務則授權各機關自行規

定。

「員額法草案」由行政院於2008年8月向立法院提交,共十四條。「員額法草案」的主要內容為:其一,將員額分為六類,採取分類管理,其中與「政府改造」有關的是第一類,即「機關為執行業務所置之政務人員,定有職稱、官等職等之文職人員,醫事人員及聘任人員」;其二,將機關員額總數限定為二十萬人,並對各類人員總數均作了詳細規定,其中第一類人員總數為八萬七千五百人;其三,明確規定原各機關組織法所規定的編制不再適用,新編制以「編製表」形式另行制定。

以「基準法」和「員額法草案」為基礎,「修正草案」對現行「行政院組織法」中關於內部單位和編制的詳盡規定進行了大面積刪改。如現行「行政院組織法」第十條、第十二條、第十三條和第十五條關於內部單位的規定均被刪除,而為配合「員額法」第十條,於第十一條規定「行政院各職稱之官等職等及員額,另以編製表定之」,從而改變了現行「行政院組織法」詳盡規定編制的弊端,將「彈性政府」的理念予以落實。同時,由於此次「修正草案」在部會及獨立機關設置上對「基準法」規定的數量有所踰越,故行政院同時提交了「基準法」的「修正草案」,以配合此次「政府改造」。

(二)院本部

加強院本部,是此次「政府改造」的重點之一。「修正草案」第四條、第九條和第十條對院本部進行了規定,其主要內容有:其一,設立「不管部之政務委員」,並取消部會首長兼職「政務委員」的規定,使「政務委員」專任化,使之成為院本部的主幹;其二,設立祕書長,綜理行政院幕僚機關事務,同時增設一名副祕書長,兼任「行政院發言人」;其三,實行院本部「四長制」,加強院本部政策領導與資源管理功能。其中,「四長制」是院本部改造

的重點。根據「修正草案」第十條，院本部設主計長、人事長、法制長和資訊長，均由「政務委員」兼任，其中主計長負責原「主計處」的工作，統籌預算編列與「政府」會計管理事宜；人事長負責原「人事行政局」的工作，處理公務人力政策與組織規劃事項；法制長負責原「法規委員會」和「訴願審議委員會」的工作，處理法制規劃與審議事項；資訊長負責原「新聞局」工作，處理訊息管理事項，相應機關則合併入院本部中。

（三）部

部的設置是「政府改造」的主軸。「修正草案」嚴格按照「基準法」第二十九條和第三十一條的規定明確區分部會。根據「修正草案」及其說明，擔任綜合性、統合性之個別性政策業務的機關統稱為「部」，行政院擬設十四個部。

第一，增強傳統八部的核心職能。「修正草案」第三條第一至八項以傳統八部為基礎，整併其他機關業務，組建了「內政部及國土安全部」、「外交及僑務部」、「國防部」、「財政部」、「教育及運動部」、「法務部」、「經濟貿易部」、「交通及建設部」。其中除「國防部」和「法務部」不變外，其他各部的職能均有所增強：其一，「內政部」以原「內政部」為基礎，移出營建、社會福利和地政業務，併入原「海巡署」的海巡業務；其二，「外交及僑務部」以原「外交部」為基礎，併入原「僑委會」的僑社管理和僑民服務業務；其三，「財政部」以原「財政部」為基礎，併入原「工程會」的「政府採購」業務；其四，「教育及運動部」以原「教育部」為基礎，併入原「體育委員會」（「體委會」）管理全民運動和競技運動的業務；其五，「經濟貿易部」以原「經濟部」為基礎，併入原「國家科學委員會」（「國科會」）的科技園區管理業務和原「青年輔導委員會」（「青輔會」）的青年創業輔導業務；其六，「交通及建設部」以原「交通部」為基礎，併入原

「內政部」的「營建」業務。

　　第二，因應新增業務需求，新增六部。「修正草案」第三條第九至十四項以原有署或直屬委員會為基礎，整併其他機關職能，將直屬委員會升格為部，組建了「勞動及人力資源部」、「農業部」、「衛生及社會福利部」、「環境資源部」、「文化及觀光部」和「退伍軍人事務部」。其中，「農業部」直接改自原「農業委員會」（「農委會」），「退伍軍人事務部」直接改自原「國軍退除役官兵輔導委員會」（「退輔會」），其他新增部職能均在原機關基礎上有所增強：其一，「勞動及人力資源部」以原「勞委會」為基礎，併入原「青輔會」青年就業及職業訓練方面的業務；其二，「衛生及社會福利部」以原「衛生署」為基礎，併入原「內政部」的社會福利業務；其三，「環境資源部」以原「環境署」為基礎，併入了原「內政部」的地政業務和原「原子能委員會」的核能管制業務；其四，「文化及觀光部」以原「文化建設委員會」（「文建會」）為基礎，併入原「交通部」管理的觀光業務和原「蒙藏會」管理蒙藏文化的業務。

　　十四個部中爭議最大的是「退伍軍人事務部」。按2004年版和2005年版的「行政院修正草案」，原「退輔會」將與「國防部」合併，設「國防及退伍軍人部」。2008年版將退伍軍人事務獨立出來，專設成部。臺灣學界普遍認為，在歐美發達國家，除美國、澳大利亞等少數國家外，均沒有類似部門，且退伍軍人事務固然重要，但與「外交」、經濟、教育、交通等事務仍不可相提並論，因而懷疑是否有單獨設部管理退伍軍人事務的需要。對此，「研考會」的解釋是「退輔會」經費規模龐大，且將安排新增的「退伍軍人事務部」在未來負責義務役、募兵等業務。儘管有如此解釋，對設置「退伍軍人事務部」的質疑聲仍不絕於耳。

　　（四）會

根據「修正草案」第五條，行政院擬設七個附屬機關委員會，包括「國家發展委員會」（「國發會」）、「科技委員會」（「科委會」）、「大陸委員會」（「陸委會」）、「海洋委員會」（「海洋會」）、「原住民族委員會」（「原民會」）、「客家委員會」（「客委會」）和「性別平等委員會」（「平等會」）。按「修正草案」第五條的修正說明，「會」的任務在協助行政院「為跨領域政策間之統合，而非辦理綜合性、統合性之個別性政策業務，故屬政策幕僚機關性質」，因此，七個附屬委員會均由行政院「副院長」或新設的「不管部之政務委員」兼任主任委員，以增強會的政策統合功能。

七個委員會中，「陸委會」、「原民會」和「客委會」承繼原相應機關不變，其餘四會均為新設，其職能略述如下：其一，「國發會」，改自「經建會」，併入「研考會」的部分職能，業務範圍包括經濟發展及社會建設等政策之規劃、協調、資源分配與績效評估等；其二，「科委會」，改自「國科會」，業務範圍包括科技政策之規劃、協調、資源分配與績效評估、推動科技學術基礎研究、科技會議與會報等；其三，「海洋會」，為新設，統一承擔原來由各機關（「海巡署」除外）承擔的海洋業務，包括總體海洋政策、海洋國際事務、海洋科技、海洋人才培育、海岸管理政策之規劃、推動與協調；其四，「平等會」，為新設，統一承擔原來由各機關承擔的性別平等促進和管理業務，包括整體性別政策規劃、性別統計、性別平等及人身安全等。

與2004年版和2005年版相比，會的數量增加三會，即「科委會」、「陸委會」和「平等會」，其中「科委會」系因由原擬設的「國家發展及科技委員會」拆分設置，而「平等會」則是首次出現在行政院序列中。會的設置中比較受關注的是「陸委會」的復設。2004年版和2005年版根據一些臺灣學者的建議，將「陸委會」由「會」改為院本部幕僚機關，對照大陸國臺辦的位階，在院本部設

置「大陸辦公室」、「大陸事務處」或「大陸政策處」，由「政務委員」兼任首長，協調統籌跨部會處理大陸相關事務。但是，兩岸事務在臺灣居於十分重要、特殊而敏感的位置，且臺灣仍需借「陸委會」的設置來標榜其對所謂「中華民國法統」的延續性。因此，單設「陸委會」被認為仍有其必要，故本次「政府改造」方案仍襲現制，專設「陸委會」負責兩岸事務。

（五）獨立機關

前文已述，臺灣的獨立機關係仿照美德的獨立機關制度建置，首見於2002年版的「修正草案」，該版草案共規劃了六個獨立機關。雖然2002年版修正草案最終胎死腹中，但獨立機關作為臺灣新規劃的機關類別逐漸發展起來。2004年，「基準法」肯定了獨立機關的地位，將其作為相當於部的「二級機關」。至2008年，臺灣公認並獲得行政院承認的獨立機關共五個，即「中選會」、「公平會」、「金管會」、「通傳會」和「中共銀行」，此次「修正草案」維持這一架構，並首次將獨立機關定義為「為具有裁決性、管制性或調查性之公共任務所設之專業化且政治中性之組織」。

其實，臺灣各界對於五大獨立機關的設立早已形成共識，所關注的熱點議題是獨立機關到底保持何種程度的獨立性以及獨立機關的獨立性能否獲得有效保持。上述關注源自行政院與「通傳會」之間長達一年的矛盾糾葛，而後者的遭遇也表現了獨立機關在臺灣的艱難處境。2005年9月開始，臺灣籌劃設立「通傳會」，以管理通訊、電信、大眾傳媒等業務。但是，由於立法院透過的「通傳會組織法」含有「通傳會委員」採任期制、「通傳會」多數委員按政黨在立法院中的比例產生、「通傳會」在其業務範圍內不受原來行政體制約束等內容，招致前民進黨當局的極大不滿。由於行政當局的杯葛，「通傳會」延宕至2006年3月才告正式成立。2006年7月21日，臺灣「司法院大法官」作成「釋字第613號解釋」，以「政黨

比例代表制」侵奪行政院「人事行政權」，立法院侵犯「行政權核心領域」等為由，對通傳會組織法第四條作成「違憲」解釋，並限令臺立法院於2008年12月31日前完成修法，否則失效。「釋字第613號解釋」直接取消了獨立機關在人事上的獨立性，並開了行政當局透過司法干預獨立機關事務的先河，對臺灣獨立機關的生存和發展產生了極為不利的影響。而在「釋字第613號解釋」之前，行政院就修正了「獨立機關與行政院關係運作說明」，將獨立機關的獨立性限定為「行使職權的獨立性」，強調獨立機關「並非任何事項皆不受約制」，「凡中共行政機關在性質上應一致遵行之行政管理事項仍應遵守」、「政策規劃權限須與行政院所屬機關充分溝通、協調」、「獨立機關的組織法和作用法可由行政院審查」、「處務規程、員額管理、預決算處理等均須行政院核定或同意」等規則，並規定獨立機關「不負有政策諮詢或政策協調統合功能」、「無自行提出法律案於立法院之權限」、「人事、會計、政風等內部事項與其餘中共行政機關並無不同」等，大大削弱了獨立機關的獨立性。另考察此次「修正草案」第六條的說明，其引用「釋字第613號解釋」的觀點，將設置獨立機關的目的限定為「僅在法律規定範圍內，排除上級機關在層級式行政體制下所為對具體個案決定之指揮與監督」，並將獨立機關的獨立性限定為「政治之中立性」，連「行使職權的獨立性」也不再提起。可見，在「修正草案」的設計中，獨立機關不過是在行政院下負責處理專業性事務中的執行機構，這顯然與設置獨立機關的初衷以及美德的獨立機關制度相去甚遠。

（六）專責委員會

「修正草案」第十三條延續現「行政院組織法」第十四條之規定，授權行政院為處理特定事務，得於院內設專責機關。值得注意的是，該條的說明中專門提到了「消費者保護會」的設置。據此可以預測，本次「政府改造」方案中未涉及到的機關，都將以此種

「專責機關」的形式繼續存在，而本條也可以看作是行政院在機關設置方面的一個「授權條款」和「兜底條款」。

四、結語

儘管「修正草案」在最後一條為該法實施限定了時間表，且行政院於透過「修正草案」及說明時，亦透過了「行政院功能業務與組織調整暫行條例草案」，準備開始大規模優退「中共」公務員，以配合此次「政府改造」。但是，臺灣多數學者對此次「政府改造」方案能否順利實施仍此謹慎樂觀態度。直到目前，除行政院於2008年8月提交「員額法草案」外，臺灣尚無任何落實「政府改造」方案的動作，甚至連跡象也沒有。況且，本次「政府改造」方案的提出者是前民進黨當局，在國民黨執政並控制立法院的情況下，該方案能否獲得順利透過，仍是一個未知數。

但正如本文在開頭及文中所言的那樣，此次「政府改造」方案是臺灣政經學各界對「政府改造」多年來爭論、思考及實驗成果的總體現，基本體現了臺灣「政府改造」的思路和理念，其中一些經驗和啟示，如明確區分部會功能、設置獨立機關和組織事務法制化等，都將值得大陸當下之「大部制」改革吸收和借鑑。當然，此一工作並非本文所能承擔，筆者將另文詳述。

臺灣客家運動的法制敘述——以「客家基本法」為例

臺灣客家研究，是一個包含多個社會科學的學科綜合體。儘管就根本特徵和目的而言，臺灣的客家運動是客家藉以重塑自我認同的文化過程，但因著臺灣特有的政治結構，這一文化過程又對臺灣

構成一種法制麵向的壓力。因此,客家法制的發展,已經被默認為評判客家運動成果的標尺之一。從法制的角度敘述臺灣客家運動,將助益於客家研究的拓展和深化。2010年1月5日,臺灣「立法」機構透過「客家基本法」,並於同月27日公布實施。這部「客家基本法」的透過,是客家運動的一座里程碑:它不僅構成了臺灣客家族群運動的代表性成果,而且為預測臺灣未來客家族群發展方向提供了線索。本文將以「客家基本法」為例,透過規範文本的因應,敘述臺灣客家運動的故事、觀點以及趨勢。

一、從雙重少數到關鍵性少數:客家法制發展的背景

依著臺灣族群的論述體系,客家曾經是臺灣「四大族群」中最不受重視的一個,這固然與客家族群「隱而不顯」的特性有關,但更為直接的原因是客家人「雙重少數」的地位:一方面,客家族群被「臺灣族群認同」所裹挾,貼上了臺灣「少數族群」的標籤;另一方面,客家族群又在「福佬沙文主義」的陰影下,成為臺灣社會的「隱形人」。「雙重少數」的地位,使客家人逐漸與其他族群同質化。隨著臺灣政治形勢的發展與變化,客家族群逐漸產生了新的自我認同。在臺灣政黨格局和選舉文化的作用下,客家又扮演起「關鍵性少數」的重要角色。客家法制的發展,是考察客家族群角色變換的重要參照。

(一)「雙重少數」:尷尬的客家

按照臺灣族群政治的說辭,客家的地位是極其尷尬的:與臺灣少數民族相比,客家的先民是來自於大陸的移民,而且在文化上屬於中原的漢文化圈,因而不能用作標榜臺灣與大陸的區隔和「主體性」;客家雖是臺灣第二大族群,但在人數上又與福佬有著較大的

距離；相對於1949年後來臺的「外省人」族群，客家又在政治社會資源的占有方面沒有優勢。因此，客家人沒有獲得太多的政治眷顧，成為具有「雙重少數」特徵的族群。

　　第一重少數的論述框架是在「臺灣國族認同」下的。「臺灣國族認同」是支撐「臺獨」的諸理論之一。根據「臺灣國族認同」的觀點，在臺灣的「四大族群」中，客家與福佬、臺灣少數民族構成了「本省人」，是臺灣的「本土族群」，但臺灣在歷史上屢受「外來政權」的統治，包括客家在內的「本土族群」都是受壓制的對象，不能決定自己的命運。在「臺灣國族認同」的裹挾下，客家被貼上了「少數族群」的標籤，這一標籤是數量意義上的，但更主要的是對客家社會地位的描述。在「第一重少數」中，客家又受到來自兩個方面的消極影響：第一，相對於「多數族群」的「外省人」，客家承受著「同質化」的政策壓力，客家的語言、文化以及其他特質逐漸流失；第二，「臺灣國族認同」將客家視為「臺灣國族」的一部分，客家的聲音遂淹沒在「臺灣國族認同」的鼓噪中，無法彰顯客家自身的特徵。

　　客家不僅在「臺灣國族認同」的論述框架內，相對於「外省人」成為「少數族群」，而且在「福佬沙文主義」的影響下，也成為相對於「福佬」的「少數族群」。後者構成了「第二重少數」的論述框架。如果說臺灣的「同質化」政策是客家運動的誘因，那麼，在臺灣逐漸改變「同質化」政策後，「福佬沙文主義」就成為衝擊客家自我認同的「重要他者」。客家「第二重少數」的特徵有著歷史與現實兩個來源。就歷史層面而言，臺灣長久以來的「閩客矛盾」為客家的「第二重少數」埋下了伏筆。在臺灣「四大族群」的形成論述上，福佬和客家都是「自願」來臺的移民。在墾荒創業過程中，福佬和客家為了爭奪有限的資源，經常發生「分類械鬥」。「閩客矛盾」雖然在共同反抗日本殖民統治時期有所緩和，但畢竟使兩大族群之間已經形成了深切的不信任感，以致於「福佬

沙文主義」將客家在閩客衝突中的作為，稱作「客家人的原罪」，使客家人在「福佬沙文主義」面前始終帶有心理上的障礙。就現實層面而言，「福佬沙文主義」將「福佬化」等同於「本土化」的做法，又衝擊了客家的自我認同。藉著數量上的優勢，「福佬沙文主義」將「福佬」等同於「臺灣人」，將一部分閩南籍「臺獨」政客的政治觀點等同於「臺灣人」的訴求，從而將「福佬化」等同於「本土化」。在「福佬沙文主義」的作用下，客家雖然被裹挾進了「臺灣國族認同」，但這種「臺灣國族認同」更多的是以「福佬沙文主義」為中心的「認同」，客家僅僅處於「附屬」和「邊緣」的地位。

「雙重少數」的客家，雖然背負著「第二大族群」的名義，但其實際地位是尷尬的。基於客家「雙重少數」的特徵，臺灣沒有產生客家法制化的動力。

（二）「關鍵性少數」：恩寵俘獲的法制動機

由於臺灣特有的政治結構、政黨格局和選舉文化，「雙重少數」的客家在1990年後逐漸開始扮演「關鍵性少數」的角色。爭取客家票源成為臺灣各主要政黨的重要選舉策略。客家重要性的凸現，影響了臺灣的政策形成，促使了客家法制的形成與發展。

「還我母語」運動，成為客家運動勃興的代表，開啟了臺灣客家自我認同重塑的過程。由於國民黨當局在臺長期推行「獨尊國語」的語言文化政策，客語逐漸在公共事務領域消失，很多客家人在公共場合不講客語，甚至不會講客語。客語的消失，從某種意義上代表著客家文化的消失。為了維繫客家文化，一場以搶救客語為主要內容的「還我母語」運動在臺灣爆發。1988年12月28日，《客家風雲雜誌》策劃「還我母語」運動，在臺北市發動萬人遊行，由此引起臺灣全體客家人的關注，激發了臺灣客家重塑認同的熱情。1988年也被稱為「客家運動元年」。

「還我母語」運動之後，臺灣的客家運動取得了顯著的成效，主要體現在三個方面：第一，客語獲得了社會承認，客語的發展與保護成為臺灣的政策取向之一；第二，一批保護、發展客家文化的公共機構得以建立，如客語電視臺、客家研究機構、客家學院等；第三，發展客家文化成為臺灣各政黨的政策目標之一，國民黨、民進黨和親民黨等臺灣主要政黨都已不同形式發表了「客家政策」。儘管以「還我母語」為典型的客家文化運動是推動當局政策轉變的因素之一，但文化的推動作用毋寧只是一種契機，這是因為客家文化運動並未在直接而實質的意義上對政治構成壓力。

　　由文化所型塑的客家認同，卻對政治構成了現實的壓力。由於「雙重少數」的特徵，臺灣客家被迫隱身於臺灣社會，因而並未形成一個有政治意義的群體。就政治傾向而言，要麼基於「義民」傳統認同國民黨，要麼基於「臺灣國族」的立場，偏向民進黨。從某種意義上而言，客家是缺乏自我政治主張的群體，在這一點上，客家不僅與福佬、「外省人」有相當差距，與臺灣少數民族相比也有一段距離。但是，在客家運動的作用下，客家的自我認同逐漸形成。儘管客家的自我認同仍然停留在文化層面，但已經出現了向政治領域擴展的變化。2008年「立法委員」選舉中，臺灣客家黨提出的「客家人支持客家人，客家人支持客家黨」口號，是上述變化的一個代表。透過這句口號，客家人宣示在政治領域的存在，表現出客家不僅在文化上、而且在政治上也應與獨立於其他族群的意涵。在此意義而言，「客家人支持客家人，客家人支持客家黨」不僅是一句政黨的競選宣言，而且是客家從文化族群向政治族群轉變的代表性口號。

　　臺灣的政黨格局和選舉文化，凸現了客家「關鍵性少數」的地位。臺灣藍綠兩大陣營的基本盤基本固定，各約40%左右，因此，爭奪剩餘20%中多數的支持，是取得選舉勝利的關鍵，而客家占到臺灣總人口的12%至15%，因此，爭取客家票源是藍綠兩大陣營都

不能忽視的選舉策略。以2008年臺灣領導人選舉為例，馬英九最終得票為760萬，謝長廷為540萬張，而同期全臺灣的客家人口在250萬以上，廣義的客家人多達600萬，兩個數字都遠多於220萬的票差。不僅如此，「客家人是理性而務實的選民，絕非是特定政黨的囚犯式支持者」，客家在政治傾向上具有較強的流動性和可塑性，藍綠爭奪客家票源的努力，往往可能較爭奪其他族群的票源更加有效，這也更加進一步地強化了客家「關鍵性少數」的地位。

以上是客家法制何以獲得臺灣和臺灣主要政黨重視的兩個原因。隨著客家在臺灣社會的地位從「雙重少數」轉變為「關鍵性少數」，臺灣主要政黨意圖透過對客家各項訴求的滿足，以獲得客家族群在選票上的支持。處於執政地位的政黨，自然就會透過統治機構，將選舉過程中對客家的承諾予以法制化，一方面落實選舉承諾，另一方面，也透過法制的促進，更加進一步的籠絡客家選民。綜上所述，臺灣在推動客家法制發展時，所持的乃是一種恩寵俘獲型的動機。

二、從文化重塑到政治參與：客家訴求的法制麵向

文化重塑，是客家「返回」臺灣主流社會的前奏。臺灣的客籍精英意識到，要真正地使客家在臺灣社會始終占有一席之地，保持統治機構對客家運動的持續關注，不能僅僅依賴於「關鍵性少數」的地位，而必須矯正臺灣社會扭曲的族群狀況，使客家有機會以一個獨立族群的身分參與到臺灣社會中。由此，客家運動的訴求發生了從文化重塑到政治參與的轉向。臺灣客家法制的發展，反映了客家上述訴求的轉變，並在相當程度上成為客家訴求的承載者。

（一）語言搶救

儘管「四大族群」已經成為臺灣所普遍認同的民俗現象，但「四大族群」的劃分並不是依循人類學或者民俗學的標準。就本質而言，福佬、客家和臺灣少數民族之所以與外省人之間存在矛盾，是移民先後來臺所造成的社會資源分配出現緊張的結果。所謂「四大族群」實際上是一個時間上的排列。但是，在「四大族群」來臺的時間譜繫上，福佬和客家是處在同一位置的，而區別這兩大族群的關鍵性代表就是兩者在語言上的不同。因此，福佬和客家的劃分是基於各自方言的不同，所謂「族群」實際上是指方言亞文化群，是語群而非族群。從此意義而言，客家之所以在臺灣社會得成為一個族群，除了有基於時間上的考量外，還在於客語的符號性質。

　　由此可見，客語對於客家而言，有著根本性的意義，幾乎成為客家認同的代表。臺灣客籍精英甚至主張將客家的自我認同建立在使用客語的能力上，亦即「不會說客家話的人還算是客家人嗎？」儘管這一主張有失偏頗，也遭到部分質疑，但也說明了客語對於客家的根本性意義。客家運動也是從對客語的搶救開始的。1988年的「還我母語」運動，是這方面的典型代表。2002年以來，臺灣推動「語言平等立法」的活動，客籍精英借由各種方式參與其中，試圖為搶救客語創造有利的法制環境。遺憾的是，客籍人士的努力並未取得令人滿意的成果。目前，僅有「大眾運輸工具播音平等保障法」第六條規定，大眾運輸工具除「國語」外，另應以閩南語、客家語播音，間接地從法制層面確認了客語的社會地位。「大眾運輸工具播音平等保障法」是臺灣迄今為止第一部，也是唯一一部明定客語社會地位的法律。2002年起，臺灣行政部門開始推動語言立法活動，分別草擬了「語言公平法」、「語言平等法」、「語言發展法」等多個草案，在多個草案中，客語都位於法定語言之列。值得一提的是「客委會」在2005年完成了「客家語言發展法」草案，該草案以客家語言為直接的規定對象，對客家語言的地位、保存、維護和發展等事務作出了具體的規定。但由於種種原因，這些草案都

沒有獲得最終的透過。對客家語言的搶救，至少在法制層面上還需要進一步地努力。

（二）族群平等

如果說搶救客語的目的，是為了強化客家自身的文化特質，那麼，對族群平等的強調，則是客家在臺灣族群狀況下，基於客家與其他族群關係的判斷，而提出的一項務實主張。

與其他族群所主張的「族群平等」不同，客家的「族群平等」主張建立在對「雙重少數」的歷史回憶基礎上，因而它既強調與「外省人」的平等，但更加注重對「福佬沙文主義」的反駁。在「福佬沙文主義」的論述框架中，臺灣的族群關係被簡化為「本省人」與「外省人」的角力，客家的訴求被當作了參與的歷史遺蹟。因此，客家所主張的「族群平等」，不是「福佬沙文主義」所聲言的「本省人」與「外省人」的平等，而更多的是客家與臺灣其他族群的平等，而且首先是和福佬的平等。

從一個更為宏大的視野來看，客家所追求的族群平等，不僅是客家與其他族群的平等，而且是包括客家在內的，臺灣「四大族群」的健康平等關係。如果僅僅觀察人數和所占有的政治經濟資源，客家無疑都是一個「少數族群」。然而，從社會結構上來看，客家是足以擔當建構臺灣各族群健康平等關係的樞紐。這是因為，相當一部分客家人由於歷史的原因被「福佬化」，而客家與「外省人」的界限又不如福佬與「外省人」那樣鮮明，因而與「外省人」通婚的也相當多，可以在各族群間扮演互動的觸媒，或者是和解的橋樑。

就法制層面而言，客家所主張的族群平等，除了透過規範語言的宣示外，更為重要的是如何轉化為制度上的保障，具體而言，就是如何看待和保障客家的權利。觀察客籍精英的言論，客家對於其所享有的權利，未見得和臺灣少數民族一樣，要求臺灣給予特殊優

惠。相反，一些客籍精英認為，如果將客家所享有的權利法制化為「少數權利」，並給予特殊優惠，那麼，客家固然可能獲得某些短期的利益，但在臺灣社會將被徹底的少數化和邊緣化。因此，客家對族群平等訴求，反映在法制層面，毋寧是一種比較純粹的權利平等，亦即要求臺灣各族群受到一體對待。

（三）政治參與

政治參與代表著客家運動從文化領域向政治領域的擴展，隨之發生的，是「客家」概念的政治化。「客家」概念的政治化是一個相當有意義的命題。作為一個文化概念，客家是一個文化意義的族群，客語構成客家文化的核心和代表。但是，文化上的客家並不能導向政治上的客家。在政治上，有投票統計學意義上的客家人，但沒有一個完整的「客家族群」。客家大縣苗栗縣2005年的縣長選舉為這一命題作出了最好的註腳。

參選當年苗栗縣縣長選舉的共六位候選人，在得票率居前四位的候選人中，國民黨籍候選人劉政鴻為閩南人，陳秀龍、邱炳坤和徐姚昌雖同屬客家，但分屬藍綠兩大陣營。最終，閩南籍的劉政鴻當選，結束了苗栗縣長期由客家人擔任縣長的局面。考察四位候選人的得票率，閩南籍的劉政鴻獲得47.91%的選票，而三位客家籍候選人共獲得50.4%的選票，不僅多於劉政鴻的得票率，而且超過總票數的一半。出現上述現象的原因自有許多，客家內部的分裂是其中之一。從苗栗的例子可以看出，儘管客家人參加了投票，甚至成為候選人，乃至於最後當選，但客家作為一個族群並沒有參與到選舉活動中，客家運動只是在文化上拯救的客家，但並沒有使其獲得相應的政治地位。

其實，「關鍵性少數」的地位已經暗示了這一點。當部分客家人士陶醉於「關鍵性少數」的地位時，客家新的危機已經出現。在臺灣特有的政治格局中，客家雖是其他政治勢力爭取的對象，但也

淪為其他政治勢力之政治行為的客體，其他政治勢力對客家採取的僅僅是「恩寵俘獲」的態度。已有客籍精英意識到了新的危機，在他們看來，要真正地使客家在臺灣社會始終占有一席之地，不能僅僅依賴於「關鍵性少數」的地位，而必須使客家有機會以一個獨立族群的身分參與到臺灣社會中。由此，客家運動的訴求發生了從文化重塑到政治參與的轉向。

然而，客家就政治參與的訴求尚未形成完整的主張，其具體行動也主要體現在部分客籍人士的組黨活動中。從法制層面而言，將客家的政治參與給予制度性的保障，則尚未如臺灣少數民族政治參與那樣受到普遍的關注。就這一點而言，客家運動從文化領域向政治領域的擴展還有相當長的一段路要走。

三、「客家基本法」的回應

2010年1月5日，臺灣「立法」機構透過「客家基本法」。根據「客家基本法」的立法總說明，該法的立法的目的是「為了建立制度性規範，確保客家事務法制化，以增強推動之力度與效果，確立客家事務未來基本方向」。「客家基本法」共十五條，對客家運動的各項訴求作出了比較全面的回應。

（一）界定「客家人」

「客家基本法」建構了一個客家認同的概念架構，亦即客家人如何由一群原本只會說客家話的文化集團，提升為具有集體認同的客家族群，並且進一步被提煉為一個具有法制意義的概念。

在臺灣社會，判斷一個人是否是客家人主要有三個標準：第一，血緣標準，亦即一個人是否具有客家的血統，是否來自於客家家族；第二，語言標準，亦即一個人是否會說客家話，在「不會說客家話，還算是客家人麼」的疑問下，語言標準在相當程度上被認

為是一個人是否為客家人的唯一標準；第三，認同標準，亦即一個人是否認同自己是客家人。以上三個標準的採用，又有著狹義和廣義之分：狹義的標準採用，是指三個標準必須同時具備，才能將一個人判斷為客家人，而廣義標準則是指一個人只要具備三個標準之一，就可以被判定為是客家人。狹義標準和廣義標準同時用於臺灣社會學、民俗學和人類學的研究中。從法制的規範性出發，「客家基本法」第二條第一項採取了一種組合式的立法界定模式，所謂組合式的立法界定模式，是指「客家基本法」將上述三項標準中的兩項進行組合，並形成了相對趨中的客家人界定模式。「客家基本法」第二條有關客家人的具體表述是：「具有客家血緣或客家淵源，且自我認同為客家人者」。據此條規定，「客家基本法」對客家人的界定標準，基本上是血緣標準和認同標準的合體，只不過增加了「客家淵源」一項，使得血緣標準更加完備。考察本條可知，曾經被作為判斷客家人重要標準的語言標準，並沒有獲得「客家基本法」的肯定，這也表明了臺灣意圖放寬客家人認定標準的「立法」意圖。綜合考察第二條第一項有關「客家人」的界定，其尺度應在理論標準的狹義與廣義之間。法制面上之所以作出如此安排，目的用盡可能寬泛的標準，平衡各類關於客家人界定的爭議，同時又防止客家人標準的純粹主觀化。

（二）保障客家語言和客家文化

對客語和客家文化的保障，是客家運動的原初目的，當然也成為了「客家基本法」的重要內容。對於客語和客家文化的保障，「客家基本法」主要從以下三個方面展開：

第一，界定「客語」，為客語的制度化保障提供法制依據。「客家基本法」第二條第三項對客語進行了界定，使客語從一個文化上的範疇，轉變為一個具有規範意義的法律用語。第二條第三項使用以地域為基礎的動態定義方法。一方面，第二條第三項對客語

的定義以地域為基礎，規定客語是指臺灣通行的之四縣、海陸、大埔、饒平、詔安等客家腔調，另一方面，為彌補地域的不足，因應客語隨時間遷移而產生的新發展，第二條第三項又將「獨立保存於各地區之習慣用語或因加入現代語彙而呈現之各種客家腔調」列入客語的定義。

　　第二，對客語和客家文化的恢復與發展。對客語和客家文化的恢復與發展，是「客家基本法」的重要內容，其主要內容主要有：1.政策制定及區域發展規劃時，應考量客家族群之權益與發展（第五條）；2.在客家人口較多的地區，設立客家文化重點發展區，加強客家語言、文化與文化產業的傳承與發揚（第六條第一項）；3.對於客家人口較多的地方，鼓勵公務人員加強客語能力（第六條第二項）；4.在有關考試中，增訂客家事務的內容，以因應客家公務之需求（第七條）；5.開展客語認證與推廣，建立客語人才庫，鼓勵客語傳承、研究發展及人才培養（第八條）；6.提供獎勵措施，結合各級學校、家庭和社區推動客語學習，發展客語生活化的學習環境（第十條）；7.獎勵客家學術研究，鼓勵設立客家研究和客家文化傳播的公共機構（第十一、十二條）。

　　第三，客語與其他語言的平等關係。「客家基本法」第九條規定，臺灣有關部門應提供語言溝通必要的公共服務，落實客語無障礙環境。該條規定為客語在臺灣獲得與其他語言的平等地位，提供了必要的制度保障，在一定程度上填補了因臺灣「語言發展法」立法工作尚未完成所留下的法制空白。

　　僅考察「客家基本法」的文本，客語和客家文化獲得了相當多的制度保障。「客家基本法」在規定有關舉措時，都附加了獎勵或者鼓勵的條款。從表面上看，「客家基本法」給予了客語和客家文化特殊的地位，形成了保障客語和客家文化的「肯定性行動」（Affirmative action）。如果對照客家運動中有關族群平等的訴求，

「肯定性行動」未見得符合客籍精英有關純粹平等的意願。由於沒有可靠的資料佐證本文的觀點，因此，對於「肯定性行動」的效果和評價，只有留待進一步觀察。

（三）建構客家認同

臺灣學者施正鋒提出了分析族群認同的基本結構。施正鋒認為，族群認同有著原生論、結構論和建構論三種形成方式：按照原生論，客家認同決定於客家的血緣和文化，因而是先天的；根據結構論，族群認同的凝聚是因為客家不滿他們應有的政治經濟資源被剝奪而對現有社會結構的反彈；依據建構，客家的族群認同是經過人為建構而成的，強調彼此的共同經驗、集體記憶。從歷史淵源而言，臺灣的客家主要來自於廣東（潮、惠）客家和閩西客家，因著客家的歷史起源，臺灣的客家又與中原文化有著密切的聯繫。因此，按照原生論形成客家認同應是最為恰當和合適的。從臺灣客家運動的起源而言，以「還我母語」為起點的客家運動，目的是改變對客語和客家文化不合理的壓制，從此意義而言，臺灣客家的認同從結構論上也是可以解釋的。但是，「客家基本法」並未採取原生論和結構論，而是從建構論意義上，建構了新的客家認同。

「客家基本法」中建構論的支點是第十三條。第十三條規定，臺灣將推動「全球客家的聯結」，將臺灣建設成為「全球客家文化交流與研究中心」。結闔第十三條的立法說明，第十三條透露出兩條訊息。第一，客家的「去中原化」，以淡化客家與中原的歷史淵源。第十三條及其說明都將客家作為一種全球性的文化現象，並且試圖樹立起臺灣的全球客家中心地位，將臺灣客家原生認同的對象從中原轉移至臺灣，從而淡化臺灣客家與中原的歷史淵源。第二，臺灣在「全球客家文化交流與研究中心」中將扮演重要的角色，結構論的社會基礎也逐漸消除。第十三條意在確認這樣一個命題：當年對客家發展不利的社會環境已經有了較大的改善，壓制客語和客

家文化的社會結構也發生了質的改變，尤其是臺灣在推動客語和客家文化發展方面起著積極的作用。這一命題是否成立暫且不論，但透過此命題的確認，結構論在「客家基本法」中已經沒有了據以附麗的規範依據。

從對原生論和結構論的排除中，規範文本中的建構論逐漸清晰。「客家基本法」就是意圖透過「全球客家文化交流與研究中心」的建設，建構起客家在臺灣的新認同。

四、結語

在臺灣「四大族群」中，客家與祖國大陸有著最為自然的歷史文化聯繫，濃郁的「中原情結」，是聯繫臺灣客家和祖國大陸的感情臍帶。以往對客家運動的敘述，大多從政治、文化、社會等角度，法制至多被當做運動成果而加以展示。在臺灣當前的政治格局下，法制不僅客家運動成果的展示，而且承載了臺灣客家人為堅持客家文化屬性、堅守中華民族善良品格的努力。從法制層面對客家運動進行敘述，因而對於分析臺灣和臺灣各主要政黨的客家政策頗有裨益，對於揭露「臺灣國族認同」的本質，強化兩岸人民的「中華民族認同」，也有著重大而現實的意義。

臺灣族群語言平等的法制敘述

臺灣「國族認同」，是流行於臺灣的一種「臺獨」理論，「臺灣國族認同」已經成為支撐「臺獨」的諸多理論之一。站在「一個中國」的立場上，「臺灣國族認同」從理論體系，到實踐運作當然都是錯誤的。但必須承認，「臺灣國族認同」在臺灣流行多年，必定有其理論上的特性。因此，本文試圖從理論上對「臺灣國族認

同」進行批判，揭露「臺灣國族認同」在主要觀點和論證脈絡上的謬誤。

臺灣的閩南、客家、少數民族和外省人「四大族群」是以語言（方言）差別區分的亞文化族群即「語群」，族群語言問題因而成為觀察臺灣族群矛盾的角度之一。爭取各族群語言平等，是臺灣族群運動的重要組成部分。兩岸學者對此問題的論述，主要遵循著政治學、社會學或政策研究的方法，族群語言的法制成果多被運用為佐證性的材料，「法律」的內容及其與語言規律的內在貼合性並未構成研究的重點。因臺灣特有的政治結構，族群語言法制麵向的發展，被默認為評判臺灣族群語言平等關係建構的標尺之一。對族群語言法制缺乏研究的現狀，顯然不足以概括臺灣族群語言問題的全貌，也容易使臺灣族群語言問題的研究流於二元對立式的意識型態言說。為此，本文試圖藉助語言法學的智識資源，著力於挖掘語言本身的規律，重新詮釋臺灣族群語言的故事，對臺灣族群語言立法的問題以及法制成果背後的規律性原因進行討論。

一、語言運動的虛像與現實：臺灣族群語言法制的背景

語言曾被比喻為「一種寄生的物種」，一種語言的生命與活力取決於其寄主（語言的使用者）的行為和性情，以及寄主所形成的社會和所處的文化背景。這一比喻用於描述1945年以來臺灣族群語言的地位變遷及其背後的政治社會原因再貼切不過。儘管族群語言的多樣性是臺灣社會歷史發展所產生的一種自然狀態，但正如萊科克（D.C.Laycock）所揭示的：「語言多樣性……能清楚地區分朋友、熟人、貿易夥伴和敵人。」自然狀態的語言多樣性在政治力的編織下構成了語言單一化的動因和政治意義上語言多樣化的基石。語言成為了「納己」和「排外」的工具，臺灣自1945年以降的各類

語言運動，都無一例外地在「語言單一化」或「語言多樣性」的虛像下，掩藏著「納己」與「排外」的現實。

（一）「獨尊國語」：刻意的語言單一化

1946年4月開始的國語運動以日語為目標指向，符合臺灣光復後建構統一語言、增強臺灣民眾「中國認同」的需要，因而獲得了臺灣精英階層和民眾的認同。當時臺灣內部所爭執者，無非是運動推進的速度問題。畢竟，臺灣的日語普及率在1944年已達71%，中青年人大多數通曉日語，一些青年人甚至已經不會說本地語言，在短時間內刷清日語的影響是不現實的。如果光復初期國語化的進程能夠被控制在日語的自然消亡節奏內，則不太可能引發臺灣民眾的強烈反彈。但是，國語運動對於日語的絕對排斥和壓力型推進，導致眾多臺籍人士因語言問題被剝奪了在公眾場合發表意見、接受資訊，甚至是討論問題的權利。國語運動至少在客觀上造成了排擠臺籍精英的效果，為1949年之後大陸來臺人士迅速占據社會高階職位造成了推波助瀾的作用。語言因而在臺灣社會具有了精英選拔（納己）和族群淘汰（排外）的功能，為80年代後的本省族群的「鄉土語言重建運動」埋下了伏筆。

1950年代後，國語運動的對象又指向了臺灣的鄉土語言。制裁性、強制性的行政措施被大量地運用於語言推廣運動。一批「獨尊國語」、壓制族群語言的規定成為國語運動的法制保障。1973年制定「國語推行辦法」，確認國語在社會生活和教育領域的優越地位。1975年透過的「廣電法」修正案第二十條，明確規定「電臺對國內廣播播音語言，應以國語為主，方言應逐年減少」。此條規定也成為臺灣限制方言的代表性規定。直到1985年，臺灣教育部門還制定了包含「在三人以上的公共場所必須使用國語交談」的「語文法」草案。在這些規定的壓力下，一種被刻意製造的「獨尊國語」氛圍形成了。

但是,「獨尊國語」的虛像並未造就「認同國語」的事實,閩南語、客語和臺灣少數民族語言仍在臺灣社會大量使用。相反,由於國語與其他語言並行的社會多語現象,削弱了國語運動在建構「國家認同」方面的效果。「獨尊國語」與社會多語的矛盾,造成了國語居於最高地位、其他鄉土語言居於次要地位的「語言位階」(linguistic rank)現象。國語超出族群範圍,成為臺灣各族群的通用語,即高階語言(high language)。而被高階語言「侵入」的族群語言則淪為低階語言(low language)。語言位階產生了極強的族群淘汰功能。如臺灣1973年的一項決議規定,對於「語言不清、發音不正之教員,將其改調其他工作,以免影響教學效果」。可見,語言位階既體現了臺灣在威權時期外省人和本省人的「主次」關係,又強化了這種「主次」關係。

語言的建構主義者認為,語言是人們透過社會化融入社群的主要手段,是人們表達意義的主要方式。語言構成了區別臺灣各族群的重要符號和外在形式,語言的多樣性事實上是臺灣各族群維繫其存在的重要方式。這一結論與臺灣各族群的「語群」特色是相符的。國語運動及其所導致的「獨尊國語」現象並未關照到語言多樣性對於族群存續的重要意義,反而希望透過壓制族群語言以創造「族群統一」的虛像,引發了閩南、客家和臺灣少數民族群的反抗。

(二)「鄉土語言重建」與「閩南語獨大」:同樣刻意的語言多樣化

1980年代中期前,臺灣民眾對語言平等的主要訴求是合法使用非國語的語言的權利,既包括族群語言,也包括來自中國大陸的方言,因而基本不涉及族群問題。1980年中期後,隨著政治環境的改變,語言平等的族群因素被發掘和放大,演變成為一場「族群反抗」運動。「臺灣原住民權利促進會」首先要求臺灣採取行動保護

臺灣少數民族的語言和文化。1988年12月的「還我母語」運動代表著客家族群重新走入臺灣政治社會生活。以閩南語、客語和臺灣少數民族語言的播音、電視和文藝作品形式也逐漸增多且公開化。由於語言平等和保護族群語言的主張能夠獲得巨大的選舉利益，本土政黨開始提出族群語言平等的口號。1989年，民進黨籍的臺北縣縣長尤清首提「鄉土語言教育」，非國民黨執政的各縣市迅速跟進。臺灣開始了「鄉土語言重建運動」。

臺灣對鄉土語言重建運動的態度，逐漸從觀望轉向接受。1990年，臺灣「教育部」在有關鄉土語言教育的覆函中，表明當局不再禁止方言的立場，但仍堅持採用國語教學，建議對鄉土語言有興趣的學生利用課外時間學習。1993年1月4日，上述覆函的立場被改變，臺灣「教育部」正式將母語教育列入中小學教學內容，允許在不妨礙推動國語的前提下，以選修學習的形式學習閩南語和客家話。1993年7月14日，臺灣修改限制方言的「廣電法」第二十條，明定「特別保障少數民族語言或其他少數族群語言播出之機會」，限制族群語言的代表性規定由此廢除。1996年，母語教育被列入正式的課程教育體系，代表著「獨尊國語」時代的結束。

鄉土語言重建運動本來應是一場正常的、以語言平等和保護族群語言為主要訴求的運動，但在政治力的操作下，逐漸偏離了方向。民進黨上臺後，「鄉土語言重建運動」演變成「去國語」的運動。高階語言、官方語言和通用語言的概念屢遭混淆，語言平等的觀念屢被濫用，語言的多樣性被刻意強調和營造。2003年，民進黨主導的「國語會」廢止了作為「國語運動」法制化代表的「國語推行辦法」，目的是降低直至取消國語在臺灣語言體系中的最高地位。在國語地位降低的同時，閩南語的地位不斷提高，在2003年的「語言平等法草案」中閩南語甚至被等同於「臺語」。同作為臺灣族群語言的客語和少數民族語言，只是在需要攻擊國語地位的時候才會被提及。語言的多樣性被刻意雕琢成為渲染族群意識和挑動民

粹主義的工具。

由於刻意的語言單一化和同樣刻意的語言多樣化，臺灣的語言體系先是被「破壞性浪費」，隨後又被「非理性多樣化」，臺灣客家族群和少數民族群及其語言出現了「沉默地帶」（zones of silence to other man）的效應。「沉默地帶」是指由於語言上的不平衡發展而導致少數語言的使用者淪為弱勢社團。在鄉土語言重建時期，客語和少數民族語言固然被作為重要的鄉土語言，但由於人數以及社會資源的弱勢，被裹挾進以閩南語為中心的鄉土語言體系中，再次淪為「弱勢語言」。客語和少數民族語言相對於國語和閩南語的雙重弱勢地位，與這兩大族群相對於外省族群和福佬族群的「雙重少數」地位是相稱的。語言的弱勢反映了族群的弱勢，臺灣鄉土語言重建，並未惠及所有鄉土語言，也不是福澤所有被囊括進「本省人」範疇的族群，其效果最終不過是以「閩南語獨大」代替「獨尊國語」，真正的語言平等並未建立起來。

二、語言地位、語言權和語言文化：臺灣族群語言法制的關注面向

許多所謂的語言問題事實上與語言並無多大關係，而是反映了其他領域中的競爭與衝突。臺灣族群語言問題裹雜著族群矛盾、統「獨」矛盾、藍綠矛盾等臺灣社會的各類矛盾，成為觀察臺灣社會統合與分裂的風向標。臺灣族群語言法制因而承擔著雙重任務：既需要透過族群語言法制的構建以確認和維護各族群語言的平等，又需要藉助構建各族群語言的平等關係，表現各族群的平等關係。圍繞這兩個任務，臺灣族群語言法制主要關注三個問題：第一，公權力機關的語言地位規劃；第二，臺灣各族群人民的語言權；第三，對族群語言所代表的族群文化的保存。

（一）語言地位規劃

語言規劃是對語言變化的評價。臺灣族群語言法制的建構過程，恰是從「獨尊國語」向「語言多元」過渡的過程，因而精確地體現了語言學家對於語言規劃的定義。從立法角度而言，解構「語言位階」，確認各族群語言平等，尤其是確認閩南話、客家話和臺灣少數民族語言與國語的平等關係，是臺灣族群語言法制的重要關切。臺灣已經形成了各族群語言平等的基本共識，但不同群體在立法的方式上有著各自的主張。

偏向「臺獨」的群體認為，要實現各族群語言的平等，必須取消國語的唯一官方語言地位和通用語的地位。「臺獨」群體顯然混淆了高階語言、官方語言和通用語言的關係，將本應以取消高階語言為目的的族群語言平等建構，作為取消國語官方語言和通用語言地位的藉口。「臺聯黨」曾於2002年提出所謂「第二官方語言」的方案，建議將閩南話（「臺聯黨」稱「holo」或「河洛」話）、客家話和臺灣少數民族話同列為「第二官方語言」。民進黨主導的幾份具有「語言基準法」地位的法律草案，都包含有取消臺灣唯一通用語的條款。由於理論上的錯誤，加上忽視臺灣普遍民意和現實語言狀況，上述主張都未獲成功，但對於臺灣族群語言法制影響力較大。

支持「國語」群體認為，構建各族群語言平等關係，並非只有取消國語的唯一官方語言地位一途，族群語言的地位也可以透過施加法律上的特別保護、加強族群語言的教育與使用等方式獲得提升和維護。因此，這部分群體的主要訴求是要求臺灣實施提升各族群語言地位的具體措施，如加強族群語言教育、建立族群語言保護機制、推動族群語言傳播等。這些主張比較務實，也更加貼合語言學的理論和臺灣現實語言狀況，因而對於臺灣族群語言法制也有較大的影響力。

（二）語言權保障

語言權是臺灣族群語言法制建構的原動力。「語言權」的概念早期用於描述少數族群使用和學習本族群語言的權利。目前所使用的「語言權」一詞大多衍生於基本人權的原則，適用於包括少數族群在內的所有人。語言權的上述兩層含義表明：少數族群的語言不僅要獲得與多數語言平等的地位，而且還需要公權力和社會的特別保護。臺灣族群語言法制所關切者，按照語言權的兩層含義可以展開為確認原則性的語言權和對少數族群語言權利的特別保護兩個方面。

第一，確認原則性的語言權。語言權在臺灣被認為是族群利益的保護重點，必須以立法的方式加以確認，不能僅靠道德約束。在臺灣現行「憲法」或其他重要法律中載入語言權，將語言權納入臺灣的人權體系，是臺灣族群語言法制的重點目標。1997年7月21日，臺灣第四個「憲法增修條文」第十條明定：「肯定多元文化，並積極維護發展原住民族語言及文化。」這是至今臺灣語言權進入重要法律的唯一成果。但是，「憲法」層面的語言權僅指臺灣少數民族的語言權，並未包括其他族群的語言權。因此，推動包括各族群語言在內的語言權進入臺灣現行「憲法」和重要法律，仍是臺灣族群語言法制的重點。

第二，建立對少數族群語言權的特別保護。閩南、客家和臺灣少數民族等族群爭取使用、學習本族群語言的權利，是臺灣各族群運動的重要組成部分，也是鄉土語言重建運動的直接原因。因此，臺灣族群語言法制需要透過法律對少數族群語言權加以特別保護，包括：1）在原則性的語言權之外特別確認少數族群語言權的具體內容；2）以公權力保障少數族群語言權的特別義務兩個方面。整理臺灣學者的主張，臺灣少數族群語言權的具體內容包括：1）少數族群有認同本族群語言的權利；2）少數族群有權在公開或私人

場所使用本族群的語言；3）少數族群有權利學習本族群的母語；4）少數族群使用本族群語言不受公權力和社會的歧視等。屬於公權力特別義務的有：1）公權力應當為少數族群使用本族群語言提供便利；2）公權力應當建立少數族群學習本族群語言的教育制度等。這些訴求已經成為臺灣各族群的共識，因而也是臺灣族群語言法制構建的重要工作。

（三）語言文化保存

臺灣族群語言被認為是族群文化的載體，語言的多樣性是臺灣多元文化的體現。在理論維度上，多元文化主義常被作為語言地位規劃或語言權的理論根據，前述臺灣現行「憲法」的「增修條文」又規定了「多元文化」的原則。族群語言作為族群文化的重要組成部分和載體，是多元文化的組成部分。有臺灣學者甚至將臺灣現行「憲法」有關「多元文化」的規定，作為本文所稱原則性語言權的淵源。由於閩南、客家和臺灣少數民族的語言在「獨尊國語」的時代，並不具有通用語的地位，在語音、文字、語法等語言本體特徵上較少經過科學、系統地語言本體規劃，因而在相當程度上保留了各族群文化所具有特徵。如客語在語音、詞彙上的特色，都在相當程度上保留了臺灣客家文化精髓。

族群文化既然與族群語言既然有著如此緊密的聯繫，保存語言文化，也成為臺灣族群語言法制的工作之一。與語言地位規劃和語言權不同，保存語言文化的主張比較溫和，又能從多元文化的角度包容語言地位規劃和語言權的核心主張，因而在臺灣社會的認同度較高。臺灣各群體對於保存語言文化的立法主張比較統一，主要包括四個部分：1）在多元文化的法制框架下，確認族群語言的多樣性；2）保護各族群語言形成的文化土壤，在客家和臺灣少數民族聚居的區域建立族群文化保障機制；3）盡力維護和保障少數族群語言存在的文化土壤，避免主流文化對少數族群文化的侵蝕；4）

建立族群語言文字的資料庫、完善族群語言拼音方案，保存語言文化表現形式的文字、語音和詞彙等要素。

三、臺灣族群語言平等法制的實踐與回應

由於泛政治化和意識型態化的鄉土語言重建運動並沒有滿足多數臺灣民眾有關語言多樣化的需求，也未獲得臺灣社會的共識。因此，儘管臺灣公權力機關和學者努力推出一部能夠體現臺灣族群語言平等的法律，臺灣族群語言法制的建構工作至今並未完成。但臺灣並非沒有族群語言平等法制建構的嘗試。在族群矛盾突出以及鄉土語言重建運動遭受質疑的背景下，臺灣的族群語言法制採取了迂迴和替代的建構方法。在大眾運輸領域的工具性語言「立法」和「原住民基本法」、「客家基本法」等單一族群「立法」中的語言條款，就是此種方法的產物。

（一）族群語言立法的波折

1990年代前，臺灣對於族群語言「立法」的總體態度是「獨尊國語」，因而採取了壓制閩南、客家和臺灣少數民族等族群語言的做法。臺灣在教育、歌曲文藝、廣播電臺電視、公共事務、臺灣少數民族事務等領域，都制定了要求使用國語、嚴格限制方言和族群語言的規範。這些法律在法制層面上推動了「語言位階」的形成，在一定程度上壓抑了臺灣族群語言的傳播和生存空間。

進入1990年代後，鄉土語言重建運動的壓力取代「獨尊國語」運動的壓力，迫使臺灣起草多部具有「語言基準法」特徵的「法律草案」。語言地位規劃、語言權和語言文化保存等臺灣族群語言法制的關注面向與意識型態的距離由近及遠，因而在臺灣的社會共識上也形成了由弱到強的光譜，而這一光譜與臺灣族群語言「立法」的難度是相一致的。因此，90年代以後臺灣「立法」的基本遵循由

以語言地位規劃和語言權保障為重點，到注重語言文化保存的路徑。這一路徑既體現了理論與實踐的邏輯統一，又暗示了臺灣族群語言「立法」的無奈。

　　2002年的「語言公平法」和2003年的「語言平等法」以進行語言地位規劃為主，兼顧對語言權的宣示與保障。2002年，臺灣「客家委員會」委託學者起草「語言公平法草案」，將臺灣少數民族語言、閩南話、客家話和「臺灣北京話」都列為「國家語言」（第三條），並規定這些語言一律平等（第六條），各級地方公權力機關有權選擇本地區的通用語（第十一條），人民享有選擇、學習和使用語言的權利，公權力應當為實現人民的語言權提供保障措施。2003年2月10日，臺灣「教育部」之「國語推行委員會」透過「語言平等法草案」，將「各原住民族語（阿美族語、泰雅族語、排灣族語、布農族語、嘎瑪蘭族語、卑南族語、魯凱族語、鄒族語、塞夏族語、雅美族語、邵族語）、客家話、Ho-lo話（臺語）、華語」等十四種語言同時列為「國家語言」（第二條），規定這些語言一律平等（第三條），臺灣少數民族語、客家話和「Ho-lo」話受特別保護（第四條），確認原則性的語言權（第五條），各級公權力機關有關選擇本地區的通行語言（第九條），並詳細規定了人民所享有的各項語言權以及公權力保障人民語言權的義務等。這部法律草案將十四種語言都列為「國家語言」，尤其是對閩南語使用了「Ho-lo話」的表述，又將閩南語等同於「臺語」，因而引發臺灣社會的廣泛質疑與批判，臺「教育部」負責人黃榮村不得不為此出面解釋，聲言這部法律草案的「宣示意義大於實質意義」。

　　「語言平等法」的失敗後，臺灣族群「立法」工作從臺灣「教育部」移轉到「文化建設委員會」（「文建會」）。臺灣族群語言「立法」的重點從語言地位規劃和語言權保障轉向「語言文化保存」。「文建會」於9月22日提出「國家語言發展法草案」。這部法律草案基本上是在「語言平等法草案」的基礎上形成的，其與

「語言平等法草案」的最大區別是沒有用列舉的方法定義「國家語言」，而是將之定義為「各族群固有自然語言、手語、書寫符號及所屬方言」。在人民的語言權、公權力的語言保障義務等方面，與「語言平等法草案」基本相同。2007年為選舉利益，「文建會」發布修改後的「國家語言發展法草案」，後經臺灣行政院進一步刪減後透過。該草案大幅度刪減2003年草案的內容，取消「方言」的表述和對於語言權的規定，增加建立「國家語言資料庫」的規定，更加凸顯臺灣族群語言法制在「語言文化保存」方面的功能，由於臺灣社會各界在族群語言法制建構的諸多問題上沒有達成共識，且該問題與臺灣族群矛盾、藍綠矛盾交織在一起，因而至今臺灣也沒有完成「語言基準法」的立法工作。

（二）族群語言平等立法的另一面：工具性的語言立法和單一族群「立法」的語言條款

「語言基準法」「立法」的困難，並不意味著臺灣族群語言法制建構的停步。臺灣透過替代和迂迴的方式，從兩個面向進行了族群語言法制的建構。

第一，工具性的語言「立法」，在語言的交流價值和身分價值間尋找折衷。鄉土語言重建運動的一個弊病在於：在語言的交流價值基礎上放大了語言的身分價值，反而湮沒了語言在交流價值方面的工具性功能。與語言在形塑身分認同方面的價值相比，社會個體可能更加關注語言作為交流工具的價值。因此，臺灣藉助語言的交流價值，在有關語言的工具性立法方面，取得了一些法制成果。2000年4月透過的「大眾運輸工具播音語言平等保障法」是這些法制成果中的典型代表，也是臺灣迄今唯一一部以語言平等保障為「立法」目的的「法律」。該法第四條將「語言」定義為「各不同族群所慣用之語言」，規定大眾運輸工具除國語外，另應以閩南語、客家語播音，其他少數民族語言的播音，由各地方公權力機關

酌情決定（第六條）。「大眾運輸工具播音語言平等法」將語言的工具價值和身分價值進行了折衷，運用語言保護中的「社會區隔」原理，在大眾運輸事務中，形塑了高階語言和低階語言並存的局面，防止高階語言的無限制擴張，為各族群語言的平等創造條件。同時，這部「法律」還注意到少數族群語言的特別保護與通用語的關係，沒有如後來的「語言平等法草案」、「國家語言發展法草案」一樣，對少數民族語言的使用作出機械性的規定。「大眾運輸工具播音語言平等保障法」的公布表明，在族群對立和黨派矛盾暫時無解的情況下，工具性的語言立法是臺灣族群語言法制的一個可行路徑，第二，在為單一族群訂定的「族群基本法」中載入「語言條款」，實現對少數族群語言的特別保護。語言是小型族群的核心要素，因為正是語言讓該群體得以維繫日常交流，表達願望的需求，反映該族群世界觀的本質，語言尤其容易成為族群主義的象徵。臺灣的族群又有著「語群」的特徵，因而在為單一族群訂定的「族群基本法」中，包含有對於該族群語言及語言權的保障條款。「原住民基本法」是規範臺灣少數民族事務的「基本法」。該法在第九條、第十二條和第三十條規定有少數民族語言發展、少數民族語言保護與使用、少數民族語言能力驗證等內容。「客家基本法」是規範臺灣客家事務的「基本法」。由於對客語和客家文化的保障，是客家運動的原初目的，因而也成為「客家基本法」的重要內容。「客家基本法」在界定客語、保障客語和客家文化的具體措施、確認客語與其他語言的平等關係方面，都作出了詳細的規定，在一定程度上彌補了因「語言基準法」的缺失而留下的法制空白。由於臺灣所訂定「族群基本法」主要針對處於「雙重少數」地位的客家族群和少數民族群，因而對於克服語言的「沉默地帶」效應有所助益。

四、結語

儘管族群語言曾經和正在被「臺獨」群體用作一項政治議題，但就總體而言，臺灣的族群語言及其所承載的族群文化，是愛鄉愛土的臺灣意識的重要組成部分，建構各族群語言的平等關係，亦是臺灣各族群民眾、尤其是少數族群民眾的重大關切。因此，在臺灣當前的政治格局下，法制不僅是臺灣各族群爭取語言平等的成果，而且體現了各族群堅持本族群文化的品格。從法制麵對臺灣族群語言問題進行敘述，對於客觀認識和分析臺灣和臺灣各政治力量的族群語言政策頗有裨益，對於保存優秀的臺灣族群文化資源，強化臺灣各族群的「中華民族認同」也有著現實意義。當然，臺灣的族群語言法制建構工作尚未完成，未來臺灣族群語言平等的前景和法制化成果的展現方式，還值得進一步觀察和更加精細化的研究。

臺灣「國族認同」剖析

臺灣「國族認同」，是流行於臺灣的一種「臺獨」理論，「臺灣國族認同」已經成為支撐「臺獨」的諸多理論之一。站在「一個中國」的立場上，「臺灣國族認同」從理論體系，到實踐運作當然都是錯誤的。但必須承認，「臺灣國族認同」在臺灣流行多年，必定有其理論上的特性。因此，本文試圖從理論上對「臺灣國族認同」進行批判，揭露「臺灣國族認同」在主要觀點和論證脈絡上的謬誤。

一、「臺灣國族認同」的理論要點

「臺灣國族認同」的理論體系主要由四個部分構成：民族國家理論、「四大族群」的劃分、「臺灣人」的塑造和所謂「政治反抗文化」。

（一）「臺灣國族認同」的基礎：民族國家理論

民族國家理論，是「臺灣國族認同」的基礎。「臺灣國族認同」利用「一個民族，一個國家」的經典命題，提出了「臺灣國族建立臺灣國」的主張。

民族國家理論興起於西歐民族國家的形成過程中。西歐民族國家是「世界帝國」解體與世俗政權崛起雙重作用下的產物。眾所周知，自西羅馬帝國解體後，原來生長在西歐的各民族紛紛建立起以本民族為主體的政治體。這些政治體並不具有近代國家的型態，而是以封建領主製為主軸所構造的鬆散組織。「世界帝國」的解體為民族國家的興起提供了前提條件，世俗政權的崛起是使民族國家得以形成的主要原因。在這一過程中，「主權」的概念起著特殊的作用。法國思想家博丹用「主權」標稱一國對內的最高權和對外的獨立權，並且提出，主權是一國最為重要的權力，這種權力只能屬於世俗政權的君主。在主權概念的基礎上，世俗政權的合法性得到了證成。世俗政權以主體民族為依託，建立起統一的民族國家，「一個民族，一個國家」的經典命題也得以形成。民族國家理論為近現代國家的產生奠定了理論基礎，「一個民族，一個國家」的經典命題也為各民族實現民族獨立提供了依據。

民族國家理論為主張「臺獨」的學者和政治人物提供了思路。根據民族國家理論，特定民族的存在是民族國家存在的前提，「臺獨建國」因而也需要一個特定的「民族」，以為「臺獨建國」提供前提性的條件。於是，「臺灣國族」的概念隨著「臺獨建國」理論準備的深入而逐漸生成。

（二）「臺灣國族認同」的前提：「四大族群」

臺灣普遍認同的「四大族群」，為「臺灣國族認同」提供了前提。所謂「四大族群」是指組成臺灣社會的福佬（閩南人）、客家、臺灣少數民族和外省人「四大族群」。「四大族群」的劃分，

是臺灣特有的民俗現象。臺灣學者施正鋒在對「四大族群」的論述中，提出了「墾殖社會」（setter's society）、「自願」和「帶來」三個關鍵詞，這三個關鍵詞有助於理解「四大族群」的劃分。

「墾殖社會」是理解「四大族群」的第一個關鍵詞。施正鋒認為，臺灣是一個墾殖社會（sctter's society），不是移民社會（immigrant society）。墾殖社會的特徵表明在臺灣生活的人民，並不都是從海島外移民而來的，而是包括原本就居住在臺灣的人民，即「最原先的居民」（original habit-ants）。「墾殖社會」的提出與論證，主要在於承認臺灣少數民族在臺灣的歷史地位，臺灣少數民族經由「墾殖社會」的概念，在臺灣作為一個獨立的族群有了社會學意義上的正當性基礎。第二個關鍵詞「自願」描述了福佬和客家兩大族群遷入臺灣的特徵，是福佬、客家兩大族群與「外省人」的區別所在。施正鋒認為，福佬和客家是「自願」遷入臺灣的墾殖者及其後裔，「從主觀上大致已經將臺灣當作故鄉」，因此，福佬和客家也可以被認為是「本土人士」（natives）。「自願」在這裡既可以表現福佬和客家兩大族群的先民在沒有外在壓力下播遷來臺的主觀心態，同時又可以暗示福佬和客家遷入臺灣的歷史乃是一個長時間過程。與「自願」相對的是「帶來」的概念，後者是對「外省人」的一種特有描述。根據一部分臺灣學者的觀點，1949年國民黨從大陸敗退至臺時，數以百萬計的軍隊、行政人員和專業人員隨國民黨湧入臺灣，這些人既不是在臺灣土生土長的，也並非是「自願」來臺，因而毋寧是被國民黨「帶來」的。由於被「帶來」的這些人大多來自臺灣之外的其他省份，因而被稱為「外省人」。與「自願」相應，「帶來」也有兩層含義：其一，「帶來」是暗示了「外省人」來臺並非是出於「自願」的心態，而更多的是為形勢所迫；其二，「帶來」又意味著「外省人」來臺並沒有經歷長時間的歷史過程，而是在一個較短的時間內完成的。

在臺灣，「四大族群」的劃分已經不僅僅是一項學術研究的論

題，也不僅僅是一種民間思潮，而是在相當程度上是為臺灣所肯定的「官方論調」。根據臺灣現行「憲法」的規定，臺灣少數民族被賦予了「憲法」上的地位，臺灣「立法」部門必須為臺灣少數民族保留一定數量的席位。同時，臺灣行政部門設有「客家委員會」（2001年成立）和「原住民族委員會」（1996年成立），並且有專門針對客家和臺灣少數民族的規定，如「客家基本法」、「原住民基本法」、「原住民族工作權保障法」和「原住民族身分法」等。

「四大族群」的劃分，對於「臺灣國族認同」有著三個方面的重要意義。第一，「四大族群」的劃分產生了「本省人」和「外省人」的概念。主張「臺灣國族認同」的學者和政治人物將福佬、客家和臺灣少數民族合稱為「本省人」，在「本省人」的基礎上，「臺灣國族」具有了相當的社會基礎，從而為「臺灣國族認同」套用「一個民族、一個國家」的經典命題提供了前提。第二，將臺灣少數民族視為臺灣原初主人的觀點，模糊了臺灣的中華文化背景，為「去中國化」運動提供了族群基礎。第三，「四大族群」的劃分，撕裂了族群，渲染了民粹主義，刻意強調了不同族群間的矛盾，尤其是「本省人」與「外省人」的矛盾，為政治人物獲取政治資源提供了噱頭。

（三）「臺灣國族認同」的基石：「臺灣人」

由「本省人」和「臺灣國族」發展形成的「臺灣人」概念，是「臺灣國族認同」的基石，「臺灣人」的概念為「臺灣國族認同」發展出一套完整的理論體系。按照「臺灣國族認同」理論，「臺灣人」是一個與「中國人」相對應的概念，具有「本省人」、「臺灣國族」不具備的特徵。

「臺灣人」雖然在「本省人」的基礎上發展而來，但它也包括「外省人」族群，因此，「臺灣人」並不是一個族群意義的概念，而是一個具有「國籍」性質的概念。在「臺灣國族認同」理論看

來，「臺灣人」塑造了「臺灣作為一個獨立國家」的主體性特徵，是「臺灣國」的人的要素。「臺灣人」對「臺灣」主體性的強調，使「以臺灣為中心」的歷史觀得以形成。臺灣學者王泰升認為：「臺灣在歷史的敘述上，是單獨作為一個主體，而非依附於另一個主體。以臺灣為主體，即意味著臺灣可以有自己的歷史，不必因為它是中國的一部分，或日本或另一個主體的一部分而有歷史。」基於此認識，王泰升認為，自1895年中日甲午戰爭後，臺灣已「脫離」在大陸的中國政權的統治，清末以降的中國歷史與臺灣無關，生活在臺灣的福佬、客家和臺灣少數民族等族群幾乎未參與這段歷史發展。

持「以臺灣為中心」歷史觀的學者並不迴避中國大陸政府、海外殖民者和地方割據政權在臺灣的統治活動，但他們認為，這些政權都不是「臺灣人」自己統治臺灣的政權。在「臺灣國族理論」的脈絡中，這些政權被稱為「外來政權」。「外來政權」是從「臺灣人」中直接導出的概念，與「臺灣人」自己的「本土政權」相對。根據「臺灣人」以及「外來政權」的觀點，臺灣的歷史被重構了：荷蘭西班牙殖民者、鄭成功家族、清政府、日本殖民統治者和國民黨政權都曾經統治過臺灣，但是，這些政權都不是「本土政權」，並沒有本質的區別，因而都是「外來政權」。從「臺灣人」的角度來看，臺灣這片土地上發生的事情，與大陸沒有關係，在大陸的中國中共政權與海外殖民者並沒有本質的區別。兩岸之間的歷史聯繫在「臺灣人」的論調下被否認，1949年後大陸和臺灣尚未統一的歷史，也被認為是「一種閉鎖的歷史陳述，因為那只關照到外省族群的歷史經驗」。

藉助「臺灣人」的概念，「臺灣國族認同」發展出了「以臺灣為中心」的歷史觀和「外來政權」的論調，在這兩種理論的作用下，臺灣的歷史被重構，「臺灣人的臺灣國」不再僅僅是一種現實權利（「民族自決權」）的結果，而且被認為是一種歷史的延續和

必然。

（四）「臺灣國族認同」的核心：「政治反抗文化」

在民族國家理論、「四大族群」的劃分和「臺灣人」等概念的基礎上，「臺灣國族認同」提出了其核心理論，即「政治反抗文化」論。所謂「政治反抗文化」是指對於反抗政治權威這件事的價值觀或處事態度，是「臺灣人」反抗「外來政權」統治的一種文化型態。按照「政治反抗文化」的觀點，臺灣總是被「外來政權」統治著，為了反抗「外來政權」的統治，「臺灣人」進行了不懈的努力，「政治反抗文化」正是在努力過程中形成的。

就起源而言，「政治反抗文化」原本是「黨外」人士用於反抗國民黨統治的工具。「黨外」人士反抗國民黨統治的活動，曾被類比為日本殖民統治時期臺灣人民反抗殖民統治的鬥爭，也被視為臺灣人民反抗日本殖民統治模式的再現。而後，主張「臺獨」的學者和政治人物又將「政治反抗文化」利用與營造「臺獨」的文化氛圍。不僅如此，主張「臺灣國族認同」的學者和政治人物並不滿足於從理論上論證「政治反抗文化」，而且，附著歷史上的一些重大事件，用「政治反抗文化」的論調，將「臺灣的故事」又換了一種講法。譬如臺灣歷史上的臺灣民主國事件，被認為是「臺灣人」在被「外來政權」拋棄後自我救贖的先聲；「西來庵」事件，被認為是「臺灣人」反抗日本殖民統治者的代表；「二二八」事件被當做「本省人」反抗「外省人」的一場武裝鬥爭，因而成為「政治反抗文化」最具「說服力」的證據；就連2000年陳水扁當選為臺灣領導人的事件，也被認為是「本土政黨」對「外來政權」的勝利。

「政治反抗文化」論利用了臺灣人民的「悲情心態」。由於歷史原因，臺灣人民有著「臺灣人祖祖輩輩受人欺侮」、「臺灣人從來受外來人的統治」、「臺灣人是二等公民」等悲情心態。臺灣的「悲情心態」反映了臺灣人民的悲憫心理，是臺灣民眾的心結之

一。由於這種微妙的悲情心態，臺灣民眾迫切要求「出頭天」，要把「臺灣人」推向執政地位。「臺灣國族認同」利用了臺灣人民的這種悲情心態，意圖藉助對「政治反抗文化」反覆渲染，論證「臺灣國族認同」在文化上的合理性。

將民族國家理論、「四大族群」的劃分、「臺灣人」的概念以及「政治反抗文化」聯結起來，「臺灣國族認同」的說辭呼之欲出：依據民族國家理論，「臺灣國族」和「臺灣人」可以建立屬於自己的「臺灣國」，但是，臺灣在歷史上屢遭「外來政權」的統治，要擺脫這種局面，必須建立「臺灣人」自己的「臺灣國」。至此，主張「臺灣國族認同」的學者和政治人物完成了對「臺灣國族認同」的論證。

二、「臺灣國族認同」的理論批判

「臺灣國族認同」在基礎、前提、基石和核心上都是站不住腳的。主張「臺灣國族認同」的學者和政治人物運用偷換概念、張冠李戴、歷史重述等手法，誤用了民族國家理論，藉助本不科學的「四大族群」劃分，變造了「臺灣人」的概念，並篡改了臺灣人民的民族精神和民主精神，因而不僅在立場上，而且在觀點上和邏輯上，都是完全錯誤的。

（一）被誤用的民族國家理論

「臺灣國族認同」推崇民族國家理論的目的是為了藉助「一個民族，一個國家」的命題，為其提供理論基礎。然而，主張「臺灣國族認同」的學者和政治人物雖然沒有過多地篡改民族國家理論，但對民族國家理論產生了錯誤的理解，並由此導致了對民族國家理論的誤用。

第一，「一個民族、一個國家」的經典命題並不適用於現代社

會。「一個民族，一個國家」的經典命題在民族國家形成的初期或許可以成立，但在現代社會，這一命題已經不再具有現實基礎。民族的多少並不對民族國家的本質特徵產生決定性的影響。如果說傳統意義上的民族國家尚需要民族的血緣、宗族和宗教關係加以維繫，那麼，現代民族國家的基礎是一國的領土、主權和憲法。在此意義上，「臺灣國族認同」理論煞費苦心臆造的「臺灣國族」是不必要的。

第二，民族國家理論是一套「統一」理論，而不是「分裂」理論，其理論目的與「臺灣國族認同」背道而馳。民族國家理論產生的直接目的，是為了結束西歐封建割據的局面，為各國世俗政權建立強而有力的中共集權服務。因此，「民族國家的首要的和基本的特徵，在於它必須是獨立的和統一的」，民族作為國家中人的要素，理應為國家的統一貢獻認同基礎。作為「統一」理論的民族國家理論，自然與「分裂」是相牴觸的。反觀「臺灣國族認同」，該理論從立論立場、政治目的和論證脈絡都是主張「臺獨建國」的，因而是一套「分裂」理論。從理論創立的原初目的而言，民族國家理論和「臺灣國族認同」應當是格格不入的。

第三，主權在民族國家的生成中發揮著重要的作用，沒有主權支撐的「臺灣國族認同」無法套用民族國家理論。美國西班牙裔學者林茨指出：民族不具有組織性特徵，僅僅擁有來自於民族成員的心理認同；國家可以將外在一致性（秩序）作為其存在的基礎，而民族則是一種「想像的共同體」的產物。如何使民族這一「想像的共同體」走向「有秩序」的國家，主權在其中起著紐帶的作用。可以說，沒有主權概念，民族和國家無法實現聯結。因此，民族國家理論的邏輯應當是「民族-主權-國家」，這一邏輯與民族國家的產生歷史也是相統一的。主權恰恰是臺灣所不具備的要素，沒有主權支撐的「臺灣國族認同」，無法使所謂「臺灣國族」與「臺灣國」產生聯結，因而也就無法套用民族國家理論。

（二）不科學的「四大族群」

「四大族群」的劃分是臺灣的一種民俗現象，而不是一個嚴謹的科學命題，因為「四大族群」實際上是依著不同的標準所進行的分類。

第一，福佬、客家和外省人以漢民族為主體，這三大族群與臺灣少數民族的關係是此民族與彼民族的關係，但兩者又同屬於「中華民族」。福佬、客家和外省人中的絕大多數屬於漢民族，以漢民族為主體的福佬、客家和外省人與臺灣少數民族的關係，是此民族與彼民族之間的關係。因此，如果嚴格按照民族的劃分標準，臺灣應當是以漢民族為主體的族群與臺灣少數民族這兩大族群，而不是「四大族群」。不僅如此，以漢民族為主體的福佬、客家和外省人與臺灣少數民族之間的關係也不是對立關係。臺灣少數民族來源廣泛，不僅僅來自於東南亞群島，也有一支來自於大陸南部山區，是古越人的後裔。儘管來源不同，但臺灣少數民族在祖國大陸的長期融合、交往過程中，早已成為中華民族的一員。因此，福佬、客家、臺灣少數民族和外省人都屬於中華民族，是一個密不可分的命運共同體。

第二，福佬和客家是以所使用方言所進行的分類。福佬和客家雖然同屬漢民族，但卻是漢民族中具有鮮明特徵的亞文化群。語言對於福佬和客家兩大族群的維繫起著至關重要的作用，其中客家對客語的依賴性更加明顯。臺灣客家精英人士大多將對客家族群的認同建立在使用客語的能力上，並提出了「不會說客家話的人還算是客家人嗎」的疑問。臺灣的「客家基本法」在界定「客家人」時，將「熟悉客語」作用其重要特徵之一。大陸也有學者提出，福佬和客家的劃分是基於各自方言的不同，所謂「族群」實際上是指方言亞文化群，是語群而非族群。

第三，福佬、客家和臺灣少數民族這三大族群與外省人是以來

臺時間先後為標準所進行的劃分。施正鋒所提「墾殖社會」、「自願」和「帶來」三個關鍵詞，就已經暗示了「四大族群」劃分乃是依循一種時間標準。所謂「本省人」，其實是指1946年前居住於臺灣人群及其後裔，而「外省人」則是指1946年後來臺人群及其後裔。福佬、客家和臺灣少數民族之所以與外省人之間存在矛盾，從本質上而言是移民先後來臺所造成的社會資源分配出現緊張的結果。1949年後，大量被國民黨「帶來」臺灣的外省人占有了臺灣主要的政治資源和社會資源，成為臺灣社會的精英階層，擠占了福佬、客家和臺灣少數民族的社會生存空間。在此背景下，外省人與本省人之間因資源分配不均而出現的階級矛盾以「族群矛盾」、「省籍矛盾」的面目出現，使得「臺灣國族認同」理論有了相應的實證說詞。

對「四大族群」不科學性的論證，對於批判「臺灣國族認同」有著三個方面的重要意義。第一，「四大族群」的不科學性，在相當程度上消解了「臺灣國族」的社會基礎，從而使「臺灣國族」因缺乏相應的支撐而淪為無本之木。第二，對「四大族群」劃分標準的澄清，否定了將臺灣少數民族排除出中華民族的觀點，使「臺灣國族認同」試圖藉助臺灣少數民族將臺灣拉出中華文化圈的企圖落空。第三，揭示了1949年後臺灣所謂「省籍矛盾」、「族群矛盾」的實質，削弱了「臺灣國族認同」的實證基礎。當然，本文對「四大族群」的批判僅僅是在理論意義上，對於已經獲得普遍認同的「四大族群」，本文無意也不贊同對之加以否定。

（三）被變造的臺灣人

一個值得探討的問題是：到底有沒有「臺灣人」？答案是肯定的：的確有「臺灣人」的概念，但這裡的「臺灣人」並不是「臺灣國族認同」所稱的「臺灣人」。所謂「臺灣國族認同」不過是藉助了「臺灣人」的外殼，而篡改了它的靈魂。

「臺灣人」觀念的形成與日本殖民統治密切相關。1895年中日甲午戰爭之前，生活在臺灣的人群包括三類：福佬、客家和臺灣少數民族。三個族群並無共同的族群觀念，反而經常為各自的利益發生爭執和械鬥。可見，在日本殖民統治之前，臺灣並沒有所謂「臺灣人」的概念，只存在由數個存在於臺灣的人群。甲午戰爭後，日本殖民當局為方便統治，將在臺的人群按殖民前的身分分為本島人和內地人，其中本島人是指原居住於臺灣的福佬、客家和平埔族（即平地原住民）人，「內地人」是指日本殖民者。「本島人」的概念，使福佬、客家和臺灣少數民族第一次有了共同的名稱。與此同時，臺灣知識階層對國族、主權、民族國家等西方思潮的接受和傳播，又為「臺灣人」概念的形成提供了理論動力。

　　以上原因是「臺灣人」觀念形成的外因，對「臺灣人」觀念的形成起決定性作用的，是臺灣人民反抗日本殖民統治的鬥爭。在同日本殖民當局進行長期鬥爭的過程中，臺灣人民對自身定位進行了思考，逐漸形成了「臺灣人」觀念，福佬、客家和臺灣少數民族等族群放下彼此之間的爭執，統一於「臺灣人」的名號下，第一次在臺灣形成了民族觀念。由此可見，此時存在臺灣人觀念和臺灣意識，仍然是中國所屬下的地方觀念和地方意識，「臺灣人」的觀念，因而是「中國人」觀念的一部分，它強調的不是與中國大陸的區別，而恰恰是與中國大陸的親緣關係。從此意義而言，「臺灣人」毋寧是相對於「日本人」而言的。因此，日本殖民統治時期的「臺灣人」觀念除了地方意識的一層含義外，還具有民族反抗主義的政治意識。

　　由此可見，「臺灣國族認同」即便不是臆造了臺灣人民的歷史，也是歪曲了臺灣人民的歷史，它臆造出一個有著「國家」意義的「臺灣人」概念，將「臺灣人」本來具有的「中國」意義加以變造。對「臺灣人」真實含義的澄清，足以動搖「臺灣國族認同」的理論基石，既然「臺灣人」從其根源上而言是一個具有濃厚「中

國」意義的概念，那麼，依賴於「臺灣人」所構建的一套「臺獨建國」理論自然沒有了理論上和事實上的依託。

（四）模糊的「政治反抗文化」

「政治反抗文化」是「臺灣國族認同」理論的核心，但作為一個理論的「核心」部分，「政治反抗文化」並沒有一個清晰的含義。從語詞構成上來看，「政治反抗文化」是由「政治」和「反抗文化」所構成的偏正短語，其中「政治」是「反抗文化」的修飾詞。「政治反抗文化」的弔詭之處就在於：「臺灣國族認同」用概念極為寬泛的「政治」，模糊了「反抗文化」的屬性，為自己重述臺灣歷史提供了理論依據。

根據德國政治哲學家施米特的著名定義，「政治」就是區分敵友，然而，關鍵的問題是「誰是敵，誰是友」？「臺灣國族認同」採取將「敵人」泛化的方式，將所有臺灣人民反抗的對象都貼上了「外來」的標籤，使「政治反抗文化」從一個幾種「反抗文化」的混合體，變成了只針對「外來政權」的「臺獨」文化。

臺灣民主國被認為是「政治反抗文化」的先聲，但如果考察臺灣民主國的歷史就會發現，臺灣民主國是臺灣人民在尋求清政府保護無果情況下的自救權宜之計。臺灣的知識分子與統治官僚成立臺灣民主國的意圖，並不是使臺灣永久脫離中國，而毋寧是一種自救自保的過渡辦法。因此，臺灣民主國絕不是所謂臺灣人民反抗「外來政權」的先驅，反而是中華民族反抗日本殖民者的重要組成部分。當時在臺參與臺灣民主國的官員和士紳有相當部分來自於內地，如臺灣民主國的「總統」唐景崧系廣西灌陽人，後期主要領袖、「大將軍」劉永福系廣東欽州人（今屬廣西），著名抗日義士吳彭年系浙江餘姚人等，臺灣民主國檄文中也籲請大陸人士來臺共謀保臺大計。若按「臺灣國族認同」的理論，被其引為範例的臺灣民主國豈不成了「外來政權」？西來庵事件是臺灣反日義士在日本

強迫中國簽訂「二十一條」、全國人民反日情緒高漲的背景下，配合大陸反日運動的一次武裝暴動。臺灣臺灣抗日武裝也多堅信或宣稱大陸將派員收復臺灣或給予軍事援助。上述事實表明，在日本殖民統治時期，臺灣人民「反抗文化」所針對的「敵」是日本殖民統治者，所「反抗」的對像是日本對臺灣的殖民統治。在臺灣人民反抗日本殖民統治的鬥爭中，臺灣人民從來都是將自己視為中華民族的一分子，其「政治反抗文化」的實質是「民族反抗文化」。

1946年「二二八」事件常常被「臺灣國族認同」理論當做「政治反抗文化」的例證。但是，六十餘年的「二二八」研究表明，「二二八」事件在本質上是兩岸隔閡太久又因吏治腐敗和民生凋敝所引發的民亂事件。臺灣1949年後的「黨外」運動也被認為是日本殖民統治時期以來「政治反抗文化」的延續，但實際情況卻不是如此。雖然「黨外」運動中也偶有「臺獨」的聲音，但其主流是要求改變國民黨在臺灣的威權統治，實現政治民主、社會公正，尤其是要求開放民意代表的選舉。「中國」甚至被一些「黨外」雜誌和組織嵌入了自己的名稱中，如《自由中國》雜誌、「中國地方自治研究會」，等等。由此可見，「黨外」運動主要針對的對象也是國民黨的威權統治，是臺灣人民爭取民主、自由的鬥爭。1946年後的幾個歷史事件中，臺灣人民所反抗的對象都是國民黨的「威權統治」，這裡的「政治反抗文化」實際上是「民主反抗文化」。

「臺灣國族認同」用「政治」將「反抗文化」模糊化，然後將「民族反抗文化」和「民主反抗文化」兩種「反抗文化」都裝入「政治反抗文化」的口袋中。由此可見，「政治反抗文化」是一種理論上的主觀構造和想像，它模糊了「敵」的含義和界限，最終的目的是將「敵」的概念指向了祖國大陸。

隨著「臺灣國族認同」諸理論的澄清，「臺灣國族認同」的真相也逐漸浮出水面：「臺灣國族認同」並沒有立論的基礎，也可以

作為論據的事實，所謂的論證，不過是主張「臺灣國族認同」的學者和政治人物的自我想像。

三、結語

兩岸關係的本質是大陸和臺灣之間的政治對立關係，臺灣問題的解決是兩岸政治對立的消除。兩岸人民同屬一個中華民族，臺灣問題的論域內不存在所謂「民族問題」。但是，由於臺灣特殊的歷史背景和社會基礎，主張「臺獨」的學者和政治人物創造了「臺灣國族認同」，意圖透過這套充滿虛構、臆造和想像的理論，將「臺獨」從一種政治主張，轉變為對「民族獨立」的訴求，而後者本不應存在於臺灣問題的論域。從表面上，「臺灣國族認同」有著若干民族學上的特徵，如民族國家、族群、「臺灣人」等，但這些特徵要麼是被誤用的、要麼是被變造了的，要麼本身就是不科學的，而且這些觀點目的都在於牽引出「政治反抗文化」，以強化兩岸的政治對立關係。從此意義而言，「臺灣國族認同」不過是一套以「民族」面目出現的政治說詞而已。

論大陸人民在臺灣的法律地位——以「釋字第710號解釋」為中心

大陸人民在臺灣的法律地位，是兩岸關係深入發展過程中產生的新問題。隨著兩岸交往的日益深入，大陸人民赴臺進行婚嫁、探親、旅遊、投資、就學、就業等活動更加頻繁。大陸人民在臺法律地位，未獲得正式確立，權益因而在臺灣不能獲得正常的法律保障，在某些方面甚至不如外國人。2013年7月5日，臺灣「司法院大法官」作成「釋字第710號解釋」，以「入出境」事項為切入點，

表明同等保護大陸人民在臺正當權益的態度，是釐清大陸人民在臺法律地位的指標性案例。本文以「釋字第710號解釋」為中心，對大陸人民在臺法律地位的問題作一理論討論。

一、「區別對待」準則的形成及其實踐效果

依臺灣至今堅持的1946年「憲法」「法統」，大陸人民在臺灣仍為1946年「憲法」規定的「國民」，享有相應的權利義務。儘管部分臺灣學者認為大陸人民「可歸屬於有別於一般外國人之特別或特殊身分的外國人」，但多數臺灣學者認為大陸人民屬於「中華民國國民」。然而，兩岸尚未統一的政治格局和臺灣長期以來的兩岸政策，導致大陸人民在臺灣事實上並未享有與臺灣人民相同的法律地位。臺灣以臺灣相關規定和「司法院大法官」解釋為據，形成「區別對待」準則。

（一）臺灣現行「憲法」與「兩岸人民關係條例」

兩岸恢復交往前，臺灣並無專門規定大陸人民在臺法律地位的必要，因此，大陸人民在臺法律地位是兩岸從對立、隔絕走向交往、融合時產生的法律問題。1991年5月，臺灣透過第一個「憲法增修條文」，其中第十條規定：「自由地區與大陸地區間人民權利義務關係及其他事務之處理，得以法律為特別規定」（簡稱「兩岸條款」）。此後臺灣雖又發動了六次「憲政改革」，但「兩岸條款」沒有變化。「兩岸條款」和「憲法增修條文」的其他條款雖未改變「國家認同」，也未否定大陸人民的「國民地位」，但授權臺灣「立法」部門制定區別對待大陸人民和臺灣人民的特別規定，成為「區別對待」準則之濫觴。

在「憲法增修條文」的授權下，臺灣「立法」部門制定「臺灣人民與大陸人民關係條例」（簡稱「兩岸人民關係條例」），對大

陸人民在臺地位和兩岸人民的交往行為予以規定，將「區別對待」準則予以具體化。「兩岸人民關係條例」施行後已經多次修改，但至今沒有放棄「區別對待」準則，構成「區別對待」準則的直接淵源。

考察「兩岸人民關係條例」，「區別對待」準則主要體現在五個方面：1）「兩岸人民關係條例」的「立法」目的是「確保臺灣民眾福祉」，將大陸人民的福祉排除在「立法」目的之外；2）明確區分「臺灣人民」和「大陸地區人民」，確定了「區別對待」準則的適用對象；3）對大陸人民進入臺灣實行「入境許可」，並設定嚴格的限制條件與許可程序；4）對大陸人民在臺灣行使居留、就業、從事商務或觀光、擔任公職或登記為公職候選人、組織政黨等權利施加嚴格的限制條件；5）對大陸企業和人民在臺從事投資、技術合作、貿易等商業行為設立事前許可制度。值得一提的是，隨著兩岸關係的發展，「兩岸人民關係條例」在客觀上已經從制定初期比較絕對的「區別對待」向著相對的「區別對待」變化。尤其是在2008年後，為配合臺灣兩岸政策的轉變，「兩岸人民關係條例」幾經修改，規定有限度地承認大陸學歷、允許陸生來臺就學、放鬆大陸配偶的繼承權等，對於大陸人民的限制已經在相當程度上獲得緩解。不過，這種緩解只是「區別對待」準則在適用範圍和效力上的限縮，並未根本改變「區別對待」準則。

（二）臺灣「司法院大法官」對「區別對待」準則的實證化

臺灣「司法院大法官」是專司「憲法」解釋和統一「法律解釋」的司法部門，對於臺灣相關規定有著最終解釋權。「司法院大法官」對於「區別對待」準則的態度，因而在「法律」實務中至關重要。「釋字第710號解釋」前，「司法院」大法官一共作成十餘個有關兩岸關係的解釋，形成了相對穩定的解釋方法和模式，是從法理角度衡判兩岸關係的重要依據。「司法院大法官」在「釋字第

265號解釋」、「釋字第497號解釋」等多個解釋中運用了「區別對待」準則，將臺灣現行「憲法」、「兩岸人民關係條例」中的「區別對待」準則實證化。

1.「區別對待」準則在司法上的萌芽：「釋字第265號解釋」

「釋字第265號解釋」是「司法院大法官」最早關於大陸人民入臺案件的解釋。本案聲請人葉某於1949年後退居臺灣，1987年2月，葉某在大陸的髮妻劉某申請入臺。根據當時臺灣「動員戡亂時期國家安全法」第3條及其「實施細則」第12條的規定，大陸人民赴臺必須在「自由地區」居住五年後方可入臺，劉某不符合此條件，因而未獲臺灣許可「入境」。在「釋字第265號解釋」中，大法官認為，「動員戡亂時期國家安全法」係為確保臺灣安全、維護社會安定而制定，當「國家遭遇重大變故」，對大陸人民採取「入境」限制，為維持社會秩序所必要。在本號解釋中，大法官仍將大陸人民視同「中華民國國民」，但運用「國家遭遇重大變故」的說辭，區別對待大陸人民和臺灣人民，是「區別對待」準則在司法領域的萌芽。

2.「區別對待」準則在司法上的確立：「釋字第497號解釋」

「釋字第265號解釋」所涉案件發生在「憲政改革」前，「兩岸人民關係條例」也並未制定，因而對後續案件的適用性不足。「司法院大法官」在1999年作成「釋字第497號解釋」，在司法領域正式確立了「區別對待」準則。「釋字第497號解釋」亦緣起於一件大陸人民申請入臺遭拒案件。1994年12月，臺灣居民林某代大陸配偶範某辦理赴臺居留事宜，被臺灣行政部門依據「兩岸人民關係條例」，給予「不予許可入境」和「不予許可居留」的處分，林某認為大陸人民亦屬「中華民國國民」，「兩岸人民關係條例」限制大陸人民在臺灣的「入境」、居留等權利，使大陸配偶不如印尼、菲律賓等國配偶，侵害大陸人民的基本權利。「釋字第497號

解釋」認為，「兩岸人民關係條例」及其授權制定的「大陸地區人民進入臺灣許可辦法」等規定，雖明文規定大陸人民進入臺灣之資格要件、許可程序和停留期限，但系確保臺灣安全與民眾福祉所需，並未侵犯大陸人民的基本權利。大法官以「臺灣安全與民眾福祉」為由，暗合「兩岸人民關係條例」的「立法」目的，宣告區別對待大陸人民的規定符合臺灣現行「憲法」，在司法領域確立了「區別對待」準則。「司法院大法官」在「釋字第558號解釋」中，複述了「釋字第497號解釋」的要旨，表明「釋字第497號解釋」被認可為「區別對待」準則在司法上的直接淵源。

3.「區別對待」準則在司法上的深化：「釋字第618號解釋」

「區別對待」準則在司法領域的確立，強化了「兩岸人民關係條例」區別對待大陸人民的規定。但此時的「區別對待」準則在司法實務中仍針對的是申請「入境」的大陸人民，並未涉及已經「入境」的大陸人民。大法官於2006年11月作成「釋字第618號解釋」，將「區別對待」準則適用於已經「入境」的大陸人民。本案涉及大陸人民在臺擔任公職的權利。當事人謝某原系大陸人民，1991年與臺灣居民結婚，並於1998年10月29日獲準定居並設戶籍登記於定居於臺北縣（今新北市）。謝某於2001年2月透過「初等考試筆試」，在臺北市某小學擔任書記，取得「委任第一職等」任用資格。臺北市政府人事處於2002年3月查出謝某在臺灣設戶籍未滿十年，因而根據「兩岸人民關係條例」第二十一條命令謝某離職。由於類似謝某因婚嫁原因赴臺並在臺設戶籍的大陸人民頗多，因而本案實際上成為大陸人民在臺設戶籍後是否適用「區別對待」準則的指標性案例。「釋字第618號解釋」認為，大陸地區人民在臺灣設籍未滿十年者，「對自由民主憲政體制認識與其他臺灣人民容有差異」，且「公職涉及對公權力之忠誠問題」，在「兩岸處於分治與對立且政治、經濟與社會體制存在巨大本質差異」的情況下，對其與其他臺灣人民予以區別對待，亦屬合理。本號解釋不僅明確且

直接的出現「區別對待」的表述,而且擴大了「區別對待」準則的適用範圍,使「區別對待」準則在司法領域得到了深化。

4.「區別對待」準則的鬆動:「釋字第692號解釋」

以上遵循「區別對待」準則作成的案件,發生於兩岸關係較為緊張的時期。2008年後,兩岸關係趨於緩和,「司法院」隨著大法官的更替在對待大陸人民的態度上產生微妙變化。2011年11月,「司法院」大法官作成「釋字第692號解釋」,「區別對待」準則出現了鬆動的傾向。據臺灣「所得稅法」第十七條規定,納稅義務人扶養年滿二十歲以上在校就學子女,得減除扶養親屬免稅額。聲請人簡某之女簡女在大陸北京大學就學,當時臺灣教育部門並未承認大陸高校學歷,臺灣稅務部門在徵收簡某所得稅時,認為簡女因不在臺灣教育部門承認學歷的高校就學,決定不減除簡某免稅額。「釋字第692號解釋」認為,稅務部門以大陸高校學歷是否受承認作為減除所得稅免稅額的理由,構成不當聯結,因而限縮了「所得稅法」第十七條的適用範圍,違反租稅法定原則。據此,大法官在認定「在校就學」時,將大陸高校與臺灣高校「同等對待」,並不考慮臺灣教育部門是否認可大陸地區學校學歷,已經構成了對「區別對待」準則的鬆動。但在「釋字第692號解釋」中,「同等對待」準則的適用對像是在大陸的高校,而不是在臺灣的大陸居民,因而只是體現了「同等對待」的精神,而沒有真正地改變「區別對待」準則。

二、「同等對待」準則的建立:「釋字第710號解釋」評論

隨著兩岸交往的日益熱絡和兩岸原有區隔的逐漸放開,大陸人民赴臺以及在臺居留的目的從單一的婚嫁、探親向著旅遊、就業、

就學、投資等多元面向發展,大陸人民赴臺人數和留臺時間逐漸增加。因此,大陸人民在臺法律地位不再是偶發和孤立的法律問題,而是臺灣和民眾不得不面對的社會議題。「釋字第710號解釋」將「釋字第692號解釋」體現的「同等對待」適用於在臺灣的大陸人民,從司法的角度對此社會議題進行了回應,建立了處理大陸人民在臺法律地位的「同等對待」準則,部分地修正了「區別對待」準則。

（一）案情要覽及爭點

「釋字第710號解釋」緣起於一起大陸人民被「強制出境」的案件。聲請人梁某為大陸女子,2003年3月與臺灣男子王某結婚,其後多次往來於大陸與臺灣之間。2007年5月,聲請人再度以「依親居留」名義申請赴臺,雖經獲準進入臺灣,但於同年9月被本案被聲請人「入出國及移民署專勤事務第二大隊高雄縣專勤隊」通知接受面談。面談後,被聲請人以聲請人及其夫王某說詞有重大瑕疵為由,對聲請人作成「註銷入出境許可證並強制出境」和「暫予收容」的行政處分。聲請人不服,提起「國家賠償訴訟」,獲臺灣地方法院的不利判決後聲請「大法官解釋」。

本案與大陸人民在臺法律地位密切相關的問題,主要是被聲請人強制要求聲請人離開臺灣的「法律」依據,即「兩岸人民關係條例」（2003年版）第十八條,「大陸地區人民及香港澳門居民強制出境處理辦法」第五條、第六條,「大陸地區人民在臺灣依親居留長期居留或定居許可辦法」第十四條、第十五條等規定（以下簡稱「係爭規定」）,是否遵循法律保留原則、比例原則以及正當程序原則等權利保障的基本原則。據係爭規定,臺灣行政部門得不經司法機關逕行將在臺從事與許可目的不符之活動或工作的大陸人民「強制出境」,並得於「強制出境」前給予大陸人民「暫予收容」處分。聲請人認為,係爭規定在大陸人民被「強制出境」前,並未

給予申辯機會，又由行政部門而非司法部門決定限制人身自由的「暫予收容」處分，各依據兩岸人民關係條例「制定的」下位規定在缺乏明確授權的情況下增加對大陸人民「入出境」的負擔，因而違反法律保留原則、比例原則以及正當程序原則。

從本案爭點來看，如係爭規定的適用對象為臺灣人民，則違反臺灣現行「憲法」無疑。「司法院大法官」在「釋字第384號解釋」、「釋字第588號解釋」、「釋字第636號解釋」等解釋中已有先例。如係爭規定的適用對象為外國人，亦與臺灣現行「憲法」相牴觸。「司法院大法官」在「釋字第708號解釋」中判定限制外國人進入臺灣的「入出國及移民法」第三十八條第一項與臺灣現行「憲法」第八條相牴觸。但本案所涉對象為大陸人民，因此，大陸人民是否獲得與臺灣人民的同等對待，是解決本案爭點的關鍵。

（二）理論評析

多數「大法官」作成「釋字第710號解釋」，建立「同等對待」準則，部分地修正了「區別對待」準則。「釋字第710號解釋」的解釋理由書（簡稱「多數意見」）有兩處直接體現「同等對待」的表述：1）第一段第二句：「剝奪或限制人民身體自由之處置，不問其是否屬於刑事被告之身分，除須有法律之依據外，尚應踐行必要之司法程序或其他正當法律程序」；2）第二段第五句：「惟大陸地區人民形式上經主管機關許可，且已合法入境臺灣者，其遷徙之自由原則上即應受憲法保障。」至少在限制人身自由和遷徙自由兩項權利上，多數意見認為，大陸人民在臺灣應當與臺灣人民受到「同等對待」。因此，多數意見宣告係爭之「兩岸人民關係條例」第十八條第一項、第二項和「大陸地區人民及香港澳門居民強制出境處理辦法」第五條違背法律保留原則、比例原則、正當程序原則等權利保障的基本原則，侵犯臺灣現行「憲法」規定的人身自由和遷徙自由，應在解釋作成後兩年內失其效力。本號解釋爭議

頗多，按大法官湯德宗提出的「協同意見書」所載，「本件解釋歷經三個多月審查，稿經十易始成，為本席到司法院服務以來所僅見」。根據多數意見和部分大法官提出的協同意見書、不同意見書，本文對其中所涉及的理論爭議討論如下：

1.保障大陸人民權利的法律依據

「區別對待」準則在「兩岸人民關係條例」上有著明確依據，而「同等對待」準則在臺灣相關規定中無直接規定可循。聲請人顯然意識到該問題，在「釋憲聲請書」中提出：「『憲法』第八條之身體自由保障，屬於普世適用的人權，非專屬於國民之『國民權』，而『正當程序』乃是最基本的人權保障標準，……是以，本件聲請人縱為大陸人民，其在臺期間仍應受與本國人民相同之人身自由保障。」但是，「普世適用」、「最基本的人權保障標準」等抽像話語，並不足以為「同等對待」準則提供明確依據。多數意見認為，「大陸地區人民形式上經主管機關許可，且已合法入境臺灣者，其遷徙自由原則上即應受憲法保障（參酌聯合國公民與政治權利國際公約第十二條及第十五號一般意見第六點）」，「除因危害國家安全或社會秩序而須為急速處分者外，強制經許可合法入境之大陸地區人民出境，應踐行相應之正當程序（參酌聯合國公民與政治權利國際公約第十三條、歐洲人權公約第七號議定書第一條）」。由此可見，多數意見事實上將《公民權利和政治權利國際公約》和《歐洲人權公約》兩個國際公約的部分條款引據為「同等對待」準則的依據。臺灣並無資格參加這兩個國際公約，但臺灣在2009年透過「公民與政治權利國際公約及經濟社會文化權利國際公約施行法」，確認《公民權利和政治權利國際公約》在臺灣具有規範效力。因此，多數意見事實上是透過對國際公約的自行適用，保障大陸人民在臺灣的權益，從而建立起「同等對待」準則。

2.大陸人民是否被「司法院大法官」等同於外國人

「同等對待」準則建立在對國際公約的自行適用上，這是否意味著大陸人民是否被等同於外國人？在「釋字第710號解釋」之前，臺灣「司法院大法官」剛作成「釋字第708號解釋」，對外國人在臺灣的人身自由和遷徙自由施以同等保障。比較兩號解釋，本文認為，「大法官」並未將大陸人民等同於外國人。1）外國人和大陸人民受到「同等對待」的依據不同。「釋字第708號解釋」解釋理由書首段提出：「人身自由系基本人權，為人類一切自由、權利之根本，任何人不分國籍均應受保護，此為現代法治國家共同之準則，……關於人身自由之保障亦應及於外國人，使與本國人同受保障。」多數「大法官」在論證同等對待外國人的理據時，只使用了「現代法治國家共同之準則」等抽象表述，且以近似於「宣言」的形式加以宣告，因而與「同等對待」大陸人民的準則相比，在規範程度上有所不及。2）外國人和大陸人民被施以「入出境」管制的原因不同。「釋字第708號解釋」提出，對外國人的「入出境」管制屬於「國家主權之行使」。而「釋字第710號解釋」再次使用「國家遭遇重大變故」的說辭，認為限制大陸人民來臺的自由，是「兩岸分治之現狀」所致，區隔大陸人民與外國人入境之自由權利本質之明顯不同。3）外國人和大陸人民在具體制度上也有所不同。兩號解釋都涉及的「暫予收容」期限，「釋字第708號解釋」規定外國人「暫予收容」期間的上限為十五日；而「釋字第710號解釋」未對此問題作出明確規定，而是授權「立法」部門予以補充規定。除多數意見外，陳春生、陳碧玉、羅昌發、李震山和陳新民等「大法官」也在「釋字第710號解釋」的協同意見書或不同意見書中，對於大陸人民、臺灣人民和外國人的關係進行了說明。這些大法官一致認為大陸人民既非臺灣人民，也非外國人，對大陸人民在臺權益保障不應低於對外國人之保障。由此可見，對於「大陸人民不等於外國人」的觀點，大法官有著廣泛的共識。

3.「同等對待」準則的適用條件以及與「區別對待」準則的關

係

　　儘管多數意見建立了「同等對待」的準則，但不能據此認為臺灣已經承認大陸人民在臺享有與臺灣人民同等的法律地位，也不能認為「同等對待」準則已經取代「區別對待」準則。本文認為，由「釋字第710號解釋」建立的「同等對待」準則的適用範圍比較狹窄，且有著嚴格的適用條件，並未取代「區別對待」準則。1）由於司法權的個案性，「釋字第710號解釋」創立的「同等對待」準則只能適用於與本案有關的人身自由和遷徙自由，不具有向其他基本權利擴展的效應，如「釋字第618號解釋」對大陸人民「應考試服公職權」的限制，並未因「釋字第710號解釋」而被推翻，「同等對待」準則的適用範圍須由「大法官」透過解釋逐步擴大。2）即便在人身自由、遷徙自由等領域，「同等對待」準則也有著嚴格的適用條件，即不得妨礙臺灣的安全或社會秩序，如因臺灣安全或社會秩序而須對大陸人民採取強制措施時，則對大陸人民人身自由與遷徙自由之限制不受保護。臺灣「立法」部門在限制大陸人民權利方面，仍有著較大的自由裁量權。3）多數意見沒有否定「區別對待」準則，仍引用「釋字第497號解釋」和「釋字第558號解釋」說明限制大陸人民「入出境」的必要性，因此「維護國家安全之必要性」等原「正當化」「區別對待」準則的理由仍有適用餘地，有著未來扮演推翻「同等對待」準則理由的可能。從此意義而言，「釋字第710號解釋」形成的「同等對待」準則在穩定性和可持續性方面有待進一步觀察。由於「釋字第710號解釋」的缺憾，「大法官」羅昌發、陳新民等認為，多數意見對於大陸人民在臺法律地位的觀點有諸多不周，以致錯失全面釐清這一問題的機會。

　　當然，「釋字第710號解釋」畢竟根據兩岸關係和平發展的新形勢，部分地修正了沿用已久的「區別對待」準則，在涉及大陸人民在臺重要權益的人身自由與遷徙自由領域建立了「同等對待」準則，為大陸人民在臺其他基本權利的保障提供了典範，因而對於解

決大陸人民在臺法律地位問題具有積極意義。

三、「釋字第710號解釋」的兩岸意義與大陸人民在臺權益保障

兩岸透過兩會框架簽署的各項事務性協議（簡稱「兩岸協議」）雖無有關大陸人民在臺地位的直接規定，但不乏保障大陸人民在臺權益的內容。臺灣及部分政黨對兩岸協議的法律性質和效力形式存在爭議，導致兩岸協議在臺灣的實施並不順暢。由此觀之，「釋字第710號解釋」及其所建立的「同等對待」準則，可以為確立大陸人民在臺法律地位以及保障大陸人民在臺權益提供法理支撐，具有深遠的兩岸意義。

（一）兩岸協議在臺實施的困難及「釋字第710號解釋」的兩岸意義

截止2013年10月31日，兩岸協議對於大陸人民在臺地位與權益的規定主要有：1）在臺旅遊者、漁船船員、船主在臺灣的權益保障，根據《海峽兩岸關於大陸居民赴臺旅遊協議》第四條、《海峽兩岸漁船船員勞務合作協議》第四條，臺灣方面應當保障赴臺旅遊的大陸居民、大陸漁船船員和船主在臺灣的正當權益；2）共同打擊犯罪和司法互助中的權益保障，《海峽兩岸共同打擊犯罪及司法互助協議》在第十一條和第十二條確立了基於人道、互惠原則的權益保障條款，規定雙方移管被判刑人（受刑事裁判確定人），及時通報對方人員被限制人身自由、非病死或可疑為非病死等重要訊息，並以己方規定為家屬探視提供便利等，根據這些規定，大陸人民在臺涉嫌刑事犯罪時，可依臺灣有關規定維護自身權益；3）投資、服務貿易中的待遇，《海峽兩岸投資保護和促進協議》第三條和《海峽兩岸服務貿易協議》第四條規定，一方應確保給予另一方

投資或服務貿易的人員不低於己方的待遇，海協會與海基會有關《海峽兩岸投資保護和促進協議》人身自由與安全保護共識又規定大陸投資者、陸資企業員工及隨行家屬在臺灣的人身自由保障措施。儘管兩岸協議對於大陸人民在臺地位與權益規定尚未形成體系，但已經覆蓋到旅遊者、漁業從業人員和投資者等主要大陸赴臺人員。

遺憾的是，兩岸協議的法律性質在臺灣仍存在爭議，兩岸協議在實踐中曾多次因涉及修改或廢止臺灣規定而暫緩實施。如《海峽兩岸海運協議》和《海峽兩岸空運協議》都曾因租稅法定原則而延遲生效，2013年6月簽署的《海峽兩岸服務貿易協議》亦曾久拖不決，未能在當年完成臺灣內部規定程序。對此，臺灣「法務部」有關《兩岸共同打擊犯罪及司法互助協議》的說帖具有相當代表性。根據該說帖，「法務部」認為，「（協議）相關合作之內容，系在我方現行的法令架構及既有的合作基礎上，以簽訂書面協議之方式，強化司法合作之互惠意願，同時律定合作之程序及相關細節，提升合作之效率及質量。與對岸律定合作事項涉及人民權利義務部分，均在現行相關法律下執行，未涉及法律之修正，亦無須另以法律定之。」據此，臺灣方面在兩岸協議和自身規定之間，仍以自身規定為準。兩岸協議在臺灣的尷尬地位，導致其中有關大陸人民在臺權益的規定存在著實施上的困難。

在此背景下，「釋字第710號解釋」建立的「同等對待」準則具有深遠的兩岸意義：1）依臺灣「司法院大法官案件審理法」的規定，「釋字第710號解釋」是對臺灣現行「憲法」的解釋，因而在臺灣具有最高效力，對臺灣各部門都產生拘束力；2）「釋字第710號解釋」處於臺灣法秩序的內部，是臺灣的正式法源，因而不同於兩岸協議，在臺灣不存在適用困難；3）「釋字第710號解釋」所建立的「同等對待」準則雖僅針對大陸人民在臺人身自由與遷徙自由，但經「大法官」解釋也可以擴展至其他領域。如在隨後作成

的「釋字第712號解釋」中，多數「大法官」即引用「釋字第710號解釋」，將「同等對待」準則擴展至收養領域，認定「兩岸人民關係條例」（2011年版）第六十五條第一款限制臺灣人民收養大陸人民的規定無效。由此可見，「釋字第710號解釋」在臺灣法律秩序內部提供了一個規範支點，可以作為確立大陸人民在臺法律地位以及保障大陸人民在臺權益的法理依據。

（二）大陸人民在臺權益的制度化保障方法

以「釋字第710號解釋」為契機，兩岸可根據「同等對待」準則推動兩岸協議與臺灣相關規定的融合，形成對大陸人民在臺權益的制度化保障方法。

第一，落實兩岸協議的已有規定，緩解兩岸協議在臺灣的實施困境。在實踐中，兩岸協議對於大陸人民在臺權益的規定，必須憑藉臺灣相關規定方可落實，而臺灣現行規定又大多遵循「區別對待」準則。因此，臺灣各類保障基本權利的規定不能當然適用於大陸人民，容易造成兩岸協議有關大陸人民在臺權益條款的空洞化。「釋字第710號解釋」在臺灣法秩序之內建立了「同等對待」準則，並已經逐漸向其他基本權利擴展，因此，大陸人民可以將「釋字第710號解釋」作為在臺灣維護權益的法律依據，透過主張「同等對待」，融合兩岸協議與臺灣相關規定。

第二，透過綜合性兩岸協議，概括性地確認兩岸人民在對方區域的法律地位。前述多項兩岸協議都包含有大陸人民在臺地位或權益的規定，但這些規定都是針對特定群體作成的，兩岸尚缺乏對於大陸人民在臺法律地位的概括性表述。隨著兩岸人民雙向互動越來越頻繁，兩岸人民進入對方區域已經常態化，因此，在綜合性兩岸協議（如和平協議或綜合性的社會經濟文化協議等）中使用「雙方人民在對方區域享有不低於對方人民法律地位或權益」之類的表述，確認大陸人民在臺地位，已經成為兩岸關係的現實所需。

第三，構建共同維護大陸人民在臺權益保障的機制。與臺灣長期限制大陸人民在臺權益不同，大陸對臺灣同胞在大陸投資、生活提供諸多優惠，因而在兩岸協議中確立兩岸人民在對方區域的法律地位，對於大陸人民更具實質性意義。隨著兩岸交往的加深，尤其是以貿易、投資、金融合作等為主幹的經濟交往持續熱絡，兩岸應形成雙向互惠的格局，大陸人民在臺權益不僅要繼續依靠大陸方面，也需要臺灣方面發揮積極作用。為此，兩岸有必要應拋開政治層面的糾葛，商談構建共同維護大陸人民在臺權益的機制，藉助兩岸的溝通管道在法理層次進行精細設計，建立大陸人民在臺權益保障的法制教育、重大訊息通報、法律援助和司法互助等機制。「釋字第710號解釋」及其所建立的「同等對待」準則可以為此提供必要的法理支撐。

四、結語

大陸人民在臺灣的法律地位，是一個兼具政治性和法律性的重大問題。「釋字第710號解釋」建立的「同等對待」準則，既部分地解決了臺灣的規範障礙，也在從政治層面徹底解決這一問題奠定了法理基礎。兩岸都已經認識到，兩岸人民同屬一個中華民族，因此，兩岸理應拋開政治芥蒂，同等對待同胞，而不應人為設置諸如「區別對待」準則的交往障礙。正如臺灣「司法院」大法官湯德宗所言：「衷心祈願……所思所見，首先是（且主要是）『人』，而後才是『什麼人』（臺灣人民、大陸人民、外國人……）。」

後記

　　自《反分裂國家法》頒布後，臺灣問題的法律屬性逐漸清晰，透過法律手段解決臺灣問題、推動國家統一成為政學各界的共識。十六大以來，中共提出「構建兩岸關係和平發展框架」的戰略思考，為在新階段發展兩岸關係提供了指引，也使得法治思維、法律規範和法學理論在分析、研究、處理兩岸關係上的作用更加明確，依法處理兩岸關係成為「兩岸關係和平發展」重要思想的重要組成部分。當前，在「一個中國」框架內，「遏制『臺灣法理獨立』」和「構建兩岸關係和平發展框架」的實踐對於從法學角度研究兩岸關係有著更加迫切的需求，從法學角度思考兩岸關係的意義和重要性顯得尤為突出。

　　本書集中體現了我們在兩岸關係研究上的思路、觀點和分析方法，既是我們近年來研究的一種總結，也為我們下階段的深入研究奠定了基礎。儘管本書只是階段性的研究成果，但我們的研究和本書的出版也得到了諸多朋友的關係和支持。感謝長期以來與我們共同開展兩岸關係研究的陳武能、周甲祿、江國華、劉山鷹、王青林、張艷、伍華軍、劉文戈、黃振等，感謝易賽鍵、冷鐵勛、劉文忠、朱松嶺、陳星、李曉兵和鄭凌燕等對我們研究的支持與幫助。本書所收錄的部分文章曾在一些期刊、報紙上公開發表，因此，感謝楊允中先生、趙鋼教授、童之偉教授、秦前紅教授、林岡教授、汪太賢教授、肖北庚教授、彭莉教授、杜力夫教授、張定淮教授、葛勇平教授、楊華教授、朱磊老師和邵東華老師等對我們的大力支持。

　　同時，我們希望這本書能夠造成拋磚引玉的作用，真誠地期待

各位讀者的批評與指正,我們堅信:沒有大家地批評,我們就很難正確認識自己,也就不可能真正戰勝自己,更不可能超越自己。

　　周葉中　祝捷

　　於武漢大學珞珈山

國家圖書館出版品預行編目(CIP)資料

大陸對兩岸關係發展之相關法學基礎 / 周葉中，祝捷 著. -- 第一版. -- 臺北市：崧燁文化，2019.01

面；　公分

ISBN 978-957-681-686-4(平裝)

1.反分裂國家法 2.兩岸關係

581.28　　　　107022179

書　名：大陸對兩岸關係發展之相關法學基礎
作　者：周葉中、祝捷 著
發行人：黃振庭
出版者：崧燁文化事業有限公司
發行者：崧燁文化事業有限公司
E-mail：sonbookservice@gmail.com
粉絲頁　　　　　　網　址：
地　址：台北市中正區重慶南路一段六十一號八樓815室
8F.-815, No.61, Sec. 1, Chongqing S. Rd., Zhongzheng Dist., Taipei City 100, Taiwan (R.O.C.)
電　話：(02)2370-3310　傳　真：(02) 2370-3210
總經銷：紅螞蟻圖書有限公司
地　址：台北市內湖區舊宗路二段121巷19號
電　話:02-2795-3656　傳真:02-2795-4100　網址：
印　刷：京峯彩色印刷有限公司（京峰數位）

　　本書版權為九州出版社所有授權崧博出版事業股份有限公司獨家發行電子書繁體字版。若有其他相關權利及授權需求請與本公司聯繫。

定價：1200 元

發行日期：2019 年 01 月第一版

◎ 本書以POD印製發行